周紹良　主編
趙　超　副主編

唐代墓誌彙編（修訂本）

一

歷代碑誌彙編

上海古籍出版社

編輯説明

唐代墓誌，是久爲研究者重視的一項重要文獻資料。本世紀初，在洛陽邙山等地曾有數以千計的唐代墓誌出土，由此而興起了名人文士收集的熱潮。較爲著名的藏家有于右任的鴛鴦七誌齋、章鈺的四當齋、張鈁的千唐誌齋、李根源的曲石精廬等。羅振玉曾編刊《芒洛冢墓遺文》等銘文拓片集録，使學人得以研究、摩挲。建國以後，上述各私家收藏均轉入各地博物館，且隨着文物發掘工作有計劃的開展，新的誌銘也絡繹有所出土。但由于誌石分散各地，難窺全豹；部份圖書館（如北京圖書館）雖儘力收集，亦以不得完璧爲憾。兼以圖、博部門出借、閲覽上的不便，使研究者很難充分利用這批有價值的史料。

有鑒於此，古文獻研究室組織人力，在過去我多年收集的唐代墓誌録文基礎上，加以補充修訂，編集了這部《唐代墓誌彙編》。在編集過程中，又補入了建國以後公開發表的新出墓誌及各地博物館、圖書館的藏品，並儘可能核對原誌拓片，對録文做了校訂。唐代墓誌形制多様，文字異體紛出，爲了便於研究者使用，我們採取了以下編録體例：

一、輯録范圍：以出土唐代人物墓誌爲限，凡在唐以前及唐代出生卒於唐代者均予收入，而卒年在唐以後者則不收。其中個別誌文已見於唐人別集或總集，但文集所録與出土墓誌間有出入（如大曆四年《唐故左武衛郎將河南元府君夫人滎陽鄭氏墓誌銘》已見《全唐文》卷四四，但作者鄭淥署銜「陸渾縣丞」却被《全唐文》删去，鄭淥小傳中僅云「大曆時人」，此可補史闕），現均予以收入，以備研究者之需。

誌主係唐以前人士，而墓誌爲唐代人修葺其墓時補作者不收（如《圓覺大師塔銘》）。顯係僞作，毫無史料價值者（如《漢司馬公侍妾隨清娱墓誌》之類）不收。雖係僞作，但可備考證者（如《唐故卧龍寺黄葉和尚墓誌銘》之類），則仍予收入，並加注「僞」字以示區别。誌石殘泐過甚，無史料價值者不收。

二、本書大體依照誌主落葬日期先後爲序進行排列。並以年號爲界，各自編號，以便查檢。

三、誌文據拓本及有關金石著録逐録，並在原誌拓每行最下一字後加横劃記號（｜），以示原拓行款。凡無此種符號者，係據裝裱本或著録過録，無法確知其行款。

四、每篇墓誌録文之後，均注明逐録所據，以備讀者查證。墓誌中所出現的人名，除誌主遠祖及用典外，均編入附於全書之後的人名索引。

五、録文全部採用通行繁體字。原文中的俗體字（包括「隋」寫作「隨」，「竹」頭與「艸」頭互用，「扌」與「木」旁無别等唐代特有的習慣寫法）、古體字（包括武則天特製的新字）和當時通用的簡化字（如「万」、「与」、「礼」等）均不再保留原狀，改爲現代通行繁體字。爲避免轉寫中的訛誤，凡假借字仍基本維持原狀，錯字、誤刻均按原樣迻録，不加更改。墓誌中落字、衍字因無從臆補，亦照誌文原樣迻録。

六、誌文採用新式標點斷句。

七、原誌文中空格，除應有文字而漏刻者外，均不再保留。爲醒目起見，銘均另行提行排印。原文中用小字插刻者則保留原狀。

由于編者水平有限，書中錯誤、遺漏在所難免，敬乞指正。

本書編纂過程中，承上海古籍出版社予以大力支持，並協助確定了編輯體例。北京圖書館金石組、武漢大學歷史系魏晉南北朝隋唐史研究室、開封博物館、濟南博物館等單位曾予以大力帮助。啓功先生、傅熹年先生、李希泌先生等惠借拓本並予以協助。謹在此一并致謝。

本書的編集工作由周紹良、趙超負責，參加編集的有李方、劉紹剛、王敏等。徐伯勇、韓明祥、桑曙等參加了部份録文。

所附姓名索引由李方負責編製，王敏參加了部份編録工作。

編輯這本《唐代墓誌彙編》是在一九八四年由文化部文物局古文獻研究室主持下完成的，現在古文獻研究室已改組成文物研究所，在新的組織領導下完成這部書的出版工作，並承列爲該所叢書之一，特此致謝。

周紹良

一九九二年三月十日

新版説明

《唐代墓誌彙編》得到上海古籍出版社大力支持，於一九九二年出版問世，迄今已三十年。本書出版後受到海内外學界重視，廣泛使用；因學界所需，多次印刷，並曾在二〇〇六年重版，訂正過一些文字標點上的錯誤。但此前的印刷與重版，均是在初版鉛字排印本的版式基礎上進行的。今年，上海古籍出版社決定將《唐代墓誌彙編》一書予以重新排版，納入「歷代碑誌彙編」叢書，改爲較大的字號與較寬鬆的版式，使之更便於閲讀使用。是爲二〇二四年新版。謹此對新版排印中的幾點問題予以説明如下：

由於編著者學識有限，且受到當時的資料限制，以及鉛字排版中或有疏漏等多方面原因，本書尚存在有一些釋文訛誤。出版後，有關學科學者在使用中曾陸續就釋文中存在的訛誤進行過校正與考釋，發表有諸多論著，尤以文字語言學界的學者用功最著。兼以近年來電子科技的飛躍發展和大量墓誌圖録的問世，得以看到更爲清晰的拓本原貌，從而可以補充更正以往的釋文。現可見到的有關專著、論文已近三十種。經上海古籍出版社建議，將這些論著中指出的本書文字標點問題逐一加以核對，對於言之有據、新見拓片上可以確證的闕釋文字與釋錯的字均予以補充改正。對有關論著中釋讀不確的文字則保留我們的釋讀。鑒於原編寫體例，原石文字殘泐而論者根據文例推測出的釋讀意見則暫不吸收，原石文字中的錯字、脱字、衍字等現象一律保持原狀，有關考證的校改結果也没有吸收。

鑒於本書出版時間較長，使用較廣，書中對於墓誌順序的編號除本書人名索引外，還牽扯到衆多有關的文史論著及資料索引等工具書。如果進行删除及改動順序編號，影響較大。故本書所收録墓誌編號順序仍保留初版狀態，未予改動。但由於發現有一些重出的墓誌，也有些改正釋文而使得葬日變動的墓誌，爲便於讀者識别，采取以下方式予以標誌：（一）重出墓誌，目録及正文中在墓誌編號上加「*」表示；並在編號下面注明該墓誌與哪一件墓誌重出，這件墓誌録文應當保存或删除。（二）葬日更正的墓誌，目録及正文中在墓誌編號上加「•」表示，但不再注明葬日更改。這些重出及葬日改動的墓誌列表附於書末，以供對照參考。

在校改中，參考采用了曹汛、吴玉貴、胡可先、曾良、姚美玲、柏亞東、王存禹、楊婧、張海豔、龔雋、趙黎明、劉靜、高婧、李琴、黄建建、張龍、葉樹仁、魯才全、馬立軍、許凌雲、劉本才、吴繼剛、楊寧、鄒虎、李紅、孫琛琛、姜同絢、敖玲玲等諸位學者的論著；蘭州大學敦煌學研究所吴炯炯教授等學者曾對唐代墓志深入考訂，新版的大部分内容在付梓前得蒙吴炯炯教授等結合原拓進行了精心校閲，獲益匪淺。本書得以修正以往的衆多訛誤，深蒙諸位學恩。謹此對吴炯炯教授和上述各位學者一並致以衷心的感謝。

趙　超　記於壬寅初冬校後

唐代墓誌彙編目録年號檢索

年號後數碼爲頁碼

武德……一
開明……八
貞觀……一四
義和……二〇一
重光……二〇一
延壽……二〇一
永徽……二一〇
顯慶……三六九
龍朔……五四〇
麟德……六三四
乾封……七〇六
總章……七七一
咸亨……八一七

上元……九五一
儀鳳……一〇〇三
調露……一〇四七
永隆……一〇七八
開耀……一〇九四
永淳……一〇九九
弘道……一一三六
嗣聖……一一四〇
文明……一一四四
光宅……一一五六
垂拱……一一六七
永昌……一二五〇
載初……一二六一

天授……一二七〇
如意……一三二七
長壽……一三三三
延載……一三七七
證聖……一三八六
天册萬歲……一四〇五
萬歲登封……一四一四
萬歲通天……一四二二
神功……一四五八
聖曆……一四七五
久視……一五四七
大足……一五七五
長安……一五八六

神龍……一六六九
景龍……一七二四
景雲……一七八七
太極……一八一九
延和……一八二九
先天……一八三一
開元……一八四三
天寶……二四五九
聖武……二七六九
至德……二七七九
乾元……二七八三
順天……二七九八
上元……二八〇三
顯聖……二八〇五
元年……二八〇八
寶應……二八一〇
廣德……二八一八
永泰……二八二〇
大曆……二八二八
建中……二九二三
興元……二九四九
貞元……二九五三
永貞……三一二〇
元和……三一三二
長慶……三三〇八
寶曆……三三四七
大和……三三六七
開成……三四八九
會昌……三五五五
大中……三六二四
咸通……三八三三
乾符……三九八一
廣明……四〇二七
中和……四〇三八
光啓……四〇五五
文德……四〇六〇
大順……四〇六三
景福……四〇六九
乾寧……四〇七五
光化……四〇八五
〔殘誌〕……四〇九〇

目録

武德

武德〇〇一　女子蘇玉華墓誌銘武德二年五月廿五日……一
武德〇〇二　唐故卧龍寺黄葉和尚墓誌銘武德三年九月四日……二
武德〇〇三　大唐洛州别駕大將軍崔公妻厙狄夫人墓誌銘武德六年六月五日……三
武德〇〇四　「（盧文構）夫人諱月相隴西狄道人」武德八年十二月廿五日……四
武德〇〇五　「（崔長先）□諱長先字後已博陵安平人」武德九年二月廿三日……五
武德〇〇六　大唐左監門衛副率哥舒季通葬馬銘……六

開明

開明〇〇一　大鄭上柱國鄧國公故太夫義安郡夫人元氏墓誌開明元年五月十六日……八
開明〇〇二　鄭故上柱國遊擊大將軍洛貝等十州刺史郢公麴（舉）君銘開明二年五月廿二日……九
開明〇〇三　鄭故大將軍舒懿公（韋匡伯）之墓誌銘開明二年七月廿□日……一一

開明〇〇四　鄭故處士王(仲)君墓誌開明二年九月十八日……………………………一二

貞觀

貞觀〇〇一　大唐故關(道愛)君墓誌之銘貞觀元年二月十九日……………………………一四
貞觀〇〇二　息州長史崔(志)君墓誌銘貞觀元年二月廿九日……………………………一五
貞觀〇〇三　大唐吴國公府記室參軍故劉(粲)君墓之銘貞觀元年七月二十二日……………一六
貞觀〇〇四　隋故上儀同三司黎陽鎮將程(鍾)府君墓誌銘貞觀元年十月五日……………一七
貞觀〇〇五　□□□國洛州長史金鄉縣開國公楊(敏)府君墓誌銘貞觀二年十月十二日……一八
貞觀〇〇六　「(段)夫人諱女羨南陽白水人」貞觀二年十一月七日……………………………二〇
貞觀〇〇七　大唐故左光禄大夫蔣國公屈突(通)府君墓誌銘貞觀二年十一月廿八日……二一
貞觀〇〇八　安定胡(永)府君墓誌貞觀二年十一月卅日……………………………………二四
貞觀〇〇九　「(郭)君諱通字監遠太原介休人」貞觀二年十一月卅日……………………二五
貞觀〇一〇　慈潤寺故大靈琛禪師灰身塔銘文貞觀三年四月十五日……………………二六
貞觀〇一一　「(譚)君諱伍字德深恒山桑干人」貞觀三年六月廿五日……………………二七
貞觀〇一二　(屈突通妻蔣國夫人墓誌)貞觀三年七月廿八日……………………………二八
貞觀〇一三　安定胡(質)公墓誌銘貞觀四年正月十九日……………………………………二九
貞觀〇一四　「(李)君諱彦字君才隴西成紀人」貞觀四年二月二十四日……………………三〇

貞觀〇一五　大唐綿州萬安縣令故毛(祐)府君墓誌銘貞觀四年十一月十二日……三一
貞觀〇一六　故蒲州河東縣令李(徹)府君墓誌銘貞觀四年十一月廿一日……三二
貞觀〇一七　「大唐中散大夫行□藥奉御永安男吴景達夫人彭城劉氏」貞觀四年十一月廿三日……三三
貞觀〇一八　大唐故宫人司製何氏墓誌貞觀五年正月廿三日……三三
貞觀〇一九　「君諱禕字士華恒州人」貞觀五年二月十六日……三四
貞觀〇二〇　唐故掌闈麻氏墓誌銘貞觀五年三月九日……三五
貞觀〇二一　「君諱守仁清河人也」貞觀五年三月十三日……三五
貞觀〇二二　大唐故開府儀同三司劉(節)君墓誌銘貞觀五年七月十五日……三六
貞觀〇二三　唐故銀青光禄大夫涼州刺史定遠縣開國子郭(雲)公墓誌銘貞觀五年十月六日……三七
貞觀〇二四　大唐故宗正卿右翊衛大將軍河北道行臺左僕射左武衛大將軍玄戈軍將開府儀同三司上柱國司空公淮安靖王墓誌貞觀五年十二月十一日……三八
貞觀〇二五　大唐永嘉府隊正郭倫妻楊氏墓誌銘貞觀六年二月十八日……四〇
貞觀〇二六　「雍州長安縣清化鄉宜君縣開國子故張纂妻趙夫人」貞觀六年五月廿九日……四一
貞觀〇二七　大唐故文林郎新喻縣丞胡(儼)府君墓誌銘貞觀六年九月四日……四一
貞觀〇二八　(姜謩墓誌銘)貞觀六年十月十日……四二
貞觀〇二九　故河陰縣主簿南陽張(濬)君墓誌貞觀六年十一月五日……四四
貞觀〇三〇　故處士張(叡)君墓誌銘貞觀七年二月一日……四五

貞觀〇三一　唐故平原郡將陵縣令張(伯)府君墓誌 貞觀七年二月一日 …… 四六
貞觀〇三二　「諮議參軍盧諱野客」貞觀七年(二)月己酉朔一日 …… 四八
貞觀〇三三　隋太尉府典籤上大將軍樂(陟)君墓誌銘 貞觀七年四月二日 …… 四八
貞觀〇三四　隋故越王府司兵參軍事賈(通)君墓誌銘 貞觀七年六月十四日 …… 四九
貞觀〇三五　唐故玄昭監張(明)君墓誌銘 貞觀七年七月廿四日 …… 五〇
貞觀〇三六　「(韓)君諱遠字彥深汝南平輿人」貞觀七年十月廿八日 …… 五一
貞觀〇三七　故隋陽平郡發干縣主簿郭(提)君墓誌銘 貞觀八年正月十二日 …… 五二
貞觀〇三八　隋故徵士解(深)君墓誌銘 貞觀八年正月廿一日 …… 五三
貞觀〇三九　唐故永嘉府羽林張(岳)君墓誌銘 貞觀八年三月四日 …… 五四
貞觀〇四〇　唐河南縣故録事邢(弁)君墓誌銘 貞觀八年三月廿二日 …… 五五
貞觀〇四一　「洛州永年縣敬德鄉故韓仁師」貞觀八年五月卅日 …… 五六
貞觀〇四二　處士李(繼叔)君墓誌銘 貞觀八年八月廿一日 …… 五六
貞觀〇四三　大唐故田夫人墓誌 貞觀八年八月廿二日 …… 五七
貞觀〇四四　唐故上柱國左武候驃騎將軍左武候長史清淇公墓誌銘 貞觀八年十一月五日 …… 五八
貞觀〇四五　靜信鄉君張夫人墓誌銘 貞觀八年十一月十六日 …… 六〇
貞觀〇四六　隋故江都安德府司馬孫(隆)君墓誌銘 貞觀八年十一月廿八日 …… 六一
貞觀〇四七　「洛州河南縣從政鄉君夫人慕容」貞觀九年二月六日 …… 六二

貞觀〇四八　□□□□□□□尉耿□□誌銘貞觀九年八月廿七日……六三
貞觀〇四九　東宮門大夫長孫（家慶）府君墓誌貞觀九年……六三
貞觀〇五〇　唐故蒲州虞鄉縣丞王（安）君之誌貞觀十年五月十七日……六四
貞觀〇五一　「君諱喜字玄符洛陽人也」貞觀十年十月十七日……六六
貞觀〇五二　大唐故特進尚書右僕射上柱國虞恭公温（彦博）公墓誌貞觀十年十月廿二日……六六
貞觀〇五三　太原王（玉兒）夫人墓誌銘貞觀十年十一月四日……六八
貞觀〇五四　大唐故汝南公主墓誌銘貞觀十年十一月十六日……六九
貞觀〇五五　隋故儀同三司兖州長史徐（純）府君墓誌貞觀□年十一月十六日……七〇
貞觀〇五六　隋故儀同三司王（護）府君墓誌銘貞觀十一年二月廿九日……七一
貞觀〇五七　大唐校尉陳公故夫人劉氏墓誌□銘貞觀十一年七月二日……七三
貞觀〇五八　大唐故左驍衛將軍上柱國安山縣侯羅君副墓誌銘貞觀十一年八月廿一日……七四
貞觀〇五九　隋通事舍人長孫（仁）府君并夫人陸氏墓誌貞觀十一年十月廿二日……七五
貞觀〇六〇　唐故武城張（舉）府君墓誌銘貞觀十一年……七七
貞觀〇六一　大唐護軍魏王府主簿唐遜故夫人柳氏墓誌銘貞觀十二年閏二月廿七日……七八
貞觀〇六二　「故大僧堪法師灰身塔」貞觀十二年四月八日……七九
貞觀〇六三　大唐潘（基）府君墓誌銘貞觀十二年九月十日……七九
貞觀〇六四　大唐滄州景城縣令蕭（瑶）府君之銘貞觀十三年二月十七日……八〇

貞觀〇六五 「僧順禪師者韓州涉縣人也」貞觀十三年二月廿二日……八一
貞觀〇六六 唐故壯武將軍行太子左衛副率段（元哲）府君墓誌銘貞觀十三年五月廿八日……八一
貞觀〇六七 大唐故張（騷）君之墓銘貞觀十三年十一月四日……八三
貞觀〇六八 故張君夫人秦氏之銘貞觀十四年正月十七日……八四
貞觀〇六九 唐故弘農楊（士漢）府君墓誌銘貞觀十四年七月十一日……八五
貞觀〇七〇 魏府君夫人雷氏墓誌銘貞觀十四年十一月三日……八六
貞觀〇七一 前梁開府漳川郡太守山陰縣開國侯孟（保同）府君墓誌貞觀十四年十一月九日……八七
貞觀〇七二 「（潘）君諱孝長字仁宗清河廣宗人」貞觀十四年十一月十日……八七
貞觀〇七三 「（潘）君諱孝基字令本清河廣宗人」貞觀十四年十一月十日……八九
貞觀〇七四 任氏之墓表貞觀十五年二月二十三日……九〇
貞觀〇七五 唐故慧靜法師靈塔之銘貞觀十五年四月廿三日……九一
貞觀〇七六 大唐處士故賈（仕通）君墓誌銘貞觀十五年五月十二日……九二
貞觀〇七七 「夫人薄氏雁門代人也」貞觀十五年五月廿五日……九三
貞觀〇七八 大唐處士梁（凝達）君墓誌銘貞觀十五年九月十五日……九四
貞觀〇七九 隋滄州饒安縣令侯君妻劉夫人墓誌銘貞觀十五年十月九日……九五
貞觀〇八〇 大唐故交州都督上柱國清平縣公世子李（道素）君墓誌銘貞觀十五年十一月十五日……九六
貞觀〇八一 大唐故蘇州吴縣丞杜（榮）府君墓誌貞觀十五年十二月十五日……九七

貞觀〇八二　（王才粲）故劉夫人墓誌 貞觀十六年二月廿四日 …… 九八
貞觀〇八三　大唐故劉（粲）府君墓誌銘 貞觀十六年六月廿五日 …… 九九
貞觀〇八四　大唐毘沙妻楊夫人墓誌銘 貞觀十六年七月廿日 …… 一〇〇
貞觀〇八五　唐故張（行密）君墓誌 貞觀十六年九月十二日 …… 一〇一
貞觀〇八六　大唐故大將軍張（孝緒）府君墓誌 貞觀十六年九月廿七日 …… 一〇二
貞觀〇八七　「慈閏寺故大智迴論師灰身塔」 貞觀十六年十月十日 …… 一〇三
貞觀〇八八　隋故西平郡化隆縣長劉（政）府君墓誌銘 貞觀十六年十一月廿日 …… 一〇三
貞觀〇八九　大唐吏部將仕郎范陽盧府君妻馮氏墓誌銘 貞觀十六年十一月廿日 …… 一〇四
貞觀〇九〇　大唐故李（仲賓）府君墓誌銘 貞觀十七年十月九日 …… 一〇五
貞觀〇九一　隋毗陵郡無錫縣令姚（孝寬）君墓誌銘 貞觀十七年十月廿七日 …… 一〇六
貞觀〇九二　「（王）君諱賓字士外太原祁人也」 貞觀十七年十一月十四日 …… 一〇七
貞觀〇九三　故繁昌縣令馬（志道）君墓誌 貞觀十七年十二月廿八日 …… 一〇八
貞觀〇九四　唐故開府右尚令王（仁則）君墓誌銘 貞觀十八年二月五日 …… 一一〇
貞觀〇九五　「（王）君諱懷文字思武琅耶人也」 貞觀十八年二月五日 …… 一一一
貞觀〇九六　「（馮）君諱信字師言河内脩武人」 貞觀十八年二月十六日 …… 一一二
貞觀〇九七　「慈閏寺故大智焱律師灰身塔」 貞觀十八年四月十二日 …… 一一三
貞觀〇九八　「智炬於師亡後念恩深重建此支提」 貞觀十八年四月十二日 …… 一一四

貞觀〇九九　唐故朝散大夫王伏興妻呂府君之銘貞觀十八年七月二日……一一四
貞觀一〇〇　大唐故處士霍(恭)君墓誌銘貞觀十八年七月十一日……一一五
貞觀一〇一　大唐故姚(暢)君墓誌銘貞觀十八年八月十九日……一一六
貞觀一〇二　「(張)君諱字鍾葵南陽人也」貞觀十八年十月九日……一一八
貞觀一〇三　大唐處士王(通)君墓誌銘貞觀十八年十月九日……一一九
貞觀一〇四　唐氏之墓表貞觀十八年十月十五日……一二〇
貞觀一〇五　「法師俗姓崔博陵人也」貞觀十八年十一月十五日……一二一
貞觀一〇六　故清信女大申優婆夷灰身塔記貞觀十九年二月八日……一二一
貞觀一〇七　齊得州平原縣令張明府楊夫人墓誌銘貞觀十九年五月三日……一二二
貞觀一〇八　大唐隋故邛州司户參軍明(雅)君墓誌貞觀十九年六月廿四日……一二三
貞觀一〇九　唐故霍(漢)君墓誌銘貞觀十九年六月廿五日……一二四
貞觀一一〇　「(董)夫人姓任西河汾州人也」貞觀十九年七月十八日……一二五
貞觀一一一　大唐何(相)君墓誌銘貞觀十九年九月七日……一二五
貞觀一一二　「(張)公諱綱字遵詳白水人也」貞觀十九年十月十四日……一二七
貞觀一一三　大唐楊(華)君墓誌銘貞觀十九年十二月十二日……一二八
貞觀一一四　大唐洛州伊闕縣故令劉(德)君墓誌銘貞觀十九年十二月十二日……一二九
貞觀一一五　唐故班夫人墓誌貞觀廿年二月廿七日……一三〇

貞觀一一六 「禪師諱靜感俗□□氏隴西敦煌人也」貞觀廿年三月廿一日 …… 一三一
貞觀一一七 唐故前澤州參軍左（法）府君墓誌銘 貞觀廿年三月廿七日 …… 一三二
貞觀一一八 「報應寺故大□雲法師灰身塔」貞觀廿年四月八日 …… 一三三
貞觀一一九 大唐故楊（德）君墓誌銘 貞觀廿年四月廿四日 …… 一三三
貞觀一二〇 唐故洛州河南縣崇政鄉君齊夫人墓誌銘 貞觀廿年五月十一日 …… 一三四
貞觀一二一 大唐前齊府功曹參軍尹（貞）君墓誌 貞觀廿年五月廿九日 …… 一三五
貞觀一二二 李（護）君墓銘 貞觀廿年六月一日 …… 一三六
貞觀一二三 故魏君（文德）之銘 貞觀廿年六月十二日 …… 一三七
貞觀一二四 大唐右宗衛大都督楊（士達）君墓誌 貞觀廿年七月十二日 …… 一三八
貞觀一二五 大唐故處士餘（當）君墓誌銘 貞觀廿年八月廿三日 …… 一三九
貞觀一二六 「（張）君諱忠字處信上谷居庸人也」貞觀廿年九月廿日 …… 一四〇
貞觀一二七 隋處士傅（叔）君誌銘 貞觀廿年十月十四日 …… 一四二
貞觀一二八 故大優婆塞晉州洪洞縣令孫佰悅灰身塔銘 貞觀廿年十月十五日 …… 一四三
貞觀一二九 維大唐騎都尉王氏故妻（馬氏）墓 貞觀廿年十月十五日 …… 一四四
貞觀一三〇 「（范）君諱相字思祖魏郡人也」貞觀廿年十月廿七日 …… 一四四
貞觀一三一 隋故銀青光禄殷州刺史（段師）誌銘 貞觀廿年十一月二日 …… 一四五
貞觀一三二 唐故忠州墊江縣令上護軍王（才）君墓誌銘 貞觀廿年十二月十五日 …… 一四七

貞觀一三三　故大唐睦州桐廬縣主簿李（桀）君墓誌之銘 貞觀廿年十二月廿四日……一四九
貞觀一三四　唐妻辛英疆之墓表 貞觀廿一年正月十九日……一五〇
貞觀一三五　「君諱舉字義高南陽安衆人也」 貞觀廿一年二月廿八日……一五〇
貞觀一三六　隋故奮武尉元（質）君墓誌 貞觀廿一年四月六日……一五一
貞觀一三七　大唐故洛州徵士萬（德）君墓誌 貞觀廿一年六月五日……一五二
貞觀一三八　大唐故萬年縣尉孔（長寧）府君墓誌銘 貞觀廿一年八月廿八日……一五三
貞觀一三九　大唐故洛陽康（婆）大農墓銘 貞觀廿一年九月一日……一五四
貞觀一四〇　唐故涪州永安縣令輕車都尉樂（善文）君墓誌銘 貞觀廿一年十月八日……一五五
貞觀一四一　「徐氏妻劉夫人洛州河南縣洛邑鄉人」 貞觀廿一年十月廿日……一五七
貞觀一四二　大唐故徵士向（英）君墓誌 貞觀廿一年十一月廿日……一五七
貞觀一四三　「（楊）君諱達字叔通弘農人也」 貞觀廿一年十二月廿一日……一五八
貞觀一四四　唐故武騎尉張（秀）君墓誌銘 貞觀廿二年正月二十八日……一五九
貞觀一四五　隋故平州録事參軍張（育）君墓誌 貞觀廿二年二月廿一日……一六〇
貞觀一四六　大唐趙（昭）君墓誌銘 貞觀廿二年三月四日……一六一
貞觀一四七　大唐故文安縣主墓誌銘 貞觀廿二年三月廿二日……一六二
貞觀一四八　「（張）君諱行滿字德充洛州洛陽人也」 貞觀廿二年四月二十三日……一六三
貞觀一四九　大唐故上騎都尉益州新津縣丞丘（蘊）君墓誌銘 貞觀廿二年六月廿三日……一六四

貞觀一五〇　唐故武騎尉范君墓誌□貞觀廿二年七月七日……一六五
貞觀一五一　大唐張（通）君墓誌貞觀廿二年七月廿七日……一六六
貞觀一五二　大唐右領軍果毅滎陽毛（盛）君誌銘貞觀廿二年九月十八日……一六八
貞觀一五三　大唐梁（基）君墓誌貞觀廿二年九月廿八日……一六九
貞觀一五四　王朋顯墓表貞觀廿二年十一月五日……一七〇
貞觀一五五　「（趙）君諱昉字子昇趙郡人也」貞觀廿二年十一月七日……一七〇
貞觀一五六　大唐霍（寬）君銘誌貞觀廿二年十一月十三日……一七一
貞觀一五七　隋故倉部侍郎辛（衡卿）君墓誌銘貞觀廿二年十二月廿四日……一七三
貞觀一五八　唐故郢州參軍事胡（寶）府君墓誌銘貞觀廿二年十二月廿四日……一七四
貞觀一五九　大唐故任（道）處士墓誌銘貞觀二十二年閏十二月九日……一七五
貞觀一六〇　大唐故處士宋（榮）君墓誌銘貞觀二十二年閏十二月廿七日……一七七
貞觀一六一　大唐上柱國記室賈（昂）君墓誌之銘貞觀廿三年正月十六日……一七八
貞觀一六二　唐故趙（榮）君墓誌銘貞觀廿三年二月廿二日……一七九
貞觀一六三　唐故趙妻麴墓誌銘貞觀廿三年三月二日……一八〇
貞觀一六四　關（英）君銘誌貞觀廿三年三月十一日……一八一
貞觀一六五　大唐楊（昭）君墓誌貞觀廿三年三月十七日……一八二
貞觀一六六　唐故薛（朗）君之墓誌貞觀廿三年三月廿六日……一八三

貞觀一六七　大唐故和州香林府長史張（雲）府君墓誌銘貞觀廿三年四月十一日……一八四
貞觀一六八　唐禹（藝）君墓誌銘貞觀廿三年四月廿八日……一八六
貞觀一六九　唐故郡君楊夫人墓誌銘貞觀廿三年六月十八日……一八七
貞觀一七〇　唐故青州録事參軍李（良）君墓誌貞觀廿三年七月十八日……一八八
貞觀一七一　大唐故將仕郎楊（全）君墓誌銘貞觀廿三年七月廿一日……一八九
貞觀一七二　唐故鄧州司倉張（舒）君墓誌銘貞觀廿三年八月廿二日……一九〇
貞觀一七三　大唐集州録事參軍王文驚夫人趙氏墓誌銘貞觀廿三年九月四日……一九一
貞觀一七四　「（姚）君諱秀字善才洛陽人也」貞觀廿三年九月十八日……一九二
貞觀一七五　大唐故上柱國通直散騎常侍使持節唐州諸軍事唐州刺史平輿縣開國公周（仲隱）府君墓誌銘貞觀廿三年十月廿五日……一九三
貞觀一七六　隋故樓煩郡秀容縣長侯（雲）府君墓誌貞觀廿三年十一月五日……一九五
貞觀一七七　大唐故坊州司倉參軍董（杜）君墓誌貞觀廿三年十一月廿日……一九六
貞觀一七八　大唐故轘轅府鷹揚後任斛斯（達）君墓誌貞觀廿三年十二月三日……一九七
貞觀一七九　唐故濟州別駕李（君絢）府君墓誌銘貞觀廿三年十二月十二日……一九八
貞觀一八〇　孟隆武墓表貞觀廿四年二月二日……一九九
貞觀一八一　「君姓曹名因字鄙夫」……一九九
貞觀一八二　大唐上儀同故康莫覃息阿達墓誌銘……二〇〇

義和（附）

義和〇〇一　王遵妻史氏墓表義和五年五月十五日……二〇一

重光（附）

重光〇〇一　劉保歡墓表重光元年十一月廿三日……二〇一
重光〇〇二　張保守墓表重光二年十二月十四日……二〇二
重光〇〇三　范法子墓表重光三年六月廿八日……二〇二
重光〇〇四　麴慶瑜墓表重光三年□月七日……二〇二

延壽（附）

延壽〇〇一　張氏墓表延壽四年五月十四日……二〇三
延壽〇〇二　□□□墓表延壽四年十月□三日……二〇三
延壽〇〇三　趙悦子妻馬氏墓表延壽七年七月十六日……二〇三
延壽〇〇四　曹妻蘇氏墓表延壽八年正月十三日……二〇四
延壽〇〇五　唐耀謙墓表延壽八年十月廿一日……二〇四
延壽〇〇六　史伯悦墓表延壽八年十二月廿七日……二〇五

延壽〇〇七 麴延紹墓表延壽九年三月卅日……二〇五
延壽〇〇八 趙悦子墓表延壽九年四月廿七日……二〇五
延壽〇〇九 趙充賢墓表延壽九年□月十一日……二〇六
延壽〇一〇 麴悦子墓表延壽九年十月十九日……二〇六
延壽〇一一 曹武宣墓表延壽九年十一月五日……二〇七
延壽〇一二 任阿慶墓表延壽十年二月十九日……二〇七
延壽〇一三 任法悦墓表延壽十一年正月四日……二〇七
延壽〇一四 侯慶伯墓表延壽十一年五月廿九日……二〇八
延壽〇一五 唐阿朋墓表延壽十一年九月廿六日……二〇八
延壽〇一六 王闍桂墓表延壽十三年二月四日……二〇九
延壽〇一七 □□羅妻太景墓表延壽十三年十二月十□日……二〇九
延壽〇一八 蘇□相墓表延壽十五年十一月十六日……二〇九

永徽

永徽〇〇一 大唐故右勳衛宣城公武(希玄)君墓誌銘永徽元年正月廿日……二一〇
永徽〇〇二 大唐隋故車騎將軍金(行舉)公墓誌銘永徽元年二月三日……二一一
永徽〇〇三 唐故祁(讓)君墓誌銘永徽元年四月二日……二一二

永徽〇〇四　大唐樂（達）君墓誌永徽元年四月廿九日……二一三
永徽〇〇五　隋燕王府録事段夫人之誌銘永徽元年五月廿三日……二一四
永徽〇〇六　汜（朋祐）氏之墓表永徽元年五月廿八日……二一六
永徽〇〇七　大唐故張（鳳憐）處士墓誌銘永徽元年六月十八日……二一六
永徽〇〇八　唐故隋湝城府鷹揚曹（諒）君及琅瑘郡君安氏墓誌永徽元年七月九日……二一七
永徽〇〇九　大唐故張（寶）君墓誌銘永徽元年八月七日……二一八
永徽〇一〇　大唐永徽元年洛州河南縣郟鄏鄉吕（買）君墓誌永徽元年十月八日……二一九
永徽〇一一　滎陽毛（文通）君墓誌之銘永徽元年十月廿日……二二〇
永徽〇一二　「（張）君諱藥字子南陽白水人也」永徽元年十一月一日……二二一
永徽〇一三　慈潤寺故大法珍法師灰身塔永徽元年十二月八日……二二二
永徽〇一四　大唐故劉（初）君墓誌銘永徽二年正月二日……二二三
永徽〇一五　大唐故荆州松資縣令湯府君妻傷氏墓誌銘永徽二年正月十五日……二二四
永徽〇一六　大唐故户曹騎都尉支（茂）君墓誌銘永徽二年正月十五日……二二四
永徽〇一七　大唐故潘（卿）君墓誌永徽二年正月廿七日……二二五
永徽〇一八　唐故衛州新鄉縣令王（順孫）君墓誌銘永徽二年二月九日……二二六
永徽〇一九　許君（士端）墓誌銘永徽二年□月十三日……二二八
永徽〇二〇　隋豫州保城縣丞支（彦）君墓誌銘永徽二年二月廿日……二三〇

永徽〇二一 唐故隰州永和縣令韓(才)君□夫人墓誌銘永徽二年三月廿一日……二三二
永徽〇二二 慈潤寺故道雲法師灰身塔永徽二年四月八日……二三三
永徽〇二三 大唐故仇(道)君夫人袁墓銘永徽二年四月十日……二三三
永徽〇二四 唐故郝(榮)君墓誌銘永徽二年四月廿一日……二三四
永徽〇二五 大唐故李(敬)君墓誌之銘永徽二年六月四日……二三五
永徽〇二六 單(信)君墓誌永徽二年六月廿二日……二三六
永徽〇二七 唐故處士張(義)君墓誌銘永徽二年八月廿三日……二三七
永徽〇二八 大唐蜀王故西閤祭酒蕭(勝)公墓誌永徽二年八月廿三日……二三八
永徽〇二九 大唐故驃騎將軍孫(遷)君墓誌永徽二年九月六日……二三九
永徽〇三〇 唐故弘農楊(藝)府君墓誌銘永徽二年九月十六日……二四〇
永徽〇三一 唐故鄉君□□鞏縣大德鄉君和(姬)氏墓誌銘永徽二年九月廿四日……二四二
永徽〇三二 唐故玄武丞楊(仁方)君墓誌銘永徽二年閏九月廿五日……二四三
永徽〇三三 「(楊)君諱基字政本弘農華陰人也」永徽二年閏九月廿五日……二四四
永徽〇三四 大唐故(明)夫人唐氏墓誌銘永徽二年十月五日……二四五
永徽〇三五 唐故隋高陽令趙君夫人姚氏墓誌銘永徽二年十月八日……二四六
永徽〇三六 「(李)君諱謇字杜叔隴西狄道人也」永徽二年□□八日……二四八
永徽〇三七 唐故楊氏馬夫人墓誌銘永徽二年十二月廿五日……二四八

永徽〇三八　唐故馬(忠)君墓誌銘永徽二年十二月卅日……二四九
永徽〇三九　唐故趙(才)君墓誌銘永徽三年正月九日……二五一
永徽〇四〇　大唐張氏故成公夫人墓誌銘永徽三年正月十八日……二五二
永徽〇四一　唐故隋朝散大夫牛君夫人申氏墓誌永徽三年二月十日……二五三
永徽〇四二　大唐故楊(佰隴)君墓誌永徽三年二月廿二日……二五四
永徽〇四三　大唐遊擊將軍吴(孝)君墓誌永徽三年三月三日……二五五
永徽〇四四　大唐故陳君夫人楊氏墓誌銘永徽三年三月十六日……二五六
永徽〇四五　大唐故李(清)處士墓誌銘永徽三年四月二日……二五七
永徽〇四六　大唐嚴君故夫人鄭氏墓誌銘永徽三年四月七日……二五八
永徽〇四七　唐故歸州興山縣丞皇甫(德相)君墓誌銘永徽三年六月四日……二五九
永徽〇四八　大唐故貝州臨清縣令王(宏)君墓誌銘永徽三年七月十四日……二六〇
永徽〇四九　唐故上儀同秦(進儀)君墓誌永徽三年八月十五日……二六一
永徽〇五〇　唐故宣節尉張(萬善)君墓誌銘永徽三年八月十七日……二六二
永徽〇五一　大唐劉(意)府君墓誌銘永徽三年八月廿四日……二六三
永徽〇五二　唐故蓋夫人墓誌永徽三年九月七日……二六四
永徽〇五三　大唐永徽三年王(則)君墓誌永徽三年十月一日……二六五
永徽〇五四　大唐故鄭(滿)君墓誌永徽三年十月乙酉朔……二六六

永徽〇五五　大唐故金紫光禄大夫右屯衛司騎趙(安)君墓誌銘永徽三年十月十三日……二六七
永徽〇五六　唐故顏(瓌)君墓誌銘永徽三年十月十九日……二六八
永徽〇五七　唐故楊(清)君墓誌銘永徽三年十月廿五日……二六九
永徽〇五八　唐故游擊將軍右武衛幽州潞城府果毅都尉魏(德)公墓誌銘永徽三年十月廿五日……二七〇
永徽〇五九　大唐故孫夫人墓誌永徽三年十月廿五日……二七二
永徽〇六〇　唐宮官司設墓誌銘永徽三年十月廿五日……二七三
永徽〇六一　唐故左驍衛朔陂府折衝都尉段(會)府君墓誌銘永徽三年十一月七日……二七四
永徽〇六二　隋故韋城縣令劉(建)府君墓誌銘永徽三年十一月十九日……二七五
永徽〇六三　大唐斛斯府君夫人索氏墓誌銘永徽三年十一月廿九日……二七六
永徽〇六四　大唐故洛州州都張(欽)君墓誌銘永徽三年十二月一日……二七七
永徽〇六五　唐故騎都尉豳州新平縣丞閻(志雄)君墓銘永徽三年十二月廿三日……二七八
永徽〇六六　「洛州伊闕縣歸善鄉鄁都里程寶安」永徽四年正月十五日……二七九
永徽〇六七　唐故處士張(洛)君墓誌永徽四年正月廿一日……二八〇
永徽〇六八　大唐故劉(普曜)君墓誌銘永徽四年二月十四日……二八一
永徽〇六九　唐故將仕郎劉(裕)君墓誌銘永徽四年二月二十日……二八二
永徽〇七〇　唐故黄崗縣令梁(有意)君墓誌銘永徽四年二月廿七日……二八三
永徽〇七一　唐故隋左龍驤驃騎王(協)公墓誌銘永徽四年三月九日……二八四

永徽〇七二　唐故顔(人)君墓誌銘永徽四年三月十日　二八五
永徽〇七三　張(逸)君墓誌銘永徽四年三月廿一日　二八六
永徽〇七四　唐故韓(子)君墓誌銘永徽四年四月三日　二八七
永徽〇七五　大唐故濟州東阿縣尉趙(爽)君墓誌銘永徽四年四月十日　二八八
永徽〇七六　唐故上開府上大將軍安(延)府君墓誌銘永徽四年四月廿八日　二八九
永徽〇七七　大唐故李(智)君墓誌銘永徽四年五月十日　二九〇
永徽〇七八　大唐故邢夫人墓誌永徽四年五月廿二日　二九一
永徽〇七九　唐故姚(思忠)君墓誌銘永徽四年五月廿二日　二九二
永徽〇八〇　唐故左翊衛隊正甘(朗)君墓誌銘永徽四年六月十六日　二九三
永徽〇八一　唐故曹州冤句縣令楊(逸)君墓誌銘永徽四年六月廿六日　二九四
永徽〇八二　唐故朱(師)君墓誌銘永徽四年七月十一日　二九五
永徽〇八三　唐故公孫(達)君墓誌銘永徽四年七月十六日　二九六
永徽〇八四　隋故千人校尉周(藻)君墓誌銘永徽四年七月廿三日　二九七
永徽〇八五　唐故隰州西道縣令劉(攬)君墓誌銘永徽四年八月三日　二九八
永徽〇八六　大唐故史君夫人田氏墓誌銘永徽四年八月十一日　二九九
永徽〇八七　唐故洛州河南縣曹夫人墓誌銘永徽四年八月廿一日　三〇〇
永徽〇八八　大唐故處士何(盛)君墓誌永徽四年八月廿三日　三〇一

永徽〇八九 唐故楊夫人墓誌銘永徽四年九月十五日……三〇二
永徽〇九〇 隋故幽州長史燕君夫人姜氏墓誌永徽四年九月廿一日……三〇二
永徽〇九一 唐故慶州弘化縣令張(皎)君墓誌永徽四年九月廿四日……三〇三
永徽〇九二 大唐故處士楊(吴生)君墓誌永徽四年十月廿二日……三〇四
永徽〇九三 唐故穀水鄉君張(伯)夫人墓誌銘永徽四年十一月十二日……三〇五
永徽〇九四 唐右驍衛朔坡府故折衝都尉段(會)公墓誌銘永徽四年十二月十九日……三〇六
永徽〇九五 「光嚴寺故大上坐慧登法師灰身塔」永徽五年正月二日……三〇八
永徽〇九六 唐故游擊將軍信義府右果毅都尉韓(邏)公墓誌銘永徽五年二月八日……三〇八
永徽〇九七 大唐故處士趙(嘉)君夫人郭氏之誌□永徽五年二月廿一日……三一〇
永徽〇九八 華(歆)君墓誌永徽五年三月廿四日……三一一
永徽〇九九 故少府監中尚丞劉(皆)君墓誌永徽五年二月卅日……三一二
永徽一〇〇 大唐故上騎都尉通泉金城二縣令郎邪王(素)君墓誌銘永徽五年二月卅日……三一三
永徽一〇一 □□趙(摩)夫人墓誌銘永徽五年三月二日……三一四
永徽一〇二 唐故王(才)君墓誌銘永徽五年三月廿四日……三一五
永徽一〇三 唐故潁州下蔡縣令李(信)府君墓誌銘永徽五年三月二十七日……三一六
永徽一〇四 史氏之墓表永徽五年四月十九日……三一七
永徽一〇五 唐故顔(相)君墓誌銘永徽五年四月廿七日……三一八

永徽一〇六　「（祖）夫人諱隴字淑德南陽人也」永徽五年五月九日……三一九
永徽一〇七　（隋故奉誠尉李）君墓誌銘永徽五年五月十五日……三二〇
永徽一〇八　大唐曹州離狐縣蓋贇君故妻孫夫人墓誌之銘永徽五年五月十六日……三二二
永徽一〇九　唐故苻（肅）君墓誌銘永徽五年閏五月廿八日……三二三
永徽一一〇　唐故成（遠）君吴夫人墓誌銘永徽五年七月十二日……三二四
永徽一一一　大唐故建陵縣令席（泰）君墓誌銘永徽五年月躔夷則廿九日……三二五
永徽一一二　大唐姬（推）公墓誌永徽五年八月十七日……三二七
永徽一一三　大唐故張（琛）君墓誌銘永徽五年八月十七日……三二八
永徽一一四　唐故楊（貴）君墓誌銘永徽五年九月廿五日……三二九
永徽一一五　大唐故陪戎副尉韓（懷）君墓誌銘永徽五年十月七日……三三〇
永徽一一六　大唐韓（通）君墓誌永徽五年十月卅日……三三一
永徽一一七　唐故處士金（魏）君墓誌銘永徽五年十一月廿四日……三三二
永徽一一八　唐故象城縣尉李（果）君墓誌銘永徽五年十二月十九日……三三三
永徽一一九　唐故行愛州司馬騎都尉李（强）君墓誌銘永徽六年正月十一日……三三四
永徽一二〇　唐故洛陽縣淳俗鄉君效夫人墓誌銘永徽六年二月六日……三三五
永徽一二一　唐故王（寬）君墓誌銘永徽六年二月九日……三三六
永徽一二二　唐故沈（士公）府君墓誌銘永徽六年二月九日……三三七

永徽一二三 大唐故翼城令饒陽男房(基)府君墓誌銘永徽六年二月廿日……三三九
永徽一二四 大唐故朝散大夫元(勇)府君墓誌之銘永徽六年二月卅日……三四〇
永徽一二五 隋故東宮左親侍盧(萬春)君墓誌銘永徽六年三月三日……三四一
永徽一二六 唐故新安縣令趙(仲子)君墓誌銘永徽六年三月廿七日……三四三
永徽一二七 大唐文林郎夫人張氏墓誌永徽六年三月……三四三
永徽一二八 唐故朝散大□□□府鷹揚王(孝瑜)君并夫人孫氏墓誌永徽六年四月十日……三四五
永徽一二九 唐故張(才)君墓誌銘永徽六年四月十六日……三四六
永徽一三〇 大唐故洛州河南縣陳氏王夫人墓誌銘永徽六年四月廿一日……三四八
永徽一三一 故恒(彥)君墓誌銘永徽六年五月三日……三四九
永徽一三二 大唐洛汭府故隊正李表墓誌永徽六年五月四日……三四九
永徽一三三 唐故左翊衛金谷府司馬權(開善)君墓誌銘永徽六年五月十五日……三五〇
永徽一三四 大唐故趙(勣)君墓誌銘永徽六年五月廿七日……三五一
永徽一三五 唐故黄(羅漢)君墓誌永徽六年七月一日……三五二
永徽一三六 唐路基妻河東解氏墓誌永徽六年七月十四日……三五四
永徽一三七 唐故洛州洛陽縣姚(義)府君墓誌銘永徽六年八月廿三日……三五五
永徽一三八 大唐故王(瑗達)君墓誌銘永徽六年九月三日……三五六
永徽一三九 大唐故蘇州司馬輕車都尉崔(泰)君墓誌銘永徽六年十月一日……三五七

永徽一四〇　唐故梓州玄武縣丞王（禮）君墓誌銘永徽六年十月十日……三五九
永徽一四一　大唐故韓（還）君墓誌永徽六年十月十三日……三六〇
永徽一四二　魏故尚書令宣簡公孫王（惠）君墓誌永徽六年十月廿四日……三六一
永徽一四三　唐故張（義）君墓誌銘永徽六年十一月六日……三六二
永徽一四四　大唐故王氏郭夫人墓誌永徽六年十二月七日……三六三
永徽一四五　唐故劉夫人墓誌銘永徽六年十二月七日……三六三
永徽一四六　唐故隋清河郡書佐徐（漢）君墓誌銘永徽六年十二月七日……三六五
永徽一四七　大唐故彭城徐（通）君墓誌銘永徽六年十二月十一日……三六六
永徽一四八　唐故始州黄安縣丞高（儼仁）君墓誌銘永徽六年十二月廿五日……三六七

顯慶

顯慶〇〇一　唐故永嘉府隊副張（羊）君墓誌顯慶元年二月三日……三六九
顯慶〇〇二　大唐故隋屯田侍郎柳府君夫人蕭氏墓誌銘顯慶元年二月廿六日……三七〇
顯慶〇〇三　唐故黄州總管府陽城縣丞王君夫人陰氏墓誌顯慶元年三月廿日……三七二
顯慶〇〇四　「交河縣人任相住也」顯慶元年四月八日……三七三
顯慶〇〇五　任相住之墓表顯慶元年四月廿日……三七三
顯慶〇〇六　大唐處士范（重明）君墓誌銘顯慶元年五月十四日……三七四

顯慶〇〇七 大唐故張(弘秀)府君墓誌銘顯慶元年五月廿一日……三七五
顯慶〇〇八 唐故處士趙(通)君墓誌銘顯慶元年六月四日……三七六
顯慶〇〇九 唐故韓(智門)君墓誌銘顯慶元年六月廿一日……三七七
顯慶〇一〇 唐故并州太谷縣尉賈(統)君墓誌銘顯慶元年六月廿七日……三七八
顯慶〇一一 大唐故李君夫人孟氏墓誌顯慶元年六月廿八日……三七九
顯慶〇一二 唐故夫人張氏墓誌銘顯慶元年七月廿日……三八〇
顯慶〇一三 唐故韓(玄)君墓誌銘顯慶元年八月五日……三八一
顯慶〇一四 唐故李府君夫人安平鄉君呂氏墓誌顯慶元年八月廿八日……三八二
顯慶〇一五 唐故隋晉王祭酒車(詵)君墓誌銘顯慶元年九月十一日……三八三
顯慶〇一六 「夫人諱差字令熟河間封丘人也」顯慶元年九月十五日……三八四
顯慶〇一七 大唐郭君夫人張氏墓誌銘顯慶元年九月廿一日……三八五
顯慶〇一八 唐故隴西天水趙(肅)府君墓誌銘顯慶元年十月五日……三八六
顯慶〇一九 唐上輕車都尉張君故夫人可那氏墓誌顯慶元年十月十八日……三八七
顯慶〇二〇 大唐故程(雄)君墓誌銘顯慶元年十月十八日……三八八
顯慶〇二一 大唐故王(師感)府君墓誌銘顯慶元年十一月十二日……三八九
顯慶〇二二 唐故許州鄢陵縣令張(盛)君墓誌銘顯慶元年十一月十二日……三九〇
顯慶〇二三 唐故樂(文義)君墓誌銘顯慶元年十一月廿四日……三九一

顯慶〇二四　□故文林郎張(金剛)君墓誌顯慶元年十二月十二日……三九三
顯慶〇二五　唐故左武候桑泉府司馬程(騭)君墓誌銘顯慶元年十二月十二日……三九四
顯慶〇二六　大唐故王(卿)君故任夫人墓誌銘顯慶元年十二月十九日……三九五
顯慶〇二七　唐故并州祁縣令成(徵)公君墓誌顯慶元年十二月十九日……三九六
顯慶〇二八　(失名殘誌)顯慶二年正月丁酉……三九七
顯慶〇二九　唐故汴州封丘縣令張(才)君墓誌銘顯慶二年閏正月廿日……三九八
顯慶〇三〇　大唐故張(伽)君墓誌之銘顯慶二年閏正月廿日……三九九
顯慶〇三一　大唐故上柱國府典籤房(高)君墓誌銘顯慶二年閏正月廿五日……四〇〇
顯慶〇三二　唐故京兆杜(文貢)府君墓誌銘顯慶二年二月廿六日……四〇一
顯慶〇三三　唐故張夫人墓誌銘顯慶二年二月廿六日……四〇二
顯慶〇三四　大唐故嵐州録事參軍元(則)府君墓誌銘顯慶二年三月八日……四〇三
顯慶〇三五　大唐故段(秀)君墓誌銘顯慶二年三月廿一日……四〇四
顯慶〇三六　唐故吴(素)府君墓誌銘顯慶二年四月癸酉……四〇五
顯慶〇三七　唐故隋門下坊録事南陽張(相)君墓誌銘顯慶二年四月十六日……四〇六
顯慶〇三八　唐故武騎尉任(素)墓誌顯慶□年四月廿七日……四〇七
顯慶〇三九　大唐隴州吴山縣丞王(立)君墓誌銘顯慶二年六月三日……四〇八
顯慶〇四〇　唐故張(武哲)君墓誌銘顯慶二年六月十六日……四〇九

顯慶〇四一　聖道寺故大比丘尼慧澄法師灰身塔顯慶二年七月八日……四一〇
顯慶〇四二　唐故緱(綱)府君墓誌銘顯慶二年七月十六日……四一〇
顯慶〇四三　大唐薛王友行珍州榮德縣丞杜(詢美)君故妻博陵崔氏墓誌銘顯慶二年七月廿七日……四一一
顯慶〇四四　瘞琴銘顯慶二年八月一日……四一二
顯慶〇四五　大唐故張夫人墓誌銘顯慶二年八月十四日……四一三
顯慶〇四六　唐故霍夫人墓誌銘顯慶二年八月廿八日……四一四
顯慶〇四七　「常君妻柳」顯慶二年八月廿八日……四一五
顯慶〇四八　唐故陽城縣白土鄉君孔氏墓誌銘顯慶二年九月十七日……四一五
顯慶〇四九　唐故處士王(玄)君墓誌銘顯慶二年九月十七日……四一六
顯慶〇五〇　大唐故張(貴)君墓誌銘顯慶二年九月廿四日……四一七
顯慶〇五一　大唐故張(伽)君墓誌顯慶二年十月十八日……四一八
顯慶〇五二　唐故隋黄梅縣尉韓(政)君墓誌銘顯慶二年十月廿九日……四二〇
顯慶〇五三　大唐故李(信)君墓誌銘顯慶二年十一月六日……四二一
顯慶〇五四　唐故姚(忠節)處士墓誌銘顯慶二年十一月廿二日……四二二
顯慶〇五五　大唐故臨清縣令琅邪王君妻李氏墓誌銘顯慶二年十一月十八日……四二三
顯慶〇五六　大唐故輔國大將軍荆州都督虢國公張(士貴)公墓誌銘顯慶二年十一月十八日……四二四

顯慶〇五七　「君諱登寶衛國汲人也」顯慶二年十一月廿二日……四二九
顯慶〇五八　唐故支（懷）君墓誌銘顯慶二年十二月十九日……四三〇
顯慶〇五九　大唐故處士安（靜）君墓誌銘顯慶二年十二月十九日……四三一
顯慶〇六〇　唐故趙（令則）君墓誌銘顯慶二年十二月十九日……四三二
顯慶〇六一　故大張優婆夷灰身塔顯慶三年正月四日……四三三
●顯慶〇六二　唐故王（段）君墓誌顯慶二年正月十四日……四三三
顯慶〇六三　唐故高（達）君墓誌銘顯慶三年正月廿三日……四三四
顯慶〇六四　大唐故慕容夫人墓誌銘顯慶三年正月廿三日……四三五
顯慶〇六五　大唐郭君故夫人丁氏墓誌銘顯慶三年正月廿三日……四三六
顯慶〇六六　光天寺故大比丘尼妙德法師灰身塔顯慶三年二月八日……四三六
顯慶〇六七　聖道寺故大比丘尼僧愍法師灰身塔記顯慶三年二月八日……四三七
顯慶〇六八　「大唐化度寺故僧海禪師」顯慶三年二月廿五日……四三七
顯慶〇六九　唐故王夫人誌銘顯慶三年三月廿日……四三七
顯慶〇七〇　唐故宣義郎周（紹業）君墓誌銘顯慶三年四月八日……四三八
顯慶〇七一　「大唐故徐（德）君」顯慶三年四月八日……四四〇
顯慶〇七二　故清信士呂小師灰身塔顯慶三年四月八日……四四一
顯慶〇七三　大唐故王（法）君墓誌銘顯慶三年四月廿日……四四一

顯慶〇七四　張君夫人王(媛)氏墓誌顯慶三年五月廿一日……四四二
顯慶〇七五　大唐故韓(承)君墓誌銘顯慶三年八月廿二日……四四三
顯慶〇七六　唐故陪戎副尉劉(珪)君墓誌銘顯慶三年八月廿二日……四四四
顯慶〇七七　「君諱恒貴洛陽人也」顯慶三年九月六日……四四五
顯慶〇七八　大唐馬(壽)處士墓誌銘顯慶三年九月十八日……四四六
●顯慶〇七九　張(士階)氏亡女墓誌銘長慶三年九月廿二日……四四七
顯慶〇八〇　唐舒州同安縣丞爨君故夫人張氏墓誌銘顯慶三年九月廿三日……四四八
顯慶〇八一　大唐王(公)居士塼塔之銘顯慶三年十月十二日……四四九
顯慶〇八二　唐故隋邵州録事參軍楊(道綱)君墓誌銘顯慶三年十月廿三日……四五〇
顯慶〇八三　大唐故王夫人墓誌銘顯慶三年十月廿四日……四五一
顯慶〇八四　「(暴)君諱賢字洪相元出清州」顯慶三年十月廿四日……四五二
顯慶〇八五　唐故驍騎尉宋(義)君墓誌銘顯慶三年十一月十七日……四五三
顯慶〇八六　大唐洛州洛陽縣洛川鄉明陽里鄭國公府前典籤潘公張夫人之墓誌銘顯慶三年十一月廿日……四五四
顯慶〇八七　大唐太子左衛杜(延基)長史故妻薛氏墓誌銘顯慶三年十二月一日……四五五
顯慶〇八八　□□故大都維那慧雲法師灰身塔顯慶三年十二月八日……四五六
顯慶〇八九　大唐故朝散大夫洛州司兵薛(忠)公墓誌銘顯慶三年十二月十二日……四五六

顯慶〇九〇　唐故霍（萬）君墓誌銘顯慶三年十二月十三日……四五七
顯慶〇九一　大唐故顯慶四年二月二日張達妻李夫人墓誌銘顯慶四年二月二日……四五八
顯慶〇九二　唐故處士洛州河南縣成（朗）君墓誌銘顯慶四年二月廿五日……四五九
顯慶〇九三　唐故楊（士）君墓誌顯慶四年三月二十五日……四六〇
顯慶〇九四　隋故處士成（愿壽）君墓誌顯慶四年三月廿五日……四六一
顯慶〇九五　大唐故將仕郎張（安都）君墓誌銘顯慶四年四月三日……四六二
顯慶〇九六　大唐故司徒公并州都督上柱國鄂國公夫人蘇氏墓誌銘顯慶四年四月十四日……四六三
顯慶〇九七　唐故處士李（兒）君顯慶四年四月十四日……四六五
顯慶〇九八　光天寺故大比丘尼智守法師灰身塔顯慶四年四月十四日……四六六
顯慶〇九九　唐故朝請大夫董君夫人戴氏墓誌銘顯慶四年四月十四日……四六六
顯慶一〇〇　大唐故開府儀同三司鄂國公尉遲（融）君墓誌顯慶四年四月十四日……四六七
顯慶一〇一　唐故絳州夏縣丞張（弘）君誌文顯慶四年五月八日……四七一
顯慶一〇二　大唐故（季）夫人王氏墓誌銘顯慶四年五月廿六日……四七二
顯慶一〇三　大唐故支（懷）君墓誌銘顯慶四年七月九日……四七三
顯慶一〇四　大唐故田（通）君墓誌銘顯慶四年七月十日……四七四
顯慶一〇五　唐故萇夫人墓誌顯慶四年七月十六日……四七五
顯慶一〇六　唐故隋并州司兵張（義）君墓誌銘顯慶四年七月廿七日……四七六

顯慶一〇七　大唐洛州洛陽縣洛川鄉前冀州南宮縣尉張公直妻楊夫人墓誌銘顯慶四年八月九日……四七七
顯慶一〇八　「故呼論縣開國公新林府果毅（史）公諱陁」顯慶四年八月十六日……四七八
顯慶一〇九　大唐故駙馬都尉衛尉少卿息豆盧（遜）君墓誌銘顯慶四年八月廿八日……四七九
顯慶一一〇　大唐處士郭君故夫人楊氏墓誌顯慶四年八月廿八日……四八一
顯慶一一一　大唐王（約）君墓誌顯慶四年七月九日……四八二
顯慶一一二　大唐故北平縣令董（明）府君墓誌顯慶四年十月廿七日……四八三
顯慶一一三　唐故范（信）處士墓誌銘顯慶四年十月卅日……四八四
顯慶一一四　唐故吉州盧陵縣丞皇甫（弘敬）君墓誌銘顯慶四年十月卅日……四八五
顯慶一一五　大唐故徐氏路夫人墓誌銘顯慶四年閏十月十七日……四八六
顯慶一一六　大唐故陪戎副尉安（度）君墓誌銘顯慶四年十一月七日……四八六
顯慶一一七　唐故李（三）府君墓誌銘顯慶四年十一月十八日……四八七
顯慶一一八　唐故張夫人墓誌銘顯慶四年十二月十二日……四八八
顯慶一一九　唐故段夫人墓誌銘顯慶四年十二月廿四日……四八九
顯慶一二〇　唐故都水監舟檝令孟君墓誌銘顯慶五年正月五日……四九〇
顯慶一二一　大唐故張（振）居士墓誌銘顯慶五年正月八日……四九一
顯慶一二二　大唐故翟（惠隱）君墓誌銘顯慶五年二月二日……四九二

顯慶一二三　大唐故王(進)君墓誌銘顯慶五年二月二日……四九三
顯慶一二四　大唐故賈(元叡)君墓誌銘顯慶五年二月二日……四九四
顯慶一二五　大唐朝散大夫行晉安縣令蕭府君故夫人柳氏墓誌銘顯慶五年二月十三日……四九五
顯慶一二六　梁太子洗馬秘書丞仁化侯隋博州深澤縣令蕭公夫人袁氏墓誌銘顯慶五年二月十三日……四九六
顯慶一二七　唐故番禺府折衝都尉上柱國平棘縣開國公紇干(承基)公墓誌顯慶五年二月十三日……四九七
顯慶一二八　大唐故承務郎崔(誠)君墓誌銘顯慶五年二月十三日……四九九
顯慶一二九　樊(寬)君墓誌顯慶五年二月十三日……五〇〇
顯慶一三〇　宋(豐)君墓誌顯慶五年三月一日……五〇一
顯慶一三一　唐故鄜州直羅縣丞張(德操)府君墓誌銘顯慶五年三月八日……五〇二
顯慶一三二　大唐故劉(延壽)君墓誌銘顯慶五年四月十五日……五〇三
顯慶一三三　大唐尚書都事故息顏子(襄子)之銘顯慶五年五月二日……五〇四
顯慶一三四　大唐故處士王(楨)君墓誌銘顯慶五年五月二日……五〇五
顯慶一三五　驍騎尉苗(明)君墓誌銘顯慶五年五月九日……五〇六
顯慶一三六　故大唐處士趙(軌)君墓誌銘顯慶五年五月九日……五〇七
顯慶一三七　「岸頭府校尉劉住隆妻王氏(延臺)」顯慶五年五月十七日……五〇八

顯慶一三八　大唐故王郎將（力士）君墓誌銘顯慶五年七月七日……五〇八
顯慶一三九　唐故張（泉）君墓誌銘顯慶五年七月十日……五〇九
顯慶一四〇　唐故司户桓（鋭）君墓誌銘顯慶五年七月十日……五一〇
顯慶一四一　大唐武昌監丞韓行故夫人解氏墓誌顯慶五年七月十六日……五一一
顯慶一四二　唐故昭武校尉任（德）君墓誌銘顯慶五年七月廿七日……五一一
顯慶一四三　唐故二品宫墓誌銘顯慶五年七月廿七日……五一二
顯慶一四四　唐故常夫人墓誌銘顯慶五年七月……五一三
顯慶一四五　唐故南陽張（懷文）府君墓誌銘顯慶五年八月四日……五一四
顯慶一四六　唐故會稽縣丞李府君夫人韓氏墓誌銘顯慶五年八月十六日……五一五
顯慶一四七　唐故田（仁）府君墓誌銘顯慶五年八月廿二日……五一六
顯慶一四八　大唐故上護軍朝議郎行邛州蒲江縣令蕭（慎）府君墓誌銘顯慶五年八月廿二日……五一七
顯慶一四九　洛州河南縣洛邑鄉關預仁妻茹氏墓誌顯慶五年九月四日……五一九
顯慶一五〇　大唐魏君誌銘顯慶五年九月八日……五二〇
顯慶一五一　大唐高（德）君墓誌銘顯慶五年十月三日……五二一
顯慶一五二　大唐故（柳）夫人封氏墓誌銘顯慶五年十月十七日……五二二
顯慶一五三　「（郭）君諱敬字化和并州太原人也」顯慶五年十月廿九日……五二二
顯慶一五四　唐故萬夫人墓誌銘顯慶五年十月卅日……五二三

顯慶一五五　大唐故文林郎耿（文訓）君墓誌銘顯慶五年十一月十二日……五二四
顯慶一五六　唐故上輕車都尉潞州長史真定郡公許（行師）府君墓誌顯慶五年十一月廿三日……五二五
顯慶一五七　梁夫人姚氏墓誌顯慶五年十一月廿九日……五二六
顯慶一五八　大唐故淄州淄川縣令祖（忠）君夫人墓誌銘顯慶五年十二月七日……五二七
顯慶一五九　唐故大府卿真定郡公許（緒）府君墓誌銘顯慶五年十二月十三日……五二八
顯慶一六〇　唐故武騎尉賈（欽）君墓誌銘顯慶五年十二月十九日……五二九
顯慶一六一　大唐故處士賈（德茂）君墓誌顯慶五年十二月廿四日……五三〇
顯慶一六二　大唐故□（令賓）君墓誌辛酉年己酉日……五三一
顯慶一六三　唐故處士張（楚）府君墓誌顯慶六年二月七日……五三二
顯慶一六四　唐故綿州博士張（武）君墓誌銘顯慶六年二月七日……五三三
顯慶一六五　□唐故處士朱（琳）君墓銘顯慶六年二月癸酉……五三四
顯慶一六六　大唐故銀青光禄大夫使持節泰州諸軍事泰州刺史上柱國宣城（以下缺）顯慶六年二月十九日……五三五
顯慶一六七　大唐故朝散郎騎都尉行太常寺永康陵令侯（忠）君墓誌銘顯慶六年二月十九日……五三六
顯慶一六八　大唐故王（敏）君墓誌銘顯慶六年二月十九日……五三七
顯慶一六九　大唐康氏故史夫人墓誌銘顯慶六年三月七日……五三八
顯慶一七〇　田慶延墓誌顯慶□年二月十五日……五三九

龍朔

龍朔〇〇一 大唐故董府君任夫人墓誌龍朔元年三月十一日……五四〇
龍朔〇〇二 洛州河南縣録事王(寬)君墓誌龍朔元年三月十九日……五四一
龍朔〇〇三 大唐故陰夫人墓誌銘龍朔元年四月乙丑朔……五四二
龍朔〇〇四 唐故處士奇(長)君墓誌銘龍朔元年四月九日……五四三
龍朔〇〇五 大唐故雲騎尉王(朗)府君及夫人魏氏墓誌銘龍朔元年四月廿一日……五四四
龍朔〇〇六 大唐故張(善)君墓誌銘龍朔元年四月廿七日……五四五
龍朔〇〇七 唐故七品亡典籤墓誌銘龍朔元年四月卅日……五四六
龍朔〇〇八 大唐故王(孫)君墓誌銘龍朔元年七月十六日……五四六
龍朔〇〇九 唐故上谷侯夫人義明鄉君譚氏銘龍朔元年八月廿一日……五四七
龍朔〇一〇 大唐故處士宋(虎)君墓誌龍朔元年八月廿一日……五四八
龍朔〇一一 大唐故左翊衛斛斯(德)府君墓誌銘龍朔元年八月廿七日……五四九
龍朔〇一二 大唐故夫人竹氏墓誌銘龍朔元年九月廿三日……五五〇
龍朔〇一三 大唐故騎都尉靖(徹)君墓誌銘龍朔元年九月廿三日……五五一
龍朔〇一四 大唐故處士吴(辯)君墓誌龍朔元年九月廿□日……五五二
龍朔〇一五 唐故張(獎)君墓誌銘龍朔元年十月八日……五五三

龍朔〇一六　唐故文林郎爨君墓誌銘龍朔元年十月八日……五五四
龍朔〇一七　大唐故袁(斌)君墓誌銘龍朔元年十月八日……五五五
龍朔〇一八　唐故處士房(寶子)君墓誌銘龍朔元年十月十一日……五五六
龍朔〇一九　□□故郭(壽)處士墓誌銘龍朔元年十月十一日……五五八
龍朔〇二〇　「張士高本望南陽相州林慮縣人也」龍朔元年建亥月廿三日……五五九
龍朔〇二一　陳故始安郡太守慈源縣侯徐(綜)府君墓誌銘龍朔元年十月廿三日……五六〇
龍朔〇二二　大唐故處士張(興)君墓誌銘龍朔元年十月廿三日……五六一
龍朔〇二三　大唐故張(寶)府君墓誌銘龍朔元年十月廿三日……五六三
龍朔〇二四　大唐故將仕郎段(洽)府君墓誌銘龍朔元年十一月十一日……五六四
龍朔〇二五　大唐故張府君夫人喬氏墓誌銘龍朔元年十一月十一日……五六五
龍朔〇二六　唐故李(護)君墓誌銘龍朔元年十一月廿九日……五六六
龍朔〇二七　唐故上柱國果毅都尉李(汪)府君墓誌銘龍朔元年十一月廿九日……五六七
龍朔〇二八　唐故太原王(孝義)君墓誌銘龍朔元年十一月卅日……五六九
龍朔〇二九　大唐故吴(志)君墓誌銘龍朔元年十二月廿四日……五七〇
龍朔〇三〇　大唐故徐(師)府君墓誌龍朔二年正月十六日……五七一
龍朔〇三一　唐故將仕郎王(積善)君墓誌龍朔二年三月廿五日……五七一
龍朔〇三二　唐故潞州上黨縣丞劉氏賈夫人墓誌銘龍朔二年四月十四日……五七二

龍朔〇三三 唐故陪戎副尉張（伯通）君墓誌 龍朔二年四月十四日 …… 五七三
龍朔〇三四 唐故洛州洛陽縣馮夫人墓誌 龍朔二年五月廿六日 …… 五七四
龍朔〇三五 大唐隴西王府侯司馬故妻竇夫人之銘 龍朔二年五月廿六日 …… 五七五
龍朔〇三六 大唐衞州共城縣故董夫人墓誌銘 龍朔二年六月二日 …… 五七六
龍朔〇三七 唐故田（惠）君墓誌銘 龍朔二年六月十四日 …… 五七七
龍朔〇三八 大唐張處士故夫人朱氏墓誌銘 龍朔二年六月十五日 …… 五七八
龍朔〇三九 唐故張（禮）處士墓誌銘 龍朔二年六月廿七日 …… 五七九
龍朔〇四〇 唐故開府索（玄）君墓誌銘 龍朔二年七月廿二日 …… 五八〇
龍朔〇四一 □唐故斛斯（祥）君墓誌銘 龍朔二年七月廿二日 …… 五八一
●龍朔〇四二 唐越州諸暨縣主簿宮君故夫人秦氏墓誌銘 龍朔二年八月十日 …… 五八二
龍朔〇四三 大唐故蒲州汾陰縣丞上柱國李（謂）府君墓誌銘 龍朔二年八月四日 …… 五八三
龍朔〇四四 唐故都督王（羅）君墓誌銘 龍朔二年八月四日 …… 五八四
龍朔〇四五 唐故韓（文）君潘夫人墓誌銘 龍朔二年八月十六日 …… 五八五
龍朔〇四六 故仁勇副尉皇甫（相貴）君墓誌銘 龍朔二年九月四日 …… 五八六
龍朔〇四七 唐故文林郎桓（萬基）君墓誌銘 龍朔二年九月十七日 …… 五八七
龍朔〇四八 「西州僞内散常侍麴善岳」 龍朔二年十月廿八日 …… 五八八
龍朔〇四九 「夫人毛氏諱姿臺高昌人也」 龍朔二年十一月六日 …… 五八八

龍朔〇五〇　唐故隋立信尉袁（相）君墓誌銘龍朔二年十一月十一日……五八九
龍朔〇五一　大唐故刑部郎中定州司馬辛（驥）君墓誌銘龍朔二年十一月十七日……五九〇
龍朔〇五二　唐故右衛德潤府左果毅都尉上柱國高（捧）公墓誌銘龍朔二年十一月廿九日……五九二
龍朔〇五三　唐故昭武校尉秦（義）君墓誌銘龍朔三年正月廿八日……五九三
龍朔〇五四　□□□周（師）君墓誌銘龍朔三年正月卅日……五九五
龍朔〇五五　大唐涇陽令周（顯）君墓誌龍朔三年正月卅日……五九六
龍朔〇五六　唐孫君故夫人宋氏墓誌銘龍朔三年二月十二日……五九七
龍朔〇五七　唐故舒王府典軍王（仁）君墓誌銘龍朔三年二月廿二日……五九八
龍朔〇五八　唐故魏王府廄牧丞路（徹）君墓誌銘龍朔三年四月二日……五九九
龍朔〇五九　唐故段（文會）君墓誌銘龍朔三年四月二日……六〇〇
龍朔〇六〇　大唐故侯（子）君夫人郭氏墓誌銘龍朔三年四月十七日……六〇一
龍朔〇六一　大唐故處士田（君彦）君墓誌銘龍朔三年五月八日……六〇二
龍朔〇六二　大唐故魏（郎仁）君墓誌銘龍朔三年五月八日……六〇三
龍朔〇六三　唐故荀氏楊夫人墓誌銘龍朔三年五月九日……六〇四
龍朔〇六四　唐故馮（達）府君墓誌銘龍朔三年五月十二日……六〇五
龍朔〇六五　唐故鄭州新鄭縣令唐（沙）府君墓誌銘龍朔三年五月廿日……六〇六
龍朔〇六六　唐故宗夫人墓誌銘龍朔三年六月□日……六〇七

龍朔〇六七 「女□漫低琅耶臨沂人也」龍朔三年六月十四日……六〇八
龍朔〇六八 唐故景城縣令京兆獨孤(澄)公墓誌銘龍朔三年七月十日……六〇八
龍朔〇六九 唐故蘭(達)處士墓誌銘龍朔三年八月三日……六〇九
龍朔〇七〇 唐故常(開)君墓誌銘龍朔三年八月三日……六一〇
龍朔〇七一 唐故王(楷)君墓誌銘龍朔三年八月三日……六一一
龍朔〇七二 唐故皇甫府君墓誌銘龍朔三年八月九日……六一三
龍朔〇七三 大唐故樊(秀)君墓誌銘龍朔三年八月廿一日……六一四
龍朔〇七四 唐(張□)故程夫人墓誌銘龍朔三年八月廿一日……六一五
龍朔〇七五 唐故蜀王府隊正安(師)君墓誌銘龍朔三年九月廿日……六一六
龍朔〇七六 唐故河南樊(端)處士墓誌銘龍朔三年十月五日……六一七
龍朔〇七七 大唐濟度寺大比丘尼(法愿)墓誌銘龍朔三年十月十七日……六一八
龍朔〇七八 唐斛斯處士張夫人墓誌銘龍朔三年□月四日……六二〇
龍朔〇七九 唐故定襄參軍古(弘節)君墓誌銘龍朔三年十一月五日……六二一
龍朔〇八〇 □□汝州録事參軍封(温)府君墓誌銘龍朔三年十一月十一日……六二三
龍朔〇八一 大唐故文林郎仵(愿德)君墓誌銘龍朔三年十一月十二日……六二四
龍朔〇八二 大唐揚州大都督府户曹太夫人墓誌銘龍朔三年十一月廿三日……六二五
龍朔〇八三 唐故遊擊將軍高望府果毅王(敬)府君墓誌銘龍朔三年十一月廿四日……六二六

龍朔〇八四　洛州洛陽縣處士李（英）君墓誌銘龍朔□年十□月五日……六二八
龍朔〇八五　彭城劉夫人墓銘龍朔三年十二月十八日……六二九
龍朔〇八六　大唐故始州黄安縣令傅（交益）君墓誌龍朔三年十二月廿七日……六三〇
龍朔〇八七　「唐曇海高昌人也」龍朔四年二月十九日……六三一
龍朔〇八八　唐故鄧（威）君墓誌銘龍朔□年四月□日……六三一
龍朔〇八九　唐故德州參軍桓（琮）君夫人張氏墓誌龍朔□年十月廿九日……六三二

麟德

麟德〇〇一　大唐故韓王府録事參軍李（辨）君墓誌銘麟德元年正月十三日……六三四
麟德〇〇二　大唐故焦（寶）君墓誌銘麟德元年正月廿四日……六三五
麟德〇〇三　大唐故處士吕（德）府君陳夫人墓誌銘麟德元年正月廿五日……六三六
麟德〇〇四　東都掖庭宫司簿王氏之銘麟德元年二月十二日……六三七
麟德〇〇五　大唐故騎都尉李（文）君墓誌銘麟德元年二月十八日……六三八
●麟德〇〇六　唐故邊（師）君墓誌銘麟德元年二月廿四日……六三九
麟德〇〇七　大唐故王（才）府君及夫人毛氏墓誌銘麟德元年三月十三日……六四〇
麟德〇〇八　唐故前壽安縣博士始安秦（寶）君墓誌銘麟德元年三月廿五日……六四一
麟德〇〇九　唐□前朔州善陽縣丞樂（玄德）君墓誌銘麟德元年四月七日……六四二

麟德〇一〇 「翟那寧昏母康波蜜提」麟德元年四月卅日……六四三
麟德〇一一 唐故處士張(仁)君墓誌銘麟德元年五月廿五日……六四三
麟德〇一二 唐故梁夫人墓誌銘麟德元年七月六日……六四四
麟德〇一三 大唐故深州晏城縣丞宋(璋)君墓誌銘麟德元年七月廿七日……六四五
麟德〇一四 大唐陪戎尉王德故妻鮮于墓誌銘麟德元年七月廿七日……六四七
麟德〇一五 唐驍騎尉皇甫(璧)君墓誌銘麟德元年八月九日……六四七
麟德〇一六 唐故張(温)君墓誌銘麟德元年九月廿七日……六四八
麟德〇一七 大唐衛州故司馬王善通墓誌銘麟德元年十月十一日……六四九
麟德〇一八 大唐故右武衛大將軍使持節都督涼甘肅伊瓜沙等六州諸軍事涼州刺史上柱國同安郡開國公鄭(廣)府君墓誌銘麟德元年十月廿三日……六五〇
麟德〇一九 洛中處士孟(師)君墓誌銘麟德元年十一月二日……六五三
麟德〇二〇 唐故涇陽縣令梁(秀)君墓誌銘麟德元年十一月五日……六五四
麟德〇二一 大唐故段(賾)府君夫人墓誌銘麟德元年十一月五日……六五五
麟德〇二二 大唐故翊衛大督羅(端)府墓誌銘麟德元年十一月五日……六五六
麟德〇二三 □□故台州録事參軍袁(弘毅)府君墓誌之銘麟德元年十一月十六日……六五七
麟德〇二四 □□□王(達)君墓誌銘麟德元年十一月廿八日……六五八
麟德〇二五 唐故將仕郎霍(達)君墓誌銘麟德元年十一月廿八日……六五九

麟德〇二六 □□□□□□□輕車都尉强(偉)君墓誌銘麟德元年十一月廿八日……六六〇
麟德〇二七 唐故隋幽州先賢府車騎王(君)府君墓誌銘麟德元年十二月十一日……六六二
麟德〇二八 大唐功曹參軍梁君故夫人成氏墓誌麟德元年十二月十一日……六六四
麟德〇二九 唐伊川府校尉(馬安)墓誌銘麟德元年……六六四
麟德〇三〇 唐故隋奉誠尉邢(訔)君墓誌銘麟德二年正月三日……六六六
麟德〇三一 「夫人諱尚沛郡彭城人也」麟德二年正月三日……六六七
麟德〇三二 大唐故上護軍趙君夫人劉氏(寶)墓誌銘麟德二年正月十八日……六六八
麟德〇三三 大唐故護軍李(遠)君墓誌銘麟德二年正月十八日……六六九
麟德〇三四 唐故趙(端)處士墓誌銘麟德二年正月廿九日……六七〇
麟德〇三五 唐故李(智)君墓誌銘麟德二年二月十八日……六七一
麟德〇三六 房(仁愻)君墓誌麟德二年二月廿五日……六七二
麟德〇三七 唐故董君夫人杜氏墓誌銘一首麟德二年二月廿九日……六七三
麟德〇三八 唐故隋金谷府鷹揚權(豹)公墓誌銘麟德二年二月卅日……六七四
麟德〇三九 大唐故隋懷州王屋縣令楊(康)君墓誌銘麟德二年三月七日……六七五
麟德〇四〇 大唐故夫人王氏墓誌麟德二年三月廿八日……六七七
麟德〇四一 大唐故懷音府隊正飛騎尉侯(僧達)君墓誌銘麟德二年閏三月廿八日……六七七
麟德〇四二 九品亡宮人墓誌銘麟德二年四月……六七八

麟德〇四三 大唐故河東王夫人墓誌之銘麟德二年五月十三日……六七九
麟德〇四四 九品亡宫人墓誌銘麟德二年六月……六八〇
麟德〇四五 大唐王夫人墓誌銘麟德二年六月二日……六八一
麟德〇四六 唐故衡州刺史長樂公夫人（郭氏）墓誌銘麟德二年七月三日……六八二
麟德〇四七 大唐故史（信）君墓誌銘麟德二年七月十二日……六八三
麟德〇四八 唐故南陽張（運才）處士墓誌銘麟德二年七月十五日……六八四
麟德〇四九 大唐故亡宫九品墓誌銘麟德二年七月廿一日……六八五
麟德〇五〇 唐故宣州司法參軍事夫人杜氏墓誌銘麟德二年七月廿四日……六八六
麟德〇五一 亡宫人九品墓誌麟德二年七月……六八七
麟德〇五二 唐故賈（信）君墓誌銘麟德二年八月三日……六八七
麟德〇五三 大唐故王（惠）君墓誌銘麟德二年八月三日……六八八
麟德〇五四 大唐故索（達）君墓誌銘麟德二年八月三日……六八九
麟德〇五五 大唐張（滿）君墓誌銘麟德二年八月三日……六九〇
麟德〇五六 大唐河東柳尚遠妻宇文夫人墓誌銘麟德二年八月十五日……六九一
麟德〇五七 唐故洛州仇夫人墓誌麟德二年九月十三日……六九二
麟德〇五八 大唐故文林郎支（敬倫）君墓誌麟德二年九月廿一日……六九三
麟德〇五九 大唐故楊（客僧）君墓誌銘麟德二年九月廿五日……六九四

麟德〇六〇　大唐洛州伊闕縣故馬(弘基)君墓誌銘麟德二年九月廿七日……六九五
麟德〇六一　唐故趙(元粲)府君墓誌銘麟德二年九月廿八日……六九六
麟德〇六二　亡宮九品墓誌銘麟德二年九月……六九七
麟德〇六三　王仁表墓誌銘麟德二年拾月伍日……六九八
麟德〇六四　唐故隋上儀同三司朝散大夫右監門校尉王(宣)君墓誌銘麟德二年十月十一日……六九八
麟德〇六五　唐故周夫人墓誌銘麟德二年十月十一日……六九九
麟德〇六六　大唐故魏氏田夫人墓誌銘麟德二年十月十八日……七〇〇
麟德〇六七　唐故周君劉夫人墓誌銘麟德二年十□月二日……七〇一
麟德〇六八　大唐驍騎尉故馮(貞)君墓誌銘麟德二年十二月廿四日……七〇二
麟德〇六九　大唐故張(寬)府君墓誌銘麟德三年正月十八日……七〇三
麟德〇七〇　大唐故處士張(仁)君墓誌銘麟德三年七月三日……七〇四

乾封

乾封〇〇一　唐故董(師)府君墓誌銘乾封元年正月廿九日……七〇六
乾封〇〇二　大唐故處士王(延)君墓誌銘乾封元年二月五日……七〇七
乾封〇〇三　「慈潤寺故大員照律師灰身塔」乾封元年二月八日……七〇九
乾封〇〇四　大唐故飛騎尉田(博)君夫人桑氏墓誌銘乾封元年二月十二日……七〇九

乾封〇〇五　唐故洛州録事楊（達）君夫人張氏墓誌銘乾封元年二月十二日……七一〇
乾封〇〇六　大唐故左衛長史顔（仁楚）君墓誌銘乾封元年二月廿三日……七一一
乾封〇〇七　唐故邊（敏）君墓誌銘乾封元年三月廿九日……七一三
乾封〇〇八　「□□□濟陰人也」乾封元年四月六日……七一四
乾封〇〇九　劉恭墓誌乾封元年四月十六日……七一五
乾封〇一〇　大唐萬年宮□監農圃監監事趙（宗）君墓誌銘乾封元年四月廿四日……七一五
乾封〇一一　大唐故歙州司馬來（僧）君墓誌銘乾封元年四月廿五日……七一七
乾封〇一二　大唐故處士支（郎子）君誌銘乾封元年五月七日……七一八
乾封〇一三　故隋奉誠尉許君（士端）墓誌銘乾封元年五月十九日……七一九
乾封〇一四　唐故恒州行唐縣主簿崔（冲）府君墓誌銘乾封元年六月十九日……七二〇
乾封〇一五　唐騎都尉郭君故夫人楊氏墓誌銘乾封元年九月七日……七二一
乾封〇一六　唐故處士張府君夫人梁氏墓誌銘乾封元年九月十日……七二三
乾封〇一七　大唐故文林郎守益州導江縣主簿飛騎尉張（行恭）府君誌乾封元年十月十七日……七二四
乾封〇一八　并州主簿李道能孫張胤墓誌乾封元年十二月十五日……七二五
乾封〇一九　「□海悦者西州高昌縣人也」乾封二年□月五日……七二六
乾封〇二〇　唐故處士陳（才）君墓誌銘乾封二年正月廿日……七二六
乾封〇二一　唐故潞州襄垣縣令裴（嗣宗）君墓誌銘乾封二年正月……七二七

乾封〇二二　唐故左驃騎左一車騎將軍上柱國王(道智)君墓誌銘乾封二年二月十八日……七二八
乾封〇二三　大唐故邢州南和縣令趙府君夫人梁氏墓誌銘乾封二年二月十八日……七三〇
乾封〇二四　唐故上開府董(葵)君墓誌銘乾封二年二月廿九日……七三一
乾封〇二五　唐故清河郡張(爽)先生墓誌銘乾封二年三月十日……七三二
乾封〇二六　唐故任同州白水縣令右任宛丘縣令楊(元)君墓誌銘乾封二年三月廿九日……七三四
乾封〇二七　大唐故李(表)君墓誌乾封二年四月七日……七三五
乾封〇二八　唐故陪戎尉周(君德)君墓誌銘乾封二年五月廿四日……七三六
乾封〇二九　大唐洛州陸渾縣處士張兄仁故夫人成公氏墓誌銘乾封二年六月十三日……七三六
乾封〇三〇　唐故陳(壽)君墓誌銘乾封二年七月二日……七三七
乾封〇三一　唐故遊擊將軍信義府果毅都尉韓邏夫人苑陵縣君靳氏墓誌銘乾封二年七月十四日……七三八
乾封〇三二　唐故處士張(海)君墓誌銘乾封二年八月十四日……七三九
乾封〇三三　大唐故上柱國咸陽府長上果毅楊(智積)君墓誌銘乾封二年八月十八日……七四一
乾封〇三四　唐故董(榮)府君墓誌銘乾封二年八月十四日……七四二
乾封〇三五　唐故處士張(伯隴)君墓誌銘乾封二年八月廿六日……七四三
乾封〇三六　大唐故車騎王(端)府君墓誌銘乾封二年九月三日……七四四
乾封〇三七　唐故張(鬼)府君墓誌銘乾封二年戊午之朔廿七日……七四六

乾封〇三八 唐故袁夫人墓誌銘乾封二年十月九日……七四七
乾封〇三九 唐故隰州大寧縣令王(纂)君墓誌銘乾封二年十月廿二日……七四八
乾封〇四〇 唐故箕州榆社縣令王(和)君墓誌銘乾封二年十月廿二日……七四九
乾封〇四一 唐故蒲津關令雲騎尉張(仁)君墓誌銘乾封二年十月廿二日……七五〇
乾封〇四二 大唐故黔州洪杜縣丞張(善)君并夫人上官氏墓誌銘乾封二年十月廿二日……七五一
乾封〇四三 大唐故靖(千年)府君之墓誌銘乾封二年十月廿二日……七五三
乾封〇四四 大唐黄府君夫人孫氏墓誌銘乾封二年十月廿七日……七五四
乾封〇四五 唐故段(儉)氏妻李夫人墓誌銘乾封二年十月廿八日……七五五
乾封〇四六 □□□張(雄)府君并夫人燕氏墓誌銘乾封二年十一月五日……七五六
乾封〇四七 洛州河南縣郭(君副)府君之銘乾封二年閏十二月五日……七五七
乾封〇四八 唐故處士許(國)君墓誌銘乾封二年閏十二月五日……七五八
乾封〇四九 大唐李(弘)君墓誌乾封二年閏十二月五日……七五九
乾封〇五〇 唐故虢州閿鄉縣丞孫(恭)君墓誌乾封二年閏十二月十一日……七六〇
乾封〇五一 大唐故右驍衛游擊將軍安義府右果毅都尉上柱國婁(敬)君墓誌銘乾封二年閏十二月十七日……七六一
乾封〇五二 大唐故謝(通)君墓誌銘乾封二年閏十二月十七日……七六三
乾封〇五三 唐故杜(慶)君墓誌銘乾封二年閏十二月十七日……七六四

乾封〇五四　唐故張(朗)君墓銘乾封二年閏十二月廿七日……七六五
乾封〇五五　唐故王(師)君墓誌銘乾封三年正月十八日……七六六
乾封〇五六　大唐故南和縣令張(彥)君墓誌銘乾封三年正月廿五日……七六七
乾封〇五七　大唐故張(對)君之銘乾封三年正月廿五日……七六八
乾封〇五八　唐故靖(徹)君夫人墓誌銘乾封三年二月十六日……七六九

總章

總章〇〇一　大唐前房州房陵縣尉苻君太夫人張氏墓誌銘總章元年二月卅日……七七一
總章〇〇二　大唐通君閻夫人墓誌銘總章元年三月七日……七七二
總章〇〇三　故騎都尉張(德)君墓誌總章元年三月十二日……七七三
總章〇〇四　□唐洛州河南縣南斌故妻高氏墓誌銘總章元年五月七日……七七四
總章〇〇五　唐故孫(處信)君墓誌銘總章元年五月十九日……七七五
總章〇〇六　唐故宋夫人墓誌銘總章元年六月七日……七七六
總章〇〇七　大唐故處士李(文)君墓誌銘總章元年六月廿九日……七七七
總章〇〇八　唐故驍騎尉張(愿)君墓誌銘總章元年七月廿日……七七八
總章〇〇九　彭(義)君墓誌銘總章元年七月廿四日……七七九
總章〇一〇　唐故王(贊)君墓誌銘總章元年九月廿八日……七八〇

總章〇一一 唐故潘君夫人牛氏墓誌銘總章元年十月九日……七八一
總章〇一二 大唐故李(政)府君墓誌銘總章元年十月十日……七八二
總章〇一三 大唐故洛州趙(師)君墓誌之銘總章元年十月十九日……七八三
總章〇一四 唐故武騎尉王(萬通)君墓誌銘總章元年十月癸酉……七八三
總章〇一五 大唐故李(泰)君墓誌銘總章元年十一月二日……七八四
總章〇一六 唐故郯鄏府隊副梁(方)君墓誌銘總章元年十一月四日……七八六
總章〇一七 唐故右勳衛隊正張(智慧)君墓誌銘總章元年十一月四日……七八七
總章〇一八 大唐故孫君墓誌之銘總章元年十一月五日……七八八
總章〇一九 元(㮚)君誌總章元年十一月十四日……七八九
總章〇二〇 大唐故銀青光禄大夫守司刑太常伯李(爽)公墓誌銘總章元年十一月廿二日……七八九
總章〇二一 大唐故朱(信)府君之墓誌總章二年正月十七日……七九三
總章〇二二 大唐故并州文水縣尉唐(仁軌)君墓誌總章二年正月廿三日……七九四
總章〇二三 唐故右戎衛翊衛徐(買)君墓誌銘總章二年正月廿七日……七九五
總章〇二四 唐故文林郎行洛陽宫青城監監事武騎尉王(德)公墓誌銘總章二年二月十一日……七九六
總章〇二五 □唐泗州漣水縣主簿武騎尉故范(彦)君墓誌銘總章二年二月廿四日……七九七
總章〇二六 唐故楊義妻王氏墓誌總章二年建卯月廿五日……七九八
總章〇二七 唐故李夫人墓誌銘總章二年三月十九日……七九九

總章〇二八　大唐故儒林郎王(令)君墓誌銘總章二年三月廿八日……八〇〇
總章〇二九　唐故趙夫人墓誌銘總章二年□月十四日……八〇一
總章〇三〇　大□□□□劉君妻故斛斯氏□□□□總章二年五月十九日……八〇二
總章〇三一　唐故張(玉山)君墓誌銘總章二年五月廿五日……八〇三
總章〇三二　□文林郎張君故夫人朱氏墓誌銘總章二年六月廿六日……八〇四
總章〇三三　唐故上騎都尉康(達)君墓誌銘總章二年七月八日……八〇五
總章〇三四　大唐故楊(行禕)君墓誌銘總章二年八月廿六日……八〇六
總章〇三五　唐故□戎副尉曹(德)君墓誌銘總章二年八月廿六日……八〇七
總章〇三六　唐故趙(義)君墓誌銘總章二年九月廿六日……八〇八
總章〇三七　大唐故杜夫人墓誌銘總章二年九月廿六日……八〇九
總章〇三八　大唐(耿卿)故夫人惠氏墓誌總章二年十一月十五日……八〇九
總章〇三九　唐故處士上官(義)府君墓誌銘總章二年十一月廿七日……八一一
總章〇四〇　大唐故勳官飛騎尉蘭(德)君墓誌總章二年十二月一日……八一二
總章〇四一　兗州金鄉縣前蘭州録事參軍徐羅母薛氏墓總章二年十二月廿五日……八一三
總章〇四二　大唐故王夫人墓誌銘總章三年正月廿□日……八一三
總章〇四三　「大唐故道安禪師姓張」總章三年二月十五日……八一四
總章〇四四　唐故涿郡張夫人墓誌總章三年三月十一日……八一四

咸亨

咸亨〇〇一 大唐故程（義）公墓誌銘咸亨元年三月十二日……八一七
咸亨〇〇二 唐故劉（德閏）公墓誌銘咸亨元年三月十四日……八一八
咸亨〇〇三 唐故郭君夫人劉氏墓誌銘咸亨元年五月廿日……八一九
咸亨〇〇四 唐故處士劉（德師）君墓誌銘咸亨元年五月廿四日……八一九
咸亨〇〇五 大唐故左領軍翊府親衛劉（朗）君墓誌銘咸亨元年六月一日……八二一
咸亨〇〇六 唐故魏王府參軍毛（景）君墓誌銘咸亨元年六月十三日……八二二
咸亨〇〇七 大唐申（恭）處士誌咸亨元年六月廿日……八二三
咸亨〇〇八 唐故楊（湯）君墓誌銘咸亨元年七月十四日……八二四
咸亨〇〇九 大唐故瀛州河澗縣令樂（達）府君墓誌之銘咸亨元年七月十四日……八二五
咸亨〇一〇 大唐故張（軌）君墓誌銘咸亨元年閏九月廿日……八二六
咸亨〇一一 唐故處士索（行）君墓誌銘咸亨元年閏九月二十日……八二七
咸亨〇一二 唐故齊州歷城縣令庫狄（通）君墓誌銘咸亨元年閏九月廿一日……八二八
咸亨〇一三 唐故趙夫人墓誌銘咸亨元年十月一日……八二九
咸亨〇一四 大唐故交州都督府行參軍樊（玄紀）君墓誌銘咸亨元年十月四日……八三〇
咸亨〇一五 唐故曹州離狐縣丞蓋（蕃）府君墓誌銘咸亨元年十月四日……八三一

咸亨〇一六　隋故騎都尉司馬(興)君墓誌銘咸亨元年十月四日……八三三
咸亨〇一七　唐故處士廣平穆(碩)君墓誌銘咸亨元年十月四日……八三四
咸亨〇一八　唐相州湯陰縣故令王(君德)君墓誌銘咸亨元年十月四日……八三五
咸亨〇一九　大唐故趙(德令)府君夫人墓誌銘咸亨元年十月十五日……八三六
咸亨〇二〇　唐故隋車騎將軍呂(道)君墓誌銘咸亨元年十月十六日……八三八
咸亨〇二一　唐故徵士郭(德)君墓誌銘咸亨元年十月廿一日……八三九
咸亨〇二二　大唐故處士朱(通)君墓誌銘咸亨元年十月廿一廿五日……八四一
咸亨〇二三　大唐故汴州中牟縣丞樂(玄)君墓誌銘咸亨元年十月廿八日……八四二
咸亨〇二四　唐故朝散大夫儀同三司上柱國右戎衛開福府旅帥仵(欽)君墓誌銘咸亨元年十一月三日……八四三
咸亨〇二五　唐故隋奉重都尉姑臧段(瑋)君墓誌銘咸亨元年十一月十日……八四五
咸亨〇二六　「(申)君諱德字儒宗南陽人也」咸亨元年十一月十日……八四六
咸亨〇二七　大唐故李府君之夫人王氏墓誌銘咸亨元年十二月十五日……八四七
咸亨〇二八　隋故金紫光禄大夫右武衛武賁郎將江陽公張(曉)府君墓誌銘咸亨元年十□月廿日……八四八
咸亨〇二九　大唐故康敬本墓誌銘咸亨元年□月十四日……八五〇
咸亨〇三〇　唐故吴王府執仗張(節)君墓誌銘咸亨二年正月十一日……八五一
咸亨〇三一　大唐故韓(昱)府君墓誌銘咸亨二年三月九日……八五三

咸亨〇三二　洛州洛陽縣張(昌)處士墓誌咸亨二年三月十五日……八五四
咸亨〇三三　唐故荆州大都督鄭襄公孫女張墓誌銘咸亨二年四月廿二日……八五五
咸亨〇三四　唐故上護軍王(慈善)君墓誌銘咸亨二年五月四日……八五六
咸亨〇三五　大唐故承務郎前相州林慮縣丞奇(玄表)府君墓誌銘咸亨二年五月十四日……八五七
咸亨〇三六　大唐朝議郎行周王西閤祭酒上柱國程務忠妻鄭氏墓誌銘咸亨二年五月十四日……八五八
咸亨〇三七　大唐故武騎尉岐州雍縣主簿謝(慶夫)君墓誌咸亨二年七月十二日……八五九
咸亨〇三八　□故王(小)君墓誌銘咸亨二年七月十二日……八六〇
咸亨〇三九　大唐故并州司兵張君夫人王墓誌銘咸亨二年八月八日……八六一
咸亨〇四〇　洛州陸渾縣飛騎尉毛君故夫人李氏墓誌銘咸亨二年九月廿一日……八六二
咸亨〇四一　唐故夫人宋氏(五娘)墓誌銘咸亨二年十一月三日……八六三
咸亨〇四二　「(鄧)君諱恢字文廓南陽人也」咸亨二年十二月十日……八六四
咸亨〇四三　唐故遊擊將軍劉(盛)君墓誌銘咸亨三年正月三日……八六五
咸亨〇四四　唐故上騎都尉馬(寶□)君墓誌銘咸亨三年正月十三日……八六七
咸亨〇四五　大唐故洛州王(師)君墓誌銘咸亨三年正月廿二日……八六八
咸亨〇四六　「故周王府隊正李元昭」咸亨三年正月廿八日……八六九
咸亨〇四七　大唐故朝散大夫開府儀同三司玄都觀觀主牛(弘滿)法師墓誌銘咸亨三年二月十日……八六九

咸亨〇四八　故田(紀)君墓誌咸亨三年二月十日……八七一
咸亨〇四九　大唐孟(善王)君墓誌咸亨三年二月十一日……八七二
咸亨〇五〇　張(祖)府君墓誌銘咸亨三年二月廿二日……八七二
咸亨〇五一　唐故陪戎副尉康(武通)君墓誌銘咸亨三年二月廿二日……八七四
咸亨〇五二　唐故平陽路夫人墓誌銘咸亨三年二月廿八日……八七五
咸亨〇五三　□唐故王(逸)君墓誌銘咸亨三年三月廿九日……八七六
咸亨〇五四　□唐故王(德)君墓誌銘咸亨三年三月廿九日……八七七
咸亨〇五五　大唐故李(祖)府君墓誌銘咸亨三年五月十九日……八七八
咸亨〇五六　唐故上柱國王(玄)君墓誌銘咸亨三年五月廿四日……八七九
咸亨〇五七　大唐故朝散大夫尹(達)君墓誌銘咸亨三年六月一日……八八〇
咸亨〇五八　大唐中大夫使持節湖州諸軍事湖州刺史封(泰)公墓誌銘咸亨三年律中南吕十四日……八八二
咸亨〇五九　大唐故銀青光禄大夫行揚州大都督府長史魏縣子盧(承業)公墓誌銘咸亨三年八月十四日……八八三
咸亨〇六〇　大唐故何(禕)處士墓誌銘咸亨三年八月十四日……八八五
咸亨〇六一　唐故通州宣漸縣尉嚴(朗)君及夫人燕氏墓誌銘咸亨三年十月十六日……八八六
咸亨〇六二　唐故河州大夏縣主簿武騎尉張(弘)君墓誌銘咸亨三年十月廿七日……八八七

咸亨〇六三 唐故上柱國楊（大隱）君墓誌銘咸亨三年十月廿八日……八八九
咸亨〇六四 大唐處士淳于府君之夫人陳氏墓誌銘咸亨三年十一月十五日……八九〇
咸亨〇六五 大唐故左驍衛萬歲府折衝都上柱國韓（昭）府君墓誌銘咸亨三年十一月十五日……八九一
咸亨〇六六 唐故處士王君（甑生）墓誌銘咸亨三年十一月十五日……八九二
咸亨〇六七 □唐故張（義）處士墓誌銘咸亨三年十一月廿二日……八九三
咸亨〇六八 唐故司成孫（處約）公墓誌銘咸亨三年十一月廿二日……八九四
咸亨〇六九 唐故陝州司馬郭（遷）君墓誌咸亨三年十二月三日……八九七
咸亨〇七〇 □唐故處士李（子如）君墓誌銘咸亨三年十二月三日……八九八
咸亨〇七一 大唐故辰州刺史上護軍費（胤斌）府君墓誌銘咸亨三年十二月三日……八九九
咸亨〇七二 大唐故宋（季）君墓誌銘咸亨三年十二月十五日……九〇〇
咸亨〇七三 大唐故房州司法參軍事李（志）君墓誌銘咸亨四年正月廿二日……九〇一
咸亨〇七四 唐故德州平原縣丞畢（粹）君墓誌銘咸亨四年正月廿二日……九〇三
咸亨〇七五 隋故金紫光禄大夫淮南郡太守河内公慕容（三藏）府君墓誌咸亨四年二月廿八日……九〇五
咸亨〇七六 唐故三品孫慕容（知禮）君墓誌銘咸亨四年二月廿八日……九〇七
咸亨〇七七 唐故絳州司户參軍慕容（知敬）君墓誌咸亨四年二月廿八日……九〇八
咸亨〇七八 大唐故道王府典軍朱（遠）公墓誌咸亨四年二月廿八日……九〇九
咸亨〇七九 「（暴）君諱廉字清潞州上黨人也」咸亨四年二月廿八日……九一一

咸亨〇八〇　大唐故左親衛裴（可久）君墓誌銘咸亨四年二月廿九日……九一二
咸亨〇八一　大唐故度支郎中彭君夫人安定鄉君侯氏墓誌銘咸亨四年三月十四日……九一三
咸亨〇八二　大唐故王夫人墓誌銘咸亨四年四月五日……九一四
咸亨〇八三　洛州洛陽縣張（翌）處士墓誌銘咸亨四年五月十七日……九一五
咸亨〇八四　西州高昌縣人左（憧憙）公墓誌咸亨四年五月廿二日……九一六
咸亨〇八五　唐故處士康（元敬）君墓誌咸亨四年五月廿九日……九一七
咸亨〇八六　唐故成夫人墓誌銘咸亨四年六月廿三日……九一八
咸亨〇八七　大唐故上柱國邊（真）君墓誌銘咸亨四年六月廿六日……九一九
咸亨〇八八　大唐故武騎尉韓（節）君墓誌銘咸亨四年八月三日……九二〇
咸亨〇八九　唐故溱州録事曹（澄）君墓誌銘咸亨四年八月十四日……九二一
咸亨〇九〇　大唐故劉君夫人華氏墓誌咸亨四年八月廿七日……九二二
咸亨〇九一　大唐故黄州行參軍韓（仁師）府君墓誌銘咸亨四年九月廿一日……九二三
咸亨〇九二　大唐故前齊府直司楊（晟）君墓誌銘咸亨四年十月三日……九二四
咸亨〇九三　唐故處士王（儉）君墓誌銘咸亨四年十月四日……九二五
咸亨〇九四　大唐故襄州襄陽縣主簿上輕車都尉張（傑）君墓誌銘咸亨四年十月十六日……九二七
咸亨〇九五　大唐故韓（賓才）君之墓誌咸亨四年十一月九日……九二八
咸亨〇九六　唐故儀同三司董府（仁）君墓誌銘咸亨四年十一月廿日……九二九

咸亨〇九七　大唐故張（威）君賈夫人墓誌銘咸亨四年十一月廿一日……九三〇
咸亨〇九八　唐故處士任君并夫人孫氏墓誌銘咸亨四年十一月廿二日……九三一
咸亨〇九九　大唐故處士侯（彪）君墓誌銘咸亨五年二月二日……九三二
咸亨一〇〇　唐故飛騎尉王（則）君墓誌銘咸亨五年二月四日……九三三
咸亨一〇一　大唐故梓州通泉縣令王君夫人姜氏墓誌咸亨五年二月四日……九三五
咸亨一〇二　曹懷明妻索氏墓誌銘咸亨五年二月六日……九三六
咸亨一〇三　唐故夫人史氏墓誌銘咸亨五年二月廿九日……九三七
咸亨一〇四　唐故夫人何氏墓誌銘咸亨五年四月六日……九三八
咸亨一〇五　大唐故黄（素）府君墓誌銘咸亨五年四月卅日……九三九
咸亨一〇六　唐故許州長葛縣丞李（辯）君墓誌銘咸亨五年五月十七日……九四〇
咸亨一〇七　大唐故騎都尉張（玄景）君墓誌銘咸亨五年七月十四日……九四二
咸亨一〇八　□□故處士張（才）君墓誌銘咸亨五年七月廿六日……九四三
咸亨一〇九　唐故仁勇校尉飛騎尉張（貞）君墓誌銘咸亨五年八月七日……九四四
咸亨一一〇　大唐故祕閣曆生劉（守忠）君墓誌銘咸亨五年八月十三日……九四五
咸亨一一一　大唐劉（嶷）君之墓誌銘咸亨五年八月廿五日……九四六
咸亨一一二　大唐故潞州禮會府果毅王（郎）府君墓誌銘咸亨五年十月八日……九四七
咸亨一一三　唐河南□□安邑關君夫人（王氏）墓誌銘咸亨□年二月十六日……九四九

上元

上元〇〇一　唐故處士程(逸)君墓誌銘 上元元年八月廿九日 …… 九五一

上元〇〇二　大唐故文林郎王君夫人墓誌銘 上元元年八月廿九日 …… 九五二

上元〇〇三　唐故洛汭府隊正董(軸)君墓誌銘 上元元年十月十四日 …… 九五三

上元〇〇四　唐故處士王(義)君墓誌銘 上元元年十一月廿五日 …… 九五五

上元〇〇五　「亡宮七品年七十二」 上元二年二月廿八日 …… 九五六

上元〇〇六　□唐故滄州東光縣令許(行本)君墓誌銘 上元二年二月廿八日 …… 九五六

上元〇〇七　「亡宮九品年六十八」 上元二年二月廿八日 …… 九五八

上元〇〇八　□唐故刑部尚書長孫府君墓誌銘 上元二年二月廿八日 …… 九五八

上元〇〇九　大唐故處士左(祐)君墓誌銘 上元二年三月十七日 …… 九六〇

上元〇一〇　唐故騎都尉郭(義本)君墓誌銘 上元二年七月四日 …… 九六一

上元〇一一　大唐故泗州漣水縣主簿范(裒)府君夫人柳氏墓誌銘 上元二年七月七日 …… 九六二

上元〇一二　「大唐故祠部郎中裴府君夫人皇甫氏」 上元二年八月十三日 …… 九六三

上元〇一三　大唐故趙王府長史王(祥)君墓誌銘 上元二年八月十三日 …… 九六四

上元〇一四　大唐故右驍衛大將軍贈荊州大都督上柱國薛國公阿史那貞公(忠)墓誌之銘 上元二年十月十五日 …… 九六五

上元〇一五　大唐故劉(洪)君墓誌上元二年十月廿七日……九六八
上元〇一六　大唐故千牛岐州司户參軍事楊(茂道)君墓誌銘上元二年十一月三日……九六九
上元〇一七　大唐陜州司户張君程夫人墓誌銘上元二年十一月九日……九七〇
上元〇一八　唐故處士張君(冲兒)墓誌銘上元二年十一月九日……九七一
上元〇一九　唐故丁(賓)君墓誌銘上元二年十一月九日……九七二
上元〇二〇　唐故驍騎尉韓(昂)府君墓誌銘上元二年十一月廿日……九七三
上元〇二一　大唐故喬(難)君墓誌銘上元二年十一月廿日……九七五
上元〇二二　大唐故鄭州中牟縣主簿楊(軌)君墓誌銘上元二年十一月廿一日……九七六
上元〇二三　「(韓)□□□字壽昌黎人也」上元二年十一月廿一日……九七六
上元〇二四　大唐故并州晉陽縣令李君羨夫人彭城劉氏墓誌銘上元二年十二月一日……九七七
上元〇二五　唐故西州交河縣唐(護)君誌銘上元二年十二月十日……九七九
上元〇二六　□□□□□□□袁(□仁)君墓誌銘上元三年正月廿一日……九七九
上元〇二七　大唐陳(懷儼)府君墓誌上元三年正月廿二日……九八二
上元〇二八　大唐故史氏趙夫人墓誌銘上元三年正月廿二日……九八三
上元〇二九　大唐故上輕車都尉馬(懷)君墓誌銘上元三年二月廿二日……九八五
上元〇三〇　唐故處士武(懷亮)君墓銘上元三年四月廿九日……九八五
上元〇三一　大唐故處士樂(巋)君墓誌銘上元三年五月十八日……九八六

上元〇三二　大唐故冠軍大將軍代州都督上柱國許洛仁妻襄邑縣君宋氏夫人墓誌上元三年五月廿四日……九八七
上元〇三三　唐故忠武將軍德從弟李（君彦）公夫人魏氏墓誌銘上元三年七月十六日……九八八
上元〇三四　大唐故户部員外郎趙（威）府君墓誌銘上元三年十月三日……九九〇
上元〇三五　唐嶲州邛都丞張（客）君墓誌之銘上元三年十月八日……九九一
上元〇三六　大唐故銀青光禄大夫定州刺史上柱國爾朱（義琛）府君墓誌上元三年十月十五日……九九二
上元〇三七　大唐故隋朝散大夫孫（達）君墓誌上元三年十月十五日……九九五
上元〇三八　大唐故處士尚（武）君夫妻墓誌銘上元三年十月十五日……九九六
上元〇三九　大唐故右驍翊衛翟（瓚）君墓誌銘上元三年十月廿日……九九七
上元〇四〇　大唐故處士封（德）君墓誌銘上元三年十一月二日……九九八
上元〇四一　大唐故劉君墓誌銘上元三年十一月八日……九九九
上元〇四二　大唐袁氏故柳夫人墓誌上元三年十一月八日……一〇〇〇
上元〇四三　「（孟）君諱貞字君漢河内人也」上元三年十一月廿日……一〇〇一
上元〇四四　大唐故左武衛兵曹參軍劉（義弘）君墓誌上元三年十一月廿一日……一〇〇二

儀鳳

儀鳳〇〇一　維大唐故王（愛）君墓誌銘儀鳳元年十一月廿一日……一〇〇三

儀鳳〇〇二 大唐故董(文)君墓銘儀鳳元年十二月十三日……一〇〇四
儀鳳〇〇三 唐故處士孟(運)府君墓誌銘儀鳳二年正月九日……一〇〇五
儀鳳〇〇四 大唐故王(彥)君玄堂記儀鳳二年二月三日……一〇〇六
儀鳳〇〇五 唐故定州司馬蔡(君長)君墓誌銘儀鳳二年二月十六日……一〇〇七
儀鳳〇〇六 周豫州刺史淮南公杜君之墓誌儀鳳二年五月七日……一〇〇九
儀鳳〇〇七 大唐殤子王烈墓誌銘儀鳳二年五月十一日……一〇一一
儀鳳〇〇八 大唐故常州江陰縣丞賈(整)府君墓誌銘儀鳳二年七月廿五日……一〇一二
儀鳳〇〇九 唐故陪戎校尉趙(臣)君墓誌銘儀鳳二年九月廿三日……一〇一四
儀鳳〇一〇 大唐處士王(寶)君墓誌銘儀鳳二年十月十一日……一〇一五
儀鳳〇一一 大唐故康君夫人曹氏墓誌銘儀鳳二年十一月廿六日……一〇一六
儀鳳〇一二 「君諱元字趙買潞州上黨人也」儀鳳二年十二月八日……一〇一七
儀鳳〇一三 大唐故施州司馬張府君王夫人墓誌銘儀鳳二年十二月十八日……一〇一八
儀鳳〇一四 大唐亡宮六品墓誌銘儀鳳二年十二月廿四日……一〇一九
儀鳳〇一五 大唐故周(廣)君墓誌銘儀鳳三年正月十四日……一〇一九
儀鳳〇一六 王康師墓誌銘儀鳳三年正月庚申……一〇二一
儀鳳〇一七 大唐故邵武縣令靳(勗)府君墓誌銘儀鳳三年正月十四日……一〇二一
儀鳳〇一八 大唐故通直郎行唐州録事參軍事王(烈)府君墓誌銘儀鳳三年正月廿七日……一〇二三

儀鳳〇一九　大唐故封州司馬董(力)公墓誌之銘儀鳳三年二月八日……一〇二四
儀鳳〇二〇　大唐故亡宮墓誌銘儀鳳二年三月十五日……一〇二六
儀鳳〇二一　大唐故上騎都尉王(式)君墓誌銘儀鳳三年三月廿七日……一〇二六
儀鳳〇二二　「上騎都尉通直郎義州司馬穆宜長」儀鳳三年(四月)十日……一〇二八
儀鳳〇二三　唐故司馬(道)處士墓誌銘儀鳳三年五月十七日……一〇二八
儀鳳〇二四　趙貞仁墓表儀鳳三年五月廿七日……一〇二九
儀鳳〇二五　唐故上柱國王(强)君墓誌銘儀鳳三年閏十月十九日……一〇三〇
儀鳳〇二六　大唐故亡尼七品大戒墓誌銘儀鳳三年十一月十四日……一〇三一
儀鳳〇二七　大唐故汝州司馬楊(神威)府君墓誌銘儀鳳三年十一月廿日……一〇三一
儀鳳〇二八　唐故王(文曉)君墓誌銘儀鳳三年十二月廿日……一〇三三
儀鳳〇二九　唐故尚書吏部郎中張(仁禕)府君墓誌銘儀鳳四年正月廿一日……一〇三四
儀鳳〇三〇　唐故左衛率府翊衛王(晟)君墓誌銘儀鳳四年正月廿一日……一〇三六
儀鳳〇三一　唐故陪戎尉樂(弘懿)君墓誌銘儀鳳四年正月廿五日……一〇三七
儀鳳〇三二　唐故柱國府朝散大夫樂(方)府君墓誌銘儀鳳四年二月九日……一〇三八
儀鳳〇三三　「霍王府親事姬恭仁」儀鳳四年三月十一日……一〇三九
儀鳳〇三四　大唐慈州□□□元善妻公孫氏墓誌儀鳳四年四月十一日……一〇四〇
儀鳳〇三五　□□舒州□□□(賞)君墓□□儀鳳四年四月廿九日……一〇四一

儀鳳〇三六　王君諱留字留生墓誌銘儀鳳四年五月五日……一〇四三
儀鳳〇三七　大唐故王(韜)處士墓誌銘儀鳳四年五月五日……一〇四三
儀鳳〇三八　「亡宮者，不知何許人也」儀鳳四年五月十七日……一〇四四
儀鳳〇三九　大唐故亡宮六品墓誌儀鳳四年六月十二日……一〇四五
儀鳳〇四〇　大唐故亡宮六品墓誌儀鳳四年十月二日……一〇四六
儀鳳〇四一　□唐侯□觀府君夫人張氏墓儀鳳……一〇四六

調露

調露〇〇一　大唐故處士李(弘裕)府君墓誌銘調露元年七月十九日……一〇四七
調露〇〇二　大唐故左親衛長上校尉樂(玉)府君墓誌銘調露元年八月十二日……一〇四八
調露〇〇三　唐故將仕郎王(慶)君墓誌銘調露元年八月十二日……一〇五〇
調露〇〇四　大唐故亡宮四品墓誌銘調露元年八月十二日……一〇五一
調露〇〇五　大唐故右千牛府鎧曹參軍□□(旦)□墓誌銘調露元年八月廿二日……一〇五一
調露〇〇六　□唐故郎州都督元(仁師)府君墓誌銘調露元年十月二日……一〇五二
調露〇〇七　大唐故鄭州管城縣令張(曄)君墓誌銘調露元年十月二日……一〇五四
調露〇〇八　大唐故平州平夷戍主康(續)君墓誌銘調露元年十月八日……一〇五五
調露〇〇九　曹(宮)處士誌銘調露元年十月十三日……一〇五六

調露〇一〇　大唐故幽州都督府參軍事朱（憲）府君墓誌銘調露元年十月十三日……一〇五七
調露〇一一　大唐故綿州萬安縣令管（均）府君之墓誌調露元年十月十四日……一〇五八
調露〇一二　唐故王（深）君墓誌銘調露元年十月十四日……一〇五八
調露〇一三　大唐故營州都督上柱國漁陽郡開國公孫管真墓誌調露元年十月十四日……一〇六〇
調露〇一四　大唐故營州都督上柱國漁陽郡開國公孫管俊墓誌調露元年十月十四日……一〇六〇
調露〇一五　大唐故荊州大都督府長林縣令騎都尉昌黎韓（仁楷）君墓誌銘調露元年十月廿三日……一〇六一
調露〇一六　大唐故陪戎副尉羅（甑生）府君墓誌銘調露元年十月廿三日……一〇六二
調露〇一七　大唐故辰州辰溪縣令張（仁）君墓誌調露元年十月廿三日……一〇六三
調露〇一八　大唐故御史杜（秀）君墓誌之銘調露元年十月廿五日……一〇六五
調露〇一九　大唐故王（通）君墓誌銘調露元年十一月七日……一〇六六
調露〇二〇　馬（珍）君之墓誌調露元年十一月丁酉……一〇六七
調露〇二一　大唐故亡宮九品贈八品年六十十一月十五日死其月廿五日葬墓誌銘調露元年十一月廿五日……一〇六八
調露〇二二　大唐故桂州始安縣丞雲騎尉顔（萬石）府君墓誌銘調露元年十二月八日……一〇六九
調露〇二三　大唐故特進行右衛大將軍兼檢校右羽林軍仗内供奉上柱國卞國公贈并州大都督泉（男生）君墓誌銘調露元年十二月廿六日……一〇七〇

調露〇二四　唐故安(神儼)君墓誌銘調露二年二月廿八日……一〇七三
調露〇二五　唐故何(摩訶)君墓誌銘調露二年二月廿八日……一〇七五
調露〇二六　大唐洛州洛陽縣故記室參軍樂(恭)君墓誌銘調露二年四月十七日……一〇七五
調露〇二七　唐故宣州溧陽縣尉李(師)公墓誌銘調露二年六月十七日……一〇七六

永隆

永隆〇〇一　「亡宮者不知何許人也」永隆元年九月一日……一〇七八
永隆〇〇二　「游公故妻甄夫人之神柩」永隆元年十月十三日……一〇七九
永隆〇〇三　大唐故嘉州龍遊縣尉索(義弘)君墓誌銘永隆元年十一月廿三日……一〇七九
永隆〇〇四　大唐故雲騎尉王(文義)府君墓誌銘永隆二年二月六日……一〇八〇
永隆〇〇五　大唐故大都督王(善相)府君夫人禄氏墓誌銘永隆二年二月九日……一〇八一
永隆〇〇六　大唐故冀州南宮縣尉武騎尉邢(弢)府君墓誌銘永隆二年二月九日……一〇八二
永隆〇〇七　大唐故滄州景城縣令蕭(瑶)公及夫人杜氏墓誌永隆二年二月廿日……一〇八三
永隆〇〇八　大唐故武騎尉李(慎)君墓誌銘永隆二年二月廿日……一〇八四
永隆〇〇九　大唐濟度寺故比丘尼法樂法師墓誌銘永隆二年三月廿三日……一〇八五
永隆〇一〇　大唐濟度寺故比丘尼法燈法師墓誌銘永隆二年三月廿三日……一〇八六
永隆〇一一　洛陽縣王氏吕夫人之墓誌永隆二年四月八日……一〇八七

永隆〇一二　唐故王(才)君墓誌銘永隆二年四月十日……一〇八八
永隆〇一三　唐羅君預墓誌永隆二年四月十五日……一〇八九
永隆〇一四　大唐故處士王君墓誌永隆二年四月廿一日……一〇八九
永隆〇一五　唐故王(明)府君墓誌銘永隆二年七月十五日……一〇九〇
永隆〇一六　唐故康(杦)君墓誌銘永隆二年八月六日……一〇九一
永隆〇一七　大唐故幽州范陽縣令楊(政本)府君夫人韋氏墓誌銘永隆二年八月十八日……一〇九二

開耀

開耀〇〇一　大唐故上柱國左威衛邠鄜府司馬杜(才)君墓誌銘開耀元年十一月七日……一〇九四
開耀〇〇二　唐故張(君政)君墓誌開耀元年十一月廿五日……一〇九五
開耀〇〇三　唐故司禦率府翊衛張(敬玄)君墓誌銘開耀元年十二月廿六日……一〇九七

永淳

永淳〇〇一　唐故處士張(師子)君墓誌銘永淳元年三月九日……一〇九九
永淳〇〇二　唐故上柱國張(和)君墓誌銘永淳元年三月十六日……一一〇〇
永淳〇〇三　大唐鄜州司倉參軍事李君亡妻裴氏墓誌銘永淳元年四月七日……一一〇二
永淳〇〇四　大唐故成(小師)府君墓誌銘永淳元年五月十日……一一〇三

永淳〇〇五 唐思文妻張氏墓表永淳元年五月十五日……一一〇四
永淳〇〇六 大唐李(辯)君墓誌銘永淳元年五月十七日……一一〇四
永淳〇〇七 大唐故正議大夫李(才仁)府君墓誌銘永淳元年七月十八日……一一〇五
永淳〇〇八 大唐左威衛洛汭府隊副上柱國韓德信妻程夫人墓誌銘永淳元年七月廿四日……一一〇六
永淳〇〇九 唐故秘書省校書郎趙郡李(元軌)君墓誌銘永淳元年七月廿九日……一一〇七
永淳〇一〇 大唐故處士賈(文行)君之墓誌銘永淳元年八月十二日……一一〇九
永淳〇一一 唐故僕寺廐牧署令蘭(師)君墓誌銘永淳元年八月廿四日……一一一〇
永淳〇一二 唐故左翊衛胡(光復)府君墓誌銘永淳元年十月十一日……一一一一
永淳〇一三 大唐故游擊將軍守左清道率頻陽府長上果毅康(留買)府君墓誌銘永淳元年十月十四日……一一一三
永淳〇一四 大唐故游擊將軍康(磨伽)府君墓誌銘永淳元年十月十四日……一一一四
永淳〇一五 唐故巂州陽山縣主簿皇甫府君墓誌銘永淳元年十月十四日……一一一六
永淳〇一六 大唐故貝州司户參軍杜(敏)君墓誌銘永淳元年十月廿三日……一一一六
永淳〇一七 唐故董(冬)君墓誌銘永淳元年十月廿六日……一一一七
永淳〇一八 大唐故涼國公府長史上騎都尉張(達)君墓誌銘永淳元年十月廿六日……一一一八
永淳〇一九 唐故文林郎柱國張(貴寛)君墓誌銘永淳元年十月廿六日……一一二〇
永淳〇二〇 □故公士驍騎尉崔(通)君之銘文永淳元年建亥月廿六日……一一二一

永淳〇二一　大唐故蘇州嘉興縣令燕（秀）君墓誌銘 永淳元年十一月十三日 …… 一一二二
永淳〇二二　大唐故巫州龍標縣令崔（志道）君墓誌銘 永淳元年十一月十七日 …… 一一二三
永淳〇二三　大唐故淄州高苑縣丞趙（義）君墓誌銘 永淳元年十一月廿五日 …… 一一二五
永淳〇二四　大唐故光祿大夫行太常卿使持節熊津都督帶方郡王扶餘君墓誌 永淳元年十二月廿四日 …… 一一二六
永淳〇二五　大唐故臨川郡長公主墓誌銘 永淳元年十二月廿五日 …… 一一二八
永淳〇二六　大唐故房州竹山縣主簿楊君夫人杜氏墓誌銘 永淳二年二月十四日 …… 一一三一
永淳〇二七　大唐故朝請大夫張（懿）君墓誌銘 永淳二年二月十五日 …… 一一三二
永淳〇二八　「衛尉寺主簿瑯琊王君故妻隴西李夫人」永淳二年四月廿八日 …… 一一三三
永淳〇二九　大唐故將仕郎上騎都尉趙（勤）君墓誌銘 永淳二年六月十六日 …… 一一三三
永淳〇三〇　唐故孟氏麻夫人銘 永淳二年十一月十七日 …… 一一三五

弘道

弘道〇〇一　唐故太常寺太樂令暢（昉）府君墓誌銘 弘道元年十二月十七日 …… 一一三六
弘道〇〇二　大唐劉君（弘）墓誌銘 弘道元年十二月廿日 …… 一一三七

嗣聖

嗣聖〇〇一　唐宋州司法田(宏敏)君墓誌銘□□(嗣聖)元年正月廿二日……一一四〇
嗣聖〇〇二　大唐故朝議大夫守刑部侍郎鄭(肅)公墓誌銘嗣聖元年正月廿六日……一一四一
嗣聖〇〇三　大唐故王(寶)府君墓誌銘嗣聖元年二月九日……一一四三

文明

文明〇〇一　唐故魏州昌樂縣令孫(義普)君墓誌銘文明元年五月廿一日……一一四四
文明〇〇二　唐故驍騎尉樂君墓誌銘文明元年五月廿八日……一一四六
文明〇〇三　大唐亡宮六品墓誌文明元年閏五月九日……一一四七
文明〇〇四　大唐故上柱國成(儉)府君墓誌銘文明元年六月五日……一一四七
文明〇〇五　大唐上柱國孫(通)君墓誌文明元年七月十二日……一一四九
文明〇〇六　亡宮八品墓誌文明元年七月十三日……一一五〇
文明〇〇七　「金君諱義字玄天水人也」文明元年七月廿四日……一一五〇
文明〇〇八　唐故師州録事參軍王(歧)府君墓誌銘文明元年八月五日……一一五一
文明〇〇九　大唐故徵士皇甫(鏡幾)君墓誌銘文明元年八月五日……一一五二
文明〇一〇　大唐故亡宮七品墓誌文明元年九月廿五日……一一五三

文明〇一一　夫人程氏塔銘文明元年十月五日……一一五四

光宅

光宅〇〇一　唐常州無錫縣令楊府君夫人王氏墓誌銘光宅元年九月廿二日……一一五六
光宅〇〇二　唐故著作佐郎孫（德）君墓誌銘光宅元年十月六日……一一五七
光宅〇〇三　唐故定遠將軍守左鷹揚衛長上折衝上柱國清水縣開國男李（璿）公墓誌銘光宅元年十月十九日……一一五八
光宅〇〇四　大唐故瀛州東城縣令宋府君夫人王氏墓誌銘光宅元年十月廿四日……一一五九
光宅〇〇五　（新息縣令蘇君墓誌銘）光宅元年十一月二日……一一六一
光宅〇〇六　大唐故銀青光禄大夫尚書左丞盧君夫人李氏墓誌銘光宅元年十一月十三日……一一六二
光宅〇〇七　唐故朝散大夫行洛州偃師縣令高（安）君墓誌銘光宅元年十一月十九日……一一六四
光宅〇〇八　大唐孟君夫人李氏墓誌銘光宅元年十一月廿五日……一一六五

垂拱

垂拱〇〇一　唐故昌平縣開國男天水趙（承慶）君墓誌銘垂拱元年正月十三日……一一六七
垂拱〇〇二　大唐故將仕郎孟（仁）公墓誌銘垂拱元年正月廿六日……一一六八
垂拱〇〇三　大唐故强山監録事成（德）公墓誌銘垂拱元年二月八日……一一六九

垂拱〇〇四　唐故上柱國張（貞）府君墓誌銘垂拱元年三月十六日……一一七〇
垂拱〇〇五　大唐洛州河南縣故張夫人墓誌銘垂拱元年三月十六日……一一七二
垂拱〇〇六　唐故處士張（護）君墓誌銘垂拱元年四月廿七日……一一七三
垂拱〇〇七　大隋故朝散大夫行大學博士賈（玄贊）府君殯記□□（乙酉）六月廿二日……一一七四
垂拱〇〇八　大唐故處士河東柳（侃）君墓誌銘垂拱元年七月廿一日……一一七五
垂拱〇〇九　大唐故泉州刺史樂平公孫柳（永錫）君墓誌銘垂拱元年七月廿一日……一一七七
垂拱〇一〇　大唐故登仕郎丁（範）君墓誌銘垂拱元年十月十二日……一一七八
垂拱〇一一　唐故洛州肥鄉縣令張（濟）公墓誌銘垂拱元年十月十二日……一一八〇
垂拱〇一二　唐故宋州録事爾朱（旻）府君墓誌銘垂拱元年十月十三日……一一八一
垂拱〇一三　大唐故潁州潁上縣令獨孤（守義）府君墓誌銘垂拱元年十月十三日……一一八三
垂拱〇一四　唐故處士張（倫）君墓誌銘垂拱元年十月廿五日……一一八四
垂拱〇一五　大唐故洛汭府旅帥上柱國韓（郎）君墓誌銘垂拱元年十二月一日……一一八五
垂拱〇一六　大唐故游擊將軍黄（師）君墓誌銘垂拱元年十二月十三日……一一八六
垂拱〇一七　大唐故驍騎尉段（雅）府君墓誌銘垂拱元年十二月廿五日……一一八八
垂拱〇一八　唐故處士段（感）公墓誌銘垂拱元年十二月廿五日……一一八九
垂拱〇一九　大唐故朝散大夫行洛州偃師縣令高安期故妻千乘縣君元氏墓誌垂拱二年二月十四日……一一九〇

垂拱〇二〇　大唐故蔣王府參軍張（覽）府君墓誌銘垂拱二年三月廿日……一一九〇
垂拱〇二一　大唐故高士王（行淹）府君墓誌銘垂拱二年四月四日……一一九二
垂拱〇二二　大唐中岳隱居太和先生琅耶王徵君臨終口授銘垂拱二年四月四日……一一九三
垂拱〇二三　大唐故管（基）公墓誌垂拱二年六月四日……一一九五
垂拱〇二四　唐王府君孫懷璲之銘垂拱二年七月十一日……一一九六
垂拱〇二五　大唐故左翊衛武騎尉王（行威）府君墓誌銘垂拱二年九月五□……一一九六
垂拱〇二六　「汜建墓銘」垂拱二年九月十七日……一一九七
垂拱〇二七　唐故田玄善妻張氏夫人墓誌銘垂拱二年十月廿三日……一一九八
垂拱〇二八　大唐故管（思禮）君墓誌銘垂拱二年十月廿三日……一一九九
垂拱〇二九　大唐故處士陳（沖）君墓誌銘垂拱二年十二月廿八日……一二〇〇
垂拱〇三〇　大唐故郢州司馬上輕車郭（肅宗）君墓誌銘垂拱三年閏正月七日……一二〇〇
垂拱〇三一　大唐天官文林郎周君故妻公孫夫人墓誌銘垂拱三年閏正月十九日……一二〇二
垂拱〇三二　唐故東宮左勳衛騎都尉宣義郎馮翊吉（懷惲）君墓誌銘垂拱三年閏正月廿五日……一二〇三
垂拱〇三三　大唐故崔（貴仁）府君之墓誌垂拱三年二月三日……一二〇四
垂拱〇三四　大唐故宣州參軍事許（堅）君墓誌垂拱三年二月十五日……一二〇五
垂拱〇三五　大唐故朝散大夫使持節邵州諸軍事守邵州刺史上柱國長樂縣開國男賈（守義）府君墓誌銘垂拱三年二月十五日……一二〇六

垂拱〇三六　□唐故襄州長史司馬（實）府君墓誌銘垂拱三年三月廿一日……一二〇八
垂拱〇三七　朝散大夫行著作佐郎中山郎餘令故妻趙國李道真之墓垂拱三年四月一日……一二一〇
垂拱〇三八　大唐故上柱國右武衛長史張（成）府君墓誌銘垂拱三年五月九日……一二一〇
垂拱〇三九　大唐故高（夔）府君墓誌銘垂拱三年十月六日……一二一二
垂拱〇四〇　唐故樊氏六娘七娘九娘墓誌銘垂拱三年十月廿九日……一二一三
垂拱〇四一　大唐乾封主簿樊浮丘李夫人墓誌銘垂拱三年十月廿九日……一二一四
垂拱〇四二　唐故徵士樊（赤松）君墓誌銘垂拱三年十月……一二一六
垂拱〇四三　「樂師□□洛陽人也」垂拱三年十月廿九日……一二一七
垂拱〇四四　大唐故上護軍龐（德威）府君墓誌銘垂拱三年十一月廿二日……一二一八
垂拱〇四五　大唐衛州長史裴（胤）君墓誌銘垂拱三年十一月廿四日……一二二〇
垂拱〇四六　大唐故德州將陵縣丞李（敏）府君墓誌銘垂拱四年正月二日……一二二〇
垂拱〇四七　大唐洪州都督府高安縣封明府故夫人崔氏墓誌銘垂拱四年正月十四日……一二二二
垂拱〇四八　唐故朝請大夫陳（護）府君墓誌銘垂拱四年正月廿三日……一二二三
垂拱〇四九　唐故懷州河内縣丞李（善智）府君墓誌銘垂拱四年正月廿三日……一二二四
垂拱〇五〇　大唐故亡宮八品墓誌垂拱四年正月廿三日……一二二五
垂拱〇五一　大唐故朝散郎守内寺伯飛騎尉成（忠）府君墓誌銘文垂拱四年三月三日……一二二六
垂拱〇五二　「（李）君諱威字某隴西金城人也」垂拱四年四月十日……一二二七

垂拱〇五三　大唐故田（玄達）君亡妻衡墓誌銘垂拱四年五月一日……一二二八
垂拱〇五四　大唐故韓王府兵曹參軍延陵縣開國公陸（紹）君墓誌銘垂拱四年五月十五日……一二二九
垂拱〇五五　□唐韓府法曹參軍息蘭陵蕭（洛賓）君之誌垂拱四年五月廿七日……一二三一
垂拱〇五六　大唐故左□□□監察御史張（复）府君墓誌銘垂拱四年七月十七日……一二三二
垂拱〇五七　大唐汲郡吕（行端）君墓誌銘垂拱四年七月十七日……一二三三
垂拱〇五八　唐故左金吾引駕陳郡袁景恒墓誌銘垂拱四年七月十七日……一二三四
垂拱〇五九　唐故朝散大夫行恒州石邑縣令袁（希範）君墓誌銘垂拱四年七月十七日……一二三五
垂拱〇六〇　大唐故神和府折衝鄭法明夫人李氏墓誌銘垂拱四年九月卅日……一二三七
垂拱〇六一　唐故右金吾衛冑曹參軍沈（齊文）君墓誌銘垂拱四年十月十七日……一二三八
垂拱〇六二　大唐故左監門衛校尉武騎尉弘農楊（寶）公墓誌銘垂拱四年十月廿四日……一二四〇
垂拱〇六三　大唐上柱國故張君第五息（安安）墓誌銘垂拱四年十月廿四日……一二四一
垂拱〇六四　大唐故文林郎李（道瓘）君墓誌銘垂拱四年十一月十七日……一二四二
垂拱〇六五　大唐故朝議郎行澤王府主簿上柱國梁（寺）府君并夫人唐氏墓誌銘垂拱四年十一月十七日……一二四三
垂拱〇六六　唐故郭（本）君墓誌之銘垂拱四年十一月十七日……一二四五
垂拱〇六七　大唐故鄉長程（丞）君墓誌銘垂拱四年十一月……一二四六
垂拱〇六八　大唐冀州刺史息武（欽載）君墓誌銘垂拱四年十二月十八日……一二四七

垂拱〇六九　「亡宮九品不知何許人也」垂拱四年十二月十八日……一二四九

永昌

永昌〇〇一　大唐潭州都督府司馬贊皇縣開國男李君故夫人弘農縣君之銘永昌元年正月廿八日……一二五〇
永昌〇〇二　唐故忠州司馬匹婁（德臣）府君墓誌銘永昌元年四月十五日……一二五一
永昌〇〇三　大唐故瀛州束城鄭（贍）明府君墓誌銘永昌元年四月十五日……一二五二
永昌〇〇四　唐故張（宗）君墓誌銘永昌元年四月廿七日……一二五四
永昌〇〇五　大唐故朝議郎行并州大都督府太原縣令李（沖）君墓誌銘永昌元年五月十日……一二五五
永昌〇〇六　「五品宮人」永昌元年八月五日……一二五七
永昌〇〇七　大唐左豹韜衛宿衛陪戎副尉張君故妻邢夫人墓誌銘永昌元年九月廿四日……一二五八
永昌〇〇八　唐故僞高昌左衛大將軍張（雄）君夫人永安太郡君麴氏墓誌銘永昌元年十一月廿七日……一二五九

載初

載初〇〇一　大唐故韓王府記室參軍元（智威）君墓誌銘載初元年十一月五日……一二六一
載初〇〇二　唐故忻州司户參軍事陳（平）君墓誌銘載初元年臘月一日……一二六二

載初〇〇三　唐故高（珍）君墓誌銘載初元年臘月十三日……一二六三
載初〇〇四　大唐故武騎尉徐（澄）府君墓誌銘載初元年五月九日……一二六四
載初〇〇五　大唐故陪戎副尉前□□□□霍府隊正徐（恭）君墓誌載初元年五月廿七日……一二六六
載初〇〇六　慕容夫人墓誌銘載初元年六月十五日……一二六八
載初〇〇七　「九品亡宮不詳姓氏」載初元年六月十五日……一二六九

天授

天授〇〇一　周右豹韜衛倉曹參軍裴公夫人王氏墓誌銘天授元年十月六日……一二七〇
天授〇〇二　大周故處士達節先生孫（澄）府君墓誌銘天授元年十月十二日……一二七一
天授〇〇三　大唐故項城令邢（郭）君墓誌天授元年十月廿九日……一二七二
天授〇〇四　大周常州司法參軍事柳（侃）君故太夫人京兆杜氏墓誌銘天授二年正月十八日……一二七三
天授〇〇五　大周故亡宮墓誌之銘天授二年正月廿四日……一二七五
天授〇〇六　大周故均州武當縣令李（叔）府君誌銘天授二年正月廿四日……一二七六
天授〇〇七　唐故南州刺史杜（舉）府君誌文天授二年二月七日……一二七七
天授〇〇八　唐故大周故滄州弓高縣令杜（季方）君墓誌銘天授二年二月七日……一二七八
天授〇〇九　大周唐故儒林郎行魏州館陶縣主簿皇甫（玄志）君墓誌天授二年二月七日……一二七九
天授〇一〇　大周天授二年趙王親事洛州故王（智通）君墓誌銘天授二年二月七日……一二八一

天授〇一一　唐故疊州密恭縣丞楊(師善)公及夫人丁氏墓誌文天授二年二月七日……一一八二
天授〇一二　大周故河南郡丞格善義妻斛斯氏墓誌天授二年二月七日……一一八三
天授〇一三　大周朝議大夫使持節伊州諸軍事伊州刺史上柱國衡(義整)府君墓誌銘天授二年二月十八日……一一八五
天授〇一四　大周故溱州司户崔(思古)府君墓誌銘天授二年二月廿四日……一一八六
天授〇一五　大周故常州無錫縣令楊(陶)公墓誌銘天授二年二月廿八日……一一八七
天授〇一六　大周故前魏州録事參軍王公之銘天授二年建巳月八日……一一八八
天授〇一七　大周故上騎都尉掌思明之銘天授二年四月九日……一一八九
天授〇一八　大周故夫人任氏墓誌銘天授二年四月廿四日……一一九〇
天授〇一九　大周朝散大夫上柱國行司府寺東市署令張府君妻田雁門縣君墓誌文天授二年六月三日……一一九〇
天授〇二〇　大周故唐夫人墓誌銘天授二年六月三日……一一九二
天授〇二一　大周故陳(崇本)府君墓誌銘天授二年六月廿二日……一一九三
天授〇二二　大周故新城郡樊太君墓誌銘天授二年七月十六日……一一九四
天授〇二三　大周故雍州美原縣扈(小冲)府君之墓誌銘天授二年八月四日……一一九五
天授〇二四　大周岐州雍縣故將仕郎張(禕)君墓誌銘天授二年八月四日……一一九七
天授〇二五　大周故王(明)府君墓誌銘天授二年九月十八日……一一九八

天授〇二六　大周朝散大夫行鳳閣主書皇甫君故妻南陽縣君張夫人墓誌銘天授二年九月十八日……一二九九
天授〇二七　唐故廉州封山縣令爨（古）府君墓誌天授二年十月十二日……一三〇〇
天授〇二八　唐故渠州司倉楊（紹基）府君墓誌文天授二年十月十二日……一三〇一
天授〇二九　大周故曹王府隊正韓（傑）府君墓誌天授二年十月十二日……一三〇二
天授〇三〇　大周亡宮六品墓誌銘天授二年十月十日……一三〇四
天授〇三一　故朝議郎行辰州司倉參軍事屈突（伯起）府君墓誌銘天授二年十月十八日……一三〇四
天授〇三二　大周故宣義郎騎都尉行曹州離狐縣丞高（像護）府君墓誌銘天授二年十月廿三日……一三〇七
天授〇三三　大周故上柱國太原王（玄裕）府君墓誌銘天授二年十月廿三日……一三〇八
天授〇三四　大周故程府君故夫人張氏墓誌銘天授二年十月廿四日……一三一〇
天授〇三五　唐遂州方義縣主簿河南元（罕）府君墓誌銘天授二年十月廿四日……一三一一
天授〇三六　大周唐故文林郎焦（松）府君墓誌銘天授二年十月廿四日……一三一二
天授〇三七　大周故泗州刺史趙（本質）府君墓誌銘天授二年十月廿四日……一三一四
天授〇三八　大唐故潞州□府君墓誌之銘天授二年十月卅日……一三一六
天授〇三九　唐故益州大都督府功曹參軍事張（玄弼）君墓誌銘天授三年正月六日……一三一七
天授〇四〇　□處士張（景之）君墓誌銘天授三年正月六日……一三一八

天授〇四一　唐孝廉張(慶之)君墓誌銘天授三年正月六日……一三一九
天授〇四二　唐將仕郎張(敬之)君墓誌銘天授三年正月六日……一三二〇
天授〇四三　大周故處士申屠(寶)君墓誌之銘天授三年正月十七日……一三二一
天授〇四四　大周故承議郎行德州蓨縣令上騎都尉蘇(卿)君墓誌銘天授三年正月十七日……一三二一
天授〇四五　大周故文林郎上柱國董(本)君墓誌天授三年正月廿九日……一三二三
天授〇四六　大周故渭州利爾鎮將上柱國李府君墓誌銘天授三年三月四日……一三二四

如意

如意〇〇一　故朱(行)府君墓誌銘如意元年四月廿日……一三二七
如意〇〇二　故上騎都尉李(琮)君墓誌如意元年六月四日……一三二八
如意〇〇三　大周故文林郎楊(訓)府君墓誌銘如意元年八月十日……一三二九
如意〇〇四　大周故飛騎尉申屠(義)府君墓誌銘如意元年九月十八日……一三三一

長壽

長壽〇〇一　大周上柱國劉(善寂)府君墓誌銘長壽元年九月十五日……一三三三
長壽〇〇二　唐故右威衛丹川府校尉上柱國邢(政)君墓誌銘長壽元年十月九日……一三三四
長壽〇〇三　大周故上柱國栢(玄)君墓誌銘長壽二年正月十八日……一三三五

長壽〇〇四　大周朝散大夫行右千牛衛長史上騎都尉高陽郡公士許琮故妻贊皇縣君李氏墓誌銘長壽二年正月廿九日……一三三六
長壽〇〇五　大周北海唐夫人墓誌銘長壽二年臘月十日……一三三七
長壽〇〇六　大周故朝散大夫行司宫臺奚官局令莫(義)公墓誌銘長壽二年臘月十三日……一三三八
長壽〇〇七　大周故崔(德)處士墓誌銘長壽二年臘月廿五日……一三四〇
長壽〇〇八　南陽白水張(貞)君之墓銘長壽二年一月十九日……一三四一
長壽〇〇九　唐故舒饒二州别駕梁(玄敏)府君墓誌銘長壽二年二月十二日……一三四二
長壽〇一〇　「(賈)公諱隱洛陽人也」長壽二年二月十二日……一三四四
長壽〇一一　唐故邢州任縣主簿王君夫人宋(尼子)氏之墓誌銘長壽二年二月十二日……一三四五
長壽〇一二　大周故騎都尉和(錢)君墓誌銘長壽二年四月二日……一三四七
長壽〇一三　大周故五品亡宫誌銘長壽二年四月十二日……一三四八
長壽〇一四　大周六品亡宫誌銘長壽二年六月三日……一三四八
長壽〇一五　大周張(道)君墓誌銘長壽二年六月廿四日……一三四九
長壽〇一六　大周故尚(明)府君墓誌銘長壽二年七月廿二日……一三五一
長壽〇一七　大周八品亡宫誌銘長壽二年七月廿二日……一三五二
長壽〇一八　唐故使持節文州諸軍事文州刺史陳(察)使君墓誌銘長壽二年八月三日……一三五三
長壽〇一九　□周故陪戎副尉安(懷)府君夫人史氏合葬墓誌銘長壽二年八月三日……一三五四

長壽〇二〇　大周故朝議郎行邢州鉅鹿縣丞王（義）府君墓誌銘長壽二年八月十五日……一三五五
長壽〇二一　大周故水衡監丞王（貞）君墓誌銘長壽二年八月廿七日……一三五七
長壽〇二二　大周故檢校左金吾郎將楊（順）府君墓誌銘長壽二年八月廿七日……一三五八
長壽〇二三　大周故處士張（元）君墓誌銘長壽二年八月廿八日……一三六〇
長壽〇二四　大周絳州稷山縣右豹韜衛翊府右郎將昝（斌）君墓誌銘長壽二年八月廿八日……一三六一
長壽〇二五　周故處士房（瑒）君誌銘長壽二年十月十四日……一三六二
長壽〇二六　大周故司宮臺内給事蘇（永）君墓誌銘長壽二年十月十七日……一三六三
長壽〇二七　□故程（仵郎）君墓誌之銘長壽二年月在應鍾（十月）十七日……一三六五
長壽〇二八　大周王氏故劉夫人墓誌銘長壽二年十月廿九日……一三六六
長壽〇二九　大周故處士程（玄景）先生墓誌銘長壽三年正月廿二日……一三六七
長壽〇三〇　大周故中散大夫行茂州都督府司馬上柱國張（懷寂）府君墓誌銘長壽三年二月六日……一三六八
長壽〇三一　大周故康（智）府君墓誌銘長壽三年四月七日……一三七〇
長壽〇三二　大周故公士崔（言）府君墓誌銘長壽甲午四月八日……一三七二
長壽〇三三　大周故孫（師歧）府君墓誌銘長壽三年四月十四日……一三七三
長壽〇三四　大周故朝議大夫上輕車都尉行澤州司馬清河張（玄封）府君墓誌銘長壽三年四月庚午（十七）……一三七四

長壽〇三五　大周故處士劉(通)君墓誌銘長壽三年五月十三日……一三七五

延載

延載〇〇一　周故朝議郎洪州高安縣丞上柱國關(師)君之銘延載元年五月廿六日……一三七七
延載〇〇二　大周故上騎都尉張(德行)君墓誌延載元年五月廿六日……一三七八
延載〇〇三　唐故中書侍郎弘文館學士同中書門下三品樂安孫公夫人陸氏平原郡君墓誌銘延載元年七月廿日……一三七九
延載〇〇四　大周故沈(智果)君墓誌銘延載元年七月廿日……一三八〇
延載〇〇五　大周故太原王(乾福)公墓誌銘延載元年七月廿日……一三八一
延載〇〇六　大周劉(儉)君墓誌銘延載元年七月廿七日……一三八三
延載〇〇七　大周故將仕郎房(懷亮)君之墓誌銘延載元年十月廿三日……一三八四

證聖

證聖〇〇一　「亡宮者不知何許人也」證聖元年正月五日……一三八六
證聖〇〇二　周故蕭(遇)府君墓誌之銘證聖元年正月十六日……一三八七
證聖〇〇三　唐故東宮細引太原郭(暠)府君墓誌銘證聖元年正月廿二日……一三八八
證聖〇〇四　大周故朝請郎行石州方山縣令騎都尉申(守)府君墓誌銘證聖元年正月廿九日……一三八九

證聖〇〇五　大周故滄州東光縣令許（行本）府君夫人清河崔氏合葬銘證聖元年正月廿九日……一三九一
證聖〇〇六　大周故朝議大夫南（郭生）君墓誌銘證聖元年臘月廿三日……一三九二
證聖〇〇七　唐故齊（朗）君墓誌銘證聖元年一月十七日……一三九四
證聖〇〇八　大周唐故左戎衛右郎將古君夫人匹婁（淨德）氏墓誌證聖元年一月十八日……一三九五
證聖〇〇九　大周故朱（簡）處士墓誌銘證聖元年一月廿七日……一三九六
證聖〇一〇　大唐楊（岳）府君墓誌銘證聖元年三月十三日……一三九七
證聖〇一一　故舒州司法楊君夫人賈（通）氏墓誌銘證聖元年三月廿六日……一三九八
證聖〇一二　大周朝請郎行戎州南溪縣丞上護軍太原王思惠妻清河孟夫人墓誌銘證聖元年五月十四日……一三九九
證聖〇一三　大唐故左衛勳衛李（難）府君之墓誌銘證聖元年五月廿六日……一四〇〇
證聖〇一四　大周七品宮人墓誌銘證聖元年五月廿七日……一四〇一
證聖〇一五　大周故承議郎行隆州司功參軍鄭（宏）府君墓誌銘證聖元年六月十四日……一四〇二
證聖〇一六　李（瓛）君墓誌銘證聖元年八月九日……一四〇三
證聖〇一七　「上柱國張思賓卒於私第」證聖元年八月廿七日……一四〇四

天册萬歲

天册萬歲〇〇一　七品亡宮墓誌銘天册萬歲元年九月廿八日……一四〇五

天册萬歲〇〇二　周故劉(基)君墓誌之文銘天册萬歲元年十月廿二日……一四〇六
天册萬歲〇〇三　周故潞州潞城縣令張(忱)府君墓誌銘天册萬歲元年十月廿八日……一四〇六
天册萬歲〇〇四　大周故封(抱)府君墓誌銘天册萬歲元年十月廿八日……一四〇八
天册萬歲〇〇五　周故人馮(操)處士墓誌之銘天册萬歲二年正月二日……一四〇九
天册萬歲〇〇六　大周故文林郎騎都尉王(思訥)君墓誌銘天册萬歲二年正月十一日……一四一〇
天册萬歲〇〇七　五品亡宫誌文天册萬歲二年正月廿八日……一四一一
天册萬歲〇〇八　大周故飛騎尉連(簡)府君墓誌銘天册萬歲二年一月六日……一四一二

萬歲登封

萬歲登封〇〇一　八品亡宫誌文一首萬歲登封元年一月六日……一四一四
萬歲登封〇〇二　大周天官石侍郎第二息所生故馬夫人墓誌銘萬歲登封元年一月九日……一四一五
萬歲登封〇〇三　大周左監門長上弘農楊(昇)君墓誌銘萬歲登封元年一月廿七日……一四一五
萬歲登封〇〇四　大唐故朝散大夫行少府監中尚署令王(定)府君墓誌銘萬歲登封元年二月十二日……一四一七
萬歲登封〇〇五　大周劉君夫人清源縣太君郭氏墓記銘萬歲登封元年二月十二日……一四一八
萬歲登封〇〇六　唐故上柱國李(起宗)府君墓誌銘萬歲登封元年七月廿一日……一四二〇

萬歲通天

萬歲通天〇〇一　周故上柱國牛(高)君墓誌銘萬歲通天元年正月十日……一四二二
萬歲通天〇〇二　「亡尼捌品尼者不知何許人也」萬歲通天元年五月十四日……一四二三
萬歲通天〇〇三　大周故左衛翊衛天官常選梁(曒)君墓誌銘萬歲通天元年五月廿日……一四二四
萬歲通天〇〇四　周故國子律學直講仇(道朗)君墓誌銘萬歲通天元年五月廿六日……一四二五
萬歲通天〇〇五　大周張君徐夫人墓誌銘萬歲通天元年六月十五日……一四二六
萬歲通天〇〇六　大周崔鋭夫人高氏墓誌萬歲通天元年七月六日……一四二七
萬歲通天〇〇七　大周將仕郎宋(智亮)氏墓誌萬歲通天元年十月八日……一四二八
萬歲通天〇〇八　大周故朝請大夫行陳州司馬上輕車都尉公士成(循)公墓誌銘萬歲通天元年十月廿二日……一四二九
萬歲通天〇〇九　大周故處士常(舉)君墓誌之銘萬歲通天元年……一四三一
萬歲通天〇一〇　大周故中大夫使持節上柱國會州諸軍事守會州刺史公士尉之神柩萬歲通天二年二月己巳……一四三一
萬歲通天〇一一　大周故朝散大夫行左春坊藥藏郎上柱國張(金才)君墓誌銘萬歲通天二年二月六日……一四三三
萬歲通天〇一二　唐故處士楊(約)君墓誌銘萬歲通天二年二月十七日……一四三三

萬歲通天〇一三　大周隴西成紀郡李夫人墓誌銘萬歲通天二年二月十七日……一四三四
萬歲通天〇一四　瀛州文安縣令王府君周故夫人薛氏墓誌銘萬歲通天二年二月十七日……一四三五
萬歲通天〇一五　大周故處士張（信）君墓誌萬歲通天二年二月十七日……一四三七
萬歲通天〇一六　周故上柱國陳（玄）府君墓誌銘萬歲通天二年二月十九日……一四三八
萬歲通天〇一七　大周故珍州榮德縣丞梁（師亮）君墓誌銘萬歲通天二年三月六日……一四三九
萬歲通天〇一八　大周故□□□王（智本）君墓誌萬歲通天二年四月十九日……一四四一
萬歲通天〇一九　大周故朝請大夫行司禮寺主簿趙（睿）公墓誌銘萬歲通天二年四月廿日……一四四二
萬歲通天〇二〇　大周故文林郎□（義）君墓誌銘萬歲通天二年四月廿日……一四四三
萬歲通天〇二一　大周上騎都尉姚（思玄）君墓誌萬歲通天二年四月……一四四四
萬歲通天〇二二　周故殿中省尚乘局奉乘上柱國彭城劉（洪預）府君墓誌銘萬歲通天二年五月二日……一四四五
萬歲通天〇二三　「□處士王元璋」萬歲通天二年五月二日……一四四六
萬歲通天〇二四　大周文林郎路（巖）府君墓誌銘萬歲通天二年五月廿五日……一四四七
萬歲通天〇二五　大周前承務郎行趙州贊皇縣主簿劉含章故李夫人墓誌銘萬歲通天二年六月廿一日……一四四八
萬歲通天〇二六　大周故上騎都尉趙阿文墓誌萬歲通天二年七月一日……一四四九
萬歲通天〇二七　大周文林郎上護軍韓（仁惠）府君墓誌銘萬歲通天二年八月二十一日……一四五〇

萬歲通天〇二八　大周洛州永昌縣故趙(元智)府君墓誌銘萬歲通天二年八月廿一日……一四五一
萬歲通天〇二九　大周故處士奚(弘敬)府君墓誌銘萬歲通天二年八月二十一日……一四五二
萬歲通天〇三〇　唐故營繕監左右校署令宣德郎張(仁師)君夫人關氏墓誌銘萬歲通天二年八月廿七日……一四五三
萬歲通天〇三一　大周故常(德)府君誌銘丁酉八月二十七日……一四五四
萬歲通天〇三二　大周故朝議大夫上柱國行隆州西水縣宰董(希令)府君墓誌銘萬歲通天二年十月廿二日……一四五六

神功

神功〇〇一　周故右衛翊衛路(綜)府君墓誌銘神功元年十月二十日……一四五八
神功〇〇二　唐故白州龍豪縣令呼延(章)府君墓誌銘神功元年十月廿二日……一四五九
神功〇〇三　大周故中大夫夏官郎中逯(貞)府君墓誌神功元年十月廿二日……一四六一
神功〇〇四　唐故朝散大夫益州大都督府郫縣□張(愃)君墓誌銘神功元年十月廿二日……一四六三
神功〇〇五　大周故儒林郎飛騎尉行嵐州合河縣尉朱(仁表)府君墓誌銘神功元年十月廿二日……一四六四
神功〇〇六　大周故上柱國楊(基)公墓誌神功元年十月廿二日……一四六六
神功〇〇七　大周故右翊衛清廟臺齋郎天官常選王豫墓誌銘神功元年十月廿二日……一四六七

神功〇〇八　大周故上柱國張(素)府君墓誌銘神功元年十月廿二日……一四六八
神功〇〇九　太中大夫行神都總監王緒太夫人郭氏墓誌神功元年十月廿二日……一四七〇
神功〇一〇　「故行慶州弘化縣尉上騎都尉暢(懷禎)君之靈柩」神功元年十月廿七日……一四七一
神功〇一一　「大周雍州長安縣弘政鄉游擊將軍王伏生洺」神功二年正月五日……一四七二
神功〇一二　大周故朝議大夫行乾陵令上護軍公士獨孤(思貞)府君墓誌銘神功二年正月十日……一四七二
神功〇一三　大周故處士前兖州曲阜縣令蓋(暢)府君墓誌銘神功二年正月十七日……一四七三

聖曆

聖曆〇〇一　大周故登仕郎前復州監利縣尉秦(朗)府君墓誌聖曆元年五月七日……一四七五
聖曆〇〇二　大周故文林郎張君故妻宋夫人墓誌銘聖曆元年六月二十日……一四七六
聖曆〇〇三　大周故傅(思諫)君墓誌銘聖曆元年九月廿八日……一四七七
聖曆〇〇四　大周上柱國高(邈)君墓誌銘聖曆元年十月二日……一四七八
聖曆〇〇五　大周故正議大夫行太子左諭德裴(咸)公墓誌銘聖曆元年十月己酉……一四七九
聖曆〇〇六　大周正議大夫使持節都督巂州諸軍事守巂州刺史上柱國高陽縣開國男許公夫人瑯琊郡君王氏墓誌銘聖曆二年正月四日……一四八〇
聖曆〇〇七　周故使持節巂州都督上柱國東平縣開國男河南陸公夫人崔氏武城郡君墓誌

銘聖曆二年正月廿八日……………………………………………………一四八二
聖曆〇〇八 大周故雲騎尉隴西郡牛(阿師)府君墓誌銘聖曆二年臘月廿日……………一四八二
聖曆〇〇九 大周故朝散大夫泗州司馬上柱國邊(惠)君墓誌銘聖曆二年十一月五日………一四八四
聖曆〇一〇 大周故銀青光禄大夫使持節利州諸軍事行利州刺史上柱國清河縣開國子崔(玄籍)君墓誌銘聖曆二年正月廿八日…………………一四八五
聖曆〇一一 大周故銀青光禄大夫使持節利州諸軍事行利州刺史上柱國清河縣開國子崔(玄籍)公夫人李氏墓誌聖曆二年正月廿八日…………………一四八八
聖曆〇一二 唐故前國子監大學生武騎尉崔(韶)君墓誌聖曆二年正月廿八日……………一四九〇
聖曆〇一三 唐故至孝右率府翊衛清河崔(歆)君墓誌銘聖曆二年一月廿八日……………一四九一
聖曆〇一四 大周姚(恭)府君墓誌銘聖曆二年一月廿八日………………………………一四九三
聖曆〇一五 皇朝故潞州司法秦(佾)君墓誌銘聖曆三年二月二日…………………………一四九五
聖曆〇一六 大周故陳州溵水縣主簿周(善持)府君墓誌銘聖曆二年二月十一日…………一四九六
聖曆〇一七 唐故岐州雍縣尉太原王(慶祚)君墓誌銘聖曆二年二月十二日………………一四九八
聖曆〇一八 大周故相州鄴縣尉王(望之)君墓誌銘聖曆二年二月十二日…………………一四九九
聖曆〇一九 安邑封明府夫人隴西郡君李氏幽壤記聖曆二年二月十七日…………………一五〇一
聖曆〇二〇 大周故貝州清河縣尉柱國房(逸)府君墓誌銘聖曆二年二月十七日…………一五〇二
聖曆〇二一 大周故文林郎貞隱子先生墓誌銘聖曆二年二月十七日………………………一五〇四

聖曆〇二二　大周故左武威衛大將軍檢校左羽林軍贈左玉鈐衛大將軍燕國公黑齒（常之）
府君墓誌文 聖曆二年二月十七日 …… 一五〇五
聖曆〇二三　大周鼎州涇陽縣尉杜君故夫人趙氏墓誌銘 聖曆二年二月廿四日 …… 一五〇八
聖曆〇二四　周故（素）府君墓誌之銘 聖曆二年三月十七日 …… 一五〇九
聖曆〇二五　大周故弘化公主李氏賜姓曰武改封西平大長公主墓銘 聖曆二年三月十八日 …… 一五一〇
聖曆〇二六　周故鎮軍大將軍行豹韜衛大將軍青海國王烏地也拔勤豆可汗墓誌銘 聖曆二年三
月十八日 …… 一五一一
聖曆〇二七　大周故滄州東光縣丞公士王（進）府君墓誌銘 聖曆二年三月廿九日 …… 一五一二
聖曆〇二八　大周故瀛州文安縣令王（德表）府君墓誌銘 聖曆二年三月廿九日 …… 一五一三
聖曆〇二九　周中大夫行蜀州長史上柱國鄭（知賢）公墓誌銘 聖曆二年六月七日 …… 一五一五
聖曆〇三〇　大周故中散大夫行澤州長史楊正本妻歸義縣君韓墓誌銘 聖曆二年六月十九日 …… 一五一六
聖曆〇三一　大周故朝散大夫上柱國安西録事參軍程（瞻）君墓誌 聖曆二年七月二日 …… 一五一七
聖曆〇三二　大周故左肅政臺侍御史慕容（知廉）府君墓誌銘 聖曆二年八月九日 …… 一五一八
聖曆〇三三　夏官郎中慕容君唐故夫人費氏墓誌銘 聖曆二年八月九日 …… 一五二〇
聖曆〇三四　大周洺州淝鄉縣尉慕容（昇）君墓誌銘 聖曆二年八月九日 …… 一五二一
聖曆〇三五　大周故慕容君妻張氏墓誌銘 聖曆二年八月九日 …… 一五二三
聖曆〇三六　大周故同州白水縣令下博孔（元）君墓誌銘 聖曆二年八月廿一日 …… 一五二四

聖曆〇三七　蕭(思一)録事公墓誌銘聖曆二年十月十六日……一五二六
聖曆〇三八　衢州蕭(言思)使君男墓誌聖曆二年十月十六日……一五二七
聖曆〇三九　大周故金花府司馬張(達)君墓誌銘聖曆二年十月廿八日……一五二八
聖曆〇四〇　大周故朝請大夫行鄧州穰縣令上護軍南(玄暕)君墓誌銘聖曆二年十月廿八日……一五二九
聖曆〇四一　「夫人袁氏洛州永昌縣人」聖曆三年正月十五日……一五三〇
聖曆〇四二　大周故文林郎彭城劉(胡)府君墓誌銘聖曆三年正月廿一日……一五三一
聖曆〇四三　大周故唐州司馬上柱國閻(基)府君墓誌聖曆三年正月廿一日……一五三二
聖曆〇四四　大周故壯武將軍行左豹韜衛郎將贈左玉鈐衛將軍高(慈)公墓誌銘聖曆三年臘月十七日……一五三四
聖曆〇四五　大周田(志承)府君墓誌銘聖曆三年一月十一日……一五三六
聖曆〇四六　唐故同州孝德府右果毅都尉東海于府君夫人太原王氏墓誌銘聖曆三年一月二十二日……一五三七
聖曆〇四七　大周洛州合宮縣故陪戎副尉胡(哲)君之墓誌銘聖曆三年一月廿二日……一五三九
聖曆〇四八　周故明威將軍守右鷹揚衛貴安府折衝都尉上柱國王(建)君墓誌銘聖曆三年二月二日……一五四〇
聖曆〇四九　大周故致果校尉左千牛備身戴(希晉)君墓誌銘聖曆三年二月二日……一五四二
聖曆〇五〇　大周故朝議大夫□京苑總監上柱國河東縣開國男姚府君(劌)墓誌銘聖曆三年二

月五日……一五四三
聖曆〇五一　唐故邛州火井縣令宋府君夫人淳于氏墓誌銘聖曆三年四月三日……一五四四
聖曆〇五二　大周故黔州石城縣主簿鄭（遘）君墓誌銘聖曆三年五月十二日……一五四五

久視

久視〇〇一　大周故司禮寺太醫正直左春坊藥藏局巢思玄神靈久視元年五月十三日……一五四七
久視〇〇二　大周故薛（剛）府君墓誌銘久視元年五月廿四日……一五四七
久視〇〇三　唐故麴（信）府君墓誌銘久視元年七月廿六日……一五四八
久視〇〇四　大周故承奉郎吴（續）府君墓誌之銘久視元年七月廿六日……一五四九
久視〇〇五　大周故正議大夫使持節都督嶲州諸軍事守嶲州刺史上柱國高陽縣開國男許
（樞）君墓誌銘久視元年閏七月六日……一五五二
久視〇〇六　「亡宫者不知何許人也」久視元年八月十五日……一五五四
久視〇〇七　「君諱建達字元禮」久視元年九月廿日……一五五四
久視〇〇八　鄧州穰縣尉張（守素）君墓誌銘久視元年十月五日……一五五五
久視〇〇九　大周文林郎馮（慶）府君墓誌銘久視元年十月二十日……一五五六
久視〇一〇　大周故幕州刺史洛陽宫總監褚府君夫人臨沂縣君王氏墓誌銘久視元年十月廿二日
……一五五七

久視〇一一　大周故前右衛翊衛褚(承恩)君墓誌銘久視元年十月廿二日……一五五八
久視〇一二　大周故武騎尉張(大酺)府君段夫人墓誌銘久視元年十月廿六日……一五五九
久視〇一三　大周故相州刺史袁(公瑜)府君墓誌銘久視元年十月廿八日……一五六〇
久視〇一四　大周故朝散郎行鄧州司法參軍事袁(承嘉)府君墓誌銘久視元年十月廿八日……一五六二
久視〇一五　大周故中大夫行并州盂縣令崔(哲)府君墓誌銘久視元年十月廿八日……一五六四
久視〇一六　大周故冠軍大將軍上柱國褒信郡開國公馬(神威)府君墓誌銘久視元年十月廿八日……一五六五
久視〇一七　大周上黨郡馮(名)君墓誌銘久視元年建亥月壬申……一五六八
久視〇一八　唐故右衛從善府校尉上柱國劉(公綽)君墓誌銘久視元年十一月八日……一五六九
久視〇一九　周故上騎都尉李(買)君之墓誌銘久視元年十一月八日……一五七〇
久視〇二〇　大周故左衛翊衛沈(浩禕)君墓誌銘久視元年十一月十六日……一五七一
久視〇二一　大周故左衛翊衛和(克忠)君墓誌銘久視元年十一月廿二日……一五七二
久視〇二二　大周故右肅政臺主簿路(庭禮)府君誌石文久視元年十二月十七日……一五七三

大足

大足〇〇一　大周故左衛大將軍右羽林衛上下上柱國卞國公贈右羽林衛大將軍泉(獻誠)君墓誌銘大足元年二月十七日……一五七五

大足〇〇二　大周故苑北面監積翠屯主上柱國弘農郡楊府君墓誌大足元年二月廿九日……一五七八
大足〇〇三　大周游騎將軍左武威衛永嘉府左果毅都尉長上直營繕監上柱國孫阿貴夫人故成都縣君竹氏墓誌銘大足元年三月十二日……一五七九
大足〇〇四　大周故萊州掖縣令上柱國趙（進）府君墓誌大足元年四月廿三日……一五八〇
大足〇〇五　大周故朝議大夫行婺州武義縣令元（玄慶）府君墓誌銘大足元年四月廿九日……一五八一
大足〇〇六　大周故府君柏善德夫人仵氏墓誌銘大足元年五月十二日……一五八二
大足〇〇七　「亡宫者不知何許人也」大足元年七月二日……一五八三
大足〇〇八　大周故朝請大夫行鼎州三原縣令盧（行毅）府君墓誌銘大足元年八月廿日……一五八四

長安

長安〇〇一　大周故永州司倉王（思）君墓誌銘長安元年十一月十六日……一五八六
長安〇〇二　大周故處士張（舉）君墓誌長安二年正月五日……一五八七
長安〇〇三　「洛州合宫縣交風鄉均霜里上柱國秦府君」長安二年正月廿日……一五八八
長安〇〇四　故司馬（論）君墓誌銘長安二年正月廿八日……一五八九
長安〇〇五　「公諱高弘農楊洛州澠池縣人也」長安二年三月三日……一五九〇
長安〇〇六　大周前湖州武源縣丞故息男劉（浩）之誌銘長安二年四月十二日……一五九一
長安〇〇七　大周故京兆男子杜并墓誌銘長安二年四月十二日……一五九一

長安〇〇八 大周故金紫光禄大夫行營繕大匠上護軍遼陽郡開國公泉(男産)君墓誌銘長安二年四月廿三日 …… 一五九三
長安〇〇九 大周故通直郎行杭州司士參軍事上騎都尉趙(越賓)府君墓誌銘長安二年六月廿五日 …… 一五九四
長安〇一〇 唐故忠州司馬婁君夫人(周氏)墓誌銘長安二年七月廿日 …… 一五九六
長安〇一一 □州參軍辛仲連妻盧八娘之墓長安二年□月十九日 …… 一五九七
長安〇一二 大周故上柱國馬(舉)君之誌長安二年十一月廿二日 …… 一五九七
長安〇一三 大周前漢州綿竹縣主簿張廉故夫人樊氏之墓誌銘長安二年十二月十日 …… 一五九八
長安〇一四 大周故雲騎尉王(義)府君墓誌銘長安二年十二月廿九日 …… 一五九九
長安〇一五 周故吉州長史劉(齊賢)君墓誌銘長安三年正月四日 …… 一六〇〇
長安〇一六 處士成(惲)君墓誌長安三年正月八日 …… 一六〇一
長安〇一七 唐故韓州助教向(徹)君誌銘長安三年一月廿八日 …… 一六〇二
長安〇一八 大周故處士南陽張(喭)君夫人吴郡孫氏墓誌銘長安三年二月十四日 …… 一六〇三
長安〇一九 大唐故文林郎王(貞)府君墓誌銘長安三年二月十四日 …… 一六〇五
長安〇二〇 大周朝散大夫行定王府掾獨孤府君故夫人楊氏墓誌銘長安三年二月十七日 …… 一六〇六
長安〇二一 大周定王掾獨孤公故夫人元氏墓誌銘長安三年二月十七日 …… 一六〇七
長安〇二二 大周昭武校尉右鷹揚衛平原府左果毅都尉上柱國王(嘉)公墓誌銘長安三年二月

十七日……一六〇九
長安〇二三　大周故常(師)府君墓誌銘長安三年二月十七日……一六一〇
長安〇二四　大周故張(嘉)處士墓誌銘長安三年二月十七日……一六一一
長安〇二五　大周賈(楚)府君墓誌銘長安三年二月十七日……一六一二
長安〇二六　大周故朝請大夫行陳州司馬上輕車都尉公士成君夫人平陽縣君耿氏墓誌銘長安三年二月十七日……一六一三
長安〇二七　□周故游擊將軍上柱國南陽趙(智偘)府君墓誌銘長安三年二月廿八日……一六一五
長安〇二八　大周故魏州莘縣尉太原王(養)府君及夫人中山成氏墓誌銘長安三年二月廿八日……一六一七
長安〇二九　大周延州敦化府兵曹參軍事張(士龍)君墓誌文長安三年二月廿八日……一六一八
長安〇三〇　唐故朝議大夫行兗州龔丘縣令上柱國程(思義)府君墓誌長安三年二月廿八日……一六一九
長安〇三一　大周故檢校勝州都督左衛大將軍全節縣開國公上柱國王(珗)君墓誌銘長安三年三月十一日……一六二一
長安〇三二　大周故相州臨漳縣令慕容(懷固)府君墓誌銘長安三年三月廿四日……一六二三
長安〇三三　大周楊州大都督府六合縣尉王(則)公墓誌長安三年四月十一日……一六二四
長安〇三四　亡宮人六品官年七十墓誌文長安三年四月十一日……一六二五
長安〇三五　唐故恒州中山縣令史(善法)君墓誌銘長安三年四月十八日……一六二六

長安〇三六 大周故同州隆安府左果毅都尉康(郎)君墓誌長安三年四月廿三日 …… 一六二七
長安〇三七 唐故處士張(師)君墓誌銘長安三年七月廿四日 …… 一六二八
長安〇三八 大周故居士廬州巢縣令息尚(真)君之銘長安三年庚申朔戊辰日(八月九日) …… 一六二九
長安〇三九 大周故將仕郎宋州虞城縣尉張(君表)府君墓誌銘長安三年八月十二日 …… 一六二九
長安〇四〇 周故左衛勳一府勳衛上柱國元思亮(瑛)墓誌銘長安三年八月廿四日 …… 一六三一
長安〇四一 (張岳故妻)滎陽鄭夫人誌銘長安三年九月廿日 …… 一六三二
長安〇四二 大周故潞州司士參軍高(志遠)君誌文長安三年十月二日 …… 一六三三
長安〇四三 大唐故蒲州猗氏縣令(高隆基)府君墓誌銘長安三年十月三日 …… 一六三四
長安〇四四 大周故岷州刺史張(仁楚)府君墓誌銘長安三年十月十二日 …… 一六三五
長安〇四五 大周故朝議郎行宋州司倉參軍上柱國關(儉)君墓誌銘長安三年十月十二日 …… 一六三八
長安〇四六 唐故上柱國吏部常選王(⿱巩言)君墓誌銘長安三年十月十二日 …… 一六三九
長安〇四七 大周張(茂)君墓誌長安三年十月十五日 …… 一六四〇
長安〇四八 大周并州司功王公故夫人盧氏墓誌銘長安三年十月十五日 …… 一六四一
長安〇四九 故司稼寺卿上柱國□□□杜夫人墓誌長安三年十月十五日 …… 一六四二
長安〇五〇 大周王(瓘)府君仵夫人墓誌銘長安三年十月十五日 …… 一六四三
長安〇五一 大周故處士董(義)君墓誌銘長安三年十一月廿二日 …… 一六四四
長安〇五二 □周故監門校尉陳(叔度)君墓誌銘長安三年十二月十日 …… 一六四五

長安〇五三　周故隴西李（玄福）君墓誌銘長安三年十二月十日……一六四七
長安〇五四　故潤州刺史王美暢夫人長孫氏墓誌銘長安三年……一六四七
長安〇五五　大周故雍州參軍侯令璋之銘長安四年正月廿八日……一六四九
長安〇五六　大周故朝議郎行郴州録事參軍上柱國王（訽）君墓誌長安四年二月十七日……一六四九
長安〇五七　大周故王（寶）府君墓誌銘長安四年二月十七日……一六五〇
長安〇五八　大周宣德郎李符妻摯墓誌銘長安四年三月五日……一六五一
長安〇五九　大周宣州涇縣尉杜府君故夫人孫氏墓誌銘長安四年三月晦……一六五二
長安〇六〇　周故尚藥奉御蔣府君夫人劉氏墓誌銘長安四年七月十九日……一六五三
長安〇六一　大周故張方仁墓誌銘長安四年八月七日……一六五四
長安〇六二　大周故處士邢（彦褒）府君墓誌銘長安四年八月七日……一六五五
長安〇六三　大周故正議大夫使持節都督姚宗等卅六州諸軍事守姚州刺史上柱國皇甫（文備）君墓誌長安四年八月十九日……一六五六
長安〇六四　唐故麗山府果毅都尉梁府君妻隴西李氏墓誌銘長安四年九月十三日……一六五八
長安〇六五　大周故壯武將軍行右鷹揚衛翊府右郎將王（敏）君墓誌□長安四年九月廿三日……一六五九
長安〇六六　故定遠將軍上柱國守右玉鈐衛金池府折衝都尉楊（亮）公墓誌長安四年十月廿一日……一六六一
長安〇六七　「亡宮者不知何許人也」長安四年十一月二日……一六六二

長安〇六八 (周)故王(□通)公墓誌銘長安四年十一月八日……一六六三
長安〇六九 周故中散大夫上柱國行成州長史張(安)君墓誌銘長安四年十一月廿日……一六六四
長安〇七〇 大周葛(路)府君之墓誌長安四年十一月廿七日……一六六五
長安〇七一 大周故濮州司法參軍姚(處賢)府君墓誌銘長安四年十一月廿八日……一六六六
長安〇七二 亡宫五品誌文大周□年□月朔日……一六六八

神龍

神龍〇〇一 大周故朝請郎直司禮寺太醫署朱(玄儼)府君墓誌神龍元年正月廿五日……一六六九
神龍〇〇二 大周趙郡上輕車都尉故李(弘禮)府君墓誌銘神龍元年正月廿八日……一六七〇
神龍〇〇三 大唐朝議郎行澧州司户參軍事上柱國卜(元簡)君之墓誌銘神龍元年二月廿□日……一六七一
神龍〇〇四 大唐故公士安(令節)君墓誌銘神龍元年三月五日……一六七二
神龍〇〇五 大唐亡宫七品銘神龍元年三月五日……一六七四
神龍〇〇六 大唐故朝議郎行司僕寺長澤監王(及德)君墓誌銘神龍元年三月六日……一六七五
神龍〇〇七 大唐故亡宫七品神龍元年三月廿七日……一六七六
神龍〇〇八 大唐亡八品墓誌神龍元年五月七日……一六七六
神龍〇〇九 大唐中興弘農郡楊(思玄)使君墓誌銘文神龍元年五月廿四日……一六七七

神龍〇一〇　大唐故亡宮六品誌石神龍元年八月廿五日……一六七八
神龍〇一一　唐故亡宮七品誌石神龍元年九月……一六七九
神龍〇一二　大唐故右衛翊衛吏部常選甯（思真）府君墓誌銘神龍元年十月廿四日……一六八〇
神龍〇一三　南陽白水郡張（景）公墓誌銘神龍元年十月廿七日……一六八一
神龍〇一四　康富多夫人墓銘神龍元年十月卅日……一六八三
神龍〇一五　大唐亡宮九品墓誌文神龍元年十一月十四日……一六八三
神龍〇一六　大唐故處士康（哲）君墓誌銘神龍元年十一月廿六日……一六八四
神龍〇一七　大唐亡宮墓誌神龍元年十二月十四日……一六八五
神龍〇一八　大唐五品亡宮墓誌銘神龍元年十二月廿六日……一六八五
神龍〇一九　大唐故亡宮九品墓誌神龍元年十二月廿六日……一六八六
神龍〇二〇　周故亡宮八品誌石神龍二年正月十一日……一六八七
神龍〇二一　大唐故使持節亳州諸軍事亳州刺史李（愻）府君墓誌銘神龍二年正月廿一日……一六八七
神龍〇二二　唐故承奉郎雲騎尉行并州録事朱（照）府君墓誌銘神龍二年閏正月廿七日……一六八九
神龍〇二三　「曹氏故妻王三娘」神龍二年二月八日……一六九〇
神龍〇二四　唐故右金吾冑曹參軍沈君夫人朱（武姜）氏墓誌銘神龍二年四月二十三日……一六九〇
神龍〇二五　大唐故亡宮九品墓誌神龍二年四月廿九日……一六九一
神龍〇二六　大唐故上柱國孫（惠）府君夫人李氏墓誌神龍二年五月七日……一六九二

神龍〇二七　大唐永泰公主志石文神龍景午五月十八日……一六九三
神龍〇二八　大唐故中大夫上柱國行婺州東陽縣令桑(貞)君墓誌銘神龍二年五月十八日……一六九五
神龍〇二九　大唐故雍王墓誌銘神龍二年七月一日……一六九七
神龍〇三〇　唐贈太子中舍人丹陽甘(基)府君墓誌神龍二年七月一日……一六九九
神龍〇三一　大唐故亡宮七品誌石神龍二年七月一日……一七〇〇
神龍〇三二　平昌孟(孝敏)公祖母吴郡陸氏墓誌銘神龍二年七月廿日……一七〇一
神龍〇三三　大唐故右金吾衛守翊府中郎將上柱國黑齒(俊)府君墓誌銘神龍二年八月十三日……一七〇二
神龍〇三四　大唐故亡宮九品誌石神龍二年九月十九日……一七〇四
神龍〇三五　大唐故文林郎崔(沉)君墓誌銘神龍二年十月十四日……一七〇四
神龍〇三六　□文政墓誌神龍二年十月□□日……一七〇六
神龍〇三七　大唐故朝議郎行益州大都督府士曹參軍事李(延祐)君墓誌銘神龍二年十一月二日……一七〇七
神龍〇三八　唐故潞州銅鞮縣□□□□劉(仁)君墓誌銘神龍二年十一月九日……一七〇九
神龍〇三九　大唐天水趙氏故山陽范夫人墓誌銘神龍二年十一月廿日……一七一〇
神龍〇四〇　大唐故處士騎都尉李(通)君墓誌銘神龍二年十一月廿日……一七一一
神龍〇四一　大唐故通議大夫使持節興州諸軍事興州刺史上柱國劉(寂)府君墓誌銘神龍二

神龍〇四二　大唐故亡宮九品誌石神龍二年十二月三日……一七一二
神龍〇四三　大唐故處士陳(泰)君墓誌銘神龍二年十二月廿七日……一七一三
神龍〇四四　□唐故亡宮八品誌石神龍三年正月十一日……一七一四
神龍〇四五　唐故户部侍郎贈懷州刺史臨都公韋府君夫人河東郡夫人裴氏墓誌銘神龍三年四月六日……一七一五
神龍〇四六　大唐太原王(昕)君故夫人趙郡李氏墓誌銘神龍三年四月六日……一七一六
神龍〇四七　大唐故任夫人墓誌銘神龍三年四月廿四日……一七一七
神龍〇四八　大唐中興成王府參□楊(承胤)府君墓誌神龍三年七月一日……一七一八
神龍〇四九　大唐故亡宮九品神龍三年七月二日……一七一九
神龍〇五〇　大唐河間邢君故劉夫人墓誌銘神龍三年七月七日……一七二〇
神龍〇五一　大唐八品亡宮才人誌文神龍三年八月十九日……一七二一

景龍

景龍〇〇一　大唐故胡國公(秦叔寶)嫡孫許州鄢陵縣丞秦(利見)府君墓誌景龍元年十月六日……一七二三
景龍〇〇二　唐故雲麾將軍右金吾衛將軍上柱國漁陽縣開國子閻(虔福)公墓誌銘景龍元年十一月卅日……一七二四

十一月八日……一七二五
景龍〇〇三　唐故許州扶溝縣主簿滎陽鄭道妻李夫人墓誌文景龍元年十二月廿六日……一七二七
景龍〇〇四　大唐故蜀王府記室參軍蔡行基墓誌銘景龍二年正月十五日……一七二八
景龍〇〇五　大唐故申州羅山縣令王（素臣）府君墓誌銘景龍二年二月廿四日……一七二九
景龍〇〇六　大唐故忻州定襄縣令杜（安）府君墓誌銘景龍二年三月廿八日……一七三〇
景龍〇〇七　唐故陳州參軍事袁（景慎）君墓誌銘景龍二年四月廿三日……一七三一
景龍〇〇八　□□大夫行蘇州司馬上柱國張（利賓）公誌景龍二年六月……一七三二
景龍〇〇九　大唐故朝散大夫東都苑總監元府君夫人河南獨孤氏墓誌景龍二年九月十三日……一七三三
景龍〇一〇　大唐故太中大夫泗州刺史趙本質妻温氏晉陽郡君墓誌景龍二年十月廿六日……一七三四
景龍〇一一　大唐贈衛尉卿并州大都督淮陽郡王京兆韋（洞）府君墓誌銘景龍二年十一月己未朔日……一七三四
景龍〇一二　大唐荆州大都督府祁□□明府故藺夫人墓誌銘景龍二年十一月十二日……一七三七
景龍〇一三　大唐故中大夫使持節龍州諸軍事龍州刺史郭（恒）府君墓誌銘景龍二年十一月十四日……一七三九
景龍〇一四　大唐故游騎將軍守永嘉府右果毅都尉上柱國于（賁）府君墓誌銘景龍二年十一月廿七日……一七四一
景龍〇一五　大唐永州刺史束（良）君墓誌銘景龍三年二月九日……一七四二

景龍〇一六 唐故奉義郎前將作監大蔭監副監高(知行)府君墓誌銘景龍三年二月九日 …… 一七四四
景龍〇一七 唐故雍州鄠縣丞博陵崔(訥)君墓誌銘景龍三年二月十五日 …… 一七四六
景龍〇一八 河東陰山郡安樂王慕容神威遷奉墓誌景龍三年四月十一日 …… 一七四七
景龍〇一九 大唐故魏國太夫人河東裴氏墓誌景龍三年七月十九日 …… 一七四八
景龍〇二〇 □□□暨夫人華陰郡君楊氏墓誌景龍三年七月十九日 …… 一七五一
景龍〇二一 唐故冀州南宮縣尉邢(德弢)君墓誌景龍三年八月六日 …… 一七五三
景龍〇二二 大唐故朱陽縣開國男代郡和(智全)府君墓誌銘景龍三年八月十八日 …… 一七五四
景龍〇二三 大唐故中大夫使持節黎州諸軍事守黎州刺史上柱國王(佺)府君墓誌銘景龍三年八月十八日 …… 一七五五
景龍〇二四 大唐故朝散大夫金州西城縣令息梁(嘉運)君墓誌景龍三年十月二日 …… 一七五七
景龍〇二五 唐故朝議大夫上柱國澧州司馬魏(體玄)府君墓誌銘景龍三年十月十一日 …… 一七五八
景龍〇二六 大唐故通直郎行鴻臚掌客王(感)君墓誌銘景龍三年十月廿六日 …… 一七六〇
景龍〇二七 唐故王(行果)府君墓誌銘景龍三年十月廿六日 …… 一七六一
景龍〇二八 大唐故雍州美原縣丞王(景之)君墓誌銘景龍三年十月廿六日 …… 一七六二
景龍〇二九 故右臺殿中侍御史王(齊丘)君墓誌銘景龍三年十月廿六日 …… 一七六三
景龍〇三〇 大唐故朝散大夫行定王府掾獨孤(思敬)府君墓誌銘景龍三年十月廿六日 …… 一七六五
景龍〇三一 大唐故游擊將軍□隰州隻池府折衝逯府君墓誌景龍三年十月廿六日 …… 一七六七

景龍〇三二　大唐故朝議大夫行洋州長史上柱國王(震)府君墓誌銘景龍三年十月廿六日……一七六八
景龍〇三三　唐故陸胡州大首領安(菩)君墓誌景龍三年十月廿六日……一七七〇
景龍〇三四　唐故王(操)府君墓誌銘景龍三年十一月八日……一七七一
景龍〇三五　唐南陽居士韓(神)君墓誌銘景龍三年十一月十八日……一七七二
景龍〇三六　大唐故中大夫守撫州刺史上柱國臧(崇亮)府君墓誌銘景龍三年十一月廿日……一七七三
景龍〇三七　大唐婺州義烏縣主簿東莞臧南金妻故太原白夫人墓誌景龍三年十一月廿日……一七七四
景龍〇三八　大唐亡宮九品墓誌景龍三年十一月卅日……一七七五
景龍〇三九　唐故潞州潞城縣申屠(行)君墓誌銘景龍三年十二月二日……一七七六
景龍〇四〇　唐故朝散大夫行衢州長史周府君夫人江夏縣君李氏墓誌銘景龍三年十二月廿四日……一七七七
景龍〇四一　王夫人墓誌銘庚戌二月廿七日……一七七七
景龍〇四二　大唐故梓州銅山縣尉弘農楊(承福)府君墓記景龍四年二月廿八日……一七七八
景龍〇四三　大唐虞部郎中右監門衛中郎將上柱國贈曹州諸軍事曹州刺史杜(昭烈)府君墓誌銘景龍四年三月廿一日……一七七九
景龍〇四四　大唐故秦州都督府士曹(顔瑶)參軍墓誌銘景龍四年四月四日……一七八一
景龍〇四五　大唐朱(懷智)府君墓誌銘景龍四年四月十六日……一七八一
景龍〇四六　大唐洛州合宮縣千金鄉麟德里陳守素故妻李夫人墓誌銘景龍四年五月十日……一七八二

景龍〇四七　大唐故朝議郎行衛尉寺丞柳（順）府君墓誌銘景龍四年五月廿二日……一七八三
景龍〇四八　大唐前并州竹馬府果毅羅承先夫人□李氏墓誌景龍四年六月四日……一七八四
景龍〇四九　大唐故右衛勳衛弘農楊公夫人故垣氏墓誌景龍四年六月十日……一七八五

景雲

景雲〇〇一　大唐故波斯國大酋長右屯衛將軍上柱國金城郡開國公波斯君丘之銘景雲元年四月一日……一七八七
景雲〇〇二　大唐故南海縣主福昌縣令長孫府君夫人李氏墓誌銘景雲元年九月十二日……一七八八
景雲〇〇三　大唐朝議郎行吉州廬陵縣令上柱國李府君墓誌銘景雲元年十一月二日……一七八九
景雲〇〇四　大唐少府監中尚丞李府君故趙夫人墓誌銘景雲元年十一月十九日……一七九一
景雲〇〇五　大唐故左金吾衛大將軍廣益二州大都督上柱國成王（李千里）墓誌銘景雲元年十一月廿五日……一七九一
景雲〇〇六　大唐故萬泉縣主薛氏墓誌銘景雲元年十一月廿五日……一七九三
景雲〇〇七　大唐故中散大夫守荊州大都督府司馬上柱國南陽鄧（森）府君墓誌銘景雲二年二月七日……一七九五
景雲〇〇八　唐故朝議郎行雍州長安縣丞上柱國蕭（思亮）府君墓誌銘景雲二年二月十五日……一七九七
景雲〇〇九　大唐故吳王府騎曹參軍張（信）君墓誌銘景雲二年二月十五日……一七九八

景雲〇一〇　大唐故殿中省尚乘局直長清河張(遊恪)君墓誌銘景雲二年二月十五日……一七九九

景雲〇一一　「朝議郎行左監門衛兵曹參軍姬晏妻閻」景雲二年二月十九日……一八〇〇

景雲〇一二　大唐故朝散大夫護軍行黄州司馬陸(元感)府君墓誌銘景雲二年三月初一日……一八〇一

景雲〇一三　唐故沈夫人墓誌銘景雲二年三月七日……一八〇二

景雲〇一四　大唐故左屯衛將軍盧(玢)府君墓誌銘景雲二年四月九日……一八〇三

景雲〇一五　亡宮墓誌銘景雲二年四月九日……一八〇五

景雲〇一六　「故張(冬至)府君故妻趙氏夫人墓誌銘記」景雲二年五月四日……一八〇六

景雲〇一七　大唐故大陰監丞宗達墓誌之銘景雲二年七月十七日……一八〇六

景雲〇一八　大唐故右金吾衛中郎將裴(昭)府君墓誌銘景雲二年八月十八日……一八〇七

景雲〇一九　大唐故游擊將軍上柱國行原州都督府三郊鎮副楊(履庭)府君墓誌銘景雲二年十月八日……一八〇八

景雲〇二〇　大唐故雍王贈章懷太子墓誌銘景雲二年十月十九日……一八一〇

景雲〇二一　大唐王屋縣丞白知新妻滎陽鄭氏墓誌銘景雲二年十月十九日……一八一二

景雲〇二二　大唐故少府監織染署令太原王府君妻張氏墓誌銘景雲二年十月廿九日……一八一三

景雲〇二三　大唐故文林郎田(待)君墓誌銘景雲二年十一月十一日……一八一四

景雲〇二四　「故彭州長史任城縣開國男贈使持節徐州諸軍事徐州刺史劉公」景雲二年十一月十三日……一八一五

景雲〇二五　唐故孝子朝議郎行大理司直上柱國郭(思訓)府君墓誌銘景雲二年十二月十五日……一八一五
景雲〇二六　唐故游騎將軍隰州隰川府左果毅都尉陳(智)君夫人張氏墓誌景雲二年十二月廿二日……一八一七

太極

太極〇〇一　唐李君夫人裴氏墓誌太極元年正月廿六日……一八一九
太極〇〇二　大唐故朝請郎前行絳州稷山縣丞何府君墓誌銘太極元年二月十日……一八二〇
太極〇〇三　唐故正議大夫行太子右贊善大夫判太子率更令上柱國清河崔(孝昌)府君墓誌銘太極元年二月廿一日……一八二一
太極〇〇四　大唐故杭州於潛縣尉會稽賀(玄道)府君墓誌銘太極元年三月四日……一八二三
太極〇〇五　大唐處士王(天)君墓誌銘太極元年三月甲申……一八二三
太極〇〇六　唐故荆府兵曹參軍弘農劉(崇嗣)府君墓誌銘太極元年四月廿二日……一八二五
太極〇〇七　唐故太中大夫隰州司馬慕容(思廉)府君墓誌銘太極元年十月廿四日……一八二六

延和

延和〇〇一　大唐故游擊將軍上柱國蕭(貞亮)府君墓誌銘延和元年七月十八日……一八二九

先天

先天〇〇一　夫人長孫氏墓誌銘先天元年十月十三日……一八三一
先天〇〇二　大唐故右衛率府親府親衛上騎都尉王(傑)君墓誌銘先天元年十月廿五日……一八三二
先天〇〇三　唐故徵士朝散大夫許州司馬楊(孝弼)君墓誌銘先天元年十月廿五日……一八三三
先天〇〇四　大唐故青州司倉參軍上柱國天水趙(克廉)府君墓誌銘先天元年十一月十九日……一八三五
先天〇〇五　大唐故朝散大夫上柱國少府監丞清河張(自然)府君墓誌銘先天二年二月廿六日
……一八三六
先天〇〇六　大唐故程(孝成)府君夫人尹氏墓誌銘先天二年八月廿九日……一八三八
先天〇〇七　唐故石州刺史劉(穆)君墓誌銘先天二年十一月十二日……一八三八
先天〇〇八　大唐故朝請大夫尚書司勳郎中吉(渾)公墓誌銘……一八四〇

開元

開元〇〇一　大唐故滄州長蘆縣丞薄(仁)府君墓誌銘開元二年正月十七日……一八四三
開元〇〇二　大唐故通直郎行曹州濟陰縣尉鄭(儉)君墓誌開元二年正月二十三日……一八四四
開元〇〇三　「徵事郎□行貝州臨清縣尉隴西李簡亡妣娘滎陽夫人毛氏墓記」開元二年閏二月
五日……一八四五

開元〇〇四　大唐崇義寺思言禪師塔銘開元二年閏二月十二日……一八四六
開元〇〇五　唐故朝請大夫趙州長史孟(貞)府君墓誌銘開元二年三月十五日……一八四七
開元〇〇六　大唐故游擊將軍行華州永豐鎮副張(叔子)君墓誌銘開元二年四月十四日……一八四八
開元〇〇七　大唐太上皇三從弟朝議大夫行右衛長史上柱國李府君之夫人太原縣君王氏墓誌銘開元二年五月廿三日……一八四九
開元〇〇八　六度寺侯莫陳大師壽塔銘文開元二年六月十日……一八五〇
開元〇〇九　唐故汴州浚儀縣尉梁(焕)君墓誌銘開元二年八月十七日……一八五二
開元〇一〇　唐故朝議大夫給事中上柱國戴(令言)府君墓誌銘開元二年十二月七日……一八五三
開元〇一一　大唐故右衛中郎將兼右金吾將軍同安郡開國公鄭(玄果)府君墓誌銘開元二年十二月廿九日……一八五五
開元〇一二　「右軍器使封平□縣□□」(開元三年)二月壬寅……一八五七
開元〇一三　大唐故忠武將軍行右領軍衛涇州純德府折衝都尉上柱國邢(思賢)君墓誌銘開元三年二月廿日……一八五八
開元〇一四　大唐陽平郡路(隱)府君并夫人陳氏墓誌銘開元三年二月廿日……一八六〇
開元〇一五　亡宫誌文開元三年二月廿日……一八六一
開元〇一六　唐故大理寺評事封(無遺)公墓誌銘開元三年二月廿一日……一八六一
開元〇一七　大唐故通直郎守武榮州南安縣令王(基)府君墓誌銘開元三年三月二十日……一八六二

開元〇一八 大唐故處士王(頠)府君墓誌銘開元三年三月廿四日 …… 一八六三
開元〇一九 大唐故渭州刺史將作少匠孟(玄一)府君墓誌銘開元三年四月九日 …… 一八六四
開元〇二〇 大唐故幽府士曹參軍孟(裕)府君墓誌銘開元三年四月九日 …… 一八六六
開元〇二一 唐將作監主簿孟友直女墓誌開元三年四月九日 …… 一八六七
開元〇二二 故大唐麟趾觀三洞大德張(法真)法師墓誌開元三年五月十日 …… 一八六八
開元〇二三 大唐桂州都督府倉曹許(義誠)君墓誌銘開元三年六月十一日 …… 一八六九
開元〇二四 大唐故韋(珣)府君墓誌銘開元三年六月二十日 …… 一八七〇
開元〇二五 大唐前□衛勳衛上護軍楊(越)君墓誌銘開元三年八月廿三日 …… 一八七一
開元〇二六 大唐故特進中書令博陵郡王贈幽州刺史崔(暐)公墓誌銘開元三年十月己酉朔 …… 一八七二
開元〇二七 大唐亳州録事參軍博陵崔(徵)公妻趙郡李夫人墓誌銘開元三年十月十二日 …… 一八七六
開元〇二八 大唐處士范陽盧(調)府君墓誌銘開元三年十月十三日 …… 一八七七
開元〇二九 唐中大夫安南都護府長史權攝副都護上柱國杜(忠良)府君墓誌銘開元三年十月廿二日 …… 一八七九
開元〇三〇 故中散大夫并州盂縣令崔府君夫人源氏墓誌銘開元三年十月廿二日 …… 一八八一
開元〇三一 大唐故王(德)君墓誌銘開元三年十月廿四日 …… 一八八二
開元〇三二 唐故冀州武强縣主簿天水趙(保隆)府君墓誌之銘開元三年十月廿五日 …… 一八八三
開元〇三三 大唐故明經舉王(師)府君墓誌銘開元三年十月廿五日 …… 一八八五

開元〇三四　唐故蜀王府記室蔡府君妻張夫人墓誌銘開元三年十月廿五日……一八八六
開元〇三五　大唐處士故君胡（佺）君墓誌開元三年十月廿五日……一八八七
開元〇三六　大唐故吏部常選元（温）府君墓□銘開元三年十一月廿四日……一八八八
開元〇三七　大唐淨域寺故大德法藏禪師塔銘開元四年五月廿七日……一八九〇
開元〇三八　故岐州岐山府果毅安（思節）府君墓誌開元四年五月廿七日……一八九二
開元〇三九　大唐故太僕寺典牧署令袁（仁）府君墓誌銘開元四年五月廿七日……一八九三
開元〇四〇　冠軍大將軍行右衛將軍上柱國河東郡開國公楊（執一）君亡妻新城郡夫人獨孤氏誌銘開元四年八月廿九日……一八九四
開元〇四一　唐故人李（二）府君張夫人墓誌銘開元四年十月七日……一八九六
開元〇四二　大唐故代州五台縣令上騎都尉公士張（仁）府君墓誌銘開元四年十月廿八日……一八九七
開元〇四三　故人高（應）君墓誌銘開元四年十一月十九日……一八九八
開元〇四四　大唐太常協律郎裴公故妻賀蘭氏墓誌銘開元四年十二月十九日……一八九九
開元〇四五　大唐故朝議大夫使持節密州諸軍事守密州刺史上柱國元（希古）府君墓誌銘開元五年正月五日……一九〇〇
開元〇四六　故右軍衛沙州龍勒府果毅都尉上柱國張（方）公墓誌銘開元五年正月廿五日……一九〇一
開元〇四七　故潞州屯留縣令温（煒）府君李夫人墓誌銘開元五年二月十三日……一九〇二
開元〇四八　唐故亡宮墓誌銘開元□年二月十九日……一九〇四

開元〇四九　唐故亡宮墓誌銘七品開元五年二月十九日……………………一九〇四
開元〇五〇　唐故太府丞兼通事舍人左遷潤州司士參軍源府君夫人清河崔氏墓誌銘開元五年三月二日……………………一九〇五
開元〇五一　大唐朱（貞）府君墓誌開元五年三月二日……………………一九〇六
開元〇五二　唐齊州山茌縣丞張（齊丘）府君墓誌銘開元五年三月廿日……………………一九〇七
＊開元〇五三　大唐相州安陽縣大雲寺故大德靈慧法師影塔之銘開元五年三月廿三日……………………一九〇八
開元〇五四　大唐義豐縣開國男崔（宣之）四郎墓誌開元五年五月十日……………………一九一〇
開元〇五五　大唐故梓州長史河間劉（彦之）公墓誌開元五年八月五日……………………一九一一
開元〇五六　大唐故信安縣主元（思忠）府君墓誌銘開元五年八月五日……………………一九一二
開元〇五七　唐故通議大夫行廣州都督府長史上柱國朱（齊之）府君墓誌銘開元五年十月七日……………………一九一四
開元〇五八　唐故贈游擊將軍董（嘉斤）公墓誌銘開元五年十月十九日……………………一九一五
開元〇五九　大唐故洺州肥鄉縣尉慕容（昇）府君墓誌銘開元五年十月十九日……………………一九一七
開元〇六〇　大唐大理卿崔公故夫人滎陽縣君鄭氏墓誌銘開元五年十月廿五日……………………一九一八
開元〇六一　大唐故陪戎副尉趙（敬玄）府君墓誌開元五年十一月六日……………………一九二〇
開元〇六二　大唐故正議大夫行光禄寺少卿太原王（子麟）府君墓誌銘開元六年正月十四日……………………一九二〇
開元〇六三　大唐故人劉（遼）君墓誌銘開元六年正月十四日……………………一九二一

開元〇六四　劉海達暨妻王氏譙氏合葬銘記開元六年正月十四日……一九二二
開元〇六五　唐故太子少保豫州刺史越王墓誌銘開元六年正月廿六日……一九二三
開元〇六六　故某官吴郡陸(大亨)府君墓誌銘開元六年二月七日……一九二四
開元〇六七　大唐故燕(紹)府君墓誌銘開元六年五月三日……一九二五
開元〇六八　「右衛兵曹參軍裴亮妻博陵崔氏」開元六年五月廿一日……一九二六
開元〇六九　大唐前崇文生吏部常選蔣楚賓故夫人于氏墓誌銘開元六年七月十日……一九二七
開元〇七〇　幽栖寺尼正覺浮圖之銘開元六年七月十五日……一九二八
開元〇七一　大唐故銀青光禄大夫衛尉卿扶陽縣開國公護軍事韋(頊)公墓誌銘開元六年七月廿九日……一九二八
開元〇七二　大唐故右衛左中候上柱國任(明)府君墓誌開元六年八月十一日……一九三一
開元〇七三　唐故榮州長史薛府君夫人河東郡君柳墓誌銘開元六年八月廿九日……一九三二
開元〇七四　故銀青光禄大夫秘書監兼昭文館學士侍讀上柱國常山縣開國公贈潤州刺史馬(懷素)公墓誌銘開元六年十月十三日……一九三三
開元〇七五　大唐故鄭州長史鉅鹿魏(慤)君墓誌銘開元六年十月廿四日……一九三五
開元〇七六　大唐大弘道觀主故三洞法師侯尊誌文開元六年十月廿四日……一九三六
開元〇七七　大唐故廣府兵曹賈(黄中)君墓誌銘開元六年十月廿四日……一九三七
開元〇七八　大唐故翊衛任(愛)君墓誌銘開元六年十一月十二日……一九三八

開元〇七九 大唐故儀州遼城府左果毅劉(元超)府君墓誌銘開元六年十一月十九日……一九三九
開元〇八〇 「大唐故河南府河南縣王城鄉彭城劉府君南陽白水張夫人」開元六年十一月十九日……一九四一
開元〇八一 朝議郎行睦州建德縣令柱國王君墓誌開元六年十一月廿五日……一九四一
開元〇八二 大唐隴西郡夫人李氏墓誌銘開元六年十二月廿六日……一九四二
開元〇八三 故萊州長史王府君妻墓誌銘大足後一十八載……一九四三
開元〇八四 大唐故賀君賈夫人墓誌銘開元七年四月廿六日……一九四四
開元〇八五 唐故處士李(强友)君墓誌銘開元七年五月廿一日……一九四四
開元〇八六 大唐故左威衛洛汭府兵曹參軍呂(文倩)君之誌開元七年六月十八日……一九四五
開元〇八七 大唐故朝議郎行岐王府西閤□□□(崔□祖)府君之誌銘開元七年閏七月五日……一九四六
開元〇八八 唐故正議大夫龍州刺史上柱國許(觀)君墓誌銘開元七年閏七月十六日……一九四八
開元〇八九 大唐故朝議郎前行魏州司法參軍事上柱國元(素)府君墓誌銘開元七年閏七月廿八日……一九四九
開元〇九〇 大唐故宣威將軍左驍衛河南府永嘉府折衝都尉上柱國王(元)府君誌銘開元七年九月五日……一九五〇
開元〇九一 大唐故錦州參軍上柱國太原王(庭芝)府君墓誌銘開元七年十一月六日……一九五二
開元〇九二 大唐張氏故郭夫人墓誌開元七年十一月七日……一九五三

開元〇九三　唐故處士衛(節)君墓誌之銘開元七年十一月十八日……一九五四
開元〇九四　「大唐河南府洛陽縣故東海郡太君鮮于氏」開元七年十一月十九日……一九五五
開元〇九五　大唐故朝議郎京兆府功曹上柱國韋(希損)君墓誌銘開元八年正月八日……一九五五
開元〇九六　(前缺)國行松州交川縣令誌銘開元八年正月廿日……一九五六
開元〇九七　大唐故處士王(則)君墓誌銘開元八年二月一日……一九五七
開元〇九八　唐故朝請大夫行晉州洪洞縣令敬(守德)公墓誌銘開元八年二月十五日……一九五八
開元〇九九　(殘誌)開元八年三月一日……一九五九
開元一〇〇　唐故正議大夫使持節武州諸軍事行武州刺史上柱國公孫(思觀)府君墓誌開元八年三月十九日……一九六〇
開元一〇一　大唐銀青光祿大夫金滿州都督賀蘭軍大使沙陁公故夫人金城縣君阿史那氏墓誌銘開元八年三月二十九日……一九六二
開元一〇二　唐魏州參軍事裴迴故夫人李氏墓誌銘開元八年四月廿七日……一九六三
開元一〇三　大唐故國子明經吏部常選贈趙州長史趙郡李(元確)府君墓誌銘開元八年五月八日……一九六四
開元一〇四　故朝請郎行定王府國尉李(明遠)府君墓誌開元八年八月十六日……一九六五
開元一〇五　唐故處士王(慶)君之碣開元八年月在庚戌(九月)十一日……一九六六
開元一〇六　唐故洪州都督府兵曹參軍黃(承緒)君墓誌銘開元八年十月六日……一九六八

開元一〇七 唐故正議大夫上柱國巢縣開國男邕府長史周(利貞)君墓誌銘開元八年十月十八日……一九六九
開元一〇八 唐故陶(德)府君之誌銘開元八年十月十八日……一九七一
開元一〇九 大唐梁(方)處士張夫人墓誌銘開元八年十月廿三日……一九七二
開元一一〇 大唐故朝議郎行鄭州管城縣令上柱國楊(璡)君墓誌銘開元八年十月卅日……一九七三
開元一一一 故青州千乘縣令孟(晟)公墓誌銘開元八年十一月廿三日……一九七四
開元一一二 大唐故襄州穀城縣主簿路(玄)府君墓誌銘開元八年十一月廿三日……一九七五
開元一一三 唐故國子生李(魚)夫子銘開元八年十一月(卒)……一九七七
開元一一四 大龍興寺崇福法師塔銘開元九年二月廿四日……一九七八
開元一一五 唐故賈(明)君墓誌銘開元九年四月八日……一九七九
開元一一六 大唐故營州平遼鎮副上柱國賈(感)君墓誌銘開元九年中吕之月九日……一九七九
開元一一七 大唐鄧州刺史封公故夫人趙國贊皇郡君李氏墓誌銘開元九年五月廿日……一九八一
開元一一八 唐故蕭(舉)府君墓誌銘開元九年五月廿一日……一九八一
開元一一九 唐故楚州司馬桓(歸秦)府君墓誌銘開元九年七月十六日……一九八二
開元一二〇 大唐故雅州名山縣尉王(大義)府君墓誌開元九年八月九日……一九八四
開元一二一 大唐故楊(貞)君檀夫人墓誌銘開元九年八月九日……一九八五
開元一二二 唐故南陽縣開國男行貝州司兵參軍事張(思道)府君墓誌開元九年十月十日……一九八六

開元一二三　唐故銀青光禄大夫和州刺史上柱國瑯琊縣開國伯顔（謀道）府君墓誌銘開元九年十月十日……一九八七
開元一二四　唐故晉州霍邑縣令楊（純）府君墓誌銘開元九年十月十一日……一九八九
開元一二五　大唐故澤王府户曹參軍裴（自强）君墓誌開元九年十月十一日……一九九〇
開元一二六　唐故通議大夫瀛州束城縣令上柱國張（景旦）府君墓誌銘開元九年十月十一日……一九九二
開元一二七　唐故正議大夫使持節相州諸軍事守相州刺史上柱國河南賀蘭（務温）公墓誌銘開元九年十月廿三日……一九九四
開元一二八　大唐故左千牛衛長史樊（覽）君墓誌開元九年十月廿八日……一九九六
開元一二九　大唐故通議大夫使持節寧州諸軍事寧州刺史上柱國裴（撝）公墓誌銘開元九年十月廿九日……一九九七
開元一三〇　大唐前左衛翊衛裴君夫人李氏墓誌銘開元九年十月廿九日……二〇〇〇
開元一三一　大唐故嶽嶺軍副使王（脩福）府君墓誌銘開元九年十一月三日……二〇〇一
開元一三二　故游騎將軍上護軍坊州思臣府左果毅都尉暢（善威）公墓誌銘開元九年十一月六日……二〇〇二
開元一三三　大唐贈懷州河内縣令梁（皎）公石誌哀□開元九年十一月六日……二〇〇三
開元一三四　唐故朝議郎行登州司馬上柱國王（慶）府君墓誌銘開元九載十一月六日……二〇〇四
開元一三五　故大唐王（達）君墓誌銘開元九年十一月十七日……二〇〇六

開元一三六　大唐故蘇州常熟縣令孝子太原郭(思謨)府君墓誌銘開元九年十一月十七日……一二〇〇七
開元一三七　唐故處士韓(德)君墓誌銘開元九年十一月廿九日……一二〇〇八
開元一三八　唐故處士上柱國夏侯(法寶)君墓誌銘開元九年十一月廿九日……一二〇〇九
開元一三九　唐故青州長史長孫(安)府君墓誌銘開元九年十一月……一二〇一〇
開元一四〇　唐故上柱國李(景祥)府君墓誌開元九年十二月十七日……一二〇一二
開元一四一　□四從伯中散大夫檢校太子左贊善大夫李(文獎)公墓誌銘開元九年十二月廿三日……一二〇一三
開元一四二　大唐故人荀(懷節)君墓誌銘文開元九年十二月廿四日……一二〇一四
開元一四三　唐故曹州冤句縣令李(敬瑜)府君墓誌銘開元九年十二月廿九日……一二〇一五
開元一四四　大唐故朝議郎行將作監中校署丞上柱國趙(懷哲)府君墓誌銘開元十年二月十二日……一二〇一六
開元一四五　「優婆姨俗姓張字常求」開元十年二月廿五日……一二〇一七
開元一四六　唐故使持節隨州諸軍事隨州刺史河南源(杲)公墓誌銘開元十年三月一日……一二〇一七
開元一四七　大唐故陪戎校尉崔(相)府君墓誌銘開元十年三月八日……一二〇一九
開元一四八　大唐故朝議郎行河南府陸渾縣令上柱國李(瑱)府君墓誌銘開元十年三月十三日……一二〇二〇
開元一四九　「蘇州長洲縣尉李暄妻河南于氏」開元十年四月廿三日……一二〇二一

開元一五〇 大聖真觀楊(曜)法師生墓誌開元十年五月既望……二〇二一
開元一五一 唐朝議郎并州清源縣令張妻蕭墓誌銘開元十年五月廿一日……二〇二三
開元一五二 唐朝散大夫綏州別駕劉君故夫人范陽縣君張氏墓誌銘開元十年五月廿六日……二〇二三
開元一五三 大唐故宣義郎行邢州栢仁縣丞太原郭(承亨)君墓誌銘開元十年八月三日……二〇二五
開元一五四 唐故申屠(公)府君墓誌之銘開元十年九月十六日……二〇二六
開元一五五 大唐故左羽林軍長上果毅都尉董(虔運)公誌石文開元十年九月廿九日……二〇二六
開元一五六 唐故銀青光禄大夫博州刺史柱國李(尚貞)君墓誌銘開元十年十二月九日……二〇二八
開元一五七 「故武功丞上谷寇公次女」開元十載月建丑日庚子……二〇二九
開元一五八 大唐故滕王府記室參軍田(嵩)府君墓誌開元十一年正月廿八日……二〇三〇
開元一五九 唐故中書令贈荆州大都督清河崔(知温)府君妻齊國太夫人杜氏墓誌銘開元十一年正月卅日……二〇三一
開元一六〇 大唐故董(守貞)府君墓誌銘開元十一年二月一日……二〇三三
開元一六一 唐故鄭州管城縣令上柱國楊府君妻李夫人墓誌銘開元十一年二月六日……二〇三四
開元一六二 維大唐故曹州冤句縣令李(敬瑜)公墓誌銘開元十一年二月十三日……二〇三五
開元一六三 唐故廣州都督府長史吴郡朱公妻潁川郡君許氏墓誌銘開元十一年二月十三日……二〇三六
開元一六四 大唐故下管令上柱國康(威)府君墓誌開元十一年二月十三日……二〇三七
開元一六五 大唐故中書侍郎贈衛尉卿河内司馬府君妻范陽郡君盧氏墓誌銘開元十一年二月

十三日……二〇三八
開元一六六　大唐故太子僕寺丞王(楚賓)府君夫人隴西李氏墓誌銘開元十一年四月廿六日……二〇四〇
開元一六七　故宋州虞城縣令樊(晉客)君墓誌銘開元十一年四月廿一日……二〇四一
開元一六八　唐故雍(□張)君墓誌銘開元十一年四月廿六日……二〇四二
開元一六九　大唐故潞州黎城縣令孔(珪)君墓誌開元十一年七月十九日……二〇四二
開元一七〇　大唐嵩岳閑居寺故大德珪禪師塔記開元十一年七月……二〇四三
開元一七一　大唐故雲麾將軍右領軍衛將軍上柱國北平縣開國公贈右領軍衛大將軍鮮于(廉)公墓誌銘開元十一年八月九日……二〇四四
開元一七二　大唐故朝散大夫京苑總監上柱國茹(守福)府君墓誌開元十一年八月九日……二〇四五
開元一七三　大唐河南府河陽縣丞上柱國龐夷遠妻李氏墓誌銘開元十一年十月五日……二〇四七
開元一七四　大唐故銀青光禄大夫守工部尚書贈荆州大都督清河郡開國公上柱國崔(泰之)公墓誌銘開元十一年十月五日……二〇四八
開元一七五　大唐故中大夫行定州鼓城縣令王(玄起)君墓誌銘開元十一年十月十日……二〇五〇
開元一七六　大唐故王府君夫人故贊皇郡太君趙郡李氏墓誌銘開元十一年十月十日……二〇五二
開元一七七　唐故三十姓可汗貴女賢力毗伽公主雲中郡夫人阿那氏之墓誌開元十一年十月十日……二〇五四
開元一七八　大唐故兖州博城縣丞楊(璿)公墓誌銘開元十一年十月十七日……二〇五五

開元一七九　大唐故冀州堂陽縣尉楊（瓊）公墓誌銘開元十一年十月十七日……二〇五六
開元一八〇　大唐故張（敞）君墓誌銘開元十一年十月十七日……二〇五七
開元一八一　大唐前益州成都縣尉朱守臣故夫人高氏墓誌文開元十一年十月廿五日……二〇五八
開元一八二　大唐故前鄉貢明經上谷寇（釗）君墓誌銘開元十一年十月廿七日……二〇五九
開元一八三　曹氏譙郡君夫人墓誌銘開元十一年十一月廿三日……二〇六〇
開元一八四　大唐故肥鄉縣丞田（靈芝）府君墓誌銘開元十一年……二〇六一
開元一八五　唐故銀青光禄大夫博州刺史趙郡李府君故夫人彭城郡夫人劉氏墓誌銘開元十二年正月十五日……二〇六二
開元一八六　唐故前同州華池府別將李（琦）君墓誌文開元十二年正月廿一日……二〇六三
開元一八七　大唐故中大夫守内侍上柱國渤海高（福）府君墓誌銘開元十二年正月廿一日……二〇六四
開元一八八　大唐吏部常選夏侯（璿）君前妻樊後妻董合葬墓誌銘開元十二年正月廿四日……二〇六六
開元一八九　大唐故錦州刺史趙（潔）府君墓誌文開元十二年二月一日……二〇六七
開元一九〇　大唐前徐州録事參軍太原王（庭玉）君故夫人博陵崔氏墓誌銘開元十二年二月十三日……二〇六八
開元一九一　大唐齊州臨濟縣來蘇鄉政俗里□□□□騎都尉行濮州臨濮縣尉董（神寶）府君墓誌銘開元十二年三月七日……二〇七〇
開元一九二　大唐正議大夫持節仙州諸軍事守仙州刺史上柱國司馬公故夫人范陽郡君盧

氏墓誌銘開元十二年三月十日……二〇七一
*開元一九三　唐故左武衛中郎將軍石（映）府君墓誌銘開元甲子四月庚午……二〇七二
開元一九四　大唐故江州都昌縣令滎陽鄭（承光）府君墓誌銘開元十二年四月八日……二〇七三
開元一九五　大唐故閬州司馬鄧（賓）府君誌石銘開元十二年四月廿日……二〇七四
開元一九六　故京兆府宣化府折衝攝右衛郎將橫野軍副使樊（庭觀）公墓誌銘開元十二年五月二日……二〇七六
開元一九七　大唐故朝散郎行薛王府國令上輕車都尉張（嘉福）君墓銘開元十二年五月十一日……二〇七八
開元一九八　大唐故右金吾衛翊衛宋（運）府君夫人墓誌開元十二年五月十四日……二〇七九
開元一九九　大唐龍興大德香積寺主淨業法師靈塔銘開元十二年六月十五日……二〇八〇
開元二〇〇　大唐故唐氏女墓誌銘開元十二年六月廿六日……二〇八一
開元二〇一　「大唐故中散大夫使持節潞州諸軍事守潞州刺史上柱國李懷讓」開元十二年八月廿七日……二〇八二
開元二〇二　（王無競墓誌銘）開元十二年十月廿三日……二〇八二
開元二〇三　唐故右領軍衛八諫府隊副郭（馮德）君墓誌銘開元十二年十一月十六日……二〇八三
開元二〇四　唐故定遠將軍守左衛嬀泉府左果毅都尉陳（秀）公墓誌銘開元十二年十一月廿六日……二〇八四

開元二〇五　大唐故吳（善）君墓誌銘開元十二年十一月廿六日……二〇八五
開元二〇六　大唐故敷城公豪鄂二州别駕贈徐州刺史李（誕）君墓誌銘開元十二年十一月廿八日……二〇八六
開元二〇七　大唐故雍州明堂縣丞紀（茂重）君墓誌銘開元十二年十一月廿八日……二〇八八
開元二〇八　夫人張氏墓誌銘開元十二年十一月廿八日……二〇八九
開元二〇九　唐故朝散大夫守吉州長史上柱國疋婁（思）府君墓誌銘開元十二年十二月五日……二〇九〇
開元二一〇　唐故莊州都督李（敬）府君誌銘開元十二年十二月十一日……二〇九一
開元二一一　大唐故趙思忠墓誌銘開元十二年閏十二月二十一日……二〇九二
開元二一二　□唐故高（守）君墓誌開元十二年閏十二月廿七日……二〇九二
開元二一三　大唐故忠武將軍行左領軍衛郎將裴（沙）府君墓誌開元十三年正月廿五日……二〇九三
開元二一四　唐故朝請郎行司農寺太倉丞騎都尉劉（慎）君誌銘開元十三年四月七日……二〇九四
開元二一五　前任游□將軍京兆府宿衛折衝尹伏生塔銘開元十三年四月廿六日……二〇九五
開元二一六　大唐中大夫故楚州刺史鄧府君夫人太原王氏太原郡君之銘誌開元十三年五月廿七日……二〇九六
開元二一七　大唐故登州司倉杜（濟）君墓誌開元十三年七月四日……二〇九七
開元二一八　大唐都總監丞張公故夫人吉氏墓誌開元十三年七月廿一日……二〇九八
開元二一九　唐故朝議郎德州司倉鄭（元璲）君墓誌銘開元十三年九月既望……二〇九八

開元二二〇　大唐故銀青光禄大夫湖州刺史朱(崇慶)公墓誌銘開元十三年九月十七日……一二〇〇
開元二二一　「(盧君)夫人諱晉字行昭趙郡平棘人」開元十三年十月廿三日……一二〇二
開元二二二　唐故太子舍人敬(昭道)府君墓誌銘開元十三年十一月廿二日……一二〇三
開元二二三　大唐故索(崇)君墓誌開元十三年十一月廿三日……一二〇五
●開元二二四　大唐故□□翊衛陳(思)公墓誌銘開元十五年十二月十七日……一二〇五
開元二二五　大唐前京兆府長安縣尉柴少儀故妻范陽盧氏誌文開元十四年正月十二日……一二〇六
開元二二六　「前國子進士上谷寇堮」開元十四年正月丙申(十七)……一二〇七
開元二二七　唐故尚舍直長薛府君夫人裴氏墓誌銘開元十四年二月廿三日……一二〇七
開元二二八　大唐故劉夫人墓誌銘開元十四年五月十九日……一二〇九
開元二二九　唐故潭州衡山縣令鄭(戎)府君墓誌銘開元十四年五月十九日……一二一〇
開元二三〇　八品亡宫年卌墓誌銘開元十四年六月十四日……一二一一
開元二三一　大唐故右監門衛大將軍父李(懷)公吴興郡太夫人□氏墓誌銘開元十四年六月十五日……一二一二
開元二三二　唐故朔方軍總管忠武將軍右武衛翊府左郎將青山縣開國男食邑三百户李(信)君墓誌銘開元十四年六月廿四日……一二一三
開元二三三　大唐故七品亡宫誌文開元十四年九月廿二日……一二一四
開元二三四　唐故朝散大夫行宋州虞城縣令上柱國李(昕)府君墓誌開元十四年十一月八日……一二一四

開元二三五　大唐故雲麾將軍行右威衛將軍董（懷義）公墓誌開元十四年十一月十日……二一一六
開元二三六　唐故沁州安樂府別將上騎都尉張（詮）君墓誌銘開元十四年十一月十日……二一一七
開元二三七　唐銀青光祿大夫太子賓客嶽陽縣開國伯食邑五百户陳公（憲）墓銘開元十四年十一月十六日……二一一八
開元二三八　大唐故成王妃慕容氏（真如海）墓誌銘開元十四年十一月廿八日……二一一九
開元二三九　唐大薦福寺故大德思恒律師誌文開元十四年十二月十五日……二一二一
開元二四〇　大唐太原王曉故夫人崔氏墓誌銘開元十四年十二月十七日……二一二三
開元二四一　大唐故右金吾將軍魏（靖）公墓誌銘開元十五年正月廿四日……二一二三
開元二四二　大唐故游擊將軍左領軍衛京兆府折衝都尉長上内供奉宋（莊）公墓誌開元十五年正月廿四日……二一二五
開元二四三　大唐故七品亡宫誌文開元十五年正月廿四日……二一二六
開元二四四　故朝議郎行中書主書上柱國段（萬頃）府君墓誌銘開元十五年二月六日……二一二六
開元二四五　大唐故并州陽曲縣主簿朱（行斌）君墓誌銘開元十五年二月十七日……二一二七
開元二四六　大唐故高士朱（君信）君墓誌銘開元十五年二月十七日……二一二九
開元二四七　唐故大理寺評事梁郡喬（崇隱）公墓誌銘開元十五年二月廿九日……二一三〇
開元二四八　唐故梁郡喬（崇敬）公墓誌銘開元十五年二月廿九日……二一三一
開元二四九　唐大理正喬（夢松）□□夫人長樂馮氏墓誌銘開元十五年二月廿九日……二一三二

開元二五〇　大唐故孝廉上谷寇（鈞）君墓誌銘開元十五年二月廿九日……一三三三
開元二五一　大唐故陪戎校尉太原王（勗）君墓誌銘開元十五年二月廿九日……一三三四
開元二五二　唐故朝議郎周（紹業）府君夫人南陽趙氏墓誌銘開元十五年二月卅日……一三三四
開元二五三　唐故方律師像塔之銘開元十五年三月一日……一三三六
開元二五四　「李文幹妻張殯……銘記」開元十五年三月五日……一三三七
開元二五五　故前安樂州兵曹參軍京兆程（德譽）君墓誌銘開元十五年五月十二日……一三三七
開元二五六　大唐故袁州參軍李（和）府君墓誌銘開元十五年六月十三日……一三三八
開元二五七　大唐故徵士平昌孟（俊）君墓誌銘開元十五年七月十二日……一三三九
開元二五八　大唐故寧州豐義縣令鄭（温球）府君墓誌銘開元十五年七月廿七日……一三四一
開元二五九　大唐故□州崇儒府折衝滎陽鄭（仁穎）府君墓誌銘開元十五年七月廿七日……一三四二
開元二六〇　大唐故荊州大都督府司馬陳（頤）府君墓誌銘開元十五年八月九日……一三四三
開元二六一　唐故睦州參軍王公女十八娘銘開元十五年八月九日……一三四四
開元二六二　故朝散大夫行鄧州司馬盧（思莊）府君墓誌銘開元十五年九月三日……一三四四
開元二六三　大唐故金紫光禄大夫行鄜州刺史贈户部尚書上柱國河東忠公楊（執一）府君
墓誌銘開元十五年九月三日……一三四五
開元二六四　先府君（高憲）玄堂刻石記開元十五年閏九月十七日……一三四九
開元二六五　河間邢（均）府君墓誌開元十五年十月庚午朔……一三五〇

開元二六六　唐故朝議郎行蓬州宕渠縣令王（思齊）府君墓誌銘 開元十五年十月五日 …………… 二一五一
開元二六七　平陽郡故敬（覺）府君墓誌銘 開元十五年十月五日 …………… 二一五二
*開元二六八　唐故朝議郎行楚州安宜縣令太原王君夫人劉氏等合葬誌銘 開元十五年十月五日
…………… 二一五四
開元二六九　大唐故興州司馬王（游藝）君墓誌銘 開元十五年十月五日 …………… 二一五五
開元二七〇　唐故延州膚施縣令上柱國于（士恭）公墓誌銘 開元十五年十月乙酉 …………… 二一五六
開元二七一　巨唐故朝議郎上柱國豪州定遠縣令楊（高仁）府君墓誌銘 開元十五年十月廿三日
…………… 二一五七
開元二七二　唐故崔（嚴）君墓誌銘 開元十五年十月廿八日 …………… 二一五八
開元二七三　大唐崔（守約）府君墓誌銘 開元十五年十月廿八日 …………… 二一五九
開元二七四　大唐故右驍衛大將軍雁門縣開國公上柱國左萬騎使河東薛君（莫）故武昌郡
夫人史氏合葬墓誌銘 開元十六年正月卅日 …………… 二一六〇
開元二七五　唐故朝散大夫行吉州長史疋婁君夫人西河縣君靳氏墓誌銘 開元十六年二月五日
…………… 二一六一
開元二七六　大唐故杭州司士參軍趙（越寶）府君故夫人張氏墓誌銘 開元十六年二月十三日 …………… 二一六二
開元二七七　卜（素）君墓誌銘 開元十六年三月十三日 …………… 二一六三
開元二七八　大唐相州安陽縣日觀鄉杜君墓誌銘 開元十六年五月六日 …………… 二一六四

開元二七九　故燉煌范(崇禮)府君墓誌銘開元十六年七月三日……二一六五
開元二八〇　大唐河南府河清縣毛(鳳敬)府君墓誌銘開元十六年十月八日……二一六六
開元二八一　唐故鼎州三原縣令盧府君夫人辛氏墓誌銘開元十六年十月廿三日……二一六六
開元二八二　大唐故越州諸暨縣主簿崔(齊榮)君墓誌銘開元十六年十月廿六日……二一六七
開元二八三　唐故朝散大夫行歙州休寧縣令上柱龐(敬)府君墓誌銘開元十七年二月廿四日……二一六九
開元二八四　□□議郎前行忻州定襄縣令上柱國張(楚璋)府君墓誌銘開元十七年二月廿四日……二一七〇
開元二八五　大唐故蜀州司士參軍事崔(瑛)府君墓誌銘開元十七年二月廿五日……二一七一
開元二八六　唐故朝散郎行蘇州嘉興尉談(昕)君墓誌銘開元十七年四月十三日……二一七二
開元二八七　大唐孔(桃栓)府君墓誌銘開元十七年四月廿四日……二一七三
開元二八八　大唐故忠武將軍行薛王府典軍上柱國平棘縣開國男李(無慮)府君墓誌銘開元十七年六月十一日……二一七四
開元二八九　大唐故左衛司戈劉(景嗣)府君墓誌銘開元十七年七月壬寅……二一七五
開元二九〇　唐故朝議郎行節愍太子廟丞洛陽賈(栖汭)府君墓誌銘己巳七月十四日……二一七六
開元二九一　大唐□義寺故大德敬節法師塔銘開元十七年七月十五日……二一七七
開元二九二　唐故太中大夫使持節泗州諸軍事泗州刺史瑯琊王(同人)公墓誌銘開元十七年八月廿六日……二一七八

開元二九三　唐故相州城安縣令夫人和（幹）墓誌開元十七年八月廿六日……二一八〇
開元二九四　大唐故處士宋（感）君甘夫人墓誌銘開元十七年九月十九日……二一八一
開元二九五　大唐故右監門衛中郎將高（嶸）府君墓誌銘開元十七年十月十六日……二一八二
開元二九六　唐故郭（仵）君墓誌銘開元十七年十月十六日……二一八三
開元二九七　唐故靖（策）君墓誌銘開元十七年十月廿八日……二一八四
開元二九八　大唐故商州司馬楊（瑊）府君墓誌銘開元十七年十一月十六日……二一八五
開元二九九　唐故河南府劉（龍樹）府君墓誌銘開元十七年十一月十六日……二一八五
開元三〇〇　大唐故興聖寺主尼法澄塔銘開元十七年十一月廿三日……二一八六
開元三〇一　唐故梁（英）處士墓誌銘開元十七年十一月廿三日……二一八八
開元三〇二　大唐故魏州冠氏縣令清河崔（羡）君墓誌開元十八年正月廿一日……二一八九
開元三〇三　唐大中大夫行定州長史上柱國李（謙）府君墓誌銘開元十八年四月十六日……二一九〇
開元三〇四　大唐故十學士太子中舍人上柱國河間縣開國男贈率更令劉（濬）府君墓誌開元十八年五月十九日……二一九二
開元三〇五　唐故朝散大夫上柱國潁州汝陰縣令史（待賓）公墓誌銘開元十八年閏六月廿三日……二一九四
開元三〇六　銀青光禄大夫行太子右諭德鍾紹京妻唐故越國夫人許氏墓誌銘開元十八年九月九日……二一九六

開元三〇七　唐故朝散大夫守巴州別駕上柱國朱（庭瑾）公墓誌銘開元十八年十月四日……一二九七
開元三〇八　大唐故忠武將軍河南府懷音府長上折衝上柱國河間郡劉（庭訓）府君墓誌銘開元十八年十月十六日……一二九八
開元三〇九　大唐故栢（虔玉）府君墓誌銘開元十八年十月十六日……一三〇〇
開元三一〇　大唐故上柱國兵部常選廣平宋（守一）府君墓誌銘開元十八年十月十六日……一三〇一
開元三一一　故陪戎尉孟（頭）君墓誌銘開元十八年十月廿八日……一三〇二
開元三一二　大唐故宣義郎行涇州陰盤縣尉騎都尉周（義）君墓誌銘開元十八年十一月十日……一三〇三
開元三一三　大唐故朝散大夫行申州長史上柱國劉（如璋）府君墓誌銘開元十八年十一月十日……一三〇五
開元三一四　大唐故特進涼國公行道州別駕契苾（嵩）公墓誌銘開元十八年十一月廿二日……一三〇六
開元三一五　唐故襄州長史韋（麟）府君墓誌文開元十八年十一月廿二日……一三〇八
開元三一六　唐故藤州感義縣令韋（行懿）府君墓誌文開元十八年十一月廿二日……一三〇九
開元三一七　唐故左領軍衛執戟李（偘偘）公墓誌銘開元十八年十二月廿九日……一三一〇
開元三一八　唐故銀青光禄大夫行光禄少卿上柱國渤海郡開國公高（懲）府君墓誌銘開元十八年……一三一一
開元三一九　大唐登仕郎行河南府洛陽縣録事吕君故夫人李氏墓誌銘開元十九年二月五日……一三一二
開元三二〇　大唐故銀青光禄大夫使持節陳州諸軍事陳州刺史上柱國陶（禹）府君墓誌

銘開元十九年二月十二日 …… 二二三
開元三二一　唐故華州鄭縣主簿李(景陽)府君墓誌開元十九年二月十七日 …… 二二四
開元三二二　故朝議郎歙州北野縣尉上騎都尉程(逸)府君誌銘開元十九年三月十三日 …… 二二五
開元三二三　大唐汝州魯陽府別將胡明期母曹夫人誌銘開元十九年四月七日 …… 二二六
開元三二四　巨唐故□□門衛長史安定皇甫(慎)公墓誌銘開元十九年四月七日 …… 二二七
開元三二五　大唐故騎都尉劉(禄)府君墓誌銘開元十九年四月十九日 …… 二二八
開元三二六　大唐懷州司户參軍陳(利見)氏故賈夫人墓誌銘開元十九年五月十四日 …… 二二九
開元三二七　大唐故江王息故澧州刺史廣平公夫人楊氏墓誌開元十九年六月十九日 …… 二三〇
開元三二八　大唐朱氏夫人誌銘開元十九年六月廿日 …… 二三一
開元三二九　大唐故道州唐興縣尉路(循範)府君墓誌銘開元十九年七月三日 …… 二三二
開元三三〇　「趙氏亡子汝南塔」開元十九年八月十三日 …… 二三三
開元三三一　唐故朝請郎行黃州司法參軍奉敕檢校上陽内作判官房(孚)君墓誌銘開元十九年十月十日 …… 二三三
開元三三二　唐吏部常選滎陽鄭公故夫人廣平宋氏墓誌銘開元十九年十月廿二日 …… 二三四
開元三三三　大唐故金州參軍李(侯)公墓誌銘開元十九年十一月十五日 …… 二三五
開元三三四　唐故通直郎前行延州都督府士曹參軍事長孫(昞)府君墓誌銘開元十九年十一月廿五日 …… 二三六

開元三三五　大唐故薛王傅上柱國司馬（詮）府君墓誌銘開元十九年十一月廿七日……一三二七
開元三三六　唐郭君墓誌銘開元十九年十一月廿七日……一三二九
開元三三七　故孫（節）居士塔誌銘開元廿年正月廿九日……一三三〇
開元三三八　唐故振威副尉清河張（漢）君墓誌銘開元廿年如月十一日……一三三〇
開元三三九　大唐故朝議郎前行薛王府兵曹參軍上柱國太原王（令）府君墓誌銘開元廿年二月十一日……一三三一
開元三四〇　唐故明威將軍守左領軍衛河南府金谷府折衝都尉上柱國太原王（崇禮）府君墓誌銘開元廿年二月十七日……一三三三
開元三四一　唐故括州遂昌縣令張（先）府君墓誌銘開元廿年如月壬寅……一三三四
開元三四二　大唐故萬州司法參軍王（韶）君墓誌銘開元廿年三月十二日……一三三五
開元三四三　唐故太廟齋郎吏部常選郭（懌）子墓誌銘開元廿年五月十九日……一三三六
開元三四四　唐故邠王文學天水趙（夏日）公墓誌銘開元廿年六月十一日……一三三七
開元三四五　唐故左衛伊川府長史太原王（希俊）府君墓誌銘開元廿年七月廿一日……一三三八
開元三四六　唐故河南府澠池縣丞慕容（瑾）君墓誌銘開元廿年八月十四日……一三三九
開元三四七　大唐故右領軍衛將軍上柱國新城縣開國伯薛（璿）府君墓誌文開元廿年八月廿日……一三四〇
開元三四八　大唐故亡宮八品年五十八開元廿年八月廿日……一三四二

開元三四九　大唐故鄭州刺史源（光俗）公故夫人鄭氏誌銘開元廿年九月二日 …… 二二四三
開元三五〇　唐故朝散郎行潞州長子縣尉太原王（怡）公墓誌銘開元廿年九月二日 …… 二二四四
開元三五一　大唐故朝議郎行幽州會昌縣令上柱國賈（元恭）府君墓誌銘開元廿年九月二日 …… 二二四五
開元三五二　大唐故上柱國趙（南山）君墓誌開元廿年九月二日 …… 二二四六
開元三五三　大唐故朝議郎行蒲州桑泉縣丞輕車都尉路（惲）府君墓誌開元廿年九月卅日 …… 二二四七
開元三五四　大唐故益州都督府户曹參軍姚（遷）君墓誌銘開元廿年九月廿日 …… 二二四八
開元三五五　大唐故泗州司馬叔苗善物墓誌銘開元廿年十一月十日 …… 二二五〇
開元三五六　大唐故騎都尉智（玄）君之銘開元廿年十一月廿一日 …… 二二五一
開元三五七　皇朝秘書丞攝侍御史朱公妻太原郡君王氏墓誌開元廿年十一月廿一日 …… 二二五二
開元三五八　故大唐故揚州揚子縣令崔（光嗣）府君墓誌銘開元廿年十一月廿一日 …… 二二五三
開元三五九　大唐故馬（師）君墓誌銘開元廿年十一月廿一日 …… 二二五四
開元三六〇　大唐故靜塞軍司馬杜（孚）府君墓誌銘開元廿年十一月廿一日 …… 二二五五
開元三六一　大唐故贈博州刺史鄭（進思）府君墓誌開元（中缺）廿八日 …… 二二五六
開元三六二　大唐故康州司馬上柱國來（慈）府君墓誌銘開元二十年 …… 二二五八
開元三六三　大唐故亳州譙縣令梁（璵）府君之墓誌開元廿一年二月十六日 …… 二二五九
開元三六四　唐故唐州別駕蕭（浮丘）君墓誌銘開元二十一年二月十六日 …… 二二六一
開元三六五　唐故京兆府渭南縣尉張（時譽）府君墓誌銘開元廿一年三月五日 …… 二二六二

開元三六六　大唐故苑西面副監孝子房(惠琳)公墓誌銘開元廿一年三月十二日……………………………………一三六三
開元三六七　大唐宣化寺故比丘尼堅行禪師塔銘開元廿一年閏三月十日……………………………一三六四
開元三六八　大唐故左羽林軍長史姚(重曒)府君墓誌銘開元廿一年閏三月十七日……………………一三六五
開元三六九　唐處士王公故夫人程氏墓記開元廿一年四月十三日………………………………………一三六六
開元三七〇　大唐故冠軍大將軍行右威衛將軍上柱國金城郡開國公李(仁德)公墓誌銘開元廿一年四月十三日…………………………………………………………………………………一三六七
開元三七一　唐河南府温縣尉房君故夫人崔氏墓誌銘開元廿一年四月十三日……………………………一三六八
開元三七二　唐故左領軍衛翊衛高(毛)府君墓誌銘開元廿一年五月八日……………………………一三六九
開元三七三　大唐故新城府别將張府君之墓誌銘開元廿一年七月十八日………………………………一三七〇
開元三七四　□王府户曹參軍清河張曷故妻鉅鹿魏夫人墓誌銘開元廿一年七月廿五日………………一三七二
開元三七五　唐監察御史杜公故夫人張氏墓誌銘開元廿一年八月八日…………………………………一三七三
開元三七六　唐右武衛將軍高(欽德)府君墓誌銘開元廿一年九月十九日終…………………………一三七三
開元三七七　唐故鄧夫人墓誌銘開元廿一年十月七日…………………………………………………一三七五
開元三七八　唐故宣德郎驍騎尉淄川縣開國子泉(毖)君誌銘開元廿一年十月十六日…………………一三七六
開元三七九　唐故通議大夫鄂州刺史上柱國盧(翊)府君墓誌銘開元廿一年十月十六日………………一三七七
開元三八〇　唐故秀士張(點)君墓誌開元廿一年十月十六日…………………………………………一三七九
開元三八一　唐故朝散大夫著作郎張(漪)府君墓誌銘開元廿一年孟冬月才生魄………………………一三七九

開元三八二　唐故河南府參軍范陽張（軫）府君墓誌銘 開元廿一年十月十六日……二二八一
開元三八三　給事郎行太平公主邑司録事柱國韓（思）府君墓誌銘 開元廿一年十月十六日……二二八二
開元三八四　大唐襄容城伯盧（炅）君故夫人隴西李氏墓誌銘 開元廿一年十月十六日……二二八四
開元三八五　唐故承議郎行慈州吕香縣令趙（元瓌）府君墓誌 開元廿一年十月廿一日……二二八五
開元三八六　唐故冀州棗强縣令贈隋州刺史裴（同）公墓誌銘 開元廿一年十月廿七日……二二八五
開元三八七　大唐故朝議郎守邛州司馬楊（瑶）公墓誌銘 開元廿一年十月廿七日……二二八七
開元三八八　大唐侍御史歙州司馬許公故夫人趙郡李氏墓誌銘 開元廿一年十月廿八日……二二八八
開元三八九　唐故宣州溧陽縣令贈秘書丞上柱國開（承簡）府君墓誌 開元廿一年十一月九日……二二八九
開元三九〇　唐故朝散大夫國子司業上柱國開（休元）君墓誌 開元廿一年十一月九日……二二九〇
開元三九一　唐河東上黨郡大都督府屯留縣故彭（珍）君墓誌之銘 開元廿一年十一月廿一日……二二九二
開元三九二　大唐故慶王府典軍江（璀）府君墓誌 開元廿一年十一月廿二日……二二九三
開元三九三　大唐故揚州海陵縣令李君墓誌銘 開元廿一年十一月廿七日……二二九五
開元三九四　大唐孟（暉）府君墓誌銘 開元廿二年正月十日……二二九六
開元三九五　大唐將帥舉文武及第前振威副尉守右武衛蒲州永安府左果毅都尉崔澤夫人
張氏墓誌銘 開元廿二年正月廿八日……二二九七
開元三九六　唐故定州唐縣丞柳（正確）府君墓誌銘 開元廿二年三月九日……二二九八
開元三九七　大唐故左千衛鎧曹源府君夫人薛氏墓誌銘 開元廿二年三月十一日……二二九八

開元三九八　唐故宣德郎守潞州大都督府參軍事裴肅墓誌銘開元廿二年三月廿四日……一二九九
開元三九九　「崔公諱嘉祉」開元廿二年四月六日……一三〇〇
開元四〇〇　唐同州河西主簿李(全昚)君故夫人蘇氏墓誌銘開元廿二年四月六日……一三〇一
開元四〇一　大唐故翊衛副尉澤州太行鎮將騎都尉安(孝臣)府君之墓誌銘開元廿二年四月九日……一三〇二
開元四〇二　唐故徐州滕縣主簿王君夫人吳郡張氏墓誌銘開元廿二年四月廿日……一三〇三
開元四〇三　亡宮三品墓誌銘開元廿二載七月二日……一三〇四
開元四〇四　□唐故冠軍大將軍行左屯衛翊府中郎將幽州經略軍節度副使翟(詵)公墓誌銘開元廿二年七月十四日……一三〇四
開元四〇五　大唐故朝散大夫行幽州都督府薊縣令南陽白水張(積善)公墓誌開元廿二年八月十四日……一三〇五
開元四〇六　故吏部常選遼西段(貞)府君墓誌開元廿二年八月十四日……一三〇六
開元四〇七　大唐故雲麾將軍可右威衛將軍員外置同正員上柱國右羽林軍上下兼知射生使監河東河西道兵馬使內供奉高(定方)府君墓誌銘開元廿二年八月廿六日……一三〇七
開元四〇八　大唐故贈綿州司馬白(義賓)府君墓誌銘開元廿二年十月十九日……一三〇八
開元四〇九　大唐故清夷軍倉曹兼本軍總管張(休光)君墓誌銘開元廿二年十月廿二日……一三〇九
開元四一〇　唐故太原府太原縣丞蕭(令臣)府君墓誌銘開元廿三年二月十日……一三一〇

開元四一一　王(德倫)府君墓誌開元廿三年二月廿三日……一三一二
開元四一二　唐故大中大夫使持節青州諸軍事青州刺史上柱國滎陽鄭(諶)公墓誌銘開元廿三年二月廿三日……一三一三
開元四一三　唐故右威衛將軍上柱國王(景曜)公墓誌銘開元廿三年二月廿三日……一三一四
開元四一四　□唐故吏部常選譙郡夏侯(昣)□墓誌銘開元廿三年三月四日……一三一六
開元四一五　大唐故可左監門衛將軍上柱國白(知禮)府君墓誌銘開元廿三年三月廿九日……一三一七
開元四一六　大唐兗州瑕丘縣主簿馬君夫人天水董氏墓誌銘開元廿三年三月廿九日……一三一八
開元四一七　大唐故定州無極縣丞白(慶先)府君墓誌開元廿三年七月二日……一三一九
開元四一八　唐故處士武騎尉王(羊仁)府君墓誌銘開元廿三年八月十九日……一三二一
開元四一九　唐故中大夫行太子内直監白(羨言)府君墓誌銘開元廿三年八月十九日……一三二二
開元四二〇　唐故朝散大夫滁州別駕蕭府君(謙)墓誌銘開元廿三年九月八日……一三二三
開元四二一　太中大夫使持節房州諸軍事房州刺史上柱國魏縣開國子盧(全操)府君誌銘開元廿三年九月十八日……一三二五
開元四二二　大唐故朝議大夫上柱國杭州長史姚(珝)府君墓誌銘開元廿三年十月十五日……一三二七
開元四二三　唐故左武衛鄜州大同府折衝都尉公孫(孝遷)府君墓誌銘開元廿三年十月廿七日……一三二八
開元四二四　大唐故滄州司法參軍張(文珪)府君墓誌開元廿三年十月廿七日……一三二九

開元四二五 大唐故趙(壽)君墓誌開元二十三年閏十一月三日……一三三〇
開元四二六 大唐故前梁(義方)君墓誌銘開元廿三年閏十一月三日……一三三一
開元四二七 大唐居士梁公故夫人墓誌開元廿四年三月辛巳……一三三二
開元四二八 唐京兆王氏妻清河崔夫人墓誌開元廿四年三月廿九日……一三三三
開元四二九 仙州別駕張(仁方)府君墓誌銘開元廿四年四月十八日……一三三三
開元四三〇 劉(秦客)府君楊夫人銘開元廿四年五月十七日……一三三五
開元四三一 大唐故隴州刺史薛府君妻弘農楊(祁麗)夫人墓誌銘開元廿四年五月十七日……一三三六
開元四三二 「亡宮者本良家子也」開元廿四年六月□五日……一三三六
開元四三三 大唐故大智禪師塔銘開元廿四年七月六日……一三三七
開元四三四 唐故寧遠將軍慶王府左典軍上柱國尹(大簡)府君墓誌銘開元廿四年七月十九日……一三三八
開元四三五 大唐皇甫賓亡妻楊氏墓誌銘開元廿四年八月廿六日……一三三九
開元四三六 大唐故京兆府美原縣尉張(昕)府君墓誌銘開元廿四年十月三日……一三四〇
開元四三七 唐朔方軍節度副使金紫光禄大夫行光禄卿上柱國五原公燕王慕容公故妻太原郡夫人武氏墓誌銘開元廿四年十月三日……一三四一
開元四三八 唐故金明縣令上柱國張(惠則)府君墓誌銘開元廿四年十月九日……一三四二
開元四三九 維大唐相州林慮縣故士邵(真)府君仕馬夫人墓誌銘開元廿四年十月廿六日……一三四三

開元四四〇　唐故通議大夫持節開州諸軍事開州刺史上柱國滎陽鄭（訢）公墓誌銘開元廿四年十一月七日……一二三四三
開元四四一　大唐故德州安陵縣宰徐（令名）府君墓誌銘開元廿四年十一月七日……一二三四五
開元四四二　□州大都督府處士成君墓誌之銘開元廿四年十一月十日……一二三四六
開元四四三　大唐我府君故漢州刺史獨孤（炫）公墓誌銘開元廿四年十一月廿七日……一二三四七
開元四四四　唐故寧遠將軍守右驍衛翊府左郎將上柱國贈左清道率府率廣平郡宋（知感）府君河内縣君清河張夫人墓誌銘開元廿四年建子月廿七日……一二三四九
開元四四五　唐故潁州録事參軍郭（珽之）府君墓誌銘開元廿五年正月十日……一二三五一
開元四四六　唐故宣德郎杭州鹽官主簿潁川陳（敬忠）府君墓誌銘開元廿五年正月廿一日……一二三五二
開元四四七　故泉州龍溪縣尉李君墓誌開元廿五年二月廿八日……一二三五三
開元四四八　程（冬筍）公墓誌開元廿五年四月十六日……一二三五五
開元四四九　故河南府新安縣丞清河崔（諶）公墓誌銘開元廿五年四月廿三日……一二三五六
開元四五〇　唐故深州司户參軍武（幼範）府君墓誌開元廿五年五月十二日……一二三五七
開元四五一　大唐大温國寺大德進法師塔銘開元廿五年七月八日……一二三五八
開元四五二　大唐故吏部常選楊（偘）府君墓誌銘開元廿五年八月十日……一二三五九
開元四五三　唐嵩山會善寺故景賢大師身塔石記開元廿五年八月十二日……一二三六〇
開元四五四　龐氏十二娘之銘開元廿五年八月十二日……一二三六一

開元四五五　西山廣化寺三藏無畏不空法師塔記開元廿五年八月……一三六一
開元四五六　大唐故姚(處璡)府君墓誌銘開元廿五年十月廿七日……一三六三
開元四五七　大唐故亡宮墓誌之銘開元廿五年十月廿七日……一三六四
開元四五八　唐故相州臨漳縣令范陽盧(曒)府君墓誌銘開元廿五年十一月三日……一三六四
開元四五九　大唐濟度寺故大德比丘尼惠源和上神空誌銘開元廿五年十一月旬有二日……一三六五
開元四六〇　大唐故吏部常選内供奉竹(敬敬)府君墓誌銘開元廿五年十二月三日……一三六七
開元四六一　唐故李(素)府君墓誌銘開元廿六年正月十三日……一三六八
開元四六二　唐故居士李(知)公誌石文開元廿六年正月廿七日……一三六九
開元四六三　唐故朝散大夫壽州長史安陽邵(承)府君墓誌銘開元廿六年正月廿七日……一三七〇
開元四六四　大唐大安國寺故大德惠隱禪師塔銘開元廿六年二月六日……一三七一
開元四六五　□□□州參軍元子上妻滎陽鄭氏墓誌銘開元廿六年二月十六日……一三七二
開元四六六　唐故左領軍衛倉曹參軍李(霞)府君墓誌銘開元廿六年二月廿二日……一三七三
開元四六七　唐故河南府兵曹何(寂)府君墓誌銘開元廿六年四月十一日……一三七四
開元四六八　有唐薛氏故夫人實信優婆夷未曾有功德塔銘開元廿六年五月十五日……一三七五
開元四六九　大唐故河南元氏夫人墓誌銘開元廿六年五月十七日……一三七六
開元四七〇　大唐開元寺故禪師貞和上寶塔銘開元廿六年七月十五日……一三七七
開元四七一　大唐故忠王府文學上柱國琅琊王(固己)府君墓誌銘開元廿六年閏八月六日……一三七八

開元四七二　大唐京兆府好畤縣尉裴故夫人河南元氏權殯墓銘開元廿六年九月十一日……一三七九
開元四七三　大唐故太原王(忌)君墓誌銘開元廿六年十月廿日……一三八〇
開元四七四　大唐故朝議郎行尚書都事上柱國夏侯(思泰)府君墓誌開元廿六年十一月八日……一三八一
開元四七五　□□處士張(起)君墓誌銘開元廿六年十一月十四日……一三八二
開元四七六　唐故處士苑(策)府君張夫人合遷之銘開元廿六年十一月十五日……一三八三
開元四七七　維大唐故宋(思昚)君墓誌開元廿六年十二月甲子朔……一三八四
開元四七八　唐押渾副使忠武將軍右監門衛中郎將員外置同正員檢校閤甄府都督攝左威衛將軍借紫金魚袋代樂王上柱國慕容明墓誌銘開元廿六年十二月七日……一三八五
開元四七九　大唐都景福寺威儀和上龕塔銘開元廿六年……一三八六
開元四八〇　唐故李(德)府君墓誌銘開元廿□年二月三日……一三八七
開元四八一　大唐故吏部常選隴西李(敬固)府君吴興朱夫人墓誌銘開元廿七年正月四日……一三八七
開元四八二　唐故鎮軍大將軍行右衛大將軍贈户部尚書廣平公(程伯獻)墓誌銘開元廿七年正月二十七日……一三八八
開元四八三　大唐故朝議郎行監察御史周(誠)府君墓誌銘開元廿七年正月廿八日……一三九一
開元四八四　大唐故濟州司户參軍事鄭(撝)府君墓誌銘開元廿七年正月廿八日……一三九二
開元四八五　大唐故蔚州刺史兼横野軍使上柱國王(元琰)府君墓誌開元廿七年二月十日……一三九三
開元四八六　大唐故楚州鹽城縣令太原王(惠忠)公墓誌開元廿七年二月廿二日……一三九五

開元四八七　大唐故恒州真定縣丞姚（如衡）府君墓誌銘開元廿七年四月九日……二三九六
開元四八八　故河南府伊□縣□□□□□上柱國姚（政□）府君之碣開元廿七年四月廿四日……二三九七
開元四八九　「韋必復字安和」開元廿七年五月廿一日……二三九七
開元四九〇　唐故昭成觀大德張（若訥）尊師墓誌銘開元廿七年五月廿三日……二三九八
開元四九一　大唐故通議大夫鄂州刺史上柱國盧府君夫人清河郡君墓誌銘開元廿七年八月十二日……二三九八
開元四九二　唐故衛尉寺主簿趙（庭）府君墓誌銘開元廿七年八月廿四日……二四〇〇
開元四九三　唐故滎陽鄭賓妻博陵崔氏墓誌銘開元廿七年八月卅日……二四〇一
開元四九四　大唐故汴州封丘縣令白（知新）府君墓誌銘開元廿七年十月十四日……二四〇二
開元四九五　唐故朝議郎行通事舍人京兆杜公諱元穎夫人臨清縣君崔氏墓誌銘開元廿七年十月十四日……二四〇四
開元四九六　唐故天水縣君趙氏墓記開元廿七年十月十四日……二四〇四
開元四九七　唐故處士太原王（智言）府君墓誌銘開元廿七年十月廿五日……二四〇五
開元四九八　大唐常（來）君墓誌銘開元廿七年十月廿五日……二四〇六
開元四九九　大唐故邛州司馬楊公夫人張氏墓誌銘開元廿七年十月廿五日……二四〇七
開元五〇〇　大唐故右驍衛倉曹參軍滎陽鄭（齊閔）府君墓誌銘開元廿七年十月廿五日……二四〇八

開元五〇一　大唐故朝散大夫檢校尚書比部員外郎博陵崔（玄隱）府君墓誌銘開元廿七年十月廿六日……二四〇九
開元五〇二　唐衡州刺史東府君故夫人太原郡君王氏墓誌銘開元廿七年十月廿六日……二四一〇
開元五〇三　宣義郎上輕車都尉前行台州司倉參軍趙庭秀墓誌開元廿七年十月廿六日……二四一一
開元五〇四　大唐故和州歷陽縣主簿張（易）君墓誌銘開元廿七年十一月廿六日……二四一二
開元五〇五　唐故岐州司倉參軍房（宣）公墓誌銘開元廿七年十一月……二四一三
開元五〇六　唐故孝廉李（泉）府君墓誌銘開元廿七年十二月廿七日……二四一三
開元五〇七　唐故朝請大夫行晉州洪洞縣令敬（守德）公墓誌銘開元廿八年二月十五日……二四一五
開元五〇八　大唐故南齊隨郡王曾孫蘭陵蕭（紹遠）君墓誌銘開元廿八年二月己卯……二四一六
開元五〇九　唐故江州長史趙（知慎）府君墓誌銘開元廿八年三月十六日……二四一七
開元五一〇　唐故滄州清池縣尉張（仲臣）君墓誌銘開元廿八年四月十四日……二四一八
開元五一一　大唐故彭州唐興府左果毅上柱國程（璬）府君墓誌銘開元廿八年四月廿九日……二四一九
開元五一二　唐故吴真妻席夫人墓誌銘開元廿八載六月十七日……二四二〇
開元五一三　唐故豫州郾城縣丞張（孚）君墓誌開元廿八年六月……二四二一
開元五一四　唐故潁王府録事參軍郜（崇烈）君墓誌銘開元廿八年七月廿二日……二四二二
開元五一五　唐故驃騎大將軍兼左驍衛大將軍知内侍事上柱國虢國公楊（思勗）公墓誌銘開元廿八年八月壬辰……二四二三

開元五一六　故尚輦直長崔公故夫人滎陽鄭氏墓誌銘開元廿八年八月十八日……二四二五
開元五一七　大唐故右威衛翊府左郎將康(庭蘭)公墓誌銘開元廿八年十月十七日……二四二六
開元五一八　唐故朝請大夫遂州長史張(光祐)府君墓誌銘開元廿八年十月廿日……二四二八
開元五一九　唐故綿州涪城縣丞吴郡張(承祚)府君墓誌銘開元廿八年十一月廿九日……二四二九
開元五二〇　唐故朝議郎前行括蒼令崔(恕)府君墓誌銘開元廿八年十二月廿六日……二四三〇
開元五二一　唐故朝議郎行郴州義章縣尉上柱國張(守珍)府君墓誌銘開元廿九年二月廿日……二四三一
開元五二二　果毅都尉裴(坦)公墓誌銘開元廿九年二月廿日……二四三二
開元五二三　大唐故朝議郎行尚書祠部員外郎裴(稹)君墓誌銘開元辛巳歲二月廿日……二四三三
開元五二四　大唐故冠軍大將軍行右武衛大將軍啜祿夫人鄭氏墓誌銘開元二十九年二月廿一日
……二四三五
開元五二五　唐故尚書右丞相贈荆州大都督始興公陰堂誌銘開元廿九年三月三日……二四三六
開元五二六　唐故隴西李(珪)公墓誌銘開元廿九年三月廿日……二四三七
開元五二七　大唐故蔚州刺史王(元琰)府君夫人南陽郡君樊(性)氏墓誌銘開元廿九年三月廿
一日……二四三八
開元五二八　故亳州臨渙縣丞趙(瓊琰)府君墓誌銘開元廿九年三月……二四三九
開元五二九　唐故左監門衛大將軍太原白(知禮)公墓誌銘開元辛巳孟夏末旬有三日……二四四〇
開元五三〇　唐故寧遠將軍右領□□同州襄城府折衝上柱國關(楚徵)府君墓誌銘開元廿九

年閏四月五日……一二四四二
開元五三一　大唐故汴州尉氏縣尉楊(璡)府君夫人河南源氏墓誌銘開元廿九年五月廿三日……一二四四三
開元五三二　「故大洞法師齊國田仙寮」開元廿九年六月甲寅……一二四四四
開元五三三　大唐故李府君夫人嚴氏墓誌銘開元廿九年七月一日……一二四四五
開元五三四　大唐故忠武將軍攝右金吾衛郎將上柱國豆(善富)府君墓誌開元廿九年八月十
八日……一二四四六
開元五三五　大唐故相州林慮縣尉邢(超)公墓誌文開元廿九年十月八日……一二四四八
開元五三六　唐故中散大夫行汾州長史沈(浩豐)府君墓誌銘開元廿九年十一月十四日……一二四四九
開元五三七　唐故壯武將軍判左威衛將軍上柱國平陵縣開國男□□留守蘇(咸)公墓誌
銘開元廿九年十一月廿三日……一二四五一
開元五三八　唐故右監門衛兵曹參軍張(景陽)君墓誌銘開元廿九年十一月廿五日……一二四五二
開元五三九　大唐河南府君陽縣録事樂安蔣敏故妻清河張氏墓誌開元廿九年十一月廿六日……一二四五三
開元五四〇　長河宰盧公李夫人墓誌文開元卅年獻月三日……一二四五四
開元五四一　(殘墓誌)開元……一二四五五
開元五四二　「(缺)公(中闕)蠅之謗以(缺)使遇公之還」開元(缺)卯朔四日庚午……一二四五六
開元五四三　大唐故吏部常選石倚墓誌銘開元攝提格章月中宿越一日(二年抑十四年抑廿六年)……一二四五七

天寶

天寶〇〇一　□□□□行冀州參軍張府君墓誌文天寶元年正月廿六日……一四五九
天寶〇〇二　唐故右威衛兵曹參軍王(泠然)府君墓誌銘天寶元年正月晦……一四六〇
天寶〇〇三　唐故左金吾將軍范陽張(嘉祐)公墓誌銘天寶元年二月甲辰……一四六一
天寶〇〇四　大唐京兆府萬年縣尉王□夫人山東崔氏殯墓銘天寶元年三月十二日……一四六三
天寶〇〇五　大唐故朝議郎行相州臨河縣令上柱國賈(令琬)公墓誌銘天寶元年三月廿八日……一四六三
天寶〇〇六　大唐故兖州瑕丘縣令崔府君夫人吴縣君朱氏墓誌銘天寶元年四月廿三日……一四六四
天寶〇〇七　大唐故朝散大夫登州司馬趙(巨源)府君墓誌銘天寶元年四月廿三日……一四六六
天寶〇〇八　故右龍武軍翊府中郎高(德)府君墓誌銘天寶元年四月廿三日……一四六七
天寶〇〇九　唐故吏部常選滎陽鄭(瑨)公墓誌銘天寶元年五月十六日……一四六八
天寶〇一〇　唐故饒州鄱陽縣尉李公之女墓誌銘天寶元年七月四日……一四六九
天寶〇一一　大唐故寧遠將軍左龍武軍中郎將賜紫金魚袋上柱國張(伏生)公墓誌天寶元年七月七日……一四七〇
天寶〇一二　大唐故右金吾衛胄曹參軍隴西李(符彩)府君墓誌銘天寶元年七月十九日……一四七一
天寶〇一三　大唐故左威衛倉曹參軍廬江郡何(簡)府君墓誌銘天寶元年七月卅日……一四七三
天寶〇一四　唐故隴西李(賓)府君墓誌銘天寶元年八月廿四日……一四七四

天寶〇一五　唐上殤姚氏墓誌銘天寶元年八月甲午……一二四七四
天寶〇一六　大唐故東京大弘道觀三洞先生張（乘運）尊師玄宫誌銘天寶首歲九月廿八日……一二四七五
天寶〇一七　南海郡番禺縣主簿樊君夫人田氏墓誌銘天寶元年十月乙酉……一二四七六
天寶〇一八　唐故處士潁川郡陳府君夫人漁陽郡甯氏墓誌銘天寶元年十月丁酉……一二四七七
天寶〇一九　唐故正議大夫行袁州别駕上柱國苑（玄亮）府君墓誌銘天寶元年十一月十九日……一二四七八
天寶〇二〇　唐故前游擊將軍陝郡忠孝府折衝袁（仁爽）府君墓誌銘天寶元年十二月一日……一二四八〇
天寶〇二一　李君墓誌天寶二年正月廿日……一二四八一
天寶〇二二　真定縣故縣録事郭彦道墓誌銘天保（寶）二年正月廿三日……一二四八二
天寶〇二三　大唐故安化郡馬嶺□□韋（元倩）公墓天寶二年二月廿日……一二四八三
天寶〇二四　唐故思邛丞薛（文昭）君墓誌天寶二年三月朔……一二四八四
天寶〇二五　唐故河南府告成縣主簿上谷縣開國子寇（鐈）公墓誌銘天寶二年三月六日……一二四八四
天寶〇二六　大唐故魯郡乾封縣令徐（元隱）府君墓誌銘天寶二年四月廿一日……一二四八六
天寶〇二七　唐故絳州龍門縣尉沈（知敏）府君墓誌銘天寶二年五月十一日……一二四八七
天寶〇二八　唐故文安郡文安縣尉太原王（之涣）府君墓誌銘天寶二年五月廿二日……一二四八八
天寶〇二九　唐故處士范（沼）府君及夫人王氏墓誌銘天寶二年六月廿九日……一二四八九
天寶〇三〇　大唐（張敬己）故王夫人墓誌銘天寶二年七月十二日……一二四九〇
天寶〇三一　大唐廣福寺静業和尚墓誌天寶二年仲秋……一二四九一

天寶〇三二　唐故太府寺平准署明(俊)府公墓誌銘天寶二年十月十九日……二四九一
天寶〇三三　唐故朝散郎行臨海郡樂安縣尉姚(晅)君墓誌銘天寶二年十月廿日……二四九三
天寶〇三四　大唐故朝散大夫譙郡司馬瑯邪王(秦客)府君墓誌銘天寶二年十月廿日……二四九四
天寶〇三五　大唐故奉義郎行洪州高安縣令護軍崔府君夫人河南獨孤氏墓誌銘天寶二年十一月二日……二四九五
天寶〇三六　大唐故五品孫陳(周子)府君墓誌銘天寶二年十一月十四日……二四九七
天寶〇三七　唐故朝請郎行河南府河清縣主簿左(光胤)府君墓誌銘天寶二年十二月七日……二四九七
天寶〇三八　大唐故郴州司士參軍王(公度)公墓誌銘天寶二年十二月壬申……二四九九
天寶〇三九　故和上法昌寺寺主(釋圓濟)身塔銘天寶二年十二月廿八日……二五〇〇
天寶〇四〇　汝南郡袁君墓誌天寶三載二月廿六日……二五〇一
天寶〇四一　唐故使持節上柱國□君夫人□氏墓誌銘天寶三祀二月廿日……二五〇二
天寶〇四二　大唐故東平縣君呂夫人墓誌銘天寶三載閏二月三日……二五〇三
天寶〇四三　大唐故朝散大夫使持節唐州諸軍事守唐州刺史張(思鼎)公墓誌銘天寶甲申閏二月八日……二五〇四
天寶〇四四　唐故處士皇甫(政)府君墓誌銘天寶三載閏二月八日……二五〇五
天寶〇四五　唐故司農主簿范陽盧(友度)府君墓誌銘天寶三載三月九日……二五〇六
天寶〇四六　大唐故范氏夫人墓誌銘天寶三載四月十六日……二五〇八

天寶〇四七　大唐故朝散郎試平盧軍司馬賞緋魚袋士(如珪)府君太原郭夫人墓誌銘天寶三載四月廿七日……二五〇九
天寶〇四八　唐故河東郡寶鼎縣令會稽孔(齊參)府君墓誌文天寶三載四月廿八日……二五一〇
天寶〇四九　大唐故左春坊録事郭(藥師)公墓誌銘天寶三載七月十二日……二五一一
天寶〇五〇　大唐故左清道率忠武將軍燉煌索(思禮)公墓誌天寶三載八月十二日……二五一二
天寶〇五一　大唐故銀青光禄大夫太僕卿駙馬都尉中山郡開國公豆盧(建)公墓誌銘天寶三載八月十二日……二五一三
天寶〇五二　大唐故太中大夫邕府都督陸(思本)府君故夫人河南元氏墓誌銘天寶三載八月十二日……二五一五
天寶〇五三　故夜郎郡夜郎縣尉清河崔(泌)府君墓誌銘天寶三載八月卅日……二五一七
天寶〇五四　河東裴鎬墓誌銘天寶三載八月卅日十一月一日……二五一八
天寶〇五五　唐故河南宇文(琬)府君墓誌銘天寶三載十月廿日……二五一九
天寶〇五六　楊(令暉)府君墓記天寶三載十一月十三日……二五二〇
天寶〇五七　大唐故淮安郡桐栢縣令元(振)公墓誌銘天寶三載十一月廿六日……二五二一
天寶〇五八　大唐故鶴臺府果毅扶風馬(延徽)府君墓誌銘乙酉正月十四日……二五二二
天寶〇五九　唐故吏部常選王(元)府君墓誌銘天寶四載二月十四日……二五二三
天寶〇六〇　大唐故荆王府庫真元(景)公石誌銘天寶四載二月廿一日……二五二四

天寶〇六一　大唐故王(文成)府君墓誌銘天寶四載二月廿一日……一五二六
天寶〇六二　唐故桂陽郡臨武縣令王(訓)府君墓誌銘天寶四載二月廿一日……一五二六
天寶〇六三　大唐故上谷郡司功參軍張(肅珪)府君墓誌銘天寶四載四月廿二日……一五二七
天寶〇六四　大唐故雲麾將軍行左龍武軍翊府中郎將趙郡李(懷)公墓誌銘天寶四載四月廿二日……一五二九
天寶〇六五　大唐故河南府偃師縣令王(季隨)府君妻夫人滎陽鄭氏墓誌銘天寶四載六月廿八日……一五三一
天寶〇六六　大唐故朝議郎行洪府法曹參軍滎陽鄭府君故夫人河南万俟氏墓誌銘天寶四載七月五日……一五三二
天寶〇六七　大唐故上柱國司馬(元禮)府君墓誌銘天寶四載八月十七日……一五三三
天寶〇六八　□□□京大奉國寺故上座(釋□忠)龕塋記天寶四載九月廿五日……一五三四
天寶〇六九　大唐故監察御史荆州大都督府法曹參軍趙(思簾)府君墓誌銘天寶四載十月十三日……一五三五
天寶〇七〇　大唐故太子右庶子任城縣開國男劉(升)府君墓誌銘天寶四載十月十三日……一五三七
天寶〇七一　唐故中大夫使持節江華郡諸軍事江華郡太守上柱國和(守陽)府君墓誌銘天寶四載十月十三日……一五三八
天寶〇七二　大唐故宣德郎通事舍人高(備)君墓誌銘天寶四載十月十三日……一五四〇

天寶〇七三　大唐故人諸葛（明悊）府君夫人韓氏墓誌天寶四載十月廿五日……二五四一
天寶〇七四　大唐潁川郡夫人三原縣令盧全善故夫人陳氏墓誌銘天寶四載十月廿五日……二五四二
天寶〇七五　大唐故朝議郎行相州臨河縣令賈（令琬）公墓誌文天寶四載十月廿五日……二五四四
天寶〇七六　大唐故吏部常選王（爽）府君墓誌天寶四載十月廿五日……二五四六
天寶〇七七　大唐故杜府君墓誌銘天寶四載十月廿五日……二五四七
天寶〇七八　大唐故泗州刺史瑯耶王（同人）妻河東裴郡君夫民墓誌銘天寶四載十月廿五日……二五四八
天寶〇七九　大唐皇四從姑故正議大夫使持節鄴郡諸軍事守鄴郡太守上柱國賀蘭府君夫人金城郡君隴西李氏墓誌銘天寶四載十月廿五日……二五五〇
天寶〇八〇　大唐故汝陰郡汝陰縣令裴（琨）府君之墓誌天寶四載十月廿五日……二五五一
天寶〇八一　大唐故廣陵郡海陵縣丞張（俊）府君墓誌銘天寶四載十月……二五五二
天寶〇八二　大唐故檢校安東副都護（下缺）天寶四載十月廿六日……二五五三
天寶〇八三　唐故朝散大夫守太子右庶子任城縣開國男息彭城劉（穎）府君墓銘天寶四年十月癸五……二五五四
天寶〇八四　大唐故吴郡常熟縣令上柱國張（洮）公墓誌銘天寶四載十一月十九日……二五五五
天寶〇八五　唐故苗君墓誌之銘天寶四載十一月廿日……二五五七
天寶〇八六　西郡李（瑨）公墓石天寶四載十二月十六日……二五五七
天寶〇八七　大唐故趙郡司户參軍庾（若訥）公墓誌銘天寶五載二月卅日……二五五八

天寶〇八八　大唐故密雲郡録事參軍武功蘇府君吕夫人墓誌天寶五載三月卅日……二五五九
天寶〇八九　唐故順義郡録事參軍事飛騎尉上谷侯(方)府君墓誌天寶五載四月十五日……二五六〇
天寶〇九〇　大唐故處士陪戎副尉雷(詢)君墓誌銘天寶五載降婁次諏訾月……二五六一
天寶〇九一　唐故宣節校尉守左衛河南府浿梁府左果毅都尉胡(肅)府君墓誌銘天寶五載六月廿一日……二五六二
天寶〇九二　大唐故餘杭郡司户參軍趙(仙童)府君墓誌銘天寶五載八月十六日……二五六三
天寶〇九三　大唐故處士寇(恭)君王夫人合葬之銘天寶五載十月一日……二五六四
天寶〇九四　唐朝議郎行太府寺南市令朱公故夫人太原王氏墓誌銘天寶五載十月六日……二五六五
天寶〇九五　嵩山□□□故大德淨藏禪師身塔銘天寶五載十月廿六日……二五六六
天寶〇九六　大唐博陵郡北平縣主簿高亘故李夫人墓誌銘天寶五年閏十月廿四日……二五六七
天寶〇九七　唐廣平程(賁)府君故夫人郭氏墓誌銘天寶五載建子月廿九日……二五六八
天寶〇九八　大唐右衛倉曹參軍攝監察御史太原郭密之故妻京兆韋氏墓誌銘天寶五載十一月七日……二五六九
天寶〇九九　大唐故太子舍人李(霞光)府君墓誌銘天寶五載十二月己酉……二五七〇
天寶一〇〇　故河内郡武德縣令楊(岌)公墓誌銘天寶六年正月廿六日……二五七一
天寶一〇一　唐朱氏故新婦婁氏墓誌銘天寶六載正月卅日……二五七三
天寶一〇二　大唐故宣威將軍守右武衛中郎將隴西董(昭)君墓誌銘天寶六載二月十四日……二五七四

天寶一〇三　唐故揚州大都督府揚子縣令博陵崔府君之夫人范陽盧氏墓誌銘天寶六載二月庚申……二五七五
天寶一〇四　唐故上騎都尉王（貞）君之誌銘天寶六載二月廿四日……二五七六
天寶一〇五　唐故通議大夫守太子詹事上柱國源（光乘）府君墓誌銘天寶六載二月癸酉……二五七七
天寶一〇六　唐故潾山郡流江縣丞朱（光宙）府君誌銘天寶六載三月六日……二五七九
天寶一〇七　「魏郡臨河縣清淨寺僧元藏」天寶六載三月十五日……二五八〇
天寶一〇八　大唐元府君故夫人來氏墓誌銘天寶六載四月四日……二五八一
天寶一〇九　唐故衛府君劉夫人合葬銘天寶六載七月廿八日……二五八一
天寶一一〇　大唐故少府監范陽縣伯張（去奢）公墓誌銘天寶六載十月七日……二五八二
天寶一一一　唐故河南府參軍張（軫）君墓誌天寶六載十月十二日……二五八四
天寶一一二　□□□大夫太原府少尹上柱國范陽盧（明遠）君墓誌銘天寶六載十月十九日……二五八六
天寶一一三　唐故振威副尉左金吾衛新平郡宜禄府折衝都尉成君墓誌天寶六載十月廿八日……二五八八
天寶一一四　唐故義興周夫人墓誌銘天寶六載十月卅日……二五八九
天寶一一五　趙郡李（迪）府君墓誌天寶六載十一月廿五日……二五九〇
天寶一一六　大唐故寧遠將軍守左衛率府中郎嗣曹王（戢）墓誌銘天寶六載十二月廿日……二五九一
天寶一一七　唐故上柱國處士段（仲垣）君墓誌銘天寶七載正月二日……二五九三
天寶一一八　唐故上黨郡大都督府長史宋（遥）公墓誌銘天寶七載正月十一日……二五九四

天寶一一九　唐故宣義郎行鄭州文安縣尉廣平郡程(思慶)府君墓誌銘天寶七載三月十二日……一二五九五
天寶一二〇　唐故王夫人墓誌銘天寶七載五月三日……一二五九七
天寶一二一　大唐故何(知猛)君墓誌銘天寶七載五月廿七日……一二五九八
天寶一二二　唐故吏部常選廣宗郡潘(智昭)府君墓誌銘天寶七載七月五日……一二五九九
天寶一二三　故朝議郎行太原府文水縣主簿上柱國崔(永)府君墓誌天寶七載七月八日……一二六〇〇
天寶一二四　唐故河南府洛陽縣尉頓丘李(琚)公墓誌銘天寶戊子七月丁酉……一二六〇一
天寶一二五　唐故清河崔(石)君之誌銘天寶七載八月八日……一二六〇三
天寶一二六　故銀青光禄大夫太僕卿上柱國張(去逸)府君墓誌銘天寶七載九月十七日……一二六〇三
天寶一二七　大唐故寧遠將軍行左威衛左司階上柱國太原王(元泰)府君墓誌銘天寶七載十月十二日……一二六〇五
天寶一二八　唐故處士河東裴(珣)府君夫人祖氏墓誌銘天寶七載十月廿三日……一二六〇六
天寶一二九　唐故延王府户曹丁(韶)府君墓誌銘天寶七載十月廿三日……一二六〇七
天寶一三〇　太原斛斯(翹)府君墓誌銘天寶七載十月廿九日……一二六〇八
天寶一三一　大唐故定遠將軍守左司禦率府副率姚(知)府君墓誌天寶七載十一月十六日……一二六〇八
天寶一三二　大慈禪師墓誌銘天寶七載十一月甲申……一二六一〇
天寶一三三　大唐前漢中郡都督府西□李少府公故夫人扶風竇氏墓誌銘天寶七載十一月廿四日……一二六一一

天寶一三四　唐故文安郡文安縣尉太原王府君夫人勃海李氏墓誌銘天寶七載十一月廿四日……二六一二
天寶一三五　李公墓誌銘天寶七載十一月廿四日……二六一三
天寶一三六　唐故廣平郡太守恒王府長史上谷寇(洋)府君墓誌銘天寶七載十一月卅日……二六一三
天寶一三七　丹陽郡故陶(元欽)府君太原王夫人墓誌銘天寶七載十一月卅日……二六一五
天寶一三八　大唐故前濟陽郡盧縣令王(同福)府君并夫人裴氏墓誌銘天寶七載十一月卅日……二六一六
天寶一三九　故唐朝史(庭)府君墓誌銘天寶七載十一月……二六一八
天寶一四〇　大唐前趙郡司士參軍王昔故妻扶風竇氏墓誌銘天寶七載十二月廿四日……二六一九
天寶一四一　唐故新定郡遂安縣尉李府君夫人博陵崔氏墓誌銘天寶八載正月十一日……二六二〇
天寶一四二　大唐故右金吾衛翊衛兵部常選張(孝節)公墓誌銘天寶八載三月八日……二六二一
天寶一四三　維大唐皇朝陳(光濟)府君墓誌銘天寶八載三月十九日……二六二二
天寶一四四　大唐吏部選彭城劉君故妻高氏墓誌銘天寶八載六月九日……二六二三
天寶一四五　大唐故冠軍大將軍行左龍武軍大將軍員外置同正員上柱國薛(義)府君墓誌天寶八載七月廿八日……二六二四
天寶一四六　大唐故酋長康國大首領因使入朝檢校折衝都尉康公故夫人汝南上蔡郡翟氏墓誌銘天寶八載八月十日……二六二五
天寶一四七　大唐安定郡參軍陸豐妻胡夫人墓誌銘天寶八載八月十四日……二六二六
天寶一四八　唐故南充郡司馬高(琛)府君墓誌銘天寶八載八月廿二日……二六二七

天寶一四九　下殤崔氏墓誌銘天寶八載九月廿三日……一六二八
天寶一五〇　唐故將作監左校丞吴(福將)公墓誌銘天寶八載十一月十一日……一六二九
天寶一五一　大唐故國子監丞□李(濟)公墓誌銘天寶八載十一月十八日……一六三〇
天寶一五二　唐故李(韶)公崔夫人墓誌天寶八載十二月一日……一六三一
天寶一五三　李(經)君墓誌銘天寶九載二月一日……一六三二
天寶一五四　大唐故譙郡城父縣尉盧(復)府君墓誌銘天寶九載二月十三月……一六三三
天寶一五五　故詹事府司直張(椅)君墓誌銘天寶庚寅二月十四日……一六三五
天寶一五六　皇唐故西河郡平遥縣尉王府君墓誌銘天寶九載三月十四日……一六三五
天寶一五七　唐鄴郡故高(荆玉)君墓誌銘天寶九載四月九日……一六三七
天寶一五八　唐少林寺靈運禪師功德塔碑銘天寶九載四月十五日……一六三八
天寶一五九　唐故朝議郎行新安郡長史竇(説)君墓誌天寶九載五月廿八日……一六三九
天寶一六〇　唐故夫人博陵崔氏墓誌銘天寶九載七月廿三日……一六四〇
天寶一六一　唐故朝議郎行新安郡婺源縣令上柱國范(仙嶠)府君墓誌銘天寶九載八月四日……一六四一
天寶一六二　故清河張(佖先)府君墓誌天寶九載八月廿八日……一六四三
天寶一六三　大唐西河郡平遥縣尉慕容故夫人源氏墓誌銘天寶九載八月廿八日……一六四四
天寶一六四　唐故裴公夫人韋氏墓誌銘天寶九載十月六日……一六四四
天寶一六五　大唐故涼州府功曹參軍于(偃)公墓誌天寶九載十一月四日……一六四五

天寶一六六　大唐故汝州刺史李府君夫人鄧國夫人韋氏墓誌銘天寶九載十一月十一日……二六四六
天寶一六七　故濟南郡禹城縣令李(庭訓)府君墓誌銘天寶九載十一月十七日……二六四七
天寶一六八　故隴西李(系)府君墓誌銘天寶九載十一月十七日……二六四八
天寶一六九　唐故鄴郡司倉參軍張(貞督)公墓誌銘天寶九載十一月十七日……二六四九
天寶一七〇　唐故開方府右果毅都尉李(沖)府君墓誌銘天寶九載十二月六日……二六五一
天寶一七一　□□故前東京國子監大學進士上騎都尉李(華)府君墓誌銘天寶九載十二月七日……二六五二
天寶一七二　故鄴郡安陽縣宰趙(佺)府君墓誌文天寶十載正月一日……二六五三
天寶一七三　唐故陪戎副尉崔(虔延)府君墓誌銘天寶十載二月廿二日……二六五四
天寶一七四　清河郡房光庭墓誌天寶十載三月十七日……二六五五
天寶一七五　唐故致果副尉行右驍衛馮翊郡興德府別將員外置同正員左龍武軍宿衛李(獻)君墓誌銘天寶十載四月九日……二六五五
天寶一七六　唐故昭武校尉右金吾衛司戈梁(令珣)府君墓誌銘天寶十載四月十八日……二六五七
天寶一七七　唐故慕容氏女神護師墓誌銘天寶十載四月十八日……二六五八
天寶一七八　大唐故潁王府士曹參軍崔(傑)府君墓誌銘天寶十載五月二日……二六五九
天寶一七九　唐故榆林郡都督府長史太原王(承裕)府君墓誌銘天寶十載五月二日……二六六〇
天寶一八〇　大唐故中散大夫行滎陽郡長史上柱國賞魚袋清河崔(湛)府君墓誌銘天寶十

天寶一八一　大唐故大内皇城判官右衛率大明長史弘農郡楊(忠)公始平郡馮夫人墓誌載八月十日……二六六二
天寶一八二　大唐故高道不仕清河房(有非)府君墓誌銘天寶十載八月廿二日……二六六四
天寶一八三　唐故中郎將獻陵使張府君夫人太原郭氏臨淄縣君墓誌銘天寶十載八月廿二日……二六六五
天寶一八四　故南充郡司馬高(曰琛)府君夫人杜氏墓誌銘天寶十載十月十一日……二六六六
天寶一八五　大唐故毛(爽)君墓記訟天寶十載十月十二日……二六六七
天寶一八六　唐故朝議郎平原郡長河縣令盧(全貞)府君墓誌銘天寶十載十月廿四日……二六六七
天寶一八七　唐故潞府參軍裴(肅)府君夫人北平陽氏合祔誌銘天寶十載十月廿四日……二六六八
天寶一八八　大唐故襄州襄陽縣尉同州馮翊縣丞琅琊王(鴻)公祔葬墓誌銘天寶十載十一月五日……二六七〇
天寶一八九　大唐故漢中郡都督府倉曹參軍天水趙(憬)府君墓誌銘天寶十載十一月五日……二六七一
天寶一九〇　大唐故長安縣尉左授襄陽郡穀城縣尉又移南陽郡臨湍縣尉瑯琊王(志悌)公祔葬墓誌銘天寶十載十一月五日……二六七二
天寶一九一　唐故逸人烏(善智)君墓誌天寶十載十一月五日……二六七三
天寶一九二　□唐故處士太原王(暉)君之銘天寶十載十一月五日……二六七四
天寶一九三　大唐故右威衛左中候項(承暉)君墓誌銘天寶十載十一月五日……二六七五

天寶一九四　唐故孝廉范陽盧（憕）公墓誌銘 天寶十載十一月十一日 …… 一二六七六
天寶一九五　故濟陰郡參軍博陵崔（義邕）府君墓誌銘 天寶十載十一月廿七日 …… 一二六七八
天寶一九六　大唐故中大夫守晉陵郡別駕千乘倪（彬）府君墓誌銘 天寶十載十二月十一日 …… 一二六七九
天寶一九七　大唐故監察御史趙郡李（諶）府君夫人博陵崔氏墓誌銘 天寶十載十二月十二日 …… 一二六八〇
天寶一九八　唐故右龍武軍將軍清河縣公張（德）公墓誌銘 天寶十一載二月廿四日 …… 一二六八二
天寶一九九　順節夫人墓誌銘 天寶壬辰二月壬申 …… 一二六八三
天寶二〇〇　唐縉雲郡司馬賈崇璋夫人陸氏墓誌銘 天寶十一載二月廿四日 …… 一二六八四
天寶二〇一　大唐故金鄉郡君夫人京兆韋氏墓誌銘 天寶十一載閏三月癸酉 …… 一二六八五
天寶二〇二　唐故蘭陵蕭夫人墓誌銘 天寶十一載五月八日 …… 一二六八六
天寶二〇三　唐故雲麾將軍齊（子）公墓誌銘 天寶十一載五月十五日 …… 一二六八七
天寶二〇四　有唐故京兆府三原縣尉崔（澄）公墓誌銘 天寶十一載八月十日 …… 一二六八八
天寶二〇五　大唐故鉅鹿郡南和縣令王（悆）府君墓誌銘 天寶十一載八月廿八日 …… 一二六八九
天寶二〇六　大唐朝議郎行弋陽郡定城尉上柱國屈（澄）府君墓誌銘 天寶十一載九月三日 …… 一二六九一
天寶二〇七　唐河東郡故張（謙）府君墓誌銘 天寶十一載九月卅日 …… 一二六九二
天寶二〇八　唐故房陵郡太守盧府君夫人弘農郡君楊氏墓誌銘 天寶十一載十月廿九日 …… 一二六九三
天寶二〇九　故順義郡録事參軍侯智元妻魯氏墓誌銘 天寶十一載十一月三日 …… 一二六九四
天寶二一〇　皇唐故常（惲）君魏夫人合葬之銘 天寶十一載十一月十二日 …… 一二六九五

天寶二一一　大唐贈南川縣主墓誌銘天寶十一載十一月廿三日……二六九五
天寶二一二　故彭城劉府君夫人（王氏）墓誌銘天寶十一載十一月廿七日……二六九七
天寶二一三　大唐故澍城劉（國）府君韓夫人墓誌銘天寶十一載十一月廿七日……二六九八
天寶二一四　唐故房府君夫人耿氏墓誌銘天寶十二載正月卅日……二六九八
天寶二一五　大唐清河張（璬）府君墓誌之銘天寶十二載二月十二日……二六九九
天寶二一六　唐故中散大夫滎陽郡長史崔府君故夫人文水縣君太原王氏墓誌天寶十二載二月十二日……二七〇一
天寶二一七　唐故高士通直郎賈（隱）府君并夫人京兆杜氏墓誌銘天寶十二載二月廿四日……二七〇二
天寶二一八　（車謌）亡妻侯氏墓誌銘天寶十二載四月壬申……二七〇三
天寶二一九　唐滎陽鄭夫人墓誌銘天寶十二載五月廿日……二七〇四
天寶二二〇　唐吳興郡長城縣尉李公故夫人河東裴氏墓誌銘天寶十二載五月廿六日……二七〇五
天寶二二一　唐故太中大夫守新定郡太守張（朏）公墓誌銘天寶十二載八月廿六日……二七〇六
天寶二二二　唐潁川郡司户韋元逸故夫人趙郡李氏墓誌銘天寶癸巳八月丙申……二七〇八
天寶二二三　大唐故弘農楊（信）處士墓誌銘天寶十二載十月六日……二七〇九
天寶二二四　唐故東平郡壽張縣令盧（含）公墓誌銘天寶十二載十月六日……二七〇九
天寶二二五　唐故高士哲人河東裴（處璡）府君墓誌銘天寶十二載十月六日……二七一一
天寶二二六　大唐故河南元（舒温）府君墓誌銘天寶十二載十月十七日……二七一二

天寶二二七　唐故沂州丞縣令賈（欽惠）君墓誌銘天寶十二載十月十七日……二七一三
天寶二二八　唐故處士暴（莊）君墓誌銘天寶十二載十月卅日……二七一四
天寶二二九　唐故雲麾將軍左龍武軍將軍彭城劉（感）公墓誌銘天寶十二載十月卅日……二七一五
天寶二三〇　唐故汝陰郡司法參軍姚（希直）公墓誌銘天寶十二載十月卅日……二七一六
天寶二三一　唐故左清道率府録事參軍于公故夫人裴氏墓誌銘天寶十二載十一月廿五日……二七一七
天寶二三二　博陵崔（銲）府君墓誌銘天寶十二載十一月九日……二七一八
天寶二三三　唐故南陽郡内鄉縣丞吴（曄）府君墓誌銘天寶十二載十一月廿三日……二七一九
天寶二三四　故壽安縣主簿鄭君夫人清河崔氏墓誌銘天寶十二載十一月廿九日……二七二〇
天寶二三五　唐故銀青光禄大夫行内侍員外置同正員上柱國張（元忠）公夫人雁門郡夫人令狐氏墓誌銘天寶十二載十二月四日……二七二一
天寶二三六　唐故淮南道採訪支使河東郡河東縣尉滎陽鄭（宇）府君墓誌銘天寶十二載十二月廿四日……二七二二
天寶二三七　唐故優婆姨段常省塔銘天寶十二載……二七二三
天寶二三八　大唐故天水郡秦（暕）君墓誌銘天寶十三載正月十三日……二七二四
天寶二三九　大唐故襄陽郡襄陽縣令滎陽鄭（逞）府君墓誌銘天寶十三載正月廿五日……二七二五
天寶二四〇　唐故彭城郡蘄縣令安邑衛（憑）府君墓誌銘天寶十三載正月廿五日……二七二七
天寶二四一　大唐故河南府溴梁府折衝都尉李（涣）府君墓誌銘天寶十三載正月廿五日……二七二八

天寶二四二　唐太子左贊善大夫裴(遘)公故夫人隴西縣君李氏墓誌銘天寶十三載二月十八日……一七二九
天寶二四三　大唐陳(令忠)君(韓)夫人墓誌銘文天寶十三載四月十六日……一七三〇
天寶二四四　清河張(毖)公墓誌銘天寶十三載五月七日……一七三一
天寶二四五　「大唐前鄴郡成安縣尉高故妻張氏」天寶十三載六月二日……一七三二
天寶二四六　大唐栖巖寺故大禪師塔銘天寶十三載六月三日……一七三三
天寶二四七　唐故内侍省内常侍孫(志廉)府君墓誌銘天寶十三載六月八日……一七三四
天寶二四八　唐故寧遠將軍左衛翊府右郎將内供奉彭城劉(智才)府君墓誌銘天寶十三載七月十二日……一七三五
天寶二四九　唐故左龍武軍將軍彭城劉(玄豹)公夫人勃海高氏墓誌銘天寶十三載七月望……一七三七
天寶二五〇　大唐前延王府户曹參軍李望故妻京兆韋夫人墓誌之銘天寶十三載八月一日……一七三九
天寶二五一　大唐故安鄉郡長史黄(撝)府君夫人彭城劉氏龕銘天寶十三載秋月十日……一七四〇
天寶二五二　有唐登仕郎行魏郡冠氏縣尉雲騎尉盧(招)公墓誌銘天寶十三載十一月十八日……一七四一
天寶二五三　大唐故雲麾將軍左監門衛將軍上柱國彭城縣開國公劉(元尚)府君墓誌銘天寶十三載十一月廿九日……一七四二
天寶二五四　大唐故信都郡武强縣尉朱府君墓誌天寶十三載閏十一月十一日……一七四四
天寶二五五　大唐故朝請大夫行晉陵郡長史護軍段(承宗)府君墓誌銘天寶十三載閏十一月十

一日……二七四五
天寶二五六　大唐故永王府録事參軍盧（自省）府君墓誌銘天寶十三載閏月十一日……二七四六
天寶二五七　故原城府別將裴（銑）君墓誌銘天寶十三載閏十一月十一日……二七四八
天寶二五八　皇第五孫女墓誌銘天寶十三載閏十一月廿九日……二七四九
天寶二五九　大唐故臨淮郡録事參軍李（諗）君墓誌銘天寶十三載閏十一月廿九日……二七五〇
天寶二六〇　□□□□□朔方郡朔方縣令劉府君墓誌銘天寶十三載十二月十三日……二七五一
天寶二六一　唐故處士上谷寇（因）公墓誌銘天寶十三載十二月□三日……二七五二
天寶二六二　唐故安定郡夫人梁氏墓誌銘天寶十四載正月十二日……二七五三
天寶二六三　□□故河南侯莫陳夫人墓誌銘天寶十四載正月十三日……二七五四
天寶二六四　唐故雲麾將軍行右龍武軍將軍上柱國開國侯南陽張（安生）公墓誌銘天寶十四載二月十二日……二七五五
天寶二六五　大唐故定州都尉知隊使崔（克讓）府君墓誌銘天寶十四載二月十六日……二七五七
天寶二六六　唐故游騎將軍河南府鞏洛府折衝都尉上柱國博陵崔（智）府君墓誌天寶十四載二月十六日……二七五八
天寶二六七　唐故朝散大夫使持節龍溪郡諸軍事守龍溪郡太守上柱國梁（令直）君墓誌銘天寶十四載三月一日……二七五九
天寶二六八　唐故武部常選韋（瓊）府君墓誌銘天寶十四載五月十三日……二七六〇

天寶二六九　「夫人博陵崔氏」天寶十□載九月十七日……二七六一
天寶二七〇　唐元功臣故冠軍大將軍右龍武軍大將軍張(登山)公墓誌銘天寶十四載十月廿三日……二七六二
天寶二七一　唐故朝散大夫太子左贊善大夫隴西李(朏)府君墓誌銘天寶十四載十一月十一日……二七六四
天寶二七二　唐故定遠將軍守左武衛將軍員外置同正員上柱國内長入供奉張(毗羅)府君墓誌天寶十四載十一月十七日……二七六五
天寶二七三　大唐故游擊將軍守左衛馬邑郡尚德府折衝都尉左龍武軍宿衛上柱國張(希古)府君墓誌銘天寶十五載四月一日……二七六六
天寶二七四　大唐故劉(智)君合葬墓誌銘天寶十五載五月十九日……二七六七

聖武

聖武〇〇一　大燕聖武觀故女道士馬凌虛墓誌銘聖武元年正月廿二日……二七六九
聖武〇〇二　范陽盧氏女子歿後記聖武元年三月六日……二七七〇
聖武〇〇三　唐故左威衛左中候内閑廄長上上騎都尉陳(牟少)府君墓誌聖武元年五月十三日……二七七一
聖武〇〇四　大燕故處仕杜(欽)君墓誌燕(聖武)元年六月己酉……二七七二

聖武〇〇五　渤海李（玢）徵君墓誌文聖武元年十二月五日……二七七三
聖武〇〇六　故澤州録事參軍賀蘭府君夫人豆盧氏墓誌聖武二年二月十八日……二七七四
聖武〇〇七　燕故杭州司户呼延府君夫人南陽張氏墓誌銘聖武二年二月……二七七四
聖武〇〇八　故唐陪戎副將太原王府君夫人陳留阮氏墓誌銘聖武二年十月五日……二七七五
聖武〇〇九　長孫氏夫人（杜氏）陰堂文聖武二年十月十七日……二七七六
聖武〇一〇　大燕故處士徐（懷隱）君墓誌銘聖武二年十月十六日……二七七七
聖武〇一一　大燕贈右贊大夫段公夫人河内郡君温城常氏墓誌銘聖武二年十一月廿一日……二七七七

至德

至德〇〇一　□□□□□大夫洛交郡長史上柱國趙（懷璡）府君墓誌銘（至德二年）九月十二日……二七七九
至德〇〇二　唐故河南府壽安縣尉明（希晉）府君誌文至德二載十一月十日……二七八〇
至德〇〇三　大唐壽王故第六女贈清源縣主墓誌銘戊戌建卯月十八日……二七八二

乾元

乾元〇〇一　唐故朝散大夫懷州武德縣令楊府君夫人安昌縣君新興秦氏墓誌銘乾元元年二月卅日……二七八三

乾元〇〇二　河南慕容（曉）府君墓誌銘乾元元年三月十三日……二七八四
乾元〇〇三　大唐故吉州刺史隴西李（昃）府君墓誌銘乾元元年八月廿一日……二七八五
乾元〇〇四　大唐興唐寺淨善和尚塔銘乾元元年九月九日……二七八七
乾元〇〇五　唐故青州參軍都知兵馬使陸（振威）府君夫人太原王氏墓誌銘乾元元年十月五日……二七八八
乾元〇〇六　故武都侯右龍武軍大將軍章（令信）府君墓誌乾元元年十月十日……二七八九
乾元〇〇七　大唐故左領軍衛大將軍慕容（威）□□君墓誌銘乾元元年十月十日……二七九〇
乾元〇〇八　威神寺故大德（思道）禪師墓誌乾元元年十二月二日……二七九二
乾元〇〇九　唐故兖州鄒縣尉盧（仲容）君墓誌銘乾元二年二月十二日……二七九三
乾元〇一〇　大唐宣義郎行左衛騎曹參軍攝監察御史賜緋魚袋四鎮節度判官崔（夐）君墓誌銘乾元二年七月十八日……二七九四
乾元〇一一　大唐長生禪寺僧本智塔銘乾元二年十月八日……二七九五
乾元〇一二　唐前濮州録事參軍陳公故夫人趙郡李氏墓誌銘乾元二年十月十六日……二七九六
乾元〇一三　唐故朝議郎行忻州司馬柳（真召）君墓誌銘乾元二年十二月廿三日……二七九七

順天

順天〇〇一　□故寧遠將軍左衛郎將彭城劉（智才）府君夫人南陽鄧氏墓誌銘順天元年十一月

廿七日……二七九八
順天〇〇二　大燕故嘉山府果毅廣平宋（文博）府君墓誌銘順天二年七月九日……二七九九
順天〇〇三　燕故□（楊光）府君墓誌銘順天二年十月十三日……二八〇〇
順天〇〇四　故齊州禹城縣令隴西李府君夫人清河崔氏墓誌銘順天二年十一月十日……二八〇一

上元

上元〇〇一　唐故朝議郎行内侍省内寺伯上柱國劉（奉芝）府君墓誌銘上元二年正月十一日……二八〇三

顯聖

顯聖〇〇一　大燕故朝議郎前行大理寺丞司馬（望）府君墓誌銘顯聖元年六月十九日……二八〇五
顯聖〇〇二　故太常寺主簿孫府君墓誌銘顯聖二年十月六日……二八〇七

〔附顯聖末〕

元年〇〇一　唐右金吾郎將馬君夫人燉煌令狐氏墓誌銘元年建子月廿一日……二八〇八

寶應

寶應〇〇一　「南陽張琛字遺真妻彭城劉氏」寶應元年二月四日……二八一〇

寶應〇〇二 大唐故冀州都尉崔(克讓)府君夫人清河郡張氏墓誌銘寶應元年十月六日……二八一〇
寶應〇〇三 唐故苗(仁亮)君墓誌之銘寶應元年十月廿八日……二八一一
寶應〇〇四 (上缺)禄卿使持節定州諸軍事定州刺史充本州團練守捉使成德軍節(缺)開國伯食邑七百户程府君墓誌銘寶應元年十二月……二八一二
寶應〇〇五 唐故將士郎守邠州蟀川府長史焦(璀)公墓誌寶應元年十二月廿七日……二八一三
寶應〇〇六 大唐故開州録事參軍渤海李(勗)君夫人南陽鄧氏墓誌銘十一月十四日……二八一四
寶應〇〇七 唐故中大夫趙王府諮議參軍吕(懷俊)府君墓誌銘寶應二年閏正月二日……二八一五
寶應〇〇八 唐故朝請郎試岳州長史上柱國鄧(俊)府君墓誌銘寶應二年四月十二日……二八一六

廣德

廣德〇〇一 大唐京兆府美原縣丞元(復業)府君墓誌銘廣德元年八月十四日……二八一八

永泰

永泰〇〇一 大唐奉天皇帝長子新平郡王墓誌銘永泰元年五月七日……二八二〇
永泰〇〇二 大唐朝散大夫守揚州大都府司馬吴賁故夫人潁川縣君韓氏墓誌銘永泰元年九月十三日……二八二一
永泰〇〇三 大唐故東平郡鉅野縣令頓丘李(璀)府君墓誌銘永泰元祀十二月九日……二八二二

永泰〇〇四　唐故郁（楚榮）府君墓誌永泰二年五月十二日……二八二三
永泰〇〇五　文林□□安興郡姚（貞諒）公墓誌銘永泰二年十月三日……二八二四
永泰〇〇六　大唐故鄭（守訥）公墓誌銘永泰二年十一月八日……二八二五
*永泰〇〇七　「皇祖雄忠武將軍」……二八二六

大曆

*大曆〇〇一　大唐故兵部常□上柱國王府君大曆元年六月廿一日……二八二八
大曆〇〇二　大唐故辛（庭）府君墓誌銘大曆元年十二月十七日……二八二八
大曆〇〇三　大唐故光禄卿王（訓）公墓誌銘大曆二年八月七日……二八二九
大曆〇〇四　大唐中書省主事樂安孫府君墓誌銘大曆二年十一月三日……二八三〇
大曆〇〇五　張尊師陰銘大曆二年……二八三一
大曆〇〇六　古衍禪師墓誌大曆三年五月五日……二八三一
大曆〇〇七　唐故張（義琬）禪師墓誌銘大曆三年八月十九日……二八三二
大曆〇〇八　唐故鄆州司户參軍李（睦）府君墓誌大曆三年十一月十二日……二八三三
大曆〇〇九　唐故北海郡守贈秘書監江夏李（邕）公墓誌銘大曆三年十一月廿日……二八三四
大曆〇一〇　唐故金紫光禄大夫試太子詹事兼晉州刺史上柱國隴西郡開國公李（良金）公墓誌銘大曆三年十一月廿六日……二八三五

大曆〇一一 唐故杭州錢唐縣尉元(真)公墓誌銘大曆四年七月八日……二八三六
大曆〇一二 唐故攝楚州長史元(貞)公墓誌銘大曆四年七月八日……二八三七
大曆〇一三 前汝州司馬李華亡妻太原郭夫人墓誌銘大曆四年七月卅日……二八三八
大曆〇一四 唐濮州臨濮縣尉竇(叔華)公故夫人崔氏墓誌銘大曆四年十月七日……二八三九
大曆〇一五 唐魏州冠氏縣尉盧(招)公夫人崔氏墓記大曆四年十一月廿日……二八四〇
大曆〇一六 唐故左武衛郎將河南元(鏡遠)府君夫人滎陽鄭氏墓誌銘大曆四年十一月廿一日……二八四一
大曆〇一七 唐故瀛州樂壽縣丞隴西李(湍)公墓誌銘大曆己酉十二月甲寅……二八四二
大曆〇一八 大唐故李(津)公墓誌銘大曆四年□月二十七日……二八四三
大曆〇一九 大唐故濮州雷澤縣令太原郭(邕)府君墓誌銘大曆四年……二八四四
大曆〇二〇 唐李處子(琰)墓誌銘大曆四年……二八四五
大曆〇二一 唐蘇州别駕李公故夫人蔣氏墓誌銘庚戌歲八月甲子……二八四五
大曆〇二二 大唐荷恩寺故大德敕謚號法津禪師墓誌銘大曆五年九月廿六日……二八四六
大曆〇二三 唐故潞州大都督府潞城縣王府君(休泰)墓誌大曆六年仲春廿六日……二八四八
大曆〇二四 唐故大理評事王(晉俗)府君墓誌銘大曆六年五月乙未……二八四九
大曆〇二五 唐少林寺同光禪師塔銘大曆六年六月廿七日……二八五〇
大曆〇二六 唐故河南府新安縣令張(炅)公墓誌大曆六年八月十九日……二八五一

大曆〇二七　唐故相州成安縣主簿張(倜)府君墓誌大曆六年周十月十九日……二八五二
大曆〇二八　大唐故洛陽賈夫人墓誌銘大曆六年八月十九日……二八五四
大曆〇二九　大唐故曹州成武縣丞博陵崔(文修)氏府君改葬墓誌銘大曆六年八月廿九日……二八五四
大曆〇三〇　唐故衢州别駕王(守質)府君墓誌大曆六年十月廿一日……二八五六
大曆〇三一　大唐故淨住寺智悟律上人墓誌銘大曆六年十二月廿日……二八五七
大曆〇三二　唐故吏部常選中山張(顔)府君墓誌銘大曆八年閏十一月十九日……二八五八
大曆〇三三　唐故鄂州永興縣主簿中山張(愿)府君墓誌銘大曆八年閏十一月十九日……二八五九
大曆〇三四　唐故太中大夫太常寺丞兼江陵府倉曹張(鋭)公墓誌銘大曆九年三月四日……二八六〇
大曆〇三五　皇五從叔祖故衢州司士參軍(李濤)府君墓誌銘大曆九年四月廿八日……二八六二
大曆〇三六　唐故隴西李氏廿四娘墓誌文大曆九年四月廿八日……二八六三
大曆〇三七　唐太原郭(嚴)居士墓誌銘大曆九年十一月廿五日……二八六四
大曆〇三八　「阿獮者涪陵□司馬郭公之季女也」大曆九年十一月廿五日……二八六四
大曆〇三九　唐故韋氏墓誌銘大曆九年十二月二日……二八六五
大曆〇四〇　□□□□□主簿杜(佚)府君之夫人隴西李氏墓誌銘大曆九年十二月七日……二八六六
大曆〇四一　唐故武氏墓誌銘大曆十年二月九日……二八六七
*大曆〇四二　大唐真化寺多寶塔院故寺主臨壇大德尼如愿律師墓誌銘大曆十年七月十八日……二八六七
大曆〇四三　唐故試光禄卿曹(閏國)府君墓誌大曆十年八月六日……二八六九

*大曆〇四四　唐故汝州司法參軍裴（涓）府君墓誌銘大曆十年八月十一日……二八七〇
大曆〇四五　唐故崔（昭）君墓誌銘大曆十年十月廿四日……二八七一
大曆〇四六　大唐故高士楊（崇）府君墓誌銘大曆十年……二八七二
大曆〇四七　唐故左金吾衛大將軍渤海高（如詮）君墓誌銘大曆十一年二月廿四日……二八七三
大曆〇四八　大唐故恒王府典軍賜紫金魚袋上柱國太原王（景秀）府君墓誌銘大曆丙辰八月十九日……二八七四
大曆〇四九　唐故銀青光禄大夫司天監瞿曇（譔）公墓誌銘大曆十一年十月一日……二八七五
大曆〇五〇　唐太原府司録先府君（盧濤）墓誌銘大曆十一年十一月十六日……二八七六
大曆〇五一　大唐故衛州新鄉縣令王（希晏）府君墓誌銘大曆十二年六月四日……二八七七
大曆〇五二　故衢州司士參軍李（濤）君夫人河南獨孤氏墓誌銘大曆十二年□月十七日……二八七八
大曆〇五三　前京兆府藍田縣丞竇公夫人弘農楊氏墓誌銘大曆十二年十一月廿二日……二八七九
大曆〇五四　故上柱國北海璩（崇胤）公墓誌銘大曆十二年十一月廿四日……二八八〇
大曆〇五五　唐京兆尹兼中丞杭州刺史劍南東川節度使杜（濟）公墓誌銘大曆十二年十一月廿四日……二八八一
大曆〇五六　唐故處士虞（景莘）公墓誌銘大曆十二年十二月十二日……二八八三
大曆〇五七　唐故汝州司馬隴□李（華）府君墓誌銘大曆十三年二月十九日……二八八四
大曆〇五八　有唐（崔渾）盧夫人墓誌大曆十三年四月八日……二八八五

*大曆〇五九　有唐朝散大夫行秘書省著作佐郎嗣安平縣開國男崔(衆甫)公墓誌銘大曆十三年四月八日……二八八六
大曆〇六〇　有唐通議大夫守太子賓客贈尚書左僕射崔(沔)孝公墓誌大曆十三年四月八日……二八八八
大曆〇六一　有唐(崔沔)太原郡太夫人王氏墓誌大曆十三年四月八日……二八九一
大曆〇六二　有唐朝散大夫守汝州長史上柱國安平縣開國男贈衛尉少卿崔(暟)公墓誌大曆十三年四月九日……二八九二
大曆〇六三　有唐安平縣君贈安平郡夫人王氏墓誌大曆十三年四月九日……二八九五
大曆〇六四　有唐朝議郎守尚書工部郎中寇(錫)公墓誌銘大曆戊午四月廿七日……二八九八
大曆〇六五　大唐故殿中監李(國清)公墓誌銘大曆十三年四月廿七日……二八九九
大曆〇六六　大唐故朝議大夫行晉陵郡長史段(承宗)府君誌銘大曆十三年五月十五日……二九〇〇
大曆〇六七　(上泐)贈秘書少監趙郡李(休)府君墓誌銘大曆十三年七月十七日……二九〇二
大曆〇六八　唐故衢州司士參軍府君李(濤)公墓誌銘大曆十三年七月廿三日……二九〇三
大曆〇六九　河東節度使檢校尚書左僕射同中書門下平章事金城郡王辛(雲京)公妻隴西郡夫人贈肅國夫人李氏墓誌銘大曆十三年七月廿四日……二九〇四
大曆〇七〇　唐故信王府士曹崔(傑)君墓誌銘大曆十三年十月十二日……二九〇六
大曆〇七一　唐故隴西郡李(嘉珍)君墓誌銘大曆十三年十月廿五日……二九〇七
大曆〇七二　唐故□□□魏郡魏縣令(崔夷甫)□墓誌銘大曆十三年十月廿五日……二九〇八

大曆〇七三　故賀州長史趙（沃心）府君妻河東裴夫人墓誌銘大曆十三年十一月七日……一九一〇
大曆〇七四　故承務郎守許州司户參軍郭（瑶）府君之墓誌大曆十三年建子月十七日……一九一一
大曆〇七五　唐開府儀同三司工部尚書特進右金吾衛大將軍安東都護郯國公上柱國高（震）公墓誌銘大曆十三年十一月廿四日……一九一二
大曆〇七六　唐故郭（雲）府君墓誌銘大曆十三年十一月卅日……一九一四
大曆〇七七　唐故李（舉）府君墓誌銘大曆十四年正月八日……一九一五
大曆〇七八　大唐故試大理正兼河南府告成縣令河東裴（适）公墓誌銘大曆十四年四月廿日……一九一六
大曆〇七九　唐故居士河内常（俊）府君墓誌銘大曆十四年閏五月三日……一九一七
大曆〇八〇　唐故河南府洛陽縣尉竇（寓）公墓誌大曆十四年八月廿三日……一九一八
大曆〇八一　唐故朝散大夫蘇州别駕知東都將作監事趙（益）公墓誌銘大曆十四年十一月十六日……一九一九
大曆〇八二　蕭（俱興）君墓誌銘大曆十五年正月十六日……一九二〇
大曆〇八三　唐故明（承先）府君夫人隴西李氏墓誌銘大曆十五年正月十八日……一九二一

建中

建中〇〇一　唐故郴州刺史贈持節都督洪州諸軍事洪州刺史張（翃）府君墓誌銘建中元年二月十四日……一九二三

建中〇〇二　大唐故朝議郎行殿中侍御史賜緋魚袋安定張（翔）府君墓誌銘建中元年二月十四日……二九二五
建中〇〇三　唐贈太子司議郎皇甫（悟）府君墓誌銘建中元年八月十一日……二九二六
建中〇〇四　有唐中書侍郎同中書門下平章事常山縣開國子贈太傅博陵崔（祐甫）公墓誌銘建中元年十一月廿四日……二九二七
建中〇〇五　唐故棣州司馬姚（子昂）府君墓誌銘建中二年正月廿二日……二九三〇
建中〇〇六　大唐故宣州宣城縣尉李府君夫人賈氏墓誌銘建中二年三月廿三日……二九三一
建中〇〇七　大唐故明威將軍高府君夫人頓丘李氏墓誌建中二年十月十二日……二九三二
建中〇〇八　唐故清河房（有非）公汲郡尚夫人墓誌銘建中二年十月廿四日……二九三三
建中〇〇九　貝州青河郡崔府君諱禮弟進葬誌銘建中二年十月卅日……二九三五
建中〇一〇　鴻臚少卿陽濟故夫人彭城縣君劉氏墓誌銘建中二年十一月廿日……二九三五
建中〇一一　大唐涇王故妃韋氏墓誌銘建中三年二月庚申……二九三七
建中〇一二　唐故都尉太原王（景詮）府君墓誌銘建中三年三月廿七日……二九三八
建中〇一三　唐故成德軍大將試太常卿張（懷實）公墓誌銘建中三年四月十八日……二九三九
建中〇一四　唐故贈户部郎中太原王（士林）君墓誌銘建中三年五月廿日……二九四〇
建中〇一五　唐故雲麾將軍左龍武軍將軍知軍事兼試光禄卿上柱國譙郡開國公贈揚州大都督曹（景林）府君墓誌銘建中三年九月己酉……二九四一

建中〇一六　唐瀛州景城縣主簿彭(涚)君權殯誌銘建中三年十一月……二九四三
建中〇一七　唐故朝議郎守楚州長史賜緋魚袋源(溥)公墓誌銘建中四年二月二日……二九四四
建中〇一八　故雲麾將軍守左金吾衛大將軍試鴻臚卿上柱國宋(儼)公墓誌銘建中四年四月廿七日……二九四五
*建中〇一九　大唐故兵部常□上柱國王府君墓誌銘建中……二九四六

興元

興元〇〇一　唐故彭城劉夫人墓誌銘興元元年閏十月四日……二九四九
興元〇〇二　有唐東都安國寺故上座韋和上墓誌銘興元二年正月十日……二九五〇

貞元

貞元〇〇一　成紀府左果毅張(希超)墓誌銘貞元元年十月十一日……二九五三
貞元〇〇二　大唐故上柱國梁(思)府君墓誌貞元元年十月十四日……二九五四
貞元〇〇三　故夫人京兆郡杜氏墓誌銘貞元元年十一月十七日……二九五五
貞元〇〇四　唐絳州聞喜縣令楊君故夫人裴氏墓誌銘貞元元年十一月十七日……二九五五
貞元〇〇五　唐贈尚書左僕射嗣曹王(李戢)故妃滎陽鄭氏墓誌銘貞元景寅七月己酉……二九五七
貞元〇〇六　唐故梁州城固縣令渤海封(揆)君墓誌銘貞元丙寅七月廿二日……二九五九

貞元〇〇七　唐故汝州魯山縣丞司馬（齊卿）府君墓誌銘貞元三年二月十七日……一九六〇
貞元〇〇八　（殘志）貞元三年四月一日……一九六一
貞元〇〇九　唐故汝州司户參軍張（佃）君墓誌銘貞元三年四月十九日……一九六二
貞元〇一〇　唐故淮南節度使司徒同平章事贈太尉陳公女婦竇氏墓誌銘貞元三年六月三日……一九六三
貞元〇一一　大唐河南府汜水縣丞邢倨夫人景氏墓誌銘貞元三年七月廿一日……一九六四
貞元〇一二　大唐故鄎國大長公主墓誌銘貞元三年八月四日……一九六五
貞元〇一三　唐故淮南節度討擊副使光禄大夫試殿中監兼泗州長史上柱國北平縣開國伯田（侁）府君墓誌銘貞元三年八月四日……一九六六
貞元〇一四　（張延賞墓誌銘）貞元三年十月乙酉……一九六八
貞元〇一五　故莫州長豐縣令李（丕）君墓誌銘貞元三年建子月……一九六九
貞元〇一六　唐故源夫人墓誌銘貞元四年五月十九日……一九七〇
貞元〇一七　唐故焦府君墓誌貞元四年八月七日……一九七一
貞元〇一八　唐故游擊將軍行蜀州金堤府左果毅都尉張（暈）府君夫人吴興姚氏墓誌銘貞元四年八月九日……一九七二
貞元〇一九　大唐故趙州司法參軍鄭（晃）公墓誌銘貞元四年八月十五日……一九七四
貞元〇二〇　大唐故左武衛翊府左郎將趙府君夫人漁陽縣太君漁陽李氏墓誌銘貞元四年十一月廿二日……一九七五

貞元〇二一 大唐故瀛州司馬兼侍御史太原王府君（郅）墓誌銘貞元五年三月廿一日……二九七六
貞元〇二二 大唐故詹事府司直孫公夫人隴西李氏墓誌銘貞元己巳五月廿日……二九七七
貞元〇二三 唐故朗州武陵縣主簿桑（甹）公墓誌銘貞元五年八月廿一日……二九七九
貞元〇二四 唐故魏州貴鄉縣尉隴西李（巒）府君墓誌銘貞元五年十二月廿三日……二九八〇
貞元〇二五 大唐華州下邽縣丞京兆韋（端）公夫人（王氏）墓誌銘貞元六年二月廿三日……二九八一
貞元〇二六 唐故中大夫守桂州刺史兼御史中丞充桂州本管都防禦經略招討觀察處置等使上柱國樂安縣開國男賜紫金魚袋孫（成）府君墓誌銘貞元六年五月壬申……二九八二
*貞元〇二七 唐贈涇州司馬李（庭玉）府君改葬墓銘庚午（貞元六年）孟秋上旬三日……二九八五
貞元〇二八 唐故左千牛京兆府折衝右率府郎將李（甹）府君夫人楊氏墓誌銘貞元六年七月十八日……二九八六
貞元〇二九 唐故法界寺比丘尼正性墓誌銘貞元六年十月八日……二九八七
貞元〇三〇 唐齊州豐齊縣令程（俊）府君墓誌銘貞元六年十月廿八日……二九八八
貞元〇三一 大唐故宣義郎行曹州乘氏縣尉薛府君墓誌銘貞元六年十月廿八日……二九八九
貞元〇三二 唐故宋州宋城縣尉河南閻（士熊）公墓誌銘貞元六年十一月十日……二九九〇
貞元〇三三 唐故江夏李（岐）府君墓誌貞元六年十一月廿六日……二九九一
貞元〇三四 唐故銀青光禄大夫尚書兵部侍郎壽春郡開國公黎（幹）公墓誌銘貞元六年十一月廿八日……二九九一

貞元〇三五　大唐靈山寺故大德（慧照）禪師塔銘貞元七年正月壬戌……二九九三
貞元〇三六　唐故舒州太湖縣丞弘農楊（頌）府君墓誌銘貞元七年四月十九日……二九九四
貞元〇三七　大唐東都敬愛寺故開法臨檀大德法玩禪師塔銘貞元七年十月廿八日……二九九五
貞元〇三八　魏故處士李（端）君墓誌銘太和（貞元）八年正月四日……二九九七
貞元〇三九　大唐故王（俊）府君墓誌銘貞元八年二月五日……二九九八
貞元〇四〇　唐故張（石）都尉墓誌銘貞元八年二月十七日……二九九八
貞元〇四一　唐故給事郎守永州司馬賜緋魚袋范陽盧（嶠）府君墓誌銘貞元八年二月癸卯……二九九九
貞元〇四二　大唐故劉府君屈夫人合祔墓誌銘貞元八年二月廿四日……三〇〇一
貞元〇四三　大唐南陽張公故太原郡太夫人王氏墓誌銘貞元八年三月廿二日……三〇〇二
貞元〇四四　大唐故清河張夫人墓誌銘貞元八年五月十八日……三〇〇三
貞元〇四五　大唐（王庭瓌）故扶風郡夫人馮氏墓誌銘貞元八年十月廿七日……三〇〇四
貞元〇四六　大唐故朝議郎前行曹州司法參軍上柱國李（宏）府君墓誌銘貞元八年十二月十五日……三〇〇四
貞元〇四七　唐故賈（琁）府君墓誌銘貞元九年正月廿九、卅日……三〇〇六
貞元〇四八　唐前虢州金門府折衝張公夫人太原王氏墓誌銘貞元癸酉二月廿四日……三〇〇七
貞元〇四九　唐故蔡（崇敏）府君墓誌銘貞元九年三月七日……三〇〇八
貞元〇五〇　唐故鄜坊節度都營田使兼後軍兵馬使軍前討擊使同節度副使雲麾將軍試鴻

臚卿兼試殿中監太原縣開國子食邑五百户上柱國王(崇俊)府君墓誌銘貞元九年七月廿六日……三〇〇九
貞元〇五一 唐東都安國寺故臨壇大德(澄空)塔下銘貞元九年八月癸酉……三〇一〇
貞元〇五二 大唐故朝散大夫太子左贊善大夫南陽樊(涚)府君墓誌銘貞元九年十月……三〇一一
貞元〇五三 唐故永州盧(嶠)司馬夫人崔氏墓誌銘貞元九年十月三日……三〇一三
貞元〇五四 上柱國梁(思)府君墓誌銘貞元九年十月十四日……三〇一四
貞元〇五五 唐故朝議郎行尚書屯田員外郎上柱國梁縣開國子賜緋魚袋河南于(申)君墓誌銘貞元九年十月十五日……三〇一五
貞元〇五六 唐故太子司議郎盧(寂)府君墓誌銘貞元癸酉十月廿六日……三〇一七
貞元〇五七 唐呂(思禮)公墓誌銘貞元九年十二月廿七日……三〇一八
貞元〇五八 大唐故右領軍衛左果毅都尉樊□言墓銘貞元九年……三〇二〇
貞元〇五九 唐故朝議郎并州清□□□□妻蕭墓誌銘貞元十年五月廿一日……三〇二〇
貞元〇六〇 唐故楚州長史源公夫人樂安蔣氏墓誌銘貞元十年九月二日……三〇二一
貞元〇六一 唐故鴻臚少卿□□□(張敬詵)君墓誌銘貞元十年九月廿四日……三〇二二
貞元〇六二 唐朝散大夫行著作佐郎襲安平縣男□□崔公夫人隴西縣君李氏墓誌銘貞元十一年二月十一日……三〇二三
貞元〇六三 唐試大理評事鄭公故夫人范陽盧氏墓誌銘貞元十一年二月廿二日……三〇二五

貞元〇六四　唐故朝散大夫河南府户□□□陳（諸）府君墓誌銘貞元十一年四月十二日……三〇二六
貞元〇六五　于（昌嶠）府君墓誌銘貞元十一年七月八日……三〇二七
貞元〇六六　唐故劉府君夫人杜氏墓誌銘貞元十一年□月九日……三〇二八
貞元〇六七　唐故泗州長史試殿中監京兆田（侁）府君墓誌銘貞元十一年八月廿七日……三〇二九
貞元〇六八　唐金州刺史鄭公故夫人范陽盧氏墓誌銘貞元十二年三月廿九日……三〇三〇
貞元〇六九　□田府君墓誌貞元十二年四月丁卯……三〇三一
貞元〇七〇　唐故鴻臚少卿貶明州司馬北平陽（濟）府君墓誌銘貞元十二年七月十三日……三〇三二
貞元〇七一　唐故朗州武陵縣令博陵瞿（令珪）府君墓誌銘貞元十二年十月四日……三〇三四
貞元〇七二　故越州大都督府餘姚縣令李（汲）府君墓誌銘貞元十二年十一月廿二日……三〇三五
*貞元〇七三　唐故滑州白馬縣令贈尚書刑部郎中樂安孫府君夫人贈隴西縣太君隴西李氏遷祔墓誌貞元十二年十一月廿四日……三〇三六
貞元〇七四　唐故殿□□御史張府君夫人河南源氏墓誌貞元十三年二月四日……三〇三七
貞元〇七五　唐殿中監博野縣鎮遏大將太原王公妻韓氏墓誌銘貞元十三年三月廿八日……三〇三八
貞元〇七六　唐故監察御史裏行太原王（仲堪）公墓誌銘貞元十三年四月六日……三〇三九
貞元〇七七　唐故寧遠將軍守左金吾衛大將軍隴西李（宗卿）公墓誌銘貞元十三年五月十一日……三〇四〇
貞元〇七八　唐故張掖郡石（崇俊）府君墓誌銘貞元十三年八月十九日……三〇四一

貞元〇七九 唐來(治安)公故夫人京兆田氏墓誌貞元十三年九月十二日……三〇四二
貞元〇八〇 唐故元從定難功臣金紫光禄大夫行左金吾衛大將軍兼試殿中監上柱國彭城縣開國侯劉(昇朝)府君墓誌銘貞元十三年□月十一日……三〇四三
貞元〇八一 唐趙郡李(規)氏幼子(侯七)墓銘貞元十三年十一月三日……三〇四四
貞元〇八二 朝請郎試澤州別駕蔡公故太夫人弘農楊氏墓誌銘貞元十三年十一月三日……三〇四五
貞元〇八三 唐故朔方節度十將游擊將軍左内率府率臧(曄)府君墓誌銘貞元十三年十一月廿一日……三〇四六
貞元〇八四 有唐太原王公妻上谷侯氏墓誌銘貞元十三年十一月廿九日……三〇四八
貞元〇八五 唐龍花寺(尼實照)墓志銘貞元十三祀十二月十九日……三〇四八
貞元〇八六 唐故特進行虔王傅扶風縣開國伯上柱國兼英武軍右廂兵馬使蘇(日榮)公墓誌銘貞元十四年八月七日……三〇四九
貞元〇八七 唐故宋州録事參軍鉅鹿魏(防)君墓誌銘貞元十四年十一月四日……三〇五一
貞元〇八八 唐故朝散大夫試恒王府長史前守瀛州司馬行德州安陵縣令上柱國宋(逷)府君墓誌銘貞元十四年十二月廿七日……三〇五二
貞元〇八九 唐故行涿州司馬金紫光禄大夫彭城郡劉(建)公墓誌銘貞元十四年十二月八日……三〇五三
貞元〇九〇 有唐故東平吕(秀)府君夫人霍氏合祔墓誌銘貞元十四年八月廿一日……三〇五四
貞元〇九一 唐前衛尉卿賜紫金魚袋張(滂)公夫人太原郡君郭氏墓誌銘貞元十五年二月廿

八日……三〇五五
貞元〇九二　「文儒之雅胤博學之君子曰崔府君……名契臣」貞元十五年三月廿九日、四月十日……三〇五七
貞元〇九三　有唐山南東道節度使贈尚書右僕射嗣曹王（李皐）墓銘貞元十五年六月廿四日……三〇五八
貞元〇九四　唐故嗣曹王（李皐）妃清河崔氏墓誌銘貞元十五年六月廿四日……三〇六〇
貞元〇九五　唐故濮陽卞氏墓誌銘貞元十五年七月十三日……三〇六二
貞元〇九六　唐故河南府河南縣主簿崔（程）公墓誌銘貞元十五年八月甲申……三〇六三
貞元〇九七　唐太常寺奉禮郎盧瞻故妻清河崔氏夫人墓誌貞元十六年二月五日……三〇六五
貞元〇九八　唐故太原王（平）府君墓誌銘貞元十六年十月十九日……三〇六六
貞元〇九九　唐故清河郡夫人張氏墓誌銘貞元十六年……三〇六七
貞元一〇〇　唐故監察御史太原王（永）公墓誌銘貞元十七年二月十日……三〇六八
貞元一〇一　唐故興元元從雲麾將軍右神威軍將軍知軍事兼御史中丞上柱國順政郡王食邑三千户實封五十户贈夔州都督李（良）公墓誌銘貞元辛巳二月十四日……三〇六九
貞元一〇二　唐故京兆府三原縣尉鄭（淮）府君墓誌銘貞元十七年五月五日……三〇七一
貞元一〇三　唐故中大夫户部侍郎兼御史大夫諸道鹽鐵轉運等使清河張（滂）公墓誌銘貞元十七年九月廿六日……三〇七二
貞元一〇四　唐故周夫人墓誌銘貞元辛巳十一月八日……三〇七三
貞元一〇五　唐故河南府密縣丞河東薛（迅）府君墓誌銘貞元十七年十一月十二日……三〇七四

*貞元一〇六　唐故秦州上邽縣令豆盧府君（魏）夫人墓誌辛巳十一月十四日……三〇七六
貞元一〇七　唐故左衛率府兵曹參軍李（進榮）府君墓誌銘貞元十七年十一月廿六日……三〇七七
貞元一〇八　唐故處士河南元（襄）公墓誌銘貞元十七祀十一月廿七日……三〇七八
貞元一〇九　趙郡李氏殤女墓石記貞元十七年十二月三日……三〇七九
貞元一一〇　唐冀州阜城縣令滎陽鄭君墓誌銘貞元十八年正月四日……三〇八〇
*貞元一一一　唐故禪大德演公塔銘貞元十八年正月廿三日……三〇八一
貞元一一二　唐故清河張氏女殤墓誌銘貞元十八年正月廿七日……三〇八四
貞元一一三　唐故宣義郎京兆府藍田縣尉樂安孫（嬰）府君墓誌銘貞元十八年二月九日……三〇八五
貞元一一四　唐故藍田縣尉孫（嬰）府君幼女墓誌銘貞元十八年二月九日……三〇八七
貞元一一五　夫人張氏墓誌銘貞元十八年四月十一日……三〇八八
貞元一一六　唐故朝散大夫試大理司直兼曹州考城縣令柳（均）府君靈表貞元壬午七月癸酉……三〇八九
貞元一一七　唐故東都麟趾寺法華院律大師墓誌銘貞元十八年七月廿二日……三〇九〇
貞元一一八　唐故雲麾將軍王（恒汎）公墓誌銘貞元十八年十月二日……三〇九一
貞元一一九　唐故相州臨河縣尉張（遊藝）府君墓誌銘貞元十八年十二月一日……三〇九二
貞元一二〇　有唐李氏故夫人彭城劉氏墓誌銘貞元十八年十二月七日……三〇九四
貞元一二一　大唐故朔方節度掌書記殿中侍御史昌黎韓（弇）君夫人京兆韋氏墓誌銘貞元十九年正月辛酉……三〇九四

貞元一二二　大唐前揚府參軍孫公亡夫人隴西李氏墓誌銘貞元十九年四月廿二日……三〇九六
貞元一二三　唐故畢(遊江)府君墓誌銘貞元十九年七月一日……三〇九七
貞元一二四　有唐前睦州建德縣尉蔡公浩故夫人段氏墓誌銘貞元十九年八月廿四日……三〇九八
貞元一二五　唐故登仕郎常州司士參軍襄武城縣開國伯崔(千里)府君墓誌銘貞元十九年十月廿日……三〇九九
貞元一二六　大唐故奉義郎行京兆府涇陽縣主簿王(郊)府君墓誌銘貞元十九年閏十月七日……三一〇一
貞元一二七　唐故左威衛和州香林府折衝都尉朝議大夫兼試大理評事賜紫金魚袋上柱國陶府(陶英)君夫人清河張氏墓誌銘貞元十九年十一月五日……三一〇二
貞元一二八　唐莫州唐興軍都虞候兼押衙試鴻臚卿鄭(玉)府君墓誌銘貞元十九年十一月十三日……三一〇四
貞元一二九　唐故朝議郎行汴州司倉參軍員外置同正員隴西李(頡)府君及夫人南陽張氏墓誌貞元十□年□月□日……三一〇五
貞元一三〇　唐故中散大夫使持節台州諸軍事守台州刺史上柱國賜紫金魚袋潁川陳(皆)公墓誌銘貞元廿年二月十五日……三一〇六
貞元一三一　唐故龔夫人墓誌銘貞元廿年五月甲戌……三一〇八
貞元一三二　唐故太原府都知兵馬使兼慶州行營使試殿中監賜紫金魚袋武公夫人裴氏墓誌貞元廿年七月一日……三一〇九

貞元一三三 大唐故銀青光禄大夫檢校太子賓客上柱國范陽郡開國子兼監察御史盧(翊)公墓誌銘貞元廿年八月十八日……三一一〇
貞元一三四 唐清河張(曾)府君墓誌銘貞元廿年十一月一日……三一一一
貞元一三五 有唐左武衛翊衛中郎將賜紫金魚袋上柱國兼試殿中監隴西李君夫人玉田榮氏墓誌銘貞元廿年十一月廿五日……三一一二
貞元一三六 唐故高(彦)府君墓誌銘貞元廿年十二月十三日……三一一四
貞元一三七 唐故許氏夫人祈氏墓誌貞元廿一年孟春月三日……三一一五
貞元一三八 大唐故試左武衛率府兵曹參軍清河張(惟)府君夫人瑯琊王氏合祔墓誌銘貞元廿一年二月廿日……三一一五
貞元一三九 唐故處士河南元(瀆)公墓誌銘貞元廿一年三月四日……三一一七
貞元一四〇 大唐故同經略副使承務郎滄州魯城縣令劉(談)公墓誌銘貞元乙酉四月廿一日……三一一八

永貞

永貞〇〇一 唐故吴郡朱(陽)府君墓誌銘永貞元年九月廿四日……三一二〇
永貞〇〇二 唐故朝散大夫豪郢二州刺史上柱國盧(沇)府君夫人隴西李氏墓誌銘永貞元年十月廿日……三一二一
永貞〇〇三 唐故雲麾將軍河南府押衙張(詵)府君夫人上黨樊氏墓誌銘永貞元年十月廿日……三一二三

永貞〇〇四 （蕭府君墓誌銘）永貞元年十月□日……三一二三
永貞〇〇五 唐故桂州臨桂縣令范（弈）府君墓誌銘永貞元年十一月一日……三一二四
永貞〇〇六 唐故桂州刺史兼御史中丞孫府君故夫人范陽郡君盧氏墓誌銘永貞元年十一月五日……三一二五
永貞〇〇七 唐故開府儀同三司使持節隴州諸軍事行隴州刺史上柱國南陽縣開國伯張（道昪）府君墓誌銘永貞元年十一月廿五日……三一二七
永貞〇〇八 唐嵩岳寺明悟禪師塔銘永貞元年十二月九日……三一二八
永貞〇〇九 大唐故昭武校尉守左驍尉將軍上柱國陳（義）公墓版文永貞元年十二月廿五日……三一二九
永貞〇一〇 唐故慶州長史趙郡李（肅）府君墓誌永貞元年十二月□□……三一三〇

元和

元和〇〇一 「清河崔氏十六女」元和元年正月廿日……三一三二
元和〇〇二 唐故天德軍攝團練判官太原府參軍蕭（鍊）府君墓誌銘元和元年二月二日……三一三三
元和〇〇三 大唐故河南府汜水縣尉鉅鹿魏（和）公墓誌銘元和元年二月十五日……三一三四
元和〇〇四 唐毛公故夫人魯郡鄒氏墓誌元和元年六月廿二日……三一三五
元和〇〇五 唐故左屯營進奏判官游騎將軍守左武衛中郎將賜紫金魚袋左龍武軍宿衛弘農楊（擇文）府君墓誌銘元和元年七月……三一三六

元和〇〇六　前試左衛兵曹參軍裴(孝仙)公墓誌銘元和元年八月十二日……三一三七
元和〇〇七　唐故南陽張夫人墓誌銘元和元年八月廿五日……三一三八
元和〇〇八　唐裴(琚)氏子(承章)墓誌銘元和元年十一月廿六日……三一三九
元和〇〇九　大唐故將作監丞清河郡張(寧)府君墓誌銘元和二年二月一日……三一四〇
元和〇一〇　昭成寺尼大德三乘墓誌銘元和二年二月八日……三一四二
元和〇一一　萬(仁泰)君墓誌元和二年二月……三一四三
元和〇一二　大唐荷恩寺故大德法津禪師塔銘元和二年四月八日……三一四三
元和〇一三　唐故銀青光禄大夫行蘇州長史上柱國隴西郡董(楹)府君墓誌銘元和二年四月十六日……三一四五
元和〇一四　唐故太原郡宫(如玉)府君墓誌銘元和二年八月五日……三一四七
元和〇一五　唐許州長葛縣尉鄭(銶)君亡室樂安孫氏墓誌銘元和二年八月十一日……三一四八
元和〇一六　唐故朝散郎前太子左贊善大夫高(岑)府君墓誌銘元和二年八月十七日……三一五〇
元和〇一七　唐故爨(進)府君墓誌銘元和二年八月十七日……三一五一
元和〇一八　唐故尚書屯田員外郎于(申)府君夫人京兆韋氏墓誌銘元和二年八月廿九日……三一五二
元和〇一九　唐故曹(乂)府君墓誌銘元和二年十月十九日……三一五四
元和〇二〇　唐故大理評事博陵崔(倚)府君墓誌銘元和二年十二月十三日……三一五五
元和〇二一　唐故太原府參軍事苗(蕃)君墓誌銘元和二年十二月丙寅……三一五六

元和〇二二　維唐元和三年歲次戊子隴西李卅三娘之墓元和三年五月十九日……三一五七
元和〇二三　唐故河南少尹裴（復）君墓誌銘元和三年七月壬寅……三一五七
元和〇二四　故汝南郡夫人周氏墓誌元和三年七月廿三日……三一五八
元和〇二五　有唐故撫州法曹參軍員外置隴西李（彙）府君墓誌銘元和三年七月廿九日……三一五九
元和〇二六　唐故陸公夫人宋氏墓誌元和三年九月壬戌……三一六〇
元和〇二七　唐故西河任（紫宸）府君墓誌文元和三年十月十九日……三一六一
元和〇二八　唐故殿中侍御史淄州長史知軍州事崔（澹）府君墓誌銘元和四年正月□日……三一六二
元和〇二九　唐故蘄州刺史兼御史中丞孫（杲）府君墓誌銘元和四年閏三月廿四日……三一六四
元和〇三〇　「孤子苗讓……謹自叙亡妣尊夫人銘」元和四年八月十七日……三一六六
元和〇三一　大唐故河南府户曹參軍陳（緒）府君夫人河内縣君隴西獨孤氏墓誌銘元和四年十月廿四日……三一六七
元和〇三二　大唐故太白禪師塔銘元和四年十月一日……三一六八
元和〇三三　唐故江南西道觀察判官監察御史裏行太原王（叔雅）公墓誌銘元和四年十月十三日……三一六九
元和〇三四　唐故山南東道節度右廂步軍使行左金吾衛大將軍員外置同正員試殿中監上柱國食邑二千户王（大劍）公墓誌銘元和四年十月十三日……三一七二
元和〇三五　唐故廬江郡承奉郎行樂陵縣丞攝樂陵縣令賞緋魚袋何（載）公墓誌銘元和四年

十一月庚申……三一七三
元和〇三六　「樂安郡孫馬將」元和四年十一月十八日……三一七四
元和〇三七　唐故處士吴興施（昭）府君墓誌銘元和四年十二月一日……三一七五
元和〇三八　唐故左威衛丹州通化府折衝都尉陳郡袁（秀巖）公墓誌銘元和庚寅二月二日……三一七六
元和〇三九　唐故朝請大夫賜緋魚袋守同州長史京兆韋公夫人樂安縣君孫氏墓誌銘元和五年八月十六日……三一七七
元和〇四〇　唐故深州下博縣尉承務郎試泗州長史高平畢府君夫人天水趙氏墓誌銘元和五年八月廿二日……三一七八
元和〇四一　唐故彭夫人墓誌銘元和五年九月十二日……三一八〇
元和〇四二　大唐故雁門郡解（進）府君墓誌銘元和五年十一月十一日……三一八〇
元和〇四三　唐故正議大夫蘄州刺史兼御史中丞孫（果）府君夫人河内常氏墓誌銘元和五年十一月廿□日……三一八一
元和〇四四　唐故會王（纁）墓誌銘元和五年十二月十八日……三一八二
元和〇四五　唐故李（岸）□太原王夫人墓誌銘元和六年八月廿八日……三一八三
元和〇四六　唐故太原王（守廉）府君墓誌銘元和六年九月十七日……三一八四
元和〇四七　唐故任氏夫人墓誌銘元和六年十月十八日……三一八五
元和〇四八　唐故潁川陳（商）君夫人魯郡南氏墓誌銘元和六年十一月六日……三一八六

元和〇四九　唐右千牛衛長史王公夫人薄氏墓誌元和六年十一月十二日……三一八七
元和〇五〇　大唐故弘農郡楊夫人墓誌銘元和七年二月七日……三一八八
元和〇五一　□唐故天水尹夫人墓誌銘元和七年五月廿五日……三一八九
元和〇五二　（苻載）亡妻李氏墓誌銘元和七年八月七日……三一九〇
元和〇五三　劍南東川節度推官殿中侍御史内供奉盧（璠）公夫人崔氏墓誌銘元和七年八月十六日……三一九一
元和〇五四　唐故邊氏夫人墓記元和七年八月廿八日……三一九三
元和〇五五　唐故隴西李（景逸）府君墓誌銘元和七年十月廿四日……三一九三
元和〇五六　馬氏女永娘墓記元和七年十一月廿日……三一九五
元和〇五七　唐陝州安邑縣丞沈君妻弘農楊夫人墓誌銘元和七年十一月卅日……三一九五
元和〇五八　唐故滑州白馬縣令樂安孫（起）府君墓誌銘元和七年十二月十二日……三一九六
元和〇五九　唐成德軍節度使麾屬平原郡大將冠軍大將軍守右八善德□將軍試太常卿上柱國秦樺信故夫人張氏墓誌銘元和八年二月壬寅……三一九七
元和〇六〇　唐故恒王府司馬幽州節度經略軍兵曹參軍太原王（叔原）府君墓誌銘元和八年二月十八日……三一九八
元和〇六一　大唐故成德軍節度下左金吾衛大將軍試殿中監石（神福）府君墓誌銘元和八年二月十八日……三一九九

元和〇六二　唐河陽軍節度故左馬軍虞候秦(士寧)府君夫人太原王氏墓誌銘元和八年二月廿五日……二二〇〇
元和〇六三　大唐扶風馬氏墓誌銘元和八年八月四日……二二〇一
元和〇六四　唐故彭城劉(通)府君墓誌銘元和八年十月十八日……二二〇二
元和〇六五　大唐故殿中侍御史隴西李(虛中)府君墓誌銘元和八年十月戊申……二二〇三
元和〇六六　唐故黎陽桑氏夫人墓誌銘元和八年十一月十七日……二二〇四
元和〇六七　唐故文貞公曾孫故穀城縣令張(曛)公墓誌銘元和八年十一月廿三日……二二〇五
元和〇六八　唐故左千牛衛長史渤海高(承金)公合祔墓誌銘元和八年十一月庚申……二二〇七
元和〇六九　(上缺)上塔銘元和八年十二月廿六日……二二〇八
元和〇七〇　唐故叔氏(李術)墓誌元和九年正月十九日……二二〇九
元和〇七一　唐故朝散大夫絳州曲沃縣令鄭府君故夫人天水趙氏墓誌銘元和九年五月三日……二二〇九
元和〇七二　唐故大理評事贈左贊善大夫江夏李(翹)府君墓誌銘元和九年七月廿一日……二二一〇
元和〇七三　(裴簡)亡妻清河崔氏墓誌銘元和九年七月廿八日……二二一二
元和〇七四　唐朝請大夫唐州長史兼監察御史彭城劉(密)公故夫人崔氏墓誌銘元和九年十月六日……二二一三
元和〇七五　□故臨洮軍副將雲麾將軍試殿□□潁川陳(志清)府君墓誌銘元和九年十月六日……二二一四

元和〇七六　唐故河南府司録盧公夫人崔氏誌銘元和甲午十月六日……三一一五
元和〇七七　唐故瀛州司馬陘邑安平范陽三縣令幽州節度押衙兼侍御史太原王公夫人博陵崔氏合祔墓誌銘元和九年十月十七日……三一一六
元和〇七八　唐故洪州都督府武寧縣令于（季文）府君墓誌銘元和九年十月廿九日……三一一七
元和〇七九　唐故試祕書省祕書郎兼河中府寶鼎縣令趙郡李（方乂）府君墓誌銘元和九年十一月十七日……三一一九
元和〇八〇　唐嵩嶽會善寺敕戒壇院臨壇（釋惠海）大律德塔銘元和十年三月二日……三一二〇
元和〇八一　唐故守左金吾衛大將軍試太常卿上柱國彭城劉（希陽）府君南陽韓夫人合祔墓誌銘元和十年四月八日……三一二一
元和〇八二　大唐故宣州司功參軍魏（邈）府君墓誌銘元和乙未四月八日……三一二三
元和〇八三　唐故興元元從正議大夫行内侍省内侍知省事上柱國賜紫金魚袋贈特進左武衛大將軍李（輔光）公墓誌銘元和十年四月廿五日……三一二四
元和〇八四　唐故東都安國寺比丘尼劉大德墓誌銘元和十年七月十三日……三一二七
元和〇八五　大唐故河南府密縣丞薛府君夫人河南元氏墓誌銘元和十年八月四日……三一二八
元和〇八六　唐朝散大夫檢校太子賓客上護軍臧協亡妻淮陽向氏夫人墓誌銘元和十年十月十二日……三一二九
元和〇八七　唐故潁川陳氏季女墓誌銘元和十年十二月廿七日……三一三〇

元和〇八八 唐故朝散大夫絳州刺史上柱國賜紫金魚袋鄭(敬)公墓誌銘元和十一年二月十三日……三二三一
元和〇八九 唐(崔泰之妻)隴西郡君(李)夫人墓誌銘元和十一年八月廿七日……三二三三
元和〇九〇 唐故鄭氏嫡長殤墓記元和十一年八月廿七日……三二三四
元和〇九一 唐故處士崔府君墓誌銘元和十一年八月廿七日……三二三四
元和〇九二 唐故李(延)府君劉夫人合祔墓誌銘元和十一年十一月十九日……三二三六
元和〇九三 唐故上柱國申屠(暉光)君墓誌銘元和十一年十一月廿四日……三二三七
元和〇九四 唐故試太常寺奉禮郎趙郡李(繼)府君墓誌文元和十一年十一月庚寅……三二三八
元和〇九五 大唐故李(岸)府君夫人徐氏合葬墓誌銘元和丙申十一月廿九日……三二三九
元和〇九六 大唐故員府君夫人墓誌銘元和十一年十二月廿九日……三二四〇
元和〇九七 唐故處士河南元公夫人博陵崔氏墓記元和十二年二月四日……三二四一
元和〇九八 唐故處州刺史崔公後夫人竇氏墓誌元和十二年閏五月十三日……三二四一
元和〇九九 唐故譙郡永城縣令趙郡李(崗)府君墓誌元和十二年六月廿四日……三二四二
元和一〇〇 唐故殿中侍御史隴西李府君夫人范陽盧氏墓誌銘元和十二年六月廿七日……三二四四
元和一〇一 唐故懷州録事參軍清河崔(稃)府君故夫人滎陽鄭氏合祔墓誌銘元和十二年七月既望……三二四五
元和一〇二 權氏殤子墓誌銘元和十二年七月壬寅……三二四七

元和一〇三　唐鄉貢進士盧(雄)君夫人博陵崔氏墓誌元和丁酉七月十六日……三二四八
元和一〇四　唐故朝散大夫使持節都督邕州諸軍事守邕州刺史兼御史中丞充本管經略招討處置等使賜紫金魚袋張(士陵)公墓誌銘元和十二年八月三日……三二四九
元和一〇五　唐故朝議大夫守國子祭酒致仕上騎都尉賜紫金魚袋贈右散騎常侍楊(寧)府君墓誌銘元和丁酉八月壬申……三二五一
●元和一〇六　唐義武軍節度易州高陽軍故馬軍都知兵馬使銀青光禄大夫兼監察御史樂陵郡石(默啜)府君墓誌銘元和十一年八月廿四日……三二五三
元和一〇七　唐故府別將秦府君夫人太原王氏墓誌之銘元和十二年九月廿三日……三二五四
元和一〇八　隴西李君夫人石氏墓誌銘元和十二年九月廿四日……三二五六
元和一〇九　唐故沙彌僧蔣氏子墓誌元和十二年九月廿九日……三二五七
元和一一〇　唐趙(日誠)氏故夫人京兆宗氏墓誌銘元和十二年九月廿九日……三二五七
元和一一一　唐故橫野軍判官朝請大夫試虔王府長史胡(方)府君墓誌元和十二年十月五日……三二五九
元和一一二　太原王府君墓誌銘元和丁酉十月五日……三二六〇
元和一一三　唐故鄭滑節度十將孟(維)府君墓誌銘元和十二年十月五日……三二六〇
元和一一四　唐故田(意真)府君墓誌銘元和十二年十二月五日……三二六一
元和一一五　(張氏十八娘子墓誌)元和十三年三月廿六日……三二六二
元和一一六　唐故東莞臧君夫人周氏墓誌銘元和十三年三月廿六日……三二六三

元和一一七　唐故鹽鐵轉運等使河陰留後巡官前徐州蘄縣主簿弘農楊(仲雅)君墓誌銘元和十三年七月三日……二二六四
元和一一八　唐故龍花寺内外臨壇大德韋和尚墓誌銘元和戊戌七月乙酉……二二六五
元和一一九　大唐故朝議郎行宮闈令充威遠軍監軍上柱國賜紫金魚袋西門(珍)大夫墓誌銘元和十三年七月廿日……二二六六
元和一二〇　唐渤海王五代孫陳許溵蔡觀察判官監察御史裏行李仍叔四歲女德孫墓誌銘元和十三年七月廿七日……二二六八
元和一二一　前河南府福昌縣丞隴西李(孔明)君故夫人廣平劉氏墓誌銘元和戊戌八月十五日……二二六九
元和一二二　興國寺故大德上座號憲超塔銘元和十三年十月廿日……二二七〇
元和一二三　唐故檢校少府少監駙馬都尉贈衛尉卿范陽張(怙)府君墓誌銘元和十三年十月廿三日……二二七一
元和一二四　唐右金吾衛倉曹參軍鄭公故夫人隴西李氏墓誌銘元和十四年二月十八日……二二七三
元和一二五　唐故承務郎行瀛州平舒縣主簿知薊州漁陽縣事賞緋魚袋隴西李(弘亮)府君墓誌銘元和十四年二月廿四日……二二七四
元和一二六　唐故相州彭城郡蕭録公合祔墓誌銘元和十四年三月廿五日……二二七五
元和一二七　唐故潞府參軍博陵崔(眷)公夫人琅耶王氏墓誌銘元和十四年四月廿六日……二二七七

元和一二八　大唐故隴西郡李（素）公墓誌銘元和十四年五月十七日……三一七八
元和一二九　鄭氏季妹墓誌銘元和十四年五月景申……三一八〇
元和一三〇　唐故隴西李夫人墓誌銘元和十四年五月廿六日……三一八一
元和一三一　唐故歸州刺史盧（璠）公墓誌銘元和戊戌九月九日……三一八二
元和一三二　唐周球故妻張夫人墓誌銘元和十四年十月一日……三一八四
元和一三三　唐故左領軍衛太原豐州府折衝都尉員外王（守廉）府君墓誌銘元和十四年十月廿八日……三一八五
元和一三四　唐故太子洗馬博陵崔（載）府君墓誌銘元和十四年十一月十六日……三一八六
元和一三五　唐故元從奉天定難功臣游擊將軍守冀王府右親事典軍上柱國勒留堂頭高平郡郘（才志）公墓誌銘元和十四年十一月十六日……三一八七
元和一三六　唐故左領軍衛陝州上陽府折衝員外置同正員試太子文學沂州長史崔（萼）府君清河張夫人合祔墓誌銘元和十四年十一月廿二日……三一八八
元和一三七　「大唐河東裴氏室女曰琪」元和己亥十二月九日……三一八九
元和一三八　唐故滎陽鄭氏男（緄）墓誌銘元和庚子閏正月廿九日……三一九〇
元和一三九　唐故趙氏夫人墓誌銘永新元年二月十二日……三一九一
元和一四〇　大唐故儒林郎守陳州司兵參軍鄭（憬）府君墓誌銘元和十五年四月十九日……三一九二
元和一四一　唐故朝散大夫秘書省著作郎致仕京兆韋（端）公玄堂誌元和十五年五月一日……三一九三

元和一四二 唐故朝散郎守珍王府録事參軍飛騎尉乘(著)府君墓誌銘元和玄枵之歲七月九日……二一九四
元和一四三 唐故處士高平郡曹(琳)府君墓誌銘元和十五年七月九日……二一九六
元和一四四 唐故河東裴(昌)公墓誌銘元和十五年八月二日……二一九七
元和一四五 唐故楚州寶應縣丞韓(恒)府君墓誌元和十五年九月三日……二一九八
元和一四六 唐故大理評事賜緋魚袋范陽盧(倜)府君墓誌元和十五年九月十日……二一九九
元和一四七 廣平郡宋氏夫人墓誌元和十五年九月廿二日……二二〇〇
元和一四八 唐故太原王(佺)公夫人李氏合祔墓誌銘元和十五年十月十日……二二〇一
元和一四九 唐故潭州湘潭縣尉崔(倚)府君墓誌元和十五年十月十六日……二二〇二
元和一五〇 唐故處士崔(偃)府君墓誌元和十五年十月十六日……二二〇三
元和一五一 唐故太原郡弓府君并夫人郭氏墓誌銘元和十五年十月廿七日……二二〇四
元和一五二 有唐故燉煌張(季聳)公并夫人河南元氏墓誌銘元和十五年十一月四日……二二〇五
元和一五三 唐朝議郎行鳳州司倉參軍上柱國司馬(宗)君夫人新安孫氏墓誌銘元和十五年十一月廿二日……二二〇六

長慶

長慶〇〇一 唐故朝請郎行撫王府功曹參軍平原郡俱(海)府君墓誌銘長慶元年二月廿三日……二二〇八

長慶〇〇二　唐故彭城劉夫人墓銘長慶元年五月廿五日……三三〇九
長慶〇〇三　唐故彭城劉（皓）府君墓誌銘長慶元年七月十二日……三三一〇
長慶〇〇四　唐故朝議郎行揚州大都督府法曹參軍京兆韋（署）府君墓誌文長慶元年八月廿七日……三三一一
長慶〇〇五　唐故安南都護充本管經略招討使兼御史中丞李（象古）公墓誌銘長慶元年十一月九日……三三一三
長慶〇〇六　唐故宋州單父縣尉李（會昌）公招葬墓誌銘長慶元年十一月九日……三三一四
長慶〇〇七　魏（稱）氏繼室范陽盧氏墓誌銘長慶元年十一月廿七日……三三一五
長慶〇〇八　大唐故袁州宜春縣尉隴西李府君墓誌銘長慶二年五月七日……三三一六
長慶〇〇九　唐故校尉守左武衛涇州四門府折衝都尉員外置同正員賜紫金魚袋上柱國劉（明德）府君墓誌銘長慶二年仲夏月十二日……三三一九
長慶〇一〇　安邑縣報國寺故開法大德泛舟禪師塔銘長慶二年五月廿日……三三二〇
長慶〇一一　大唐洛陽縣尉王師正故夫人河南房氏墓誌銘長慶二年八月十四日……三三二二
長慶〇一二　大唐故崔（答）府君墓誌長慶二年九月十五日……三三二三
長慶〇一三　唐故丁夫人□□□□長慶二年十一月四日……三三二四
長慶〇一四　唐故邢（真賢）府君墓誌銘長慶二年十一月四日……三三二五
長慶〇一五　唐朝散大夫檢校太子詹事襄州節度押衙兼管內諸州營田都知兵馬使及車坊

使卜(璀)府君墓誌銘長慶二年十一月十六日……三三二六
長慶〇一六　唐故貞士南陽曲(系)府君故夫人蔡氏墓誌銘長慶二年十二月廿日……三三二八
長慶〇一七　大唐故天水郡權(秀嵒)府君墓誌銘長慶三年……三三二九
長慶〇一八　「府君諱□□□其先(下泐)」長慶三年正月十六日……三三三〇
長慶〇一九　大唐故范氏女墓誌銘長慶三年四月十三日……三三三一
長慶〇二〇　大唐故隴西郡君卑失氏夫人神道墓誌銘長慶三年四月十三日……三三三二
長慶〇二一　唐故周(望)府君墓誌銘長慶三年四月廿五日……三三三三
長慶〇二二　唐故監察御史賜緋魚袋隴西李府君亡妻渤海高夫人墓誌銘長慶三年十月廿一日……三三三四
長慶〇二三　唐故太常寺太祝范陽盧(直)君墓誌銘長慶三年十月廿二日……三三三五
長慶〇二四　唐故朝散大夫試光禄寺丞譙郡能(政)府君墓誌銘長慶三年十二月十日……三三三六
長慶〇二五　故太常寺奉禮郎隴西董(开)府君墓誌文長慶三年十二月廿九日……三三三八
長慶〇二六　唐故朝散大夫光禄卿致仕上柱國賜紫金魚袋崔(廷)公墓誌銘長慶四年二月十六日……三三三九
長慶〇二七　唐故宿州長史博陵崔(璆)君墓誌銘長慶四年二月十七日……三三四〇
長慶〇二八　唐故顏(永)府君墓誌銘長慶四年二月廿九日……三三四二
長慶〇二九　大唐故嶺南觀察文使試大理評事崔(恕)君墓誌銘甲辰八月七日……三三四二

長慶〇三〇　唐太原王公故夫人曹氏墓誌銘長慶四年十一月廿五日……三三四四
長慶〇三一　唐義武軍十將試殿中監□君夫人諸葛氏墓誌銘長慶四年十一月……三三四五
長慶〇三二　唐故江西左廂教練使銀青光禄大夫試太子賓客東平程(皓)氏墓誌銘長慶五年正月十七日……三三四六

寶曆

寶曆〇〇一　唐故朝散大夫守潤州長史賜紫金魚袋隴西董(岌)公墓銘寶曆元年正月乙丑……三三四七
寶曆〇〇二　王(端)府君墓誌寶曆元年正月廿九日……三三四八
寶曆〇〇三　唐故左清道率府率杜(日榮)公墓誌寶曆元年四月十二日……三三四九
寶曆〇〇四　唐故北平田氏夫人墓誌銘寶曆元年四月廿七日……三三四九
寶曆〇〇五　唐故鉅鹿魏(仲俛)府君墓誌銘寶曆元年五月六日……三三五〇
寶曆〇〇六　唐故黄崗縣丞陳(雅)君夫人諸葛氏墓誌銘寶曆元年六月十二日……三三五一
寶曆〇〇七　唐故鄉貢進士范陽盧(子鷙)府君墓誌寶曆元年八月二日……三三五二
寶曆〇〇八　唐故石(忠政)府君墓誌銘寶曆元年八月九日……三三五三
寶曆〇〇九　唐故寧遠將軍守左金吾衛大將軍守并州竹馬府折衝都尉解(晉卿)君故夫人張氏墓文寶曆元年九月三日……三三五四
寶曆〇一〇　(上缺)左武衛執戟守中武將軍試左金吾衛郎將諸葛(澄)府君墓誌銘寶曆元年九

寶曆〇一一　唐承務郎前試左武衛兵曹參軍攝易州滿城縣令趙全泰妻沛郡武氏墓記寶曆元年十月十五日……………………二三五五
寶曆〇一二　唐故試太常□□□□□張(巽)府君墓誌寶曆元年十月十六日……………………二三五六
寶曆〇一三　唐故將仕郎試涇州參軍楊(宗本)府君墓誌銘寶曆元年十一月廿一日……………………二三五七
寶曆〇一四　唐故郭府君二夫人墓誌銘寶曆元年十一月十六日……………………二三五八
寶曆〇一五　有唐故李氏故陳留解夫人墓誌寶曆初年十一月廿五日……………………二三五九
寶曆〇一六　福建都團練押衙何(洪口)君誌銘寶曆二年正月廿九日……………………二三六〇
寶曆〇一七　唐故鳳翔節度押衙兼知排衙右二將銀青光祿大夫兼太子賓客弘農楊(贍)公墓誌銘寶曆二年八月廿四日……………………二三六〇
寶曆〇一八　王(敬仲)府君墓誌寶曆二年八月廿五日……………………二三六一
寶曆〇一九　唐故昭義節度衙前先鋒兵馬使滎陽鄭(仲連)府君墓誌銘寶曆二年十月廿七日……………………二三六二
寶曆〇二〇　渤海高府君墓誌寶曆二年十一月七日……………………二三六四
寶曆〇二一　唐河中府猗氏縣主簿盧(伯卿)公故夫人清河崔氏墓誌銘寶曆二年十一月七日……………………二三六五

大和

大和〇〇一　唐故河陽軍節度衙前將朝散大夫試殿中監樂(昇進)府君墓誌銘歲丁未夏四月

九日……三三六七
大和〇〇二　唐故文林郎試左金吾衛兵曹參軍武騎尉何(允)公墓誌銘大和元年五月廿五日……三三六九
大和〇〇三　「常州晉陵縣萬春鄉平山里下蒲村西五里青山彎夫人薛氏」大和元年七月六日……三三七〇
大和〇〇四　唐故東都福先寺臨壇大德廣宣律師墓誌銘大和元年八月五日……三三七〇
大和〇〇五　唐故朝散大夫臨晉縣令上柱國李(鼎)府君墓誌銘大和元年九月一日……三三七一
大和〇〇六　唐故河南府同録事參軍盧(士瓊)君墓誌銘大和元年九月庚申……三三七二
大和〇〇七　唐故鄉貢進士京兆韋(行素)府君墓誌銘大和元年十月八日……三三七四
大和〇〇八　唐故討擊使試太子通事舍人南(昇)府君墓誌銘大和元年十月廿一日……三三七五
大和〇〇九　向(清)府君墓誌大和二年二月十六日……三三七六
大和〇一〇　唐故朝散大夫守汝州長史上柱國清河崔公夫人隴西縣君李氏墓誌銘大和二年二月十六日……三三七七
大和〇一一　國子祭酒致仕包(陳)府君墓誌銘大和二年二月十六日……三三七八
大和〇一二　唐故右神策軍護軍中尉兼右衛功德使開府儀同三司行右衛上將軍知内侍省事上柱國邠國公食邑三千户食實封三百户贈揚州大都督安定梁(守謙)公墓誌銘大和二年二月廿三日……三三八〇
大和〇一三　唐故汴州雍丘縣尉清河崔(樅)府君墓誌銘大和二年二月廿八日……三三八三
大和〇一四　唐故桂管都防禦觀察等使桂州刺史兼御史大夫賜紫金魚袋贈左散騎常侍劉

（栖楚）公墓誌大和戊申五月十二日……三三八四
大和〇一五　唐故知鹽鐵福建院事監察御史裏行王（師正）府君墓誌銘大和二年十月十四日……三三八六
大和〇一六　唐殤子鄭行者墓誌大和二年十一月八日……三三八八
大和〇一七　大唐故澧州慈利縣令李（蕚）府君墓誌銘大和三年正月十五日……三三八九
大和〇一八　唐故越州衙前總管杜府君墓誌銘大和三年四月廿四日……三三九〇
大和〇一九　楊氏墓誌大和三年七月十三日……三三九一
大和〇二〇　唐沔王府諮議參軍張（侔）公墓誌銘大和三年十月廿三日……三三九二
大和〇二一　唐故中大夫澧州刺史賜紫金魚袋范陽盧（昂）府君墓誌銘大和三年十月廿六日……三三九三
大和〇二二　唐故滑州司法參軍范陽盧（初）君墓誌銘大和三年十月廿六日……三三九五
大和〇二三　唐鄭府君故夫人京兆杜氏墓誌銘大和三年十一月廿三日……三三九六
大和〇二四　唐故朝請郎行太原府文水縣尉裴（誼）府君墓誌銘大和三年十二月九日……三三九八
大和〇二五　滑州瑶臺觀女真徐氏墓誌銘大和己酉十二月廿日……三三九九
大和〇二六　唐故蘇州司户參軍王（逖）府君墓誌銘大和四年二月廿七日……三四〇〇
大和〇二七　□故右内率府兵曹鄭（準）君墓誌銘大和四年八月廿五日……三四〇一
大和〇二八　唐故（强公）夫人京兆杜氏墓誌銘大和四年九月廿九日……三四〇二
大和〇二九　唐故高（誠）府君墓誌銘大和四年十月一日……三四〇三
大和〇三〇　唐故奉議郎試洋王府長史濮陽吴（達）府君墓誌銘大和四年十月廿日……三四〇四

大和〇三一　唐故泗州司倉參軍諸道鹽鐵轉運等使巡覆官劉（茂貞）府君墓誌大和四年十月廿日 …… 三四〇五
大和〇三二　唐故右神策軍同正將壯武將軍守左金吾衛大將軍員外置同正員上柱國賜紫金魚袋李（文政）府君墓誌銘大和四年十月廿六日 …… 三四〇六
大和〇三三　唐左神策軍護軍中尉副使兼左街功德副使金紫光禄大夫右監門衛將軍上柱國高平郡開國公食邑二千户劉（渼潤）公故夫人弘農縣君楊氏墓誌銘大和四年十月廿九日 …… 三四〇七
大和〇三四　唐故陳（琳）府君墓誌銘大和四年十一月十二日 …… 三四〇九
大和〇三五　唐故施氏夫人墓誌大和四年十一月十二日 …… 三四〇九
大和〇三六　大唐故亳州録事參軍任（俢）公墓誌銘大和四年十二月六日 …… 三四一〇
大和〇三七　唐故承務郎試左武衛兵曹參軍攝無極縣令天水趙（全泰）公墓誌銘大和五年正月廿七日 …… 三四一一
大和〇三八　唐故洺州司兵姚府君夫人隴西李氏夫人墓誌銘大和五年二月廿七日 …… 三四一二
大和〇三九　唐故東都留守東都畿汝州都防禦使銀青光禄大夫檢校尚書左僕射判東都尚書省事兼御史大夫上柱國贈司空崔（弘禮）公墓誌銘大和五年四月廿八日 …… 三四一二
大和〇四〇　唐右衛倉曹參軍崔君夫人滎陽鄭氏墓誌銘大和五年五月十七日 …… 三四一五
大和〇四一　「唐元和九年歲次甲午三月十九日琅耶王公亮第六女」大和五年五月廿四日 …… 三四一六

大和〇四二　唐前揚州海陵縣令劉尚賓夫人范陽盧氏誌銘大和五年八月十四日……三四一七
大和〇四三　「(前缺)日夕喧喧長幼」大和五年十一月二日……三四一八
大和〇四四　范陽盧(景修)府君墓誌大和五年十一月八日……三四一八
大和〇四五　「□□李氏本玄元道君」大和辛亥季月……三四一九
大和〇四六　唐故試太常寺太祝范陽盧府君妻清河崔夫人墓誌銘大和壬子正月廿六日……三四二〇
大和〇四七　唐故東渭橋給納判官試太常寺協律郎扶風馬(儆)君墓誌銘大和六年二月廿一日……三四二一
大和〇四八　唐幽州節度衙前兵馬使王公夫人故隴西李氏墓誌銘大和六年五月八日……三四二三
大和〇四九　唐故冀州阜城縣令兼□□□史賜緋魚袋滎陽鄭(滕)府君夫人博陵崔氏合祔墓誌銘大和六年七月七日……三四二四
大和〇五〇　唐故朝請大夫唐州長史兼監察御史彭城劉(密)府君墓誌大和六年七月十六日……三四二六
大和〇五一　唐朝請大夫試絳州長史上柱國趙郡李(齊用)君故夫人京兆杜氏墓誌銘大和六年十月十一日……三四二七
大和〇五二　大唐故儒林郎試左千牛衛長史飛騎尉杭(季稜)府君故潁川陳氏夫人合祔墓誌銘大和六年十月廿六日……三四二八
大和〇五三　唐故聚(慶)府君墓誌銘大和六年十月廿六日……三四三〇
大和〇五四　唐故朝散大夫守尚書吏部郎中兼侍御史知雜事上柱國臨沂縣開國男食邑三

百户瑯琊王（袞）府君墓誌銘大和六年十月廿六日……三四三〇
大和〇五五　（唐北平田氏第二女墓誌）大和六年十一月十一日……三四三三
大和〇五六　唐胡府君夫人朱氏墓誌銘大和七年二月廿□日……三四三三
大和〇五七　唐故試大理司直辛（幼昌）公墓誌銘大和七年三月廿七日……三四三四
大和〇五八　唐故朝議郎守尚書比部郎中上柱國賜緋魚袋隴西李（蟾）府君墓誌銘大和七年閏七月七日……三四三六
大和〇五九　唐故内供奉翻經義解講律論法師辯空和上塔銘大和七年八月十五日……三四三八
大和〇六〇　唐故京兆真化府折衝都尉魯國車（字益）府君墓誌銘大和七年十月三日……三四三九
大和〇六一　唐故馮（倫）府君墓誌銘大和七年十月十五日……三四四〇
大和〇六二　唐故同州司兵參軍上柱國京兆杜（行方）府君墓誌銘大和七年十一月甲寅……三四四一
大和〇六三　唐故安定粱（春）君墓誌銘大和七年十一月甲寅……三四四三
大和〇六四　大唐故朝議郎河南府登封縣令上柱國賜緋魚袋崔（蕃）公墓誌銘大和癸丑十一月八日……三四四三
大和〇六五　唐故正議大夫守殿中監致仕上柱國賜紫金魚袋太原王（翼）公府君墓誌銘大和八年正月廿日……三四四五
大和〇六六　唐故幽州節度押衙金紫光禄大夫檢校太子賓客攝嬀檀義州刺史□□□□□等使兼御史中丞東海郡高（霞寓）公玄堂銘大和八年二月三日……三四四七

大和〇六七 大唐故太原王氏夫人墓誌銘大和八年二月十五日……三四四八
大和〇六八 大唐故隴西郡李(琮)府君墓誌銘大和八年二月十五日……三四五〇
大和〇六九 唐故茂州刺史扶風竇(季餘)君墓誌銘大和八年三月十九日……三四五一
大和〇七〇 唐故平盧軍討擊副使銀青光禄大夫檢校太子賓客□□□彭城郡開國男食邑三百户劉(逸)府君墓誌銘大和八年四月廿五日……三四五三
大和〇七一 勃海嚴氏墓誌大和八年五月四日……三四五四
大和〇七二 「(上缺)難虞復知計略遂遷衙□都虞候」大和八年五月十一日……三四五五
大和〇七三 大唐鄜坊丹延等州節度軍前討擊使銀青光禄大夫檢校太子賓客上柱國北平環公故夫人廣平郡程氏墓誌銘大和八年六月廿四日……三四五五
大和〇七四 故鄭氏夫人墓誌銘大和八年八月六日……三四五六
大和〇七五 唐故太原王(振)府君墓誌銘大和八年八月廿四日……三四五七
大和〇七六 唐故太府寺主簿弘農楊(迥)府君墓誌銘大和甲寅八月廿四日……三四五八
大和〇七七 唐故鄂州永興縣尉汝南周(著)君墓誌銘大和八年十一月八日……三四六〇
大和〇七八 唐故清河郡崔(勗)府君墓誌銘大和八年仲冬月十四日……三四六一
大和〇七九 大唐故興元元從登仕郎守内侍省内侍伯員外置同正員上柱國朱公故夫人天水郡趙氏墓誌銘大和八年十一月十四日……三四六二
大和〇八〇 唐故田(少直)府君墓誌銘大和八年十一月廿日……三四六三

大和〇八一　唐故揚州大都督府法曹參軍京兆韋(署)府君故夫人滎陽鄭氏墓記大和八年十一月廿日……三四六四
大和〇八二　唐北平故田(萬昇)府君墓誌銘大和八年十一月廿日……三四六五
大和〇八三　唐故義武軍節度十將陪戎副尉守左威衛沁州延儁府別將員外置同正員上護軍弘農楊(弘慶)府君墓誌銘大和八年十一月廿四日……三四六六
大和〇八四　唐故楚州兵曹參軍劉(崟)府君墓誌銘大和八年十一月廿六日……三四六七
大和〇八五　唐故朝散郎行河中府虞鄉縣尉李(翼)公墓誌銘大和九年正月十五日……三四六八
大和〇八六　唐故宣州旌德縣尉李(紳)君墓誌銘大和九年二月廿二日……三四六九
大和〇八七　唐故國子監禮記博士趙(君旨)公墓誌銘大和九年四月十日……三四七〇
大和〇八八　唐故奉天定難功臣遊擊將軍天威軍正將杜公夫人隴西李氏墓誌銘大和九年四月十日……三四七一
大和〇八九　唐故滎陽鄭氏女墓誌銘大和九年四月十日……三四七三
大和〇九〇　唐故山南東道節度押衙光禄大夫檢校太子賓客前行鄧州長史兼侍御史弘農縣開國男楊(孝直)公墓誌銘大和九年四月廿五日……三四七四
大和〇九一　嬪吴氏墓銘大和九年五月廿八日……三四七五
大和〇九二　唐故東都留守北衙右屯營軍押衙宣節副尉守右威衛沁州□儁府折衝都尉員外置同正員上柱國賜紫金魚袋鉅鹿魏府君墓誌銘大和九年七月卅日……三四七六

大和〇九三　唐越州會稽縣尉清河崔公夫人滎陽鄭氏墓銘大和乙卯八月三日……三四七七
大和〇九四　唐王(仕倫)府君墓誌銘大和九年八月廿九日……三四七八
大和〇九五　唐故平盧軍節度押衙兼左廂兵馬使銀青光禄大夫雲麾將軍檢校國子祭酒兼御史中丞上柱國食邑二千五百户劉公夫人隴西辛氏墓誌銘大和九年十月七日……三四七九
大和〇九六　唐故東海徐(及)府君夫人彭城劉氏合祔銘大和乙卯十月廿八日……三四八〇
大和〇九七　「唐吕媛……與其姊同塋別兆」大和九年仲冬月朔日……三四八一
大和〇九八　唐故鹽鐵轉運江淮留後勾檢官文林郎試太常寺協律郎騎都尉解(少卿)君墓誌銘大和九年十一月八日……三四八一
大和〇九九　唐故京兆杜氏夫人墓誌銘大和乙卯十一月廿九日……三四八二
大和一〇〇　唐故朝議郎行陜州硤石縣令上柱國侯(績)公墓誌銘大和九年十二月十一日……三四八四
大和一〇一　唐故雲麾將軍左龍武軍將軍九原張(源)公墓誌銘大和十二年十月朔日……三四八六

開成

開成〇〇一　唐故邕管招討判官試左清道率府兵曹參軍清河崔(洧)公墓誌銘開成元年正月廿日……三四八九
開成〇〇二　大唐故王(從政)府君墓誌銘開成元年三月二日……三四八九
開成〇〇三　唐故京兆府押衙雲麾將軍試光禄卿上柱國李(彦崇)府君墓誌銘開成元年七月……三四九〇

卅日……三四九一

開成〇〇四　唐陝虢都防禦押衙朝議郎試撫州司馬上柱國馮(瑱)夫人吴氏陰堂誌 開成元年十月十三日……三四九二

開成〇〇五　唐故富春孫(恪)府君夫人廣平郡程氏墓誌銘 開成丙辰十一月一日……三四九三

開成〇〇六　唐彭城劉(源)府君墓誌 開成元年十二月十九日……三四九四

開成〇〇七　唐故河南府士曹參軍黎(燧)公墓誌銘 開成二年二月廿日……三四九五

開成〇〇八　唐故趙郡李氏女銘記 開成二年六月廿二日……三四九六

開成〇〇九　「河東裴氏第二室女小號阿八」 開成丁巳八月十一日……三四九七

開成〇一〇　唐故贈隴西郡夫人董氏墓誌銘 開成二年八月卅日……三四九七

開成〇一一　唐故處士太原王(修本)府君墓誌銘 開成二年十月十日……三四九九

開成〇一二　唐故處士潁川陳(韞)氏公墓誌銘 開成三年四月七日……三五〇〇

開成〇一三　唐故崔夫人墓誌 開成三年四月丁酉……三五〇一

開成〇一四　故銀青光禄大夫使持節溪州諸軍事守溪州刺史雁門縣開國男食邑三百户上柱國賜紫金魚袋田(英)公誌銘 開成三年四月廿日……三五〇二

開成〇一五　唐故處士潁川陳(汭)府君墓誌銘 開成三年四月廿二日……三五〇三

開成〇一六　唐故博陵崔氏夫人□□李(繼)府君墳所誌文 開成戊午七月乙酉……三五〇五

開成〇一七　唐前左金吾衛録事參軍崔公慎經夫人隴西李氏墓誌銘 開成三年十月十三日……三五〇六

開成〇一八　唐故邢州南和縣令清河崔(涣)府君墓誌銘開成戊午十月十九日……………………三五〇七
開成〇一九　唐故衛公夫人渤海高氏墓誌銘開成三年十月十九日……………………三五〇八
開成〇二〇　大唐清河張(雋)府君隴西李氏夫人合祔誌銘開成三年十一月七日……………………三五〇九
開成〇二一　唐故商州上洛縣主簿會稽孔(望回)君墓銘開成三年十一月十八日……………………三五一〇
開成〇二二　唐故淮南節度衙前經略副使將仕郎試太子通事舍人張(汜)府君墓誌銘開成三年十一月卅日……………………三五一一
開成〇二三　故天水姜夫人誌銘開成三年十二月廿一日……………………三五一二
開成〇二四　唐故潤州延陵縣尉苗(鼎)府君墓誌銘開成四年正月十三日……………………三五一二
開成〇二五　唐故李氏夫人墓誌開成四年四月十日……………………三五一三
開成〇二六　大唐三藏大遍覺法師塔銘開成四年五月十六日……………………三五一四
開成〇二七　大慈恩寺大法師基公塔銘開成四年五月十六日……………………三五一九
開成〇二八　李司徒亡女墓誌銘開成四年五月十六日……………………三五二一
開成〇二九　唐吴興沈君故夫人陳留虞氏墓誌開成四年七月十八日……………………三五二一
開成〇三〇　唐左春坊太子典膳郎河東衛君夫人扶風輔氏墓誌銘開成四年八月廿七日……………………三五二二
開成〇三一　唐故陳州宛丘縣尉河東柳(正封)府君墓誌開成四年十月廿二日……………………三五二四
開成〇三二　唐故楊(澄)府君夫人墓誌銘開成四年□□辛酉……………………三五二五
開成〇三三　故紫金光禄大夫檢校太子詹事守右神策軍正將兼殿中侍御史上柱國潁川郡

開國公食邑二千户陳（士揀）府君墓誌銘開成五年正月十九日……三五二六
開成〇三四　大唐周氏夫人墓誌銘開成五祀正月十九日……三五二八
開成〇三五　唐故濮陽郡夫人吴氏墓誌開成五年二月二日……三五二九
開成〇三六　唐（缺十三字）州司馬□□□馮（殖）府君墓誌銘開成五年二月二日……三五三〇
開成〇三七　唐故太原王（希玩）府君墓誌銘開成五年二月七日……三五三一
開成〇三八　唐故王（永）侍御夫人南陽張氏墓誌銘開成五年二月十三日……三五三二
開成〇三九　唐故桂州員外司户滎陽鄭（當）府君墓誌銘開成五年三月廿一日……三五三三
開成〇四〇　唐故鄉貢進士潁川陳（宣魯）君墓誌開成五年四月廿一日……三五三六
開成〇四一　有唐張（士階）氏之女墓誌銘開成五年五月九日……三五三七
開成〇四二　頓丘李公彭城劉氏夫人墓誌銘開成五年七月廿三日……三五三八
開成〇四三　唐故徐處士故朱氏夫人墓誌銘開成五年九月廿四日……三五三九
開成〇四四　唐隴州防禦判官殿中侍御史内供奉崔撰母林氏墓誌銘開成五年十一月十二日……三五四〇
開成〇四五　大唐王屋山上清大洞三景女道士柳尊師真宫誌銘開成五年十一月廿日……三五四一
*開成〇四六　唐故滑州白馬縣令贈尚書刑部郎中樂安孫府君夫人贈隴西縣太君隴西李氏
遷祔墓誌開成庚申十一月廿四日……三五四三
開成〇四七　唐山南東道節度總管充涇原防秋馬步都虞候正議大夫檢校太子賓客上柱國
趙公亡夫人譙郡夏侯氏墓誌銘開成伍年十一月廿四日……三五四四

開成〇四八　唐故絳州翼城縣令河東薛（贇）公墓銘開成五年十一月廿四日……三五四五
開成〇四九　唐故知鹽鐵轉運鹽城監事殿中侍御史内供奉范陽盧（伯卿）府君墓銘開成五年十一月卅日……三五四六
開成〇五〇　唐故朝議郎使持節光州諸軍事守光州刺史賜緋魚袋李（潘）公墓誌銘開成五年十二月廿四日……三五四八
開成〇五一　□滎陽亡夫人墓誌開成六年正月十日……三五五〇
開成〇五二　我伯父唐故試太子通事舍人趙府君夫人南陽張氏玄堂記開成六年首春中旬有九……三五五一
開成〇五三　唐貝州永濟縣故馬（恒）公郝氏二夫人墓誌銘開成六年正月十三日……三五五二
開成〇五四　唐故婺州東陽縣主簿王（錬）府君墓誌銘開成六年二月十九日……三五五三

會昌

會昌〇〇一　陳少公亡太夫人蔣氏墓誌銘會昌元年二月十三日……三五五五
會昌〇〇二　唐故鳳光寺俊禪和上之墓銘會昌元年五月廿六日……三五五六
會昌〇〇三　唐故太原府參軍贈尚書工部員外郎苗（蕃）府君夫人河内縣太君玄堂誌銘會昌元年七月廿九日……三五五七
會昌〇〇四　唐故河南府洛陽縣尉孫（備）府君墓銘會昌元年八月……三五五九

會昌〇〇五　滎陽鄭（瓊）夫人墓誌銘會昌元年十月七日……三五六一
會昌〇〇六　唐故宣威將軍守左金吾衛大將軍員外置同正員兼試殿中監上柱國賜紫金魚袋蘇（恩）府君夫人范陽盧氏墓誌銘會昌元年十月七日……三五六三
會昌〇〇七　唐故處士太原王（方徹）公墓誌銘會昌元年十月十三日……三五六四
會昌〇〇八　唐故朝議郎使持節明州諸軍事守明州刺史上柱國賜緋魚袋韋（塤）府君墓誌銘會昌元年十月廿四日……三五六五
會昌〇〇九　唐故河南府司録參軍趙郡李（璆）府君墓誌銘會昌元年十一月廿四日……三五六七
會昌〇一〇　唐故汝州司馬孫（審象）府君墓誌銘會昌元年十二月七日……三五六九
會昌〇一一　唐故滑州白馬縣令贈尚書刑部郎中樂安孫（起）府君繼夫人河東縣太君裴氏墓誌銘會昌元年十二月廿五日……三五七〇
會昌〇一二　大唐聖真觀觀主故鄭（遇真）尊師誌銘會昌二年正月廿五日……三五七一
會昌〇一三　唐故隴西郡李（光曾）府君墓誌銘會昌二年六月十一日……三五七二
會昌〇一四　唐故處士楊（公弼）公墓誌銘會昌二年七月十三日……三五七三
會昌〇一五　唐故河南府河清縣丞曲（元縝）府君墓誌會昌二年八月廿三日……三五七四
會昌〇一六　故宋州碭山縣令滎陽鄭（紀）府君墓誌銘會昌二年十月卅日……三五七六
會昌〇一七　太原王（頊）府君墓誌會昌二年十月卅日……三五七七
會昌〇一八　（上缺）太常寺奉（禮郎牛尹甫墓誌銘）會昌二年……三五七八

會昌〇一九　唐故處士張(從古)公墓誌銘會昌三年二月十三日……………三五七九
會昌〇二〇　唐趙夫人故河内張氏墓誌銘會昌三年五月廿六日……………三五八〇
會昌〇二一　唐故京兆杜氏夫人墓銘癸亥仲秋月……………三五八一
會昌〇二二　唐故平陽賈(政)公墓誌銘會昌三年八月廿八日……………三五八二
會昌〇二三　唐故洪州武寧縣令于君夫人隴西李氏墓銘會昌三年十月十七日……………三五八三
會昌〇二四　左神策延州防禦安塞軍同十將陳留謝(壽)君墓誌銘會昌三年十一月十日……………三五八四
會昌〇二五　大唐(馮履仁)亡妻天水秦氏夫人墓誌銘會昌三年十一月十二日……………三五八五
會昌〇二六　唐處士包公夫人墓誌銘會昌三年十二月十二日……………三五八六
會昌〇二七　唐故晉昌唐(張五)氏墓誌銘會昌四年二月十九日……………三五八六
會昌〇二八　唐故弘農郡河中府參軍劉(伏)府君墓誌甲子四月五日……………三五八七
會昌〇二九　唐故登仕郎前守左金吾衛兵曹參軍胡(泰)府君墓誌銘會昌四年閏七月十日……………三五八八
會昌〇三〇　唐故銀青光禄大夫使持節蔚州諸軍事行蔚州刺史兼御史中丞馬(紓)公墓誌銘會昌四年七月十日……………三五八九
會昌〇三一　上黨苗(縝)府君墓誌銘會昌四年七月廿八日……………三五九一
會昌〇三二　唐宣義郎前行亳州永城縣丞胡宗約尊夫人弘農楊氏墓誌銘會昌四年閏七月十日……………三五九三
會昌〇三三　唐故常州武進縣尉王府君夫人武功蘇氏墓誌銘會昌四年八月七日……………三五九四

*會昌〇三四　唐故禪大德演公塔銘會昌四年八月廿二日……三五九五
會昌〇三五　唐故彭城劉夫人墓誌銘會昌四年九月四日……三五九七
會昌〇三六　有唐太原王氏夫人墓誌銘會昌四年十月六日……三五九八
會昌〇三七　大唐故中大夫行内侍省内給事員外置同正員上柱國贈緋魚袋王(文幹)公墓誌銘會昌四年十月十五日……三五九九
會昌〇三八　唐京兆韋承誨妻河間邢氏墓銘會昌四年十月十八日……三六〇一
會昌〇三九　唐故尹(澄)府君朱氏夫人墓誌銘會昌四年十一月十八日……三六〇二
會昌〇四〇　唐故綿州刺史江夏李(正卿)公墓誌銘會昌四年十二月十九日……三六〇三
會昌〇四一　唐故河中府永樂縣丞韋(敏)府君妻隴西李夫人墓誌銘會昌五年正月廿四日……三六〇五
會昌〇四二　唐故柳氏長殤女墓誌銘會昌五年六月廿一日……三六〇六
會昌〇四三　大唐故北平田(在下)府君墓誌銘會昌五年八月廿一日……三六〇六
會昌〇四四　唐故陸氏廬江郡何夫人墓誌銘會昌五年莫秋月廿六日……三六〇八
會昌〇四五　唐故宣州參軍鉅鹿魏(邈)君夫人趙氏墓誌銘會昌五年十一月廿三日……三六〇八
會昌〇四六　唐故福林寺戒塔銘會昌六年正月十六日……三六一〇
會昌〇四七　唐故米氏(下缺)會昌六年□月九日……三六一一
會昌〇四八　大唐故明州刺史御史中丞韋(塤)公夫人太原温氏之墓誌會昌六年六月二日……三六一二
會昌〇四九　故内莊宅使押衙試集王府司馬上柱國吴郡朱府君冉氏夫人墓誌銘會昌六年八月

會昌〇五〇　唐故太原王氏夫人墓誌銘會昌六年九月十一日……三六一四
會昌〇五一　唐故湖州武康縣主簿衛（景初）府君墓誌會昌六年十月五日……三六一五
會昌〇五二　扶風竇（師亮）氏夫人隴西李氏墓誌銘會昌六年十一月十四日……三六一六
會昌〇五三　「□中晉絳慈隰等州觀察支使試祕書省校書郎清河崔隋妻趙氏夫人」會昌六年十一月十六日……三六一七
會昌〇五四　唐滄州節度押衙弓高鎮兵馬使銀青光禄大夫檢校太子詹事廣平宋（自昌）府君墓誌銘會昌六年十二月六日……三六一八
會昌〇五五　唐故閭丘氏夫人墓誌銘會昌六年十二月廿三日……三六一九
會昌〇五六　唐故瑯琊王（惲）公墓誌銘會昌七年正月廿四日……三六二一

大中

大中〇〇一　唐故處士太原王（翱）府君墓誌銘大中元年二月七日……三六二三
大中〇〇二　「夫人邑號贊皇縣君趙郡李氏」大中元年二月十八日……三六二四
大中〇〇三　唐故京兆府涇陽縣尉范陽盧（踐言）君墓銘丁卯閏三月七日……三六二五
大中〇〇四　「內侍省令史堵穎年卅五」大中元年閏三月八日……三六二六
大中〇〇五　易定節度押衙充知軍兼監察御史上柱國張公故（史）夫人墓誌大中元年四月廿七日……三六二七

大中〇〇六　唐故河陽軍節度押衙兼脩武鎮遏兵馬使馬軍都教練使金紫光禄大夫檢校太子賓客兼監察御史上谷張（亮）府君墓誌銘大中元年七月十九日……三六二九
大中〇〇七　唐故東都留守左衙飛騎尉上輕車都尉兼守上柱國譙郡曹（慶）府君故上黨樊氏夫人合祔墓誌大中元年七月廿一日……三六三一
大中〇〇八　大唐清河府君故夫人梁郡成氏墓誌銘大中元年七月廿七日……三六三二
大中〇〇九　唐故劉（舉）府君墓誌大中元年八月廿一日……三六三三
大中〇一〇　唐故東都留守檢校尚書左僕射贈司空博陵崔（弘禮）公小女墓誌銘大中元年九月十日……三六三四
大中〇一一　唐故進士趙（珪）君墓誌銘大中元年九月十四日……三六三五
大中〇一二　唐左衛大將軍兼御史中丞契苾公妻何氏墓誌大中元年十月二日……三六三六
大中〇一三　唐故處士吴郡朱府君臧氏夫人墓誌銘大中元年十月五日……三六三七
大中〇一四　有唐故淄州軍事押衙清河張（公佐）公墓誌銘大中元年十月十七日……三六三八
大中〇一五　唐義昌軍故衙前將守左衛朔州尚德府別將員外置同正員賜上騎都尉劉（士弘）府君墓誌銘大中元年十月十七日……三六四〇
大中〇一六　唐滑州匡城縣尉博陵崔君故夫人彭城劉氏墓誌銘大中元年十月廿八日……三六四一
大中〇一七　唐故馮（廣清）府君墓誌銘大中元年十二月下旬七日……三六四二

大中〇一八　唐故中山郡郎氏夫人墓誌銘大中二年正月廿四日……三六四三
大中〇一九　唐故吴郡朱夫人墓誌銘大中二年七月四日……三六四四
大中〇二〇　唐故汝南周(文遂)君墓誌銘大中二年十月廿九日……三六四五
大中〇二一　唐齊州司馬馮翊魚君故夫人滎陽(鄭德柔)墓誌銘大中二年十一月十日……三六四六
大中〇二二　故京兆韋氏夫人墓誌銘大中二年十一月十六日……三六四七
大中〇二三　唐故鉅鏕魏(仲連)公墓誌銘記大中三年二月十一日……三六四八
大中〇二四　唐前汴州尉氏縣尉劉搏妻孔氏墓銘大中三年二月十一日……三六四九
大中〇二五　故滎陽鄭(鐐)公墓誌銘大中三年二月十七日……三六五〇
大中〇二六　唐故上谷郡張(鋒)府君墓誌銘大中三年三月十七日……三六五二
大中〇二七　故濟陽郡蔡夫人墓誌大□三年八月□四日……三六五四
大中〇二八　唐故文林郎守江州彭澤縣尉王(常散)府君夫人清河郡張氏合祔墓記大中己巳□月廿四日……三六五四
大中〇二九　大唐劉處士夫人安定梁氏墓銘大中三年十一月十六日……三六五五
大中〇三〇　唐故濮陽郡吴(仲殷)府君墓誌銘大中三年閏十一月四日……三六五六
大中〇三一　唐故朝散大夫守陝州大都督府左司馬上柱國上谷寇(章)公墓誌銘大中四年正月乙酉……三六五七
大中〇三二　唐故正議大夫行内侍省内府局丞員外置同正員上柱國太原縣開國男食邑三

百户賜緋魚袋王(守琦)公墓誌銘大中四年正月廿三日……三六五九
大中〇三三　唐故硤州司馬滎陽鄭府君前夫人范陽盧氏墓誌大中四年四月一日……三六六〇
大中〇三四　有唐故文林郎試太常寺協律郎騎都尉雁門郡解(少卿)府君亡夫人上郡蔡氏墓銘大中庚午四月十三日……三六六一
大中〇三五　「鄉貢進士劉宣……墓誌銘」大中四年七月一日……三六六二
大中〇三六　唐故天平軍節度隨軍將仕郎試左内率府兵曹參軍李(惟一)府君墓誌銘大中四年八月廿日……三六六二
大中〇三七　唐胡珍妻朱氏四娘瓷罌銘大中四年八月丙午……三六六四
大中〇三八　唐陸(瑛)君故夫人富春孫氏墓誌銘大中四年九月廿八日……三六六四
大中〇三九　唐故朝請郎行太子舍人汝南郡翟府君故夫人(下泐)大中四年十月五日……三六六五
大中〇四〇　唐内莊宅使都勾官清河張(汶)府君墓誌大中四年十月五日……三六六六
大中〇四一　唐故右内率府兵曹參軍朱府君夫人南陽樊氏誌銘大中四年十月十日……三六六七
大中〇四二　大唐故蘇州長洲縣令孫府君夫人吳郡張氏墓誌銘大中四年十月十七日……三六六八
大中〇四三　唐故内五坊使押衙銀青光祿大夫試鴻臚卿上柱國安(珍)府君墓誌銘大中四年十月廿日……三六六九
大中〇四四　唐范陽郡故盧氏夫人墓誌銘大中庚午十月廿八日……三六七〇
大中〇四五　唐故朝散大夫巴州刺史張(信)府君墓誌銘大中四年十一月廿□日……三六七一

大中〇四六　唐故處士高平范(義)府君墓誌銘大中四年十一月廿二日……三六七三
大中〇四七　大唐故銀青光禄大夫使持節都督茂州諸軍事行茂州刺史充劍南四川西山中北路兵馬使上柱國廬江郡開國公食邑二千户何(溢)公墓誌銘大中庚午十一月廿八日……三六七四
大中〇四八　唐故潁川陳(蘭英)氏墓記大中四年十二月十一日……三六七五
大中〇四九　唐故淮西行營糧料使勾檢官試太常寺太祝北海(下缺)大中四年十二月十七日……三六七六
大中〇五〇　有唐故成都府司録參軍劉(繼)公墓誌銘大中四年十二月廿九日……三六七八
大中〇五一　(楊瓌)亡妻平昌孟氏墓誌銘大中五年正月九日……三六七九
大中〇五二　唐故宣義郎行内侍省内僕局丞員外置同正員上柱國李(從證)府君墓誌銘大中五年正月廿三日……三六八〇
大中〇五三　「故光禄苗卿家人捧琴」大中五年四月廿七日……三六八一
大中〇五四　唐故銀青光禄大夫工部尚書致仕上柱國樂安縣開國男食邑五百户孫(公乂)府君墓誌銘大中五年七月三日……三六八二
大中〇五五　故南安郡夫人贈才人仇氏墓誌銘大中五年八月四日……三六八五
大中〇五六　唐故東畿汝防禦使都押衙兼都虞候正議大夫檢校太子賓客上柱國南陽張(季戎)府君墓誌銘大中五年十月十一日……三六八七
大中〇五七　唐故隴西郡夫人墓誌銘大中五年十月廿三日……三六八九

大中〇五八　唐故涇州潘原鎮十將朝散大夫檢校太子賓客雲麾將軍試殿中監上柱國彭城劉(自政)府君墓誌銘大中五年十月廿三日……三六九〇
大中〇五九　唐故文林郎國子助教楊(宇)君墓誌銘大中五年十一月二日……三六九一
大中〇六〇　唐故朝議郎行尚書刑部員外郎會稽余(從周)公夫人河南方氏合祔墓誌銘大中五年十一月庚午……三六九二
大中〇六一　「有唐大中五年歲次辛未十月己亥朔十五日癸丑妣太原王氏以疾終於東都」大中五年十一月二日……三六九五
大中〇六二　唐故朝議郎行内侍省宫闈局丞員外置同正員上柱國同(國政)府君墓誌大中六年二月十二日……三六九六
大中〇六三　唐故將仕郎守江陵府江陵縣尉清河崔(芑)公合祔墓誌銘大中六年二月十七日……三六九七
大中〇六四　唐故朝請大夫尚書刑部郎中上柱國范陽盧(就)府君墓誌銘大中六年二月廿三日……三六九八
大中〇六五　唐故樂安孫廿九女墓誌大中六年五月廿四日……三七〇〇
大中〇六六　唐故隴西董(惟靖)氏内表弟墓誌銘大中六稔六月十九日……三七〇一
大中〇六七　大唐魏博節度别奏劉公故太原郭氏夫人墓誌銘大中六年閏七月九日……三七〇二
大中〇六八　唐故滎陽縣君鄭夫人墓誌銘大中六年閏七月廿日……三七〇三
大中〇六九　唐故河東節度押衙銀青光禄大夫前朗州司馬檢校國子祭酒兼監察御史上柱

國馮(審中)府君墓誌銘大中六年八月三日……三七〇四
大中〇七〇　唐故清河張(再清)府君墓誌銘大中六年十月廿四日……三七〇五
大中〇七一　唐茅山燕洞宮大洞鍊師彭城劉氏墓誌銘壬申十二月癸酉……三七〇六
大中〇七二　故萬夫人墓誌大中六年十二月廿四日……三七〇八
大中〇七三　唐潁州潁上縣令李(公度)府君墓誌銘大中七年正月十八日……三七〇八
大中〇七四　□□皇城(耿元晟)(下缺)大中七年四月十三日……三七一〇
大中〇七五　唐東都留守宴設使朝散大夫檢校太子中允上柱國朱敬之亡妻范陽盧夫人墓誌銘大中癸酉四月十三日……三七一一
大中〇七六　「監察御史歸仁晦故兒母支氏」大中七年七月一日……三七一二
大中〇七七　「范陽盧鄯幼女姚婆」大中七年七月十三日……三七一三
大中〇七八　唐故東都留守散兵馬使銀青光祿大夫檢校秘書監試左金吾衛長史上柱國魏(弘章)府君墓誌銘大中七年七月廿日……三七一三
大中〇七九　唐故鄆州壽張縣尉李(珪)君墓誌銘大中七年七月廿日……三七一四
大中〇八〇　唐故汴州雍丘縣尉清河崔(樅)府君夫人范陽盧氏合祔墓誌銘大中七年八月廿六日……三七一六
大中〇八一　唐故清河郡張(君平)府君夫人安定郡胡氏合祔墓誌銘大中七年十月四日……三七一七
大中〇八二　前忠武軍節度押衙兼馬軍左廂都兵馬使子城都虞候銀青光祿大夫檢校太子

詹事兼監察御史上柱國平原華公妻清河張夫人墓誌銘大中七年十月十三日……三七一九
大中〇八三　唐故（盧知宗妻）滎陽鄭夫人墓誌銘大中八年二月廿九日……三七二〇
大中〇八四　唐故監察御史河南府登封縣令吴興沈（師黄）公墓誌大中八年八月十八日……三七二一
大中〇八五　南陽葉公逆修墓誌銘大中八年八月壬申……三七二四
大中〇八六　唐故彭城郡洪府君夫人張氏墓誌銘大中八年十一月四日……三七二五
大中〇八七　唐故南陽張府君（談英）兼故夫人彭城劉氏合祔墓誌銘大中八年十一月廿一日……三七二六
大中〇八八　唐故國子助教范陽盧（當）公墓誌銘大中九年二月十一日……三七二八
大中〇八九　大唐易州遂城故鎮遏散副將雲麾將軍左金吾衛大將軍天水趙（建遂）府君故
董氏王氏二夫人合祔墓銘大中九年二月十七日……三七二九
大中〇九〇　□□□□□使持節曹州諸軍事守曹州刺史賜紫金魚袋清河崔（翬）府君墓誌
銘大中九年二月廿三日……三七三〇
大中〇九一　唐故潁州潁上縣令李（公度）府君夫人滎陽鄭氏合祔玄堂誌大中九年□月十七日
……三七三四
大中〇九二　唐故鄉貢進士孫（俐）府君墓誌大中九年閏四月廿四日……三七三五
大中〇九三　唐故朝議郎守殿中少監兼通事舍人知館事上柱國賜紫金魚袋苗（弘本）公墓
誌銘大中乙亥閏四月廿五日……三七三六
大中〇九四　唐故江夏李氏室女墓誌銘大中乙亥六月十三日……三七三八

*大中〇九五 唐前試大理評事兼監察御史孫公亡妻隴西李氏墓誌銘大唐乙亥歲七月廿五日……三七三九
大中〇九六 唐故成德軍節度鎮冀深趙等州觀察處置等使光禄大夫檢校司徒兼太傅同中書門下平章事兼鎮州大都督府長史駙馬都尉上柱國太原郡開國公食邑二千户食實封二百户贈太師王(元逵)公墓誌銘大中九年八月十四日……三七四〇
大中〇九七 唐故朝散大夫使持節丹州諸軍事守丹州刺史充本州防禦使上柱國弘農楊(乾光)公墓誌銘大中九年八月廿四日……三七四三
大中〇九八 大唐涿州范陽縣主簿蘭陵蕭公夫人侯氏墓誌銘大中九年十月九日……三七四四
大中〇九九 唐安定張氏亡女墓誌銘大中九年十月廿六日……三七四五
大中一〇〇 唐故盧氏夫人墓誌銘大中乙亥十一月十五日……三七四六
大中一〇一 唐故陸氏劉夫人墓誌銘大中九年十二月一日……三七四八
大中一〇二 唐故朝議郎檢校尚書户部郎中兼襄州别駕上柱國韓昶自爲墓誌銘大中九年十二月十五日……三七四八
*大中一〇三 有唐故下邳郡林夫人墓誌大中九年十二月十□日……三七五〇
大中一〇四 唐故劉氏太原縣君霍夫人墓誌銘大中十年正月廿九日……三七五一
大中一〇五 唐故朝議郎河南府壽安縣令賜緋魚袋渤海高(瀚)府君墓誌銘大中十年四月七日……三七五三
大中一〇六 □□大夫行太子左庶子分司東都上柱國范陽盧(鍇)府君墓誌銘大中丙子四月十

大中一〇七　唐故中散大夫祕書監致仕上柱國賜紫金魚袋贈左散騎常侍東平呂（讓）府君墓誌銘大中十年四月十三日……三七五四
大中一〇八　唐滎陽鄭（朗）氏女墓誌銘大中十年四月廿五日……三七五六
大中一〇九　唐故江州尋陽縣丞支（光）公墓誌銘大中十年五月十八日……三七五九
大中一一〇　唐故贈隨州刺史太子少詹事殿中監支（成）公墓誌銘大中十年五月十八日……三七六〇
大中一一一　唐故鄂州司士參軍支（叔向）府君墓誌銘大中十年五月十八日……三七六一
大中一一二　唐故鄉貢三傳支（詢）府君墓誌銘大中十年五月十八日……三七六三
大中一一三　唐故鴻臚卿致仕支公小娘子墓誌銘大中十年五月十八日……三七六五
大中一一四　唐故鴻臚卿致仕支（叔防）公孫女墓誌銘大中……三七六六
大中一一五　唐故萬年縣尉直弘文館李（晝）君墓誌銘大中十年六月……三七六七
大中一一六　唐故平陽賈（從贇）君墓銘大中十年七月一日……三七六八
大中一一七　唐故梁國劉（珵）府君墓銘大中十年十月十二日……三七六九
大中一一八　唐故淄州高宛縣令張（茂弘）公墓誌銘大中十年十月十五日……三七七〇
大中一一九　唐故振武節度隨軍登仕郎試左武衛兵曹參軍上柱國李府君墓誌銘大中十年十月廿四日……三七七一
大中一二〇　唐故天平軍節度鄆曹濮等州觀察處置等使朝請大夫檢校禮部尚書使持節鄆……三七七三

州諸軍事兼鄆州刺史御史大夫上柱國賜紫金魚袋贈兵部尚書孫(景商)府君墓誌銘大中十年十月廿七日……三七七四
大中一二一　唐故鄭(恕己)府君墓誌銘大中十年十一月九日……三七七六
大中一二二　唐故潁川陳夫人墓誌銘大中十年十一月廿一日……三七七七
大中一二三　大唐康(叔卿)公夫人墓誌銘大中十年十一月廿五日……三七七九
大中一二四　唐故秘書郎兼河中府寶鼎縣令趙郡李府君夫人滎陽鄭氏墓誌銘大中十年十一月廿七日……三七八〇
大中一二五　唐御史中丞汀州刺史孫瑝妻李夫人墓誌(擬)大中十年十二月五日……三七八一
大中一二六　故京兆韋氏室女都娘子墓誌銘大中十年十二月十三日……三七八二
大中一二七　唐故興元府南鄭縣丞扶風馬(攸)府君墓誌銘大中十一年二月廿二日……三七八三
大中一二八　有唐盧(緘)氏故崔夫人墓銘大中十一年四月廿七日……三七八四
大中一二九　故幽州大都督府兵曹參軍陳(立行)君墓誌銘丁丑四月景申晦……三七八六
大中一三〇　先妣姚夫人權葬石表大中十一年五月庚申……三七八八
大中一三一　唐故鄉貢進士隴西李(眈)君墓誌銘大中十一年五月廿四日……三七八九
大中一三二　魯(璠)氏子謙墓誌銘大中十一年六月廿八日……三七九一
大中一三三　唐故權知沂州長史銀青光祿大夫檢校太子賓客兼殿中御史潁川郡陳(諭)公墓誌大中十一年八月六日……三七九一

大中一三四　唐故衡州耒陽縣尉隴西李（述）府君墓誌銘大中十一年八月十四日……三七九二
大中一三五　唐故邵州鄭（琺）使君墓誌有銘大中丁丑十一月廿六日……三七九三
大中一三六　唐故泗州司倉參軍彭城劉府君夫人吴郡張氏墓誌銘大中十一年十一月廿六日……三七九四
大中一三七　唐故河南府河南縣令賜緋魚袋弘農楊（松年）公墓誌銘大中十二年二月廿一日……三七九六
大中一三八　唐故宣州宣城縣府范陽盧（宏）府君并夫人博陵郡崔氏墓誌銘大中十二年二月廿七日……三七九七
大中一三九　唐故滎陽鄭（遇）府君夫人博陵崔氏合祔墓誌銘大中十二年二月廿七日……三七九八
大中一四〇　唐故承奉郎守大理司直沈（中黄）府君墓誌銘大中十二年四月十五日……三八〇〇
大中一四一　唐故朝議大夫前行幽州大都督府録事參軍幽州節度押衙使持節薊州諸軍事守薊州刺史靜塞軍營田等使銀青光禄大夫檢校國子祭酒兼侍御史上柱國吴郡陸（峴）府君故夫人王氏墓誌銘大中十二年五月六日……三八〇一
大中一四二　唐故泉州仙遊縣長官張（進）府君及鉅鹿魏氏夫人祔葬墓誌銘大中十二年七月廿五日……三八〇三
大中一四三　唐故太原王（修本）府君夫人韋氏墓誌銘大中十二年八月十四日……三八〇四
大中一四四　唐故博陵崔（彦温）府君墓誌銘大中十二年十月廿六日……三八〇五
大中一四五　大唐故河南府倉曹參軍路（復源）府君墓誌大中十二年十一月廿一日……三八〇七
大中一四六　唐故福州侯官縣丞湯（華）府君墓誌銘大中十二年十一月廿八日……三八〇八

大中一四七　唐湖州□□□□馮（湍）□故夫人墓誌銘大中十二年十二月十日……三八〇九
大中一四八　唐故湖南監軍使正議大夫行内侍省内寺伯太原縣開國男食邑三百户賜緋魚袋太原郡王（公素）府君墓誌銘大中十三年四月十四日……三八一〇
大中一四九　唐故太原郡王夫人墓誌大中十三年四月廿三日……三八一二
大中一五〇　唐故上都唐安寺外臨壇律大德比丘尼廣惠塔銘大中十三年六月十八日……三八一三
大中一五一　唐故京兆韋夫人墓誌銘大中十三年八月廿日……三八一四
大中一五二　大唐故河南府鞏洛府折衝騎都尉吴郡張（昱）府君墓誌銘大中十三年十月三日……三八一六
大中一五三　故忠武軍節度兵馬使朝請郎試左金吾衛兵曹參軍上柱國朱（萱）公墓誌大中十三年十月八日……三八一七
大中一五四　唐信州玉山縣令范陽盧（公則）府君墓誌銘大中十三年十月十二日……三八一八
大中一五五　□□□蓋（紹）府君墓誌銘大中十三年十月十八日……三八一九
大中一五六　唐故鄭州原武縣尉贈尚書工部員外郎丁（佑）府君河南于夫人封河南郡太君合祔墓誌銘大中十三年十月廿七日……三八二〇
大中一五七　大唐趙郡李爗亡妻滎陽鄭氏墓誌大中十三年十一月十五日……三八二一
大中一五八　唐故鄉貢進士燉煌張（審文）府君墓銘大中十三年十一月廿一日……三八二三
大中一五九　唐故隴西郡李（元）府君墓誌銘大中十三年十二月十五日……三八二四
大中一六〇　唐故留守李（士素）大使夫人曲氏墓誌銘大中十三年十二月十五日……三八二五

大中一六一　唐河南府洛陽縣尉孫嗣初妻京兆韋夫人墓誌銘大中十四年二月廿七日……三八二六
大中一六二　唐故軍器使内寺伯賜紫金魚袋贈内常侍袁公夫人太原郡夫人王氏墓誌銘大中十四年四月五日……三八二八
大中一六三　唐故前左武衛兵曹樂安孫（筥）府君墓誌銘大中十四年五月十一日……三八二九
大中一六四　唐故京兆韋（素）府君夫人高陽齊氏墓誌銘大中十四年孟冬廿一日……三八三〇
大中一六五　唐故鄉貢進士滎陽鄭（堡）府君墓銘大中十四年十月廿一日……三八三一

咸通

咸通〇〇一　唐故宣州宣城縣尉范陽盧（宏）府君并夫人博陵崔氏墓誌銘咸通二年三月廿八日……三八三二
咸通〇〇二　唐隴西李（鈞）氏長女墓誌銘咸通二年四月二日……三八三三
咸通〇〇三　唐故太中大夫行中書舍人裴公夫人彭氏墓誌咸通二年四月廿八日……三八三四
咸通〇〇四　唐博陵崔氏殤亡女墓銘咸通二年五月十日……三八三五
咸通〇〇五　唐泗州下邳縣尉鄭君故夫人清河崔氏墓誌銘咸通二年五月十七日……三八三六
咸通〇〇六　唐故宋州碭山縣令滎陽鄭（紀）府君故范陽盧氏夫人墓誌銘咸通二年五月廿三日……三八三七
咸通〇〇七　唐故鄭州陽武縣尉張（勍）府君墓誌銘咸通二年八月七日……三八三八

咸通〇〇八　唐故金城郡申(胤)府君并夫人吴興郡施氏墓誌銘咸通二年十月九日……三八三九
咸通〇〇九　唐故長殤男子韓勒潭墓誌咸通二年十月廿一日……三八四〇
咸通〇一〇　唐故東都留守防禦都押衙兼都虞候正議大夫檢校太子賓客南陽張府君夫人河南鞏氏墓誌銘咸通二年十一月二日……三八四一
咸通〇一一　唐故楊(晧)秀士墓銘咸通二年十一月十四日……三八四二
咸通〇一二　唐故扶風馬(惟良)公故夫人太原王氏合祔墓誌銘咸通三年正月七日……三八四三
咸通〇一三　唐故節度副將渤海郡吴(清)府君墓誌銘咸通三年正月十二日……三八四四
咸通〇一四　唐范陽盧夫人墓誌銘咸通三年正月十六日……三八四五
咸通〇一五　唐故懷州録事參軍清河崔府君後夫人范陽盧氏墓誌銘咸通三年正月廿二日……三八四七
咸通〇一六　唐故郴縣尉趙郡李(爗)君墓誌銘咸通三年正月廿八日……三八四九
咸通〇一七　王氏殤女墓銘咸通三年七月十八日……三八五〇
咸通〇一八　「富春郡孫夫人」咸通叁年玖月拾捌日……三八五一
咸通〇一九　唐朝散大夫攝邕州長史兼監察御史上柱國瑯耶王公夫人崔氏墓誌銘咸通三年十月八日……三八五一
咸通〇二〇　唐鴻臚卿致仕贈工部尚書琅耶支公長女鍊師墓誌銘咸通三年十月八日……三八五三
咸通〇二一　唐故處州刺史趙(璜)府君墓誌咸通三年十月十四日……三八五四
咸通〇二二　唐故嚴(籌)公墓誌銘咸通三年十月廿六日……三八五六

咸通〇二三　渤海李氏一娘子墓誌銘咸通三年十二月廿六日……三八五七
咸通〇二四　唐故揚州揚子縣主簿范陽盧（耜）公墓誌銘咸通三年……三八五八
咸通〇二五　范陽盧（戎）氏室女墓銘咸通癸未二月廿七日……三八五九
咸通〇二六　唐故盧（棨）府君墓誌銘咸通四年三月廿三日……三八六〇
咸通〇二七　唐故集賢直院官榮王府長史程（修己）公墓誌銘咸通四年四月十七日……三八六一
咸通〇二八　唐故揚州海陵縣丞張（覿）府君墓誌銘咸通癸未四月廿三日……三八六二
咸通〇二九　（盧端公逢時妻李氏）墓銘咸通四年五月廿九日……三八六四
咸通〇三〇　前邢州刺史李肱兒母太儀墓誌咸通四年六月五日……三八六六
咸通〇三一　大唐幽州節度隨使押衙銀青光禄大夫檢校國子祭酒太原王（晟）公夫人清河
張氏墓誌咸通四年七月十三日……三八六七
咸通〇三二　維唐故隴西李（扶）府君墓誌銘咸通五年二月十三日……三八六八
咸通〇三三　（高湜）亡妻滎陽鄭氏夫人墓誌銘咸通五年二月十五日……三八七〇
咸通〇三四　唐朝散大夫前行尚書司勳員外郎柱國苗紳妻故新野縣君庾氏夫人墓誌銘咸通
甲申六月癸酉……三八七二
咸通〇三五　唐故潁川郡陳（直）府君墓誌銘咸通五年八月十八日……三八七三
咸通〇三六　唐壽州□□□嚴（密）公墓誌咸通五年八月中旬……三八七四
咸通〇三七　唐故天雄軍節度九軍都知兵馬使銀青光禄大夫檢校國子祭酒兼殿中侍御史

清河張(諒)府君墓誌銘咸通五年十一月十九日……三八七五
咸通〇三八 前長安縣尉楊籌女母王氏墓誌咸通甲申……三八七七
咸通〇三九 唐高陽許公夫人譙郡戴氏墓誌銘咸通六年四月廿日……三八七八
咸通〇四〇 「唐咸通六年五月十六日鄉貢進士孫備銘其妻」咸通六年五月十六日……三八七九
咸通〇四一 故楚國夫人贈貴妃楊氏墓誌銘咸通六年七月廿三日……三八八〇
咸通〇四二 唐故鄧(瑫)府君墓誌銘咸通六年七月廿七日……三八八二
咸通〇四三 唐故郝府君墓誌銘咸通六年九月六日……三八八二
咸通〇四四 唐守河南府陽翟縣尉崔(行規)君故夫人滎陽鄭氏墓誌銘咸通六年十月甲寅……三八八四
咸通〇四五 唐故處士王(誕)君墓誌銘咸通六年十月十三日……三八八五
咸通〇四六 唐故前東都北衙右羽林軍副使魏(儔)府君墓誌銘咸通六年十月廿二日……三八八六
咸通〇四七 唐故太原郡王(仲建)處士墓誌銘乙酉十月廿二日……三八八七
咸通〇四八 唐故汝南應(宗本)府君墓誌咸通六年十月廿四日……三八八九
咸通〇四九 大唐前慈州太守謝觀故夫人隴西縣君墓誌銘咸通六年十一月八日……三八九〇
咸通〇五〇 大唐故過(訥)少府墓誌銘咸通六年十一月八日……三八九一
咸通〇五一 唐故譙郡姜夫人墓誌銘咸通七年二月廿日……三八九二
咸通〇五二 唐故湯府君墓誌銘咸通七年三月八日……三八九四
咸通〇五三 (上缺十一字)州崑山縣令樂安孫(嗣初)公府君墓誌銘咸通七年七月卅日……三八九四

咸通〇五四　唐臨江郡故何(僙)長史府君墓誌咸通七年十一月十九日……二八九六
咸通〇五五　唐故朝議郎守徐州功曹參軍上柱國劉(仕倩)公墓誌銘咸通八年正月廿五日……二八九七
咸通〇五六　唐故滑州匡城縣令王(虔暢)公墓誌銘咸通八年二月一日……二八九八
咸通〇五七　唐故太子司議郎分司東都范陽盧(約)府公夫人清河崔氏祔葬墓誌銘咸通丁亥二月二日……二九〇〇
咸通〇五八　唐故范陽盧(公弼)府君墓誌銘咸通丁亥二月十四日……二九〇二
咸通〇五九　唐故通直郎行河中府猗氏縣尉苗(素)府君墓誌銘咸通八年二月廿日……二九〇四
咸通〇六〇　唐監察御史裏行孫(虬)君側室杜氏墓誌銘咸通八年四月十日……二九〇五
咸通〇六一　唐祕書省祕書郎李(郴)君夫人宇文氏墓誌銘咸通丁亥八月壬申……二九〇六
咸通〇六二　唐故朝散大夫檢校尚書比部郎中兼侍御史知度支陝州院事令狐(紞)府君墓誌銘咸通八年八月六日……二九〇七
咸通〇六三　唐故鄉貢進士達奚(革)公墓誌銘咸通丁亥八月十八日……二九〇九
咸通〇六四　唐故朝請大夫慈州刺史柱國賜緋魚袋謝觀墓誌銘咸通八年八月廿四日……二九一〇
咸通〇六五　唐秘書省歐陽(琳)正字故夫人陳郡謝氏墓誌銘咸通九年七月十二日……二九一一
咸通〇六六　唐故正義大夫檢校太子詹事上柱國魏府君中山張氏夫人墓誌銘咸通九年七月十八日……二九一三
咸通〇六七　唐故留守兵馬使魏(涿)公墓誌咸通九年七月十八日……二九一四

咸通〇六八　唐故承議郎使持節都督登州諸軍事守登州刺史孫(方紹)府君墓誌銘咸通九年八月十一日……三九一五
咸通〇六九　「唐知鹽鐵汴州院事監察御史裏行樂安孫虯第二女二十五娘」咸通九祀八月廿三日……三九一六
咸通〇七〇　唐故□州防禦使太中大夫檢校國子祭酒御史大夫上柱國李(守□)府君夫人太原王氏墓誌銘咸通九年十月六日……三九一七
咸通〇七一　唐故登仕郎前守河南府陽翟縣尉清河崔(行規)公夫人滎陽鄭氏合祔墓誌銘咸通戊子建亥月十三日……三九一九
咸通〇七二　唐故内莊宅使銀青光祿大夫行内侍省内侍員外置同正員上柱國彭城縣開國子食邑五百户賜紫金魚袋贈左監門衛大將軍劉(遵禮)公墓誌銘咸通九年十一月八日……三九二〇
咸通〇七三　唐故滎陽鄭(少雅)府君及夫人樂安孫氏墓誌銘咸通九年仲冬月八日……三九二三
咸通〇七四　唐故華州衙前兵馬使魏(虔威)公誌銘咸通九年十一月八日……三九二四
咸通〇七五　唐故天平軍仗義將判官承奉郎試光祿卿飛騎尉賞緋魚袋隴西郡辛(仲方)府君太原郡王氏夫人合祔墓誌銘咸通九年閏十二月一日……三九二六
咸通〇七六　唐前申州刺史崔(揆)君故側室上黨樊氏墓誌銘咸通己丑七月廿八日……三九二七
咸通〇七七　唐故淮南節度討擊使銀青光祿大夫檢校太子賓客上柱國南陽郡韓(倰)府君

墓誌銘咸通十年八月十一日 …… 三九二八
咸通〇七八 唐隴西李公夫人范陽張氏墓誌銘咸通十年十一月一日 …… 三九二九
咸通〇七九 唐故鹽鐵河陰院巡官試左武衛兵曹參軍彭城劉(思友)府君墓誌□咸通十一年二月十四日 …… 三九三〇
咸通〇八〇 「(上缺)德之後代有其人……曾祖諱豪」咸通十一年二月廿四日 …… 三九三一
咸通〇八一 唐故樂安戎(仁翊)處士故夫人墓誌銘咸通十一年三月廿一日 …… 三九三三
咸通〇八二 唐故東海徐氏墓誌銘咸通十一年五月廿七日 …… 三九三四
咸通〇八三 唐故幽州隨使節度押衙正議大夫檢校國子祭酒兼侍御史上柱國太原王(晟)府君夫人清河張氏合祔墓誌銘咸通十一年八月四日 …… 三九三五
咸通〇八四 唐故宣德郎前守孟州司馬樂安孫(景裕)府君墓誌銘咸通十一年八月廿二日 …… 三九三六
咸通〇八五 唐故鄉貢進士南陽郡張(曄)公墓誌銘咸通十一年十一月十二日 …… 三九三八
咸通〇八六 唐故留守右廂都押衙都虞候黄州長史兼監察御史銀青光禄大夫檢校太子賓客上柱國魏府君誌銘咸通十一年十一月廿二日 …… 三九三九
咸通〇八七 唐故光州刺史李璠府君博陵崔夫人玄堂誌銘咸通十一年十二月五日 …… 三九四一
咸通〇八八 唐故丹州刺史兼防禦使楊府君張掖郡烏氏夫人封張掖縣君墓誌咸通十二年正月十四日 …… 三九四二
咸通〇八九 唐故蔡(儒)府君墓誌銘咸通十二年三月卅日 …… 三九四三

咸通〇九〇 唐唐州楊使君第四女墓誌銘咸通十二年五月廿七日……………………三九四四
咸通〇九一 唐韋氏小女子墓誌銘咸通十二年六月六日……………………三九四五
咸通〇九二 唐故□州押衙靖邊將中大夫檢校太子詹事□□郡曹(弘立)公武威石氏夫人合祔墓咸通十二年七月十一日……………………三九四六
咸通〇九三 唐故太子司議郎李(璩)府君墓誌銘咸通十二年八月十一日……………………三九四七
咸通〇九四 唐故甘泉院禪大師靈塔記咸通十二年閏八月十三日……………………三九四九
咸通〇九五 天水趙(士真)府君墓誌銘咸通十二年十月十三日……………………三九五〇
咸通〇九六 唐故李(克諧)氏夫人河南紇干氏墓誌咸通十二年十月十八日……………………三九五一
咸通〇九七 唐故南陽樊(騆)府君墓誌咸通辛卯十一月十二日……………………三九五二
咸通〇九八 唐故趙郡李氏女墓誌銘咸通十二年十一月廿四日……………………三九五三
咸通〇九九 唐故御史中丞樂安孫府君長女墓誌銘咸通十二年十二月五日……………………三九五五
咸通一〇〇 唐故上黨苗(景符)君墓中哀詞咸通辛卯十二月十三日……………………三九五六
咸通一〇一 唐故趙郡李氏女墓誌銘咸通十二年十二月十九日……………………三九五七
咸通一〇二 唐河南府河南縣尉李(琯)公別室張氏墓誌銘咸通十三年正月十四日……………………三九五八
咸通一〇三 唐故弘農楊(璩)氏殤女墓銘咸通十三年二月廿日……………………三九五九
咸通一〇四 唐故承奉郎汝州臨汝縣令博陵崔(紓)府君墓誌銘咸通癸巳二月十九日……………………三九六〇
咸通一〇五 唐故朝議郎河南府户曹參軍柱國長樂賈(洮)府君墓誌銘咸通十四年八月廿

八日……三九六一
咸通一〇六　（上缺）前守宿州司馬嬀瀛莫三州刺史銀青光禄大夫檢校太子賓客御史中丞河南閻（好問）府君墓誌銘咸通十四年仲秋月廿八日……三九六二
咸通一〇七　唐故清河張氏墓誌銘咸通十四年十月廿四日……三九六四
咸通一〇八　唐故魏王府參軍李纓亡妻弘農楊氏夫人墓誌銘咸通癸巳十一月廿三日……三九六五
咸通一〇九　唐故朝散郎貝州宗城縣令顧（謙）府君墓誌銘咸通十四年十一月廿四日……三九六六
咸通一一〇　故來（佐本）府君及夫人常氏次夫人郭氏墓銘咸通十四年十二月廿九日……三九六七
咸通一一一　唐故隴西李氏墓誌文咸通甲午二月七日……三九六八
咸通一一二　左神策軍散兵馬使蘇諒妻馬氏墓誌咸通十五年二月廿八日……三九六九
咸通一一三　唐故河中少尹范陽盧（知宗）府君墓誌銘咸通十五年四月廿一日……三九七〇
咸通一一四　唐京兆府鄠縣丞安定張（藹仁）君亡妻中山劉氏夫人墓誌咸通十五年閏四月十四日……三九七二
咸通一一五　唐故左拾遺魯國孔（紓）府君墓誌銘咸通十五年……三九七三
咸通一一六　唐故楚州盱眙縣令滎陽鄭（濆）府君墓誌銘咸通甲午十月十五日……三九七六
咸通一一七　唐樂安孫氏女子墓銘咸通十五年十月十八日……三九七七
咸通一一八　唐故處州刺史趙府君妻上邽縣君蘇氏（嗣君）夫人墓誌銘咸通十五年十一月廿七日……三九七八

咸通一一九　唐處士吳文晃妻施夫人墓誌銘咸通十五年爲陽之月十八日……………三九七九

乾符

乾符〇〇一　唐故隴西李氏墓誌文乾符元年二月七日……………三九八一
乾符〇〇二　「彭城劉氏幼子年七歲……小號阿延」乾符二年四月廿四日……………三九八二
乾符〇〇三　「彭城劉氏室女享年二十」乾符二年八月廿八日……………三九八三
乾符〇〇四　唐故振武觀察支使將仕郎試大理評事兼監察御史裏行清河崔（茂藻）府君墓誌銘乾符二年十月廿四日……………三九八四
乾符〇〇五　唐故銀青光禄大夫檢校國子祭酒蔡州司馬柱國郭（宣）府君墓誌銘乾符二年十一月五日……………三九八五
乾符〇〇六　唐故通議大夫檢校國子祭酒行蔚州司馬兼侍御史上柱國博陵崔（璘）府君墓誌銘乾符丙申二月十八日……………三九八六
（附崔璘誌側：博陵崔氏改卜誌乾符四年四月二日）……………三九八八
乾符〇〇七　唐故瑯琊王氏夫人墓銘乾符三年二月廿四日……………三九八九
乾符〇〇八　唐故河中府左果毅都尉高（思温）府君墓誌銘乾符三年五月六日……………三九八九
乾符〇〇九　唐劍南東川節度副使朝議郎檢校尚書屯田員外郎兼侍御史柱國賜緋魚袋支訢妻榮陽鄭氏墓誌銘乾符三年五月十四日……………三九九〇

乾符〇一〇　唐故范陽盧氏夫人墓誌銘乾符三年八月十六日……三九九一
乾符〇一一　唐故朝議大夫前鳳翔節度副使檢校尚書兵部郎中兼御史中丞上柱國賜紫金魚袋弘農楊（思立）府君墓誌銘乾符三年九月十日……三九九三
乾符〇一二　唐故前河南府録事天水趙（虔章）公墓誌銘乾符三年九月廿日……三九九六
乾符〇一三　唐故朝散大夫漢州刺史賜紫金魚袋李（推賢）公墓誌銘乾符三年十一月十七日……三九九七
乾符〇一四　（釋敬章磚志）乾符四年二月十八日……三九九九
乾符〇一五　唐故隴西牛（延宗）府君墓誌銘乾符四年五月九日……三九九九
乾符〇一六　唐故鄉貢學究李（顓）公墓誌銘乾符四年七月十日……四〇〇〇
乾符〇一七　唐故趙郡李夫人墓誌銘乾符四年八月廿八日……四〇〇一
乾符〇一八　唐故苗府君夫人彭城劉氏墓誌銘乾符四年十月三日……四〇〇四
乾符〇一九　唐故温州刺史清河崔（紹）府君墓誌銘乾符丁酉十一月廿三日……四〇〇五
乾符〇二〇　（崔曄）亡室姑臧李氏墓誌銘乾符戊戌正月六日……四〇〇七
乾符〇二一　唐故壽州司馬清河崔（植）府君墓銘乾符五年四月廿六日……四〇〇八
乾符〇二二　「盧氏室女小字樂娘范陽人也」乾符五年五月十九日……四〇〇九
乾符〇二三　唐故濟陽蔡府君夫人清河張氏墓誌銘乾符五年十月八日……四〇一〇
乾符〇二四　唐故慶州軍事衙推儒林郎試右武衛兵曹參軍傅府君董夫人合祔墓銘乾符五年十月廿三日……四〇一一

乾符〇二五　唐故昌黎韓(綬)府君墓誌乾符五年十月廿三日……四〇一一
乾符〇二六　唐故嶺南節度使右常侍楊(發)公女子書墓誌乾符五年十一月廿八日……四〇一三
乾符〇二七　唐故上谷成(君信)公墓誌銘乾符五年十一月廿九日……四〇一四
乾符〇二八　唐故吴興錢(璪)氏女墓誌乾符五年十二月十一日……四〇一五
乾符〇二九　唐故平盧軍兵□□□鹽務使高陽郡耿(庸)府君故夫人太原王氏合祔墓誌銘乾符六年二月廿四日……四〇一五
乾符〇三〇　唐故文林郎試左武衛兵曹參軍彭城劉(思友)府君夫人太原王氏墓誌銘乾符六年二月廿四日……四〇一七
乾符〇三一　唐故宣義郎侍御史内供奉知鹽鐵嘉興監事張(中立)府君墓誌銘乾符六年四月十二日……四〇一八
乾符〇三二　「彰長女適」殘誌乾符六年四月……四〇二〇
乾符〇三三　唐故西川少尹支(訥)公墓誌銘乾符六年五月廿五日……四〇二一
乾符〇三四　唐故處士江夏黄(公俊)府君墓誌乾符己亥十月□日……四〇二三
乾符〇三五　唐故郭(全豐)府君及宋氏夫人墓誌銘乾符六年閏十月十一日……四〇二四
乾符〇三六　唐故金城郡申屠府君夫人賀氏墓誌銘乾符六年十一月五日……四〇二五

廣明

廣明〇〇一　唐故銀青光禄大夫使持節資州諸軍事守資州刺史兼安夷軍使殿中侍御史柱國平原師（弘禮）府君墓誌銘廣明元年四月廿五日……四〇二七
廣明〇〇二　唐故信州懷玉山應天禪院尼禪大德塔銘廣明元年七月九日……四〇二九
廣明〇〇三　唐故昭義軍節度右衛馬軍使靈威行營都虞候銀青光禄大夫檢校太子賓客兼監察御史上柱國南陽張（周抗）府君廬江郡何氏夫人祔葬墓誌銘廣明庚子十月五日……四〇三〇
廣明〇〇四　唐宣武軍節度押衙兼侍御史河東柳（延宗）府公墓誌廣明元年十月四日……四〇三一
廣明〇〇五　唐故朝議郎前行宣州南陵縣尉柱國張（師儒）府君墓誌銘廣明元年十月五日……四〇三三
廣明〇〇六　唐故河南府長水縣丞樂安孫（幼實）府君墓誌銘廣明元年十月廿日……四〇三五
廣明〇〇七　唐故將仕郎試太常寺協律郎隴西郡□（項）府君墓誌銘廣明辛酉九月廿八日……四〇三六

中和

中和〇〇一　大唐故幽州節度要籍祖君夫人弘農楊氏墓誌銘中和元年十一月八日……四〇三八
中和〇〇二　唐故王府君墓誌銘中和二年二月廿四日……四〇三九
中和〇〇三　唐故宣節校尉前行揚州海安鎮副順陽范（寓）府君墓誌銘中和二年十一月廿

八日……四〇四〇
中和〇〇四　唐故浙江道五部兵馬大元帥平南節度使銀青光祿大夫檢校尚書令戴(昭)公墓誌銘中和二年十二月十六日……四〇四一
中和〇〇五　唐故幽州隨使節度押衙遥攝鎮安軍使充綾錦坊使銀青光祿大夫檢校國子祭酒兼御史中丞上柱國平陽郡敬(延祚)府君墓誌銘中和三年二月十一日……四〇四三
中和〇〇六　有唐故河間邢(通)府君譙國龐氏夫人合祔墓誌銘中和三年九月廿二日……四〇四四
中和〇〇七　唐幽州盧龍節度押奚契丹兩蕃副使攝薊州刺史正議大夫檢校太子左庶子兼御史大夫上柱國賜紫金魚袋安定張(建章)公墓誌銘中和三年十月十六日……四〇四六
中和〇〇八　唐故北海戚(高)處士墓誌中和三年十月廿七日……四〇四八
中和〇〇九　戴(芳)府君墓誌中和三年十一月初五日……四〇四九
中和〇一〇　唐前虢州盧氏縣令盧彰太夫人廣陵戴氏墓誌銘中和四年十月廿二日……四〇五〇
中和〇一一　唐貞士韋(士逸)君墓誌中和四年十月……四〇五〇
中和〇一二　唐故張(武)府君夫人韓氏墓誌銘中和四年十一月十五日……四〇五一
中和〇一三　唐故淮南進奉使檢校尚書工部郎中兼御史中丞賜緋魚袋會稽駱(潛)公墓誌銘中和五年八月八日……四〇五二

光啓

光啓〇〇一　唐渤海吴(綬)公故夫人衛氏墓誌銘光啓二年六月廿五日……四〇五五
光啓〇〇二　大唐隴西李公夫人墓誌銘光啓敦牂歲長則月五日……四〇五六
光啓〇〇三　唐故王(文進)府君墓誌銘光啓二年十一月廿七日……四〇五七
光啓〇〇四　「張氏第五房」光啓四年三月十二日……四〇五八

文德

文德〇〇一　大唐范陽盧公故夫人天水郡趙氏墓誌銘文德元年十一月九日……四〇六〇
文德〇〇二　唐故隴西郡要氏夫人墓誌銘文德元年十二月九日……四〇六一

大順

大順〇〇一　□□□□軍節度使檢校司徒南陽張(維深)府君墓誌銘大順元年二月廿二日……四〇六三
大順〇〇二　唐故會稽郡孔氏府君之墓誌大順元年八月七日……四〇六四
大順〇〇三　大唐奉聖保忠功臣左神策軍散兵馬使押衙充昭弋都都知兵馬使金紫光禄大夫檢校刑部尚書兼御史大夫上柱國弘農楊公夫人隴西縣君李氏墓誌銘大順二年二月……四〇六五

大順〇〇四　唐故任(茂弘)府君墓誌銘大順二年十一月廿四日……四〇六六

景福

景福〇〇一　唐故清河郡張氏夫人墓誌景福元年十二月二十日……四〇六九
景福〇〇二　唐魏國太夫人劉氏墓誌銘景福二年八月七日……四〇七〇
景福〇〇三　唐故福建觀察使檢校司徒兼御史大夫潁川郡陳(巖)府君墓誌銘景福二年八月十四日……四〇七二

乾寧

乾寧〇〇一　「唐故尚書外膳部郎范陽盧君諱峻」乾寧甲寅六月壬寅……四〇七五
乾寧〇〇二　唐故樂陰郡先妣夫人董氏墓誌銘乾寧元年十一月十二日……四〇七六
乾寧〇〇三　唐故清河郡張(辛)府君合祔墓誌銘乾寧二年七月廿九日……四〇七七
乾寧〇〇四　「唐故先師和尚……法號慧峰」乾寧丁卯十月……四〇七八
乾寧〇〇五　大唐故内樞密使特進左領軍衛上將軍知内侍省事上柱國濮陽郡開國侯食邑一千户食實封一百户吴(承泌)公墓誌乾寧二年十一月廿日……四〇七八
乾寧〇〇六　□□□□□刺史檢校司空□□□(杜雄)公墓誌銘乾寧四年十一月廿五日……四〇八一
乾寧〇〇七　故右拾遺清河崔(巇)府君與滎陽鄭氏夫人合祔墓銘乾寧五年八月六日……四〇八二

光化

光化〇〇一　唐故南内留後使承奉郎行内侍省内僕局令上柱國賜緋魚袋隴西李府君墓誌銘光化二年正月二十日……四〇八五

光化〇〇二　唐故瑯琊郡符氏誌銘光化三年十一月十八日……四〇八八

殘誌

殘誌〇〇一　大唐故監察侍御史河南元（衮）府君夫人南陽張氏墓誌銘十一月四日……四〇九〇

殘誌〇〇二　大唐故人元智惠銘記……四〇九一

*殘誌〇〇三　□澧州□陽縣令王（德□）墓誌□年十月廿六日……四〇九一

殘誌〇〇四　有唐太子文學王（太貞）公墓誌銘……四〇九二

●殘誌〇〇五　故左武衛中郎將石（暎）府君墓誌銘甲子四月庚午……四〇九三

殘誌〇〇六　唐東川節度押衙充綿州都押衙州郭鎮遏鼓角隨身等將銀青光禄大夫檢校太子賓客兼御史中丞上柱國樂安任（鉉）公墓誌銘……四〇九四

殘誌〇〇七　唐平盧節度□□徵□□試右武衛兵曹參軍何叔平故夫人彭城劉氏墓誌銘……四〇九六

殘誌〇〇八　巨唐故太子校書前進士李（觀）君墓銘……四〇九六

殘誌〇〇九　唐皇五從高叔祖易定等州（中缺）上柱國李公故夫人遼東榮（下缺）……四〇九七

＊殘誌〇一〇 唐贈涇州司馬李(庭玉)府君改葬墓銘孟秋上旬之三日……四〇九九
殘誌〇一一 前鄜坊節度使押衙銀青光禄大夫檢校太子賓客上柱國李(進扶)府君之墓誌八月十七日……四一〇〇
殘誌〇一二 唐故上騎都尉通直郎行永康令杜府君夫人朱氏墓誌銘十一月廿五日……四一〇一
殘誌〇一三 「長沙高士□□□通□□□」□□元年正月廿九日……四一〇二
殘誌〇一四 唐故相王府隊正段公墓誌銘十一月十九日……四一〇三
殘誌〇一五 唐故朝議郎前守蓬州刺史樂安孫(讜)府君墓誌銘十月卅日……四一〇四
＊殘誌〇一六 有唐故下邳郡林氏夫人墓誌……四一〇六
＊殘誌〇一七 唐前試大理評事兼監察御史孫公亡妻隴西李氏墓誌銘大唐乙亥歲七月廿五日……四一〇七
殘誌〇一八 故人居士唐羅什塔……四一〇八
殘誌〇一九 唐扶風馬氏故夫人清河張氏墓誌銘……四一〇九
＊殘誌〇二〇 □澧□澧陽令上柱□□……四一一〇
殘誌〇二一 張氏亡女墓誌銘……四一一一
殘誌〇二二 故優婆塞張客子灰身塔……四一一二
殘誌〇二三 朝散大夫使持節韶州諸軍事守韶州刺史上柱國陳(讜)府君墓誌銘……四一一三
殘誌〇二四 「十六宅故榮行富郎君」十二月十五日……四一一四
殘誌〇二五 唐故潤州句容縣尉褚(峰)君墓記……四一一四

殘誌〇二六　（上缺）大理司直兼殿中侍御史賜緋魚袋弘農楊公（中缺）誌銘……四一五
*殘誌〇二七　唐故汝州司法參軍裴（涓）府君墓誌銘乙卯歲八月十一日……四一七
殘誌〇二八　唐故居士天水趙（琮）府君墓誌銘丙申七月三日……四一八
殘誌〇二九　劉府君故夫人上谷侯氏墓誌銘壬申歲辛亥月……四一九
殘誌〇三〇　大唐故處士劉（益錢）君墓誌銘五年二月二日……四二〇
殘誌〇三一　唐故右金吾衛倉曹參軍鄭（魯）府君墓誌銘……四二〇
殘誌〇三二　唐范陽盧君妻京兆澹氏墓誌銘……四二二
殘誌〇三三　「祖衍皇朝右衛大將軍陳國公」……四二三
*殘誌〇三四　唐故秦州上邽縣令豆盧府君夫□（魏氏）墓誌……四二三
殘誌〇三五　唐故銀青光禄大夫檢校太子賓客兼監察御史柱國河南爾朱（逵）府君墓碣……四二四
殘誌〇三六　（上缺）尉歐陽（瑛）府君夫人河東裴氏墓誌十月十有□……四二五
殘誌〇三七　唐故定州義武軍節度隨使步軍都教練使左横衝軍使西（下泐）使銀青光禄大夫檢校户部尚書右監門衛大將軍守祁州刺史兼御史大夫上柱（下泐）……四二六
殘誌〇三八　「亡宮者不直何許人也」九月六日……四二七
殘誌〇三九　亡宮一人八品誌文……四二八
殘誌〇四〇　（上缺）覺禪師塔銘……四二八
*殘誌〇四一　（上缺）銘并序……四二九

*殘誌〇四二　大唐相州安陽縣大雲寺□大德□□法師影塔之銘……四一三〇
殘誌〇四三　「師諱通明字霞光」……四一三一
殘誌〇四四　慈潤寺故大慧休法師灰身塔……四一三一
殘誌〇四五　慈潤寺故大明歆律師支提塔記……四一三二
殘誌〇四六　靈泉寺故大修行禪師灰身塔記……四一三二
殘誌〇四七　靈裕法師灰身塔……四一三三
殘誌〇四八　相法師灰身塔……四一三三
殘誌〇四九　道政法師支提塔……四一三三
殘誌〇五〇　初公之塔……四一三四
殘誌〇五一　沙彌尼清真塔銘……四一三四
殘誌〇五二　唐崇業寺故大德禪師尼真空塔銘……四一三五
殘誌〇五三　聖道寺故大比丘尼靜感……四一三五
殘誌〇五四　光天寺故大比丘尼普……四一三五
殘誌〇五五　(上缺)未□文伯之遽□恭姜(下缺)……四一三六
*殘誌〇五六　(上缺)「□貞□翼爾」……四一三七
殘誌〇五七　唐故横海軍節□□……四一三七
*殘誌〇五八　有唐著作佐郎崔公墓……四一三八

殘誌〇五九　鎮西府内主簿劉□□墓誌……四一三八
殘誌〇六〇　上柱國史建洛妻馬氏墓磚……四一三九
殘誌〇六一　河西王通事舍人燉煌張季宗之墓表……四一三九
殘誌〇六二　唐故滑州韋城縣尉孫(令名)府君墓誌銘……四一四〇
殘誌〇六三　「故河南府法曹參軍上黨郡開國男諱含液苗氏之冢胤」……四一四一
殘誌〇六四　唐故隨州司法參軍陸(廣成)府君墓誌銘……四一四一
殘誌〇六五　沙州報恩寺故大德禪和尚□□□遷神誌銘辛巳歲五月一日……四一四二

索引

人名索引……三

附録

重出表……三四五
落葬日期更正表……三四六

唐代墓誌彙編

武德

武德〇〇一

【誌文】僞。

女子蘇玉華墓誌銘」　弘文館學士歐陽詢撰并書」

女字玉華，蓋洗馬蘇君之季女也。夫其」瑶姿外照，蕙性内芳，體備幽閒，動合禮」則。既嫻習於圖史，且留連於音律。以故」名靄蘭閨，聲綿梓里。夫何美質，降年不」永，竟致夭殁，春秋十有五焉。以大唐武」德二年五月九日終於居德里之第，即」以其月之廿有五日葬之於京兆之神」和原。悲歟！天乎不臧，曾靡降福，□道何」昧，竟貽斯殃。諒豈有違，芳齡永逝，悼以」長往，終天無期。嗚呼哀哉！乃爲銘其墓。」銘曰：

玉碎兮珠焚，風悲兮日曛，問天」兮無言，永絶兮音塵。善可紀兮慧絶倫，」嚴霜降兮值芳春，丹旐飛兮淚霑巾，千」秋萬世兮哀無垠！

萬鈞刻字。」

（周紹良藏拓本）

武德〇〇二

【誌文】僞。

唐故卧龍寺黄葉和尚墓誌銘」守黄門侍郎許敬宗製 弘文館學士歐陽詢書」

和尚自説姓張名真誌。其生緣桑梓，莫能知之。隋故」特進蜀人段經、興善寺僧釋永倩並見和尚於太清」初出入中條，往來都邑。年可五六十歲，未知其異也。」隋氏末年，稍顯靈跡，被髮徒跣，負杖挾鏡，或徵索酒」肴，或十餘日不食，預言未兆，題識他心，一時之中，分」形數處。屬我皇應運，率土崩裂，和尚竟著先知，住」錫黄龍寺。迨於定鼎，果蘙奇驗矣。武德二年五月廿」有九日，即化於卧龍寺之禪堂。先是移寺之金剛像」出置户外，語僧衆曰：菩薩當去爾。越旬日，無疾而逝。」沉舟之痛，有切皇心，殯葬資須，事豐□厚。迺以武」德三年秋九月四日葬於萬年縣鳳□原。望方墳而」揜涕，瞻白幕而驚心，爰詔有司，式刊景行。其銘曰：」

□化毘城，金粟降靈，猗歟大士，權跡帝京。緒胄莫」明，邑居孰見？譬彼涌出，猶如空現。五塵夙離，三脩九」依，戒珠靡缺，忍鎧無違。智燈含焰，慧駕馳騑，哀兹景」像，悲斯風電。將導舟梁，貽我方便，形煩心寂，□□□」□。觀往測來，覩微知顯，石□亡儒，皇開降賢。反初息」假，薪絶火然，神明何計，暗石空傳。」

（周紹良藏拓本）

武德〇〇三

【蓋】 失。

【誌文】

大唐洛州別駕大將軍崔公妻厙狄夫人墓誌銘」

夫人諱真相，恒州代郡人也。祖干，齊太尉公太宰章武」王；考洛，驃騎將軍和州刺史；並俊才重世，舊業承家。自」北出於龍庭，圖南擬於鵬舉。一匡天下，驅馳締構之初；」六合樞揆，燮理財成之際，或太宰居上公之位，或驃騎」立冠軍之功，拜後拜前，著乎齊册。夫人出自公宮，長於」師氏，柔情玉潤，潔志冰清。踰閫待傅之行，非禮不動；內」則中饋之敬，造次無違。言歸崔室，得其匹也。採蘩之職」靡愆，幽蘭之操愈烈。弄璋介福，庭多比玉之兒；惟蛇在」夢，室滿乘龍之女。既而與善無譣，遘疾彌留，逝者如斯，」奄然從化。武德六年歲次癸未六月乙巳朔二日景午，」卒於洛州廨舍，時年五十有九。仍以其月五日己酉權」殯於邙山之南原，勒銘玄室，代諸彤管。其詞曰：」

燕山層構，瀚海洪源，降神間出，英靈寔繁。挺生章武，靈」流後昆，居宰作牧，服冕乘軒。載育邽媛，如玉之温，三從」不爽，四德斯敦。美昭希蔡，思賢慕樊，教子偕隱，匡夫直」言。浮光電滅，馳景風翻，東方辭騎，北郭歸魂。砌蕪華屋，」路斷泉門，于嗟彼美，零落平原。」

第二息行褒　第四息行感」　第四女適隴西李氏　第七女適范陽盧氏」

（周紹良藏拓本）

武德〇〇四

【蓋】失。

【誌文】

夫人諱月相，隴西狄道人也。真人應物，道盛隆周；丞相佐」時，聲馳炎漢。自玆厥後，奇才間出，昭彰史册，無俟詳焉。曾」祖韶，魏侍中吏部尚書贈司空文宗公。密勿禁中，銓衡禮」閣，清暉素履，領袖人倫。祖瑾，魏通直散騎侍郎齊州刺史。」任重六條，威恩被乎庶物；望隆四嶽，榮寵冠於諸侯。父産」之，齊散騎侍郎。公子公孫，令問令望。曹爽以宗室之重，始」陟斯官；荀顗以卓犖不羈，方縻此職。儔今望古，彼寔多慚。」夫人降丹穴之靈，照荆山之彩，幼齡而有奇操，妙歲而異」常倫。纂組之工，禀之天挺；謙撝之德，彰乎自然。丁内憂，水」漿不入於口者經乎七日，毁瘠彌時，殆將滅性，親戚長幼，」咸感而歎之。以此高門，爰歸鼎族。處閨闈但聞邕睦之美，」御僕妾不見喜愠之容。諒足以婦德聿脩，母儀光備者矣。」春秋八十有四，以大業十四年十月遘疾，終於東都。粤」以大唐武德八年歲次乙酉十二月辛酉朔廿五日乙」酉，合葬於幽州范陽縣之永福鄉安陽府君之墓。子君胤，」陝東道大行臺尚書膳部郎中，孝感履霜，悲纏陟屺，思勒」銘於大夜，庶流芳於千祀。銘曰：

隴山造天，秦川括」地，清流峭崿，韞靈包異。侍中命世，含章秀出，齊州高聳，」飛聲騰實。猗歟侍郎，公侯胤緒，高風逸調，電飛霞舉，眇」眇陵雲，軒軒絶侶。載誕才淑，漸潤球琳，作配君子，和如瑟」琴，幽閑其德，婉順其心。如何彼美，弗享期頤，溘焉長逝，」寂矣何之？泉門霧起，松路風悲，陵谷如變，徽猷在茲。」

（周紹良藏拓本）

武德〇〇五

【蓋】失。

【誌文】

□諱長先，字後已，博陵安平人也。自六韜陳策，四履專征，固以騰茂管」□□功竹帛。漢長岑長駰即公之十六世祖也。曾祖軌，魏中散大夫；祖」威，齊荆州長史；父期，齊東郡太守；並政若神明，化稱清靜。公才實挺生，」器乃稀世。仁孝之性，本惟天植；温潤之質，非由外獎。翱翔書圃，遊息翰」林，聞一知十，得門覩奥。釋褐黄州黄陂縣尉，以治政有功，超遷監察御」史。權豪望風而自退，桀黠畏威而斂跡。出爲許州司兵參軍，轉襄城郡」主簿，遷河南郡新安縣長，損益蒲密之政，斟酌韋絃之術。雖翔鸞儛庭，」方茲未擬；災蝗避境，豈足多尚。俄而三精霧塞，五嶽塵飛，豺狼當於路」衢，氛祲昏於鞏洛。公妙達機兆，奮翼雲漢，詔拜大將軍尚書比部郎」中。于時東夏未賓，聖皇旰食，以公藝用優洽，謀略縱横，可綏靜方隅，」弼成嶽牧，以本官檢校陜州總管府長史。王世充竊名假號，旅拒三川，」秦王受賑出軍，方清四險。爰奉敕旨，總督軍糧。洛中底定，特蒙褒賞，」改授洛州總管府司馬。參籌蕃政，贊緝民和，問望逾休，風芳自遠。總管」府廢，仍授洛州别駕。王基之和協青土，陳蕃之辟召豫州，豈如導俗訓」民，令行禁止者也。宜窮千月之壽，極九命之尊，與善無徵，殲良奄及。以」武德八年歲次乙酉七月癸巳朔十四日景午，終於洛州公館，春秋六」十有二。粤以武德九年歲次景戌二月庚申朔廿三日壬午，葬於洛州」河南縣東都故城北十里千金鄉安善里。邙山之陽，瀍水之曲，荒郊寂」寞，春物依菲。輕煙結於遥素，空山上於翠微。落日沉而暮霞斂，高松寒」而晨霧霏。勒斯銘於隴墜，紀遺迩於泉扉。其銘曰：」

派源姜水，分封齊國，命氏開基，承家載德。金聲玉振，貽慶流則，著美清」貞，有聞學植。其一。惟公傑起，命世挺生，忠乃資性，孝本天成。馳騁百氏，耕」耘六經，神襟夷曠，壯思縱横。其二。學優干禄，彈冠筮仕，初贊一同，終臨百」里。運鍾戰爭，世變朝市，騰躍雲霄，奮迅泥滓。其三。登壇受拜，含香禮闈，朱」輪既轄，翠纓亦飛。流斯美譽，播此清徽，頻贊方嶽，探幽照微。其四。昊天不」弔，忽此殲良，泉扃幽隱，玄夜綿長。宿楚將列，拱木成行，式銘墓道，用紀」風芳。其五。

長子前穀州司户參軍事行褒欲報劬勞，情兼疑慕，追惟愛敬，禮備充皇，事親之道既終，生民之本斯畢。」

（周紹良藏拓本）

武德〇〇六

【蓋】失。

【誌文】

大唐左監門衛副率哥舒季通葬馬銘」　太子中允王知敬製并書」

爰有名驄，厥號雪花，聲高天廐，産重流砂。」蓋武德中，嘗以賜故越州刺史督都諸軍」事哥舒府君者也。府君既已就義戎行，維」是名驄，亦從殲焉。孤子左監門衛副率季」通，烏號血竭，雞聳骨立，永懷罔極之悲，思」廣推恩之義，迺圖厥形，葬之墳隅，肇錫嘉」銘，用誌雄特。其詞曰：」

粤維泰運，異質斯生，坤元繁德，天駟流精。」惟彼雪花，馳聲御櫪，龍文表瑞，鳳翥開」績。於赫府君，丕茂膚功，帝曰賚汝，駿尾」方瞳。越國過都，逐星激電，體健騰驤，姿」雄顧盼。紬力著德，合志同心，策勳奏凱，」照古淩今。夫何不永，陽九當戹，倏膏霜」鋒，早墜逸翮。瓦駕羞全，緱鶴並飛，存亡」既偕，神魄攸依。矯矯精忠，垂光丹□，翩」翩者騅，揚華驤尾。雲花顧影，楊葉嘶風，」戀彼故主，遺恨焉窮！」

（周紹良藏拓本）

唐代墓誌彙編

開明

開明〇〇一

【蓋】失。

【誌文】

大鄭上柱國鄧國公故太夫義安郡夫人元氏墓誌

夫人諱買得，字買得，河南河南人也。自大魏之膺期啓運，光宅中」夏，本枝承若木之景，餘潤接天河之源，鐘鼎盛於當年，椒蘭被於」後世，備諸史策，可略而言矣。祖匡，魏東陽王。茂實英聲，道高前代。」父乂，濟南王。分珪命爵，作範一時。夫人禀慶閨闈，資神象緯，聰敏」冥授，孝敬天啓，動必以禮，行不忤物。雖在沖幼，宗族莫不異焉。年」十有四，歸于那盧氏，言容有禮，肅雍成德，好合猶瑟，相敬若賓。尋」以夫爵封興世郡君。大夫之妻，能循法度；公宫之教，無違婦道。洎」乎忽喪所天，逾秉高節，而第二子和有名於世。和以大業之季，委」質聖主，猶蕭曹翊大漢之功，吴鄧輔中興之業。往者鴻溝未割，」函谷猶泥，龍戰虎爭，連營接壘。太夫人提挈二孫，淪没賊地，而賊」李密乃特加贍賜，欲令誘致其子。雖徐庶之心，於焉以亂；而王陵」之母，勗勵逾深。和竟聿遵嚴訓，乞羹自若。及李密之敗，得盡歡膝」下。母子忠孝，天下榮之。是用式加寵命，封義安郡太夫人。褒崇之」禮，羣公莫與爲比。豈期昊天不弔，降斯災禍，以大鄭開明元年五」月十日遘疾，薨於東都尚書省之第，春秋六十有六。詔贈賻物」一千五百段，禮也。仍令上柱國殿中少監太原郡開國公王暹、上」開府鴻臚少卿襄武縣開國伯趙方海等監護喪事，即以其月十」六日甲申，窆於城北千金鄉安川里。嗣子和，重茵列鼎，思事親之」無日；號天叩地，痛合葬之何期。勒此嘉聲，寄之玄壤。迺爲銘曰：」

山川磊砢，世代豪雄，將門有將，公子爲公。珪衮如積，蘭桂成叢，羽」儀當世，清明在躬。其一。公侯之孫，天王之胤，義則魴鯉，匹猶秦晉。忽」焉如客，凋零何迅？泉門獨揜，銘旌孤引。其二。寂寞舊隴，蕭條郭門，參」差異縣，悽愴幽魂。山連古墓，地接荒村，夜臺無曉，遺挂空存。其三。哀」哀嗣子，煢煢苦辛，母氏聖善，我無令人。風煙共慘，容衛空陳，撫膺」以上刻在石面。長慟，歸復吾親。六字刻在石側。」

（周紹良藏拓本）

開明〇〇二

【蓋】鄭故大將軍郢公墓銘

【誌文】

鄭故上柱國遊擊大將軍洺貝等十州刺史郢公麴君銘」

公諱舉，字峻之，洺州邯鄲人也。自開國承家，分峯命族，炳」諸前代，轡乎前史。小則匡贊秦朝，大乃扶危晉室。祖進，上」柱國，懿美於鄉家；父仁，上柱國，行成於垣宇；並是作世典」謨，爲民軌範。公以壯志飄飛，雄才峻舉，故得折衝漳滏，威」棱趙魏。大隋之末，王事多故，羽書滿路，戎馬生郊。值神鹿」有歸，天人□啓，時逢革命，載離雲雨。故得戮力河瀍，盡心」伊蔡，是爲良將，是曰哲臣。累加正議大夫，俄轉右光禄大」夫，加龍驤將軍，延安郡開國公。入典禁旅，廊廟展其英聲；」□從留犨，銘鼓疊其雄宗。豈直論功漢世，獨有大樹將軍；」掠績□時，非特長流壯士。又增封郢國公、遊擊大將軍。隴」坂未平，函關路絶，公每據韋虎，恒戢翼鷹飛，而梟鏡未除，」熊羆已逝。春秋卅有二，奄然麾下。嗚呼幕府，同爲鶴唳之」悲；痛矣軍門，共致猨吟之切。詔贈洺、貝、魏、相、冀、定、恒、邢、」廉、德十州刺史、十州總管，謚曰忠公，禮也。粤以開明二年」五月廿二日，窆於芒山之南，乃爲銘曰：」

山靈降象，斗氣承雲，載生智德，成此逸羣。聲高百戰，勇冠」三軍，方周譬吕，實茂元勳。出從轅門，入陪軒户，恒吹武律，」長操戰鼓。四維□終，三邑未告。勇者不懼，遊然行伍。偃月」纔張，魚□暫設，□笛猶吹，□笳未折。齊□燒牛，燕□亂轍，」忘死輕生，喪我良哲。曰車既遠，月駕方來，朱門已閉，泉户」載聞。松生爲□，土積成臺，千年萬古，空見塵埃。」

（録自《考古》一九七八年第三期曾憶丹《洛陽發現鄭開明二年墓》）

開明〇〇三

【蓋】 鄭故大將軍韋公之銘

【誌文】

鄭故大將軍舒懿公之墓誌銘」

君諱匡伯，京兆杜陵人，帝高陽之苗裔也。在殷作伯，開命」氏之源；居漢爲相，建光家之美。自茲綿歷，剋峻前基，並詳」諸篆素，無待稱矣。曾祖旭，司空文惠公；祖孝寬，太傅鄖襄」公；父總，柱國京兆尹河南貞公；並位尊望重，國貞朝幹。君」膺慶上靈，幼而岐嶷，因心孝友，稟性温恭，容衆愛仁，輕財」重義。年十二，封黄瓜縣開國公，襲祖封鄖國公，食邑萬户。」公之母弟尚豐寧公主，女弟爲元德太子妃，而公高門鼎」盛，台輔繼踵，有隋之貴，一宗而已。大業七年，陪麾遼左，授」朝散大夫，俄遷尚衣奉御，侍從乘輿，密勿帷扆。十二年，□」幸江都，十三年四月廿七日遘疾，薨于江都行在所，春秋」卌有四。自皇鄭膺録，歷選德門，作配儲后，娉公長女爲」皇太子妃，乃下」詔曰：公門著嘉庸，夙參榮列，不幸殂没，奄移歲序。言念□」賢，宜加寵飾，可贈大將軍，謚曰懿公。禮也。於時鞏洛□□，」崤函尚阻，鄉關逍遰，日月有期，以開明二年七月廿□□，」權殯于洛陽縣鳳臺鄉穀陽里。陵谷非固，盛德宜傳，因茲」鐫勒，以貽永久。其詞曰：」

台階麗象，山岳降靈，人膺天秩，世著英聲。家風不墜，令德」挺生，學該入室，禮備過庭。優遊戚里，出入承明，三江逍遰，」萬里徂征。素車俄反，丹旐空縈，崩松永歎，埋玉傷情。松風」暮起，薤露晨零，勒兹翠石，用紀鴻名。」

（周紹良藏拓本）

開明〇〇四

【蓋】失。

【誌文】塼。

鄭故處士王君墓誌」

君諱仲，字胡周，太原晉陽人也。昔之崔飛□立，得祚肇基，鴻舉緱」山，長源□派，翦三世名將，位重秦朝；朗一代偉人，望高魏室。至若」忠臣孝子，公輔王佐，備諸史策，烏可罄言。祖利，魏開府儀同三司」幽州馬邑鎮將；父□，齊□州饒安縣令；或懸旌萬里，或製錦專城，」有愧絃哥之聲，未假蕃籬之固。君天璞不雕，逸量孤遠，年方齠齓，」志逾强仕，先父即世，因乃家焉。于時齊曆告□，權寵擅命，忍彼素」□之□言，□晦迹倫。君乃却掃園林，敖然自若，一丘一壑，素琴濁」酒，莊惠之臨濠上，嵇阮之對山陽，今古相輝，彼有慚色。歷周隋而」不變，貫松竹而莫改，雍容然綽有餘裕。既而黄巾肇亂，赤眉騷起，」山東河北，千里無烟。天道輔仁，君焉先覺，棄彼滄瀛之域，卜居河」洛之里，避地於此，五六餘年。儉以田居於□□□。方冀喬松之壽，」□從秋葉之□，奥以大鄭開明二年歲在庚辰九月辛酉朔十四」日薨於館舍，春秋六十有六。即以其月十八日□殯於雒陽縣德」載門北一里芒山之南。夫人淳于氏，義重結褵，訓教斷織，□□自」□，仍先即世，永惟聞穴之感，□於陟岵之悲，嗣子德行、君立、日基，」□夙稟過庭之訓，永惟膝下之恩，將恐桑田屢移，□□將滿，徽音」莫紀，懿範無聞，爰命門人，書兹玄石，嗚呼哀哉！乃爲銘曰：

地□」□岐，業隆文武，赫赫盛烈，光於遂古。爰惟懿德，乃先乃父，襲映珪」璋，紛綸貂組。其一。慶延於世，君焉挺生，奇姿秀峙，逸量凝明。操稟」□拔，材苞夙成，去兹舍利，指夫後名。其二。乃就園林，晝遊丘壑，□」□無樂，蕭然自若。避地滄瀛，卜居河洛，美□芝蘭，芳逾杜若。其三。」□□□壽，當享遐年，如何不弔，奄在秋前。悵矣丘隴！悲哉□□，□」□□□，竟慘風煙。」

（北京圖書館藏拓本）

唐代墓誌彙編

貞觀

貞觀〇〇一

【蓋】失。

【誌文】

大唐故關君墓誌之銘并序」

君諱道愛，字僧護，河東安邑人也。其先禹王之苗裔，丞相龍」逢之後。位侔比干，甄忠列於夏后；志同正則，旌直道於武公。」派源浩汗，導江河而洸瀁；析基巉峭，峙山岳以巍峨。翰墨靡」殫，圖牒攸紀。祖胄，魏河東太守安邑男；祧襲土茅，閥傳組綬。」父海，齊尉氏縣令；清字百里，恩蒞千室，代有忠廉，徽猷克嗣。」君挺生世德，降誕弄璋，孝友天然，仁義庭獎。瀾橫萬頃，似黃」陂之叵澄；牆高數仞，類孔室之難覩。締交與仲叔連驪，晤語」將施周方駕。蹈禮履信，枕矩杖規，名淑閭閈，問重州邑，隋貢」十科，德行再舉，固辭不起，彌守其操。弓車莫往，丘園自逸，負」墎二頃，修家十金，聊以卒歲，餘資散撤。精心佛道，棲志人間，」瑩像千身，書經一切。覺會離之非久，察盛衰之不定，端想四」生，虔依三寶。波羅愿發，菩薩行修，先身後身，從施恒施。方當」果圓徵福，善構資軀；豈期溘謝百齡，靡終千月。」武德九年四」月十七日痼疾終于私第，春秋六十六。夫人管氏，夷吾之後，」沛縣令安之女也。淑媛笄歲，來宜室家，百兩既迎，四德閑備，」與子偕老，合巹初期，之死靡他，同穴終契。以唐貞觀元年丁」亥二月甲寅十九日壬申合葬千金里邙山。子君儀，恐田成」海，懼帶方河，瘞誌泉闥，封窆山阿。

銘曰：

龜呈子兆，蛇現氏」萌，四聖攸祚，三司代榮。緬古王霸，季世公卿，忠諫無弭，君承」有靈。其一。器度規矩，志氣岐嶷，交惇晏敬，言逾史直。八字諦該，」三乘洞識，期頤不逮，耳順遄極。其二。墳埏爽塏，窆骸湮邃，山悽」薤哥，人零珠淚。束蒭空設，挂劍虛遺，白日徒皎，玄扃永閟。其三。」

（周紹良藏拓本　河南千唐誌齋藏石）

貞觀〇〇二

【蓋】失。

【誌文】

息州長史崔君墓誌銘」

君諱志，字遠，清河武城人也。自司天命氏，表海」承家，崇基與岱岳並高，洪源共滄溟等濬。父會」仁，齊黃門郎、禮部尚書、使持節青州刺史。弱冠」釋褐奉請，稍遷息州長史。弘茲五美，匡彼六條。」豈期西光遽徙，東流不息，方騁高衢，奄從長夜。」春秋七十有四。隋開皇廿年十月十五日薨於」私第。夫人南陽趙氏，繼室渤海刀氏，言行兼備，」令叔有聞，爰從羔雁之禮，作嬪君子之室，偕老」同穴，生榮死哀。第二子義深，上大將軍潞州都」督府長史昌平縣開國男。痛結寒泉，哀纏風樹，」載安宅兆，用申罔極。粤以貞觀元年歲次丁亥」二月甲寅朔，廿九日壬午，合葬於洛陽北邙山」之陽清風里。白馬朱旐，還同武昌之引；背河面」洛，更等鎮南之墳。嗚呼哀哉！乃爲銘曰：」

二正分司，四履開國，金策播美，玉瓚表德。落落」詞峰，恢恢風力，冠軍孤秀，徽猷允塞。篤生君子，」粲然岐嶷，洛城出祖，邙山啓域。朱旐輟引，白楸」掩飾，悲風切響，愁雲黯色。蘭菊徒芳，松檟空植。」

（周紹良藏拓本）

貞觀〇〇三

【蓋】失。

【誌文】

大唐吴國公府記室參軍故劉君墓之銘并序」

君諱粲，字子粲，中山中山人，其先漢靜王之苗胄，竟陵侯隆之」後也。平以扶母濟難，孝著前脩；愷以讓弟宥辜，友標來葉。鴻源」澎派，將巨瀚以横波；峭趾巍巖，與崇崑而聳刃。甄諸曩史，豈粗」殫焉。祖讓，魏渦州長史；父伽，齊蘄春縣主簿；並楷模當世，規矩」一時，貽慶後昆，流祉無墜。君挺生廉直，志性温恭，憑禮依仁，蹈」恩履信，隋任吴公府記室，翰墨閒作，文房專掌，摛游夏之藻，掞」宋屈之詞。然志不拘俗，心好逸遊，乍市乍朝，或出或處。慕王充」之學，時屆旗亭；重晏仲之居，暫鄰闤闠。好詩酒之友，似文舉之」晤李膺；愛琴書之交，如叔夜之儔向秀。嘗歎曰：梁竦欲厝食，顔」回重瓢飲，以今相古，余生得哉！頃以妖構姦紛，隋室淪謝；俄而」梟殲鏡斃，唐祚鬱興。屬君年邁從心，身憑杖力，遂致仕堯世，」味道莊篇。所謂積善延齡，夙淑資福。豈期隙光瞬轉，陽烏不搏；圭影倏移，陰兔遽騖。以貞觀元年六月十六日痼疾而終，窀于」私館，春秋七十有三。其年丁亥七月丁亥朔二十二日壬申合」葬於河南縣清風鄉。夫人淮陽何氏，州都環之第三女也。四德」云備，百兩寔迎，如瑟如琴，宜家宜室。終于武德三年，先瘞。經今七載，爰啓權殯，合窆邙山。子德操，恐海田貿黄壤，陵谷改玄扃」扃，篆徽猷於湮礎，誌清德於佳城。乃爲銘曰：」

碩基星爛，鴻源水湯，叔世侯牧，緬古公王。任重交阯，治善南陽，」慶隆後葉，君嗣前芳。其一。恭信志尚，庶幾心仰，榮利是捐，琴書特」賞。福不永齡，溘焉遄往，梁木既壞，人將安杖。其二。白馬徒降，青蒭」空奠，竹林絶遊，山陽罷燕。海水屢移，樹風長扇，人無城在，化羽」誰見。其三。」

（周紹良藏拓本）

貞觀〇〇四

【蓋】失。

【誌文】

隋故上儀同三司黎陽鎮將程府君墓誌銘并序」

君諱鍾，字子通，廣平人，周大夫伯休父之後也。甫」以鞠旅陳行，截兹淮浦；要以義烈忠勇，存彼趙宗。」祖靜，齊廣平太守，雍、冀二州刺史；班條作牧，愛結」氓謡。父鑒，譙令；學府詞林，清才穎拔。君珠圓玉潤，」筠勁蘭芳，孝乃天成，仁惟己任，志尚凝簡，器範宏」密。以軍功授上儀同、黎陽鎮將，稜威邦衛，任隆御」武，均服台鉉，禮副槐司。福善憑虚，終于相州里第，」春秋六十七，以大唐貞觀元年十月五日與夫人」弘農劉氏合葬洛州邙山，禮也。夫不朽令終，傳諸」遺老；騰英飛美，彰乎典故。式序嘉猷，迺爲銘曰：」

華宗藹藹，長瀾浩浩，良宰英牧，惟祖伊考。君嗣徽」風，邦家之寶，副彼登壇，介兹論道。玄穹不憖，丹桂」耀芬，陽春罷曲，薤露前聞。風悲霜卉，郊思寒雲，勒」銘沉石，旌此崇墳。」

（河南千唐誌齋藏石）

貞觀○○五

【蓋】大唐故楊府君墓誌銘

【誌文】

□□□國洛州長史金鄉縣開國公楊府君墓誌銘并序」

□諱敏，字屬師，弘農華陰人也。太尉以清秀夷雅，戒此四知；太常以仁恕謙沖，」□兹三惑。用能槐庭載穆，衮職增輝，慶祚所延，簪纓弈葉。祖騰，魏使持節開府」京畿大都督司空公；氣調凝遠，學尚精密，贊道台階，寔光朝望。父盛，周使持節」開府資隆鳳三州刺史襄城縣開國公；志懷虛簡，博綜典墳，宣政頒條，惠流氓」頌。君資神朗暢，情韻淹和，孝乃身基，信維□本，涉獵文義，優遊經史。清風朗月，」協賞怡襟；丹桂紅蘭，均芳齊操。解巾隋大都督晉王府司士參軍。郄景興之茂」德絶倫，首膺斯舉；袁彦道之才氣俶儻，僅恭茲命。仁壽中，檢校驃騎府。既而獄」訟去隋，謳歌屬聖，君深鑒先兆，奉謁轅門。義寧元年，授上開府，從征大和，陣」授大將軍金鄉縣開國公，又從破稠桑賊，轉柱國，并領驃騎將軍，仍遷西德州」刺史。卜洛干命，伊瀍作梗，皇上總統六師，申茲九伐，糧饋之重，誠難其選，乃」使君督運米事。我而三川告捷，四表來王，東夏形勝，舊維京宇，乃以君爲洛州」治中。君燮佐大邦，政刑式序，州改爲都督府，仍轉府長史。褚征北之任荀羡，亮」曰得才；王丞相之用謝鯤，寔云歸美。駿足纔騁，朝寄方隆，豈謂夢發兩楹，疾興」二豎，與善冥昧，啓足歸終，以大唐貞觀二年六月十九日卒于洛州第舍，春秋」六十有一。粤以其年十月十二日喪于洛州北芒山，禮也。維君履道依仁，居敬」行簡，澡身沐德，靜恭祇慎。忠以奉上，惠以接下，有始有卒，其維純懿之士歟？若」夫傳徽刊美，先賢成製，銘景行於泉門，庶垂芳於來裔。銘曰：」

削成千仞，崐墟萬里，藴異韜奇，含章挺美。鼎鉉代襲，簪紱聯趾，芬藹家圖，菁華」國史。維君之生，獨茂翹英，質標寒秀，文麗春榮。信讓性與，德義天成，荆玉比潤，」稽箭侔貞。弓旌爰集，曳裾梁邸，嚴馬齊鑣，鄒枚伉禮。小山叢蔚，雁池清泚，」飛蓋」陪軒，長筵置醴。伊尹歸湯，淮陰去籍，後勁肆勇，中權獻策。展效便煩，酬庸暉赫，」伐叛芒洛，糧漕攸司。千艫涌浪，萬庾盈坻，七旬苗格，六合邕熙。賞勤舉善，光此」贊治，政成朞月，來晚去思。倏衢始賀，鴻漸方騫，羲耀西掩，閲水東奔。玄穹不憖，」后土地璠，白楊晨落，青松晝昏，容光雖謝，令問長存。」

（北京圖書館藏拓本）

貞觀〇〇六

【蓋】張夫人誌

【誌文】

夫人諱女羕，南陽白水人也。其先少昊之苗裔，漢相留侯之後，齊□」州刺史賓之女也。夫人稟氣淳和，感靈載誕，幼閑内則，少習女師，著」範嬀姚，表儀江漢。欲歸工正，兆出鳳皇之辭；將逝魯侯，手見夫人之」字。況樛木下逮於葛藟，黄鳥上集於喬枝，百兩既迎，言歸段氏。至於」探賾機辯，鄧曼訝其聰明；文章卓犖，班女慚其詞賦。聽曉雞以誡君」子，執夜炬而就陽都。衷求令姿，祗奉靈廟，敬同梁室，賓若冀妻。衆女」仰蚣蝑之不忌，淑媛媿鳲鳩之均育。既屏環瑱，方績絺綎，靦貌雖温，」聽言必厲。問君之免，豈止司徒之妻；□夫直言，何獨州犁之母。□德」以被物，嚴約而塞違。堂上有琴瑟之聲，寢中無嗟歎之響。旻天□□，」偏喪喆人，既操缶哥，終休夜哭，煢鼇之地，獎教諸孤，並德表家邦，聲」傳閭閈，由兒斷織，爲子□魚。故曾參竭其色養，萊子盡其至孝。遂乃」精心六度，研志一乘，憘舍不越於身，香花莫離其□，恒謂逍遥法□，」遊豫道情。豈期福善無徵，奄從遷化，以大唐貞觀二年歲次戊子夏」四月景午朔一日景子遘疾，終於重光城私第，春秋七十有九。粤以」其年冬十一月癸卯朔七日己酉，合葬於雒陽縣清風鄉張方里芒」山之陽。子森仁、君操、師暐、玄義等，或三年泣血，或七日不飡，毁瘠之」形，殆將滅性。瞻蓼莪而感思，望岵嶺而增悲，山源爲其改容，風雲因」□變色。哀白日之長分，痛黄泉之永匿，敬□丹青，以申罔極。其詞曰：」

金天表族，炎漢稱勳，山岳靈異，方誕奇人。懿氏感繇，仲子呈文，共宜」家室，同處蘭芬。其一。既藏夜燭，迺伺晨雞，賓如缺婦，敬似鴻妻。在宗□」孝，在偶思齊，顯仁幽闥，挺質閑閨。其二。亦既孀居，嘉聲日布，中爲令德，」周爰諮度。教之清儉，誨以敦素，曾母年衰，萊親齒暮。其三。施金雕像，散」寶書經，捐斯火宅，厭此危城。未終千月，遽虧百齡，離烏西去，逝水東」□。其四。柴容既毁，參命亦傷，岵山徒陟，蓼草空望。玄英日短，黄扃夜長，」壟風蕭瑟，松櫝悽涼。其五。霜雲愁思，輅馬悲哀，銅棺瘞質，貝齒含瑰。闃」寂荒□，森踈野臺，何年何月，尸化歸來？其六。」

（周紹良藏拓本）

貞觀〇〇七

【蓋】失。

【誌文】

大唐故左光禄大夫蔣國公屈突府君墓誌銘」

公諱通，字坦豆拔，昌梨徒河人。高祖恒，中領軍，隨魏氏遷于洛也。永熙之季，公大父又徙關中，今」爲雍州長安人也。源流括地，埒江漢而引長瀾；崇基造天，方崧華而聳增構。文昭武穆，祖德所以」鬱興；繼世象賢，家聲所以靡墜。大父慶尚，魏黄門侍郎，周邑川公，德邁時宗，聲高禁省。父長卿，周」開府儀同三司、邛州刺史。褰帷千里，惠政著於民謡；比曜三台，榮名播於身後。公川嶽降靈，珪璋」毓德，驊騮取路，騁康衢而絶景；松竹淩寒，貫四時而孤秀。明符懸鏡，心靈爲之莫隱；鑒同止水，妍」嗤由其必照。若夫雄圖倜儻，雅量深沉，書劍之功，諒由天植；仁義之道，非因砥礪。州閭揖其景行，」遠邇慕其風流。弱冠登朝，芳徽攸屬，起家司衛都中士。既而周道云季，隋德勃興，除左衛府司馬，」襲爵邑川公，遷左勳衛車騎將軍。仁壽四年，高皇晏駕，儲君嗣業，授備身郎將，授正議大夫。七年，」東夷不賓，職貢時怠。天子把旄杖鉞，風馳電逝，乘六龍以大討，詔七萃以長驅。公董帥貔貅，爰陪」軍幕，摧鋒却敵，公有力焉。遷右光禄大夫，授左候衛將軍。十一年，煬帝省方江濱，詔公持節關右。」公此行也，用討不亭。既而振威玉門，揚旌紫塞，肅秋霜而伐叛，布春露而懷遠，攻城若摧朽，制敵」如燎原，斬獲居多，勳庸莫貳。授左光禄大夫，遷右驍、左候二衛大將軍。位冠中權，榮鈞上將，兵欄」禁衛，罇俎折衝，以公處之，允諧僉議。於是豺狼孔熾，江海横流，釁起宫闈，禍成弑逆。南征不反，怨」切於周王；東遊靡歸，酷深於秦帝。既而昏明遞襲，否泰相因，聖人潛躍之初，皇代經綸之始，」狡菟方殄，瞻烏有歸。公乃心本朝，竭忠舊主，遂東南慟哭，慷慨者久之。雖袁安流涕於遠年，徐廣」興悲於曩代，弗之尚也。曁乎引見，太上皇殊用加之，授上柱國、蔣國公，拜兵部尚書。太上皇」九五應期，聖明踐祚。薛舉□淩京甸，侵軼秦中，今上受脤專征，擁旄問罪，元寮之任，妙選國」華，以公隨室重臣，備盡丹款，授公長史，用弼戎機。公稟承謀猷，獻可替否。賊徒平殄，軍資充實，諸」將多以瑰寶留心，而公不以秋毫介意。王師獻凱，朝論多之。武德元年，今上爲陝東道大行臺，」以公判左僕射。王世充干紀亂常，放命均乎莽卓；滔天泯夏，逆節浮乎浞犞。今上出師弔伐，公」又扈從戎軒。世充克平，策勳居最，爰加胙土，用賞懋功，增邑五千户，加授陝東道大行臺右僕射。」九年，除刑部尚書，轉工部尚書，俄授陝東道大行臺尚書右僕射。行臺廢，授使持節十一州諸軍」事洛州刺史，加左光祿大夫。百揆之職，喉舌美於周詩；四嶽之官，疇咨盛於虞典。出内唯允，朝野」爲榮。方當奉云亭之儀，陪介丘之禮，而西光暮矣，東川逝焉，積善之慶無徵，過隙之悲奄及。粤以」大唐貞觀二年構疾，其年十月十九日薨于官舍，春秋七十有二。皇上罷朝不怡，具寮素服掩」泣，賻贈之禮，寔隆常數。謚曰忠公，禮也。惟公樹德立言，顯仁藏用，喜愠不形於色，得喪無累其懷。」室有芝蘭，門無造請，激清風以厲俗，韞奇才而佐時。東伐西征，效彰於頹運；立功立事，績著於興」王。加以信必由衷，貴而好禮，滿盈爲誡，謙撝自牧，藺將軍之屈節，高蹤可想；張文成之厭世，茂範」猶存。允所謂善始令終，宦成名立者矣。以其年十一月廿八日，葬於洛州河南縣千金鄉玄門里」之北邙山。世子壽，丱年而稟義方，齠年而有孝行，履霜增感，泣血無追，仰述遺芳，式傳終古。銘曰：」

若水導源，軒丘構趾，綿綿瓜瓞，悠悠世祀。自北摶飛，圖南鬱起，高門必復，朱輪繼軌。君侯挺秀，風」流卓絶，萬頃澄陂，千尋峻節。萬頃伊何？光含圓折；千尋伊何？氣凌霜雪。弱冠飛聲，筮賓從政，立朝」蹇愕，飭躬莊敬。六戎不庭，三韓放命，亟陪軍幕，頻□梟鏡。時因玉毁，世屬鼎遷，懷忠感激，垂翅聯」翩。朝嘉得俊，禮盛尊賢，謀猷心膂，匡弼戎旃。績著阽危，功成帷帳，寄深蕃服，方期翼亮。遽此梁摧，」俄然道喪，哀纏卜遠，榮加詔葬。飛旐委鬱，服馬悲鳴，塗遵武庫，路盡佳城。寒雲斂色，愛日無精，」式鐫翠琬，用樹風聲。」

（北京圖書館藏拓本　河南千唐誌齋藏石）

貞觀〇〇八

【蓋】胡君墓銘

【誌文】

安定胡府君墓誌」

君諱永，字敬延，安定臨涇人也。建侯祚土，位列於隆周；作牧宣風，聲馳」於炎漢。俊乂踵武，珪璧爛庭，故以冠冕三河，羽儀四海，焕乎載籍，可略」而言。祖亮，夏中書侍郎，魏鎮北司馬，賜爵臨涇子，徐州牧，才稱貞幹，見」重當時；父邕，魏開府、祭酒、通直常侍、驃騎將軍、南青州刺史，識度淹雅，」流芳後世。君稟氣中和，資靈上善，暨于弱冠，筮仕魏朝。武定中，除相國」府中兵，俄遷司徒府諮議，弼諧鼎實，贊理槐庭，允屬具瞻，領袖斯在。又」除南兗州司馬、齊州長史，拾遺千里，海岱所以載康；獻替百城，河濟於」焉是賴。歷東萊、東平、雁門三郡太守。君秀氣貞心，顧松筠而並操；宏圖」遠略，與川泉而共深。亦既登車，奸吏聞而解印；及兹按部，權豪懼而斂」迹。勝殘去煞，風行草偃，雖宋均之著績南土，廉範之流芳西蜀，比德疇」庸，曾何足尚。爰及老成，懸車致仕，發軔薊北，稅駕燕南。以爲河冀沃壤，」賢聖所宅，遂家于清河郡，因構第焉。養素丘園，從容自得。方期齊壽南」山，乞言東序，而逝川不息，驚電難留，遽捐華館，永歸蒿里。隋大業五年」三月七日終于私第，春秋八十有八。夫人清河張氏，東海太守勢之女」也。風儀特挺，體貌閑華，婦德內融，母儀外朗，偕老同穴，生榮死哀。越以」大唐貞觀二年歲在戊子十一月癸卯朔，卅日壬申，合葬洛陽千金里。」惟君風格峻峙，器識淹通，盡孝敬於闔門，推信義於朋友。芝焚起歎，有「功□間；木壞興歌，悽感行路。有子質，任澧州司法參軍事，克荷世業，不「墜家聲，天性仁孝，率由誠感。悲陟岵之無見，慨過庭而靡聞，式遵古典，「建茲兆域。將恐山崩川徙，餘美無傳，勒石鐫金，庶幾不朽。乃爲銘曰：」

華山鎮地，渭水貫天，蓄池雲雨，吐納風煙。物産瓌異，人富英賢，飛聲騰「實，耀後光前。將軍武功，中書文德，龍津驤首，鳳池矯翼。落落詞峰，恢恢「風力，既贊鼎實，復蒞專城。比玉之潔，如冰之清，義高百代，道冠千齡。天「與徒言，日華未久，忽如流電，奄同過牖。道著生前，名存身後，偕老同穴，「共歸丘阜。荒郊寂寞，寒谷蕭條，笳悽霧夕，挽咽霜朝。便房既掩，泉路方「遥，唯余松栢，歲暮空彫。

伯祖國珍，後魏司徒安定公。兄長粲，隴東王。」

（周紹良藏拓本）

貞觀〇〇九

【蓋】失。

【誌文】

君諱通，字監遠，太原介休人也。其先出自有周，周文王之子虢叔，「勳書王室，建國命氏，或謂之郭，而著姓焉。徽統芬藹，連華帝史，瓊「峰造日，長瀾際天。斯固簡不絶書，賢能踵世，遺芳餘烈，可略而言。「折中之風，綿代彌著；高車之美，曠世猶傳。大父逵，齊本州州都，操「行剋彰，超前絶後，循循雅量，鄉邑擅其清肅。父略，齊秀才，羽林監，「該博圖緯，探綜典墳，姿神朗鑒，幼挺絶羣之譽。君禀江漢之靈，含」珪璋之曜，清暉外暎，素範内澄，擢秀髫年，標芳弱歲。履仁蹈義，夙」穆於閨閶；玉響金聲，鏗鏘於遠邇。落落焉，汪汪焉，不可量也。開皇」八年，詔舉賢良，起家衛州汲縣尉。十八年，除慈州滏陽縣丞，匡贊」有方，惠政遐舉。仁壽三年，除沁州沁源縣令，乃心清勵，志懷恤隱，」雖叔子嚴明，曾何茲尚；子踰風軌，諒曰非儔。逸翮未翔，英聲已播。」豈謂上穹降戾，稟命不融，與福無徵，奄歸湊户。以仁壽三年十月」十日卒于第舍，春秋五十有八。夫人同郡王氏，夙彰嬪則，早茂端」莊，百兩有儀，四德無爽。既而迴雪難停，奄沈光於長夜；朝霞易歇，」遽銷彩於短晨。以大業十年十月四日卒於第，春秋六十。粤以大」唐貞觀二年十一月卅日合葬于北邙山河南縣千金里。惟君景」行沖虚，騫質弘暢，允文資武，絶類超羣。若其韻宇深沈，罕窺其際；」風儀蕭散，莫測其涯。加以春臺命賞，極烟霞之趣；秋壑攜友，窮巖」穴之情。斯乃金箱玉質，可得而言矣。第三息倫，孝敬天成，温恭性」與，悲風樹之難及，感霜露之不追，敬勒遺音，乃爲銘曰：」

猗歟帝緒，紛綸烈聖，高辛肇基，隆周祚慶。簪戴蟬聯，珪璋掩映，惟」賢惟哲，於焉乃盛。爰挺夫子，含暉吐曜，志協恬雅，心諧賞要，惠化」明約，清衿遠照。婉彼淑媛，言配君子，既有慎終，曾無愠喜，頡頏比」潤，遽齊生死。如何不吊，同歸隴趾，幽幽九泉，茫茫千祀。霧昏松翠，」冰含輴軌，式鐫陰石，傳徽不已。」

（周紹良藏拓本）

貞觀○一○

【誌文】據《八瓊室金石補正》云：右側題「故大靈琛禪師灰身塔」九字。疑是後人補刻。

慈潤寺故大靈琛禪師灰」身塔銘文」

禪師俗姓周，道諱靈琛。初」以弱冠出家，即味大品經」論，後遇禪師信行，更學當」機佛法。其性也慈而剛，其」行也和而潔。但世間福盡，」大闇時來，年七十有五，歲」在玄枵三月六日，於慈潤」寺所，結跏端儼，泯然遷化。」禪師亡日，自足泠先，頂嚅」後歇。經云：有此相者，剋□」生勝處。又康存遺囑，依經」葬林，血肉施生，求無上道。」□合城皂白，祇教弗違，含」悲傷失，送茲山所，肌膏纔」盡，闍維鏤塔，冀海竭山灰，」芳音永嗣。乃爲銘曰：」

逖聽玄風，高惟遠量，三學」莫捨，一乘獨暢。始震法雷，」終淪道藏，示諸滅體，效茲」奇相。器敗身中，臑餘頂上，」結跏不改，神域亡喪。慧日」既虧，羣迷失望，非生淨土，」彈指何向？

塔頌一首：

崖高帶淥水，鐫塔寫神儀，」形名留萬古，」劫盡乃應虧。」

大唐貞觀三年四月十五日造。」

（録自《非見齋碑録》）

貞觀〇一一

【蓋】譚氏之誌

【誌文】

君諱伍，字德深，恒山桑干人。自周錫土，列蕃」於譚，枝葉既繁，源流不竭。祖徹，魏丞相世子」府參軍;父亮,齊東平郡掾;世擅羽儀,風流繼」踵。君體冰桂之資,秉雲霞之操,棄尋常之污」瀆,屏世上之塵紛,演志箕山,大隱朝市。以大」業之歲,爰届洛陽,日往月來,因家於此。方期」申兹遠業,錫此永年。豈圖皇天無親,善人斯」逝。粤以貞觀三年歲次己丑六月庚午朔,十」六日乙酉卒於第,春秋六十八。即以其月廿」五日甲午,殯於邙山之陽千金里。恐深谷騰」沸,大海桑田,玉樹雖埋,芳猷不泯。迺爲銘曰:」

丹穴靈鳳,崑山文玉,不待剪拂,何繁彫琢。偉」哉夫子,寔紹鴻族,文義生知,睦親彌篤。殯帷」既啓,祖奠方收,奄虧朝露,忽移夜舟。素車停」駕,白馬鳴輈,九原留恨,千載沈憂。蹉蛇螻蟻,」零落山丘,式鐫貞石,以記芳猷。」

(周紹良藏拓本)

貞觀〇一二

【蓋】失。

【誌文】

維大唐貞觀三年歲」次己丑五月廿九日」蔣國夫人年六十六」薨於家第。其年七月」庚子朔,廿八日丁卯,」殯於洛州河南縣千」金鄉玄明里邙山之」陽。」

(北京圖書館藏拓本　河南千唐誌齋藏石)

貞觀〇一三

【蓋】 失。

【誌文】

安定胡公墓誌銘」

君諱質，字孝質，安定臨涇人也。家承茅土，位顯於周朝；世執」珪璋，名標於漢世。故以秦中著姓，河北高門，昭晰芬芳，光前」絶後。祖邕，東魏驃騎將軍、南青州刺史，允文允武，朝廷楷模。」父永，北齊兖州司馬、東萊太守，懷仁懷智，搢紳規矩。君禀氣」善室，資訓過庭，博見多聞，外朗内潤。隋仁壽二年，起家舉方」正，除燕州司户參軍。大業三年，遷巴郡司功書佐。俄屬隋氏」運終，大唐御曆，爰降明敕，賁于丘園。貞觀元年六月，除北」澧州司法參軍事，舉直錯枉，獄訟無冤，感德懷恩，吏民胥悦。」豈期昊天不弔，與善徒言，遽徙夜舟，掩先朝露。貞觀三年八」月十一日寢疾，卒於官，春秋六十有七。越以四年歲次庚寅」正月丁卯朔，十九日乙酉，葬於河南縣千金里芒山之塋。世」子蘇州崐山縣丞伯遠等，痛風樹之不靜，悲陟岵之無及，奉」揚休烈，刊石泉門。銘曰：」

華山饒寶，涇水豐珍，山多松柏，水盛瑶珣。土稱良士，民挺俊」民，高才燦爛，至德紛綸。刺史高察，太守通理，開閤待賢，遊園」接士。弘道徙義，先人後己，莫測波瀾，無窺愠喜。惟君鍾慶，心」馥蘭荃，有言有行，無黨無偏。浩浩如水，巍巍若山，雲間獨秀，」日下高儇。參贊民務，宣揚禮律，驅雞有方，烹魚有術。忠信是」薦，貪殘斯黜，翠似貞松，鬱如芳橘。温温遇物，謇謇當官，馳聲」五美，擅綵三端。渤澥方運，扶摇始摶，忽痛埋玉，飜悲刈蘭。北」眺河濆，南臨洛浦，白鶴占墓，素車出祖。一啓佳城，長扃泉户，」唯餘蘭菊，無絶終古。」

（周紹良藏拓本　河南千唐誌齋藏石）

貞觀〇一四

【蓋】大唐故李君墓誌之銘

【誌文】

君諱彦，字君才，隴西成紀人也。其先秦將信之後矣。」吴楚馭旃，驍騎縻未央之秩；右賢就戮，輕車錫樂安」之土。有將有相，允武允文，碩基崎嶬，鴻源漫汗，載詳」緗素，豈易殫焉。祖哲，魏山陽縣令。良宰千室，遠箎言」君；儉蒞一同，高蹤宓子。父鸞，齊安昌縣令，偉河陽之」猗狔，朝日媚其春花；倅彭澤之氤氳，夜月灼其秋菊。」并能官當世，領袖一時，貽芳後昆，徽猷不墜。君挺生」岐嶷，器宇瓌瑋，罔職州縣，肆志丘園。欽梁竦之高蹈，」長歎長吟；同馬相之下滌，或朝或市。慕充耽學，寓目」旗亭；如嬰締交，遊心闤闠。往縻隨勳九級，未曰彈冠；」頃賴唐統一氓，不圖强仕。遂擊壤堯日，股腹周辰，望」構善資軀，夙淑延福。豈期隟光瞬轉，陽烏不摶；圭景」倏移，陰菟遽鶩。貞觀四年正月三十日，黶疾終于家，」春秋五十一。以其年歲次庚寅二月丁酉，二十四日」庚申，遷窆北邙山之陽千金鄉。恐海田貿黄壤，陵谷」改玄扃，篆徽猷於湮礎，誌清德於佳城。銘曰：」

濞祧將相，閥閱衣冠，允文允武，如菊如蘭。盛衰是易，」離合非難，山頹梁壞，友怛朋酸。其一。墳塋爽塏，瘞櫝湮」邃，鐸慘薤哥，人潸珠淚。東蒭虛奠，挂劍空遺，白日常」暉，玄扃永閟。」

（周紹良藏拓本）

貞觀〇一五

【蓋】失。

【誌文】

大唐綿州萬安縣令故毛府君墓誌銘」

君諱祐，字千相，安定鶉觚人也。纂冑承基，則毛」公之玄裔。祖貴和，羔泉鎮主，人贊中台，授內直」進馬。父寶成，帥都督。周太祖盛開府望，廣召英」謀，憑軾勵機，樹爲方策。玉門鳴鏑，氛沴尚浮；朔」塞胡塵，犬羊猶暴。揮戈薄指，似傾之陣先披；戎」羽裁臨，如山之鉀可聚。詔加大都督，授撫軍」司馬。宣暢方部，事合神規，尋遷東涇郡太守。君」則府公之世子。幼承家重，早據英猷，少禀風威，」資容藉甚。武德四年，詔授萬安縣令。池臺之」際，與邦里而沉浮；風月之間，任天時以消息。豈」圖不述，仁之云亡，貞觀四年九月十四日終于」私第，春秋八十有二。夫人張氏，令淑矜莊，夙恭禮」典，靈草未加，先從物變。粤以其年十一月十二」日合葬於姑臧縣方亭里，勒石記功，迺爲銘曰：」君子挺生，懷仁秀出，託靈因道，禀氣由質。隴留」結霧，雲浮翳日，一別華堂，千秋永畢。」

（北京圖書館藏拓本）

貞觀〇一六

【蓋】大唐故李府君墓誌銘

【誌文】

故蒲州河東縣令李府君墓誌銘」

君諱徹，字永富，隴西成紀縣人也。漢將軍廣之後，金」枝玉葉，百代彌繁；茂實英聲，千古逾亮。祖泰，齊左領」軍府大都督、襄威將軍、司隸別駕，行實時宗，言爲士」望，雜剛柔以成器，兼文武而爲德。父和，齊德州平原」縣令，襟府閑暢，體韻淹華，口散琳瑯，筆飄煙霧。君竭」情庠序，厲志丘墳，既踐聖人之蹤，自登君子之路，蒙」授蒲州河東縣令。時談素論，坐見推高，志識英奇，迥」出人表。以大唐貞觀四年十月廿七日遇疾無痊，終」於私第。即以其年歲次庚寅十一月壬戌朔，廿一日」壬午，窆於北邙山千金里。孝子定明兄弟等，處喪逾」禮，毀過滅性。但居諸不駐，玉響易彫，露往霜來，金聲」難固，寄之玄石，永絶芳音。其銘曰：」

穆穆王父，光華奄暵，昂昂顯考，人倫水鏡。惟君天挺，」家風日盛，穎悟難儔，神機獨令。」高峰石墜，幽林鳥啼，悲禽夜叫，愁雲晝低。友朋哀感，」親眷酸迷，銜悲繐帳，落淚荒溪。」

（周紹良藏拓本　河南千唐誌齋藏石）

貞觀〇一七

【蓋】失。

【誌文】

大唐中散大夫行□」藥奉御永安男吳景」達夫人彭城劉氏之」靈，今以貞觀四年歲」次庚寅十一月壬申」朔，廿三日甲申，殯於」芒山舊陵，恐川谷□」移，故銘之玄石□□。」

（周紹良藏拓本）

貞觀〇一八

【蓋】大唐故宮人何氏墓誌

【誌文】

大唐故宮人司製何氏墓誌」

宮人何氏，太原文水人也。以甲族選入」中宮，奉職掖庭，位頒司製。柔儀外執，溫」性內融，藝業優閑，識度該贍。褕翟之飾，」黼黻之儀，五采章明，六服差品，內司裁」製，罔不取則。逝川易往，儀馭難留，從心」之禮既踰，月制之期遂及。貞觀五年歲」辛卯正月辛酉朔，廿三日癸未，遘疾而」卒，春秋七十有六，歸葬於長安縣之龍」首原，刊貞石於玄堂，播徽音於終古。迺」爲銘曰：

光光令族，灼灼華□，」爰自素里，入侍丹墀。洞識洽聞，虔恭□」職，博通體制，妙閑儀飾。居諸不停，泡□」非久，風燭奄至，孰安眉壽？寂寂重壤，□」幽深夜，懿範空傳，芳塵永謝。」

（據一九八二年《考古與文物》第六期拓本照片）

貞觀〇一九

【蓋】失。

【誌文】

君諱褘，字士華，恒州人也。玄光布正，纂應帝圖，」歷代所遵，莫加人寔，齊金紫光禄大夫、隨州刺」史之孫也。唯祖唯官，蔭光三世；有貞有諒，德備」三門。父周盪寇將軍、清河縣令。自瓊林桂樹，振」玉嚮於人端；鄧苑芳枝，暢嘉音於世上。容儀可」大，烈名騰於五岳；威嚴得重，設號通於四海。任」博陵縣主簿、茌平縣令。惟稟世性零，無過弘亮；」德高階卑，達遇未沾。扶疏之葉，引翠長柯；鬱密」之花，抽輝萼上。乃秋風將扇，悴緑於榦間；結霧」既登，摧紅花於枝上。隋大業十年十月卒。夫人」氏望出南陽，貞觀四年十一月卒。五年歲次辛」卯二月辛卯朔，十六日丙午，乃歲合時通，卜居」吉地，於此洛邑，殉窆九壤，玄石勒。乃作銘曰：」

峩峩晟德，濟濟容儀，仁倫挺拔，疋亮超奇。奄從」他世，叙會無期，九泉長瘞，永謝人師。風落瓊」枝，霜摧玉葉，大運侵催，去留纏疊。風燭俄然，死生交」接，逝水難回，飇風叵攝。洪泉杳杳，深陵寂寂，聽」緒沉迷，遊魂怨慼。望候程祥，埏門奄闔，形同沃」壤，名歸往昔，記我生平，刊銘金石。

夫人張氏。」

（周紹良藏拓本　河南千唐誌齋藏石）

貞觀〇二〇

【蓋】　唐故掌闈麻氏墓誌銘

【誌文】

唐故掌闈麻氏墓誌銘」

宮人姓麻氏，丹楊建康人也。往」因充選入宮，仕爲掌闈。以」大唐貞觀五年三月五日卒，春」秋七十有二。即以其月九日丁」時，葬於雍州長安縣之龍首原。」迺爲銘曰：」

赫弈遥緒，蟬聯後昆，雲姿玉德，」□誕高門。華如桃李，馥比蘭蓀，」□庭充選，女史承恩。隟駟不留，」閲川長逝，物外懸解，人間下世。」崐山碎玉，芳林折桂。蒿里誰家？」佳城永閉。」

（據一九八二年《考古與文物》第六期拓本照片）

貞觀〇二一

【蓋】　失。

【誌文】

君諱守仁，清河人也。昔馬圖云蹕，分十子而開壃；龍」職聿修，歷三王而享禄。盛德有百世之祀，大道稱萬」年之休。文史謳哥，蟬聯赫奕，古今讚美，莫尚於帝堯」者也。有房之國，纂承其後，作嬪周室，光輔漢朝，族茂」宗昌，皆由先福。君即漢司空植之十四世孫也。曾祖」翼，莊武伯、宋安太守；祖伯熊，清河内史；父彦式，處士。」乃以生自良家，克岐克嶷，少聞訓典，惟令惟聰，衣蘆」未比其仁，懷橘詎方其學。始從青佩，已致詩人之嗟；」既覆合珪，屢蒙君子之歎。但槿花早落，桐葉先彫，春」秋廿，以開皇十七年九月十三日卒於家。粤以大唐貞觀五年歲次辛卯三月庚申朔，十三日壬申，」窆於處士君墓次。嗟晷漏之難停，悲芬芳之易歇，是」託諸貞石，記此嘉名。其銘曰：」

赫奕賢聖，扶疏本枝，星羅共立，霞布雲移。粤有韶緒，」餘風不虧，爰資純粹，載育瓌奇。婉兮孌兮，研精次思，」乃丱乃突，芬芳秀異。落落神情，翩翩書記，南容共美，」漆彫齊志。辨侔王弼，齒亞終軍，雖云未仕，佳聲早聞。」葉彫秋岸，草宿寒墳，獨嗟行旅，遥瞻彩雲。」

（周紹良藏拓本）

貞觀〇二二

【蓋】失。

【誌文】

大唐故開府儀同三司劉君墓誌銘」

君諱節，字德操，冀州下博人。自帝德欽明，唐堯居禪」讓之美；蛇分於道，漢皇啓興王之運。横根貫地，聳幹」梢雲，花蕚蟬聯，芬芳不已。祖伽，蘄春郡守，素履青規，」器鎮雅俗。父粲，徐州長史，質標玉潤，響振金聲。君胎」教有成，幼而岐嶷，出就外傅，無俟三冬。嗤方朔之萬」言，鄙戴憑之重席。大唐御運，就加儀同。志懷絶俗之」心，未悕鄧騭之選。高尚其事，獨秘丘園，恥居關外，移」徙京邑，怡神養性，蘊德自居。如綸之辟未臻，申酉之」期奄及，春秋卌有八。以大唐貞觀五年六月四日卒」於家。其年七月十五日葬於邙阜。世易時移，莫知令」德，式鐫幽隧，播此遺芳。乃爲銘曰：」

系緒陶唐，分封漢皇，胙茅錫社，獻酎奉璋。根萌邃遠，」花葉芬芳，餘慶斯在，厥胤克昌。家風鼎盛，蔭望高清，」挺茲華實，擅此蘭馨。懷文抱質，桂馥松貞，爲世儀範，」美播英聲。末路修長，世塗局促，倏短幾忽同風燭。雲」悽隴上，鳥啼高木，哲人其委，百身何贖！」

（周紹良藏拓本）

貞觀〇二三

【誌文】僞。

唐故銀青光禄大夫涼州刺史定遠縣開國子郭公」墓志銘　率更令歐陽詢書」

公諱雲，字仲翔，京兆萬年縣人也。祖慶，隋驃騎大將」軍、右光禄大夫、相州長史；父振武，開府儀同、金紫光」禄大夫、幽、并二州刺史；並箕裘紹業，鍾鼎傳門。公稟」殺華之秀氣，降昴緯之星精。英姿颯爽，得孔門季路」之風；智計宏深，有前漢留侯之略。屬隋氏失政，率土」分崩，我皇崛起，英俊雲集。公投款轅門，深蒙優禮，授」武騎尉。公迺霜戈奮武，星劍臨戎，靜則岳峙山立，動」則雷奔電掣。識超萬衆，勇冠三軍。以故但從征討，輒建奇勳。武德元年，封定遠縣男，邑五百户。既又因舊」封，進爵爲子。賜以絳節，儼上將之儀；苴以白茅，開建」國之模。方當翊衛皇家，馳騁雲表，不幸以貞觀五年」六月廿有七日終於脩德里第，春秋五十有九，贈銀」青光禄大夫、涼州刺史。夫人唐氏，定遠縣君，內府丞」仲翔季女也。貞順著行，珠玉含華，雅稱良匹，先公永」逝。以其年十月六日葬於縣西龍首原，禮也。嗣子漢」章，痛風木之不停，慮陵原之倏變，迺銘貞石，庶表芳」徽。銘曰：

惟岳降靈，是生郭公，既智且勇，克奏膚功。」蔚彼虬松，長留雄風，億萬斯年，流慶無窮。」

（北京圖書館藏拓本）

貞觀〇二四

【蓋】大唐故司空公上柱國淮安靖王墓誌銘

【誌文】

大唐故宗正卿右翊衛大將軍河北道行臺左僕射左武衛大將軍玄戈軍將開府儀同三司上」柱國司空公淮安靖王墓誌」

王諱壽，字神通，隴西狄道人。太祖景皇帝之孫，鄭孝王之嫡子也。憑暉若木，漸潤咸池，早延一」顧之賞，幼聞千里之譽。篤學不倦，寧有意於屠龍；力行無怠，終取成於刻鵠。久蓄奇材，未程寶價。」絶交當世，頤神恬漠。及皇家撥亂，肇自太原，九夷之衆猶起，八百之期方會，迺眷西顧，將定鎬」京。蠢爾逆徒，擁兵作孽，依託城社，屯守宮禁，惡直醜正，剥喪忠良，禍若發機，計不旋踵。王託處家」巷，去來郊郭，應變無方，出其不意。遂乃密運奇策，潛應義師，遠被寵章，即委綏緝。拜光禄大夫，封」趙興郡開國公，食邑二千户，仍爲招慰大使。於是占募驍雄，連結豪右，萬夫之長鱗萃，百金之士」雲屯。會彼神鋒，致兹城下，四凶服罪，三監即戮，龜玉獲安，鐘鼎俾乂，元勳以建，茂賞斯登。義寧元」年十一月，拜宗正卿，增邑并前五千户，加賜良田甲第，金寶器物。尋遷左領都督，總知皇城宿衛。」追叙京室之勳，迴授一子。代德之符既至，揖讓之禮斯行，寵樹戚蕃，光隆秩命。武德元年，拜右翊」衛大將軍，進爵永康郡王；臨軒授册，又改封淮安郡王，邑户如舊。于時常山以南，猶阻聲教；太行」左轉，尚曰匪民。推轂閫外，聲實兼重，允資戚屬，式佇賢能。乃以王爲持節山東道慰撫大使，封拜」刑賞，皆得專之。禁令肅清，仁惠孚洽，扶老攜幼，動色相趨。武德四年，又授河北道行臺尚書左僕」射，給親兵二千人，馬八百匹，於洺州鎮守。六條所察，總尸其任；八坐之重，儗則上京。理勃海之亂」繩，馭有梁之黠馬，姦暴竄屏，閭閻胥悦。洎劉黑闥作難洺水，徐圓朗放命兖州，承旨清夷，累致克」捷。五年，拜左武衛大將軍，仍授玄戈軍將。髫髦被繡之士，望旌徽以齊肅；拔距投石之材，知鉦鼓」之進退。於是外治莫府，内次直廬，績宣周衛之中，威行都輦之側。我皇踐祚，其命惟新，優禮元」功，惇叙九族。養德之秩，車服以庸；潤屋之萌，重開書社。遷開府儀同三司，别食益州五百户封。肥」狝之燕，無曠於旬朔；冬奈之錫，豈輟於歲時。方當布席膠庠，光饋酳之盛禮；就居省闥，延几杖之」優命。既而陰堂致夢，陽烏爲災，東海之藥難逢，越人之方罕驗。貞觀四年十二月寢疾，薨于京城」延福里第，春秋五十有四。痛感一人，哀深百辟，資給賵贈，特加常等。有詔贈司空，謚曰靖王，」禮也。惟王倜儻大志，少懷冲天之舉；磊落英姿，克隆佐聖之業。信侔潮汐，言若綈繒，折節卑躬，尊」賢容衆，軾廬靡倦，係韈匪懈。儼恪之容，見重於朝廷；瞻恤之義，博洽於親黨。降年不永，烏呼哀哉！」粤以五年歲次辛卯十二月景戌朔，十一日景申，葬于雍州三原縣之萬壽原。懼溟海之爲田，儻」佳城之見日，式銘貞石，以紀芳猷。其詞曰：」
皐陶本系，老耼之裔，開國承家，分源弈世。誕兹明德，瞻涯靡際，文質斌斌，威儀逮逮。時逢啓聖，業」預艱難，援旗釁鼓，誓衆升壇。成軍渭汭，受命河干，地均澤賈，功踰烈丹。赤芾登朝，兼資文武，青社」錫命，備斯蕃輔。宣風任切，惟賢是與，端揆望隆，非親孰處？上則台階，旁齊鼎餗，玉笄華袞，金鍐繡」軸。大耋未嗟，長塗遽速，悠悠蒼昊，云如不淑。永從玄夜，言歸營道，玲瓏挽鐸，葳蕤容葆。風結寒松，」霜凝宿草，仙鶴方至，靈龜是兮。」

（周紹良藏拓本）

貞觀〇二五

【蓋】失。

【誌文】

大唐永嘉府隊正郭倫妻楊氏墓誌銘」
夫人諱竇，弘農華陰人也。昇雲戴日，丞相建佐」命之功；冰潔松筠，太尉降鱣魚之錫。珪璧爛其」盈門，英聲焕而騰實。祖洛，父達，隋宗衛大都督，」並温仁表德，清白爲基。夫人風度閑雅，朗照敏。」既而有行高族，循禮言歸，稟訓過庭，弘風郭氏。」四德被於帷房，六行闡於閨闈。而隟駟不停，尺」波電謝，遽捐華屋，奄□幽泉，春秋卌，以貞觀六」年正月五日卒於私第。越以其年二月十八日」葬𡫸於北芒千金鄉。夫倫，女孟娘。軫棘心之忉」怛，痛桂落而銷亡；恐修日之易盡，致金聲而不」芳。建兹封丘，爲其銘曰：」

崑山藹藹，漢水湯湯，是生明月，爰產夜光。肅雍」流譽，令畔斯望，方事縎纊，遽掩幽房。佳城永閟，」白日徒暘，敬刊金石，長播芬芳。」

（北京圖書館藏拓本）

貞觀〇二六

【蓋】失。

【誌文】

貞觀六年五月」廿九日雍州長」安縣清化鄉宜」君縣開國子故」張纂妻趙夫人。」

（録自《八瓊室金石補正》卷三十）

貞觀〇二七

【蓋】失。

【誌文】

大唐故文林郎新喻縣丞胡府君墓誌銘」

君諱儼，字長威，安定臨涇人也。重華以慎徽受曆，」嬀滿以器用啓邦。盛德聯暉，綿慶傳祀，金鏘玉鎮，」芬藹時英。祖永，魏東平、雁門二郡太守；父質，巴郡」功曹、北澧州司法參軍事。並風鑒散朗，味道含章。」君自天挺秀，韻宇凝寂，蘭泉澡鏡，雲峰峻峙，依仁」據德，悅禮敦詩。隨日以孝廉舉授登仕郎，武德五」年除吏部文林郎，選袁州新喻縣丞，毗贊一同，政」敷百里，惠風嘉詠，遠肅邇安。而祐善徒言，溘焉朝」露，以貞觀五年六月一日終於縣，春秋卌六。以六」年歲次壬辰九月辛巳朔四日，葬於河南邙山，禮」也。惟君謙光以御己，和敬以接類，蘊藉文義，優遊」宴賞。雖人位未弘，而衿抱虛澹。方且濯鱗清沼，刷」羽天衢。運極命屯，俄歸玄壤。所懼藏舟不固，陵谷」易遷，勒銘旌行，式甄泉户。

銘曰：」

皇虞之緒，隆周之格，族派宗分，桂條蘭蕚。君丞洪」胤，儀形先覺，孝友攸資，禮義斯度。性有標准，情無」適莫，駿足未騰，雲翰遽落。柩旋江渚，轜迴邙郭，奄」藹烟松，凄涼挽鐸，身世雖永，芳音餘歌。」

（周紹良藏拓本　河南千唐誌齋藏石）

貞觀〇二八

【蓋】失。

【誌文】原題原書失載，故闕。

公諱謇，字孝忠，秦州上邽人也。江水導其源流，泰嶽標其峻極，開封疆於四履，轉征伐於五侯，允祚丕承，英賢相嗣，詳諸舊史，可略於言。曾祖圜，遠韻高情，松貞桂馥；祖正，魏南秦州刺史、冠軍縣公；父景，武、康、汶、洮四州刺史，廿四開府，梁、岷二州總管，賜姓宇文氏，謚忠莊公，并車旗文物，尊寵於當世；風烈徽猷，照燭於圖篆。公門承世禄，家籍餘慶，清明在躬，珪璋自潤。造次必於仁孝，顛沛必於忠厚。學宗丘墳，貫幽賾之弘致；行苞文質，履中庸之至道。詞華綺縠，術妙韜鈐，迴瀾萬頃，崇墉百仞。起家左侍上士；隋文受禪，授秦王右府司兵，遷長史東閤祭酒，除博州清平縣令。四民仰化，三欺自屏，抑揚卓魯，斟酌韋弦。病免，久之，除并州晉陽縣長。仍屬隋政不綱，生靈塗炭，羣后有瞻烏之望，天下成逐鹿之情。太上皇愍民横流，大庇交喪，電照雷息，濡足援手。公投袂麾下，贊揚興運，謀若轉規，辨同河瀉，即授正議大夫大將軍府功曹參軍事，尋授右光禄大夫，又進位左光禄大夫，仍授委蒲津監度兵馬。京城清定，遷光禄大夫，轉相國府賓曹參軍事。公以嘉祥紹至，鐘石變音，請從神宗之典，屢上繁昌之奏，以功封長道縣開國公，食邑一千户，爲隴右道安撫大使。俄奉别旨，被返還京，授員外散騎常侍河東道招撫大使。公綏安初附，獎勵邊城，窮民既知所歸，鄰境於焉日蹙。暨乎妖孽咸蕩，文軌大同，懷佐時之略，當惟良之寄，拜持節秦州諸軍事秦州刺史，轉隴州刺史。公褰帷望境，建旟求瘼，敦崇學校，勸勉農桑，追善政於前良，革澆風於薄俗。突厥來寇，授公左七總管。尋而犬羊奔北，有詔返公入朝，惟帝念功，方申後命。輔仁多昧，福善則虚，枕疾彌留，祈禱罔應，藏舟不遠，川逝不歸，百年之壽未窮，千月之期遽盡。以貞觀元年八月六日薨於京第，春秋七十。士人弔祭，謚曰安公，禮也。夫人同郡趙氏，封廬江郡君，昆陽公懿之女也。爰以盛門，作嬪公族，禮均秦晉，和猶琴瑟，母師之德空留於昭範，偕老之期俄歸於同穴，以四年八月十三日薨於京第，春秋六十。粤以六年十月十日合葬於秦州東南巖池谷，乃爲銘曰：

惟公命世，含章挺生，壇宇高整，鑑燭融明。平臺碣館，曳組飛纓，化行兩邑，實垂德聲。巖巖極天，泱泱表海，英靈可嗣，慶祉攸在。文武相襲，隨和競彩，爰逮莊公，鬱爲時宰。炎精落紐，黄神應籙，大壑縱鱗，高衢騁足。分符乘傳，懷金鳴玉，隙駟不留，小年俄促。亦有貞淑，嬪容迴映，志性柔良，風儀韶令。絲枲兼美，真草惟命，兩劍終同，孤鸞絶鏡。言念返葬，塗遵舊鄉，丹旐委鬱，哀挽凄鏘。泉扃一閟，玄夜何長？悲涼神道，松檟成行。

（録自《隴右金石録》卷二）

貞觀〇二九

【蓋】失。

【誌文】

故河陰縣主簿南陽張君墓誌」

君諱濬，字文遠，南陽冠軍人。帝少昊金天氏之苗裔，洪源渥日，」裔基切漢。滔滔長注，引溟海以連漪；巖巖曾構，望崐墟而並峻。」迺有文成命世，司空間出。春蘭秋菊，無絶於時；玉質金相，如斯」而已。祖福，征南將軍行軍長史，任諸帷幄，抗迹孫吴；委以兵權，」連衡信布。九天九地之算，孤映時人；七縱七禽之略，獨超前載。」父義，洛州從事東垣縣主簿，德高時彦，雅俗歸懷，籍甚風猷，堂」構斯在。君瓌姿秀整，局度弘深，敷信義於州里，表孝敬於閨閫。」率禮而動，不汲汲於榮華；蹈道爲尊，豈戚戚於貧賤。既而虚襟」待物，貴義輕財。堂惟好士之遊，門多長者之轍。而藝業優遠，機」神朗晤，顧眄成飾，動摇生光。雖郭有道之人倫，陳太丘之懿德，」兩而言也，斯何遠哉！大業末年，任河陰縣主簿。屬隋風不競，鐘」鼎將遷，亂邦不居，擇木而處，遂閉關剗迹，貽訓家門，優遊嘯傲，」以榮貞後。方當申茲遠業，永保休期，詎謂桑榆不居，崦嵫已及，」與善之義，徒虛語焉。春秋七十一。貞觀六年六月廿日，遘疾終」于家。粤以其年十一月五日卜窆於河南之洛陽里。但氣序輪」換，舟壑遷亡，金石不存，脩名何紀？故式昭遺行，迺作銘云：」

赫矣鴻族，系自昊皇，爰降弧矢，祚姓于張。仁賢繼踵，世載均芳，」高冠岌岌，鳴玉鏘鏘。迺生夫子，寔稟餘慶，珪璋內蘊，風流外映。」薑桂自辛，孝友成性，榮利□迴，籍甚無競。福謙安冀，與善空傳，」樹風不靜，辰巳催年。城闕稍遠，池臺遽遷，塵生虛館，客去荒筵。」祖遺方撤，靈櫬長捐，薤歌哀嗷，僕御流漣。松風悽急，隴月孤懸，」嚴嚴苦霧，黯黯窮泉。高岸爲谷，大海成田，庶憑金石，遺芳在旃。」

（周紹良藏拓本　河南千唐誌齋藏石）

貞觀〇三〇

【蓋】失。

【誌文】

故處士張君墓誌銘并序」

君諱叡，字洪遠，南陽冠軍人也。自啓冑金天，導清流於積石；開基」作土，託峻極於嵩華。是以文成受黃石之符，飛英聲於炎漢；司空」辯紫微之氣，流美譽於金行。朱輪華轂，清規令範，稱時景俗，世有」人焉。祖石，征南將軍行軍長史，出董戎律，閫外之寄莫先；羽檄交」馳，帷幄之謀斯俟。雖伏波南討，司馬西征，應變孤虛，無以過也。父」亢，洛州從事、東垣縣主簿，聲標東箭，價重南金，作儀形於邦國，鬱」煙霞於懷抱。仙舟已遠，搢紳仰其風流；玉山攸峙，人倫欽其令則。」君稟靈岳瀆，資潤膏腴，汪汪有君子之容，綽綽懷達人之概。言行」無點，表自弱齡；孝敬居心，匪由外奬。志榮貞遁，性狎風煙，閉關靜」退，不牽時綱。春秋五十有六。粵以大業十二年五月九日卒於私」第，還以其年十月十二日先窆於北邙山千金里。夫人楊氏，高門」鼎族，作嬪君子，德穆閨闈，禮潔帷房。至於織紝組紃之工，蘋蘩藴」藻之祀，故以均芳曩列，高視當時者焉。春秋六十四，以貞觀六年」十月十日寢疾卒於家。粵以貞觀七年歲次癸巳二月己酉朔，一」日己酉，合葬於北邙山千金里之地。哀子寬仁等，感嚴父享家之」訓，戀慈母徙宅之仁，痛風樹之不止，嗟負米之無及。仍因舊兆，更」繕高墳，孝敬之道克隆，終始之禮斯畢。但大庭屢改，深谷俄遷，不」有鐫勒，徽猷何紀？迺爲銘曰：」

琨山秀峙，德水澄清，開基上漢，滔灆襄瀛。留侯間出，司空挺生，譽」標兩代，道著千齡。惟君警悟，夫人婉惠，和若琴瑟，馥如蘭桂。三明」不爽，四德逾礪，道被管絃，芳流世濟。悠悠天壤，茫茫造化，逝川東」到，浮暉西謝。人生詎幾，光陰不借，有報高門，言歸長夜。殯帷既啓，」祖遺方撤，薤歌悽斷，金鐸哀咽。隴月沈照，泉燈易滅，惟此貞芳，永」永同穴。」

（周紹良藏拓本）

貞觀〇三一

【蓋】大唐故張府君墓誌銘

【誌文】

唐故平原郡將陵縣令張府君墓誌」

君諱伯，字德秋，南陽白水人也。軒皇才子，葉派枝分；世祀所」傳，綿代悠遠。三略神授，帷幄之策莫先；三篋靡遺，參乘之榮」斯重。蘭芳筠勁，服冕垂纓，玉縝金相，暉曜圖篆。祖遵，魏交州」司法參軍事，風韻秀穎，博綜羣言，爰掌士師，譽侔展季。父務，」道契商谷，節協箕山，五柳怡神，一丘養素。君瑜彩內潤，桂芬」外遠，孝友淳至，得自天和；雅亮深沉，稟諸性與。不雕其樸而」令問彌融，雖晦厥明而菁華逾劭。弱冠以秀才膺選，擢策升」第。隋開皇中，授平原郡將、陵縣令，絃歌旬月，惠政遐宣，製錦」甫臨，仁風先舉。豈止六穗致詠，五袴流謠，白鹿扶輪，青鸞集」館。君每思前軌，繼想丘壑，蹈二疏之知止，追兩龔而自逸。以」大業十二年九月九日，終於河南里舍，春秋七十有七。夫人」王氏，瑯耶臨沂人，端操有儀，幽閑成範，蘋藻斯習，紃組寔修，」結褵言歸，閫闈雍穆。貞觀三年詔授福昌縣太平鄉君，以」六年九月十四日終，時年八十有七。粤以七年二月一日，合」葬于洛州邙山，禮也。有子文朗，早奉慈訓，孝敬幼彰，負米躬」耕，温枕扇席。昊天罔極，隙駟不留，盛業遺圖，萬分靡壹，式鐫」徽烈，勒銘泉户。銘曰：黄軒受姓，錫土肇邦，猗歟鴻族，顯允」其光。留侯玄鑒，廷尉端詳，世載承祀，終古騰芳。君資遐慶，襟」情秀朗，學府該通，詞峰峻上。金門待詔，蘭臺飛響，試守將陵，」志深存養。推誠馭物，維恕與仁，災螟絶境，潤澤隨輪。秩滿釋」印，遺愛在民，讓茲華冕，飾此角巾。舟壑潛徙，指薪密謝，遽掩」高堂，俄歸玄夜。庭祖行撤，階輴動駕，玉質不追，金丹空化。」

（周紹良藏拓本　河南千唐誌齋藏石）

貞觀〇三二

【蓋】無。

【誌文】磚。

維大唐貞觀七年歲次下缺。」月己酉朔一日己酉□下缺。」諮議參軍盧諱野客□下缺。」殯於洛州洛陽縣故塋下缺。」之所。

（録自《陶齋藏石記》卷十七）

貞觀〇三三

【蓋】失。

【誌文】

隋太尉府典籤上大將軍樂君墓誌銘」

君諱陟，字世遷，南陽白水人也。高祖從，魏龍驤將軍光州別」駕；曾祖文士，齊冠軍將軍，交、密二州刺史；並襟府閑暢，氣韻」孤聳，雜剛柔以爲器，兼文武而成德。自此隨珠間出，荆玉叢」生，英才踵武於前修，名賢比肩於後代。因任不歸，寓居斯部。」祖子華，幼而慕學，懃異下帷，少有奇策，智過秤象。釋褐任司」徒府行參軍，以風素被知，進舉南康縣令。下車布正，自吐於」心術；變法字民，率爾於懷抱。君稟荷遥源，承兹慶緒。聞詩聞」禮，未待訓於過庭；修武修文，豈假言於箴誡。洎隋代將季，羣」凶競起，以固守誠節，蒙授上儀同三司。未逾旬日，警柝殊勞，」尋除上大將軍太尉府典籤。惟君性託閑凝，風韻清舉。每於」菊芳秋日，花茂春朝，桂醑盈罇，蘭餚滿席。恒持詩酒延賓，不」以榮華在慮。但以石光易盡，電影難留，日落崦嵫，光陰詎幾？」春秋六十有一，以大唐貞觀七年歲次癸巳三月戊寅朔十」三日庚寅，終於私第。即以其年四月戊申朔，二日己酉，瘞於」邙山之陽先君墓塋之側。嗣子安都，居喪出禮，毀將滅性。但」日月迴復，靈臺之狀易彫；過隟往來，麟閣之名非久。冀鐫金」石，永紀芳音。其銘曰：」

惟君望族，胤裔承明，門傳將相，世襲公卿。隨珠競吐，卞玉叢」生，匡臣翼翼，贊輔英英。其一。哲人誕世，賢士流蹤，庶憑景福，積」善靡鍾。秦醫罕值，楚藥稀逢，何其冬雪，枉折春松。其二。佳城紆」鬱，墓塋寥廓，氣慘東郊，人愁北墎。望旐增悲，瞻墳涕落，瘞矣」泉門，魂兮何託！其三。」

（北京圖書館藏拓本）

貞觀〇三四

【蓋】失。

【誌文】

隋故越王府司兵參軍事賈君墓誌銘并序」

君諱通，字子照，洛州洛陽人也。因國受姓，世爲冠族。」太傅以才子標奇，炎漢擅其文雅；太宰以元勳著績，」皇晉高其聲望。桂貞蘭馥，簪纓繼軌。祖謨，周定州長」史；父寶，隋本州州都。普履道依仁，譽光時彥。君川岳」挺秀，玉潤金箱，淳孝爲基，篤信維始。玄宗儒行，鉛粉」畢陳；良史佳詞，緗素咸理。釋褐本州從事。仁壽末，補」越王府司兵參軍事。代邸初開，維才是舉，君以學優」識贍，爰遊盛府。既而天厭隋德，鼎命將移，深達止足」之方，謝病高蹈，遂怡神衡泌，養素丘園，置酒絃琴，賦」詩展志。豈謂輔善奚爽，幽扃遽闢，以大唐貞觀七年」六月二日終于里舍，春秋五十有八。粤以其月十四」日葬于河南邙山禮也。夫仁終智滅，理有太期，所惜」桂折芝亡，芳徽易泯，不刊景行，英音誰紀？銘曰：」

國氏流祥，世篤其光，晉宰漢傅，異代同芳。君資慶緒，」特秀珪璋，身蘊孝行，門敷義方。州閭稱美，彈冠筮仕，」參戎盛蕃，儀形斯俟。問望允洽，弼諧有紀，年未中身，」養高丘里。祐仁空説，厚夜俄沉，嵇琴綴響，楚挽先吟。」風歸松思，霧聚郊陰，如何穹壤，翳此瓊琛。」

（周紹良藏拓本）

貞觀〇三五

【蓋】失。

【誌文】

唐故玄昭監張君墓誌銘并序」

君諱明，字文朗，武城人，漢文成侯之後也。神」謀英略，命世挺生，光乎先典，豈資楊榷。祖無，」魏征虜將軍；父伯，隋平原郡蔣陵縣令。英斷」雄略，見重當時，盛德在民，風流逾遠。君禀質」中和，不扶自直。清文遒麗，夢鳥慚其日新；雅」量汪汪，萬頃豈云攸擬。含章待價，義不苟榮；」蘊德居常，俟乎有道。至武德六年，任玄昭監，」清貞莅職，夙夜在公，動合朝儀，光乎仕伍。適」因休沐，構疾終于家，春秋六十有四。越以貞」觀七年七月廿四日葬於河南縣邙山之陽，」禮也。有子君弘等，率由孝友，衷情傷慟，痛風」樹之不停，悲陟屺之無見。嗟乎！人之云亡，平」生盡矣，何止春不相杵，故亦悽感行路。式刊」玄石，冀芳猷不朽云爾。

猗歟文成，炎漢之」貞，蟬聯冠冕，世濟其英，玄昭矯矯，克嗣厥聲。」掩扃過隟，蘭茝遽傾，窮泉永閟，空播餘馨。」

（周紹良藏拓本）

貞觀〇三六

【蓋】失。

【誌文】

君諱遠，字彥深，汝南平輿人也。昔四世孤」芳，列英規於木運；三雄時秀，流雅譽於金」行。自是軒冕森羅，徽猷標映，高山仰止，世」有人焉。祖壽，齊平州刺史；父隋聞喜縣令；」六條贊務，百里宣風，堂構不隳，在斯而已。」君率由孝敬，天資令德，修身蹈道，不染風」塵，養素居閑，詎迴榮利。既而舟壑云徙，報」施相愆，春秋七十，以貞觀七年歲次癸巳」十月乙巳朔十九日癸亥遘疾，卒於家，以」其年其月廿八日卜窆於洛陽千金里。乃」爲銘曰：

桂水浮天，瓊山蔽日，冠蓋相」望，仁賢間出。卓卓夫子，温温秀質，守道栖」玄，罔希榮秩。與善無象，人生不留，慘悽朝」露，悲涼夜舟。素軨行儭，丹旐飛浮，霜凝隴」蔓，日黯松丘。城闉忽遠，長夜悠悠。」

第一子德操，第二子德矩。」

（周紹良藏拓本）

貞觀〇三七

【蓋】失。

【誌文】

故隋陽平郡發干縣主簿郭君墓誌銘并序」

君諱提，并州太原人也。童竹迎門，獨擅治民之術；仙舟泛水，偏標」清鑒之名。魏主諮其嘉謀，晉后籌其卜世。輝映相襲，令問不已。祖」和，齊本州晉陽縣令；導德齊禮，名重當時。父檤，齊征西步兵校尉；」雄圖武略，聲高日下。君稟山岳之靈，挺珪璋之質，温恭成性，孝友」因心。百遍精於典墳，三冬富於文史。諧韻同律吕，鏗鏘等金石。辭」鋒筆杪，超絶儕倫，茂實英聲，騰飛已遠。隋仁壽四年被徵，除陽平」之發干縣主簿。逸羣之用，未騁長途；騰雲之資，始階尺木。俄而文」帝升遐，嗣君纂位，釁彰磬石，兵起晉陽。君地勢膏腴，鄉推領袖，雖」潛身竄影，終掛網羅。大業初，遷於河南之洛陽縣。居常怏怏，恥類」殷民，不樂終年，便嬰痼疾，春秋六十有五，終於私第。粤以大唐貞」觀八年歲次 正月甲戌朔十二日葬於邙山河南縣千金里也。」夏侯嬰之墓，是曰佳城；杜子業之墳，其唯五樹。乃爲銘曰：」

邈矣世祿，時惟儁民，馳名政術，顯譽知人。奇謀若契，妙筮如神，爵」襲黽組，儒傳縉紳。曁君秀發，奇峰直竦，文類懸河，智侔泉涌。言行」准的，儀形咸重，既應弓旌，庶幾隆寵。公侯必復，積善餘慶，豈謂忠」良，逢兹逆命。人標令望，家承著姓，雖曰潛逃，亦羅刑政。河洛之地，」是乃皇居，來殊隗始，用愧殷餘。支離委鬱，志氣淪胥，惜哉命也，魂」兮忽諸。金聲玉振，桂馥蘭芬，空瞻壠樹，永閉泉門。悲風曉發，愁雲」晝昏，陵谷或徙，琬琰長存。」

（北京圖書館藏拓本）

貞觀〇三八

【蓋】失。

【誌文】

隋故徵士解君墓誌銘并序」

君諱深，字宣達，河東人，因邑命氏，世維冠族。狐則」才能標譽，見稱祁奚；楊則皇華忠烈，義動楚王。君自」兹已降，簪纓允襲。祖珍，周廣陽郡太守；六條有序，」四民展業。父孫，少懷雅尚，託心箕潁。君稟靈清劭，」器韻弘通，孝挺人倫，行甄物軌，屬思玄遠，攄襟流」略，學存指適，匪求章句。遂迺聿遵前考，養素家園。」隋開皇初，以賢良辟，不就。潛逸衡泌，志道依仁，一」丘獨得，三逕怡靜。既而祐善徒言，歸魂厚夜，以大」唐貞觀八年正月八日終于洛州里舍，春秋八十。」粤以其月廿一日葬于邙山，禮也。有子公逸，州舉」□士，除將仕郎。至性淳篤，天懷謹愿，抱風樹而興感，對寒泉而哽絶。式鐫盛德，傳徽來裔。銘曰：」

芳藴蘭蕙，貞茂筠松，澄澄清景，落落高峰。」兩襲齊」轍，四皓追蹤，默語奚尚，賓實何從？放曠蓬蓽，偃曝」泉林，披帙翫古，置酒絃琴。唯善可樂，唯德是鄰，内」情閑澹，外物寧侵。遽徙舟壑，俄盡指薪，階留帶草，」箱餘角巾。霧露日積，楸檟方榛，作者逝矣，誰復知」津？却梯邙陆，前瞻洛川，欹歟大土，壙瘞斯原。」

（録自《芒洛冢墓遺文四編》卷二）

貞觀○三九

【蓋】大唐故張府君墓誌銘

【誌文】

唐故永嘉府羽林張君墓誌銘并序」

君諱岳，字崐崘，南陽西鄂人，漢相文成留侯」之後也。祖白駒，魏光禄大夫、平越將軍；父貳」郎，隋任鄉長，後遷縣平正。」君天性慷慨，清操可觀，進退舉容，莫不合禮。」年卅，鄉閭舉爲社平正。君質骨凝亮，强記博」聞，高蹈囂滓，不交非類。豈謂風燭一朝，殲良」萬古。其年二月廿五日構疾，薨於里第。春秋」卅有六。粤以貞觀八年歲次甲午三月癸酉」朔，四日景子，遷窆於河南芒山之上。嗣子荀」苟等，永惟膝下，號叫昊天，泣風樹之長往，憑」金石以永鐫。乃爲銘曰：」
日月遄速，四運如流，人生泛乎，不繫之舟。其一。」三江浩汗，五岳攸峙，世載忠孝，寵光圖史。其二。」清畏人知，不與物競，聞詩聞禮，有德有行。其三。」在藍斯青，生麻不曲，一朝草露，千秋風燭。其四。」

（周紹良藏拓本）

貞觀〇四〇

【蓋】邢君墓誌

【誌文】

唐河南縣故録事邢君墓誌銘

君諱弁，字言，河間人，秀才邢子才之後」也。君禀性岳讀，天然清操，動必由禮，容」止可觀。年廿，任州學生；年卅五，任郡司」功；後任河南縣録事。君天骨容與，强記」多聞，高蹈囂滓，不交非類。豈謂風燭一」朝，殲良萬古。其年三月八日構疾，終於」里第。春秋六十有五。以貞觀八年三月」廿二日遷窆於洛陽邙山之上。嗣子胤」等，忖念劬勞，哀酸岵屺，永惟膝下，號」叫昊天。泣風樹之長往，憑金石以永鐫。」銘曰：」

日月遄速，四運如流，人生泛乎，不繫之」舟。其一。在灆斯青，生麻不曲，一朝草露，千」風燭。」

（周紹良藏拓本）

貞觀〇四一

【蓋】失。

【誌文】塼刻。

惟大唐貞觀八年歲次甲午五月」辛未朔，卅日庚子，洺州永年」縣敬德鄉故韓仁師，年廿二，今」月廿一日命終，今葬在故倉西」北芒山之上，故立銘記。」

（録自《芒洛冢墓遺文三編》）

貞觀〇四二

【蓋】失。

【誌文】

處士李君墓誌銘并序」

君諱繼叔，字紹嗣，趙郡平棘縣人也。昔唐臣況馬，周史方」龍，胤裔克昌，英靈永播。其後源分流派，左車作朝廷之英」髦；入輔出蕃，元禮爲縉紳之模楷。至乃銘鐘勒鼎，服衮乘」軒，世載相承，人焉代有。曾祖班，魏彭城郡守、太尉公。剖符」千里，鄒魯之化再弘；衮亮三台，陰陽之行順序。祖昊，逃名」巖穴，靡從州縣之徵；晦迹丘園，不就公侯之辟。父顯，魏平」東將軍、諫議大夫。玉韜金匱之奇，獨運於襟抱；正議讜言」之請，孤聳於巖廊。君挺質丹山，焕爛之文夙著；禀靈渥水，」權奇之骨早彰。

清簡生知，孝友天縱，階基不測，牆宇難窺。」性好陸沉，但恂恂於鄉黨；情崇大隱，無汲汲於簪纓。靡居」王侯，極優遊之致；確乎不拔，恣高尚之心。雖仲叔之謝十」徵，孔明之勞三顧，儔今望古，彼亦何人？方謂天道輔仁，神」功與善，延茲三壽，終彼百齡。豈其朝露溘然，摧梁奄及，崦」嵫未謝，辰已先徵。春秋六十有一，以大唐貞觀八年七月十五日卒于家，以其年歲次甲午八月庚子朔廿一日庚申卜窆邙山之原清風鄉千金里。孤子世靜，孝深過禮，殆將滅性，降禽馴獸，樹染池開。恐簡蠹無傳，形圖或墟，式鐫」玄石，乃作銘云：」

士師遥緒，柱史流源，公侯世襲，將相門傳。體道依仁，捐華」攡實，肆志丘園，公侯靡屈。白玉徒銷，黃金虛爍，寶劍孤沉，」仙鳥一落。遵車隴路，飛旐松行，長辭白日，永瘞玄堂。」

（北京圖書館藏拓本　河南千唐誌齋藏石）

貞觀〇四三

【蓋】　故田夫銘

【誌文】

大唐故田夫人墓誌并序」

夫人田氏，西河人，大夫釐之後也。議郎效績，辭名」爵於當塗；刺舉治民，設忠貞於炎漢。膏華茂族，有可」略言焉。祖徹，齊瀛州平舒縣令；父暉，晉王府司倉」參軍；並仁明表譽，忠信臨官，易俗移風，有稱泯誦。」夫人幽閑婉順，志閲女史之圖；閫德淹和，深崇傅」姆之教。端莊淑慎，令則有儀，爰自待年，言歸柳氏。」垂纓佩帨，勤恪婦功；奉箒持箕，肅恭賓敬。四德閑」雅，六行温柔。蕙問川流，英華郁穆。豈其春蘭罷馥，」秋菊遽彫，傷哀逝於潘生，悼長歌於莊子。以大唐」貞觀八年八月十一日，終于洛陽里第，春秋六十」有二。粤以其月廿二日葬于邙山，禮也。有子德師，」率性純孝，至自非敦，怨飄風而徒攀，號穹蒼而罔」極，式鐫玄石，以作銘云。其詞曰：

昭哉世族，赫」矣冠纓，誕生淑媛，玉潤金聲。端莊外朗，温肅内成，」惟蘭之馥，惟竹之貞。爰在妙年，作仇君子，閨閫秀」質，幽閑挺美。率禮修仁，依箴順軌，婉嫕婦道，肅恭」載理。晷運難留，生崖何久，茂菊秋零，芳蓀夏朽。杳」杳窮泉，昏昏隴首，紛綸遺跡，名存身後。」

（北京圖書館藏拓本　河南千唐誌齋藏石）

貞觀〇四四

【蓋】大唐故清淇公墓誌銘

【誌文】

唐故上柱國左武候驃騎將軍左武候長史清淇公墓誌銘并序

公諱孝敏，字至德，平原平昌人也。若夫參分啓聖，顯令問於岐陽；三徙稱賢，闡」儒風於魯國。是知根深葉茂，原潔流清，冠蓋所以重暉，英靈於焉閒出。豈徒寒」林抽笋，彰孝子之情；上書直諫，表忠臣之節而已。乃祖休，齊恒州別駕，以簡御」煩，用寛濟猛，化共春雲等潤，鑒與秋月齊明。父豹，隋蒲城、渭濱二縣令，營東都」土工副監。製錦亨鮮之術，有著嘉聲；瞻星揆景之能，無虧令典。公稟河岳之精，」含珪璋之德，神彩凝邈，牆宇崇峻，聞之者欣慕傾心，見之者懔然增敬。年甫弱」冠，補四門學生。逸氣凌雲，鄙章句而不習；英風超世，學劍騎以勤王。于時後主」播遷，中原肇亂，青犢黑山之寇，荼炭黔黎；長蛇封豕之妖，憑陵區夏。公援戈占」募，驤首横行，呼吸則嚴霜驟零，叱咤則元凶就戮。隋大業十年，以勳授相州安」陽縣丞。以此宏材，處兹下位，未矯冲天之翮，徒有長鳴之心。屬炎靈匿暉，黄精」啓曜，方得拔足頹運，託身會昌，同殷贅背紂，似王陵歸漢。大唐義寧元年，授上」柱國清淇縣開國公，又拜相州總管府長史。文兼六行，武備七德，功最方部，譽」滿京華。入爲左武候驃騎將軍，加左武候長史。明目懲奸，赤心衛主，六軍以之」精練，百寮由其整肅。又除左武衛長史。方岳位隆，朝寄斯重，擁旄推轂，妙選」惟良。又權授慶州都督。敷上德以綏邊，載仁風以御物。五陵俠客，終無旌甲」之勞，七萃雄兒，詎有爟烽之警。至如子産居鄭，貽謗於國人；石苞近吴，被疑於」世祖。公款誠同於曩哲，負讟殊於昔時，解紱褫紳，竄甌閩之壤；吞聲委命，逢障」厲之災。以貞觀七年正月十七日終於廣州南海縣，春秋五十有五。粤以八年」歲次甲午十一月己巳朔，五日癸酉，歸葬於洛州洛陽縣清風鄉崇德里。夫人」彭城劉氏，德叶蘋蘩，功成絺綌，柔順等於萊婦，儉絜邁於鴻妻。俄承慶雲，溘先朝露，式遵同穴之禮，以敦好合之儀。惟公資孝悌以爲心，託松筠而立操，交不」苟合，每循道而擇人；信必由忠，豈違方以釁正。性好剛直，志尚廉平，有悟於時」談，致譏於衆口。遂使扶摇之翼，永墜於南冥；離散之魂，長辭於北闕。鍾期已逝，」武子云亡，伯牙於是絶絃，孫楚爲之慟哭，異世均哀，後存於兹矣。

竊以陵谷易」遷，金石難朽，乃圖風於泉室，齊天地之長久。其辭曰：」

纂系西周，開原東魯，家傳道德，世襲龜組。以孝事親，資忠報主，眷言徽迥，重規」疊矩。寔生華胄，凌煙孤秀，仁義俱履，文武兼授。操刀宰民，揮鋒靜寇，驥足方騁，」□梁落構。道窮運促，身殁石存，庭祖兩柩，壙掩雙魂。哀風夜急，愁雲晝昏，百年」□□，□事何論。」

（周紹良藏拓本）

貞觀〇四五

【蓋】張夫墓誌

【誌文】

靜信鄉君張夫人墓誌銘」

夫人諱妃，南陽白水人。其先少昊金天氏之苗裔也。」世載羽儀，弈葉冠冕，詳諸簡素，可得言焉。祖鑾，魏征」西將軍洛口鎮將；父魏任成王東閣祭酒齊州長史；」並器地清夷，文武英博。蹈其閫閾，龍德難知；泳其彼」流，仙舟已遠。夫人應此慶靈，禀華昌緒，風度閑雅，體」諒機明。自作合哲人，儀形婦道，及偕愿不遂，喪儷興」悲。至乃輟食存仁，斷機弘訓，藐爾諸子，不墜風規。加」以洞悟苦空，深究人我，剜膚削骨之施，投身布髮之」檀，迴向三乘，超然八解。嗟乎！樹風不止，草露忽傾，彼」蒼者天，輔仁安在？春秋八十有六，以大唐貞觀七年」八月十五日遘疾，終於家第。以八年歲次甲午十一」月己巳朔，十六日甲申，合葬於洛陽清風里。以爲年」代忽往，陵谷遽遷，恐塋域荒毁，徽音歇絶，故昭實録，」乃作銘云：」

峩峩崧阜，瀰瀰長川，簪裾濟濟，瓜瓞綿綿。令問令望，」惟聖惟賢，高山仰止，世有人焉。降生令淑，藉此蟬聯，」瓌姿秀整，風流自然。四德兼備，六行該宣，志遊玄妙，」心朗蓋纏。生靈踞促，逝川長捨，倚伏相趣，存亡代謝。」吉路南旋，凶塗北駕，一遵魯祔，終悲長夜。」

（北京圖書館藏拓本）

貞觀〇四六

【蓋】 失。

【誌文】

隋故江都安德府司馬孫君墓誌銘」

君諱隆，字道泰，平陵安德郡人矣，孫蕃之苗裔也。文異談」天，武同君受，信義不愆，慟閑辭操，冠蓋接葉，歷代相承。隋」大業十年四月十七日，春秋七十有五，遘疾終於家。祖爲」西平陵侯，父晉陽宫監，並縉紳絶閾之庭，高才注其妙指。」故知世改時移，傾覆俄爾，死生異路，豈其若哉！幽格永終，」無逢無見。遂使希靈之子，抱恨輕生，咽鬱迴腸，思顔慈父。」東園遊興之所，絶跡無蹤；西閣延仕之堂，頓離歌笑。夫人」慕容王之女，春秋六十有八，以大業十二年七月十二日」己酉殞在於室。然朝總英礫，禮德備焉，分河洛之器，調雜眄」棄，其延年者乎？方知祇靈陟遠，無見無聞，溷不濁之心，澄」不清之結，奄眅泉壤，哀哉痛哉！反嘆逆嗟，驚魂斷骨，尊遷」永日，以畢極世。大唐貞觀八年十一月己巳朔，廿八日景」申，合葬於洛州洛陽縣清風鄉芒山所。於是廣旭長風，陰」雲曀日，白露朝結，夕煙昏列，舉目慟感，天地迴車。則義存」斯制。蘭高美玉，荆礫隨身，珍藏墓壁，香逐孤墳，風飄錦色，」綺合羅塵，建節操之斷志，守千載兮爲塵。乃爲頌曰：」儼儼仁事，長辭世俗，無復任歸，絶離榮禄。天生篤士，信不」虧盈，名高徐孺，識性豐城。可愛可惜，義同金石，才喻三卿，」功名絶跡。隨楊歷運，知滅紀龍，咨嗟可念，嘆滿心凶。棄離」四馬，獨奄墳中，空歸粉壁，分守長松。明明賢仕，照臨下土，」無復還人，長啼闇户。」

（録自《芒洛冢墓遺文四編》卷二）

貞觀〇四七

【蓋】失。

【誌文】

大唐貞觀九年歲次乙未二月戊」戌朔，正月廿一日身亡，洛州河南」縣從政鄉君夫人慕容年八十八。」東流逝水，西傾落日，百齡過隟，其」何遄疾，庶憑景福，恒居望秩，靈芝」靡驗，奄辭人室。其一。孝子哀深，順孫」流慟，昔日歡迎，今時啼送。鳴鐸悽」切，親朋或庸，三光既阻，九泉希從。」其二。鬱鬱佳城，蕭蕭楊吹，索蓋空游，」白駒徒萃。望旂增悲，瞻墳潸淚，一」疾泉門，萬齡幽邃。」

二月六日殯埋」

（北京圖書館藏拓本）

貞觀〇四八

【蓋】失。

【誌文】朱書塼上。

□□□□□□□尉耿□□誌銘」

□諱□□□本鄭州□□縣人也。□□□□」□將□□□拜井稱奇，蜀之西興，分地□□。曾祖□，魏平東將軍、諫大夫；祖匡，晦跡丘□，」□淪不仕；考深，隋任營東都□工監，後還□」□衛司兵參軍。公志氣風雲，偏知劍術，□□」□儻，聲烈有聞，入選登朝，起家仁勇校尉□」□□事君則忠，方當望天闕以上馳，踐□□」□高步，豈□赤□□□鸜鴿來□膏荒□□」□□秦醫之術，□於貞觀九年八月廿日□」□□□春□□□□即以其月廿七日窆於□山之陽，楊□三里。只恐陵谷遷徙，餘芳莫」□；海變桑田，德□蕪□。嗚呼哀哉！乃爲銘曰：」

□□爲功，分地成德，冠纓漢魏，縉紳拜國，□」□□□□，禮儀是則。公之志氣，特在風雲，□□」□□□，□節不羣，起家登仕，休烈早聞。」

（録自《芒洛冢墓遺文續補》）

貞觀〇四九

【蓋】失。

【誌文】

東宮門大夫長孫府君墓誌」

君諱家慶，字餘恩，河南洛陽人。尚書之嫡孫，舍人之元」子也。肇基啓胄，感精降祉。花萼分光之際，猶十日耀於」扶桑；派流共寫之初，若重津引於河漢。其源峻，其慶遠，」道濟徽美，英靈有鍾，岐嶷彰於弱歲，芳猷著乎將立。光」潤溢目，類韋珠之明；符彩照人，同荀玉之外朗。加以研」精丘素，怡神典籍，故能德建修業，名立行成。以武德五」年奉教直中山府侍讀文館。對揚談說，未嘗不吐微」言以索幽隱，精義入神，光登重席。及儲元已後，恩舊」彌深，以貞觀三年特蒙授東宮門大夫。上參顧問之榮，」下當管籥之寄，居官尚於清約，述職務盡公平。雖休弗」休，日敬一日。而道長時短，徂光忽沉，以貞觀九年亡於」雍州光德里第，春秋卅八。惟君稟德沖粹，志尚方雅，冰」鏡内凝，清明外徹，身無擇行，口無擇言，秉廉慎以行己，」弘仁義以獎物，孝友天性，愛敬自然，朝野之所式贍，賓」友以爲儀軌，豈唯師鏡雅俗，標格當年，抑可貽範後昆，」傳芳來葉。故刊兹石，以爲銘曰：」

將門相門，公子公孫，夙標令譽，早擅蘭蓀，荷兹家業，身」歿名存。遐源瓊潤，靈峰玉跱，龜組代及，紱章無止，惜」哉若人，未復其始。」

（北京圖書館藏拓本　河南千唐誌齋藏石）

貞觀〇五〇

【蓋】王君誌銘

【誌文】

唐故蒲州虞鄉縣丞王君之誌」

君諱安，字海寧，河南偃師人也。其先太原漢司徒允之後，周」文王之苗裔。晉永嘉播徙，宦居焉。祖通，豫州大中正；父道，洛」州主簿。君少遊閭里，非英俊不羣，書記博覽，同侶嘉其睿哲。」刺史楊處洛以君才堪理務，舉涉龍門，試策甲科，起家恒州」真定縣主簿，後遷散員郎。渾國修貢，王子入朝，以君秘密，特」遣監蕃。煬皇親伐遼東，拔君任滄海道行軍司馬。軍還授太」僕寺典牧署丞，復除冀州斌强縣令。燕趙烽起，豺狼競馳，途」路梗澀，辭官養疾。大使觀公楊恭仁權授宋州下邑縣令。辭」不獲免，單車之任。值隋季運盡，喪亂弘多，熊兕交横，百城煙」絶。君幽巖飲啄，退耕不仕。大唐肇闢，崤函廓清，秦王分」陝，東都鎮壓，仍開莫府，藉吏持焉。擢令秦國檢校。大王居」京，事多繁猥，勞神聽覽，寔貴股肱。教追前官，腹心是寄。倉」曹趙方海以君前朝宿德，衆人欽望，遣赴階陛，參預機衡。」王升帝祚，降授虞鄉縣丞。貞觀八年寢疾，三月廿七日奄捐」館舍，時年六十有七。以十年歲次景申五月庚寅朔，十七日」景午，殯於邙山。瞻眺河岳，俯視龍門，嗚呼哀哉！乃爲銘曰：」

始臨真定，糾察有方，百里下邑，境橐無防。謳歌盈路，幣帛縑」箱，民賴其德，遠近稱良。其一。散員巡省，幽獄來蘇，救人倒懸，罰」罪以蒲。謹密天性，爲世楷模，問遼滄海，帷幄演謀。其二。治居太」僕，每有章程，孳育課導，恩煦以情。毘贊虞部，男賢女貞，羣寮」歎尚，朝廷嘉聲。其三。命世卓犖，挺生殊異，禀天純固，研精覃思。」□以迂迴，匡弼是寄，何其不永，迅若御駛。其四。」

（北京圖書館藏拓本　河南千唐誌齋藏石）

貞觀〇五一

【蓋】失。

【誌文】

君諱喜，字玄符，洛陽人也。其先出自有周，」德式於蔣，後以國爲姓。魏太尉濟十二世」孫。曾祖平，魏樂安太守；祖儁，東魏武定五」年除墨曹參軍；父子虞，大象二年任濟州」户曹參軍。公規模遠大，隋大業八年占」募從戎，授建節尉。大唐武德四年，詔」使授公戴州禹城縣令。刺史孟噉鬼河」濟凶渠，圖爲反噬。公陰結義勇，承閒掩」□，斬獲魁首，奉表奉聞，詔授大將軍、鄆」城縣開國公，食邑一千户。尋奉詔授持節鄆州諸軍事、鄆州刺史。武德六年，詔授」持節扶州刺史。貞觀三年，奉敕檢校松」州都督。八年來朝於九成宫所，因疾彌留。」其年八月廿七日薨，十年十月十七日遷」葬於洛陽之北邙埠。雖陵谷遽遷，而名實」不朽，乃作銘云爾。」

（周紹良藏拓本）

貞觀〇五二

【蓋】失。

【誌文】

大唐故特進尚書右僕射上柱國虞恭公温公墓誌　臺□禮祁」

公諱彦博，字大臨，太原祁人也。其先分土于晉，勤王□□，書社于温，迺□」於韓魏，□其鴻□，載德流其茂祉。是以魏圖伊□，曼基馳龔黄之□；□□多故，太真」□□□之績。永言盛烈，可勝言哉！祖裕，魏太中大夫；澄波萬頃，竦㟍千仞，屈迹中□，」□□□□□□□□□□皇朝贈魏州諸軍事魏州刺史；文爲德表，範」爲士則，榮被幽泉，芳流惇史。公陶皇靈之□氣，體生民之上姿，因心而齊曾閔，抗迹」而偶楊墨。行之所踐，比一鄉而靡貴；言之所應，踰千里其如響。下帷縱志，含□擅奇，」採學肆之珠玉，價倍梁楚；伐翰林之杞梓，材高廊廟。臨川永歎，望古遐想，譏沮溺之」長勤，陋晏管之底績。是以屈己成務之規，肇於傅巖之下；經國應變之術，得於圯橋」之上。豈唯馬況清□陽之器小，桓彝□叔通鑒稱季野之名高而已哉！隋開皇中，有」詔舉士，公首應嘉招，以對策高第，禮□□省，尋除通事舍人。敷納青蒲，雍容丹陛，冕」旒悦其音旨，搢紳美其風標。以艱憂去官，俄奪情起復舊職。屬煬帝巡歷六合，征伐」八荒，鷹揚之將載馳，鳳舉之使結□。公伏軾遼左，則夷貊革心；張□薊北，則姦宄改」過。亦如傅介之斬樓蘭，暴勝之静勃海也。既而火運告謝，天曆有歸，下車而弘大道，」當扆而隆至治。兆發螭龍，軼有周之得士；賞窮帶礪，邁炎漢之疇庸。乃授公上柱國，」幽州總管府長史，封西河郡開國公，食邑二千户，徵爲中書舍人，遷侍郎。昔士季智」謀，無聞德行之美；孟陽辭藻，非有政事之才。兼之者公也。久之，出爲行軍長史。屬胡」騎蟻集，穹廬蝟起，合圍過於百重，在危侔於七日。類回溪之垂翅，若殽陵之喪師。張」拳大澤，恥懷少卿之志；茹毛窮海，終全子卿之節。聖上丕承景業，惟新寶命，求」衣切於中夜，思治勞於日昃。徵隨會於秦國，將寄鹽梅；召張裔於吴朝，方資啓沃。□」乘獲反，馳燕越之高衢；和璧既歸，增秦趙之重價。除雍州治中，檢校尚書吏部侍郎。」未幾，復爲中書侍郎，遷御史大夫。□□□□□上，庶寮哀慟於下。雖魏惜景興，晉悲」子若，不是過焉。敕遣民部尚書、莒國公唐儉，尚書工部侍郎盧義恭監護喪事，又」遣銀青光禄大夫行中書侍郎杜正倫持節弔祭，又賜以秘器及塋地一區，并立碑」紀德。前後賻贈二千段。喪葬所須，並令官給。詔遣尚書禮部侍郎令狐德棻、水部」郎中文紀持節册贈特進，謚曰恭公，禮也。粤以其年十月廿二日陪葬于」昭陵側之東所，悲哉逝水，矣夜臺，懼岸谷之或遷，懷金石之可久，式銘盛德，永播遺」音。其詞曰：」

東北道招慰大使十年六月貞觀檢校太子右庶子

漢之永矣，發自長源，族之茂矣，肇自高門。摐金帝宅，拾芥禮園，世禄不朽，德音若存。」猗歟令範，鏗鏘□韻，資孝爲忠，移友於信。如彼琬琰，照廡流潤；如彼驥騄，籥雲表駿。」爰初仕進，莫展風力，若鴻漸磐，如鸞集棘。雖居下位，逶迤退食；雖在亂朝，好是正直。」河圖表瑞，捧日高驤，提衡底績，執法銘常。近追辭第，遠慕循牆。循牆伊何，鳴謙是則；」辭第伊何，克己表德。彝章有序，徽音允塞，方齊召南，遽侔魯北。秦殞奄息，百身靡期，」晉徂士會，九京是思。美矣遺烈，眇若共時。宸居震悼，庶□漣洏，轜轅□忽，太華」迢遰。□背洛浦，□臨渭汭。望盡□川，悲生容衛，空餘□德，騰芳億載。」

銀青光禄大夫貞觀十年六月歐陽詢撰并書」

（周紹良藏拓本）

貞觀〇五三

【蓋】失。

【誌文】

太原王夫人墓誌銘并序」

夫人姓王，字玉兒，太原晉陽人也。上開府儀同三司嵐州」長史通達之孫，太原主簿齊景陵王記室參軍仁則之女。」夫人挺生望族，類素魄麗於高天；迥異神姿，侔青松翠於」崇嶺。恭謹温柔，含和納祐。無勞班氏之誡，妙得女儀；未覽」周官之篇，尤明母則。肇應嘉合，樂只君子，從夫徙宦，寓居」茲邑。泡浮水上，泛影須臾；日落西山，光陰詎幾？春秋五十」有九，遘疾無痊，奄從風燭。以大唐貞觀十年歲次景申，十」月丁巳朔，廿一日戊寅，終於時邕里私第，即以其年十一」月丁亥朔，四日庚寅，窆於千金鄉邙山之南故倉東北一」里。孝子沙門惠政、行威等居喪逾禮，毀將滅性。但居諸不」駐，如在之狀易凋；暑往寒來，垂訓之言非久。庶憑玄石，紀」勒餘音。銘曰：」

悠哉遠系，邈矣承明，操刀北鄴，衣錦南京。隋珠閒出，荆玉」叢生，匡臣翼翼，輔贊英英。」徽鑠麗容，好嬪君子，婦德聿脩，母功滋美。庶延景祚，百年」無毀，何賈秋霜，枉摧春蕊。」孝息哀深，順孫悲慟，曩日歡迎，兹晨啼送。薤露悽切，親知」傷痛，三光既阻，九泉希從！」佳城闃寂，墓塋寥廓，氣慘東郊，人愁北郭。松霧氤氳，楊風」蕭索，一瘞泉門，萬齡丘壑。」

（周紹良藏拓本）

貞觀〇五四

【蓋】失。

【誌文】

大唐故汝南公主墓誌銘并序」

公主諱字，隴西狄道人，」皇帝之第三女也。天潢疏潤，圓折」浮夜光之采；若木分暉，穠華照」朝陽之色。故能聰穎外發，閑明内」映。訓範生知，尚觀箴於女史；言容成」則，猶習禮於公宮。至如怡色就養，佩」帉晨省，敬愛兼極，左右無方。加以學」殫綈素，藝兼鞶紩，令問芳猷，儀」形閨閫。厶年厶月有詔封汝南郡」公主。錫重珪瑞，禮崇湯沐，車服徽」章，事優前典。屬九地絶維，四星」潛曜，毁瘠載形，哀號過禮，」繭纊不襲，壇酪無嗞，灰琯亟移，陵塋」浸遠。雖容服外變，而沉憂内結，不」勝孺慕之哀，遂成傷生之性，天道」祐仁，奚其冥漠，以今貞觀十年十一月」丁亥朔十六日。」

（録自《金石萃編》卷四十四）

貞觀〇五五

【蓋】失。

【誌文】

隋故儀同三司兖州長史徐府君墓誌并序」

君諱純，字惇業，東海人也。隆周啓封，因國受氏，玉潤珠輝，世融」冠族。樂則待詔，漢武與嚴賈而騰芳；幹乃陪宴，魏文共應劉而」挺秀。春蘭秋桂，英徽繼踵。祖雅，齊尚書右丞；持轄内臺，聲高紫」閣。父瑜，周龍驤將軍魏州刺史；擁旄作牧，遺愛在民。君洪瀾毓」德，喬岳韜靈，緼籍仁義之方，優遊謙恭之轍。温枕扇席，率由斯」至，趨庭稟訓，造次必彰。篤志儒林，拘深泉涌，留襟文苑，絢藻霞」舒。以秀才升第，調國子學生，頻遷兼著作。君研覈該練，酬校精」敏，蠹簡咸理，魚豕必甄。隋文皇問罪江隤，君乃卷帙整鋭，以軍」功授三司儀同。開皇九年，除兖州長史。驥足高騁，寔光上佐，仁」恕存乎謳頌，惠澤結於氓心。既而秩滿言旋，攀轅軫戀，逸翮方」舉，俵風先落，以大業九年三月九日終于里舍，春秋五十有八。」夫人王氏，瑯琊人。父廣之，并州司馬。胄緒清華，神情婉順，德容」可範，任睦斯弘。俄而移天夙殞，孤稚孑立。夫人抱恭姜之誓，體」孟母之明，撫育窮孩，克隆家業，報德奚爽，不終遐慶。仁壽二年」五月四日卒，粤以大唐貞觀□年十一月十六日合葬于洛州」洛陽縣北邙之山，禮也。夫藏舟易改，桑海難期，不有鐫勒，徽音」莫紀。迺爲銘曰：」

崇基肇構，因邦啓族，仁義前標，英才後育。猗歟慶緒，聯蟬允淑，」迪茲二世，參臺作牧。公侯必復，道賁洪源，質挺筠桂，文馥蘭蓀。」禮樂胥悦，詩書是敦，對策金馬，高步玉門。玉門伊何？校書驎閣，」且詳且綴，或酬或削。投卷陪麾，庸勳是酢，一邦毗贊，千里驥躍。」甫春强仕，俄秋物化，明世掩暉，幽泉税駕。霜郊藹曉，風松吟夜，」徽烈可傳，光陰不舍。」

（録自《芒洛冢墓遺文》卷上）

貞觀〇五六

【蓋】王君之銘

【誌文】

隋故儀同三司王府君墓誌銘并序」

君諱護，字乾福，太原人也。若夫秦朝名將，離剪戡止煞之功；漢」世能官，吉駿彰誠感之德。侍中摛文華之藻，司徒擅儒雅之宗，」紛紜圖牒，可略言矣。祖建，周車騎大將軍、開府儀同三司、石泉」縣開國公，三河冠冕，令問令望。父珍業，襲爵，改授晉陽縣開國」公，食邑七百户，海内羽儀，如蘭如芷。公稟氣淳和，率性忠孝，風」神凝遠，器局弘深。牆仞嶷而難窺，清瀾游而可泳。文兼曹馬，武」蓋蕭韓。授左勳衛，俄遷率都督。屬隋室未寧，東南尚警，江左僭」號，積有歲年。聖朝留顧，將一區宇。公乃束髮遄征，□效忠列。雖」去病之辭第，樊會之横行，詎比此英雄，方兹壯勇。□殞逾於千」古，忠列顯於一時，加授儀同三司、朝請大夫，蒙賜千段，粟千石。」豈謂西轡不停，東川電謝，遽發高堂，言歸窀穸。以大業五年十」月十九日，終於洛陽私第，春秋五十有九。夫人路氏，體貌端華，」風儀秀朗，四德光備，六行聿修，生榮死哀，偕老同穴，春秋八十」四。大唐貞觀十一年二月七日，終於私第。以其月廿九日，合葬」邙山，禮也。恐丘谷屢遷，封樹無記，式鐫玄石，乃爲銘曰：」

崇基巖巖，洪源濔濔，係自周胤，績宣秦始。文宗映世，儒林代起，」弈葉簪纓，芬芳圖史。」門承貽祉，誕此若人，超羣拔俗，光輩絶倫。濯纓筮仕，委質辭親，」如松挺操，如竹含筠。」東南尚梗，海内未清，乃命上將，是討是平。桓桓夫子，從軍遐征，」勳效載顯，禄秩加榮。」東川電逝，西轡難留，遽辭華館，即宅荒丘。冥冥萬古，杳杳千秋，」乃鐫玄石，永勒徽猷。」

（周紹良藏拓本）

貞觀〇五七

【蓋】 劉夫墓誌

【誌文】

大唐校尉陳公故夫人劉氏墓誌□銘」
夫人諱□，字孃孃，徐州彭城人也。□□□□酆公後也。先祖」潛形嵎嶺，懋王之瑞已彰；遊神□□，□靈之祥先見。乘雲蹈」霧，□旨無方；經天緯地，粤有廿□。帝交錯人倫，彈壓四海，綢」繆靡絶，逮於蜀宋，苞拓宇宙，五百餘載，濟濟有漢，伊余晟矣。」祖質，周荆州刺史；父伸，河東縣開國男之大女也。夫人淑信」貞順，儉而中禮，沐四德以訓閨闈，敷六行而敦蘋藻。儀洽規」矩，禮合緣情，進則渙爛相輝，退則□濟□映。二九早笄，娉歸」陳氏，文禪班姬，德邁梁婦，終温且惠，淑慎其身，名全體正，受」之父母，遵事舅姑，以佐君子，靡□□失，貞順之始也。非姑之」制不服，非姑之禮不説，非姑之行不履，非姑之矩不則，非典」不言，非法不動，口無詄言，身無誤行，然後贊揚陰德以承宗」祀，爲母□□具焉，爲婦之道畢矣。構疾連稔，頗弭年月，藥餌」所不痊，針灸所不愈，倏然棄世，以大唐貞觀十一年歲次丁」酉，六月甲寅朔，十九日壬申，終於洛陽縣餘慶鄉里第，春秋」卅有七。粤以其年七月癸未朔，二日甲申，葬於邙山之陽，禮」也。女誡成範，女箴成式，覩貌知興，奉酒薦德。目不邪視，耳不」聽惑，唱和既諧，夫正婦直。其詞曰：」

神龍胤緒，德冠終始，經緯文武，萬物所恃。陽唱陰和，天地之」美。其一。粤有人倫，萬靈之族，誕生貞順，與物齊琁，男忠女順，夫」和妻穆。其二。男號女叫，心胸摧烈，飛軒蓋動，身崩志折，撫櫬長」辭，嗚呼永絶！其三。」

（周紹良藏拓本　河南千唐誌齋藏石）

貞觀〇五八

【蓋】失。

【誌文】

大唐故左驍衛將軍上柱國安山縣侯羅君副墓誌銘并序」

公諱君副，字進成，齊州歷城人也。若夫因生賜姓之基，命氏建」邦之始，並備諸典册，無俟詳焉。曾祖和，周中散大夫、冠軍將軍，」濟南太守；祖皓，齊亭山縣令；並存恤鰥寡，推心厲物，吏畏其威，」民懷其惠。父曠，本州主簿、朝散大夫。公幼而驍勇，善運籌策，恥」一夫之劍，蚩三冬之勤，賤枝葉之浮辭，存規矩之直行。義旗肇」建，挺身降欵，授上開府，尋爲長槍馬軍副總管。竭力戎行，剪摧」凶寇，授上柱國，又轉授秦王府驃騎將軍，又轉秦王府左」一統軍、左四府右車騎將軍，封安山縣子，尋進封安山縣侯，食」邑七百户。又遷太子左監門副率，尋授左勳衛四府中郎將，又」轉右衛右翊衛一府中郎將。定賞廉惠，譽高於段熲；撫巡將士，」恩重於臧旻。以公志力昭果，幹局沉濟，誠表歲寒，效宣禦侮，授」壯武將軍，守左驍衛將軍，尋便即正。昔王濟以才尚美茂，始莅」此官；荀愷以智器明敏，方臨斯職。比之於公，足爲連類。方振英」聲，共金石而無朽；溘如朝露，隨蒲柳而先彫。以貞觀十一年七」月八日遘疾，終于洛陽，春秋卌有二。皇情軫悼，乃詔有司，」葬事隨由備辦。以其年八月廿一日葬於洛州洛陽縣邙山之」陽。軀長筮短，陵貿谷遷，勒景行於玄石，庶芳猷之永傳。嗚呼哀」哉！乃爲銘曰：

又以八月十九日敕謚開國侯罡公第。」

昇龍之族，有熊之胤，縱諜謀楚，掌弃仕晉。弈葉簪紱，踵武英俊，」禮義不愆，忠孝斯徇。爰誕奇秀，果毅雄武，功冠李程，譽牟申甫。」與善無徵，俄悲今古，空羅容衛，虛陳遺祖。風雲悽慘，原野芸黃，」丘隴崇峻，壯心消亡，幽泉無曉，聲烈終揚。」

（周紹良藏拓本）

貞觀○五九

【蓋】失。

【誌文】

隋通事舍人長孫府君并夫人陸氏墓誌」

公諱仁，字安世，河南洛陽人也。昔魏有天下，咸建懿親，爰分十姓，義高□凱，」故能貽厥繁衍，垂之長久。朱輪華轂之茂，公門卿族之美，煥乎方册，可得言」焉。曾祖裕，魏武衛大將軍太常卿平原侯；器宇崇俊，識度弘偉，行實楷模，言」爲範則。祖兕，魏左光禄大夫，周勳絳熊三州刺史平原侯；令德洪勳，風猷繼」踵。父熾，隋大理大卿民部尚書靖公；位亞台階，分珪上爵，聲冠朝倫，道敷民譽。」公稟秀氣於岳靈，含英華以挺質，擅珪璋於弱歲，振鋒穎於妙年。至於博覽」經籍，兼綜文史，莫不究極幽源，研精幾要，問望載遠，領袖攸歸。隋開皇十四」年，詔舉賢良，用釐庶務，應詔被舉授左領軍府司兵。部分戎律。咸得其所，敷」奏明辯，辭令可觀，乃詔授太子舍人，起居修謁，唯公而已。答詔俯仰，帝用」嘉焉。又除上臺通事舍人，再簡睿哀，事多委使，一居鳳沼，十有餘年，以大業」五年遭艱，因歸私室，居喪過禮，殆將滅性。而服制未終，又詔令檢校河南郡」陝縣令事。于時玄感初誅，餘燼尚梗，三崤谷口，心膂所寄。公體國此任，弗讓」而行。至部布政，威惠兼舉。吏伏民悅，訟息刑清，效逆之徒，討無遺類。事訖聞」奏，追公入朝，當此之時，西戎不賓，□郡屢擾，以公才兼文武，詔遣出征。公揚」麾於青海之濱，大剪白蘭之醜。還旆獻捷，始達東都，已聞隋主崩殂，報命無」所。因侍老母，避難洛州。雖後運屬休明，公猶未舒羽翼。而天不憖遺，頹山」奄及，以武德四年七月十一日終於雍州光德里第，春秋五十一。夫人陸」氏，平原人也。綏德公之孫，安澤公之女。夫人門望清華，家傳禮訓，雅好儉約，尤」尚貞修。方當充此遐年，母儀遺訓；豈謂白駒不駐，徂光忽沉。以貞觀十一年」三月十二日終於光德里第，時年六十。惟公度量溫雅，操履清潔，牆刃九重，」波蘭萬頃，孝敬盡於事親，竭誠所以奉上，方當緝熙大道，燮贊時邕，而景命」弗融，遽從化遠。故以悼傷知友，悲纏行路。豈止歎遺愛於宣尼，追餘風於趙」武，若斯而已哉！粵以貞觀十一年十月廿二日與夫人同窆河南縣瀍澗鄉」之玄室。古往今來，見海桑之或變；天地長久，幾仙桃之屢熟。金石有弊，芳猷」無朽。乃爲銘曰：」

孝爲德本，忠以事君，情勤夙夜，志勵朝聞。研精名實，博覽丘墳，奮飛軼景，駿」足超羣。人間何幾，逝川趣暮，風燭不停，馳輝難駐。霜封宿草，煙浮拱樹，萬」古傳芳，千齡流譽。」

（北京圖書館藏拓本　河南千唐誌齋藏石）

貞觀〇六〇

【蓋】 失。

【誌文】

唐故武城張府君墓誌銘并序」

君諱舉，字思奮，清河武城人也。若夫漢世功臣，留侯誓」□河之績；魏朝金□，中郎表茅土之勳。洪源與江漢爭」□，崇構將嵩華比峻，□□□□，□在兹乎？祖稱，宏才碩」□，冠冕前代；父纂，□□蘊□，羽儀□□。君禀氣中和，□」□□懿，風標茂乎早歲，清貞概乎成立，知世道之難久，」覺榮利而非直，所以□□□□，□□□屣，山林泉石，□」見虛懷，栖遲衡泌，□□原野，□□不□□□君□豈」□逝同西轡遽遊□□□□□□□□□結周□之痛，」以，大唐貞觀十一年□□□□□□□陽私第，春秋七」十有七。夫人安定□□□□□□婉□母儀，齊□南山，」同歸北阜。粤以□□□□□□□□□□□□禮也。有」子興等，克荷□□□□□□□□□□□□□血□誠」□□□隙之□□□□□□□□□□山□□□丘□」□□□□□□□□□□□□□□□□□□□□」嚴嚴□□□□□□□□□□□□□□□□□□文」□叶贊金□□□□□□□□□□□□榮」却□□□□□□□□□□□□□□□□□□□暮□」春□□□□□□□□□□□□□□□懸旌，」縈紆□□□□□□名存身後。」

（河南千唐誌齋藏石）

貞觀〇六一

【蓋】 柳夫人銘

【誌文】

大唐護軍魏王府主簿唐遜故夫人柳氏墓誌銘并序」

夫人諱婆歸，字尼子，河東人也。始導鴻源，纂西周而遠濬；初」分茂族，振東魯以騰芳。自兹以降，台綸遞襲，光諸篆素，可略」言焉。曾祖仲禮，梁尚書僕射；祖彧，隨御史治書；父自然，九門」縣令；並功重任隆，才高譽顯，曳龍章者累葉，趨鳳闕者相輝。」夫人承教義之餘風，禀端莊之美操，三星比曜，四德連華。每」發詠於春書，亦摛文於秋菊。循列圖以著行，鑒女史以成規。」十九之年，言歸君子，躬儉節用，内位剋修，孝敬以聞，言容以」度，怡聲奉箒，事姑之禮盡焉；舉案齊眉，爲妻之儀見矣。豈謂」灰管不留，風霜遂及，生香罕遇，靈草難逢，逝矣浮生，促靈斯」在。以貞觀十二年閏二月廿一日終於洛州，春秋卅有三。即」以其月廿七日窆於洛州河南縣千金鄉千金里北邙山。人」世超忽，山川今古，朝霞始照，忽銷彩於短晨；夜月方輝，奄沉」光於永夕。遂使長原膴膴，空旌節婦之墳；隴樹蕭蕭，徒表貞」妻之墓。嗚呼哀哉！迺爲銘曰：

邈矣長瀾，悠哉盛迹，光兹」三黜，承諸七百，鼎鉉相輝，簪裾赫弈。膺圖淑媛，誕此天姿，含」章挺曜，閲禮明詩，德融内閫，譽顯中帷。式備九儀，言從百兩，」仙路雲飛，巫山珮響，停機奉箒，成規合象。日往月來，煙銷雨」滅，未秋蓮碎，方春桂折，趙瑟徒留，秦簫永絶。悽斷哀挽，蕭條」隴阯，野曠鶯啼，山深霧起，式表貞墳，傳芳無已。」

（周紹良藏拓本）

貞觀〇六二

【誌文】

故大僧堪法師」灰身塔」

大唐貞觀十二」年四月八日造。」

（北京圖書館藏拓本）

貞觀〇六三

【蓋】 失。

【誌文】

大唐潘府君墓誌銘」

君諱基，字令本，清河廣宗人也。大夫開其累構，郎中導其」鴻源，台鉉相承，簪纓繼軌。將軍忠列，茂績著於東吴；邑宰」文華，摛藻振於西晉。紛綸圖史，可略言焉。祖歡，魏龍驤將」軍、諫議大夫、城陽縣男，食邑百户。人倫冠冕，朝野羽儀。父」國，齊行參軍；忠概成名，經邦垂範。君禀靈川岳，神襟虚曠，」氣調淹雅，局量沉深。加以行義絶倫，誠信待物，淳篤之譽，」聞乎州里。由是藉甚騰聲，羣公矚望。隋蜀王，皇之寵子，名」重諸蕃，莫府初開，妙簡賢俊，乃召君爲記室參軍，禮接殊」重，特冠羣僚，恩紀之深，言絶今古。及隨運道消，乃告歸鄉」里，靜居衡泌，怡性丘園。九聘之榮，弗概懷抱；三徑之内，宴」處超然。方當剋享百年，光膺五福，豈謂東川迅邁，西轡不」停，遽發高堂，言歸厚夜，以大唐貞觀十二年八月廿一日」終於洛陽私第，春秋七十。粵以其年九月十日葬于邙山」之陽，禮也。有子德行，資敬天成，率由冥至，哀風樹之遂往，」泣過庭之不追，式鐫景行，勒銘泉户。乃爲銘曰：」

泱泱鴻族，綿綿世哲，大夫篤誠，將軍忠列。績盛絃哥，功深」貞節，世禄相承，簪纓靡絶。餘芳不已，載誕英賢，内懷琬琰，」外茂蘭荃。禮義天植，經史門傳，鴻鶱早歲，鷺矯初年。丘園」可尚，榮宦知止，桂冠朝門，毓德州里。居仁履信，怡性任己，」心夷寵辱，志齊終始。樂浮事促，天長地久，窮駼易税，幽夜」方厚。沉沉山足，昏昏隴首，身世永謝，徽烈無朽。」

（北京圖書館藏拓本）

貞觀〇六四

【蓋】失。

【誌文】

大唐滄州景城縣令蕭府」君之銘」

公姓蕭，字瑶，南徐州蘭陵」人。祖詧，梁宣明皇帝；父巖，」梁安平王。大唐任亳州城」父縣令，治政有聞，改任滄」州景城縣令。以大唐貞觀」十二年八月十四日遘疾，」薨於任所；以十三年歲次」己亥二月十七日葬於洛」州河南縣千金鄉。」

（周紹良藏拓本）

貞觀〇六五

【誌文】

僧順禪師者，韓州涉縣人也。俗姓張」氏，七歲出家，隨師聽學，遍求諸法，卌」餘年。忽遇當根佛法，認惡推善，乞食」頭陀，道場觀佛，精懃盡命，嗚呼哀哉！」春秋八十有五，以貞觀十三年二月」十八日卒於光天寺。門徒巨痛，五内」崩摧，有緣悲慕，無不感切。廿二日送」柩於屍陁林所，弟子等謹依林葬之」法，收取舍利，建塔於名山，仍刊石圖」形，傳之於歷代。乃爲銘曰：」

心存認惡，普敬爲宗，息緣觀佛，不擱」秋冬。頭陁苦行，積德銷容，捨身林葬，」鐫石記功。」

（録自《鄴下冢墓遺文二卷》卷上）

貞觀〇六六

【誌文】

唐故壯武將軍行太子左衛副率段府君墓誌銘并序」

公諱元哲，字善明，遼西令支人也。柱史居周，偃息藩魏；道德被於今古，」胤緒詳諸簡册。晉遼西公塵之十三世孫。曾祖粹，魏恒州刺史、金紫光」禄大夫、廷尉卿、華陰縣開國伯，齊通直散騎常侍、領國子博士。祖仲德，」魏齊州刺史、肥如縣開國公，齊領軍將軍、尉州刺史，食邑四百户。父榮，」齊直閤將軍、潤州刺史，隋右監門郎將。致身徇主，節亮功宣；遺愛在民，」飛聲曜實；謳謡未歇，故老猶傳。公辰象降精，河岳騰氣；識度沉遠，權略」紛綸。孝友表於天凝，仁義由乎門訓；廉平著于歷職，忠慤聞乎縉紳。黄」金之諾靡愆，白珪之玷尤誡。仕隋，任鷹揚郎將、朝請大夫。躬解雁門之」圍，豈謝平城之策；諫幸江都之議，翻慚委輅之言。既而炎運道銷，塵飛」海岳；李密毒深封豕，摇蕩伊瀍。詔遣龐玉爲行軍元帥，授公行軍長史；」軍中指撝，取公節度；以功授金紫光禄大夫，俄加柱國。而釁起望夷，越」王承統平密，授上柱國、蕩寇大將軍。王世充竊器淫名，私假署置，抑授」横野大將軍。孟達權受備官，終非備客；王遵初非漢用，還作漢臣。望古」言今，差多連類。武德四年自東都歸國；今上猶居藩邸，特加禮眷，其」年召補右庫真左右。九年授秦王府别將。貞觀六年授左武衛翊衛」府右郎將。九年，授太子右衛率翊衛府中郎將。十年，授壯武將軍行太」子左衛副率。裴康以名士首選，劉卞以忠義垂芳；比德儔庸，彼多慙德。」徒聞與善，未始福謙；舟壑遽遷，人世俄頃。以貞觀十三年五月十六日，」遘疾終於私第，春秋六十有」一。儲皇軫慮，優令便繁，贈物一百」一十匹，禮也。以其月廿八日葬於雍州萬年縣長樂鄉之純化里。惟公氣」藴風雲，心貞松桂；清規莫測，雅量難尋。歷事數君，彌懷一志。雖音儀已」邈，懿範無追；庶芬馥其逾彰，與終古而無泯。式雕沉石，以作銘云：」

指樹遥緒，千木肇姓；其原既清，其流逾鏡。其一。聖賢之後，髦彦挺生；忠資」孝立，勇實仁成。其二。

煬皇巡朔，躬參戎旆；陣解平城，翳公是賴。其三。南征不」反，伊川僭虐；志竭鷹鸇，情非賞爵。其四。

夏亡殷起，項滅歸劉；爪牙鳳闕，掌」禁龍樓。其五。寒由暑往，哀爲樂極；人之云亡，殄瘁邦國。其六。

雲昏素蓋，風嘶」白馬；日落桑榆，煙凝松櫝。其七。陵谷遷改，朝市淪亡；金石斯固，蘭菊猶芳。」

（録自《西安郊區隋唐墓》）

貞觀〇六七

【蓋】 張君之銘

【誌文】

大唐故張君之墓銘」

君諱騷，字孝質，南陽白水人也。表海承家，大風唯烈，」鍾鼎其常之盛，宏才雅道之尊，羽儀三代之英，含弘」百官之富，聲芳帝載，望高天下。曾祖外，齊以討擊南」狭，考勳上第，詔授鎮東將軍，固世德之英靈，爲人」倫之宗匠。祖伽，隨任大都督，早著英聲，夙騰名譽，宣」風作範，寔帷良牧。君隨慕討遼，敕授建節尉。然地」籍高華，基構崇遂，恢恢有國士之風，鬱鬱負沖天之」氣。所以寶劍出自昆吴，明珠生於合浦，言行遊聖人」之室，人義入先王之廬。西晷不留，東川長逝，百齡俄」頃，六疾云及，空希大椿，甫從朝箘。以貞觀十三年十」月十三日薨於河南縣思恭之里第，春秋六十有三。」即以其年歲次己亥十一月己亥朔，四日壬寅，窆於」芒山北之千金鄉欅村西三里。殯堂夕啓，靈轜霄載，」奄從窀穸，式遵丘墓。長子滿才，次男五郎等，率性貞」簡，至情孝悌，改安真宅，言歸舊塋。迺爲銘曰：」

高門不墜，長發其祥，四履餘慶，百世重光。資神介福，」縱德含章，美哉鴻漸，焕矣龍驤。言從小學，優柔武史，」鳳毛麟角，合浦蘭芷。凝雲鬱鬱，薄霧霏霏，一從長夜，」千古無歸。式旌丘墓，泉門奄扉，于嗟荒壟，空流月輝。」

（周紹良藏拓本　河南千唐誌齋藏石）

貞觀〇六八

【蓋】失。

【誌文】

故張君夫人秦氏之銘

夫人諱詳兒，字尼子，懷州紞止人也。始導鴻源，」纂西周而遠濬；初分茂族，振東魯以騰芳。曾祖」海，岐州刺史；祖達，貝州録事參軍；父亮，早著英」聲，武當文位；並功重任，才高譽顯。夫人承教義」之餘風，禀端莊之美操，三星比曜，四德連華，十」五之年，言歸君子。躬儉節用，内位剋修，孝敬以」聞，言容以度，怡聲奉箒，事姑之禮盡焉；舉案齊」眉，爲妻之儀。豈謂灰管不留，風霜遂及，生香罕」遇，靈草難逢，逝矣浮生，促齡斯在。以貞觀十四」年歲次庚子正月七日卒於私第，春秋八十。即」以其月己亥朔，十七日乙卯，窆於千金鄉之里。」長子朗、次男舍利等率性貞閒，至情孝悌，改安」真宅，言歸舊塋，乃爲銘曰：」

逖矣長瀾，悠哉盛迹，光兹三黜，承諸七百，鼎鉉」相輝，簪裾赫弈。式備九儀，言從百兩，仙路雲飛，」巫山珮響，停機奉箒，成規合象。日往月來，煙銷」兩滅，未秋蓮碎，方春桂折，式旌華墓，泉門永絶。」

（周紹良藏拓本）

貞觀〇六九

【蓋】 失。

【誌文】

唐故弘農楊府君墓誌銘并序」

君諱士漢，字子泉，弘農華陰人也。錫珪祚土，著列位於隆」周；疏壤命勳，有大功於炎漢。俊乂踵武，珪璋爛庭，四世五」公，聯徽靡絶。祖惡，齊車騎將軍、武陽子、遼西北平二郡太」守；器標瑚璉，才稱武庫。父雋，周廩丘縣開國伯、上蔡縣令；」巖巖千仞，汪汪萬頃。君禀性中和，資靈上善，居信履義，率」禮蹈仁，雅度無方，風神自遠，鄉黨親友，咸敬異焉。故能德」著風謡，弓旍爰降，起家爲守節縣主簿。謙撝顧道，闇室靡」欺，言行與人，晦明無爽，有一於此，鬱爲茂範。聖主龍興，」委身莫府，載宣勞效，爰立元勳，貞觀十年，蒙授陪戎副尉。」既而道悠世短，川流電逝，以大唐貞觀十四年六月十九」日，終於私第，年六十有六。惟君自少及長，忠恕爲懷，體識」詳明，事無可擇。歎小年之不永，悲大夜之何促，嗚呼哀哉！」以其年七月十一日葬邙山之陽，禮也。有子行倫等，並幼而」純孝，發自天然，泣過庭之靡聞，悲陟岵之無見，式鐫玄石，」乃作銘云。其詞曰：

峩峩世禄，餘芳不已，赫赫赤泉，時」惟洪嗣。將軍武功，太尉文史，家積瑾瑜，門多杞梓。貽厥重」世，周而復始。載誕英彦，實曰瑶崐，處衆斯約，在友能敦。依」仁履德，望儼即温，比物連類，馥若蘭蓀。解巾從宦，委質登」朝，綱紀百里，馳聲六條。譽宣莫府，禮過羣僚，如彼松柏，歲」暮後彫。六轡不停，百齡非久，踟躕白驥，逶迤畫柳。沉沉山」足，昏昏隴首，平生已矣，徽音無朽。」

（北京圖書館藏拓本）

貞觀〇七〇

【蓋】失。

【誌文】

魏府君夫人雷氏墓誌銘并序」

夫人姓雷，同州白水人也。祖通，周武衛將軍；父儁，隋虎」賁郎將；或教穆中邦，或威稜遐裔。夫人天姿端淑，神韻」淹和，閱女史則景行班昭，披烈圖則伏膺孟母。年十五，」適于鉅鹿魏氏。蘋藻攸職，恭薦有儀，佩帨承親，怡顏逾」肅。德融內閫，禮漸外姻，容貌超鏘，仁師令範。三載之內，」便誕二男，長息勝冠，花年夭没。見在厥子，少小英雄，汗」馬邊疆，殊勳異效，誠心守節，聖上知聞，特詔授游」擊將軍、潞城府果毅都尉。夫人隨男赴任，忽遇纏痾，慮」月珠之墜深泥，恐白玉沉之穢處，遂捨官歸邑，得届鄉」閭，召集羣醫，不蒙瘳愈。東山藥酒，妄號長年；西域神香，」虛傳保命。福盡緣消，掩同西日。以大唐貞觀十四年閏」十月十五日，終於敦厚里之第，春秋九十有四。魏府君」去義寧二年八月七日先終洛陽之宅，春秋七十有六。」粤以其年十一月三日，合葬于洛陽宮城東北五里邙」山，禮也。谷變陵遷，時移世古，敬刊疏文，慰諸泉户。銘曰：」

窈窕白水，鉅鹿良賢，勳高蔭重，釋褐黃門。階庭趨驟，背」闕扶輪，生平慷慨，意在風雲。其一。青松蓊鬱，白柳森天，墳」高漢□，□比孤村。雙羊俠路，石柱排前，門庭高闕，望似」平原。其二。生時婉約，死共纏綿，今身且足，後代難論。一辭」白日，永絶知親，精神何在？」空有遊魂。」

（周紹良藏拓本）

貞觀〇七一

【蓋】失。

【誌文】

前梁開府漳川郡太守山陰縣開國侯」孟府君墓誌」

君諱保同，字德會，平昌人。祖粲之，仕梁」武帝，爲通直散騎常侍。父智略，仕梁宣」帝，爲開遠將軍、上明太守、山陰縣侯。殉」節洞庭，備著梁史。君兄弟孤遺，梁宣帝」命入宮内撫養，出仕梁孝明帝，爲開府」漳川太守，襲封山陰侯。梁渡江南，入陳」爲臨川郡太守，至隋致仕不宦。隋大業」玖年卒，春秋柒拾有五。夫人郝氏，以大」唐貞觀拾肆年歲次庚子拾壹月玖日」合葬于洛州洛陽縣清風鄉。男光慶，仕」唐爲臨黄令。」

（周紹良藏拓本）

貞觀〇七二

【蓋】失。

【誌文】

君諱孝長，字仁宗，清河廣宗人也。司徒流詠，美著温柔之篇；大夫」稱伐，聲高屬詞之典。靈慶被乎千祀，俊乂復乎百世。何□珩璜相」照，故亦杞梓成列。曾祖愿仁，魏河間太守、輔國將軍；化被四民，威」震千里，攸稱不朽，寔結遺愛。祖雙驩，魏龍驤將軍、諫議大夫、城陽」縣男；文能佐時，武足戡難，體同貞幹，寄深藥石。父珍國，齊開府長」兼行參軍；外混泥塵，内守清白，忘懷得喪，同符真隱。君以高門流」祉，華宗餘慶，早標芳價，少有令名。志學之年，聞詩聞禮；弱冠之歲，」且武且文。材力絶人，風流邁世。既而運乖命舛，時窮道喪，置猴猨」於籠檻，步騏驥於庭除。懷瑾握瑜，固無所示；履仁蹈誼，諒不爲己。」既迫時政，復牽世網，出身崇訓府隊正，非其好焉。罇俎自可服膺，」干戈固非所學，俄而謝病免，終于家，春秋四十有五。嗚呼哀哉！昊」天不弔，斯人長往，里閈輟杵，行路興悲，如可贖兮，人百何恨！夫人」趙郡李氏，戴州司户參軍羅雲之女也。作配君子，剋諧琴瑟，終焉」共穴，已矣同歸，足以淒斷風雲，悲涼草樹，母儀流而不墜，婦道仰」而踰遠。有子德倫，天性純至，嗟日月之流速，痛風樹之不止，式遵」舊典，改卜宅穸，越以大唐貞觀十四年太歲庚子十一月十日合」葬于邙山之陽洛陽縣之清風里，嗚呼哀哉！將恐天地長久，陵谷」遷易，刊懋實於佳城，傳不朽於金石。其銘曰：」

司徒佐周，大夫仕楚，昭彰往烈，蟬聯素緒。驥騁鸞翥，龍馳鳳舉，剖」符列郡，分珪錫宇。高門餘慶，寔誕英賢，齠年對日，穉齒參玄。心侔」勁矢，言同寫泉，既羅霜雪，方晤貞堅。生涯有極，人世無定，空歎波」瀾，徒哀時命。顔回夭閼，原思貧病，莫測天道，何論景行。猗嗟夫子，」同彼古人，得性泉石，忘懷搢紳。安時處順，體道含真，奄移舟壑，俄」散風塵。天地長久，陵谷遷移，哀怨多緒，昭質未虧。琬琰可勒，丹青」可施，既封既樹，斯銘在斯。」

（北京圖書館藏拓本）

貞觀〇七三

【蓋】失。

【誌文】

君諱孝基，字令本，清河廣宗人。胤自有周，筮仕於晉。司徒五教，道著」温柔；大夫九能，事烈於微宛。風流踰遠，音徽若存，門伐家聲，不待揚」榷。高祖愿仁，魏河間太守輔國將軍；道映循良，功列邊塞，稜威被物，」遺愛在民。曾祖明，魏都曹尚書；高情遠量，川迴岳跱，含章秀出，朝望」國華。祖雙歡，魏龍驤將軍、諫議大夫、城陽縣男；材實天挺，人兼地望，」獻替攸歸，折衝是屬。父珍國，齊開府長兼行參軍，苑囿仁義，馳騁墳」典，道同先覺，慶流後昆。君禀性沖和，遊心虛白，坐忘萬物，獨得懷抱。」伯陽道德之旨，仲尼禮樂之埸，足以代彼耕耘，同斯漁獵。留連山水，」脱落風塵，近契濠梁，遠叶箕潁。牽茲世網，迺從時役，起家隋滕王府」記室參軍。軒冕若驚，鍾鼓不樂，未幾去職，以從所好。樂天知命，居常」待終，以貞觀十二年八月廿一日寢疾，卒於私第，春秋七十。嗚呼哀」哉！惟君恬淡貞固，少私寡欲，動必退讓，不爲物先。無悶反於太初，希」夷合於至道。所謂天地一指，物我同致者歟？忽謝大年，奄從遠日，有」識慜痛，里仁流涕，何止金鄉白馬，豫章生蒭而已哉！夫人隋元城縣」令范通之女也。宛彼幽閑，成斯嘉偶，百行兼備，四德遠聞，訓子無俟」三移，事夫寧勞一割。修短有數，終始同歸，倏焉今古，嗟乎冥漠。有子」德行，天性孝友，風樹不止，穹倉靡訴，泉路永往，泣血無追。粤以大唐」貞觀十四年十一月十日，合葬於洛陽邙山之陽。嗚呼哀哉！何金石」之不朽，同孝思而無匱，與天地而並存，流德音而不墜。其詞曰：」岐山奕奕，豐水悠悠，丹鳳表瑞，赤雀告休。本枝百世，分葉千秋，令聞」令望，爾公爾侯。司徒公府，大夫卿材，爽氣雅度，焱舉川迴。靈慶斯積，」日□去來，門耀朱紫，階列陪臺。篤生我君，攸資一德，是曰道樞，□爲」玄極。丹穴養毳，朝陽矯翼，非梧不栖，非竹不食。皎然貞白，不染塵諠，」方峻衡岱，比潔鴻鵷。無勞去色，何嘗避言，忽同蒙吏，翻入梁園。人世」推遷，陵谷迴換，露霑宿草，風淒舊館。禮輟鄰杵，哀生里閈，山寒霧苦，」隴暗雲愁。服□拳踢，居人淚流，一刊玄石，空悲白楸。」

（北京圖書館藏拓本）

貞觀〇七四

【蓋】無。

【誌文】塼。

貞觀十五年二月朔」壬辰廿三日甲寅，交」河縣民鎮西府内將」任阿悦妻劉春秋六」十有三，以虬𢳗靈殯」葬斯暮。任氏之墓表。」

（録自《高昌磚集》）

貞觀〇七五

【誌文】

唐故慧靜法師靈塔之銘」

法師諱慧靜，河東聞喜人也，俗姓裴氏，晉吏部」郎楷之裔胄。師幼懷穎悟，器宇澄明，信冠蓋如」浮雲，棄簪纓猶脱屣。年十有四，發志出家，望大」道而孤征，趣菩提而一息。至於三藏奥典，精思」幽求；十二博文，討窮漁獵。於是鈎深致遠之」照，恬悦性靈；符幽洞玄之鑒，惔焉自逸。法師雖」復羣經遍學，而十地偏工，伏膺有年，談麈方舉。」但以屬逢隋季，僞教陵遲，紺髮金言，櫛風沐雨，」感斯流慟，悽斷傷心，遂輟聞思，盛修功德。經凡」一切，像集數軀，特造一堂，莊嚴供養。爾其雕櫟」晝栱，粉壁朱墀。像則鎣以丹青，經則闕文續寫。豐功粗畢，景業且周，師寢疾彌留，」漸衰不愈。春秋六十有九，」以大唐貞觀十五年四」月廿三日卒於寺所。弟子法演，早」蒙訓誘，幸得立身，陟岵銜恩，展申誠孝，闍維」碎骨，遷奉靈灰，鑿鏤山楹，圖形起塔，銘諸景行，」寄此雕鐫，盛德徽猷，庶傳不朽。其銘曰：」弈葉冠蓋，蟬聯世襲，有覺煩籠，簪纓羅縶。四生難寄，三」寶易依，通人憬悟，落髮爰歸。戒定慧□，聞思克勵，彼岸」未窮，奄辭人世。孝誠追感，圖形晝像，顗覲神儀，時申敬」仰。山虚谷静，松勁風清，勒諸巖岫，永播鴻名。」

（録自《鄴下冢墓遺文二卷》卷上）

貞觀〇七六

【蓋】失。

【誌文】

大唐處士故賈君墓誌銘并序」

君諱仕通，字仁徹，河南洛陽人也。昔大夫弱冠，摛藻」掞乎漢庭；太尉壯年，宏謀安乎魏室。軒冕弈葉，文武」英奇，輝奐國史，芬芳家諜。祖謨，齊定州長史；父寶，隋」本州州都；既摽席首，等彼吴良；品藻州閭，實同潘秘。」君玉山遺種，蘭畹餘芳，生而岐嶷，風神凝遠，仁孝天」性，藝業生知。不應嘉招，靜居衡泌，樂天知命，銷聲物」表。座客恒滿，罇酒不空，物我混齊，虚舟容與。籠二儀」於形内，挫萬物於筆端。學圃詞宗，人師世範。年未辰」巳，夢楹俄及。積善無徵，斯言信矣。以大唐貞觀十五」年歲次辛丑四月丁卯朔，廿六日景辰，遘疾終於私」第，春秋四十有六。嗚呼哀哉！君言行無擇，處逸居貞，」温恭信義，可謂淑人君子。即以其年五月辛酉朔，十」二日壬申，窆於邙山之陽。恐陵谷遷貿，景行堙滅，式」旌泉壤，乃作銘云：」文儒靈胤，公侯慶祉，英賢世出，篤生令美。重兹蘿薜，」輕斯青紫，散髮丘園，銷聲朝市。德總四科，伎苞六藝，」知命爲樂，不夷不惠。武僭石殞，少微星翳，風折芳蘭，」霜彫貞桂。一辭白日，永閟玄門，大鳥臨壙，素馬遥奔。」古松風切，新隴雲昏，生意雖盡，生氣長存。」

（周紹良藏拓本　河南千唐誌齋藏石）

貞觀〇七七

【蓋】 薄夫人銘

【誌文】

夫人薄氏，雁門代人也。漢文帝太皇后之苗裔。祖」德讓，以行著鄉閭，名聞朝野，藝文冠世，遐邇具瞻。」父元禮，弱齡聰敏，宏贍洽聞，孝敬盡於事親，誠信」篤於交友，蟬聯纓冕，詳諸簡牘者矣。夫人婉順天」然，淳和約己，女史仰以爲誡，婦道章乎母儀，修五」禮以居止，履四德安容，恭敬悦於舅姑，貞操溢於」於閨閫，廉潔鎮乎厥志，嫉妬不生於心，性若松筠，」儉而專壹。何其逝水不留，電光奄謝，上天不弔，殲」此良人。粤以貞觀十五年五月七日寢疾，薨於洛」陽縣嘉善里私第，春秋六十有二。即以其月廿五」日葬於邙山，禮也。有子弘爽、弘藏，陟彼屺而懷歎，」顧風樹以長號，哀結征雲，酸感行路。豈直春者不」相，里巷以之不歌，悲恩育之永離，痛陵谷之遷易，」勒銘旌善，其詞曰：

赫矣薄后，以配漢皇，既」有令問，如珪如璋。鵲巢之化，淑慎惟良，飛名帝紀，」沉跡未央。其一。厥有緒餘，遠承嘉祉，風流冠世，名播」遐邇。人倫是欽，交友標美，信誠斯著，孝敬攸履。其二。」載誕淑媛，貞潔温柔，女箴爲誡，母儀聿脩。享年不」永，奄從電流，泉扃一閉，去矣千秋！其三。」

（周紹良藏拓本）

貞觀〇七八

【蓋】失。

【誌文】

大唐處士梁君墓誌銘并序」

君諱凝達，字靜通，洛州河南人也。其先自少昊五帝」之宗，靈源始系；伯益九官之望，休蔕方華。其後良宰」之輔東京，鼎臣之佐西晉，人焉代有，世載不顯。祖將，」魏將軍廣平太守；妙精戎律，深察治方，允武允文，是」蕃是扞。父憘，魏隴東王參軍事開府參軍事。栖遲王」佐，轥轢望府，非其所好，聊以取容。君齠歲早成，弱齡」夙慧，孝自天性，敏若生知，睠彼犧牛，有莊周之感；觀」諸廡鼠，息李斯之驚。養志丘園，惡人間之多事；遊心」真際，察正覺之玄微。捨施罄家，歸依忘倦，冀神功是」效，福善有徵。豈其在己忽加，夢楹遂及，春秋九十有」一，以大唐貞觀十五年八月十二日終于景行里第。」即以其年歲次辛丑九月己未朔，十五日癸酉，卜窆」於北邙山千金里。哀子孝基等，至孝過禮，殆將滅性，」親朋觀請，枯僊若存，海變桑田，山頽朽壤，式鐫玄石，」乃作銘云：」

系乎少昊，派自虞臣，本枝欝欝，其葉蓁蓁。左戚右賢，」挺生鴻族，出蕃入輔，是惟世禄。君之誕降，脱屣塵諠，」遊心真際，委質玄門。玉醴無徵，靈轜飾駕，一飛神旐，」□年長夜。」

（北京圖書館藏拓本）

貞觀〇七九

【蓋】　故侯氏劉夫人墓誌銘

【誌文】

隋滄州饒安縣令侯君妻劉夫人墓誌銘并序」

夫人姓劉，魏郡安陽人也。其先河間獻王之後，冠」冕弈葉，龜組相仍，史籍詳焉，詎可言矣。父綱，隋易」州司馬，弼諧十部，毘贊六條，非唯當境欽風，實使」鄰方慕德。夫人早承家訓，少習女儀，婉娩聽從，風」神有異。年十四，嫡於侯氏，崇舅姑之禮，敦長幼之」風，模範發自閨門，聲譽傳於州里。香名始著，忽喪」天從，守節孀居，强逾數紀。等恭姬之志，同杞婦之」心，親戚訝乎清貞，鄉黨嗟乎皎潔。加以歸女奈菀，」常思八正之因；主意竹園，復想一乘之業。爲此修」營佛像，造作經文，罄竭家資，望垂不朽。豈謂天不」祐善，倏被霜侵，以大唐貞觀十五年五月卒於洛」陽之地，春秋七十有八。即以其年歲次辛丑十月」己丑朔，九日丁酉，瘗於北邙山。但陵谷代謝，物有」變遷，慮有堙沉，遂刊金石。乃作銘曰：」

少等夭桃，長同芳桂，天姿有淑，人風無媲。既擅儀」容，復持齋戒，望垂不朽，何其殞世。似日西傾，如川」東逝，素轜長引，玄門永閉。子姪攀號，親知揮涕，九」迴碎抱，千行灑袂。鳥吟塋側，風悲壟際，痛矣百年，」嗟乎萬歲！」

（周紹良藏拓本）

貞觀〇八〇

【蓋】失。

【誌文】

大唐故交州都督上柱國清平縣公世子李君墓誌銘并序」

君諱道素，清河清平人也。導源帝緒，唐臣系其鴻基；流派星精，」周史揚其休烈。丞相騰芳於炎漢，將軍□績於强秦。冠蓋連陰，」簪裾赫弈。曾祖寶，陽平郡功曹楚丘令；祖辱，橫野將軍、司州從」事；並怡情默語，託志沖玄，言立道存，聲華藉甚。父弘節，杭、原、慶」三州刺史，大理少卿，桂、交二州都督，使持節二州諸軍事，贈桂」州都督廿七州諸軍事，上柱國、清平縣公。叶王佐之材，蘊風雲」之氣，淩丹霄而刷羽，望青璅而飛纓。君金策呈祥，銅鈎表異，牆」宇凝峻，徽猷獨遠。年甫十五，偏覽流略，騁黃馬於言泉，煥彫龍」於學海，綜九能於襟素，苞八體於毫端。竦散風臺，樂山林於止」足；留連月榭，窮綺靡於嘯歌。繼劉德之高蹤，是稱千里；同黃香」之令範，世號無雙。以貞觀十二年隨父任桂州都督。八桂炎蒸，」五嶺鬱結，飛鳶晝墮，木葉霄零。豈逸足未馳，頓籥雲於促路；盛」年税駕，落愛日於曾泉。以貞觀十三年九月廿六日遘疾，卒於」桂州之官舍，春秋十七。以貞觀十五年歲次辛丑十一月戊午」朔，十五日壬申，葬於洛州河南縣千金里之原。痛桑海之式變，」悼縑竹之難久，託玄石以述心，冀英華之不朽。其詞曰：」

遐源淼緬，鴻族蟬聯，馬喙稱胄，龍德居前。公侯接袂，將相比肩，」騰芳千古，世載忠賢。世載不已，誕生才子，萬刃聳柯，三冬習史。」參玄發思，對日標理，等翠松筠，方材杞梓。開襟月觀，解帶風亭，」遒文綺合，逸韻孤征。禮園馳譽，義苑飛名，恭勤著性，孝友天情。」崦光遽落，閱水俄逝，倏忽生平，寂聊人世。墳昏霧積，隧荒風勵，」令德可傳，儀形永翳。」

（録自《芒洛冢墓遺文四編》卷二）

貞觀〇八一

【蓋】失。

【誌文】

大唐故蘇州吴縣丞杜府君墓誌」

君諱榮，字世瑋，京兆杜陵人也。源其本系，錫侯服於周年；語其台鼎，定」金科於漢世。其後元愷博識，創河梁於孟津；弘實多智，樹豐碑於西海。」於是朱輪繡軸，代有其人；玉葉金柯，蟬聯暉映。祖賢，渤海郡守；父華，朝」散大夫；各著英聲，俱流雅譽，譬袁逌之異德，咸述孔經；等羣紀之同聚，」俱陳漢策。君宿承庭訓，早懋家風，學既大成，釋褐補慈潤府司馬。屬隋」季多事，兵車歲動，東征西伐，靡有暫寧。君扈從軍麾，承機領授，策無遺」算，謀合指蹤，在職數年，頻登上第，於兹改選任蘇州吴縣丞。君行合弦」韋，術明韜略，典武則干戈稱比，治民則俎豆常聞。於是捧檄登車，狡猾」望風而屏迹；在振衣布德，姦回藉甚而歸仁。梁竦之不仕州縣，豈獨徒爲」大言；元亮之性樂山水，實亦心存恬曠。在縣一年，遂挂冠辭秩，於是列」墉洛汭，葺宇伊川，慕潘岳之閑居，同季倫之歸引。浸蘭泉於九畹，樹芳」枳於一廛，瞪眄風雲，超然獨往，瞑心芝髓，託好松喬。而藥餌難憑，於焉」遘疾，大唐貞觀十五年歲次辛丑十二月戊子朔，卅日丁亥，殞於時邕」里之私第，粤以其年十二月十五日壬寅，啓疇於邙山之陽。惟君靈府」融朗，道風沖邈，詞林警晤，筆海宏深，事親力養，奉主忠竭，接友存去食」之信，御下躬握髮之勞。加以擯落囂塵，絢情泉石，登山臨水，雅什留連，」春旦秋霄，澄醪賞會。嘆劉楨之逸氣，倏見孤墳；悲元禮之龍門，俄懸繐」帳。於是鷄黍密友，驅征馬而爭來；竹林素契，息流絃而競往。但年代易」謝，陵谷互遷，庶憑貞石，永紀遐天。乃爲銘曰：」

瓜瓞周伯，苗裔漢臣，茅社遞襲，珪組相因。大父玉潤，顯考蘭芬，銀黃繼」踵，代有其人。其一。猗歟夫子！弓冶良裔，性志貞堅，門風孝悌。易練三古，詩」窮五際，智高默識，察明心計。其二。行成名立，彈冠振纓，戎司寧遠，武佐專」城。享鮮益治，盪寇增榮，淑人君子，邦家之英。其三。仲舉方嚴，嗣宗栖逸，惟」君兩備，寵辱齊壹。方慕乘煙，翻然遘疾，膏肓靡救，逝川長畢。其四。倏辭南」館，將徂北芒，途悲白馬，壙掩玄房。松凝宿霧，草結晨霜，庶憑蘭菊，終古」騰芳。」

（周紹良藏拓本）

貞觀〇八二

【蓋】失。

【誌文】

故劉夫人墓誌」

王才粲夫人劉郡君，弘農華陰人也。曾孫帝嚳之胤，」唐堯之苗裔，劉司徒之後。窈窕之質，關雎之首，貞心」之德，顯於百篇，惟女之身，備兼之□。又行四德，陳播」揚名，聲騰今古，譽於京洛。著在前經，論王氏粲，衣纓」代踵，冠蓋相輝，茂績顯於丙州，景行著於東觀。往因」末壤，沉没失無，粲息不立，宦由移貪，至此家門。宣風」設教，禮讓常遵，昆季居諧，不忍三荆之别。息等性敦」儒業，志慕文風，繼父之以欽明，孫亦夙經庭訓，王氏」劉郡君既因之以餘慶，又重之以貞德。昊天不弔，春」秋八十，以神龜大唐貞觀十六年二月十日丙薨，至」其年其月廿四日，葬於邙山西北二里瀍水之陽荒」源之側。其辭曰：」削成構趾，積石開源，温温玉潤，鬱鬱椒繁。既名水鏡，」復曰鶽鶵，雙珠愧寶，二龍徒翻，謹鐫之誌，萬代而傳。」命捐蘭蓀，經千永靡，白眉超常，黄中通理。業顯山河，」名光素起，千刃方崇，一匱先止。川逝不留，龍化無待，」長河易傾，修夜難改。杳杳三泉，沉沉千載，蘭菊徒芬，」金石空在。」

（周紹良藏拓本　河南千唐誌齋藏石）

貞觀〇八三

【蓋】失。

【誌文】

大唐故劉府君墓誌銘并序」

君諱粲，字休明，彭城人也。沛邑漢高之胤矣。公侯弈葉，」冠冕相趨，竹帛傳芳，可略而言也。祖禮，齊相州成安縣」令，民懷其惠，吏畏其威，政績克宣，化成朞月。父神，温良」克恭，宗黨攸欽，慈惠叶和，遠近稱譽，起家爲齊左親侍，」以驅策恪勤，轉補左直長。君幼而明敏，夙好琴詩，義府」宏深，文場秀峙，敦茲松竹，挺彼珪璋，貞亮逾時，風流蓋」世。大隋之初，以廉絜聞，州縣累召，辭不赴命。於是養素」一丘，去來三逕，怡神釋部，遊性玄言，放曠」不羈，清虛攸」履，或長嘯以慠世利，或行誦以避時危，志不雜於囂塵，」情豈嬰於榮禄。風雲罔踰其彩，蘭桂未究其芳，高尚不」羣，雅得懷抱，享年不永，奄從電謝。粤以貞觀十六年六」月九日卒於洛陽縣淳俗里私第，春秋六十有四。以其」月廿五日葬於邙山，禮也。有長子元裕，攀號泣血，擗踴」傷心，哀慕禮過，殆乎滅性。悲萬古而遂往，痛一去而不」追，昭謹勒銘，式旌泉户。其詞曰：

豐沛開基，派流啓族，世挺人英，時標驥騄。嬋聯冠冕，弈葉天禄，播美」華章，流芬簡牘。其一。猗歟夫子！風神秀睿，覈玄玄以無爲，」談空空而慠世。日月不居，遽淪川逝，一謝三光，千年萬」歲。其二。松風悲野，隴日昏天，生者非後，死亦非先。世塗勞」惑，誰能辯旃，聞鷄鳴兮不曉，何永夜兮緜緜。其三。」

（周紹良藏拓本）

貞觀〇八四

【蓋】失。

【誌文】

大唐昆沙妻楊夫人墓誌銘并序」

夫人姓楊，字玉姿，弘農華陰人也。源瀾啓其周室，盛」業隆於漢朝，叔節四世知名，伯起五侯受稱，匪直詳」諸史策，實亦備在良謡。祖定國，周右衛將軍；出典戎」師，入陪軒陛。父彪，河陰縣主簿；位總六條，職參案首，」操刀本邑，衣綿故鄉。夫人誕斯貴族，應此挺生，無勞」班氏之誡，妙合女儀；不覽内則之篇，尤明四德。但石」火易盡，電影難留，日落西山，流光詎幾。春秋五十有」一，大唐貞觀十六年六月乙酉廿五日己酉遇疾無」痊，殞於私第。即以其年歲次壬寅七月甲寅朔，廿日」癸酉，窆於河南縣千金鄉北邙山之原，禮。其地南瞻」伊闕，北帶長河，右顧王城，左逮平樂。孝息仁軌，居喪」逾禮，毁過滅性，慮居諸不駐，陵谷貿遷，日往月來，桑」移海變，寄鐫玄石，式紀洪音。乃爲銘曰：」悠悠遠系，渺渺長源，拓宇周室，疏基漢蕃。隨珠間出，」荆玉叢繁，承茲慶祉，代有英賢。孝子哀深，義夫悲慟，」昔日歡迎，今晨啼送。望祧增酸，瞻墳益痛，」三光分阻，」九泉希從。東流逝水，西傾落日，百齡過隙，倏焉斯疾。」靈芝少驗，人世辭畢，瘞矣玄宮，長埋闇室。」

貞觀十六年七月十八日」

（周紹良藏拓本）

貞觀〇八五

【蓋】失。

【誌文】

唐故張君墓誌」

君諱行密，其先隴西原北人也。□祖」崇基，隋岐州刺史，□□輕徭薄賦，民」皆□仰。父素德，黃門侍郎。於大業」元年敕往江南，由此思退，遂移家揚」州江陽城東之育賢村居焉。君兄弟」三人，而君先仕，於唐貞觀十四年，進」爲給事中。正期志展□才，豈料□生」疾篤，還歸故里，至十六年四月二十」六日，奄終于揚州江□育賢村私第，」享年三十有七。子二：長曰榮，次曰炳，」皆幼。泣血哀訴，卜兆吉辰，以其年九」月十二日窆于育賢村西嘉禾鄉之」原，禮也。恐年久地易，故刻兹石永記。」

（周紹良藏拓本）

貞觀〇八六

【蓋】失。

【誌文】

大唐故大將軍張府君墓誌」

府君諱孝緒，字　，南陽白水人也。祖勗，父則，」隋任沙州刺史。府君少有英才，志存節義，風」流禮樂，代有其人。隋大業五年，從駕遼佐，授」大將軍。治方百里，德行嘉猷，撫導黎元，剛柔」軌則。武德五年，授鄭州陽武縣令。貞觀十年，」改任兗州曲阜。秩滿還京，至十六年九月廿」七日，在路構疾，汴州薨背。其年六十有九。安」窆於北芒山。春秋遞代，哀隴𨻳之將亡；陵谷」有遷，懼決流之或徙。嗚呼哀哉！乃爲銘曰：」

壯士一朝，奄從千載，名傳身後，風雲慷慨。玉」樹先彫，珠從掌碎，永誌泉埛，以貽後代。」

（周紹良藏拓本）

貞觀〇八七

【誌文】

慈閏寺故大智迴論師灰」身塔，貞觀十六年十月十」日終於山勝所，刊石記言。」

（北京圖書館藏拓本）

貞觀〇八八

【蓋】 劉君墓誌

【誌文】

隋故西平郡化隆縣長劉府君墓誌銘并序」

君諱政，字弘矩，瀛州河間人也。中山靖王之後裔，自是」世德家風，備諸方册。祖遵，魏秀容郡太守；父誕，齊盱眙」縣令；或治合理繩，或化覃千室。君禀氣三河，承芳九畹，」神資朗秀，雅量清沖。隋開皇十四年，起家普潤縣尉。仁」壽之末，遷鴻臚掌客。大業七年，行化隆縣丞。君既器範」弘深，風儀峻整，恥居下位，常欲挂冠，懼貽譴責，超然獨」往。但此縣荒弊，久闕長官，君兩佩弦韋，俱隆賞罰，曾未」朞歲，風化大行。尋有詔使，欲進君以餘職。合境民吏，忘」食輟耕，班白盈途，叩馬陳請。大使旌異，表狀上聞，還授」化隆縣長。從民望也。俄而隋道棟傾，羣兇呑噬，皇輿舟」覆，海水横流，野有遺骸，路無歸櫬，鄉關地角，對窮壘而」長愁；親戚天涯，望雲端而遥注。於是膏荒結疢，和緩無」徵，以大業十三年七月十五日卒於化隆縣之官邸，春」秋五十有七。夫人董氏，隴西逖道人也。家傳孝友，母儀」斯著，以貞觀六年九月十八日終於陽城縣潁曲里之」山第，春秋六十有六。粤以大唐貞觀十六年歲次壬寅」十一月癸丑朔，廿日壬申，合葬於洛陽縣北芒山王羽」村之北一里。長子志寂，早預桑門，凝心實諦，思陶器之」靡日，愿析骨之何由。式啓黄壚，勒兹玄石，庶芳猷與天」壤相畢，懋範配日月俱懸。爰命幽人，乃爲銘曰。」（下泐）

（周紹良藏拓本）

貞觀〇八九

【蓋】盧府君夫人馮氏墓誌

【誌文】

大唐吏部將仕郎范陽盧府君妻馮氏墓誌銘」

夫人姓馮氏，長樂信都人也。漢光禄勳奉世之後，燕昭成」皇帝七世孫。宗流横瀉，控溟渤以疏源；懿德是生，挺珪璋」而播美。中尉老成，名顯於論將；西河宏畧，業著於佐時。清」徽芳烈，鬱乎緗篆。五世祖熙，魏太傅太師太尉公録尚書」事、贈大司馬、昌黎武王，加黄屋左纛，備九錫。曾祖子琮，齊」開府儀同三司、吏部尚書、尚書右僕射、昌黎公。祖慈明，齊」中書侍郎、儀同三司，隋尚書兵曹郎、贈民部尚書。父怦，尚」書兵部郎中、守吕州刺史。夫人早標令淑，夙表幽閑，得婉」順於天姿，服禮教於師氏。春秋二十，歸於盧族，始弘婦德，」終備母儀。降年不永，奄先晨露。貞觀十六年正月七日，卒」於吕州之永安城，春秋二十九。即以其年十一月二十日」遷厝於洛州洛陽縣，權而窆焉。嗚呼哀哉！其銘曰：」
淼淼源流，苕苕楨榦，晉郊錫社，周京維翰。珪佩陸離，丹青」輝煥，丞相輔秦，將軍佐漢。展矣靈慶，猗與世禄，德闈香名，」望高洪族。永言垂裕，誕生貞淑，覯止則夷，禮容斯穆。爰自」初笄，以佐君子，惠姿外映，閨儀内理。服習組紃，肅恭嚴祀，」豈言蘭質，遽沉蒿里。居諸迭熠，勞息代遷，菱彫寶匣，塵暗」瓊筵。深松蔽景，荒隧沉煙，一歸大夜，長悲小年。」

（周紹良藏拓本　河南千唐誌齋藏石）

貞觀〇九〇

【蓋】大唐故李府君墓誌銘

【誌文】

君諱仲賓，字少卿，河東蒲坂人也。皇帝之苗胄，張仲之□」緒。枝分異邑，世載英賢，開國承家，因封而住，冠蓋相傳，朱」輪華聲，清規令範，代有人焉。曾祖察，魏使持節都督、車騎」大將軍；雄圖佐務，遠播英聲。祖廣，周上開府儀同三司、潼」州諸軍事潼州刺史、南鄉縣開國公。剖符千里，動春風以」訓民；分竹百城，勵秋霜而導俗。父遵，隋銀青光禄大夫。德」美前朝，道光後烈。君稟和天地，漸潤膏腴，牆宇崇深，波瀾」浚遠。觀者莫測其際，窺者罕見其門，世禄久積，餘緒素遺，」懋德懋功，克隆自至。隋授上儀同三司。去大業六年，終於」洛陽，春秋六十五。嗚呼哀哉！夫人彭城劉氏，漢孝平帝廿」三世孫劉遵之女也。夫人體兼純懿，行光儀表，貞順之德，」率由至性。二九之年，言歸於我，作配君子，好同琴瑟，流穆」閨閫，比譽鵷皇。寧期鍾漏既盡，藥石無救，生涯有極，與善」空言，享年九十有一，貞觀十七年九月卅日亡於私第。長」子世權，仕至監門直長；次負米躬耕，並侍養晨昏，温枕扇」席。悲四序之迴互，痛一往而不追，號慟空蒼，貫徹心骨。粤」以其年十月九日合葬於邙山。恐川移谷徙，封樹難存，式」鐫泉石，永留玄記。其銘曰：」肇稱帝胄，啓自軒皇，裔緒繁熾，祚胤克昌。於穆孝友，顯允」南鄉，惟君載誕，令問令望。日月相代，金石非堅，驟移四序，」俄奄重泉。生平既盡，身世空傳，風猷方紀，琬琰湏鐫。」

（北京圖書館藏拓本）

貞觀〇九一

【蓋】失。

【誌文】

隋毗陵郡無錫縣令姚君墓誌銘」

君諱孝寬，字德博，南安人也。即帝舜有虞之裔。自肇」聖開源，因靈命氏，騰芬史册，無俟揄揚。君稟獨拔之」姿，標逸羣之氣，□用淹遠，言狀機華。澄撓不渝，同叔」度雅量；黄中通理，有恭嗣明心。隋起家爲左勳衛，遷」毗陵郡無錫縣令。趨驟丹墀，竭股肱之力；鳴琴邑里，」弘簡務之風。洎隨紊不綱，抽簪辭秩，逍遥陋巷，養素」丘園。交則拔俗俊民，談必超世雄略，騁千里而非遠，」亘萬尋而詎高。豈謂秀槿摧榮，芳蘭罷茂，喆人云逝，」零落忽諸。以大唐貞觀十二年九月十日卒於洛陽」敦厚之里第，春秋七十有二。有識酸嗟，更甚華陰之」慟；親朋哀悼，情逾闕里之悲。即以十七年歲次癸卯」十月丁未朔，廿七日癸酉，葬於邙山之阜。但悠悠白」日，鬱彼佳城；皎皎修名，幽兹窮壤。故旌令德，以紀芳」猷，貞石用刊，而爲銘曰：」

發慶流英，開祥挺喆，惠質玉潤，清襟冰徹。三省靡違，」九思弗缺，允文允武，唯忠唯烈。積善無驗，輔仁徒設，」羽□□摧，崇蘭春折。桂醑空湛，蕙餚虚列，月澹霜時，」風輕露節。壠霧朝晦，松煙夜結，寒暑雖遷，德音無歇。」

（周紹良藏拓本）

貞觀〇九二

【蓋】失。

【誌文】

君諱賓，字士外，太原祁人也。剋定者武，三將震勇於秦；經緯者」文，五侯標隆於漢。祖察，陽平郡中正。卓絶僚伍，穎拔州閭，指歸」定於雌黄，褒貶由其月旦。父客，武陽郡正。恪居其職，輔調千里」之民；夙夜在公，助闡六條之化。惟公雕龍早就，畫虎幼成，汪汪」滔黄憲之陂，森森竦和嶠之樹。一言知己，以太山爲鴻毛；一顧」道存，以白刃方軒冕。學該屈宋，算越孫弘，名譽早彰，蒙授黔州」録事。但以居任清謹，正色於羣僚，民慕其化，官美其治，遂不移」州境，改授洪杜縣丞。澤蔭百里，黎庶稱以慈仁；威肅一同，胥吏」終無敢飯。年臨從欲，宦不求遷，樂天知命，歸田退老。昔千秋年」邁，尚錫安車；汲黯疲痾，猶班卧治。復授公藍田縣令。雖蒙優職，」終致固詞，習莊周之逍遥，翫嵇康之養性。放蕩墳籍，嘯敖丘園，」望逮松喬之年，翻嬰晉景之疾。秦緩無效，越鵲術窮，朝露易晞，」奄摧梁木。以貞觀十七年十一月五日終于私第，春秋八十有」三。于時鄰無相杵，巷絶謳歌，愁雲慘而晝昏，悲風淒焉夜擊。即」以其月十四日葬洛州河南縣北邙山之原。轜輴動軔，號咷見」泣血之男；緈旐揚麾，摧慟有斷腸之女。桑田屢變，陵谷有遷，勒」石鐫金，乃爲銘曰：」

惟公秀峙，珪璋擅雅，孝越閔參，學逾班馬。騰響雲間，飛聲日下，」待士懸榻，迎賓倒屣。其一。出言有信，執理無親，直如弦墨，靈鑒若」神。遊魂倏往，奄喪荆珍，昊天何極，殲我良人。其二。平原廡廡，宿草」芒芒，金烏匿彩，玉菟沉光。雲昏隴隧，風吟白楊，哲人長往，今古」同傷。其三。」

（北京圖書館藏拓本　河南千唐誌齋藏石）

貞觀〇九三

【蓋】失。

【誌文】

故繁昌縣令馬君墓誌」

君諱志道，字淳一，扶風茂陵人。昔伏波將軍之後也。豈直高基」峻邈，波瀾修遠而已哉！於是胤裔克昌，源流分派，蘭芳桂馥，玉」質金貞，前史所傳，可得詳矣。祖暢，魏渤海郡兵曹參軍、齊州即」墨縣令；譽流百里，美播一同。父廉，齊馮翊王記室、司州主簿；克」贊王朝，弼諧副二。君髫年早慧，迴秀鄧林；弱冠知名，獨高崑嶺。」唯以詩書瑩目，雕章慕懷，每措意於康莊，豈留情於羈束。於是」擅價傳於三輔，聲譽流於兩京。詔下屢徵，辭不就職。大業之」際，再被搜揚，君即解褐登朝，遂授河澗東城縣尉。故知豐城龍」劍，豈湮没於塵泥；囊裏峰錐，何能久藏於刃。是以處煩情彌朗」曜，居劇撫若懸流。遷穎川郡繁昌縣令。煦春風以化洽，豈謝魯」君；行夏日之威，何慚趙子。君坰介閑虛，取逸人外，識名禄之害」性，棄而不尋；悟損益而傷悲，憎而不顧。是以梁鴻蘇順，記達迹」於前；叔夜吕安，書高塵於後。但以西秋行附，歲迫崦嵫，寢疾彌」流，至於大漸，粤以大唐貞觀十七年歲次癸卯十一月十二日」卒於私第，春秋七十有三。悲夫！生涯有量，彭聃之所同歸；死路」無窮，松橋之所共往。即以其年十二月丙午朔，廿八日癸酉，葬」於芒山之原千金鄉。夫人常氏，門胄清華，容德兼藴，外敷令淑，」內含肅順，慕螽斯以立身，挹關雎以砥行。所以合葬玄堂，庶千」齡而不朽；同歸梓槨，與天地而長存。嗚呼哀哉！乃爲銘曰：」

肅肅我祖，肇自扶風，昭昭令德，遠繼前蹤。道逾黃霸，仁邁魯恭，」甘棠不剪，高門待封。其一。夐矣長源，派流多族，貽厥孫謀，學宦彌」篤。過隙不駐，閱川何速，遂命哲人，宅兆俄卜。其二。寒雲朝晦，悲風」暮擊，夜月澄筵，曉霜凝穸。轜車未返，麏麚已迹，陵谷有移。（下泐。）」

（北京圖書館藏拓本　河南千唐誌齋藏石）

貞觀〇九四

【蓋】失。

【誌文】

唐故開府右尚令王君墓誌銘并序」

君諱仁則，字行規，琅耶人，漢諫議大夫、益州刺史吉」之後，曾祖因官徙於華陰也。曾祖虎，魏銀青光禄、鎮」西將軍、渭州刺史；祖熾，周右中郎將、儀同三司、寧州」刺史；考思武，隋東郡丞；」唐大將軍、滑州治中；榮問累葉，列乎舊史。君生自膏」腴，資性端慤，心盡孝敬，躬履清和。遊必有常，習恒有」業，儉而好義，恭而近禮。是以賓王之始，便爲當世所」歸，解褐隋代王府典籤。詞令之美，鮮與爲輩。隋歷云」謝，率義歸朝，以勳授朝請大夫，尋加開府。武德初，應」調爲縣中正，俄除右尚令，非其好也。官不准才，位不」充量。下僚之歎，有同於左生；哀命之談，信聞於嚴子。」一朝零落，悲矣如何。武德九年八月十日，卒於鄭邑」之第，時年卌。粤以貞觀十八年歲在甲辰二月乙巳」朔五日己酉，遷葬于北邙。乃爲銘曰：」

汾晉之靈，河華之英，世篤其慶，伊人挺生。資道於學，」禀訓於庭，彈冠入仕，效跡飛聲。未騁高衢，奄先朝露，」日往月來，世新人故。寂寂空野，蕭蕭隴樹，玄壤一歸，」長悲大暮。」

（北京圖書館藏拓本　河南千唐誌齋藏石）

貞觀〇九五

【蓋】失。

【誌文】

君諱懷文，字思武，琅耶人也。氏族之興，煥乎中古；世德之美，風流遐載。固以」詳諸史册，不復一二談也。祖虎，渭州刺史；考熾，周寧州刺史；立德有基，英賢」世出，朱軒繼軌，青組盈門。君誕膺世禄，丕承茂緒，爰自弱齡，操行修立。仁孝」所履，終日無違；忠誠所存，在物斯順。是以彈冠之歲，藉甚京華，起家爲周曹」王記室，俄而遷屬。在隋爲晉王府參軍兼揚州司兵，轉并州祁縣令，遷東郡」丞。君昔任周朝，與曹王同志，雖任掌書記，而款遇綢繆，禮備賓筵，恩加顔色。」君温恭朝夕，執事無怠，談議必歸於風雅，燕居未嘗於笑謔，委任之地，弘益」居多。昔荆州之遇嘉賓，蓋蔑如也。既而隋受周禪，爰命懿親，晉王作藩楊越，」妙選寮寀。君以才幹優敏，兼職兩司，官效克宣，有光時譽。周訪之久留散輩，」未始見知；阮孚之積年在府，無聞他任。瞻彼前賢，孰云兼美。及俯臨邑宰，清」儉著聞，考績而舉，作毗大郡。屬王室多難，兵革屢動，室殫杼柚之貲，家斃戎」馬之足。君義存拯溺，情深恤隱，所獲全者，實有賴焉。隋室道銷，羣雄競起，君」乃潛懷擇木，歸漢是圖，有詔授滑州治中。以君遺惠，復委以招集。君奉揚」朝旨，慰彼周餘，老幼驩心，閭里相賀。君自居滑臺，再變朝市。時治也，信有王」尊之風；世亂也，深懷翟義之節。功雖不遂，志亦壯矣。尋有敕追，未行遘」疾」，以武德五年十月廿八日終于家。夫人純粹鄉君能氏，華山太守東武侯睦」之女也。地韞岳靈，家傳侯服，早聞傅訓，夙鑒女圖，率性幽閑，居心貞壹，三星」始見，百兩言歸。內政於是克諧，中闈以之增曜。親御績紡，著紘紞之勤；言采」蘋蘩，修粢盛之禮。及釐居之始，年踰耳順，俯從左右之養，猶存顧復之恩，□」篤倚閭，教弘徙里。謂上符與善，克享遐算，未踐期頤，云亡奄及。貞觀十七年」五月廿四日終於洛陽之第，春秋八十有五。嗣子德積等，居喪過禮，殆將滅」性，思凱風而永慕，蹈寒泉而增感。粤以十八年歲次甲辰二月乙巳朔，五日」己酉，合葬于邙山之陽，敢沿前典，勒銘幽隧。其詞曰：」

伊洛降祥，厥世悠長，祚隆遠葉，居沂之鄉。我思邁種，無競惟芳，門傳龜組，世」載龍光。顯允伊人，遠膺洪胄，若山孕寶，如林吐秀。躬履清和，體含純茂，在己」惟約，於文斯富。束髮從仕，資孝爲忠，時有興替，道或洿隆。效節昌運，明而未」□，于何不淑，奄慟玄宮。温温夫人，肇膺作儷，素質柔靜，恬情仁惠。婦德隆家，」□歲冠世，五福奚爽，百齡長逝。日往月來，迭微不已，悠悠孝思，痛纏終始。何」以報德，圖芳述美，敬勒泉扃，庶傳千祀。」

（北京圖書館藏拓本）

貞觀〇九六

【蓋】失。

【誌文】君諱信，字師言，河內脩武人也。漢司徒延即君之」十四世祖也，前後兩魏，東西二晉，衣冠赫弈，代有」其人。祖牙，齊河內主簿，考隋伊闕令。子孫因家焉，」今爲洛陽人也。君少有逸異之姿，長懷出羣之操。」負才矜節，嗤展季之辱身；安貧樂業，慕原思之獨」善。優游墳史，琴書自暢。仁行著於言先，藝義超於」物表。方欲紹由巢之絶軌，振夷皓之高蹤。與善無」徵，夢楹遄及，以貞觀十八年正月廿日卒于洛陽」景行之閭鄉之私第，春秋五十一。即以其年二月十六」日葬于北邙之南原千金之里。君生平簡約，不崇」飾費，遺誨殷勤，務從清儉，衣衾棺櫬，纔取自周，塗」車芻靈，示遵先典。哀子伏果，年甫弱冠，參選上京，」聞凶崩絶，泣血千里。痛手足之不啓，怨隙樹之無」停，悠悠昊蒼，攀號何逮。謹追録遺行，樹之幽壤，慮」桑海之虧盈，備往城之荒毁，嗚呼哀哉！乃爲銘曰：」

蘭畹長芬，玉淵惟麗，挺生夫子，寔邦之惠。冥漠福」謙，善人斯逝，嗚呼哀哉！先遠有期，將安宅兆，遲遲」白日，交交黄鳥。玄宫易掩，夜臺難曉，芳猷永謝，千」載誰紹？嗚呼哀哉！」

（周紹良藏拓本）

貞觀〇九七

【誌文】

慈閏寺故大智烾律師灰」身塔，貞觀十六年四月廿」五日終于山勝所，刊石記」言。大唐貞觀十八年四月」十二日於師亡後，弟子智」瓊敬造。」

（録自《非見齋碑録》）

貞觀〇九八

【誌文】

大唐貞觀十八年四月十二」日，弟子智炬於師亡後，念恩」深重，建此支提，以旌長代。」

（北京圖書館藏拓本）

貞觀〇九九

【蓋】失。

【誌文】

唐故朝散大夫王伏興妻呂府君之銘」

□聞日月麗天，尚淪光於晝夜；陰陽陶鑄，易終」始於春冬。況乃假合浮軀，豈有生而不死；所恨」桂無香氣，蘭芷不馨，風霜忽降家門，慈母淹從」没化。夫王伏興，隋任朝散大夫。每以年六十，以」貞觀十八年六月廿七日薨於家第，即以其年」七月二日，葬於東山赤川之上。夫妻並扶蔬拂」日，聳幹千尋，枝葉派分，横艫翳日。略陳生平雅」趣，忠孝自天，四德周圓，琳□撫世。何悞風雲改」色，朗月潛輝，亡憂之草先枯，長樂之花無豔。遂」乃長辭白日，永就黄泉，識謝人間，神參鬼路。親」眷哭而流淚，兒子躄而嘷咷，日月以此亭輝，人」神於兹變色。嗚呼哀哉！乃爲銘曰：」

晨鳥曜促，夕兔先沉。蘭英風轉，桂葉霜侵。黄泉」無曉，玄夜更深。遊魂何在？□見飛禽。僡離恩愛，」忽處重幽。新墳起怨，舊屋□愁。容儀寂寞，形狀」空留。琳瑯永絶，緩步長休。」

（陝西耀縣藥王山藏石）

貞觀一〇〇

【蓋】 失。

【誌文】

大唐故處士霍君墓誌銘并序」

君諱恭，字弘肅，行唐人也。姬文之子叔處之後焉。降虜强漢之勇，剽」姚之號遐宣；匡主盡忠之謀，受遺之名不泯。英賢流譽，俊乂傳芳，弈」葉貽風，可得略而言也。祖道奇，父孝騫，並以孝敬盡於事親，篤信章」於交友，標羽儀於四海，作領袖於九州，貞亮不羣，雍容自若。君少而」英睿，長勗儒風，孝悌自天，温和率性，克荷堂構，業茂光先，器宇恢弘，」徽猷清潤。視榮華如脱屣，則放曠以怡神；輕富貴若鴻毛，則嬉遊以」逸豫。崇金蘭於知己，敦至德以求朋，馳騁乎翰墨之林，遨遊乎墳籍」之苑。樂天知命，不以貧病嬰其懷；味道忘憂，不以世禄塵其志。於是」匡坐衡門，養素荒徑，鴻名大德，於焉允集。滔滔焉無以測其淺深，昂」昂焉無以知其遠近。每清風月夜，以琴酒而自翫。加以虚求研於不」二之法，無爲窮於五千之文，妙義於是宏敷，嘉旨以之宣暢。賢愚罔」識其隱顯，真僞莫辯其去來，高尚不羈，偃仰烟霞之表；推移氣序，蔭」映泉林之側。豈其逝川無捨，隟駟不留，命也如何，奄從電謝，嗚呼哀」哉！以貞觀十八年歲次甲辰六月癸卯朔，廿六日戊辰，終於河南縣」清化里私第，春秋五十有八。

粵以其年七月壬申朔，十一日壬午，葬」於邙山之陽，禮也。此塋域也，居二儀之折中，均萬國以會同，左控成」皋之巖危，右連崤函之險澀，傍眺轘轅以通路，前瞻伊闕以橫衢，面」清洛之縈紆，背黃河之曲直。君夙蘊蘭，含懷桂馥，人倫所以仰止，宗」戚所以攸欽，感遐邇以追哀，忉行路以悲悼。於是赴殯者雲集，送柩」者盈塗。歎陵貿遷，式流頌於貞石。其詞曰：」

分命建侯，剖符錫爵，佐漢揚威，殄虜振略。雅操不渝，皇家是託，青紫」輝映，史牒昭灼。其一。貽慶子孫，鍾美胄胤，胄胤伊何？高蹈淑慎。事親惟」孝，結友惟信，瞻乎萬頃，仰之千仞。其二。秋菊萎兮春蘭摧，藤馬悲兮佳」城開，雲昏隴兮隴水咽，風入松兮松檟哀。名與天地而不朽，身永扃」乎長夜臺。其三。」

（周紹良藏拓本）

貞觀一〇一

【蓋】失。

【誌文】

大唐故姚君墓誌銘」

君諱暢，字士榮，隴西南安人也。皇軒出震，令緒華滋，帝舜居震，崇」基迥構，莫不芝蘭間植，杞梓俱陳，名烈丹青，功標史册。高祖基，爲」蜀太常卿；曾祖恭，晉任光州長史；祖乾，齊并州録事參軍；父賓，板」授河間郡守，儀表朝廷，領袖鄉閭，望重當時，譽光後葉。君含五行」而介秀，體三德以挺生，暢志詞翰之間，放心琴酒之側。早輕二諾，」夙重一言，道合則不簡薜蘿，義乖則無論冠蓋。君夫人陳氏，潁川」人也。齊東萊郡守禎之孫，黎州功曹毅之女。感淳和而耀質，應淑」粹以呈姿，婉順自然，温柔成性。斂珪璋之潤潔，寫水鏡之清華，纔」及縱笄，言歸君室，恭勤標於組織，肅敬著於蘋蘩，且德且功，莫不」斯在。夫人貞觀十七年閏六月廿一日，詔板授河南縣崇業」鄉君。且齡頹倏忽，流去不淹，是以降年不長，逢斯遘疾。君春秋六」十有四，去武德四年十二月廿七日，掩從風燭。夫人春秋八十有」三，以貞觀十八年歲次甲辰七月壬申朔，五日景子，還類石光，可」謂貞桂摧殘，芳蘭沉歇。驚聲徒思，詎覺三春之華；風響空悲，寧知」九秋之氣。痛單魂之無託，悲孤魄之靡依，爰奉雙靈，祔同一槨。遂」以夫人終年之八月壬寅朔，十九日庚申，窆於河南縣千金之鄉」邙山之陽，禮也。其地前瞻清洛，縈帶郛壥，後控濁河，灌注溝瀆，形」勝之所，誰不在斯，庶恐陵谷貿遷，德音蕪没，爰昭景行，勒此幽扃。」遂以銘鐫，留傳萬代，嗚呼哀哉！乃爲銘曰：

隆隆茂族，綿綿遠」係，濫觴有皇，肇基惟帝。派流分植，忽纏遐世，式追古訓，媾斯雙裔。」其一。烏飛電激，兔騖星奔，舜華早落，蜉蝣已昏。雙靈無託，二魄何存，」廓茲玄室，附此幽魂。其二。隨珠隱耀，郢璧韜輝，蘭彫青蒨，桂歇芳菲。」愁生日照，痛結風悲，悽涼舊駕，歔欷遺衣。其三。質與壤銷，魂將風散，」冥寞容色，寂寥帷幔。乃標玄石，勒斯銘讚，庶鑒終古，遺之永歎。其四。」

（録自《芒洛冢墓遺文五編》卷二）

貞觀一〇二

【蓋】 失。

【誌文】

君諱字鍾葵，南陽人也。安昌侯張禹之胤。爾乃長源浩汗，崇基峻」峙。匡周則仲冠申甫，佐漢乃良蓋蕭韓，或以御史埋輪，或以司空」博物，彪炳圖牒，可略言矣。祖刀，齊魏郡頓丘令，同吕望之處灌壇，」等晏嬰之在阿邑。父茂，隋襄州長史，盛德比于王祥，英聲逸于龐」統。公育靈山水，配德珪璋，澘萬頃以汪流，挺千尋而咢秀。左右才」藝，出入文武，機略同於指掌，從横允于結舌。大業中，以孝廉辟，補」上谷易縣丞。百里肅然，功德仰其毗贊；一同流化，鸞凰所以棲集。」君既以才高位下，任非其意，且世道云季，榮不足居，乃辭疾去官，」屏守鄉邑。屬天下逐鹿，海内驚波，君以家在洛陽，脅從僞鄭。鄭主」以君文武兼備，拜朝請大夫。忠貞發於自然，魚水徇於義合。」大唐應德，天人叶仰，君朝夕進謀，勸主歸命。而福善冥昧，影響謬」談，逮武德四年，鄭主牽羊，君遘疾殂殞。商人輟市，農夫釋耒，莫不」咉咽歔欷，涕泗悲結，惜其遂摧六翮，未極千里，而良木遽朽，喆人遐」喪。嗚呼！邦國殄瘁，其在兹乎？夫人滎陽鄭氏。天挺令儀，神姿艷逸，行」居四德，義著三從，詠柏舟以自安，字孤孩而獨守。豈其隙駒驟往，」逝川難駐，春秋六十有四，以貞觀十八年五月廿六日，遇疢奄終，」遐邇慟哀，中外崩憒。三息信、方、海等日夜號絶，殆於滅性。即以其」年十月九日合葬於洛北邙，右届元陵，左緜長陌，前臨清澗，却枕」滎河，英雄慷慨之山，龜筮叶從之地。庶桑田有變，聞白馬而識滕」公；金石不虧，見墮淚而知羊祜。振斯不朽，式鐫永誌。詞曰：」弈弈峨峨，榮宗茂族，周稱孝友，漢著帷幄。喆人承慶，資靈川岳，緯」武經文，含珠映玉。其一。運否東逝，堂扃北山，却枕濁河，前帶清瀍。楊」風蕭瑟，松霧芊眠，天長地久，身没名全。其二。

（周紹良藏拓本）

貞觀一〇三

【蓋】失。

【誌文】

大唐處士王君墓誌銘并序」

君諱通，字二朗，并州太原人也。其先自后稷之佐唐虞，洪源斯」盛；仙人之辭伊洛，世禄方隆。其後三葉治兵，乃宣威於秦室；五」侯拜爵，復流芳於漢朝。洎魏建當塗，晉稱典午，家傳鍾鼎，代襲」簪裾。曾祖鑾，魏管内將軍、齊門下令；雅精戎律，深擅宣揚。祖和，」齊相州大都督；威恩具舉，文武兼弘。君將門相門，公孫公子，挺」逸羣之氣，承累葉之資，聳幹千尋，波瀾萬頃。寔惟邦彦，見重仁」人，孝友温恭，匪關因習；詞調清潤，禀自生知。性好陸沉，務屏塵」雜，庶幾仁義，脱落榮華。睠彼犧牛，有莊周之感；觀兹廡鼠，息李」斯之驚。加以運偶道銷，時纏隋季，彌增放曠，更重棲遲。慕幼安」之風，無心軒冕；懷公理之操，有志林泉。樂道忘憂，禮賢不倦，與」朋必信，好施無懕。揆日不居，閱川長逝，桑榆未迫，辰巳遽臨，春」秋卌有二，以隋大業十年八月三日卒。夫人趙氏，南陽人也。梁」上柱國、開府儀同三司趙伏之孫，齊汝州刺史趙祖連之女。肅」恭箴訓，娥慎端華，爰始初笄，好仇君子。如賓相敬，婦則著於鄉」閭；斷織垂恩，母儀傳於州里。既明閑於四德，復景行於三乘，能」祛鄙悋之源，唯崇經像之福。輔仁乖驗，與善無徵。共風樹而不」停，隨晦魄而俱奄。春秋六十有三，以大唐貞觀十八年四月廿」三日卒。即以其年歲次甲辰十月辛丑朔，九日己酉，合葬於洛」州河南縣北邙山平樂鄉安善里。嗚呼哀哉！朽壤崩山，桑田變」海，庶金石之有勒，與天地而無改。乃爲銘曰：嗣子君德。」

鳥翼表慶，鶴駕上賓，長瀾浩浩，茂葉蓁蓁。其一。三尹繼軌，五侯同」拜，忠孝門傳，簪纓世載。其二。惟君體道，晦迹韜名，方期萬壽，忽夢」兩楹。其三。丹旐前飛，靈轜後駕，一歸荒壠，千秋長夜。其四。」

（北京圖書館藏拓本　河南千唐誌齋藏石）

貞觀一〇四

【蓋】帥唐神護同出一塋，《高昌磚集》分列，疑是誌文蓋石。

【誌文】塼。

貞觀十八年歲次」甲辰十月朔辛丑」十五日乙卯，西州」交河縣民岸頭府」旅帥唐神護春秋」卌有七，以蚓車靈」柩殯葬於墓。唐」氏之墓表。」

（録自《高昌磚集》）

貞觀一〇五

【誌文】

法師俗姓崔，博陵人也。祖父苗裔，本出定州，因仕分居，遂□」留相部。年十有二，落髮玄門。一入僧徒，志操安靜，處於衆」侶，卓爾不羣。年滿進戒，學律聽經，精懃未久，律文通利，」講宣十地、維摩兩部妙典。法師意欲啓般若之門，開無」爲之路，運乘火宅，舟航愛河，遂使道俗慕欽，衆徒歸」仰。但□本不滅，生亦不生，以無爲心，示有爲法，春秋七」十有八，大唐貞觀十七年八月四日遷神於光天寺所。弟」子等哀慧日之潛暉，痛慈燈之永滅，乃依經上葬，收其舍利。」粤以貞觀十八年歲次甲辰十一月十五日於此名山鐫高」崖而起塔，寫神儀於龕內，録行德於廟側，覬劫盡山灰，形名」又嗣，乃爲銘曰：

遏彼遥津，萬古紛綸，會燃智炬，乃滅煩薪。」捨恩棄俗，入道求真，持律通經，開悟無聞。松生常翠，竹挺恒」青，如何法匠，忽爾將傾？近雕素石，遠署嘉聲，千秋萬古，留此」芳名。

弟子普閏、善昂、愛道及諸同學等爲亡師敬造。」

（北京圖書館藏拓本）

貞觀一〇六

【誌文】

故清信女大申優婆」夷灰身塔記」

大唐貞觀十八年五」月廿七日終，至十九」年二月八日有三女」爲慈母敬造。」

（北京圖書館藏拓本）

貞觀一〇七

【蓋】失。

【誌文】

齊得州平原縣令張明府楊夫人墓誌銘」

蓋聞書稱高大，承家四世之尊，志述其美，嘉其五公之胤。」故能德業之盛，相繼連肢，婦功洽天命之年，淑問芳耳順」之歲。其爲家傳女憲，容儀欽像，獨立光前，夫人復見之矣。」夫人姓楊氏，西岳弘農人，漢太尉震之宗孫，齊冠軍將軍」平昌侯貴之長女。蓮峰切漢，吐納仙雲，虛掌半天，弊虧霄」霧。猶是降其英捷，仁孝弘慈，心慕獻燈，情存救蟻，精誠經」誡，夫人謂矣。夫人躬行長者之事，每濟十千之魚，常相餘」林之中，志求掛衣之分。夫人女則出家景福，男則恒修上」道，合門積善，咸有直方。夫人志欲聽法孤獨之薗，觀如來」岐樹之迹，何悟風催逝水，日見佳城，粤已貞觀十九年歲」次乙巳四月戊戌朔，十四日辛亥，風疾暴增，掩然亡館，春」秋六十有二。即以其年五月戊辰朔三日庚午，卜其宅兆」而安措之，葬於洛州河南縣平樂鄉芒山西北之原。龍轜」空陳，哀歌悲墓，棄華堂而集蓬户，入泉室而對幽時，松檟」千株，墳塋十里，烏呼哀哉！乃爲銘曰：」

四世爲輔，五公匡力，德業相傳，人臣位極。不殞名布，封爵」要職，紫蓋朱輪，嘉之廟食。其一。婦德斯在，承貞節，哲人其萎，」梁木壞折。恩深親故，惠施不絕，敬信法門，心崇講説。其二。」弘農峻宇，卜宅芒丘，安措之詠，思鄉夢遊。哀歌傷懷，悲笳」咽流，山川感慟，風雲慘愁。」

（北京圖書館藏拓本　河南千唐誌齋藏石）

貞觀一〇八

【蓋】失。

【誌文】

大唐隋故邛州司户參軍明君墓誌」

君諱雅，字子儒，平原人也。隋任邛州司户。世族」封爵，積貴在於漢朝；帥部治兵，文武光於秦代。」祖褒，周徐州刺史，帶侯。加以綸公，行稱鄉黨，遍」於王城，壁宇難窺，波瀾叵測。父晞，齊任太府寺」丞；在於州域，力等公侯，望重一時，聲遥千載。君」稟靈秀出，唯一無雙，外震威名，内在清節。君宿」緣壽命，奄速長年，以隋仁壽元年四月終於洛」陽，春秋四十有九。夫人孟氏，齊郡鄒人也。瓌姿」令淑，質性肅恭，景行不融，暉光早歲。以貞觀十」九年六月二日終於洛陽信義鄉，春秋八十有」八。以其年六月丁酉朔，廿四日　時，神柩相合，」遷窆於邙山之陽，禮也。孝子士敖等雖未志學，」夙智已彰，喪過乎哀，殆將滅性。悲寒暑之流易，」懼陵谷之消貿，於是昭記，勒此豐銘。其詞曰：」

朝露已晞，夜川難息，老年忽盡，短生俄極。其□。□」門顯德，孟室傳芳，奉夫柔順，教子義方。其□。

□□」明月，暄樹春風，徒吹荒隴，虚照泉宫。其□。」

（北京圖書館藏拓本）

貞觀一〇九

【蓋】霍君之誌

【誌文】

唐故霍君墓誌銘并序」

君諱漢，趙州人也。其先陶唐廓祚，析白珪以開封；」姬發業隆，擣黄土而命氏。莫不芝蘭間秀，騄驥齊」驤。蟬冕肩隨，圭璋鱗次。光乎簡册，可略而言。祖嘉，」京兆郡丞；父勝，隋鄉長；並風流當世，藉甚後塵，遺」烈尚新，芳猷可習。君禀坤元之妙極，資川瀆之至」精，天骨高明，容儀峻嶷，英才富贍，辯縱如流，操行」不羈，縱心閟誕，情踈纓黻，志洽薜蘿。但以詩酒娱」懷，絃歌養性，每登邙山追譬鸞之放曠，臨洛水想」子晉之清虚，優哉遊哉，以斯卒歲。但隟駒易往，人」世難淹，暮槿朝光，忽至於此。君春秋七十，以貞觀」十九年六月十二日奄隨風燭，遂以其月廿五日」窆於邙山之陽，禮也。恐德音蕪没，餘芳莫傳，爰刊」斯文，庶其不朽。嗚呼哀哉！乃爲銘曰：」

惟彼人斯，高尚自逸，皇皇容色，斌斌文質。無形憘」愠，不窺得失，詩酒養性，絃歌永日。」曾未幾何，遐齡□缺，貞木摧殘，芳蓀沉歇。簷楹悽」愴，風雲悲結，花光歔欷，風聲隕絶。玄宫既闢，貞石」斯鐫，式標明德，勒此幽埏。鏗鏘金玉，髣□蘭茎，山」川貿易，影響逾宣。」

（周紹良藏拓本）

貞觀一一〇

【蓋】失。

【誌文】

夫人姓任，西河汾州人也。隋左屯衛司倉」參軍、渭州城紀縣令玄之女。夙著英姿，珠」生赤水；挺質松桂，玉産藍田。煩縟組紝，紉」習無倦；箴史規誨，左右盈襟。二八令姿，遂」歸董氏，昏定晨省，巾櫛得宜。蘋藻潢汙，夙」興夜寐。方當作軌母儀，輔佐君子，豈謂叢」蘭霜敗，皎月雲虧。粤以貞觀十九年六月」卅日終景行里私第，春秋五十有二。以其」年七月十八日葬於邙山之北陽，禮也。長」子敦禮、次子敦義，並孝齊參閔，性等恙祥，」向風樹而長悲，企陟屺而哀慕，式鐫景行，」乃作銘曰：」

源流海岱，派緒魏都，春蘭秋菊，枝榦扶踈。」蕙滋九畹，桂植千株，芳姿令淑，光儀益舒。」禀質松筠，貞明箇簵，鏡菱花散，屏惟塵聚。」白雪未終，虞歌已斌，昭昭白日，悠悠夫暮。」

（周紹良藏拓本）

貞觀一一一

【蓋】失。

【誌文】

大唐何君墓誌銘

君諱相，字元輔，扶風平陵人也。高節都尉，金册會於神期；遺」滎縣宰，烈火旌乎孝至。多材應務，則官始左丞；雅度清虛，則」人輕驃騎。詳諸史籍，可略言焉。祖元謙，齊陳州功曹。行芬蘭」桂，操履冰霜，應對敏於唐彬，亮直切於劉毅。父孝緒，齊河間」王記室。文房職重，管記任隆，嗣虞預之清塵，繼李充之逸迹。」君璧産荆岫，自得家風；珠吐漢濱，雅符庭誥。神情宏亮，器宇」淹凝，克己復禮，依仁游藝。弘教義以訓下，篤貞信以全交，言」厲色温，志謙名劭。武德八年，除故齊王府參軍事，獻可替否，」痞甚有聲，羣寮尚其清通，庶官嘉其廉讓。雖鄧攸之平簡，孫」楚之英博，方斯蔑如也。方當銀玉交映，朱紫相輝，豈期餘慶」希夷，輔仁冥漠，以貞觀十九年八月十七日遘疾，卒於私第，」嗚呼哀哉！春秋五十有九。鄉曲諷然，行人軫悼。亡夫人尹氏，」東郡茌平人。儀形令淑，容範端莊，布曹誡於中閫，勗張箴於」內政，輔佐君子，宜爾室家。既而玉瀝難逢，是蘭先盡，以去二」年三月二日先君卒。粤以大唐貞觀十九年歲次乙巳九月」丙寅朔，七日壬申，合葬於邙山西南之三里。蠶閨舊掩，餘怨」未終；馬鬣初封，新哀復襲。恐年代悠遠，陵谷易位，式圖玄石，」以誌泉扃。其銘：

功茂堯扆，官隆漢室，貞幹梢」雲，長瀾浴日。神算悠遠，英奇間出，道藴儒素，行兼文質。」北林日麗，西園月明，才高平叔，官參子荆。風催寒燄，霜落春」榮，列蕃揮涕，寮寀傷情。先遠告期，殯階將徹，旐影蕭散，」薤歌哀咽。荒郊雲慘，松門風切，永閟夜臺，空傳餘烈。」

（北京圖書館藏拓本）

貞觀一一二

【蓋】 失。

【誌文】

公諱綱，字遵詳，白水人也。其先漢相子房之後，搢紳士子，弈葉」衣纓，卓犖逸羣，義均松竹。公乃秉超世之殊操，固金石而不移。」學冠朝倫，行爲稱首，豈束帛而可徵，縱蒲輪而弗降。閑居嘯傲，」志好丘園；養性恬虛，不圖榮利。或好易則韋編屢絶，修賦時或」棄妻。玩三古以自娱，披五典而吟論。味道無倦，非禮勿言，非道」弗處，積善之驗，冀保遐齡。豈期餘慶無徵，奄焉先逝，去大業十」年八月，終於私第。春秋五十五。鄉閭莫不絶音，春者爲之不相。」彼蒼之詠，豈獨在於三良；如可贖兮，朋僚爲之致殞。夫人梁氏，」安定人也，將軍梁冀之後。荆山之玉，垂寶胤於無窮；赤野之珠，」繼夜光而不絶。瓊根寶葉，冠冕蟬聯，淑質貞亮，以配君子。亦既」遘止，成曰好仇，嬿婉兩髦，庶期偕老。豈謂乾坤失偶，半體云亡。」年五十有五，夫天先逝，未亡疾首，固守空閨，嗟衛姬之奪情，歎」息嬀而不語。義逾前列，節比松筠，一志不移，無心於再醮。理應」保兹延壽，庶卒餘年。豈知爲善無徵，奄焉俱逝。以今貞觀十九」年歲次乙巳九月景寅朔，終於内寢，春秋八十。惜哉長往，親戚」傷悲，既不離於苦空，禮則歸於同穴，以其年十月景申朔合葬」於北邙之山。但以天長地久，陵谷遷移，故立銘云，以爲永記。其」詞曰：

猗歟盛德，大矣能仁，以義爲友，」與道爲鄰。世稱英傑，時號逸民，守道履正，操比松筠。其一。」惟此哲人，温其如玉，卓犖逸羣，不求榮禄。冲霄刷羽，遺風駿足，」道冠朝倫，心夷寵辱。其二。愷悌君子，風神韶朗，嘯」傲恬虚，後生攸放。洪鍾待扣，應物如響，郁郁文才，徇徇鄉黨。其三。」躭翫墳典，屢絶韋編，味道無倦，岐嶷自然。非道弗處，非禮勿言，」積善餘慶，庶保遐年。其四。

大唐貞觀十九年十月十四日」

（北京圖書館藏拓本　河南千唐誌齋藏石）

貞觀一一三

【蓋】失。

【誌文】

大唐楊君墓誌銘并序」

君諱華，字世英，弘農人也。曾祖穎，齊任涼州刺史。洪源□」泒，與江漢而連芳；胤鬱盤，與嵩華而比峻。然挺汪汪之質，」禀昂昂之姿，敷五教於下民，慎四知而上達。光臨涼部，有」徐敦仁義之風；不避雄豪，踐王敏獨坐之稱。祖安，周任雍」州華陰縣令。字民庠序，遂儛重泉之鸞；布政青襟，集丹穴」之鳳。播清塵於往代，垂令譽於目前。可謂如璧如珪，卓犖」葱蒨者矣。父華，隋任荆州録事參軍；遂逢四方鼎沸，八表」競騰，流播於斯，卒於洛邑，權殯河南縣千金鄉。今乃幸遇」昌運，得會太平，方還窆。夫人焦氏，隴西人也。華容窈窕，希」大家之美名；守操貞堅，慕恭姜之志行。四德俱備，六禮有」兼，歸適楊門，遵行婦道。灑掃庭内，有夙雍之和；織紝組紃，」無虧晨夜之省。耆年八十，版授鄉君，今乃八十有三，遂身」縈重疾，醫療不瘳，大唐貞觀十九年歲次乙巳十一月乙」丑朔，十三日丁丑，終於敦厚里私第。則以其年十二月乙」未朔，十二日景午，合葬於邙山之阜。東流之水，終無到返」之期；南浦珠沉，豈有迴還之望。高堂永絶，泉户長歸，嗚呼」哀哉！乃爲銘曰：」

夫君挺特，溘爾歸泉，㫮墀絶步，樓觀空寂。長辭人國，永入」鬼鄉，親慼悽斷，行路哀傷。華容既逝，玉貌長摧，如川東邁，」有去無迴。佳城鬱闇，泉壤冥冥，置斯銘勒，萬代千齡。」

（北京圖書館藏拓本）

貞觀一一四

【蓋】失。

【誌文】

大唐洛州伊闕縣故令劉君墓誌銘并序」

君諱德，字小奴，彭城沛人也。自素靈啓瑞，洪業卒登，懿德」相承，琳瑯間出，代有英哲，史册詳諸。曾祖玄獎，周使持節」都督益州諸軍事、益州刺史；牆高數刃，幹擢千尋，領袖人」倫，羽儀邦國。祖弘亮，隋揚州海陵縣令；來蘇成詠，五袴興」謡，莅職親民，移風革俗。父仁哲，隋魏州貴鄉縣主簿；雖復」宦卑秩淺，榮貫一時，可謂累葉崇基，重光盛烈，威稜峻峙，」志節清高。聖上泛育羣黎，遵矜耆舊，以公年將頤耗，」詔特褒彰，顯以榮官，表閭千載。公起家授洛州伊闕縣令，」襲嘉名於當世，傳紳縉於後昆。加以壽等松喬，齊齡彭李，」介兹景福，用享無窮。豈圖隟馬難停，藏舟易遠，憑虚與善，」倏爾摧梁。以貞觀十九年十一月廿一日終於洛陽私第，」春秋九十有六。即以其年歲次乙巳十二月乙未朔，十二」日景午，葬於北邙之山。恐青丘如礪，碧海成田，年代浸遠，」餘芳不傳，嗚呼哀哉！迺爲銘曰：」耆年應辟，詔臨出仕，屈彼三端，贊斯百里。雉馴鸞降，風迴」蝗徙，歌詠載塗，公之德矣！兩楹入夢，二豎成疾，無救」膏肓，俄摧玉質。玄門一掩，長辭白日，于嗟遺愛，爰居此室。」丹旐繽紛，玄雲蕭索，蠲玆皎鏡，歸乎冥寞。萬古丘陵，千齡」溝壑，焚香詎返，魂兮何託！棄世辭榮，長歸蒿」里，歎隨雲結，悲風暗起。金石既勒，功業是紀，陵谷有遷，芳」猷無已。」

（北京圖書館藏拓本）

貞觀一一五

【蓋】失。

【誌文】

唐故班夫人墓誌」

夫人雁門人也。其先輔佐漢朝，功宣定遠，英靈自茲載」誕，胤嗣於是繁昌。父謙，隋任揚州江都縣丞，毗贊著美，」贊弼有方。夫人曳祉珠星，延輝璧月。門承禄位，性蘊風」流，儀範端華，器度凝朗。虔恭孝敬，得在天然；辭藻洞閑，」匪由傳教。雅懷淑慎，妙擅組紃。爰始初笄，言歸宋氏，如」賓相敬，嬪德苟閑，斷織敦慈，母儀彌亮。材辨聰敏，蔡琰」不能儔；操行規模，呂榮無足擬。既明閑於四德，復景行」於三乘。能祛鄙悋之源，唯崇經像之福。德流閨閫，譽滿」鄉閭，宜享遐齡，以敦偕老。不謂福善乖驗，風樹靡停，忽」遇纏痾，彌留大漸。金丹玉醴，罕見長生；一葉三丸，徒云」却死。春秋卌有九，以大唐貞觀廿年二月三日卒於清」化里第。嗣子文義，孝厚純深，殆踰禮制，王蔡不若，曾閔」無加。即以其年歲次景午二月甲午朔，廿七日庚申，卜」窆於河南縣平樂里邙山之陽。鸞鏡雉服，遂同瘞於泉」宮；枕匣粧奩，乃空陳於靈帳。號怨難及，攀慕不追，庶使」鐫勒徽猷，冀與天地無改。其詞曰：」效廣功高，簪纓繼軌，仁流簡素，慶傳孫子。其一。」洪源浩浩，茂葉蓁蓁，芬芳蘭桂，挺秀松筠。其二。」織紝有功，蘋藻惟則，方期萬壽，奄違五福。其三。」翻然獨儛，無復雙飛，靈轜空返，□塗永歸。其四。」

（周紹良藏拓本）

貞觀一一六

【誌文】

禪師諱靜感，俗□□氏，隴西燉煌人也。遠祖從宦魏國，因以家焉。若乃崇基極」天，長源浴日，□傳□□，世襲縉紳。譜孝敬之基，詎待覼縷。禪師風神秀朗，容範端莊」殖德本於當年，積妙因於前業。齠齔之歲，已高蹈玄門；童稚之辰，遂栖心覺路。即」誦維摩經、無量壽經、勝鬘經，轉一切經一遍，夕晨無暇，誦習如流。年登廿，進受具足，遂聽」律五周僧祇四分之説，制事斷疑，無不合理。至世捨散善之不修求第一妙宋。庇身禪衆，」高參勝侶，學月殿雲經實躬之業，三空五淨，並得禪名，潔行精微，志成懇惻。糞掃爲服，聊」以外御風霜，麻麥爲飡，纔充飢渴，形同槁木，心若死灰。見之者去殃，聞之者遺障。可謂釋門」之龍象，法侶之鴛鴻者也。禪師負杖逍遥，息焉親疾。梵響悲深，鍾聲哀急。遷神從化，八十」有六，六十五夏，貞觀廿年三月廿一日終於聖道寺。可謂釋種福盡，再唱空虛。悲威德者，」涕流沾衿，惜善人者僻身負水，姪女靜端、靜因，及門徒等祥收舍利，嗚」咽血言，鏤山爲塔，刊石爲文，冀通萬古，庶不朽焉。下泐。」

（北京圖書館藏拓本）

貞觀一一七

【蓋】失。

【誌文】

唐故前澤州參軍左府君墓誌銘并序」

君諱法，字孝才，南陽人也。茂緒靈長，崇基自遠，山河降祉，天挺英」奇，在鄒魯者，與將聖而同恥，仕漢朝者，麗藻於天庭。自是迄今，」象賢無替，諒可徵諸史諜，不俟一二詳焉。然殷國五遷，周王三徙，」□□從宦，□爲萬年人也。祖進，周本縣功曹、雍州東曹掾。首導靈」□，發輝□□，詞□□□，逸氣霞□。父廣，天和年中，詔授揚烈將軍。」□□於□□□□□□□□聲於時譽，湛止水於靈臺，」□遷□□將軍左員外常侍，得以□□□□□秀□情標舉」識度淹□□□之年，□□□□之切□□□□視息偷存，幾」將□生時□□□發譽□□□以□爲澤州參軍，非其好也。君」素□澄唯尚清□□□九□□兼六□□存仁□□□業因覩」□□□□悲□□□□□□□□高□養志□□□清之道。」□□□□□□□□□□之□□□□無窮樹當來」之□□□□□□□□□□

□□□一朝，俄成萬古，粵以大唐」貞觀十九年七月一日終于私第，春秋七十有七。以來年三月廿」七日葬于□縣□□之右。□君□□□□□□□既齊物於一」枝，又□□於三□□□□□□□□□□□□人倫，羽儀著焉。」□諸子等並門傳□□□□□□□□□□□踐霜露而」□□□思□□□□□仰□□□□□□□□□□紀珪璋之徽」□同天地之脩□。嗚呼哀哉！乃爲銘曰：」□泱泱□，世□賢良，因官命世，胙土□□。□□□□，弈葉芬芳，惟」□□誕，發□含□。其一。猗□雅操，□□□□，□□惟悌，辭榮不居。歸」依正覺，妙體真如，名揚朝□，行□州閭。其二。□度汪汪，清風肅肅，爰」樹良田，□□□□。庶延遐壽，如何不淑，霧結寒扃，烟生松竹。其三。黄」□□□□，□□長辭，交遊□□，道俗傷悲。陵遷谷變，岳毀河移，勒茲」□□，風範□□。其四。」

（北京圖書館藏拓本）

貞觀一一八

【誌文】額橫書。

報應寺故大□雲法師灰身塔，」大唐貞觀廿年四月八日敬造。」

（北京圖書館藏拓本）

貞觀一一九

【蓋】楊君墓誌

【誌文】

大唐故楊君墓誌銘并序」

君諱德，字世師，虢州弘農人也。爾其遠祖楊震，是」其苗裔。隋徐州司法安之孫，江陽副宰華之息，咸」以名沾竹帛，録在簡書，播盛烈於前經，扇芳塵於」後葉。公稟靈誕秀，狀貌多奇，出言可師，動容成則。」鄉閭慕德，交友欽風，雅度恢弘，器宇無際。公幼彰」令譽，入孝出恭，乃清靜怡神，閑居養素，寔知積善」餘慶，遘疾彌留。名醫療而莫瘳，上藥治而不愈。實」亦陽烏難駐，隟駒易流。粤以貞觀二十年歲次景」午四月壬戌朔十二日癸酉，卒於洛陽敦俗里私」第，春秋四十有八。即以其月二十四日乙酉殯於」邙山，禮也。爰占兆域，面清洛之鴻流；卜宅營墳，背」黄河而巨浪。左連勝地，右帶神州，四奥攸同，萬□」之會也。將恐陵移谷徙，勒石刊銘，庶使椒蘭，芳風」永舉。其詞曰：」

肇自質判，代之於今，特唯此士，囊烈齊心。浮川既」厲，電影難尋，愁雲增暗，悲風結吟。」靈轜夙駕，幬幄先張，鞠胤號竭，僕御徊徨。松柏森」聳，郊坰慘愴，嗚呼穹昊，於弔斯殤。」

（周紹良藏拓本）

貞觀一二〇

【蓋】 齊夫人銘

【誌文】

唐故洛州河南縣崇政鄉君齊夫人墓誌銘并序」

夫人齊氏，東海上人也。其先姜姓，周有大勳，受封」於齊，因國命氏。異人間出，冕服相暉，光乎國經，可」得而言矣。祖詮，齊任岐州諸軍事岐州刺史；父諱」陁，隋任相州安陽令；莫不行稱人範，才挺時英，搢」紳軌其風儀，編户悦其仁愛，嘉猷令望，寧非在斯。」夫人秀出天然，幽閑自得，六功惟妙，四德窮微，逮」乎初笄，言歸張氏，母儀必達，朝事無違。而張氏早」亡，誓心自守。屬聖朝崇年尚德，板授崇政鄉君，」忽遘沉痾，不享遐壽。夫人春秋八十有六，以貞觀」廿年四月廿九日奄隨朝露，即以其年五月十一日」窆於邙山之陽，禮也。恐陵谷遷貿，蕪没德音，爰刊」斯文，以爲不朽。嗚呼哀哉！乃爲銘曰：」

邈彼洪源，遐哉茂裔，珪組競暉，搢紳相繼。載誕蘭」儀，仍標淑麗，曾未何幾，忽而潛翳。」隨珠隱曜，郢璧韜暉，蘭彫青翠，桂歇芳菲。愁生□」煦，痛結風悲，悽涼舊帳，歔欷遺衣。」繐幃虛設，明鏡空懸，長辭皎日，永赴幽泉。玄宮是」闢，貞石斯鐫，山川貿易，蘭菊逾宣。」

（周紹良藏拓本）

貞觀一二一

【蓋】失。

【誌文】

大唐前齊府功曹參軍尹君墓誌并序」

君諱貞，字善幹，京兆人也。嶽靈降祉，勤王之績已宣，神氣凝□，」大道之風斯闡。長源派其餘烈，盛德蘊其家聲。七世祖景，魏侍」中；祖遊洛，隋觀城令；獻納九重，貂蟬光於七葉；弦歌百里，政績」最於一同。君早擅英聲，夙標令望，志存夷簡，性尚恬虛，淡矣無」爲，蕭然物表。但以時逢昌運，官不遺才，遂禮盛九徵，榮高五聘。」貞觀初，乃應齊府辟，屈節於功曹參軍，俄而辭疾去官，從其所」好。於是栖身廡下，晦迹廛中，開通德之門，居全節之里。縉紳攸」仰，遐邇挹其雌黄；雅俗所歸，中外酌其淳素。君心存愛敬，情篤」友于，事不愿從，遂纏痼疾，時不我與，以至彌留。悲夫！天地不仁，」與善無效。長生之藥，祈王母而莫從；反魂之香，想漢皇其何遠！」粤以廿年五月十四日卒於家，春秋六十有五。傷哉！摧領袖於」人物，墜模楷於鄉閭，遂使里閈相悲，遠近同恨。嗚呼！文魚旦躍，」空見於銜哀；緑筍晨抽，徒聞於悽慟。荒涼原野，寂漠堦庭，無復」池臺之遊，遽瞻松檟之列。其月廿九日，殯於終南山，禮也。前對」蓮峰，冠紫微而獨秀；還瞻魏闕，干青雲而直上。左臨玄灞，右望」濁涇，縈帶郊原，沃蕩雲日，寔神遊之勝地也。既而靈輀肅路，祖」奠凝庭，長風曉哀，嗚笳夕引。薤歌悽而入漢，素蓋飄以摶空，白」馬徘徊，朱旒委鬱，掩松扃於文石，窆玉質於白楸。恐舟壑之屢」遷，懼市朝之數變，故勒銘於泉户，庶休烈之永傳。其詞曰：」

靈嶽降神，翔雲入候。九列既顯，五千方授。功高前古，德流遺胄，」世濟不殞，惟君挺出。蘭薰雪映，金聲玉質，情深孝友，性敦閑逸。」屈節從命，委質名藩，匪榮黻冕，養疾丘園。光華掩謝，令問空存，」白紼斂維，華軿解馭。佳城永鬱，夜臺何曙？貞石既刊，芳塵是著。」

（録自《關中石刻文字新編》卷三）

貞觀一二二

【蓋】李君墓銘

【誌文】

君姓李，諱護，字道周，隴西成紀人也。父寶，學藝明」敏，志業優長，隋開皇中應詔舉秀才，任汲郡朝歌」縣丞。君少挹家風，長多文藝，三墳五典，莫不精研；」七略百家，事同抵掌。負才矜地，早辭徵聘，逍遥自」得，樂道丘園。逮炎季云終，我皇膺録，君以本枝」之秀，首應旌招，乃彈冠振纓，暫遊京輦。故齊王以」君宗華物望，特加禮命，乃以君爲記室參軍。文詞」賤奏，取定脣吻，風華藉甚，遠近虚衿，可謂知微知」章，萬夫傾首者也。曁齊王棄世，門館寂寥，君乃杖」策東遊，卜居伊洛。焚枯酌濁，取樂桑榆，家有賜書，」門多長者。方欲鎮静浮競，軌訓將來，輔德無徵，夢」楹遄及。以貞觀廿年五月十二日終于洛陽之立」行里，春秋五十有六。即以其年六月一日遷神於」北邙之南原也。哀子仁綱等，悲昊天之罔極，恐陵」谷之推移，乃刊石圖徽，樹之幽壤。其銘曰：」威夷馬喙，緬邈龍門，春蘭秋菊，流慶後昆。伊君之」秀，至道斯存，如何不執，遽掩芳蓀。長辭白日，永閟」幽魂，百身非贖，千載何言？嗚呼哀哉！」

（周紹良藏拓本）

貞觀一一三

【蓋】失。

【誌文】

故魏君之銘」

君諱文德，字道宗，偃師洛陽人也。夫在天成象，觜」畢協於封墟；處地成形，趙魏符於分野。君誕姿川」岳，禀質沖和，乃韞深謀，獨包元略。强年不宦，時稱」處士之名；耳順居家，世起丘園之號。神情秀跱，雅」性韜融，嶝嶝風儀，堂堂物表。不謂禍淫靡實，福善」無徵，寢疾彌留，倏從時變。以貞觀廿年五月廿七」日卒於斯第，春秋六十有一。于時軒童弭唱，鄭女」絶和，黄鶴蕭條，青鸞弟鬱。即以其年六月十二日」葬於邙山清風鄉，禮也。只恐朱巖紛紕，翠谷驤陵，」碧海迴邪，壚墳夷壤，遂刊玄石，用叙徽猷。與天地」而俱融，共陰陽而齊朗。嗚呼哀哉！乃爲銘曰：」

邈矣君子，悠然遐尚，系本天星，分枝地望。盤石作」固，維城是壯，世曄台官，代光槐相。其一。英英令淑，赫」赫風儀，元略天縱，巨範神資。允文允武，觀禮觀詩，」夫婦致敬，朋友成規。其二。昊天不吊，哲士斯傷，秀蘭」泯馥，美菊摧芳。繐帳空掩，緹幕虚張，朱門日促，玄」闕霄長。其三。九原之阜，三河之岑，淒風獨吹，寒氣孤」吟。長松蔽日，巨柏澄陰，咨歟此地，如何可尋！其四。」

（周紹良藏拓本　河南千唐誌齋藏石）

貞觀一二四

【蓋】楊君墓銘

【誌文】大唐右宗衛大都督楊君墓誌并序」

君諱士達，字崇福，弘農華陰人也。門風地望，海内所推，峻極與」嵩華齊高，宗英將江漢俱遠。語其貴盛，歷四世而封三公；序其」清通，慎四知而屏三惑。莫不溢於民聽，光於籍録而已哉。曾祖」茂，齊散騎常侍、汝州諸軍事汝州刺史、陳留縣開國公；祖求，齊」冠軍將軍、平昌縣開國男；父頗，隋濟州濟陰縣令；並海内羽儀，」人倫冠冕。君承兹餘祉，命世挺生，才洽時髦，行標人範，在鄉領」袖，立性忠淳，望重一時，聲傳千載。由是遐方藉甚，流俗稱揚，以」識五蔭之難從，悟六度之□濟。於□專精彼岸，大啓福田。輕千」金若鴻毛，重一善如山岳，財追福罄，義與時隆，渴日自强，猶如」不及。貧富不易其操，喜怒不形於色。養親至孝，絶後而無前；德」行至仁，無違於取與。隋大業五年，起家左宗衛率大都督，至七」年，轉任洛汭府長史。豈謂殲良奄及，俄從鬼録。大唐貞觀廿年」歲次丙午六月辛酉朔，十八日戊寅，終於洛陽之私第，春秋六」十有六。哲人斯委，何痛如之。以其年七月辛卯朔，十二日壬寅，」葬於河南縣平樂鄉安川里邙山之陽翟村之西三伯步，禮也。」長子元亨，年未弱冠，屬斯荼毒，殆將滅性。悲陟岵之無及，泣過」庭之靡聞，式鐫景行，乃爲銘曰：」

漢水惟濬，華山削成，鬱爲洪族，擢秀亭亭。立行謹絜，玉潤冰清，」忽潛容色，空振風聲。其一。良木摧殘，芳蘭沉歇，鳥聲既詠，琴絃亦」絶。愁雲不收，悲風永結，瞻仰靡託，空餘嗚咽。其二。晨光徒曜，夜月」空輝，天淂永隔，泉路長歸。貞石銘德，佳城掩扉，庶鑒終古，蘭菊」無虧。其三。」

（北京圖書館藏拓本　河南千唐誌齋藏石）

貞觀一二五

【蓋】失。

【誌文】

大唐故處士餘君墓志銘并序」

君諱當，字難當，東海郯人也。漢臣衍陰德之符，」魏將煥丹青之像。駟馬繼軌，清風不絶，唯祖唯」父，官魏官齊。英猷播於前世，令譽流於耳目。君」藉芳蘭畹，禀潤珠池，神宇淹凝，風儀秀整。性尚」夷簡，息意於要津；志澄玄遠，緬懷於隱逸。婆娑」人世，容與林泉，物踈道親，人輕義重。晴雲散葉，」暢旨酒於春臺；微吹襲蘋，諧驩娛於夏景。寄天」地於一指，混寵辱而無驚。豈期閲水不停，馳暉」遽掩，與仁無驗，上壽每愆。以貞觀廿年八月十」一日寢疾，卒於思恭里，春秋七十。即以其年歲」在景午八月庚辛朔，廿三日甲子，窆於北邙山」之里。恐陵谷□遷貿，人代綿遠，式鐫玄石，以誌」泉扃。其詞曰：」

柳下棲彝，竹林閑放，光靈眇絶，清徽可尚。邈哉」若人，何識之亮？踐言修德，室邇人曠。逝川東騖，」落景西沉，歲分寒暑，人悲古今。松踈風急，隴晦」煙深，玄廬永掩，唯餘德音。」

（周紹良藏拓本　河南千唐誌齋藏石）

貞觀一二六

【蓋】失。

【誌文】

君諱忠，字處信，上谷居庸人也。本枝葱蒨，有部肇其鴻源；開國」扶疏，東平表其區域。布華宗於上谷，清廟肅然；分令胤於南陽，」豐碑流詠。祖博，齊義陽、汝陽、平原郡守；父顯，齊散騎常侍，隋儀」同三司、幽州長史；並含風雲之秀氣，蘊川瀆之英靈，顧賈邵而」若遺，軼卓魯而長騖。君琁浮方折，符彩早彰，珠散圓流，光輝自」遠，機神清簡，雅量恬凝，肅穆將松風共高，優柔與洞簫齊韻。隋」任左禦衛司兵參軍事。踐文陛而敷奏，總蘭錡而申威，莫府尚」其清明，庶僚挹其風彩。屬標季艱虞，遭逢上武，爰從文職，來總」軍麾，又任驃騎將軍。運距道消，時鍾不競，中原鹿散，材雄蝟起。」君親典戎旅，來援東都，流譽五營，飛聲七德。既而殷憂啓」聖，大人有作，禽飛湯網，風韻舜絃。君早厭張籌，久疲楊戟，局宦」情於知命，驩擊壤於太平。嘯詠風亭，流連賓館，列長筵而席月，」暢旨酒以陶春。依藝依仁，踐言踐行。敷恩訓下，比迹文饒；布義」全交，齊聲朱季。悲夫！遥遥日馭，不息轡於桑枝；淼淼河靈，詎留」波於竹箭。以貞觀二十年四月十三日寢疾，卒於洛陽第，春秋」六十有一。粤以其年歲在景午九月庚寅朔，廿日己酉，窆於邙」山之平樂里。世子元挺，哀窮在疚，茹荼云切，怨陟屺而何依，攀」風樹而號絶。恐水變東田，山移南越，勒翠石於泉路，庶清徽乎」不滅。其詞曰：」

東平啓源，南陽繼軌，本枝百世，長瀾千里。君子挺生，光昭前美，」偶映霜雪，均芳蘭芷。聲馳莫府，名擅詞林，締交重氣，然諾輕金。」歲聿云晚，棄智遺簪，凝神靖慮，唯逸之欽。曦駕易流，梁陰難固，」水爲川閱，世推人故。簫曲結風，薤歌含露，德音空在，泉臺永暮。」

（北京圖書館藏拓本　河南千唐誌齋藏石）

貞觀一二七

【蓋】大唐傅君妻梁夫人銘

【誌文】

隋處士傅君誌銘」

君諱叔，字季成，北地靈州人也。隋大業中，遷都洛陽，因而家焉。」昔殷相未昇，韜辰暉於版築；漢臣方顯，晦文府於蘭臺。南容盡」節疆埸，悲身世之非所；休弈志淩彊禦，歎圻父之不聰。仲容之」克構堂基，季友之翼扶王運，皆彪彰篆策，垂範將來，自是迄今，」衣冠彌茂。祖懷義，周江陵令；父仁弘，隋桐廬丞；並積德基仁，聲」敷物表，澄波萬仞，迥秀千尋。君少稟警異之姿，長懷超俗之尚；」學遍書部，不以干祿爲榮；文擅含章，徒蘊淩雲之思。居非塵雜，」高步丘園。結宇伊瀍，始見閑居之逸；嗚絃酌濁，方申遺世之情。」屬隋運陵夷，風雲騰擾，君恐橘柚之先伐，慮玉石之同焚，方欲」俶載山裝，求仁嵩阜。而與善冥昧，輔德寂寥，粤以大業九年奄」從淪化，春秋五十有五。嗚呼！昔高士云亡，竟毀武擔之石；真人」既謝，終隱少微之星。豈直歎發梁萋，痛深辰巳者也。夫人京兆」梁氏，育德高門，作嬪齊晉，潘楊之睦，伉儷莫先。而積紀孀居，貞」專彌固，雖艱危屢踐，而能保乂夫家，閭里化其風猷，閨房佇其」規範。而隟駒易往，身世忽諸，以貞觀廿年終于洛陽之里第，春」秋七十五。即以其年十月十四日合葬于北邙之平樂里。前瞻」嵩嶺，巍巍之峻極天；後帶長川，滔滔之流紀地。墳塋已啓，楸檟」成行，先遠有期，即宮長夜。長子無爲等，感昊天之罔極，痛風樹」之難淹，恐陵谷之推遷，芳猷銷歇，撰録遺範，勒之幽壤。庶滄海」三移，玄石之金無替；佳城千歲，白日之記猶存。嗚呼哀哉！乃爲」銘曰：

鬱郁蘭皐，葳蕤蕙圃，挺茲芳烈，□聲振古。珪璋特秀，淑」問峨峨，心超物表，同而不和。風樹不停，哲人其逝，一殯玄宫，長」辭昭世。崔嵬邙阜，蕭瑟松楸，勒茲貞石，永播芳猷。嗚呼哀哉！」

（周紹良藏拓本）

貞觀一二八

【誌文】

故大優婆塞晉州洪洞縣令孫佰悦灰身塔銘」

優婆塞姓孫，字佰悦，相州堯城人也。世衣纓，苗裔無」墜。身居薄宦，情達苦空，每厭塵勞，心希彼岸，雖處居」家，不愿三界，見有妻子，常忻梵行。悦去隋朝身故，未」經大殯。悦有出家女，尼字智覺，住聖道寺，念父生育」之恩，又憶出家解脱之路，不重俗家還穸，意慕大聖」泥洹。今以大唐貞觀廿年十月十五日起塔於寶山」之谷，冀居婆塞之類，同沾釋氏之流。今故勒石，當使」劫盡年終，表心無墜。善哉善哉！乃爲銘曰：」

哲人厭世，不貴俗榮，苦空非有，隨緣受生。身世磨滅，」未簡雄英，高墳曠壠，唯矚荒荆。且乖俗類，同彼如行，」俱知不善，唯愿明明。」

（録自《鄴下冢墓遺文二卷》卷上）

貞觀一二九

【蓋】失。

【誌文】

維大唐騎都尉王氏故妻墓」

夫人馬氏，扶風人也。地望膏腴，根柢」盤欝，跱嵩華而飛峻極，騰渤澥而派」波瀾。夫人禀質芳姿，貞素天性，廣庭」深室，坐訓母儀，洞户長廊，動爲女則。」方欲凌波洛渚，隨迴雪以飄飖；遊戲」陽臺，逐行雲而滅没。觀桑田於東海，」有愿莫從；訪王母於西崐，其何爽歟？」春秋六十有六，卒於斯第。以貞觀廿」年歲次景午十月己未，十五日癸酉，」瘞於邙山之陽，嗚呼哀哉！乃爲銘曰：」扶風甲族，膏粱地勢，弈葉宗門，蟬聯」本系。九畹蘭叢，一枝芳桂。春草始」生，墳樹未拱，萬古千秋，貞姬之塚。」

（周紹良藏拓本　河南千唐誌齋藏石）

貞觀一三〇

【蓋】失。

【誌文】

君諱相，字思祖，魏郡人也。越良輔蠡之苗裔，秦賢相睢」之胄胤也。方知渥洼驥子，千里之足是恒；

丹穴鳳雛，五」色之毛不或。以陪京輦，即貫洛陽，竹徙松移，貞心尚在。」語其遠葉，良史不能記功；序以門風，朝野無由掩德。身」居白屋，志在緇門，不樂榮華，留心澄寂。豈謂風水相及，」□□□宜，乘適累旬，湯藥無驗，昌蒲九節，際會難逢，靈」□□□，參差叵遇。以大唐貞觀廿年歲次景午九月庚」寅朔，十八日丁未，奄然長往。妻孥號慟，戚屬傷摧，有識」驚嗟，能言歎息。即以其年十月己未朔，廿七日乙酉，葬」於穀城之前。金墉表其左，皇宮峙其右，洛水流其南，邙」山鎮其北。置墳陵於此地，方朔慚能；卜宅兆於箇中，嚴」平愧術。仍恐高岸爲谷，徽烈沉淪；深谷爲陵，芳猷絶滅。」故邀文者，聊述德音，書行紀言，□陳梗概，乃爲銘曰：」

生稱一世，死期百年，報應修短，殂落先後。金漿罔續，玉」醴虛延，方若一盡，豈擇愚賢。夫人魏氏，貞潔合真，行逾」萊婦，德甚孟親。誨勗兒子，敬愛六親，所天玩殞，掐割傷」神。孝子阿師，慈順見稱，怡顔侍疾，請命無徵。嚴父殞背，」號咷撫膺，一身隨殁，饗祀何承？郊野蕭索，隴路蒼芒，霧」昏塋域，風飃□楊。故交悽楚，新識悲涼，一傳徽烈，萬古」遺芳。

（北京圖書館藏拓本　河南千唐誌齋藏石）

貞觀一三一

【蓋】段君墓誌

【誌文】

隋故銀青光禄殷州刺史誌銘」

君諱師，字大師，河南人也。自派源京邑，□□共□，或因菜甸以稱宗，啓王父而命」氏，固以彪彰瓊篆，藹潤璇圖。若夫寵義□仁，西河見軾廬之美；臨危徇命，北地盡」致身之節。暨乎紀明佐漢，鬱爲宗臣，軀龍仕晉，寔惟文喪，本枝與春蘭等秀，聲葬」將秋菊齊暉。公子公孫，傳芳靡替者，見之於斯族矣。祖嚴，周大將軍、開府儀同三」司；父達，隋司空納言。並氣蓋當時，英風秀世，宜從橫於胸臆，蘊文武於衿懷，故□」聲駕虞龍，名光漢鷺。君志概貞爽，風神秀映。玉山千仞，驪泉萬頃。雖學遍羣典，恥」涉書生之名；辭□談天，終從弓劍之術。於是開芳閬苑，擢秀瓊柯，望巨壑而縱鱗，」晞朝陽而翽羽。珪璋挺曜，清越聞天。開皇十一年，起家授右親衛，趨奏丹墀，執戟」文陛，宮鄰彌泰，宸極逾嚴。大業六年，詔授右勳侍校尉，道高長水，聲冠步兵。八年，」詔授朝散大夫，頃之授龍水府副郎將。九年，從駕伐遼，全軍獨剋，詔書褒美，授鄧」城府鷹揚。屬隋運將離，羣凶競擾，帝既不諦，南面無萬機之殷；如王非王，北邙多」千乘之貴。君誓心守節，志在剋清，奇鋒四伐，非唯三捷，授銀青光大夫，佐洛陽留」守。續以天子南征，漢濱非問罪之所；天王北狩，河陽無奔命之臣。及皇泰嗣興，君」爲佐命，改授衛尉卿，兼司禁旅。雖喪君有君，羣臣輯睦，而衝風尚梗，燎火方焚，乃」以君爲殷州諸軍事殷州刺史。總兵戎之重，據山河之要。雖豺豕外屏，而蕭牆內」發。君忠誠天至，心醜僞庭。俄而運屬驅除，聖人有作。君功非同德，迹染離心，乃」解甲投戈，卜居伊洛。昔邵平失職，顛頷青門；馮衍塗窮，行吟井臼。雖事符往哲，而」志逸前修。築室荒郊，不以高卑在慮；杜門荒徑，豈以寵辱驚心。與世汙隆，養皓然」之氣者，二紀於兹矣。方欲凝神物表，擥彼三芝；晦迹山幽，追榮四皓。與善虧應，彌」曠成災。以貞觀十九年終于洛陽之私第，春秋七十有五。嗚呼！仲弓既」往，德星無重聚之期；康成已亡，空悲辰巳之夢。君樹德唯高，居身以約，雖平生□」故，豪彦舊親，問遺不通，慶吊便絕，所以室無餘業，居常待終。寔一代之標准，後生」之領袖者也。夫人北平和氏，徐州總管廣武□之女。總茲四德，來儀百行，偕老莫」從，梁暉先掩。粤以大唐貞觀廿年十一月二日同祔于北邙之中，禮也。東望首陽，」食薇之心逾厲；南瞻伊洛，笙歌之路更深。寔仁智之攸宜，靈祇之棲集。長子珍，隋」正議大夫、左監門直合。悲芳猷之眇默，感舟谷之推移，乃追撰德音，勒諸玄壤。其」銘曰：

萋萋茂畹，眇眇長源，傳芳靡替，流慶後昆。篤生俊哲，載馥其蓀，武則」肅事，文惟立言。登朝光國，奉上竭誠，送往事居，實惟忠貞。炎運不建，聖道欽明，」欣茲擊壤，委禄辭榮。高步丘園，怡神養性，蕭然獨善，日親爲盛。天地不仁，虛聞」餘慶，不愸一老，奄同三命。龍轜儼駕，白驥依箱，遲遲東郭，壘壘北邙。一辭昭世，」永閟玄堂，勒茲貞石，地久天長。嗚呼哀哉！」

（周紹良藏拓本）

貞觀一三二

【蓋】失。

【誌文】

唐故忠州墊江縣令上護軍王君墓誌銘并序」

君諱才，字挺儁，太原祁人也。世功祚土，著在明章，七將五公，列」於隆誥，鴻流不絕，椒桂恒芬，行德言功，所謂不□。曾祖亮，齊青」州別駕；贊揚六行，毗貳千乘。祖粲，隋都官從事；含香禮閣，握蘭」握瑣。父開，隋石州司士；悦使則子來競集，汲引乃繦負來奔，風」儀與秋月齊明，音徽共春雲並潤。君稟器方圓，有規矩之量；德」齊珩瑀，懷清白之容。立節綺年，志學髫歲，手窮拾地，舌杪談天，」非禮樂而不拘，非忠貞而不履，苟顛沛而於是，雖風雨而不渝。」寵辱不混其心，否泰不關其志。屬屯雷載殷，龍德反新，出幽遷」木，抗策金馬，方朔十上，蘇秦九獻，吞若胸襟，嘗何㦅介。武德四」年，授蒲臺丞，仍拜上大將軍，餘如故。貞觀元年，遷弘靜令。十年，」轉黔州都督府户曹參軍事。十七年，又轉墊江縣令。君四教率」民，家知禮讓；三已其位，無愠厥心。何期餘慶靡徵，夢奠斯遘，膏」肓一染，眄炫不瘳。辰巳迫年，奄摧梁木，以貞觀十九年七月廿」八日不禄于公館，春秋六十有四。夫人張氏，南陽西鄂人。蘋藻」惟羞，浣濯斯職，婦容婦德，言告言歸。以其年三月卒於任所。以」廿年十二月十五日癸酉襘神于邙阜之陽禮也。惟君惠和忠」肅，明允篤誠，進進于家，愢愢厥友，不有所紀，何以流芳？不勒景」行，無傳盛烈。其詞曰：」

厥惟德姓，肇自有周，峨峨峻嶺，瀰瀰清流。胤我之子，景曜前脩，」器惟雕琢，飾乃箕裘。其一。資父事君，奄恩斷義，錦製無傷，魚烹既」器。雞啼示猛，牛刀屈位，日照聲齊，風臨教被。其二。隙光難駐，舟宰」不追，火炎崐嶽，燎艾焚芝。佳城蓊鬱，宰樹參差，川長鳥思，岫□」猨悲。攀號茹慕，涕泗零而。其三。」

（北京圖書館藏拓本）

貞觀一三三

【蓋】失。

【誌文】

故大唐睦州桐廬縣主簿李君墓誌之銘」

君諱桀，字陵漢，趙郡人也。蓋周柱下吏聃之後焉。神基重秀，」遠派靈長，文武代興，纓冕相襲。祖參，周宋城縣令；雅達從政，」治甚有聲。父貴，本郡主簿；器量淹弘，令問攸集。君丕承芳烈，」誕縱英姿，玉質幼彰，金聲早振，聰惠明允，雅經遠識，非聖哲」之書不覩，非法度之軌不履，恂恂穆穆，郡國休焉。由是隋授」朝散大夫。久之，唐室龍興，旁求俊乂，爰授睦州桐廬縣主簿。」贊鳴琴之化，致製錦之功，遠者挹其風，近者悦其治。所謂鴻」漸遵陸，將羽儀於上京；豈期蟬稅昇遐，淹遊神於天路。粤以」貞觀十年二月廿九日卒于館舍，嗚呼哀哉！春秋五十有一。」夫人楊氏，梁尉武將軍永興公充之孫，唐永寧縣令祚之女」也。履柔貞吉，體德幽閑，採澗藻而禮神，濯裝衣而尊傅，外佐」君子，内整閨闈，婦道有倫，母儀無忒。粤以貞觀廿年歲次丙」午十一月十一日卒于洛陽敦厚之里第，嗚呼哀哉！即以其」年十二月己未朔廿四日壬午，合葬于邙山之陽，禮也。恐日」月推移，陵谷遷易，庶揚令範，用銘豐石。其詞曰：」

珍木叶祥，彩雲淪慶，忠慤間出，簪裾世盛。篤生夫子，含章履」正，節擬松筠，明齊水鏡。其一。學優則仕，結綬從官，事上以肅，臨」下以寬。遽遭二豎，無逢一丸，寮友悽愴，親賓永歎。其二。灼灼夫」人，雍雍雅度，蕙心紈質，履柔秉素。朝雲不停，霄娥難駐，永辭」蘭室，言尋松路。其三。禮嘉合葬，詩尚同穴，朱旐啓行，素轜遵轍。」孺子摧慕，愛女泣血，庶播清猷，刊兹無絶。其四。」

（北京圖書館藏拓本）

貞觀一三四

【蓋】無。

【誌文】

貞觀廿一年歲次丁」□正月戊子朔，廿五」□壬子，交河縣神山」鄉民唐妻辛忽遭」時患，以今月十九日身」便□亡，春秋一十有七。宜向」□露殯葬於墓。氏唐之」墓表。」唐妻辛英疆之墓表。」

（録自《高昌磚集》）

貞觀一三五

【蓋】失。

【誌文】

君諱舉，字義高，南陽安衆人也。曾祖文」鋭，齊丹陽郡丞；祖士琳，周洺州洺水縣」令；父稱，隋任幽州鎮副；並才包文武，氣」韞風雲，名德映于當時，令譽流於後代。」君幼挺聰察，自得家風，器宇淹凝，風神」清遠。混莊生之齊物，慕老氏之同塵，遂」脱落簪纓，栖遲衡泌，篤義方而訓下，勗」忠信以全交。

和而不同，通而能雜，敬順」洽乎鄉曲，廉讓被于州閭。豈期隟駟不」留，尺波電謝，輔仁莫驗，上壽無徵，以貞」觀二十一年二月六日卒于第，春秋六」十有三。嗚呼哀哉！即以其年歲次丁未」二月戊午朔，廿八日乙酉，遷窆于北邙」山之陽清風里。恐年齡永遠，陵谷遷移，」勒玄石於泉門，庶有志於千載者也。」

（北京圖書館藏拓本）

貞觀一三六

【蓋】失。

【誌文】

隋故奮武尉元君墓誌」

君諱賢，字文剛，河南洛陽陽人也。」靈虞夏之前，握符姬漢之後。故其」英華未遠，祖宗惟皇，焕在圖籍，存」諸故□。曾祖霄，襲封爲南平王、右」光祿大夫；祖宣，壯志未展，弱齡稅」駕。父崇略，周冠軍將軍；風業清劭，」洪猷是屬。君禀德降靈，含章穎發，」躭道藝爲寶，視富貴猶浮□，隋末」留守洛陽南子城，仍依□授奮武」尉，非其好也。乃退保丘園，優遊自」養。以今大唐貞觀廿一年四月遘疾，卒於私第，春秋七十有一。以其」年四月六日，葬於邙山之陽。嗚呼哀哉！乃爲銘曰：」

猗□□□，邈矣長源。君□輝德，志□於□。□□賓舊，偃□丘園。福」□□□□，遽從物化。□□□朝，松哀夙夜。□□泉户，營□何□。」

（周紹良藏拓本）

貞觀一三七

【蓋】失。

【誌文】利用舊誌石磨平重刻，中間有露原有文字處。

大唐故洛州徵士萬君墓誌」

君諱德，字道仁，隴西人也。門傳儒雅，標」冠縉紳，世襲衣纓，羽儀卿相。祖公，齊任」并州晉陽縣令；父周，隋任益州都督；並」風格峻整，器局深凝，弘闡帝猷，經綸王」業，化行民庶，德被謳歌。前代盛其芳徽，」後葉芬其茂緒。君稟靈河漢，孕璞荆山，」少負班馬之才，幼懷禽尚之操。屬隋氏」失馭，海内流離，鬼哭山鳴，人神憤怨。君」性尚衡泌，情狎蟲魚，避難巖阿，抽簪物」外。每寬愁於文酒，屢排慘於琴書。志在」涅而不淄，心處泰而逾固。洎聖人馭」曆，風教遠覃，凡厥隱淪，俱欣至道。君」乃杖藜還世，葺宇洛濱，門植兩桐，庭開」三徑。端木之駕。時見扣於荆扉；安仁之」車，每招尋於蓬室。既而寢疾遽甚，亟歷」暄寒，奄墜夜臺，忽隨朝露。悲夫！逝川東」注，曩賢所以興嗟；落景西傾，往哲於焉」起歎。以貞觀廿一年五月廿五日終於」私第，春秋七十有一。即以其年歲在丁」未六月景辰朔，五日庚申，窆於邙山之」平樂鄉。恐山飛海變，陵谷推遷，勒斯石」於九原，庶流芳於千古也。」

（周紹良藏拓本）

貞觀一三八

【蓋】失。

【誌文】

大唐故萬年縣尉孔府君墓誌銘」

君諱長寧，魯國鄒人也。素王已降，名德踵武，詳諸圖諜，」可得而言。祖察，征東將軍；父香，齊洛州行臺司兵參軍」事；並道冠時英，績敷民譽。君承芳世德，禀訓趨庭，業尚」韶通，識致淹允。隋任并州樂平縣法曹，後轉弘化郡龍」泉府司馬，皇朝任萬年縣尉。風神肅穆，才辯雍容，善政」洽於民謡，令問芬於所莅。既而輔仁無驗，與德每愆，未」盡大夏之材，遂同小年之促。以貞觀二十年正月十七」日卒於嘉善里第，春秋六十九。夫人姓翟，下邽人也。齊、」瀛、萊等十三州總管顯之孫，親衛大督孝通長女。凝華」桂畹，擢潤珠池，志性幽閑，心神明敏。肅恭以禮，受教於」公宮；言容以德，有聞於師氏。年甫二八，來配名宗，琴瑟」既諧，閨闈允睦。事上之操，既肅而貞；逮下之心，終温且」惠。足以騰聲孟閫，作儷梁門。人世不居，奄隨晨露，以貞」觀廿一年八月八日卒於第，春秋七十二。嗚呼哀哉！粵」以其年歲次丁未八月乙卯朔，廿八日壬午，合葬于邙」山之平原里。恐山飛海徙，陵谷虚盈，紀翠石於泉門，庶」清徽之無沫。其詞曰：

道盛泗濱，化隆闕里，名德」不絶，光靈繼軌。猗歟淑令，陰祇降祉，比諧琴瑟，方華桃」李。逝川易閱，□輝遽傾，夜臺對掩，泉户雙扃。春蘭絶頌，」秋菊誰銘？空餘翠石，獨振金聲。」

（周紹良藏拓本）

貞觀一三九

【蓋】大唐故康府君墓誌銘

【誌文】

大唐故洛陽康大農墓銘」

君諱婆，字季大，博陵人也，本康國王之裔也。高祖羅，以魏孝文世，」舉國内附，朝于洛陽，因而家焉，故爲洛陽人也。祖陁，齊相府常侍；」父和，隋定州薩寶，又遷奉御；並英風秀出，器局沉明，率下有方，事」君以禮。雖日磾歸漢，由余適秦，無以仰則忠貞，取侔榮觀。君少而」英敏，氣概不羣，身長九尺，風骨疏朗，牆宇標峻，望之儼然，稟縱多」能，博遊才藝，逍遥自得，不干榮位。既而世襲衣纓，生資豐渥，家僮」百數，藏鏹巨萬，招延賓旅，門多軒蓋。錦衣珠服，入必珍羞；擊鍾鼎」食，出便聯騎。自山河東北，關洛西南，莫不欽挹高風，藉甚聲問。羣」公朝士，七貴五侯，競陳書弊，託款衿素。武德中，左僕射裴寂挹君」名義，請署大農。君感知己之深，銜一顧之重，乃降情屈志，俯而從」之。既而來往許史之廬，出入金張之館，雖復一行作吏，而未廢平」生之驩。自裴侯下世，君亦辭位高蹈，閑居養志而已。四運不居，百」年荏冉，不圖不慮，大漸殄纏，以貞觀廿一年八月十四日終于洛」陽之私第，春秋七十有五。即以其年九月一日遷葬于北邙山之」南原也。長子須達，泣血待晨，偷存晷□。恐舟壑移改，銘誌不傳，乃」追録風徽，勒之幽壤。其辭曰：」

鬱郁蘭臯，葳蕤蕙畹，挺兹芳烈，風流自遠。道際行藏，智鄰舒卷，眇」眇玄宗，萋萋辭菀。其一。開華崑岫，發秀瓊柯，恥從干禄，栖思雲阿。逍」遥衡泌，容與絃歌，坐鎮雅俗，同而不和。其二。」坐賓恒滿，文酒不空，堂遊好事，門藹王公。輪軒交軫，藉甚高風，如」何不淑，委世歸終。其三。奔羲易往，逝水難停，嗟乎若土，永翳幽冥！森」森隴樹，鬱鬱佳城。桑田慮改，勒是玄扃。其四。」

大唐貞觀廿一年歲次丁未八月乙卯朔，十四日戊辰。」九月甲申朔，一日甲申。」

（録自《芒洛冢墓遺文五編》卷二）

貞觀一四〇

【蓋】失。

【誌文】

唐故涪州永安縣令輕車都尉樂君墓誌銘并序」

君諱善文，字善文，南陽人也。帝嚳之末胄，殷湯之苗裔焉。司城輔宋，以不貪」爲寶；昌國佐燕，以忠誠立效。洎乎武陵太守，東漢馳名；吏部尚書，西晉稱美。」焕乎前册，可略而言。曾祖脅，後魏冠軍將軍、高平郡太守；祖隆，後魏安南將」軍、東萊郡太守；父貞，齊太子舍人、隋忻州長史。君精應神嵩，豈唯申甫；禀靈」長漢，非獨王楊。幼若成人，夙標令德，性甚端慤，絶勢利之交；莅職清廉，無脂」膏之潤。起家馮翊郡馮翊縣户曹。君以才爲時湏，自强不息，考稱善最，秩有」加焉。尋授絳州稷山縣丞，善於毗贊，明於治道，豪俠畏威，孤惸懷惠。以君功」名克著，品秩優隆，遷秦州長川縣令。氐羌之地，禮義罕聞，下車未幾，頓移風」俗。雖復割雞喻於子游，絆驥方於季重，語其善政，彼有慚德。

改授荆州石首」縣令。君導德齊禮，寬猛相兼，撫弱綏强，弦韋合度，民吏懷恩，頌聲洋溢。豈如」新息偉節，徒聞賈子之名；汝南叔陽，空留神父之號。改授商州上洛縣令。東」鄰武關，西界嶢關，山路蕭條，田疇墝埆，氓庶每遭飢饉，所食藜藿而已。君敷」政百里，務彼三農，使户饜稻粱，家豐菽粟。何如汲縣，唯傳甘雨之歌；詎似滎」陽，獨有殷溝之頌。改授涪州永安縣令。地連庸蜀，俗號蠻夷，君綏導多方，化」如風靡，纔移歲序，詠歌盈術。魯恭馴雉，焉能譬此仁明；王阜迴鸞，未足方斯」善政。操刀未幾，充使惟揚，塗次江陵，嬰纏氣疾。正當延斯天禄，振此芳猷，豈」謂五福未終，三靈降眚，以貞觀廿一年正月廿日卒于荆州石首縣歸義里，」春秋六十有七。嗚呼哀哉！即以其年十月八日葬于河南縣平樂鄉安川里。」雖盛德不泯，而陵谷貿遷，爰勒兹銘，庶幾永固而已。其詞曰：」

系自帝嚳，氏出殷商，司城清儉，昌國忠良。武陵令問，吏部流芳，烈祖顯考，代」有珪璋。惟君承嗣，稟靈嶽瀆，其直如矢，其德如玉。懷此冰清，職彼縣局，匪懈」于位，優加考禄。職□二命，毗贊一同，君長顯譽，民吏承風。威彼豪俠，惠此孤」窮，功名克著，品秩優隆。馳名晉邑，製錦秦川，七戎舊壤，五教俱捐。風俗移易，」禮義斯宣，子游愧德，季重□賢。石首彫弊，冥也無識，伊君字撫，俾民作則。氓」俗饒衍，士女歸德，方駕汝南，齊鑣新息。蕭條山路，墝埆田疇，氓庶飢饉，藜藿」是求。倉庾惟億，栖畝不收，歌逾甘雨，頌美殷溝。綏撫蠻俗，化如風靡，德比迴」鸞，恩侔乳雉。勤恤王事，嬰纏痾痺，福有禍伏，禍無福倚。如何不淑，災眚濫流，」奄從物化，人百其憂。荒林鳥思，峭嶺雲愁，徒刊金石，永謝芳猷。」

（周紹良藏拓本　河南千唐誌齋藏石）

貞觀一四一

【蓋】 失。

【誌文】

維大唐貞觀廿一年歲次丁未」十月甲寅朔，廿日癸酉，徐氏妻」劉夫人，洛州河南縣洛邑鄉人。」順天敬壽，春秋八十有二。於其」年十月十日氣疾暴增，奄然殯」館。今葬在邙山之陽洛邑東北」郊洛陽縣界清風之原故倉東」王村西南一百餘步。嗚呼哀」哉！乃爲銘記。

（北京圖書館藏拓本　河南千唐誌齋藏石）

貞觀一四二

【蓋】 失。

【誌文】

大唐故徵士向君墓誌」

君諱英，字文傑，河内温人也。門緒丕顯，慶業」隆長，家諜詳諸，可略言矣。祖通達，齊任許州」陽澤縣令；嗚琴百里，化洽四民，寬猛相資，威」恩並舉。父榮，隋任河南郡録事；器局淹通，風」儀詳審，道存物喪，身歿名飛。君孝敬天稟，文」義生知，曰在齠年，夙彰聰敏。雖三冬曼蒨，一」攬仲任，方斯蔑如也。何圖與善無徵，奄先朝」露，以貞觀廿一年十一月七日卒於私第，春」秋六十有三。亡夫人姓楊，弘農人也。容範端」莊，惠心明敏。四德咸備，豈獨梁鴻之妻；三教」克宣，詎止孟宗之母。事上有禮，撫下合宜，和」緝親姻，肅邕閨閫。豈期蘭始秋而□敗，蕣未」夕而先萎，以去貞觀九年五月十二日亡，即」以今年歲次丁未十一月癸未朔，廿日壬寅，」殯於北邙山之陽。恐徽猷靡嗣，令德不傳，圖」翠石於九泉，庶流芳於萬古。」

（北京圖書館藏拓本　河南千唐誌齋藏石）

貞觀一四三

【蓋】失。

【誌文】誌文末句缺三字，當在石側，失拓。

君諱達，字叔通，弘農人也。晉大夫處父之苗裔，」漢司徒伯起之後也。祖寬，齊任泰州上豐縣令；」父貞，隋任懷州刺史；並宣條化俗，政簡刑清，來」結晩哥，去留餘訓。君文義天稟，詎聞洙泗之風；」孝敬冥符，非習趨庭之訓。加以儀範詳審，志識」淹通，每取樂於琴書，時寬愁於文酒。武德之際，」醜虜犯邊，君乃杖劍從征，克平凶黨，尋蒙江州」道行軍元帥擬飛騎尉，式旌忠節。君改志懷禽，」尚不愿宦階，情悦老莊，唯求放逸，雖原憲之安」貧陋巷，魯連之高蹈滄海，方斯蔑如也。悲夫！逝」川易閲，馳輝遽傾，促此小年，長歸大夜。以貞觀」廿一年十二月三日卒，春秋六十二。即以其年」十二月廿一日窆於邙山之陽，禮也。慟深嫠婦，」悲切遺孤，爰命下才，爲之銘曰：

川帶長河，地」連高嶽，世襲冠冕，家傳文學。惟祖惟父，允文允」武，雄略英謀，詞林義府。誕慈令子，

堂構克隆，依」仁據義，本孝基忠。譽稱鄉曲，行睦閨庭，遽捐華」宇，永即佳城。玄宮寂寞，蒿里冥綿，幽石若啓，貞」（下缺）

（北京圖書館藏拓本）

貞觀一四四

【蓋】失。

【誌文】

唐故武騎尉張君墓誌銘」

君諱秀字實，修武人也。五世執政，功重漢朝，」弈葉蟬聯，承籍冠冕。君乃感氣平和，剋生上」德，内無聲色之好，野絶犬馬之娱，規矩既隆，」珪璋亦盛。總百行於□衿，苞三善於懷抱。祖」景，隋任華山縣令；父强，唐任信州司户。君以」奮武建功，募命遼□，習弦落雁，調矢吟猨，表」其懃效之勞，授以爵賞之秩。以貞觀貳拾貳」年歲次戊申正月壬午朔，貳拾貳日寢疾，卒」於清化里第，春秋貳拾有柒，即以其月貳拾」捌日己酉，窆於芒山之陽平樂里。恐地遷陵」谷，人同今古，庶徽猷之永存，勒斯銘於泉石。」其詞曰：

赫矣崇基，猗歟峻壤，載揚休風，丕」顯弈世。鏗鏘金石，芬馥蘭桂。令聞高馳，淑德」遐濟。六龍頓轡，□瀆□□，去日川閲，前□故」人。雲愁□重，霧黯松檟，一朝玄石，千載并□。」

（周紹良藏拓本　河南千唐誌齋藏石）

貞觀一四五

【蓋】失。

【誌文】

隋故平州録事參軍張君墓誌」

君諱育，字永珍，魏郡鄴人也。惟厥初生，肇承黄帝，枝流」遠祖，纂胤張羅。漢代子房，受禎符於黄石；晉朝張茂，別」紫氣於斗牛。允迪嘉謀，弈世丕顯，自兹厥後，代有斯人。」祖和，風雲慷慨，雄節立功，武策絶倫，文史修備，魏任潞」州刺史。父達，行參規矩，言不可擇，染翰緣情，德晗時務，」齊任燕州司户。君弱冠通惠，迴秀千尋，貝錦成文，才高」萬刃。隋詔舉擢才，任北平州録事參軍。豈謂福善無」徵，哲人先委。以大業十一年七月十六日，終於瀍澗里」也。夫人趙氏，魏郡安陽人也。開府儀同三司之孫，燕州」刺史慶之女。誕兹華望，植斯勝緒，靡曹氏之識，自緼女」儀；詎覽周官之篇，善含母德。年十有四，姻媾張氏。夫人」春秋八十有七，詔授河南縣上春□君，以大唐貞觀」廿二年歲次戊申二月壬子朔，二日癸丑，構疾彌留，終」於思順里，以其月廿一日壬申，伉儷同窆，葬於北邙山」平樂鄉之原。其地後眺黄河，南瞻龍闕，東西邐迤，良堪」遊暢。嗣孫文惠，居喪踰禮，孝過毁性，恐陵谷遷徙，壠輴」交侵，式記餘芳，寄鐫玄石。其銘曰：

□宗遠裔，弈葉」衣冠，高門白水，盛族邯鄲。鬱爲伉儷，結爾矜蘭，冀憑景」福，庶以常安。其一。猗歟淑美，婉翳嫿柔，賢女内備，母則外」宣。百齡過隙，一旦黄泉，山移谷徙，芳猷尚傳。其二。」

（周紹良藏拓本）

貞觀一四六

【蓋】 失。

【誌文】

大唐趙君墓誌銘并序」

君諱昭，字孝明，隴西天水人也。自有晉開疆，子餘爲」棟梁之宰；大漢恢宇，充國爲舟檝之臣。自茲已降，代」有人焉，茂實英聲，光照圖牒。祖義，武陵郡丞；父挐，河」內西曹掾；咸宣政績，各樹風聲，民望珪璋，世歸瑚璉。」君弱不好弄，長亦不悛，幼而克家，爰幹前蠱。屬大唐」膺曆，委質干戈，武效力宣，纓情好爵。性翫琴酒，志悅」詩書，敬愛忘疲，遘茲沉疾。福謙莫驗，積善無徵，將期」百齡，奄成千古。以貞觀廿二年歲次戊申二月壬子」朔，廿九日庚午，終于私第，春秋六十有七。青珠始唅，」里閈掇杵臼之聲；白驥初巾，行李起涕零之泣。即以」其年三月辛巳朔，四日甲申，殯於邙山之陽，禮也。胤」子昆季，悲悼難居，痛罔極之恩未報，怨風樹之條不」停，越禮過哀，幾將滅性。懼陵谷之有改，憑金石之不」遷，爰勒風徽，庶傳無朽。嗚呼哀哉！乃爲銘曰：」

茂族繁衍，曆代簪纓，居晉馳譽，在漢飛聲。武陵河內，」撫政專城，之子克紹，德纂前英。其一。歲序易循，數盈難」益，厥疾彌留，奄從窀穸。行路悽悼，諸孤毀瘠，紀此清」風，勒茲泉石。其二。」

（周紹良藏拓本）

貞觀一四七

【蓋】失。

【誌文】

大唐故文安縣主墓誌銘并序」

主諱 字 隴西成紀人也。夫天靈啓聖，跡被崑崙之墟；皇雄命氏，道光華」夷之土。至於補玄立極之功，駕羽乘雲之業，握瑶圖於景宿，懸寶祚於貞明，」其唯大唐者歟！曾祖元皇帝，被風化於墳枚，始艱難於邠籥。祖武皇」帝，升阿誓牧之旅，汾水襄城之駕，卷懷列辟，財成羣有。父巢剌王劼，珪疏奥」壤，戚茂維城，靄楚澤之雕雲，聚淮南之仙氣。遂使苕華孕美，結緑開珍，景溢」星潢，輝聯珠婺。晨栖阿閣，聲調丹穴之禽；夕指瑶池，色麗青田之羽。及其趨」□蘭掖，漸潤椒庭。水移銀箭，尚敷袛於師氏；燈滅金羊，已鏘環於内傳。栖志」圖史，遊心幾律，眄萋葉而興勤，聽喈音而遺誠。意匠言泉之旨，飛雲垂露之」端。柳密莊窗，乍起流鸎之賦；月含花簟，因裁擣衣之篇。採桔纂組之規，澄漠」紘綖之務，靡不思窮妍麗，慮歸閑謐。貞觀十五年正月五日封文安縣主，脂」賦開榮，公宫徙訓。乃以其月十四日降姻於工部尚書駙馬都尉紀公之世」子段儼。華舒穠圃，秀發夭蹊，迓雨生暉，副笄增飾。尸芳牖下，既奉宣平之奠；」思媚諸姑，還侍河陽之箒。嬪儀載穆，閨饋惟馨。循淑性於珩璜，韻柔情於琴」瑟。瞻窈窕而遐鶱，歌悦懌而長懷。朝露溘晞，詎留光於瑶草；秋風忽起，空滅」彩於瓊林。弄玉乘煙，怨吹簫之徒巧；常娥飛月，痛仙丸之不追。以貞觀廿二」年二月三日卒於長安頒政里之第，春秋廿六。嗚呼哀哉！惟主心資淑慎，體」茂清明。碧霜絳雪，不能渝其操；秋菊春松，有以方其質。香名遠集，尚申戒於」芳禰；咎言斯屏，每含辭於蘭氣。信以黼藻中闈，抑揚內範，淑人不永，傷哉如」何！怨家道之無庇，痛藐是之何託？戚里兼酸，宸襟凝歎。即以其年三月廿」二日陪葬于昭陵。窀穸所由，恩旨隨給。周京歸賵，寵切於前哀；澶水會」盟，事踰於昔禮。湘川之下，還見舒姑之泉；鮒隅之陰，方傳貞女之硤。採彤管」之遺詠，彤芳塵於不朽。其詞曰：」

帝降玄圃，宸居紫微，金柯疊秀，琁蕚分暉。桂輪澄彩，星津結霏，誕茲才淑，克」嗣音徽。延慈丹禁，稟訓彤闈，綴珠爲服，雕玉成衣。拂景孤唳，淩霞獨飛，婉娩」其性，逶迤其質。春緒含雲，秋情儷日，降嬪君子，來宜家室。李徑初華，梅林未」實，絜資芳錡，心調友瑟。烏變祺祥，熊虧夢吉，顧菟俄掩，奔駒遽逸。卜遠將及，」靈驂已巾，音儀遂泯，褕翟空陳。平原改色，清渭迷津，埋龍毀劍，碎璧侵塵。佳」城日黯，墜路泉新，帷傷奉倩，簟恨安仁。一生何促？萬古銷春。」

（周紹良藏拓本）

貞觀一四八

【蓋】張君墓誌

【誌文】

君諱行滿，字德充，洛州洛陽人也。其先職虞川澤，務諧」帝道，張羅犧業，有利倉生。因官望於清河，源發宗於白」水。可謂衡椿嶧櫛，遞弈其材；荊玉浦珠，超流其瑩。雕蟲」粲煥，可歷遐聞；鍾磬鏗鏘，披圖遊聽。曾祖寧，大魏任南」陽太守。祖元，高齊創業，擢任楚州山陽縣令。父猷，齠年」慕道，餐霞冲寂，頻徵不就，潛躬却掃，間閈尚其大隱，視」聽奇其卓異。君幼染父風，鄙居凡俗，高蹈前哲，長揖侯」王。壯室之歲，被召郡庭，立志箕嶺，固逃山北，不羣人衆，」晦迹牆東。飲啄盡此生年，偃仰任其身世。知命之紀，道」場遊觀。聽法既覺，則悟已無常；覩相思空，則知非一合。」遂閉門絶俗，不交非類。忽以雷光閃倏，石火須臾，影不」留時，奄從風燭。春秋六十有二。以貞觀二十二年歲在」戊申四月辛亥朔，十五日乙丑，患卒于家。即以其月二」十三日殯於洛城之北邙嶺之陰十五里千金鄉之地，」禮也。豈其三徑幽閑之所，永罷遊從；一户蓬蓽之間，於」兹息閉。川流長逝，終無返蕩之波；落景垂昏，詎有迴光」之照。嗚呼哀哉！乃爲銘曰：」春來秋往，人去無歸，朝光夕没，夢想如霏。」竹林虚蔚，夜燭徒輝，帷簾不卷，器玩何依。」一辭白日，千年故人，飛魂遊景，碎骨埋塵。」荒塋霧暗，蒿里誰鄰？泉門永掩，長夜無晨。」

（周紹良藏拓本）

貞觀一四九

【蓋】丘君墓銘

【誌文】
大唐故上騎都尉益州新津縣丞丘君墓誌銘并序」
君諱蘊，字懷藝，吳興人也。峨峨崇岳，寔産良材；鬱鬱高門，克」生髦俊。曾祖誕，征南將軍、奉車都尉；祖鱗，奉朝請；父沙，尚書」都事；俱標杞梓之材，並潔冰霜之操。振英風於武庫，騰茂實」於文房。君禀川岳之氣，抱竹柏之心，響應鴻鐘，調諧清徵，投」義有功，補西亳州轘轅縣令。百里蒙化，六縣沾恩，禮義交衢，」謳歌滿路，授上騎都尉益州新津縣丞。既屈千里之才，恥佐」一同之任。乃追張衡之素範，歸田舊廬；慕潘岳之高蹤，閑居」養性。每秋旻爽節，臨菊岸而飛鷗；春序良時，入桃源而動詠。」招文舉之客，奏嵇康之琴，寄情風月之中，託意煙霞之表。豈」期天道冥昧，福善無徵，逸翮墜於長天，洪梁摧於大夏。貞觀」廿二年歲次戊申五月廿九日終于第，春秋六十有七。即以」其年六月庚戌朔，廿三日壬申，葬於洛陽縣清風鄉邙山之」阜。夫人范陽盧氏，清流濯質，若漢水之耀明珠；華族挺生，似」荆山之出美玉。三從並著，四德無虧。生有結髮之恩，死崇同」穴之禮。匣中離劍，自此成雙；鏡裏孤鸞，於焉絶響。惟君長瀾」皛皛，聳幹森森，佩實銜華，握瑜志瑾。情同契合者，若鮑子之」推財；心許言忘者，類延陵之掛劍。竊以滕公表墓，歷千載而」猶存；陳寔樹碑，雖百世而無泯。有追斯義，迺爲銘曰：」

八元分族，九德傳芳，家崇節義，世挺珪璋。如鸞肅肅，似驥昂」昂，東川閲水，西谷沉光。粤有萊婦，克令克柔，共辭華屋，同掩」山丘。窮燈永暗，大夜長幽，唯當片石，無絶徽猷。」

（周紹良藏拓本）

貞觀一五〇

【蓋】失。

【誌文】

唐故武騎尉范君墓誌□

君諱雅，字君雅，洛州河南人也。自開封命氏，懿德嘉猷」並國史家□之所詳，故存其梗概而已。若乃長想九原」之舊，武子則遺愛不泯；遐瞻百里之尊，史雲則清輝在」目。簪裾弈世，德望相循，□乎不移，自根窮葉。祖諱永，父」諱開，莫不世襲孝廉，□傳學術，編户悦其仁惠，搢紳揖」其風規。時英國華，鬱乎斯在。君承兹餘慶，膺時挺生，總」六藝之精微，罄三端之神妙。幼年底節，弱歲飛聲，以瀓」難之謀，朝加武騎尉。君素輕榮進，早味清虚，晦迹丘園，怡然自得，春秋六十有二，以貞觀廿二年歲次戊申七」月庚辰朔，七日景戌，卒于思順坊之第。哲人斯萎，何痛」如之！夫人宋氏，唐故上柱國諱超越之第二女也。偶衡」秦晉，性協温柔，先此貞觀八年，早辭人世。遂以君卒之」歲祔葬於邙山之陽，禮也。恐年代浸遠，蕪没德音，乃勒」斯紀，以存不朽。嗚呼哀哉！迺爲銘曰：」

邈彼清原，赫哉芳裔，儒秀競馳，清風相繼。載誕光儀，才」雄冠世，瞻仰難階，溯沿無際。其一。璵璠美，蓀蕙傳馨，弱」□砥節，幼歲飛聲。忘懷寵利，□志幽貞，頹齡何遽，奄蹤」□城。其二。凄涼館宇，寂寞帷筵，長辭皎日，永赴幽泉。玄宮」是閟，貞石斯鐫，山川革易，蘭菊逾宣。其三。」

（北京圖書館藏拓本）

貞觀一五一

【蓋】失。

【誌文】

大唐張君墓誌」

君諱通，字進達，清河人也。源夫大漢之初，輯寧區宇，殄」欃槍於垓下，消薄蝕於鴻門。允屬幽符，寔資朝寄，明徵」定保，垂芳後昆。祖奈，齊上柱國瓜州司馬；父定，魏靈州」明沙令；咸以功崇當世，業王前修，用簡帝心，式瞻民望。」可謂門稱豪傑，黻冕者多人；時號忠良，搢紳者非一。惟」君纂承基緒，思牧黎元，乃從俗推移，彈冠莅事，授以上」輕車都尉、殿中直長。出陪黃屋，入侍彤帷，衆庶挹其楷」模，羣僚仰其規矩，嚴威與秋霜競潔，神武與夏日爭輝。」臨敵□餘，舉無□算。豈期尺波易謝，隙駟難留，抱疾彌」年，奄隨朝露。君春秋七十有二。貞觀廿二年六月廿一」日，卒于從善里□。夫人會稽薄氏，往以同笄共□，義切」始終。天不慭遺，早辭人世。夫人春秋六十有九，去貞觀」十五年五月七日卒，權殯清風里，今以貞觀廿二年七」月廿七日丙午，合葬于邙山之陽，禮也。靈轜夙駕，柩輅」晨遷，哀結閭閻，悽感行路。恐墳塋改築，陵谷頹移，聊刻」斯文，以標不朽。嗚呼哀哉！乃爲銘曰：」

悠哉令緒，赫矣昭彰，既契幽夐，還飛帝鄉。徽猷罔極，淑」聞無疆，逝年雖永，德音不忘。山庭寂寞，泉路幽沉，佳」城蕭瑟，松檟空吟。愁雲朝結，悲風夕深，式鐫貞石，以紀」□音。」

（周紹良藏拓本）

貞觀一五二

【蓋】失。

【誌文】

大唐右領軍果毅滎陽毛君誌銘并序」

君諱盛，字轉興，滎陽人也。其先出自有周毛叔之裔。自三川不競，」鼎命將遷，支庶陵夷，派流諸夏。或淪名博達，聲馳虛左之君；或韜」鋒逆旅，氣震疑盟之主。至有情□錫類，欣禄仕以致親；道冠儒宗，」析微言之既絶。芳蘭係茂，英華代襲，文武不墜，無世無人。君風骨」高奇，生而雄武，鄙詩書之小尚，高投筆之良圖。以大業五年起家」左親衛，尋補驍果校尉，又除車騎將軍。屬隋季云亡，參墟啓聖，」方欲杖戈辭楚，抱樂歸周，而天步未夷，王塗尚阻，世充逆命，竊據」伊瀍。思北上而逾艱，望西歸而失路，潛圖不遂，借命僞廷。逮氛祲」消淪，迹汙亡國，皇恩曠盪，得伍堯民。乃紀綱周南，張羅洛涘，仍從」横不就，弓劍無施。主上夢想英奇，幽求無墜，凡諸失職，多見搜揚。」貞觀之初，授君飛騎校尉，仍遷游擊將軍、北門長上，領開福府果」毅。閑邪天闕，參掌禁戎，良馬輕車，風猷暉映。而人世飄忽，志命不」偕，以貞觀廿二年八月廿八日終于洛陽之私第，春秋六十有八。」即以其年九月十八日葬于北邙之曲。嗣子文舉，感昊天之罔極，」悲顧復之無追。泣血荒塋，見淚柏之秋瘁，呑哀竹逕，屬祭笋之寒」生。恐稱謂不傳，芳猷淪謝，勒兹玄石，樹之長夜。其銘曰：」

萋萋茂族，眇眇洪流，氏昌啓夏，源派岐周。文昭武穆，□爵普儔，盛」德百世，厥聞惟休。其一。三川不競，九鼎將移，王風怨怒，蕃庶支離。博」徒藴德，珠盤奮奇，傳詩析旨，捧檄弘規。其二。代襲蘭蓀，世滋芳烈，寔」惟神降，邦家之傑。雄氣邁倫，英風孤絶，朱驂方駕，高門載設。其三。降」年不永，身世何常，巨鱗横壑，大夏摧粱。一辭昭世，永促幽裝，白日」虧景，玄臺閟光。其四。風悽隴樹，露慘塋楸，霜□□響，□雲送愁。淚枝」秋瘁，祭笋寒抽，佳城鬱鬱，長夜悠悠。」

（北京圖書館藏拓本）

貞觀一五三

【蓋】失。

【誌文】

大唐梁君墓誌」

君諱基，字知本，安定烏氏人也。即漢大將軍冀之後胤，源」流自遠，龜組相輝，列茅土於上卿，分枝條於帝族。祖憘，魏」東平王開府參軍，權攝長史；委臨州部，吏絶朝喧，奸盜屏」除，穿窬斂跡。父達，志逸風雲，情馳物表，丘園從性，高上爲」懷，有意好於恬虚，無心干乎禄仕。君稟質挺生，英才天縱。」瓊枝玉葉，上聳傍羅；鳳藻龍章，霞舒霧散。三端並備，六藝」兼該。陳仲舉之欽賢，懸榻相待；蔡中郎之慕義，倒屣迎門。」盛德英規，於是乎在。釋褐授吏部文林郎。君立性忠貞，志」敦仁孝，不干禄位，情在養親。定省不闕於晨昏，温清莫離」枕席。近以東夷小醜，暫闕朝儀，聖上方命將徂征，問罪」遼碣，既興師旅，實藉賢材。以君謀略可稱，機神爽晤，特配」軍所，擬應機須。方當理翰天衢，奮逸翮於寥廓；豈謂苗而」不秀，委勁質於繁霜。春秋四十有六，以貞觀二十二年五」月遘疾於軍所，終於善山。嗚呼！令弟既喪天倫，毁質哀號，」悲纏行路，以其年九月廿八日歸葬於邙山平陰里也。恐」陵谷遷變，山海屢遷，憑金石以長存，庶千年而不朽。乃爲」銘曰：」

邈哉遠胄，列組飛纓，婚連帝室，鼎食家庭。既敦令望，亦振」嘉聲，一時權重，萬代傳名。」居諸日月，寒暑遞運，富貴死生，天何可問。松長風急，雲霾」日暈，嗚呼此別，人生大分。」

（北京圖書館藏拓本　河南千唐誌齋藏石）

貞觀一五四

【蓋】無。

【誌文】塼。

維大唐貞觀廿二年歲次戊申」十一月戊寅朔，五日壬午，西州交」河縣神山鄉人王朋顯殯葬」於墓，封姓葱易，執柬」貞純，春秋陸拾壹。十」二月五日殯葬於墓。」是王之墓表。」

（録自《高昌塼集》）

貞觀一五五

【蓋】失。

【誌文】

趙君墓誌

君諱昉，字子昇，趙郡人也。自原流枝派，顯秩芳猷，並國史」家牒之所詳，故此略存梗槩而已。逮乎列官晉國，□孟之」博施猶傳；述職漢朝，充國之戎□不泯。□侯弈世，德望相」循，確乎不移，自根窮葉。祖弘，齊江陵令。父□，隋葉縣令。□」世襲孝廉，家傳學術，編户悦其仁愛，搢紳挹其風規，時英」國華，鬱乎斯在。君承兹餘慶，含神挺生，總六藝之精微，罄」三端之神妙。幼年厎節，弱歲飛聲，識鑒清通，弛張機□，性」諧剛簡，辯易枯榮，素味清虚，忘懷寵利，銷聲偶俗，晦□同」鬱，每激浮華，志排貪競。或□卷茂林之下，或賦詩芳逕之」中，左琴右書，優遊卒歲。豈期福謙未驗，末命先鍾，凡所不」聞，靡不揮涕。春秋卌有九，以隋大業十一年十月廿三日」卒。夫人翟氏，前洛州洛陽縣法曹休之女也。敵稱秦晉，性」協温柔，春秋七十有四，以大唐貞觀廿二年歲次戊申九」月九日亦從遷化。以其年十一月戊寅朔七日甲申，祔于」邙山之陽，禮也。孤子善惠，恐年代浸遠，蕪没德音，乃刊斯」石，以爲不朽。嗚呼哀哉！乃爲銘曰：」邈矣洪原，赫哉芳裔，儒秀競馳，公侯相繼。載誕蘭儀，才雄」冠世，瞻□難階，泝沿無際。其一。璵璠播美，蓀蕙傳馨，寔惟□」胄，□□英聲。忘懷浮競，得志幽貞，齡頽何促，遽躝佳城。其二。淒涼館宇，歔欷帷筵，悲纏皎日，痛結幽泉。玄宮是闢，貞石」斯鐫，山川變易，蘭菊彌宣。其三。」

（北京圖書館藏拓本）

貞觀一五六

【蓋】失。

【誌文】

大唐霍君銘誌」

君諱寬，字公裕，定州博陵人也。其先陶唐廓祚，析白珪以開封；姬」發業隆，濤黃土而命氏。莫不芝蘭間秀，騄驥齊驤，蟬冕肩隨，圭璋」鱗次，光乎簡册，可略而言。祖豐，齊諫議大夫、彭城太守；父寶，隋白」馬令；並風流當世，藉甚後塵，遺烈尚存，芳猷可習。君稟坤元之妙」極，資川瀆之至精。天骨高明，容儀峻嶷，英才富贍，雄辯如流，操行」不羈，縱心閎誕，情踈纓紱，志洽薜蘿。但以詩酒娛懷，絃歌養性。□」登邙山，追警鸞之放曠；俯臨洛水，想子晉之清虚。優哉遊哉，以斯」卒歲。但隙駒易往，人世難淹，暮槿朝光，忽至於此。君春秋六十有三，貞觀十九年三月廿三日，奄隨風燭。遂使椒蘭偃拔，蓀蕙摧殘，」簷廡寂寥，風雲悽斷。遂以其年四月十二日葬於邙山之陽。夫人」魏氏，敬愛肅恭，言容令淑，四德備著，三星足輝，蘋藻勒誠，鬼神虔」敬。嗜好絶於榮華，立性敦於儉約，協和娣姒，孝養舅姑。可謂天道」輔人，神功與善，延斯三壽，終此百齡。廿二年八月廿三日，春秋六」十有二，歸思於公穴。但節婦開墳，松柏已拱，季孫成列，丘陵始同。」其年十一月十三日遷柩合葬於洛州洛陽縣清風鄉邙山之原，」禮也。世子辯，生事之以禮，死事之以禮，愛親有王祥之孝，同氣有」姜肱之睦，百行之本，於斯備焉。恐德音虚沒，餘芳莫傳，爰刊兹文，」庶其不朽，嗚呼哀哉！乃爲銘曰：」

淼淼洪源，浩浩長流，遠析皇唐，近綴隆周。珪璋瑩徹，杞梓夸修，紛」披緗素，郁烈芳猷。惟彼人斯，高尚自逸，詩酒養性，絃歌永日。臨水」長懷，登山遠慕，俗累未袪，塵羅已悟。秘跡丘園，遊心皓素，曾未從」心，遐齡已缺。良木摧殘，芳蓀沉歇，簷楹悽愴，風雲悲結。花光歔欷，」鶯聲隕絶。玄宮既闢，貞石斯鐫，式標明德，掩此幽泉。鏗鏘金玉，髣」髴蘭荃，山川貿易，影響逾宣。」

（北京圖書館藏拓本）

貞觀一五七

【蓋】失。

【誌文】

隋故倉部侍郎辛君墓誌銘并序」

君諱衡卿，字公能，隴西狄道人也。姬川啓業，帝丘降祉，疏地軸以」開基，導天潢而分派。子真乃漢朝名將，佐治爲魏國重臣，琱戈肇」鉉，□功書事。祖琛，魏代郡太守；父術，齊吏部尚書；並韞義懷道，含」靈發秀。搢紳仰其餘論，人倫挹其勝範。君擅菁華於學府，禀淳粹」於門風，幼漸義方，早膺美譽。齊武平中，釋巾開府參軍事。隋開皇」初，奉朝請。秩滿，遷館陶、高陽二縣令。以治績尤異，授民部員外侍」郎。尋除太常丞，又轉倉部侍郎。大業元年八月七日，春秋五十，終」於東京之第。君風神爽儁，儀望閑雅。靈府之内，獨王虚舟；襟袖之」閒，自標奇韻。家有賜書，門傳舊業，要道之方，冥符至性；過庭之訓，」遠照生知。自製錦一同，含香中禁，和斯禮樂，調彼鹽梅。文掞天庭，」非唯起草之筆；治高當世，用兼成務之機。道寔民宗，位不充量。而」草晞朝露，舟遷夜壑，徒結殲良之恨，空餘封禪之辭。夫人范陽盧」氏，膏腴世族，婉孋居貞，諧琴瑟於好逑，弘禮敬於君子。及其良人」早世，晝哭以深，宴翼之方，俯見成立；倚廬之望，俄畢終古。以大唐」貞觀十八年十二月八日終於京城之第，春秋七十有五。粤以廿」二年十二月廿四日合葬於邙山之陽。其子郁，感風樹之不靖，痛」顧復之長違，思勒銘於泉壤，庶永播於音徽。其詞曰：」

崇基峻極，系緒綿長，奄映惇史，葳蕤大常。世德貽慶，家風克昌，金」聲效響，玉潤含章。優柔經史，怊悵風烈，意府雲虛，情田鏡澈。邑宰」繁庶，郎官清切，健筆飛文，銛刀應節。良嬪載挺，移天作儷，道著言」容，聲芳蘭蕙。母師居魯，恭姜處衛，用恤遺孤，終明信誓。風飄去景，」水閱通川，有勞必息，非後何先。哀纏陟岵，痛結寒泉，清規永劭，茂」範方傳。

長孫傑，字玉師，年一十有四，貞觀十年八月廿日亡；次孫」騫，玉臣，年九歲，貞觀六年八月廿九日亡；並瘞於埏道左右。」

（周紹良藏拓本　河南千唐誌齋藏石）

貞觀一五八

【蓋】大唐故胡府君墓誌銘

【誌文】

唐故郢州參軍事胡府君墓誌銘并序」

公諱竇，字令珍，安定臨涇人也。建邦命士，爵列周庭；」匡世佐時，名超晉魏。固亦五陵高邁，」三河逸羣。祖永，」隋東萊、雁門二郡太守；父質，燕州司户、唐北澧州司」法參軍事；並器宇宏深，風神穎秀，雖門非兩觀，而名」動搢紳。君稟氣愛敬，友于自然，習禮聞詩，言行可紀。」至于弱冠，任國學生，議允治方，識通時務。故得恩同」四友，名播兩宫，必能虚左降德，分庭抗禮。懸河洞瀉，」明鏡不疲。譬走獸之歸麟，若羣鳥之趨鳳。懷音飽德，」虚至實返，以貞觀十九年詔授登仕郎行鄧州參軍。」在官廉謹，片言折獄，綏强撫弱，嘉猷遠振。豈期積善」無驗，祐德徒言，以廿二年卒於京，春秋卅有五。粤以」廿二年歲次戊申十二月丁未朔，廿四日庚午，窆於」河南縣邙山之陽。君長女胤師，即苑將軍之外孫也。」痛庭訓而靡聞，傷桑梓之無及，但氣序相推，陵壑非」固，乃雕金石，幸遺不朽。以爲銘曰：」誕生仁哲，研核今」古，英才廊廟，超軼儕伍。忽沉幽壤，庭乖鍾鼓，塵飛服」馬，掩兹泉户。其一。鎮地鬱盤，基隆峻極，重華之胤，文昌列職，三輔傳芳，」九思自敕，神州盛府，資我贊翼。其二。」

（周紹良藏拓本　河南千唐誌齋藏石）

貞觀一五九

【蓋】　失。

【誌文】

大唐故任處士墓誌銘并序」

君諱道，字守義，河南人也。洪源茂緒，暉焕縑緗；華轂朱軒，紛綸史册。祖」儉，樂安昉之苗裔，齊冀州刺史；六條攸叙，五教克宣，遺愛猶存，没而不」朽。父爽，隋夷州瀘溪縣令；乳雉馴人，飛蝗出境，備諸氓庶，可略言焉。君」形宇凝深，風格峻遠，温恭冥禀，孝敬天資。行睦閨闈，譽滿鄉曲，依仁扶」義，閲禮敦詩。與朋友交，言而有信，彬彬君子，此之謂焉。年十八，州辟從」事不就。有愿左琴右書，一丘一豁，遂棲遲衡泌，削跡家園，同原憲之遺」勞，異尚平之去俗。而松貞冰潔之操，混是非而不渝；玉潤金聲之質，雜」榮辱而莫變。生平一面，欣託風期；宿昔二難，喜敦心許。加以會友朋而」暢琴酒，賓盈孔座；臨風月而摛藻絢，文盛石園。於是海內縉紳，仰其節」概；京洛英俊，羨其清貞。君既悟彼苦空，厭茲勞息，弘宣勝誓，愿託善因，」乃於衆香寺大佛殿敬造釋迦像，光趺高三丈五尺，并夾侍菩薩、阿難、」迦葉、金剛、神王等七軀，莊嚴相好，巧絶刻檀之形；雕飾丹青，功逾鑄金」之妙。又造千佛屏風一十二牒，太子幡一十二口。而迴向之志，造次靡」忘；歸依之誠，歲月無倦。又造涅槃經二部，法華經十部。繕寫既畢，晨夕」授持。足使不往雪山，懸觀八字；未離火宅，已駕三車。而報善無驗，遽遊」岱宗，以貞觀廿二年十二月十日卒於洛陽之第，春秋六十有四。嗣子」行滿，充窮茹毒，思結寒泉，粤以其年歲次戊申閏十二月九日葬於邙」山之陽。同好人邢才、朱則等感念平生，撫膺流慟，追惟疇昔，屑涕漣洏。」以爲陵谷推遷，德音無紀，式刊貞石，用傳不朽。其銘曰：」

赫矣華宗，昭哉茂族，世載文雅，門傳侯服。州后忠貞，志堅松竹，邑宰問」望，氣芳蘭菊。其一。爰誕令人，温恭篤孝。風暉外朗，清規内照。祇奉義方，聿」禀名教。其二。言捨上服，崇樹勝緣，遂乖與善，儀同逝川。劍沉楚水，玉瘞藍」田，高柴泣血，伯牙絶絃。其三。川映靈轜，山低畫旐，虞泉易暮，夜臺難曉。壟」草」積晨霜，松哀夕鳥，琬琰是勒，貞芳期表。其四。」

（北京圖書館藏拓本　河南千唐誌齋藏石）

貞觀一六〇

【蓋】 失。

【誌文】

大唐故處士宋君墓誌銘并序」

君諱榮，字元盛，廣平人也。祖仲隱，齊秘書監」校書郎；父知禮，隋朝散大夫；並榮映前代，道」嗣後昆。君風標閑遠，形宇韶粹，孝敬天挺，聰」敏生資。性尚琴罇，志齊莊老，不求問望，有愿」卜居。加以汲引忘疲，同當時之置驛；披翫無」厭，類武子之聚螢。年五十三，州辟不就，安貧」陋巷，樂以忘憂。雖原憲之遺榮，尚平之去俗，」方斯蔑如也。方冀享兹黄髮，保此垂堂；豈期」報善無徵，奄然遊岱，以大唐貞觀廿二年閏十二月十七日卒於第，春秋六十有八。」慟深孀婦，悲切遺孤。即以其年歲在戊申閏」十二月丁丑朔，廿七日癸卯，遷窆於邙山之」陽千金鄉千金里。恐令德不傳，芳猷莫紀，式」鐫貞石，用誌泉門。銘曰：

昭哉君子，德冠前」英，風姿玉潤，雅操松貞。琴罇是託，榮宦所輕，」遽捐華宇，永閉佳城。夜臺寂寞，蒿里綿冥，一刊琬琰，千古流聲。」

（北京圖書館藏拓本　河南千唐誌齋藏石）

貞觀一六一

【蓋】失。

【誌文】

大唐上柱國記室賈君墓誌之銘并序」

君諱昂，字名立，河東晉國人也。世有崇高之業，家傳邦國之基，□」遠葉於扶桑，導長源於蒙汜，或著芳名於晉日，或擅美譽於漢□，」史册詳之，無待昭晰。祖誕，爲周驃騎將軍、使持節相州刺史；風□」秀逸，標映當時，三歲盈儲，四章興頌。父達，齊任横野將軍、并州太」原縣令；克荷堂構，材高棟梁，寬猛相資，韋弦兼佩。君資靈天縱，□」氣神生，風操高奇，器宇深曠，詞超對日，智越談天。衛玠之號玉兒，」陸雲之稱鳳子，總言於此，無以過焉。德音與雷電俱震，名譽共河」爭流。奮迅史策之前，逍遥經誥之後。既明且哲，雖有若無。澄之□」清，混之不濁。起家爲宋國公蕭瑀記室。方欲紆青拖綬，將享搢紳，」豈謂夢奠兩楹，奄羅二豎，哲人長滅，何痛如之。以貞觀廿二年歲」次戊申閏十二月丁丑朔，十七日癸巳，卒于洛陽私第，春秋七十」有一。嗚呼哀哉！惟君清身潔己，雅性嚴恭，不自喬矜，謙光下物。兼」復少持戒行，常事薰修。不意與善無徵，奄從遷化，以廿三年正月」十六日窆于芒山之陽，嗚呼哀哉！青烏式告，白馬□鳴，昏風動□，」愁雲□隴。莫不捐環解佩，脱珥除簪，牧豎停歌，春人罷相。桂城鬱」鬱，蒿里埋魂，式紀芳猷，乃爲銘曰：」

發源姬水，命氏周年，簪裾韡曄，冠冕蟬聯。長波帶地，高峰極天，琳」琅代有，杞梓家傳。其一。乃感中和，誕此英賢，文史高亮，器□嶷然。□」德終始，議矯談天，珠明漢水，玉潤崐山。其二。如何不祐，天茲盛德，玉」樹長埋，金聲永息。壠隧荒涼，風雲變色，牧豎休歌，工女停織。其三。霄」中墜雨，旭旦收光，芝蘭被刈，蕙若逢霜。人世日促，幽泉夜長，式□」□石，□□傳芳。其四。」

（北京圖書館藏拓本）

貞觀一六二

【蓋】失。

【誌文】

唐故趙君墓誌銘」

君諱字榮，其先趙郡人也。述算言謀，源流盤於晉國；論功」語職，枝葉架於秦都。曾祖約，齊冠軍將軍、金紫光禄大夫，」朱衣直閤；勒石北燕，鄙班生於千載；横戈南域，非馬氏於」百齡。祖高，安邑令、寧朔將軍、河東太守、征西將軍、秦州刺」史；六條外朗，三德内苞，震美譽於冰霜，播英聲於水鏡。父」誂，隋三縣令；一同敷教，上下逸忠貞之談；百里宣風，遠近」著清勤之詠。抑强撫弱，是謂恒規；捐短收長，固爲常律。君」少蒙庭訓，早奉義方，重一諾則丘山更輕，輕千金則糞土」猶重。善欽道術，好玩琴書。山水淨心，松筠潔操。明略鬱起，」兼人之智有餘；雅論暫陳，棄物之情不足。唯名唯利，非所」關心；至清至虚，信爲存見。豈謂惟德是輔，安標於典墳；吉」凶在人，謬陳於簡牘。以貞觀廿三年正月廿五日卒于家，」春秋五十有六。粤以其年歲次己酉二月景子朔，廿二日」丁酉，葬于邙山原百畝洛城之北十里，嗚呼哀哉！孤墳寂」寞，悲風與隴樹齊吟；曠野蕭條，白日共霜雲並暮。西園東」閣，無復秋月春臺；岸菊庭蘭，唯有幽泉永夜。將恐舟壑遷」改，山河變移，敬勒徽猷，用旌不朽。乃爲銘曰：」

芒芒弈代，浩浩遐流，君唐佐夏，仕漢匡周。隟駒易謝，石火」難收，徒聞九德，永夜千秋。」人生□□，世亦何常，咄嗟泡電，倏忽風光。碎此珠玉，俄摧」棟梁，竹帛徒存，吉士云亡。」

（北京圖書館藏拓本）

貞觀一六三

【蓋】失。

【誌文】

唐故趙妻麴墓誌銘并序」

夫人麴氏，清河人也。齊武陽郡守相之孫，隋三縣令」□之女也。開土命氏之源，啓圖表瑞之緒，階太微而」布彩，聯辰極以分光。煥爛丹青，鬱炳縑素，備諸簡册，」可略言矣。夫人稟性中和，挺生秀質，爰在齠齓，卓然」獨異，逮乎成長，識量過人，既洎笄年，言歸趙氏。至於」温凊之節，折旋升降之儀，是所譓譏，孜孜靡倦。忽以」同榮未久，異室長分，而饘食水飲，幾於滅性。夫人從」則恬心正覺，積妙解於胸襟；性好無爲，標獨悟於懷」抱。趣心三寶，迴向一乘。忽以貞觀廿三年歲次己酉」二月丙子朔，十五日庚寅寢疾，殌於私第，春秋八十」有四。鄰春輟相，仰景行以銜悲；里巷停歌，眷清猷而」灑淚。即以其年三月二日葬於邙山，禮也。但以日月」易流，金石難固，式鐫玄石，以誌泉門。嗚呼哀哉！乃爲」銘曰：
靈根百世，茅土相分，時惟茂範，世載」其珍。舊德斯在，餘美方臻，篤生淑媛，有馥遺芬。質華」蘭蕙，志固松筠，仁義爲友，禮讓爲鄰。光光華族，亦既」來嬪，禮同舉案，義等如賓。穹蒼不弔，殲我良人，悲感」行路，哀慟親姻。日往月來，寒暑相循，几帳徒設，黍稷」空陳。永言恩範，思播遺文，嗚呼泉路，何時更春？」

（周紹良藏拓本　河南千唐誌齋藏石）

貞觀一六四

【蓋】 關君墓銘

【誌文】

關君銘誌

君諱英，字文哲，零□安邑，受□弘農，」龍逢後也。欽斯遐緒，得姓肇於中皇；赫矣流通，分源」派於帝譽。簪纓寫弄，殷夏阿衡；周漢五侯，家門遠暢。」自兹苗裔，歷代蟬聯。祖思，魏開府儀同三司河東」安定令；父生，齊明威將軍河陰縣平正。君德由天」縱，詎琢磨，本固枝榮，清芬自遠。神資爽悟，半面十年」年，詞翰雍容，五行非譬。齠齓之歲，世號神童；二八青」衿，時稱重席。五經玄攬，德祖愧其博聞；百氏俱披，馬」遷慚其遠略。弱冠爲河南縣録事，威恩欽允，折衷虛」衿。以人孝稱名，歸心三寶。然貞松百杖，久茂難期；養」性千年，終焉有日。君東春漸遠，西秋稍親，陽焰虛形，」倏然辭世。春秋五十有六，大唐貞觀廿三年歲次己」酉卒於私第，三月十一日窆於芒山之陽。嗚呼哀哉！」痛矣難裁，如殞星永墜，等抴水不迴，悲傷慘於桓鳥，」哀怨類咸陽布衣，欽之不以，重制其詞：」天長地久，猶爲傾覆。五鎮八河，隨時盈縮。運盡難留，」如輪靡軸。散而還合，若火隨烟。來無指的，去乃杳然。」隨其善惡，有力先牽。體同塵散，氣逐風翻。羅裳虛設，」綺帳徒然。高山成海，海變爲田。勒斯銘記，永著千年。」琴聲久絶，寶劍空懸。魂遊丘壠，一去不旋。」

（周紹良藏拓本）

貞觀一六五

【蓋】楊君之銘

【誌文】

大唐楊君墓誌并序」

君諱昭，字宣政，洛陽人也。其先漢太尉震之後。公分華閬」菀，擢秀瓊柯，繇百代而彌昌，經千載其何替。自三川不競，」鼎命將遷，支庶陵夷，派流諸夏。或簪纓朱紱，弈葉相承；冠」冕蟬聯，迄今不絶。祖敬，齊盧氏令；父林，隋宗衛大都督；並」著名當世，學綜古今，文擅詞林，談光辯囿。君少而清警，馳」聲宛洛，年在齠齔，譽望惟光。處九臯而清聞，居十步而芬」鬱。隋任散員外郎。君丘園養望，取樂陶如。大唐受命，搜簡」不遺，才爲時須，自隱無術。粱公以朝華國望，初建府僚，惟」良之選，妙盡時彥，乃受君登仕郎兼府長史。密勿心事，情」素無遺，外如僚屬，内實師友。方欲薦之宰府，延譽王庭，飛」文染翰，冠諸朝烈。天命不永，人世忽諸，以貞觀廿三年二」月十五日終於思恭之里，春秋七十有二。即以其年三月」十七日葬于北邙平樂之南原。高墳孤映，臨帶山河，拱木」森疏，縈霑雲露。長子挺，哀昊天之莫報，痛長夜之不追，泣」血數旬，絶漿七日。將恐陵谷虧改，舟壑推遷，乃追録芳猷，」樹之幽壤。其銘曰：」

代襲蘭蓀，世滋芳烈，寔惟神降，邦家之傑。雄氣邁倫，英風」孤絶，朱驂方駕，高門載設。人世飄忽，日月無常，存同夕」露，逝若朝霜。金石易朽，舟壑難藏，一辭昭世，永促幽裝。」風悽隴樹，露掩塋楸，哀禽切響，巖雲送愁，佳城鬱鬱，長夜」悠悠。」

（周紹良藏拓本）

貞觀一六六

【蓋】失。

【誌文】

唐故薛君之墓誌」

君諱朗，字玄明，河東汾陰人也。昔夏后應圖，濫觴啓乎車正；」周王納籙，爭長在於黄池。其後克昌，代有英傑，詳諸國史，無」勞備載。曾祖達，齊幽州刺史；祖恭，周隴州刺史；父通，隋□州」刺史；並瓊田玉種，靈根茂葉，軒冕相繼，名德俱流。君氣□雄」毅，性符仁勇，高張形□和□，俊德沈於下僚。隋大業中，任左」監門校尉。鳴謙知止，本無充□之情，卷道順時，自得齊物之」性。百金輕於一諾，矜莊叶於儼思，平仲謝其久交，子輿慚其」至孝。天道玄秘，與善無徵，運彼藏舟，同兹閱水，粤以貞觀廿」三年歲次己酉三月乙巳朔，十日甲寅，卒於殖業坊之私第，」春秋五十有七。其夫人王氏諱玉，魏侍中粲之後也。芬芳在」性，氣奪蘭英；明潤呈姿，彩侔珠浦。如賓之禮，訓子之方，冀室」謝其賢，孟母慚其德。先貞觀十五年九月廿九日卒于東第，」春秋卌有九。今以其年月廿六日庚午合葬于邙山之陽。叶」青烏之吉兆，據黄神之儀式。公明見而未悲，景純知而便記。」恐高岸之有易，辯佳城以斯誌。其詞曰：」猗歟薛氏，洪源遠流，車□有夏，爭長隆周。餘慶不泯，弈世傳」休，鼎書茂伐，册載徽猷。之子挺生，識量弘遠，志欽廉簡，跡慕」□阮。一言有聞，三隅遂反，充謳已替，榮辱斯混。傾曦匿耀，藏」舟移壑，遊神岱嶺，歸骸冥漠。未降玉棺，迎開石椁，益算徒語，」反魂虚藥。捐彼車馬，鄰兹狐菟，慈□痛裂，稚子號慕。凄涼原」□，悲傷行路，人世長辭，泉門永固。」

（北京圖書館藏拓本　河南千唐誌齋藏石）

貞觀一六七

【蓋】失。

【誌文】大唐故和州香林府長史張府君墓誌銘并序」

君諱雲，字義雲，南陽白水人也。蓋張氏之先，開源少昊，金宗芬馥，玉」葉葳蕤。西漢顯留侯之名，東京重司空之德，自兹不乏，世挺忠貞。祖」世，齊兖州刺史；父恭，隋徐州司馬；並千尋聳幹，拂漢干雲；萬頃澄瀾，」吟風蕩月。君高深靡測，涯崖難窺。媲江漢之潭，共源流而浩汗；雜芝」蘭之畹，同蓀杜以芬芳。容止温雅，聲名藉甚，執心貞固，守義莫移。隋」大業十一年，起家授秉義尉，仍除左屯衛進德府司馬，位因能表，勳」以功加。皇泰元年，轉授奮武尉，又加通議大夫、上儀同三司，寵冠羣」英，榮同昭伯。尋遷浙州司兵參軍事。理分珪之政，光贊六條；匡推轂」之務，騰芳千里。既而隋曆將喪，蠖屈於道銷；神器有歸，鵬摶於時泰。」登荆山而□寶，未待暉廡；沿漢水以尋珠，將求照乘。况爪牙之任，妙」選異人，所以競引秦金，爭求趙璧。君排虚扇翮，擇木高翔，武德二年，」任秦府左右。公家之事，知無不爲，内□精誠，外兼明恕。稍遷和州香」林府長史。方欲辭歸金馬，驅傳銅駝，未騁龍媒，隙駒俄度。春秋六十」有二，以貞觀廿三年二月十四日卒于雍州萬年縣。只恐東平動思，」尚軫枌榆，温序遊魂，仍懷故里。即以其年四月十一日遷葬于邙山」之原，禮也。生行没返，人神之路乃殊；吉往凶來，幽明之塗長隔。□縞」驅於平陸，白馬悲鳴；飛素旐於荒郊，徘徊送雁。猶恐桑田易徙，紵漆」難留，遂鐫玄石，乃爲銘曰：」

金昊流慶，蟬聯交映，仲輔周朝，老謀晉政。惟君積德，猗嗟淑令，玉潤」金箱，松貞風勁。隨時舒卷，優遊得性。興善徒況，輔德無親，一垂鵬路，」長擁龍津。如何不淑，殲我良人，聲名並故，壟樹俱新。薤露易晞，終朝」乃落，魂兮去矣，神其安託？樹遶啼烏，臯鳴唳鶴，童牧循擾，親賓寂寞。」鬱鬱佳城，冥冥玄夜，蔓草荒隴，芳塵擁樹。玉樹無春，金漿幾夏，一扃」泉户，千秋永謝。」

（周紹良藏拓本　河南千唐誌齋藏石）

貞觀一六八

【蓋】失。

【誌文】

唐禹君墓誌銘并序」

君諱藝，字君才，蘄春人也。祖猷，齊侍中中書令；父」康，魏秘書郎名州司馬。講文見昵，厲王洽之規；□」敏見珍，符士季之選。公乃茂兹蘭畹，蔚此桂林，生」而岐嶷，長而宏達，通家克叙，孔文舉之英奇；作賦」娱賓，禰正平之峻拔。獨負鄉曲之譽，乃爲州牧之」知。於大業年中，觀光上國，待詔金馬，擢第雲臺，兼」資本蔭，受武安丞，俄轉東宮。時逢道喪，屢遘艱虞，」懷道迷邦，希高慕古。於是閑居洛涘，守潘岳之清」塵；瞻顧箕岑，挹許由之隱逸。屬大唐啓化，仄陋揚」明，乃以隨資，重爲德舉，俄辟散官，遽懷知止。豈其」天不輔德，積善無徵，構疾彌留，奄同風樹，以貞觀」廿三年四月十七日卒於三川第，春秋五十有六。」即以其年歲次己酉四月乙亥朔，廿八日壬寅，葬」于邙山，禮也。既而舟壑互變，時代更迻，爰勒芳銘，」昭融景行。嗚呼哀哉！乃爲詞曰：」

悠哉令緒，赫矣宗祧，逝年雖永，德音孔昭。黄泉□」掩，白日難窺，壹從風燭，千秋靡施。佳城寂寞，扃□」□深，冀兹貞石，□□不沉。」

（北京圖書館藏拓本）

貞觀一六九

【蓋】 失。

【誌文】

唐故郡君楊夫人墓誌銘」

夫人諱成其，弘農華陰人也。鴻業肇開，珪璋鬱於漢世；」官姓爰立，簪組著於魏朝。祖諱徹，金紫光禄大夫。早播」英聲，夙標令望，冰霜蘊操，珠玉陳懷，勒石北燕，類風居」草，鑄銅南域，若影從標。父裕，隋縣令。一同敷教，製錦事」絶齊驅；百里揚風，絃哥未之云擬。既明且哲，冠蓋攸歸，」撫弱抑彊，民謡是冀。夫人少懷婉順，素挺淑姿，忈天姓」之恩，懈膝下之育，敏而且惠，和而復柔，年及摽梅，言歸」劉氏，昏定晨省，無闕於兩時；欽上讓下，未虧於一代。言」行兼得，響被里閭；容功並資，美盈堂上。秉箕理箒，彌潔」於歲；侍櫛執巾，豈失色於朝夕。訓誡女於幽閤，鄙大家」之失儀；辨濟師於蘭房，陋鄧曼之非智。豈謂至仁天輔，」實論便乖；福慶相緣，虛言符合。以貞觀廿三年六月三」日卒於家，春秋八十有四。粵以其年六月十八日，葬於」邙山之原二畝洛城之北五里。嗚呼哀哉！原野蒼芒，孤」松寒而吟吹；荒墳寥落，宿草列而含霜。泛菊採蘭，無復」春園秋月；靚粧明鏡，唯有永夜幽泉。將恐海納塵飛，山」容萍轉，敬刊徽旨，用旌無絶。乃爲銘曰：

川流浩浩，」天地芒芒，人生危促，世亦何常。傷哉息婦，痛矣衛姜，一」朝風燭萬古餘芳。年銷玉質，塵化羅裳，匳收星彩，鏡隱」菱光。寒松懍懍，孤隴蒼蒼，嘉命徒在，良人已亡。」

（周紹良藏拓本）

貞觀一七〇

【蓋】失。

【誌文】

唐故青州録事參軍李君墓誌」

君諱良，字德師，隴西狄道人也。自傳芳徙殖，顯嘉」□備乎方册，故略存梗概。洎于隆周宰世，真人啓」玄默之原；炎漢撫期，飛將挺英雄之最。公侯弈葉，」簪組蟬聯，德望相依，分枝流葉。祖政，隋衛縣令；父」節，隋豫州録事參軍；莫不世濟清通，家傳學殖，華」夷挹其風味，緇素崇其楷模，騰茂飛英，鬱乎斯在。」君體質貞明，機神朗悮，三篋五車之義，六藝百家」之言，莫不藴納胸襟，運諸懷抱。君春秋五十有三，」以大唐貞觀廿三年歲次己酉，六月甲戌朔，廿九」日壬寅，遇疾卒于家。遂以其年七月十八日窆於」邙山之陽，禮也。恐年代侵遠，蕪没德音，爰刊斯文，」以謀不朽。嗚呼哀哉！迺爲銘曰：」神岳峻極，靈江清遠，寔謂伊人，垂滋芳苑。飛將永」逝，真人忘返，惟君嗣美，標其令善。其一。材高杞梓，德」潤璵璠，合貞守節，世代英賢。風儀繡朗，識量沖玄，」齡頹何捉，遽奄幽泉。其二。寂寥素館，悽涼繐帷，徒期」髣髴，永戢光儀。遥酸舊駕，眇泣遺衣，蘭蓀永歇，松」檟長悲。其三。」

（周紹良藏拓本）

【蓋】 失。

【誌文】

大唐故將仕郎楊君墓誌銘并序」

君諱全，字寶行，弘農華陰人也。漢太尉震即君之遠祖，自是迄今，」纓冕相繼。祖顯，隋任開封令；父士貴，隋謁者臺登仕郎。並植性貞」高，早昭聲譽，門無囂雜，室有幽虚。君生自名宗，早禀成訓，年甫孩」稚，有異常童。鄉閭宿德，莫不嗟異，小而明了，大果稱佳。及篤志文」儒，業隆弱冠，孤鳴九曲，聲聞一方。大唐以萬寓攸平，四門是闢，明」揚幽泌，唯道斯存。以貞觀九年，爰應旌命，射策高第，泛授散官。論」例既多，俯同將仕。君以親老子弱，不遑從政，閑居洛涘，十有餘年。」廣宅良田，遠符公理之尚；面郊後市，近得安□之驩。方欲盡蒸蒸」之至誠，展哀哀之罔極，靈鑒幽漠，天地無規，以貞觀廿三年七月」三日奄然終謝，春秋卌有三。即以其月廿一日葬于北邙之南曲。」見慈親之疾首，屬弱子之攀號，痛□鄉閭，哀感行路。君家承禄□，」生産殷餘，禮接忘疲，施人無念。門多長者，坐有名賢，類文舉之□」空，等鄭莊之好客。而人世凜忽，幽明異津，金石難凋，音徽易遠，□」茲玄壤，永飾佳城，嗚呼哀哉！乃爲銘曰：」

眇邈長源，葳蕤遠胄，代榮圖策，世挺英秀。丞相惟光，太尉彌茂，允」哉斯族，邦家之舊。其一。世禄不朽，餘慶于今，惟曾惟祖，冠蓋相陰。□」生清妙，風韻高深，禮義是穆，詩書是尋。其二。十步流芳，九皐清問，弓旌遠委，搏風廣運。策驥一州，馳聲九郡。非惟夙智，寔規庭訓。其三。□□高尚，雅好幽虚，簡棄榮禄，□志山居。親老子幼，純至家廬，晨昏既竭，供□兼餘。其四。凶吉由人，遭隨在命，洪纖脩短，自天之令。如何斯人，徽猷方映，不慮不圖，非痁非病。其五。一辭昭世，永飾幽泉，夜臺無曉，地户長玄。塋楸奄露，隴樹凝煙，與善虧應，何地何天？其六。□□易□，陵谷難依，百年倏忽，昨是今非。儀□一逝，令範無歸，勒茲玄石，永誌芳徽。嗚呼哀哉！

（河南千唐誌齋藏石）

貞觀一七二

【蓋】失。

【誌文】

唐故鄧州司倉張君墓誌銘并序

君諱舒，字弘裕，清河武成人也。詳夫靈源淼淼，與白水而爭流；層構峩峩，共青山而相畢。所以觀星察□，暉箸天下之功；閑雅清虚，良標決勝之策。自茲已降，華實彌繁，史籍照然，無勞具叙。祖軫，隋朝散大夫；父琛，上蔡縣令；並以高門重器，曳組飛纓，歷備周行，載馳聲問。君世濟芳猷，器唯貞固，夙昭令譽，早擅嘉名。皎皎猶白鶴之冠羣飛，肅肅類青松之標灌木。故得搏飛丹穴，揚聲紫微之中；待詔金門，述職南陽之地。虚衿引物，必傾蓋而忘疲；屈己推人，縱磨頂而無悋。雖復步兵取位，何以尚之。方當亨此長齡，准懸景而東秀；豈謂年催夕漏，先落照而西沉。以貞觀廿三年八月五日終於思順」里第，春秋七十有六。即以其年八月廿二日窆於」邙山之陽，禮也。悲夫！陵谷易遷，丹青匪固，勒茲名」實，永播芬芳。乃爲銘曰：」

於穆顯祖，照史華經，唯君挺秀，克紹英聲。未階眉」壽，忽掩佳城，勒茲茂實，永播香名。」

（周紹良藏拓本　河南千唐誌齋藏石）

貞觀一七三

【蓋】　趙夫人誌

【誌文】

大唐集州録事參軍王文騖夫人趙氏墓誌銘」

夫人趙氏，河南新安人也。五世祖興，後魏中書」侍郎。孝文遷都洛陽，興孫肅爲河南尹，子孫因」而家焉，今爲洛州新安縣人也。祖軌，隋硤州刺」史；父弘善，唐邢州南和縣令。夫人四德含璋，六」儀閑婉。弘姆氏之訓，闔送靡踰；贊夫家之道，閫」言斯密。采采卷耳，每念慇憂；萋萋葛覃，心弘節」儉。捐珠玉而無玩，未重新聲；棄羅綺而不衣，鮮」禽莫食。方謂作嬪君子，偕老遐齡，豈期暮雨不」留，朝雲已遠。秦樓翔鳳，哀怨殊時；吴都舞鶴，幽」明斯異。以貞觀廿三年八月三日卒于趙州□」□縣館舍，春秋廿有三。即以其年九月四日殯」于邙山之原，禮也。惜濃華之遽落，恨玉樹之先」秋，悲紵柒之難停，恐桑田之易徙，乃爲銘曰：」

猗嗟淑令，玉潤金相，靖恭女則，幽閑洞房。謙祇」率禮，柔順含璋，來嬪家室，儀鳳鏘鏘。秋菊纔榮，」春蘭已歇，綱交空帳，塵生羅韈。曉樹凝霜，夜臺」掛月，一掩荒坰，百齡相謁。」

（周紹良藏拓本）

貞觀一七四

【蓋】失。

【誌文】

□□秀，字善才，洛陽人也。冑緒所興，華□□□」□□，年曆浸遠，於此可得而詳。□□□墟，□□」□乎百世，導源嬀水，流派浹乎□□。□□之□」□觀，濟□之風斯在。祖英，周金華縣令；父暉，隋」□門□將；並以文武見知，謙讓取職。君會秀氣」以降靈，體純和以挺質，風儀俊偉，器宇弘深，□」□欽明，三光再朗，時英□秀，景赴風馳，潛隱□」□，例加旌表。君于時□蒙授宣議郎。不向朝榮，」□居養德，誠可亨茲餘慶，保此長齡。何圖謝寒」松而後彫，與蕣華之先落，春秋五十有三，以唐」貞觀廿三年九月二日，卒於私第。還以其月十」八日，窆於邙山之陽，禮也。悲夫！落暉難息，奔㠭」易流，夜臺長闇，泉門永幽。風入松而引響，雲出」岫而含愁，孤墳寂寂，萬古悠悠。迺爲銘曰：」□□顯祖，糸緒悠長，高宗盛烈，照史騰緗。後生」□□，□踵前良，風儀玉潤，令譽風翔。一朝隨」□，□□□□□，勒茲石實，永播芬芳。」

（北京圖書館藏拓本）

貞觀一七五

【蓋】 失。

【誌文】

大唐故上柱國通直散騎常侍使持節唐州諸軍事唐州刺史平輿縣開國公周府」君墓誌銘并序」

公諱仲隱，字孟脩，汝南安城人也。高禖遠系，發仞軒丘；廣成遐祚，導源姬水。西都創」業，扶危之跡已彰；東漢開基，耿介之心爰著。當塗典午，徽猷相屬，簪纓鍾鼎，世載其」人。祖法暠，梁冠武將車、南康郡内史、臨蒸縣開國公，食邑二千户；父羅睺，陳雄信將」軍、散騎常侍、太僕卿，隋武候大將軍、義寧郡開國公，食邑千五百户，謚曰壯公；並宏」才命世，雅量超倫。或懷道佐時，甘棠表其歌詠；宣威弭難，竹帛紀其聲華。積慶有歸，」象賢斯繼，公昴垂精，山川降祉。握瑜懷瑾，苞朗潤於心靈；履道依，折樞機於神府。命」章特秀，雄略孤標，五車黄馬之談，七札吟猨之藝，莫不洞之心極，總制清衷，雅譽攸」歸，獨高兹日。起家補獻皇后挽郎。大業八年，授房陵郡東曹掾。康衢雖騁，未展逐日」之功；局步榆枋，終滯圖南之舉。既而時逢啓聖，獨運神機。武德四年，蒙授柱國、平」州刺史，報殊勳也。其年又遷蓬州刺史，仍授大將軍、平輿縣開國公，食邑一千户，刺」史如故。職列褰帷，秩兼戎號，中外惟允，時論榮之。貞觀六年，改授浦州諸軍事浦州」刺史。威恩既洽，便興時雨之謡；德禮咸施，遂表流蝗之政。十一年，遷雅州諸軍事雅」州刺史，仍進爵上護軍。廿一年，改授使持節唐州諸軍事唐州刺史，封如故。累遷榮」秩，歷選名都，所莅則敬讓興行，下車乃謳歌載路，去思來晚，何以加之。方且舟檝巨」川，羽儀當世，逸材未騁，已頓足於脩途；縱壑俄申，遽摧鱗於閱水。以貞觀廿三年正」月廿日薨於官舍，春秋六十九。悼結震襟，哀纏列岳。惟公幼而聰敏，表乎懷橘之奇；」長而岐嶷，見於王佐之略。忠貞之節，無爽於平生；仁孝之方，不離少選。心忘夷險，行」無玷缺，儉約以檢其身，寬和以接於下，信可以膺兹景福，錫此期頤。而朝露易晞，夜」臺斯及，即以其年十月廿五日永窆於洛陽縣積潤里邙山之南。夫人阮陵郡君睪」氏，陳豐州刺史建寧侯奏之女也。音儀婉順，禮節貞明。既捧案以承天，亦斷經而誡」子。朝華掩露，悲四照之先彫；夜劍凝星，悼二龍之俱逝。第二子續祖。痛深風樹，思結」寒泉，卜宅之兆既彰，孝終之情斯著。小年何促，大夜方深，在幽石而須刊，庶徽猷之」永固。乃爲銘曰：」

高門叶祉，積慶靈長，遐哉帝系，盛矣餘芳！南康德闡，如珪如璋，義寧鴻烈，爲龍爲光。」爰挺伊人，寔標奇士，亭亭萬仞，昂昂千里。德潤瑤琨，材華杞梓，氣彰星劒，形凝玉冰。」詞鋒特達，武略縱横，忠因性表，孝乃天成。道能濟物，義足全生，俄爲國器，鬱號人英。」命偶昌期，才爲世出，沉幾無累，懷謀委質。功冠六奇，賞侔千室，韡曄鍾鼎，蟬聯簪紱。」褰帷訓俗，洗幘清身，俱崇禮敬，咸悦貞淳。澄心勵俗，約己治人，德刑無撓，謳歌日新。」歷選逾隆，聲華彌麗，脩途方騁，奔駒已逝。夜壑遷舟，朝霜掩桂，德音無爽，清塵振世。」原鄰九谷，地接三川，荒涼丘壠，蕭索風烟。悲松迴嘯，秋月孤懸，紀兹沉石，方存大年。」

（周紹良藏拓本）

貞觀一七六

【蓋】失。

【誌文】

隋故樓煩郡秀容縣長侯府君墓誌并序」

夫巖巖大廈，必俟良材；濟濟周行，咸資英哲。贊文武於百揆，庇」寒暑於四時，代有人焉，可得言矣。君諱雲，河南洛陽人也。仁義」之道，夷門美於大梁；儒雅之風，太傅稱於天漢。曾祖期，齊直盪」正都督；既有聲於李牧，亦書勳於鍾鼎。祖胡，隋儀同三司復州」刺史；門有通德，鄉無抗禮，密勿六條，經綸三事。君隋左親侍，俄」遷樓煩郡秀容縣長。政有能名，時稱英俊。方當奮翼霄漢，展驥」康莊，豈謂福善無徵，以武德二年正月七日奄從窀穸。夫人呂」氏，承芳蕙圃，禀質瓊田，黃絹慚其妙絶，青松愧其貞□。爰以初」笄，歸于侯氏，恭慈遜讓，動止矜莊，誕子五人，並登爵命。嗣子彦，」含章秀出，蘊德挺生，屬隋季分崩，勤功乃著，武德之始，」詔授上輕車左一步軍車騎將軍。貞觀之初，詔授定遠將」軍，仍宿衛丹墀。九年詔授左屯衛安西府左果毅都尉。羌」夷讋伏，士卒懷恩，朝廷許以能官，考恒居最。廿二年，」詔授左驍衛大順府左果毅都尉。母以子貴，聞乎先哲，」詔授夫人桐鄉縣君，冀益遐年，以終俸養。春秋八十有一，奄以」廿三年八月十六日薨于私第瀍左之里。即以其年十一月壬」寅朔，五日丙午，合葬于邙山之陽。嗚呼！兩劒同飛，雙鳧永去，祖」奠畢陳，哀歌滿道，朱輪耀日，背清洛而逶遲；素旐含霜，指崇邙」而委鬱。既陳根是切，亦拱木傷心，嗚呼哀哉！乃爲銘曰：」

猗歟鼎族，弈世蟬聯，夙禀和氣，挺此貞賢。珪璋比德，桃李推妍，」四德備矣，三從在旃。言歸是告，執禮爲先，何言福善，忽此幽泉。」仙屏虚掩，月鏡徒□，朱軒照日，素旐含煙。松寒丘壠，霧苦荒阡，」彫兹金石，用紀爰田。」

（北京圖書館藏拓本）

貞觀一七七

【蓋】失。

【誌文】

大唐故坊州司倉參軍董君墓誌」

君諱柱，隴西人也。自分封命氏，顯秩嘉聲，備在縑」箱，可略言矣。是以直筆無違，載英聲於晉室；垂帷」不倦，馳令聞於漢朝。莫不德望相輝，自根窮葉者」矣。祖蘊，齊建昌郡開國公；父通，隋晉王記室、天水」縣男；世襲簪裾，家傳儒秀，清徽在目，遺愛不泯。君」承兹餘慶，含章挺生，幼年砥節，早歲飛譽。起家任」戎州犍爲縣主簿，仍以考績連最，尋除徐州沛縣」丞。信洽一同，理窮五聽，又遷荆州當陽縣丞。道振」羣英，譽流朝野，授坊州司倉參軍事。恕己及人，處」繁彌簡，庶可保斯遐壽，垂範後昆。豈謂未驗福謙，」先鍾末命，春秋五十有九，貞觀廿三年八月十四」日卒於任邑。夫人任氏，隨宣州秋浦縣令國之女」也。敵稱秦晉，親屬潘楊，配德未終，早纏淪化。貞觀」十九年六月卅日已辭人世，時年五十二。今以君」終之年十一月廿日同葬于邙山之陽，禮也。只恐」山移海運，暑往寒來，敢勒徽猷，記之泉户。辭曰：」

璠璵比潔，蘭蕙傳馨，寔惟華胄，世載英聲。仍標謹」敬，爰應弓旌，齡頽何促，遽掩佳城！」

（周紹良藏拓本）

貞觀一七八

【蓋】　失。

【誌文】

大唐故轘轅府鷹揚後任斛斯君墓誌」

君諱達，字師德，北代人也。自分封命氏，顯秩嘉聲，」備在縑箱，可略言矣。是以直筆無運，載英周史，尊」洪源漢，光其茂緒。盛績傳于鍾鼎，至道被於相陵。」自兹以降，徽猶靡絶，見任轘轅府鷹揚後任。曾祖」隋任左驍衛大將軍；父訶通，左翊衛校尉。司徒公」任，作翰蕃惟，股肱斯寄，政盡難迴。禀氣星辰，弘深内而華裔外映，忠信孝敬之方，因心必踐，妙落輝音，莫不總制清衷，同沉美復，何以加焉？思去終成」遠暢，貞觀廿三年十一月廿四日卒于私第，春秋」五十有四。公理識淹長，風標峻遠，流善政，嗚呼哀」哉！還以貞觀廿三年歲次己酉十二月辛未三日」癸酉遷窆於邙山之陽，禮也。華桂嶺，柔明表質，婉」順居，碑頽林山。心如異室，高山之有，運盡難流，忠」成禮庶。命枉泉休，拙水不迴，迺其詞曰：」

隴首千尋，秦川萬里，禀氣成德，標靈擅美。秀哲並」生，英賢間起，俱彰珪璧，咸稱杞梓。寔云世載，爰挺猗人，連成比質，昭乘齊珍。性和春露，節勁秋筠，悲」□！山幽月落，霧慘松深，天長，神儀永沉。」

（周紹良藏拓本）

貞觀一七九

【蓋】失。

【誌文】

唐故濟州別駕李府君墓誌銘并序」

公諱君絢，隴西狄道人也。高陽之緒，庭堅之裔，佐命於堯，因」官賜氏，冠冕搢紳，昭著圖牒者也。曾祖虔，銀青光禄大夫、兗」州刺史、驃騎大將軍、贈冀州刺史，謚景公；爲國之棟梁，佐時」之羽翼。祖皓，散騎侍郎、征虜將軍、涼州刺史；高庸懿績，當世」所推。父士操，安東將軍、南兗州刺史、梁郡太守、富平縣開國」子；英聲茂實，光映朝府。公夙挺珪璋，早能砥礪，奉親以孝，事」長唯恭，金玉相暉，克隆前構，解褐荆州司倉。大業之初，任彭」城郡司户。屬隋運道銷，寇盜蜂起，懷集有方，吏民安息，轉任」彭城縣令。皇祚肇興，擬西徐州刺史。武德四年，敕授」濟州別駕。公宏謀遠略，王佐之材，梁悚之志未申，士元之足」將騁，在公貞幹，治術閑明，歷宦驅馳，並著庸績。方欲躍鱗滄」海，矯翼雲霄，未及摶空，風力已盡。武德五年五月十日遘疾，」終於官舍，春秋六十有五。以貞觀廿三年歲次己酉十二月」辛未朔，十二日壬午子遷窆於河南偃師縣之西原。恐陵移」谷徙，事絶名沉，敬勒徽猷，式昭鴻烈。乃爲銘曰：」

高陽茂緒，庭堅盛宗，因官賜姓，鑄鼎銘功。世稱模楷，弈葉光」融，冠冕相繼，徽音克隆。其一。積善勵德，載誕哲人，摩霄振羽，衝」波躍鱗。門資良冶，家有搢紳，筆華喻蜀，詞高劇秦。其二。鑒同許」郭，行侔曾史，價重珪璋，名高杞梓。功業未就，遽歸蒿里，教跡」空存，音容莫視。其三。丹旐冒露，素蓋排空，松寒月冷，隴暗塵紅。」有子純孝，長號樹風，恨泉門之永閉，痛玄夜之難終。」

（録自《東都冢墓遺文》）

貞觀一八〇

【蓋】無。

【誌文】塼。

貞觀廿四年二月朔」二日，交河縣白丁孟」隆武申時亡，春秋叁」拾有三。封性葱穎，執」早貞脣，有雜諸財，無」有比嫡，宜向衡靈，殯」葬斯暮。有一比丘，引」道直行。」

（録自《高昌磚集》）

貞觀一八一

【蓋】失。

【誌文】

君姓曹名因，字鄙夫，世爲番陽人，祖、父皆仕於唐高祖之朝。惟公三舉不第，居家以禮義自守。及卒於長安之道，朝庭公卿，鄉鄰耆舊，無不太息。惟予獨不然，謂其母曰：家有南畝，足以養其卿；室有遺文，足以訓其子。肖形天地間，範圍陰陽内，死生聚散，特世態耳。何憂喜之有哉！予姓周氏，公之妻室也，歸公八載，恩義有奪，故贈之銘曰：其生也天，其死也天，苟達此理，哀復何言！

録自《古誌石華》卷六

貞觀一八二

【蓋】康君墓誌

【誌文】

大唐上儀同故康莫覃息阿達墓誌銘

公諱阿達，西域康國人也。其先蓋出自造化」之初，藤苗大唐之始，公即皇帝之胄」胤也。盤根萬頃，王葉千尋，宗繼皇基，」枝連帝業。祖拔達，梁使持節驃騎大將」軍、開府儀同三司、涼、甘、瓜三州諸軍事」涼州薩保。當官處任，水鏡元以近其懷；」處逝公途，石席不之方其志。詔贈武威」太守。父莫覃，同葬安樂里。嗚呼哀哉！」乃爲銘曰：

哀哉夭壽，喪此勳功，傷兹」英喆，往投瓊銀。生形易圮，夢影難通，闔」城獨立，野馬衆屯。河坻桂隱，月落雲」昏，一辭冠冕，永閉泉門。

（録自《隴右金石録》卷二）

義和　重光　延壽

義和〇〇一

【誌文】

義和五年□寅歲五月朔乙」巳十五日丁巳，新王遵妻」史氏□□□遇患薨□春」秋□□□□□□□□□□」

（録自《高昌磚集》）

重光〇〇一

【誌文】

重光元年庚」辰歲十一月廿」三日，劉保歡之暮表焉。」

（録自《高昌磚集》）

重光〇〇二

【誌文】

重光二年辛巳歲十」二月甲寅朔，十四日」丁卯，鎮西府客曹參」軍張保守，春秋五」十有五，以蚰車靈柩」殯葬於暮。張氏之暮表。」

（録自《高昌磚集》）

重光〇〇三

【誌文】

重光三年壬午歲」六月朔辛亥廿八」日戊寅，故范法」子追贈宣威將」軍，春秋五十六，」殯葬斯墓也。」

（録自《高昌磚集》）

重光〇〇四

【誌文】

重光三年壬午歲□」月辛未朔，七日丁丑，新除鎮西府省事麴」慶瑜還功曹吏更遷」帶閣主簿轉遷田□」司馬□□□□□□」卒於交河□□，春秋」六十有五，麴氏之葬。」

（録自《高昌磚集》）

延壽〇〇一

【誌文】

延壽四年丁亥歲五月」壬子朔，十四日乙丑，鎮」西府□□□□□□」□□□□□□□□」四□□車靈柩殯□□」□□。張氏墓表。」

（録自《高昌磚集》）

延壽〇〇二

【誌文】

延壽四年丁亥歲十月」庚辰□三日壬午，鎮西」□□□郡客曹主簿遷」□□春秋七十有二，」□□□靈柩殯斯墓，」□□□之墓表。」

（録自《高昌磚集》）

延壽〇〇三

【誌文】

延壽七年庚寅歲七」月□□朔，十六日己卯，」□□府領兵將趙悦」子妻馬，春秋五十」有六，以虯車靈柩

□□」於墓。馬氏之□□。」

（録自《高昌磚集》）

延壽〇〇四

【誌文】

延壽八年辛卯歲」正月辛酉朔，十三日癸」酉，鎮西府曲尺將」曹妻，春秋六十有」四，以蚓車靈柩殯葬」於墓，蘇氏之墓表。」

（録自《高昌磚集》）

延壽〇〇五

【誌文】

延壽八年辛卯歲」十月丁亥朔，廿一」丙午，鎮西府府門」散望將唐耀謙，春」秋七十有七，以蚓」車靈柩殯斯於墓，」唐氏之墓表。」

（録自《高昌磚集》）

延壽〇〇六

【誌文】

延壽八年辛卯歲十二」月朔乙巳廿七日辛亥，」鎮西府新除省事□□」□主簿史伯悦，春秋六十」□八，以虬車靈柩」□□墓。史氏之墓表。」

（録自《高昌磚集》）

延壽〇〇七

【誌文】

延壽九年壬辰歲三」月朔甲寅卅日水亥，」鎮西府府門散□□」麴延紹，春秋五十□」六，以虬車靈柩殯斯於」墓。麴氏之墓表。」

（録自《高昌磚集》）

延壽〇〇八

【誌文】

延壽九年壬辰歲」四月甲辰朔，廿七日」庚戌，鎮西府領兵」將趙悦子，春秋六十」有六，以虬車靈柩殯」□於墓。趙氏之墓表。」

（録自《高昌磚集》）

延壽〇〇九

【誌文】

延壽九年壬辰歲」□月朔水丑十一日□」□，鎮西府田曹參」軍趙充賢，春秋七十」有五，以蚪車靈柩殯」葬於墓。趙氏之墓表。」

（録自《高昌磚集》）

延壽〇一〇

【誌文】

延壽九年壬辰歲十」月辛酉朔，十九日水」卯，鎮西府□□□□」將麴悦子□□□□」十有五□□□□□」殯葬□□□□□」

（録自《高昌磚集》）

延壽〇一一

【誌文】

□□九年壬辰歲」十一月庚辰朔，五日」□□，鎮西府曲尺將」曹武宣，春秋六十」有八，以虯車靈柩殯斯」於墓。曹氏之墓表。」

（録自《高昌磚集》）

延壽〇一二

【誌文】

延壽十年癸巳」歲二月己酉朔，十」九日丁卯，鎮西府官」左右有親侍任阿慶，」春秋六有九，以虯車靈」柩殯斯於墓。」

（録自《高昌磚集》）

延壽〇一三

【誌文】

延壽十一年歲次甲午」正月朔甲戌下旬四日，」西府交河郡民任法」悦新除虎牙將軍追」贈明威將軍，春秋五」十歲三，卒於辰時，以」蚰車靈柩殯葬斯」墓。任氏之墓表也。」

（録自《高昌磚集》）

延壽〇一四

【蓋】似無。

【誌文】磚，朱書。

延壽十一年歲次」甲午五月壬申朔，」廿九日庚子，新除」領兵將、遷兵部參」軍侯慶伯，春秋五」十有八，殯葬斯墓。」

（録自《西陲石刻後録》）

延壽〇一五

【誌文】

延壽十一年甲午歲」九月朔庚午廿六日」乙未，鎮西府交河郡」□爲交河坼上博士」田曹參軍唐阿朋，春」秋六十有六，以蚰車」□□殯斯於墓。」

（録自《高昌磚集》）

延壽〇一六

【誌文】

延壽十三年丙申歲二月」朔辛酉四日薪除甲子，」交河郡民鎮西府兵將」王闍桂遇患殞喪，春秋」七十有二，以蚪車靈殯」葬於墓。王氏之墓表。」

（録自《高昌磚集》）

延壽〇一七

【誌文】

延壽十三年丙申歲十二」月十□，□西府交河郡民」參軍□□羅妻太景，」春秋五十有二，遇患□」喪卒於辰時，以蚪□」靈柩殯葬於墓。」

（録自《高昌磚集》）

延壽〇一八

【誌文】

延壽十五年戊戌歲十」一月朔丙午十六日辛酉，新」田曹主簿，轉遷兵將，更」遷雜曹參軍蘇□相，」遇患殞喪，春秋六十」有一。以蚪車靈殯」葬斯墓。蘇氏之墓表。」

（録自《高昌磚集》）

唐代墓誌彙編

永徽

永徽〇〇一

【蓋】大唐故宣城武君墓誌

【誌文】

大唐故右勳衛宣城公武君墓誌銘

君諱希玄，字敬道，太原受陽人也。祖稜，皇朝司農卿，封宣城縣開國公，贈潭州都督；匡國垂範，忠武馳名。父雅，右衛鎧曹參軍、輕車都尉，襲爵宣城公；清猷纂緒，温潤騰譽。君含山水之秀氣，挺松筠之勁節，器宇閑密，機神警悟，聳奇峰於九霄，激清波於千里，宫牆有仞，喜愠無形。爰自弱齡，風儀夙茂，逮于冠歲，盛德斯洽，精金比質，美玉齊映，譬火日之外照，猶水鏡之含光。阮嗣宗之沉恬，絶言臧否；王夷甫之清潔，罷談財利。比德於君，未爲清遠。加以敦詩悦禮，息史循文，思風含臆，言泉流吻，雖歆固博通，卿雲藻翰，無以過也。是以同門歸美，若鴛鸞之先羽族；齊志推高，類芙蕖之映菱芡。屬肅慎猖蹶，九都」阻化，」太宗文皇帝躬行吊罰。君名挂羽林之班，位列金吾之後，爪牙左右，」侍衛帷幄。而醜類鴟張，兇徒蟻聚，君乃攬繁弱，接忘歸，飛鞚揮鞭，直」突而潰，應弦而倒者，鱗鱗相屬，豈唯援吟高木，雁落虛弓而已哉。既」而鑾輿凱旋，躬親扈從，櫛沐風雨，跋涉山川，福謙虛應，嬰兹寢」疾，遂使奇功未立，景業無聞，曾不憖留，梁摧奄及，嗚呼哀哉！以貞觀」廿年三月廿三日終于并州館舍，春秋卅有三。其年四月廿七日，魂」歸京第，嗚呼哀哉！陶潛之浮觴籬下，叢菊送芳；宋玉之息駕上宫，幽」蘭發調。一朝零落，生平已矣，粤以永徽元年正月廿日窆于長安西」南十里之平原。叔父等怨天德之無徵，痛音容之長絶，悲縑竹之易」朽，銘金石以永流。其詞曰：」

崇基蔚矣，連華疊輝，伊君挺秀，載德靡違。浴道遊藝，依經息史，直幹」千尋，澄源萬里。虛襟水澹，勁操松貞，方金猶銑，在玉斯瓊。蠢兹肅慎，」負海猖蹶，帝赫斯怒，親行吊罰。廣選良家，君應爪牙，殄兹蜂蠣，翦」此鯨蛇。方欣凱歌，扈從旋蹕，櫛風已弊，沐雨成疾。先秋委葉，未露摧」英，驥足方騁，義車遽傾。寂寂空隴，昏昏暮色，黯日雖沉，淒風詎息。痛」殷幼胤，慕切孤孀，預虞陵谷，刊石傳芳。

（周紹良藏抄本）

永徽〇〇二

【蓋】失。

【誌文】

大唐隋故車騎將軍金公墓誌銘并序」

公諱行舉，字義起，隴西伏羌人也。夫篤慎忠貞」日磾見稱於强漢；經明行著，欽賞播美於元成。」年代悠然，寂寥無紀，其能繼兹哥詠，惟在君乎？」父達，」周芳州刺史；雄才蓋世，英略佐時。君擢幹」鳳林，分芳桂嶺。隨屬周鼎未定，秦鹿走嶮，待降」絲綸，授承御上士，尋遷車騎將軍。住近鈎陳，寄」深侍衛，夙恭恪謹，情禮彌隆。乃息宦情，散志丘」壑，奄以永徽元年二月十三日薨于私第，春秋」六十有九。嗚呼哀哉！夫人郭氏，太原人也。父楚。」先以貞觀十六年五月八日卒，今以三月三日」合葬於邙山，禮也。惆悵蘭室，臨祖奠而罇清；飈」颸長原，望佳城而馬白。嗣子弘則等，孝行深厚，」喪毁過制，恐陵谷遷移，敬鐫貞石。其詞曰：」

長源洪族，邃古金天，休屠特挺，乃誕貞賢。滅親」存乎大義，拜泣發乎天然，盛德不泯，嗣後光前。」知玉之潤，如松之貞，方期仙術，遽掩佳城。霧昏」壠暗，山空月明，唯餘萬古，永播嘉聲。」

（北京圖書館藏拓本）

永徽〇〇三

【蓋】失。

【誌文】

唐故祁君墓誌銘并序」

君諱讓，字文雅，隴西人也。清源皎潔，濬德水而俱長；秀峙參」差，聳蓮峰之更遠。求諸國史，代有其人，彼兮已詳，斯焉可略。」祖，齊任西平縣令；昔史起之臨鄴部，王□之莅洛陽，方之古」人，殊風合德。父信，隋任膺揚郎將，旋改授驃騎大將軍；歷階」案劍，毛遂愧以英雄；登陛奏圖，荆軻慚其慷慨。雖或文或武，」惟股惟肱，慶流後昆，聲振前代。君之嗣也，有美斯鍾，雅量恬」凝，風神散朗，察言觀行，見始知終，與物無禁，蕭然自得。臨風」置酒，徐孺蒙解榻之迎；望月調絃，沉童獲登車之禮。既而人」生詎幾，逝者如斯，運極道消，溘從霜露。粤以永徽元年歲次」庚戌三月庚子朔五日甲辰卒於清風鄉之第，春秋六十有」七。即以其年四月己巳朔二日庚午窆於邙山之陽，禮也。玄」龜卜兆，白鶴相田，路杳杳其何去，行悠悠其幾年。嗣子須達」等，痛華堂之寂寂，□親體於机筵，感荒野之芒芒，送慈顔於」泉路。墳前之樹，染淚而便枯；庭際之禽，聞悲而剩落。嗚呼哀」哉！雲低白馬，步步山陽；霧黯朱輪，磷磷野徑。雖天長兮地久，」恐人事之貿遷。爰勒玄扃，庶同蘭菊。其詞曰：」

蟬聯華族，崛崿高門，鍾鼎遞襲，簪玉相聞。維君遁世，栖栖問」津，遠辭物外，高步囂塵。其一。夜壑舟隱，朝薤露晞，世路俄」阻，窀穸長歸。松風未闇，隴月初暉，立言立德，斯人在斯。其二。」挽窮荒燧，車迴墓門，平生已矣，於此何言？夜臺□寂，泉室方」昏，獨餘令問，終古長存。」其三。

永徽元年四月二日祁君墓誌銘。」

（周紹良藏拓本　河南千唐誌齋藏石）

永徽〇〇四

【蓋】樂達之銘

【誌文】

大唐樂君墓誌」

君諱達，字智纂，河南人也。自分封命氏，懿德嘉猷，」並國史家諜之所詳，故此略存梗概而已。祖協，齊」大夫；父孫，隋驃騎；莫不世襲孝廉，家傳學術，編户」悦其仁愛，搢紳挹其風規，令聞美談，鬱乎斯在。君」承玆餘慶，含章挺生，總六藝之至精，罄三端之神」妙。幼年砥節，弱歲飛聲，鼓筆海之波瀾，竦詞林之」條幹。依仁葺宇，問道通交，優哉遊哉，以斯卒歲。豈」期福謙未驗，末命先鍾，凡所知聞，靡不流慟。君春」秋六十有三，以永徽元年四月十八日奄辭人世，」遂以其月廿九日窆於邙山之陽，禮也。恐年代浸」遠，蕪没德音，乃刊斯文，以爲不朽。嗚呼哀哉！迺爲」銘曰：」

邈彼洪源，赫哉芳裔，儒秀競馳，公侯相繼。載誕光」儀，才雄冠世，瞻仰難階，遡沿無際。其一。璵璠美，」蓀」蕙傳馨，寔唯華胄，世載英聲。仍標謹潔，迭應弓旌，」頽齡何促，遽躡佳城。其二。悽涼館宇，寂寞帷筵，長辭」皎日，永赴幽泉。玄宫是闢，貞石斯鐫，山川貿易，蘭」菊逾宣。其三。」

（周紹良藏拓本　河南千唐誌齋藏石）

永徽〇〇五

【蓋】失。

【誌文】

隋燕王府録事段夫人之誌銘并序」

夫人姓段，隴西武威人也。其先出於有周鄭共叔之後，引派天潢，分」枝閬苑，瓊峰百丈，驪泉千仞。仰之者未識其終，窺之者眇然無際。或」富仁寵義，偃息於西河；或乘危殉節，亡身於北地。紀明秀出，寔東漢」之宗臣；龜龍英跱，乃西涼之文府。聲華映於遥篆，弈葉焕於綿圖，世」不乏賢，同夫蘭菊。祖安，魏華州長史；父龍，隋定州行唐令；並道高州」里，望重一時，脱落榮寵，沉冥儒素。夫人承積德之餘祉，禀慈訓於閨」庭。少而貞慧，長逾明淑，風範韶令，姿望端詳，語必中規，動無違禮。鼓」鐘易響，蘭幽更芳，甫應三星，言歸百兩。年十七，適於高平竺氏。望同」王謝，睦等潘楊，德禮既齊，和鳴斯遠。君諱讓，字道遜，隋燕王府録事」參軍。屬大業之初，營都瀍洛，衣冠□族，多有遷移。君既策名英府，陪」隨蕃邸，席卷桑梓，因即家焉。今爲洛陽人也。俄而隋運奔騰，關河蕩」析，屏棄榮禄，終老于家。夫人屬此時屯，嬰斯不造，攜□孤幼，備歷艱」危，經今卌餘載矣。方欲享兹遐壽，永保無疆，福善無徵，奄從遷化。嗚」呼哀哉！春秋七十有三。即以永徽之元五月廿三日，遷葬於北芒谷」城之南原也。墳塋□啓，楸櫝成行，白日不晨，玄臺無曉。長子嗣宗，□」劬勞□罔極，痛隟駟之遄征，泣血累旬，絶漿十日。恐陵谷虧貿，桑海」推移，追□芳猷，勒之幽壤，嗚呼哀哉！乃爲銘曰：」

藹藹遥源，昭昭遠胄，閬苑飛芳，瓊枝層構。盛德不朽，遠而彌茂，千木」蕃魏，紀明匡漢。德用止戈，威能靜難，弈世芬芳，英華藹爛。門鍾積慶，」久而逾盛，降生貞淑，端詳柔令。閫送靡踰，閫言斯正，□星既曜，百兩」斯娉。之子言歸，鳳凰于飛，出言有則，率禮無違。良人不永，早世潛暉」悲城縈室，恤緯孀機。昔離世季，今屬時平，惟孫惟子，定省昏明。温席」扇枕，蒸蒸至情，如何不祐，即是幽冥。玄臺已掩，白日無光，墳楸方樹，」隴柏成行。淚枝夏落，泣笋冬長，勒兹貞石，永永無疆。嗚呼哀哉！」

（北京圖書館藏拓本　河南千唐誌齋藏石）

永徽〇〇六

【蓋】無。

【誌文】塼。

永徽元年歲次庚」戌五月朔己亥。西州」交河縣人氾朋祐」春秋六十六，暇誓」於先西城，殯靈葬此。」□廿八日。氾氏之墓表。」

（録自《高昌磚集》）

永徽〇〇七

【蓋】失。

【誌文】

大唐故張處士墓誌銘并序」

君諱鳳憐，字伯鸞，南陽西鄂人，漢河間相衡之後也。」秦基爰啓，則儀贊人謀；漢道剋昌，則神符天授。詳諸」簡牘，可略而陳。祖慶，齊大都督；父建，隋上儀同，並忠」唯奉主，孝實事親，仁義洽於蘅間，詩禮濤乎耳目。君」性尚沖簡，志好虚玄，習嘉遁之閑遊，懷丘園之耿潔。」立言立德，歷夷險而靡虧；基孝基忠，涉歲寒而無爽。」豈謂輔仁同海棗之談，降禍叶頹山之歎，不憖斯德，」殲我良人。以永徽元年六月四日卒於第，春秋六十」八。長子思義等，茹毒號天，銜哀扣地，卜其宅兆，而安」厝之，即以其年歲次庚戌六月戊辰朔十八日乙酉」遷窆於北邙之原，禮也。雖地久天長，恐山飛海變，敬」圖貞石，用誌泉門。銘曰：」

珠潛水媚，劍藏光溢，立侍漢朝，坐論晉室。都督儒雅，」早標文質，儀同領袖，夙昭名實。載生令哲，素禀貞真，」遺榮樂道，懷橘思親。積善餘慶，□之古人，矧伊今日，」德亦有鄰。膏火自煎，無用斯寶，屏迹軒冕，遐想太浩。」鑿井耕田，優遊卒老。西崦遽晚，東逝不停，奄辭華屋，」永即佳城。白楊吟吹，黃鳥悲鳴，一鐫琬石，長播金聲。」

（北京圖書館藏拓本　河南千唐誌齋藏石）

永徽〇〇八

【蓋】失。

【誌文】

唐故隋湑城府鷹揚曹君及琅耶郡君安氏墓誌并序」

君諱諒，字叔子，濟陰定陶人，晉西平太守曹祛之後也。若」夫保姓受氏，可大者宗祊；列象麟圖，所高者纓黻。祖貴，齊」明威將軍；父林，齊定州刺史；六奇擁沙之略，七擒蒙馬之」謀，斯皆妙冠羣才，得諸天縱。君起家朝請大夫、涇州湑城」府鷹揚，詔加正議大夫、平州留守。惟君體質冲虛，機神爽」逸，擢文則位登朝請，引武則鷹揚是居。值隋世道消，烏夷」憑甸，龍旂爰舉，問罪三韓。既拔垂城，齋□獻凱，爰加正議」大夫，用報下城之效。既而旆反南轅，休牛北塞，勒銘燕然，」解甲龍城，庶興細柳之功，留守平州之域。嗟夫！差鱗未□，」奔箭之溜已摧；刷□將昇，折翮之風方凝。兩楹夢奠，二豎」告災。遂以大業十年七月二日，卒於平州。皇帝痛股肱」之或虧，悼壯武之既殁，追贈銀青光禄大夫，遠著恪懃之」績。夫人安氏，温恭内朗，婦順外融，一醮齊於恭姜，四德諧」於孟母。詔授洛濱及伊洛鄉君。若乃過隙之駒易往，在風」之樹難停，粤以永徽元年六月一日卒於私第，春秋八十」有六。即以其年七月九日遷奉於邙山之陽禮也。繐帳徒」懸，生平之歡已盡；名□未得，反魂之路莫由。孝子承洛等，」痛怙恃之永慕，仰空□以增號，鄰里嗟命哲之長終，攀轜」轜以掩泣。庶恐墳餘宿草，塋滅舊基，用刻斯銘，傳諸不朽。」銘曰：

洸洸曹君，瑳瑳淑媛，鷹揚佐武，恭姜是贊。曳杖兩」楹，隙駒流電，泉門掩及，還神已遠。素楊風急，青松日晚。」

（周紹良藏拓本）

永徽〇〇九

【蓋】失。

【誌文】

大唐故張君墓誌銘」

君諱賓，字彦珍，河南伊闕人，漢河間相衡之後也。若夫濫」觴不絶，引清派於九流；强幹靡凋，振芳條乎千丈。是以從」横不定，則儀贊秦宫；雄雌未辯，則良謀漢幄。豈唯釋之□」理，茂先博贍，孟陽飛藻，仲景明診而已哉！曾祖達，齊博州」堂邑令；祖穀，周萊州即墨令；父高，隋上儀同；並朝稱善政，」野熠神明，道暢武城之歌，德叶中牟之異。君志氣沖遠，好」尚玄默，栖神衡泌，□德丘園。見犧牛之弗永，則情忘充詘；」覩山木之恒存，而聰矚肥遁。大辯濟其若訥，知命資其不」憂，履順宅仁，鳴謙蘊德。豈謂賈誼將終，止座之妖先兆，張」蔣垂殁，巢門之怪已形。粤以大唐永徽元年歲次庚戌七」月戊戌朔十二日己酉卒于敦厚坊之第，春秋五十有二。」仍以其年八月丁卯朔七日癸酉厝于邙山之陽，恐佳城」有見□之期，靈海有成田之契，□景行而匪滅，勒貞石而」不朽。其詞曰：」

基崇構迥，源濬流清，亡秦武信，佐漢文成。餘慶不泯，代有」英靈，鼎書茂伐，策載高名。惟祖乃父，光輝相映，製錦材工，」亨鮮德盛。潔冰温玉，松貞竹勁，宗由積善，緒傳餘慶。夫君」迥秀，履操虛沖，里仁鄰德，善始令終。充詘既泯，寵辱斯融，」裘兒率冶，箕密乘弓。戴鵟表怪，子服呈災，運同舟徙，歎□」梁摧。玉樹斯折，石椁便開，昔聞歌笑，今聽悲哀。蒼芒秋景，」蕪漫荒坰，霧昏墳色，風急松聲。親賓號慟，行人涕零，刊兹」貞石，永載嘉名。」

（周紹良藏拓本　河南千唐誌齋藏石）

永徽〇一〇

【蓋】呂君墓銘

【誌文】

大唐永徽元年洛州河南縣郟鄏鄉吕君墓誌」

君諱買，字世留，河東正平人也。盤磎垂釣，子牙定」隆周之基；邯鄲阜財，不違構强秦之業。鏘金振玉，」代有其人，家諜國經，靡不具載。祖儻，周散騎常侍；」父俊，隋朝散大夫；並擅英聲，俱標雅譽。君神機愨」敏，靈監貞明。屬隋室陵遲，羣兇角逐，君言辭□□，」直指朱方，抗矢以讋句吴，揮戈而掃庸蜀，以兹勇」決，詔授儀同。暨乎唐化惟新，先歸義旅，或宣威□」收象郡，或諭德而拔桂林。朝答勳庸，仍加騎都尉。」方欲申其雅量，諮以頻煩。君不偶寵光，終期幽寂，」優遊藝圃，放曠辭場。豈謂與善無徵，奄焉大漸，□」春秋六十有八，以永徽元年七月廿六日卒于私」第。即以其年十月八日殯於邙山之南原也。恐市」朝遷貿，陵谷推移，故勒斯文，以旌不朽。乃爲銘曰：」文臺高朗，德達清淳，譽隆軒冕，名重搢紳。材非世」出，德必有鄰，篤生夫子，剋嗣芳塵。學總文儒，行該」義烈，亭亭峻峙，飄飄勁節。繼蹤前秀，連衡往□，□」德澡身，冰清玉潔。神理寂寞，人生若浮，猶來志尚，」冥滅荒丘。稚子摧慕，親賓涕流，式標斯誌，永播徽猷。」

（録自《芒洛冢墓遺文》卷上）

永徽〇一一

【蓋】失。

【誌文】

滎陽毛君墓誌之銘」

君諱文通，字知運，滎陽陽武人也。有周肇祚，則」茅土是封；漢室載興，乃唯卿相。陳其宗胄，寧得」言哉！爾其先祖即周文王之子。論其祖也，□□」世五公；語其父也，則襲卿相。屬周季□盡，□祚」遷隋，不仕歸鄉，冠纓因謝。君乃幼而聰叡，少長」有聞，孝越先賢，德前哲。總窮三教，厭俗網於六」塵，攝達諸乘，妙至真之長樂。不悕榮位，有愿函」杖，遂栖心味道，養志丘園，辭疾於朝，稱賢州里。」嗚呼不憖，哲人斯逝，梁木其壞，太山其頹，寢疾」丘園，薨於洛陽私第。於是卜其宅兆，極厚精微，」瞻眺山川，盡坤儀之巨勝，窮陰陽之至妙，庶必」天地而長安；總世界之神原，與山岳而永固。乃」葬於邙山之上，其形勝也。豈言説所周慮，恐劫」燒塵盡。天地推移，海變桑田，人流異代，勒鐫玄」石，乃爲銘曰：

猗歟真人，確乎不拔，味道恬」神，法之英傑。天不我與，應形滅迹，爰葬北邙，乃」鐫金石。

永徽元年十月丙寅廿日乙酉葬。」

（周紹良藏拓本　河南千唐誌齋藏石）

永徽〇一二

【蓋】失。

【誌文】

君諱藥，字子，南陽白水人也。太清肇剖，則乘星象之精；」秦國始基，則建諸侯之位。自降星繁，略而之矣。祖通，齊」任揚州刺史；父藥子，隋任洺州臨洺縣令；並清規雅度，」標冠人倫，偉器高才，鄉間令望。君資神温潤，流液滋於」荆山；稟質貞明，含光照於漢浦。加以器局沖邃，體度綿」邈，辯妙超倫，文英迥拔。每臨池負月，命濠梁之賓；舉桂」蔭松，追小山之客。不謂日月循環，春秋更往，遘疾彌留，」奄從遷化。即以大唐永徽年十月十四日卒於私第，春」秋六十五。有夫人李氏，四德資備，七禮無違，沃盥以事」舅姑，奉和以諧琴瑟。不謂降年多爽，履福或愆，寢疾不」瘳，俄昇桂月。粤以永徽元年十一月一日卒於私第，即」以其年十一月一日合葬於河南縣平樂鄉邙山之原，」禮也。恐高陵磨滅，深谷夷疇，式圖玄石，銘誌泉門。乃爲」銘曰：」

秦朝承相，晉日司空，乃祖乃父，爲先爲澤。唯君繼嗣，降」此高蹤，運逢隋亂，晦跡牆東。二儀長分，四序虧盈，人從」故代，地起新塋。其一。」窆低碑闕，松列佳城，山雰寒色，樹汶秋聲。其二。」但以天長地久，無没得掩，勒訟其銘，以爲永記。其三。

（周紹良藏拓本　開封博物館藏石）

永徽〇一三

【誌文】

慈潤寺故大法珍法師」灰身塔　大唐永徽元」年十二月八日敬造。」

（録自《鄴下冢墓遺文二卷》卷上）

永徽〇一四

【蓋】失。

【誌文】

大唐故劉君墓誌銘并序」

君諱初，字令始，彭城人也。其先楚元王之後。祖」終齊光□□□□□塵情忘於充屈，徵辟未就，」君乃□□□□□彼貞芳蓬茨將廣夏以同安」黃中與□□□俱。夫□以天性之懷，形於至孝，」友于□□，著在□□□□無偏，君其得矣。豈謂」□山不□，逝水□□人□兩絶生崖俱盡，隋大」業十三年十一月八日卒，春秋五十八。夫人寇」□門謝其婦德，□□懟其母儀。未極如賓之禮，」□及靡他人之詠，以大業十四年六月八日卒，」永徽二年正月二日合葬于邙山之陽。恐陵谷」□遷，墳塋莫記，勒兹貞石，用存不朽。其詞曰：」

于□劉子，應劭名揚。□智若訥，出言有章。百家」萬卷，窺隩升堂。虚室生□，□志消殃。夫既播美，」妻亦稱良。同觀白日，共窆玄堂。親賓號慟，行路」悲傷，□□□□，壠月虚光。山淪谷徙，斯誌無忘。」

（河南千唐誌齋藏石）

永徽〇一五

【蓋】失。

【誌文】

大唐故荆州松資縣令湯府君妻傷氏」墓誌銘并序」

夫人姓傷氏，諱大妃，京兆鄠縣人也。其」先受氏於傷琳，得姓於湯武。父薄俱，隋懷遠公、成州刺史。夫人即刺史之長女」也。幼而貞潔，少而明敏，年纔二八，即適」湯氏之門。卷耳之行早聞，昏定之文先」注。以大唐永徽二年正月四日卒於醴」泉里第，春秋八十有二，行路悲歎，親識」流淚。即以其年正月十五日葬於長安」縣嚴村之左。乃爲銘曰：」

賢哉哲婦，孝矣難同，長埋玉體，永墜花」紅。孟母之本，令姬之宗，如何玄鳥，喪此」名龍。」

（録自《非見齋碑録》）

永徽〇一六

【蓋】失。

【誌文】

大唐故户曹騎都尉支君墓誌銘」

君諱茂，字德榮，京兆華原人也。崇巒峻遠，共東」岳以俱高；陂水洪深，與南溟而齊濬。門傳冠蓋，」代襲琳琅，史籍備諸，可略言矣。曾祖　、祖和、父」元集。君感山川之氣，膺辰象之精，器宇恢弘，性」質標舉，允文允武，多藝多才，忠孝天然，操行廉」謹。隋大業八年，身從戎律，摧剪兇徒，歃至策勳，」蒙授康義尉。聖唐膺運，早預義旗，率募鄉閭，」軍門送欵，加授朝請大夫，仍除本縣户曹。厠接」京畿，寔繁簿領，小大獄訟，剖決以情，莫不吏懼」其威，人懷其惠。但以逝川易往，泡電難留，君因」遘疾罔瘳，奄辭明世。春秋七十有六，以永徽二」年歲次辛亥正月乙未朔十一日乙巳薨於私」第，即以其月十五日己酉葬於本縣觀相鄉通」洛里鸛雀之北原。嗚呼哀哉！迺爲銘曰：」

長源效祉，高岳降靈。門膺餘慶，世載其英。昔遊」閭閈，今瘞荒坰。長辭萬古，永對千齡。

妻康及王氏並早亡，合墓同葬。」

（陝西耀縣藥王山藏石）

永徽〇一七

【蓋】潘君之誌

【誌文】

大唐故潘君墓誌并序」

君諱卿，字伯玄，隴西廣宗人也。昔祖以德命氏，因生賜，」荆華結其堂構，溟海道引波瀾，莫不建懿德於宗周，盛」鍾鼎於豐鎬。父諱富，周任華州渭南府果毅；麾戈大呼，」神氣闐然；帷幄陳謀，決勝千里。燒牛奔陣，曳柴揚塵，生」平壯心，於兹遂矣。唯君夙承餘慶，揉此神芳，燮理陰陽，」雍容自在，三思何殊文子，佯愚近比甯君。鶴鳴之響於」朝，隋擢齊府録事。糺彈瑕釁，驄馬纔可見儔；進思盡忠，」宣尼謝其節亮。以開皇十七年契婚張氏，許終偕老之」期。何其夫人，奄棄華房，羅帷影滅，以大業十年三月内」亡，俄昇桂月。還以其年十月良辰，再媾姚氏，諧同琴瑟，」芳似芷蘭。豈以遘疾彌留，貞觀五年六月十九日卒於」私第。唯君逢隋政版蕩，喪亂弘多，栖志丘園，敬崇三寶。」只可延祐作範，享祚遐齡；豈其久染風痾，懷珠入夢。尺」波東注，朝露已晞，人壽未終，生崖已謝。以永徽二年正」月六日卒於洛邑鄉臨瀍里。唯君七十有七，即以其年」其月廿七日窆於邙山之陽，張夫人如左，姚夫人如右，」禮也。嗚呼哀哉！痛傷悲矣！恐陵谷貿遷，乃鐫銘曰：」日中則昃，月盈則虧，泰山其頽，哲人斯萎。智踰其里，才」贍陳思，椒蘭異歇，甘露低垂。其一。代有遷移，理無□終，生」死轉輪，向□□聖。旌馳□□。轜車按徑，魂兮何託？勒之」碑銘。其二。始□□聲，終摧□□，窀穸易期，白駒難駐。隴上」風清，松間月素，黯黯落日，暝暝泉路。其三。」

（周紹良藏拓本）

永徽〇一八

【蓋】失。

【誌文】

唐故衛州新鄉縣令王君墓誌銘并序」

君諱順孫，字彦昇，京兆霸城人也。自素鱗效祉，丹羽降祥，冑聖啓其遥源，儲仙派其□□。□」將門而腰花綬，光輔霸秦；綰相印而戴雲冠，緝熙隆漢。在魏則文舒播美；居晉則夷甫騰□。「台衮聯華，銀黃疊映，詳諸史册，可略言焉。曾祖迴，梁相東王記室參軍、光州刺史；風情秀朗，「體業沖素，懷道曳裾，樹聲分竹。祖峰，寧遠將軍、宜城太守；儀範足以軌物，貞固足以幹時。露「冕增榮，錫驂表貴，父琬，隋豫州司功參軍、趙州平棘、越州會稽二縣令；學富揚班，才高潘陸；「道隆玉鉉，位屈銅章。君陶粹美而秀神，稟中和以生德，奇姿發於綺歲，逸價重於冠年，投足「慕先王之跡，抗志霄古人之道。其踐行也，捐縱誕而殉謙撝；其立言也，彼浮華而敦慤信。在「路逾見其靜，處憂不改其樂。巖粤千仞，仰之者無階；波瀾萬頃，泳之者莫測。猶衢罇之待酌，「等虛舟之不繫。觸景斯應，洽藝多能。洞八解於情端，究六書於筆杪。芳蘭在佩，軼九畹而騰「芬；琬琰瑩心，掩十城而摛輝。豈非瑚璉之器，朔家之基者歟！屬九縣飈迴，三精霧塞，甿隸斬「木，俱懷莽卓之心，散吏搴旗，爭肆蛇豕之毒。喋喋黔首，憂荐食之災；茫茫兆庶，懼虔之禍。君「君俯遵□易，仰叶少微，乃避地淮海，銷聲林壑，躡桃源之遠跡，追漆林之高蹤。狎玩琴書，朋「往芝桂，道夷得喪，情均寵辱。逸氣遐騫，猶建標之鬱邈；沖衿獨鑒，若明月之孤懸。既而天步「卓靈，光華啓旦，焚□牓道，物色異人，弓旌納薪楚之翹，束帛賁丘園之逸。武德初，解褐楚州「司法參軍，遷雍州新豐縣主簿，歷終南、渭南、二縣丞。望重名流，政甄萌俗。徂來挺幹，王爾知「其異材；荆岫潛輝，卞和識其奇寶。爰以錯節之重，寔資利器；亨鮮之要，終俟哲人。乃詔「舉賢良，君首膺渙拂，復擢爲青州千乘、衛州新鄉二縣令。君亟裁美錦，屢典名邦，威惠垂風，「清白馳譽，化流馴雉，道洽夜魚。嗤卓魯之未奇，顧王潘其何算。方當憑木迅起，躡雲路而上「征；培基遠翥，指天衢而一息。豈其東川遽委，西景不留，中楹之夢忽諸，易簀之期奄及。粤以「貞觀廿二年十二月十九日終於新鄉縣舍，春秋五十有四。緇素興感，士女駿奔，慟極清旻，」悲深遺愛。惟君道識融通，風儀峻整。天經地義之德，錫類後昆；簡久遠大之方，取高前哲。文」□玉笥，學重金籯，泛筆海之瀾漪，搴詞林之華實。浩然無欲，室有顔瓢，庶乎屢空，塵生范甑。」仁風被於比邑，善政聞於列城。驥足未馳，鵬翼先墜，冤深百日，恨結玄廬。夫人京兆韋氏，夙」承家訓，播柔範於蘭儀；言歸景□，發徽音於玉度。痛移天之不嗣，哀異域之無追，用啓新塋，」式遵故實。以永徽二年歲次辛亥二月乙丑朔九日癸酉，葬於洛陽北邙之山原也。聞悽鐸」之宵引，聽哀笳之夜吟，悲劍津而灑泣，感鸞鏡以傷心。愴九泉而勒貞琬，歷千載而揚德音。」陳郡謝祐，氣蘊蘭蓀，心勁松竹，梁園馥譽，翰苑飛文，式纂風猷。乃爲銘曰：」

古公佃稷，下武系昌，神基景邁，靈柯擢芳。騰仙温洛，列將咸陽，才賢沓慶，黽組鄰光。茂誕英」德，載符鴻祉，鑒宇虚明，風儀肅峙。孝貫心極，義昭行己，毓藝處謙，待聘方仕。爰應人爵，式亮」天工，作吏淮楚，貳邑秦豐。亨鮮海曲，馴羽汲中，峨峨令德，穆穆清風。如何玄造，濫流淫謫，福」善孤昧，殲良遽迫。碎我江璣，毁兹崑碧，浮世淪景，冥空銷魄。于嗟不嗣，凝怨孀嬪，祖載轜兮」東周道，茹哀袂兮北邙塵。歎雙劍兮此分匣，期兩龍兮終合津。篆翠琰兮志玄壤，掩夜臺兮」曠無晨。」

（北京圖書館藏拓本　河南千唐誌齋藏石）

永徽〇一九

【蓋】失。

【誌文】

許君墓誌銘并序」

公諱士端，字公直，洛陽人也。祖以道亞生知，清猷樹業；父以□」鄰殆庶，希聖飛名。公世鬱河嶽之暉，家擅箕裘之祉，英姿載誕，」德星謂之表靈；茂德降生，清輿所以膺慶。爰初發志，不以軀組」戰其心；厥始脩名，即以衡泌棲其跡。是以宏圖九萬之羽，蓄之」於真域；膺運半千之材，韜之於沖器。比潤則白珪失照，校馥則」青桂奪芬。翻飛於禮義之場，翱翔於道德之囿。滔滔焉等江漢，」皜皜焉若星辰。猗歟邈哉，越不可量已。於是芳聲遐振，雜霜鍾」之厲響；雅俗遥歸，冠華市之馳衆。宜城冠蓋之侶，指潛巷而請」遊；京洛搢紳之人，望康簷而愿謁。豈徒鄉岫木潤，里岸波圓；將」使俛仰一時，交結千載。嘗歎曰：我不恨不見古人，恨古人之不」知我。故知中散之友高士，信匪虚言；玄度之謚徵君，代有人矣。」豈意晨暉徙隙，夜壑遷舟，淪五福於時來，促百齡於化往。以永」徽二年二月九日遘疾，卒於履順里舍。春秋七十有五。董生仙」藥，獨遺於士公；韓君秘畫，空貽於鄧婦。嗚呼悲夫！即以其年□」月十三日窆於洛陽之北原。士庶畢臻，弔賻咸集，駿斯空穴，鶴」思曾雲。出郭門而指幽途，隔死生而分天地。蜀郡之亭，長淪琴」曲；山陽之路，虚悲笛聲。若夫鏤鼎鑄金，爰圖靈怪；紀銘刊石，式」精徽美。其詞曰：

玉水方溯，璇波圓折，爰有猗人，清由源」潔。履默冠辰，含貞綺歲，鸞霄載佇，龍淵重晰。其一。伊昔氾氏，亦有」韓生，跡因韜姓，道以全貞。據梧蘭澳，支策山庭，夙標高氣，方我」爲輕。其二。學類衢罇，響侔荊璧，有文斯綜，無言不摭。未厭月池，遽」傷風隙，駿驚白馬，銘鐫翠石。其三。清暉煙盡，芳猷雨謝，生蒭肅陳，」靈轜儼駕。烏鳴切曉，松聲急夜，白日無期，佳城此舍。其四。」

（周紹良藏拓本）

永徽〇二〇

【蓋】失。

【誌文】

隋豫州保城縣丞支君墓誌銘」

公諱彥，字法柱，酒泉人也。蓋周大夫仙之後。往以周德既衰，王室如燬，三川振蕩，」七國爭雄，邊朔多虞，華戎亂儛，避難北裔，因即家焉。十世祖陸，後趙任青州道大」行臺。祖訓，齊樂安王記室，彈棋南館，陪宴西園，近邁應劉，遠追牧馬，蟬聯爵賞，可」略而言。父義，少禀異靈，早知天命，每歎州郡之職，自是徒勞，遂匿跡丘園，隱麟桑」梓。常謂駟馬可懼，五鼎必憂，以之沉淪，不求聞達，唯以廉讓自守，不以勢利縈心。」公乃感箕卯之精，韜山河之氣，懷文抱質，蘊古知今。魏后照車之珠，無以方其光」價；秦王見膽之鏡，不足比其鑒明。雅好琴書，尤工射御，爲人物之領袖，作友朋之」指南。漁獵百家，優柔六藝。及彈冠出仕，即任豫州保城縣丞。佐政多方，毘贊有術，」恩不受報，清畏人知，威惠兼施，韋弦雜佩。暨炎精標季，乾綱落紐，豺狼塞路，梟鏡」成羣，僞鄭王充授公鎮南府車騎將軍，固辭不免，可謂漢朝既亂，不受王莽之官；」晉室雖微，莫榮劉曜之職。忠勇既發，節義俱存，實一代之偉人，諒千齡之軌躅。自」皇家應籙，撥亂返正，更懸日月，重綴參辰，揮雄旗而掃百蠻，奮干將而清六合，生」人濟仁壽之業，禮樂符自衛之功。公乃喜屬太平，志唯虛寂，縱情丘壑，得意林泉，」逍遥乎天地之間，放曠乎風雲之際。疑非是而還是，似有爲而無爲，聲色不足留，」榮位不能屈，棄無爲於無爲之外，得自然於自然之中。不忓預於俗談，豈求名於」天下。夫人下邽翟氏，漢丞相翟公之後也。少履貞順，幼嬪君子，蘭儀無歇，玉度長」存，蓬首荆釵，近慕梁鴻之婦；蒿簪蘃杖，遐追子仲之妻。卒保靡他之心，果成同穴」之契。及暑來寒往，物是人非，隨簫之鳳尚存，支機之石仍在，月落恒娥之影，星收」婺女之光。既而積善無徵，輔仁虛説，梁木斯壞，哲人其萎。遂使槿露後晞，蜉蝣晚」夕，閲川東注，落景西馳，固疾彌留，晻同風燭。春秋六十九，卒於私第。嗚呼！佳城鬱」鬱，想滕公而永辭，素馬亭亭，念范式之長往。悲感行路，哀動鄉閭，織婦停梭，春人」罷相。以永徽二年二月廿日葬於邙山之陽。洋洋之水，後俯孟津；巍巍之山，前臨」少室。望石崇之金谷，雲鳥尚飛；想嵇康之玉山，竹林猶在。温序思歸之地，即其是」也。但恐高山變海，深谷成陵，年代空移，徽猷靡記，故刊金石，永勒玄臺。其詞曰：」

里號高陽，門傳標德，出孝入悌，懷忠秉直，親戚是儀，友朋斯則。其一。堂堂領袖，佝佝」鄉黨，如陂萬頃，猶松千丈，識鑒内融，文詞外朗。其二。夫人翟氏，幼唯貞順，窈窕蘭儀，」雍容玉閏，新蓮入臉，濃雲上鬟。其三。三□□夕，百兩言歸，本期同穴，今亦無違，魂兮」此逝，何去何依？其四。俄離甲第，忽歸荒甸，永没南金，長埋東箭，悲棺兩鳥，投壙數燕。」其五。一朝風燭，萬古山丘，英圖未就，壯志先秋，長松已烈，宿草方留。其六。其人已亡，其」名不朽，悲感行路，哀纏交友，一鐫金石，天長地久。」

（録自《芒洛冢墓遺文五編》卷二）

永徽〇二一

【蓋】 失。

【誌文】

唐故隰州永和縣令韓君□夫人墓誌銘并序」

□諱才，字孝，昌黎人也。派浚源於姬水，襲昌胤於周宗，擊鍾鼎」於晉朝，控英雄於漢日，非一二□覼縷，且梗概而言。祖仁，齊任」洛州郡丞；父恭，隋任慈閏府鷹揚郎將；雖或文或武，並惟股惟」肱，德濟當時，聲流後代。君嗣兹餘慶，踵武唯新，儀望端華，風□」警晤。千仞落落，萬頃汪汪，懷琬琰之心，挺珪璋之器。波瀾莫惻，」牆宇難窺，隱不違親，貞無絶俗。閑居養素，自蕭散於山泉；樂道」忘憂，本偃蹇於軒冕。風前翰墨，惆悵述懷；月下弦歌，優遊娱□。」既而崦嵫日迫，逢尚齒之仁；蒲柳容衰，屬崇年之化。遂版授隰」州永和縣令。但風無静樹，辭擊壤於堯年；川有逝波，罷鼓□於」唐日。粤以永徽二年歲次辛亥正月乙未朔八日壬寅，卒於□」□里私第，春秋有八十。停機泣里，罷相悲鄰，夢想徵于辰巳，梁」木摧乎上春。嗚呼哀哉！」夫人侯氏，即深州樂壽縣丞侯伯和之第四女也。姿儀炳麗，氣」態幽閑，志厲秋霜，性和春露，聚濃雲於蟬鬢，黯新月於蛾眉，顧」步生光，動容成則。優遊盛禮，高□□年，爰命女師，來儀君子。□」和琴瑟，謂保松筠，□□不□，先天而謝。不封不樹，權殯邙山；今」以雙魂，同兹一穴。即以其年三月甲午朔廿一日乙卯合葬□」邙山之陽，禮也。卜兹遠日，同兆玄龜，陟彼□崗，看飛白鶴。然恐」□岸爲谷，原田變流，爰勒鐫題，庶同蘭菊。其詞曰：」

□□洪族，堂堂若人，摶風振翰，截海遊鱗。處雞猶鶴，在席稱珍，」□□朝露，空想清塵。□飛地勢，蓋偃松門，柏栖泣鳥，塋植啼筠。」□兹一穴，瘞此雙魂，杳然長夜，□哉幾春？」

（北京圖書館藏拓本）

永徽〇二二

【誌文】

慈潤寺故道雲法師灰身」塔　大唐永徽二年四月」八日敬造。」

（録自《鄴下冢墓遺文二卷》卷上）

永徽〇二三

【蓋】　失。

【誌文】

大唐故仇君夫人袁墓銘并序」

君諱道，字那，武都人也。若夫遥源浚緒，冠冕搢紳，被諸圖」諜，今可得而略也。祖蘭，父熾，並聲高州里，望重一時，養素」全真，禄仕而已。君自幼及長，守兹仁信，言無二諾，道周百」行，不希羡於富貴，又無悶於丘園，築室伊洛之濱，不染囂」塵之俗，卅餘年矣。方欲享兹遐壽，垂範後昆，神道幽冥，遽」從遷化。嗚呼！以貞觀五年七月廿五日，終於洛陽張方之」里，春秋七十有三。夫人汝南袁氏，閨門禮訓，遠近式瞻，教」養子孫，州壤推挹，以永徽元年十一月廿七日終于殖業」坊第，春秋八十有三。仍以二年歲次辛亥四月甲子朔十」日癸酉，祔于北邙之南源也。前臨清洛，却據脩邙，叶休璉」之高情，符公理之雅致。子孝成等，痛蓼莪之罔極，悲駒隟」之無停，高血已流，曾漿不屬，年踰知命，孺慕方兹。恐陵谷」貿遷，音徽消歇，鐫諸玄壤，永示將來。其銘曰：」緬邈長源，威遲遠胄，代傳簪紱，作邦之茂。餘慶克隆，誕兹」貞秀，輕彼禄仕，重兹堂構。其一。名光邑里，業盛丘園，志」符金石，聲馥蘭蓀。方貽世範，永諭後昆，白駒易往，太素遊」魂。其二。百行既具，四德克昌，婦道無替，閨訓彌彰。曰孫」曰子，稟誨義方，庶同蘭菊，終古傳芳。其三。藏舟改□，閱」水淪波，飈塵夕化，薤露朝歌。一隨運往，萬古如何？□辭白」日，託是山阿。其四。孝乎惟孝，泣血何追，幾將毁□，哀慕」方滋。青山何徙，碧海成坻，玄臺既閟，白日何時？其五。

（北京圖書館藏拓本　河南千唐誌齋藏石）

永徽〇二四

【蓋】失。

【誌文】

唐故郝君墓誌銘」

君諱榮，字通，并州太原人也。夫芳蘭入賞，茂九苑而」逾芳；美玉稱珍，冠十城以傳美。不以榮辱繼慮，豈以」名利經懷。遂秘采消聲，隱淪幽巷，追巢許之迹，尋莊」惠之風，陶陶焉可謂至人之達性也。

竊以取長生神」香，反魂無復，以貞觀廿」二年十二月六日，卒于洛陽」第，春秋七十有二。夫人南陽張氏。稟性純懿，體質貞」閑，婦德内融，母儀外朗。以永徽二年四月七日卒，春」秋六十有七。以其年歲次辛亥四月甲子朔廿一日」甲申，合葬于洛北邙之里，禮也。嗚呼哀哉！泉路無際，」脩短同□。□子瑀，哀結蓼俄，悲纏陟岵，塋塋在疚，泣」血何□。但天長地久，陵谷貿移，有道不傳，將泯遺烈，」故鐫翠石，勒之泉户。其詞曰：」

弈弈嘉苗，綿綿胤祉，世傳珪組，門多杞梓。乃祖乃父，」光列圖史，玉質含暉，冰清映裏。夫人華族，南陽上望，」晉室司空，漢朝丞相。該備四德，來斯百兩，寔曰好逑，」内□攸尚。冀齊終始，作範後昆，如何穹旻，殲此良人。」德星瞑慘，苦霧朝昏，悲霑宿草，哀結松筠。靈轜動軫，」服馬嘶鳴，挽凄薤曲，鐸切悲聲。賓館寂寞，空傳令名，」□刊玄石，永秘佳城。」

（北京圖書館藏拓本　開封博物館藏石）

永徽〇二五

【蓋】失。

【誌文】

大唐故李君墓誌之銘」

君諱敬，字如愿，隴西城紀人也。本系伯陽，指樹爲氏，廣則」將軍漢室，沖乃司空魏朝，餘慶遺芳，英華不絶。祖宸，隋幽」州司馬；父洛，龍州江油縣令；藩輔朔土，製錦南維，行高龐」統之風，德邁時苗之俗。而熊羆在夢，君乃降生，智如甘茂」之孫，惠若孔融之子。愛敬恭友，遊藝依仁，閭閈仰其清貞，」郡國標其秀異。面城溯洛，招隱卜居，不事王侯，高尚其道。」田蘇或共遊處，袁□時對清談，衣纓飡其雅量，搢紳浥其」風彩。喜怒不形於色，得喪不介於心。操等松筠，志同泉石。」恒謂累仁有驗，豈期積善無徵，遘疾彌留，奄從遷逝。以永」徽二年歲次辛亥五月癸酉朔十九日辛亥終於立行坊」私第，春秋五十有三。固以里息巷哥，春停相杵，即以其年」六月四日殯於雒陽縣清風鄉芒山之左。長子行欽等，陟」岵無見，攀號罔及，恐陵谷遷改，丘隴頹堙，夏屋□□；依□」而造，遂命雕鐫，用光泉道。其詞曰：」將軍之胄，司空之族，允武允文，世功世禄。棄捐黼黻，棲息」丘谷，懼彼盈滿，憂茲覆餗。其一。」卜宅王城，追閑洛汭，南畝蕉」蓑，東皐輸税。門蔭藤蘿，庭馥蘭蕙，放曠終身，優遊卒歲。其二。」日中則昃，月滿則微，火炎琬琰，霜落芳菲。客筵稍減，賓轍」全稀，言存事易，物是人非。其三。親姻悲泫，僕馭涕澪，風生遠」陌，日隱遥坰，悽悽隴首，鬱鬱佳城，千秋萬歲，無復逢迎。其四。」

（周紹良藏拓本　河南千唐誌齋藏石）

永徽〇二六

【蓋】單君墓誌

【誌文】單君墓銘」

君諱信，字叔孫，洛州河南人也。其先祖周之」苗裔，封單甫之地，因而命氏；族出博陵，隨宦」至此，遂乃居焉。故得世傳黼黻，弈葉衣纓。曾」祖徽，魏太尉公；祖蜡，齊東郡太守；父瑜，器度」弘深，羽儀當世。君幼而聰令，性苞六藝之機；」長識詩書，曉通三惑之俊。不謂志輕纓冕，高」蹈風雲，心悟寂滅之文，歸身伽藍之際。望得」息志歸田，共鄉閭而聽習，豈謂石火難留，奄」隨朝露，春秋六十有三，以永徽二年歲次辛」亥六月癸亥朔終於私第。即以其月廿二日」葬於北邙山陽，去州城七里有餘，金墉鄉之」地，禮也。況乎風光易隕，淑景難留，物氣推移，」歎兹存滅。川流東海，波無返激之期；夕景西」沉，影絶還暉之照。嗚呼哀哉！乃爲銘曰：」

赫矣盛族，出自有周，因地命氏，支庶分流。其一。」惟君嗣此，德譽無違，身住伽藍，永潤光暉。其二。」日落高峰，雲歸邃谷，君從長逝，奄隨風燭。其三。」

（武漢大學歷史系藏拓本　河南千唐誌齋藏石）

永徽〇二七

【蓋】張君墓誌

【誌文】

唐故處士張君墓誌銘并叙」

處士諱義，字依仁，南陽西鄂人也。丞相忠貞，聲隆漢室；司」空博識，譽重晉朝。代有人焉，可略而載。祖子葵，周海州別」駕；清規素範，標冠一時。父昂，隋廣州司功，學海文宗，羽儀」前代。君襟韻都雅，風神爽秀，貞而能諒，和而不雜。黄瓊對」日之年，聲名藉甚；陸績懷橘之歲，仁孝昭彰。故得洛下名」賢，裂裳追訪；山陽士友，結駟相尋。貞觀年中，州辟不就，人」或勸仕，正色莫從。歎曰：嗟乎鷰雀，安知鴻鶴之志哉！乃拂」衣高蹈，退耕南畝，酌醴焚枯，既盡田家之致；背邙面洛，方」極卜居之規。而落景易頹，逝川難輟，奄從朝露，俄歸夜臺，」以永徽二年五月廿四日卒於時邕之里第，春秋五十亡。」夫人車氏，灌津人也。容範端妍，風儀温潤，如賓之敬克著，」險詖之行蔑聞。以去貞觀十八年正月卅日卒，即以永徽」二年歲次辛亥八月壬戌朔廿三日甲申，合葬於北邙之」山，禮也。庶越水之魚，長緘析影之怨；吴江之劍，永絶分形」之悲。爰述徽猷，用誌泉户。銘曰：」

枝分西鄂，族茂東京，家傳武勇，門載儒英。别駕忠烈，譽浹」朝廷，司功博贍，響振專城。堂堂夫子，曄曄居貞，温恭是託，」中和所經。夷險靡改，寵辱不驚，信乎里閈，行著閨庭。芒芒」萬古，飄忽百齡，一辭華屋，永即泉扃。悠哉天地，已矣生平，」昔悲殊路，惆悵雲屏。今歡同穴，掩映佳城，風哀曉挽，霧結」□旌。荒芒隴樹，摇落郊坰，」鐫琬琰，千古流聲。」

（周紹良藏拓本　河南千唐誌齋藏石）

永徽〇二八

【誌文】僞。

大唐蜀王故西閤祭酒蕭公墓誌」

公諱勝，字玄寂，東海蘭陵人，梁中宗宣皇帝之孫，太」尉安平王周柱國巖之第十三子也。豐谷雕雲，騰三」傑於星漢；金陵王氣，軼五馬於天枝。爰自綺年，已膺」茅社，封爲宜陽侯。俄而青蓋云歸，咸陽起布衣之歎；」家聲不隕，高辛□□□□□隋授散騎郎，皇朝爲上」輕車都尉蜀王西閤祭酒。□□質虛玄，立操貞白，學」綜書府，文藹詞林。錙銖珪紱，脱落塵滓，□物我於臨」濠，照空有於虛室。龍宮之旨無以□□□；□□之□，」自足符其想。信圻岸之金碧，爲羽毛之麟鳳。然而過」烏忽驚，悲鼠藤之何促；隟駒俄謝，怨鶴林之已空。春」秋」七十有四，永徽二年八月十五日遘疾，薨於萬年」縣之崇義里；即以其年歲次辛亥八月壬戌朔廿三」日甲申窆於萬年縣寧安鄉鳳栖之原。嗚呼哀哉！山」可移兮日難繫，海成田兮川而逝，因寶宇於窮泉，振」芳聲於來裔。其詞曰：」

楚國琴響，秦時故侯，寂寥下位，栖遲一丘。情涵水月，」心汎虛舟，持蓮淤盡，援桂芳留。人事超忽，生涯浮脆，」溢露銷津，翻霜實蒂。夕陰先下，泉扃早閉，長夜不追，」悠然來際。「際」下四格有「刺史褚遂良書」六字，乃近人僞加。

（周紹良藏拓本）

永徽〇二九

【蓋】失。

【誌文】

大唐故驃騎將軍孫君墓誌并序」

君諱遷，河南洛陽人也。暨青蓋入洛，裔胤於是家焉。曾祖甑，」周熊州刺史；祖訓，齊襄州刺史，周特進開府；父建，周使持節」上儀同三司，隋大將軍、通議大夫、定州長史；並國楨邦彥，綜」武兼文，剖符貽來晚之歌，弭節動出車之詠。君稟質明懿，時」號神童，方子琰之對虧陽，若公紀之訓懷橘。暨乎專門志學，」覩奥升堂，九流萬卷，鈎深致遠，喜愠不形於色，榮利不介於」心，鄉曲景其謙沖，宗族資其孝敬。隋起家右勳侍，稍轉左武」候兵曹。遘隋曆代終，皇綱接統，背僞歸正，乃授驃騎將軍。君」志尚夷簡，情忘充詘，契符山木，道蔑犧牛，栖息衡泌，躭玩圖」史。夫人王氏，太原人也。瓊姿蘭馥，婉順貞專，梁門之敬未爽，」冀氏之賓無替。但以隟駒□駐，閲水不停，返魂之藥無徵，祝」壽之詞莫驗，粤以永徽二年龍集辛亥七月十九日，夫人寢」疾，終于思恭之里第焉。春秋六十八。君以沉痾大漸，遘疾彌」留，又以八月九日卒于其第，春秋六十四。嗟乎！明魄未滿，蓂」莢纔凋，出匣之劍先沉，舞鏡之鸞遽絶。即以其年九月辛卯」朔六日景申，合葬于邙山之陽。恐武□雷墳，佳城見日，貞石」斯紀，泉扃靡失。其銘曰：

歆歟孫氏，胤緒綿長，寔隆堂」構，牧宰循良，其德不爽，其名剋揚。英英夫子，貞而能諒，學綜」今古，榮遺將相。里仁鄰德，行高情曠，梁木云摧，哲人其喪。夫」人令淑，玉潤蘭芳，梁妻孟母，比德齊行。劍飛鸞斃，身殁君亡，」叫叫何贖，悠悠彼蒼。白鶴申弔，青烏卜辰，墳高未古，松下猶」新。秋聲助挽，驚吹悲人，慟乎斯訣，誰不霑巾？」

（北京圖書館藏拓本　開封博物館藏石）

永徽〇三〇

【蓋】失。

【誌文】

唐故弘農楊府君墓誌銘」

君諱藝，字德明，弘農華陰人也。若夫浩汗長源，太尉騰光於漢室；蟬聯」緒業，郎將標功於晉朝。復有子幼負才，翫韋編而養志；叔宗晦跡，蹈江」漢而遥舉。是知崇基固本，實備簡書，冠蓋相輝，傳諸圖諜。自斯厥後，代」有人焉；語德論功，可略言矣。曾祖真，齊相州鄴縣令；去耶歸正，豈門豹」之能加；堰漳決渠，何史起之云比。祖默，齊北荆鎮將中尉大夫。出總荆」徼，盛烈高於飛將；入藻中尉，而譽重執金。揮霜戈則羣鵲不起，控鳴弦」則啼猿自落。父寶，隋瀛州清苑縣令，留牘表其不貪，棄玉彰其得寶。雉」馴無懼，蝗飛畏威。君禀淳粹之姿，體中和之德，能實天性，而藝不模師。」家樹忠貞，門傳禮讓，隋岐州永建府長史。文逾前哲，學贍五車；武越時」雄，射該百中。風流閑雅，器宇端凝。屬黄屋縱矢，紫禁横戈，四海缺流，五」岳烽損，星奔日鬪，鬼哭止鳴。君遁跡青巖，寄居白社，卷舒任性，可謂知」機。曁皇運握符，茅旌靡建，氛沴澄盪，簫斧停揮，乃散誕私門，琴書」自樂。投轄命友，開筵宴賓，業尚州閭，行高鄉黨。積善無慶，遘疾淹時，春」秋七十，卒於清化里之私第。夫人張氏，視玉方輝，將冰比潔。承師傅之」訓，志在聽從；服紐浣之勞，心存絲枲。秦晉攸匹，琴瑟斯和，春秋卌有四，」奄歸穸夜。以大業十二年八月十九日殯於洛陽城北。是知合葬非古，」而周聖所遵；庶泉路無違，幽塗靡隔，兩棺共坎，二魄同窀。長子大隱，孝」敬自天，慎終成性，風枝忽及，噬指長違。粤以永徽二年歲次辛亥九月」辛卯朔十六日景午遷窆于北邙山，之禮也。對嵩高之鬱律，望林麓之」簫條，愁雲晦而洛川暗，悲風急而松槓彫，敬勒玄石，以播芳翹。其詞曰：」

弈弈華胄，綿綿世祀，德埒珪璋，材如杞梓，韋弦褫佩，緩急容止。灼灼良」尉，皎皎賢宰，英風尚傳，芳猷具在。譽美一同，氓謡五陪，辯類懸河，言同」霪海。淑慎貞順，軌儀内則，制合規衡，動中準墨。情專蘋藻，躬勞組織，閲」川不住，石光電謝。楚璧既焚，南金亦化，掩袖幽壤，埋魂長夜。佳城鬱鬱，」墳草萋萋，黄鳥虚思，白驥空嘶。松深霧結，壟暗雲低，人蹤蕪没，獸跡成」蹊。庶音徽而不墜，共天地而俱齊。」

（周紹良藏拓本）

永徽〇三一

【蓋】失。

【誌文】

唐故鄉君□□鞏縣大德鄉君和氏墓誌銘并序」

鄉君諱姬，字仙，上黨人也。其先出帝顓頊，即堯四岳和氏」之後。世掌天地，紀曆數以匡時；燮理陰陽，正人神而方物。」祖□□儀同三司；父道，大都督；並器方瑚璉，材堪華國。孤」□千仞，直上萬尋，蘭室芝房，寔誕令媛。鄉君分芳蕙菀，嗣」美瓊柯，符彩貞凝，資靈懿淑。既覯君子，和如瑟琴，貞順内」修，訓儀外備，年甫六十有五，奄鍾□罰。既喪配偶，累紀孀」居，□育孤遺，義方無爽。聖上孝理天下，垂煦耆」德，授河南縣金谷鄉君，表其居里。名高宗婦，望重鴻妻，又」改授鞏縣大德鄉君。寵賜優渥，實宜永錫偕老，模楷將來。」□□之説無徵，呪壽之□莫驗，以永徽二年歲次辛亥閏」九月辛酉朔四日甲子薨於私第，春秋九十。即以其月廿」四日甲申殯于洛陽北芒山平樂里，禮也。嗚呼哀哉！□□」荆山，珠沉□水，懼田成碧海，陵變深谿，令儀莫紀，音徽將」□，故鐫玄石，勒之泉户。其詞曰：」□寂嘉苗，緜緜胤祉，或掌夏曆，或端堯紀。歷代珪組，門□」杞梓。玉質瓊柯，冰清映裏。其一。猗歟族嗣，□□令儀。作配君」子，室家是宜。梁妻遠謝，冀婦所推，杼柚垂訓，織紝無虧。其二。無虧以貞，庶此脩齡，如何不弔，遽泯芳聲。羅帷寂寂，繐帳」聆聆。鳳臺虚設，鸞鏡無形。其三。無形寂寞，夜臺寥落，玉□含」章，金風吟薄。行嘶服馬，悲聲切鐸，翠石徒刊，終淪幽壑。其四。」

唐永徽二年歲次辛亥閏九月辛酉朔廿四日甲申」

（河南千唐誌齋藏石）

永徽〇三二

【蓋】　楊君墓誌

【誌文】

唐故玄武丞楊君墓誌銘并序」

君諱仁方，字懷則，弘農人也。昔疏源姬水，肇興其族；」分枝晉國，始成其姓。若迺山開高掌，河浮録錯，固以」地出精靈，人挺英俊。祖琛，周使持節和疊始三州刺」史平鄉公；父汪，隋右衛將軍刑部尚書國子祭酒。惟」君居貞履素，蹈禮依仁，既洽訓於過庭，遂窮微於覩」陾。初遊太學，經藝罕儔，曁乎從政，聲華日顯。大業中，」授翼城縣長，尋轉楚州司馬。所歷著稱，咸致能名。及」遭亂離，志在全免，慕戀膝下，徘徊僞朝，有一于兹，□」頹厥緒，惟金惟玉，不磷不淄，茂範清規，於是乎在。貞」觀中，復起爲和州司法。十九年，改任梓州玄武縣丞。」混鵬鷃之同歸，忘雞牛之舛用，形聲莫累，神氣恬然。」以貞觀廿三年五月五日遘疾，卒於官舍，春秋五十」有八。粤以大唐永徽二年閏九月廿五日窆於邙山」穀陽鄉金谷里。有恐陵移谷徙，海變山遷，刊此遺芳，」紀之泉户。其銘曰：」

層基邈邈，長瀾瀰瀰，四世五公，紆青拖紫。祖考連映，」才望逾侈，入侍光生，出牧風靡。」德高位末，滯此英才，忽辭朝景，長歸夜臺。露滋草泣，」風咽松哀，千秋萬古，愴矣哀哉！」

（北京圖書館藏拓本　河南千唐誌齋藏石）

永徽〇三三

【蓋】失。

【誌文】

君諱基，字政本，弘農華陰人也。昔西京鼎族，乘朱軒者十人；東漢」公門，啓黄扉者四葉。自兹厥後，象賢不墜。曾祖忻，魏鴻臚卿，汾隰」二州刺史，林慮郡公；氣岸雄舉，風神秀傑，列棘飛芳，伐枳興詠。祖」琛，周使持節和、疊、始三州刺史，平鄉公；任切求瘼，道叶惟良，軼廉」賈以馳聲，掩龔張而取儁。父汪，隋右衛大將軍、刑部尚書、國子祭」酒；川岳摛秀，文武兼資，懿範弘於禮闈，盛業傳於圓海。君承光赤」野，襲潤藍田。靈府澄明，類□天之披霧；令儀端秀，同朗月之映山。」趨庭有聞，幼知言立。覆巢成禍，蘊是流播；妖日陵金，幾於銷鑠。洿」泥陷玉，終靡緇磷，僞鄭既平，言歸與梓。起家補隴州行參軍，稍遷」汴州司户，又轉幽州范陽令。所在皆□能名。但市丘享雞，未逞涵」牛之勢；干將辭匣，方耀倚天之景。而冥冥天道，與善莫徵；翹翹錯」薪，先秋落秀。春秋五十，貞觀廿二年十月九日，卒於范陽縣官舍。」惟君容止韶華，風度閑雅，流謙從於結韈，慎獨廢於正冠。祗奉鑿」楹，曲臺之文不墜；追蹤閉户，闕里之意斯甄。敏學多能，造次遊藝，」飛柔翰於玉簡，逸勢狀於崩雲。調雅引於金徽，清音叶於流水。羽」儀肅肅，諒無謝於鵷鸞；鍾漏悠悠，翻不逮於龜鶴。白馬良執，徒赴」冥期；黄鳥哀篇，豈贖高價。粤以永徽二年歲次辛亥閏九月辛酉」朔廿五日乙酉，窆於洛州河南縣谷陽鄉金谷里北芒原，禮也。生」平已矣，天地悠哉，一隨朝露，幾宿寒荄。痛清暉之日遠，勒翠琰於」泉臺。乃爲銘曰：」河鷩竹箭，岳秀蓮花，山川肸蠁，人物英華。四知深慎，三惑無邪，塵」芳素里，聲擅名家。載誕伊人，實惟時俊，器局淹遠，宫牆嚴峻。剛而」能柔，確乎且順，援冰儔潔，顧玉齊潤。幼罹艱險，長涉清夷，彈冠從」宦，結綬隨時。六條是翼，百里不欺，樂只君子，邦家之基。人重珪璋，」壽危塵露，鵬圖方遠，牛亭已厝。望斷郭門，聲愁隴樹，式圖芳於緑」礎，庶終古而無蠹！」

（北京圖書館藏拓本　河南千唐誌齋藏石）

永徽〇三四

【蓋】失。

【誌文】

大唐故夫人唐氏墓誌銘并序」

夫人姓唐字阿深，濟源人也。崇基巘崛，峭峙聳於崐」峰；枝葉扶疏，鬱茂華於弱木。於是紆青拖紫，疊跡於」軒墀；鳴珮垂旒，摩肩於文石。門繁車駟，代列王侯，實」謂玉潤珠明，亦乃蘭芳桂馥者矣。祖湛，周征北將軍；」父達，隋上柱國、幽州鎮將；並揚旌背於柳塞，窮醜虜」於天崖。擁旄出於榆關，逐胡兵於地脈。夫人降婺女」之星精，稟歸妹之淑氣，容範閑華，姿望端儼，質凝春」露，行烈秋霜。母儀耀於閨闈，婦道光乎閭里。年十有」五，嬪於明氏，恭勤箕箒，不墜晨昏；工務紘綖，無怠寒」暑。加以四德婉備，六行式遵，敬事舅姑，賓和琴瑟。方」欲輕飛上月，騰耀金波，微步天津，瑤光散彩。訪仙妃」於洛浦，有愿莫從；追神女於陽臺，翻從風燭。粤以永」徽二年閏九月十七日卒於私第，春秋五十有五。即」以其年十月五日瘞於河南縣平樂鄉邙山之，原禮」也。遂使雲辭楚國，瑩域長封，月謝洛濱，佳城永掩。嗚」呼哀哉！乃爲銘曰：

峩峩峻崿，亭亭高榦，」岳瀆閒出，夫人降誕。女則闈闥，婦道閭閈，虔事蘋藻，」恪承櫛盥。其一。二儀長久，四序虧盈，人從故代，地起」新塋。芒芒丘隴，鬱鬱佳城，山雰寒色，樹烈秋聲。」

（周紹良藏拓本　河南千唐誌齋藏石）

永徽〇三五

【蓋】失。

【誌文】

唐故隋高陽令趙君夫人姚氏墓誌銘并序」

夫人諱潔，字信貞，河南洛陽人也。烈風不迷，唐帝禪萬機之位；猛」火未熱，吴君稱九轉之奇。瓜瓞蟬聯，枝分葉散，開家建國，代有人」焉。祖和，齊任清河郡守；剖符作牧，來晚成哥，褰帷莅人，去思動詠。」父政，隋任開封令；青鸞萃止，豈獨重泉之能；丹鳳來儀，誰論榆次」之美。夫人承芳蕙苑，藉潤藍田，夙勵風規，早標奇節。幽閑既聞於」四德，良媛用納於千金。年始初笄，言歸趙氏，一醮既畢，如賓之敬」無虧；三周已御，齊體之儀斯在。加以貌符洛浦，體狀巫山，婉嫕爲」心，貞淑在性。閨門挹其令範，娣姒酌其軌模。萊婦未儔，梁妻詎擬，」豈其天不與善，遂染沉痾，翌日未瘳，彌留漸篤，以永徽二年歲次」辛亥九月辛酉朔二日壬辰卒於洛陽瀍澗鄉重光里之私第也，」春秋七十有三。嗚呼哀哉！孝子大表，痛顧復之長違，悲蓼莪之永」訣，號天靡及，叩地無追，風樹難停，川流易往。詩云同穴之義，禮著」合葬之文，即以其年十月庚寅朔八日丁酉還窆於邙山先君之」故塋，禮也。延津之上，兩劍俱沉；葉縣之間，雙鳧齊去。笑語可想，如」在之敬空陳；疑慕傷懷，罔極之恩何報？但以陵谷遷變，天地久長，」石堅金固，菊茂蘭芳，憑兹雕篆，誌此玄房。庶千秋之萬歲，唯英聲」之不忘。其詞曰：」

濔矣長源，峻乎崇趾，聲流百代，德垂千祀。發跡姚墟，祚隆嬀水，公」侯繼襲，蘭菊無已。其一。鍾此餘慶，貞淑挺生，四德既備，百兩斯迎。澣」濯以節，蘋藻羞成，冀妻梁婦，比德齊名。其二。潘楊之穆，有行趙族，未」期偕老，先停夜哭。前後相悲，同婦山麓，始悽宿草，終哀拱木。其三。隙」馬易征，日車難駐，空思負成，無停風樹。撤彼祖奠，存兹疑慕，既悲」目似，終傷心瞿。其四。靈輀夙駕，素蓋晨張，南背清洛，北指崇邙。雲愁」絳旐，風悲白楊，金石無朽，地久天長。」

（周紹良藏拓本）

永徽〇三六

【蓋】失。

【誌文】

□□□□□□縣故□□□□

君諱賽，字杜叔，隴西狄道人也。暨周」史遐裔，虚寂自然，冠冕重輝，簪纓逮」□，乃祖乃父，代有清高，播美傳芳，遂」□□載，彈碁逸性，吟嘯風雲，懸榻開」襟，待士西館。君春秋廿，永徽二年十」月一日，卒于私第，□近傷懷，悲纒行」路，□深方寸，還同□□□□積善□」恒又甚荆山之□□□□□□八日□」□，窆於邙阜之□□□□□改，故勒」斯銘，以彰不朽。其詞曰：」濟濟之苗，汪汪之胤，英聲美迹，閒代」而振。公唯小子，謙和敬信，少哲夭靈，」可留可恡。幽明既隔，風燭爲分，魂兮」□□，泉途難問。」

（北京圖書館藏拓本　河南千唐誌齋藏石）

永徽〇三七

【蓋】失。

【誌文】

唐故楊氏馬夫人墓誌銘并序」

夫人諱壽，扶風人也。顓頊之苗冑，馬續之後，同韋」家之去邑，等鮑氏之寓居，譬彼海珠，所在爲寶。惟」祖及父，挂冠隱迹，吟嘯風雲，妙得康成之方，兼盡」務先之術，郁郁洋洋，故難覼縷也。夫人資靈以化，」賦善而生，儀彩閑華，風神凝婉，清暉映俗，素範邁」時，匪唯婦道可稱，抑亦母儀足重。既和事君子，夙」夜罔愆，推孝敬於二門，弘仁義於九族。以永徽二」年詔授河南縣仁風鄉君。加以歸依覺寶，託好玄」宗，用此多能，庶終遐算。豈謂當夏摧蘭，先秋彫桂，」天道茫昧，卑聽徒言。三壽方申，百齡先謝，以永徽」二年十二月四日卒於私第，春秋八十有四。凡在親知，」莫不灑泣。以其月廿五日安厝於北邙。恐陵谷或」易，侵嚙有期，盛烈餘徽，於此無述，篆石幽壤，貽諸」來代。其詞曰：

家傳素業，族有舊聞，桂生因地，性」自能芬。婦道無闕，母教兼懃，跡存俗裏，心階法雲。」身運何促，暫合還分，終化黃壤，空峻丹墳。」許允之妻，姜詩之儷，識邁前迹，行參往契。發言可」佩，動容得禮，方期偕老，終温且惠，當夏摧蘭，光秋彫桂。」

（周紹良藏拓本　河南千唐誌齋藏石）

永徽〇三八

【蓋】失。

【誌文】

唐故馬君墓誌銘」

君諱忠，字德信，京兆扶風人也。昔秦兼天下，漢命戎軒，人物間」興，英賢踵武。府君即漢伏波將軍援之後也。自此世傳軒冕，代」襲簪纓，冠蓋連衡，弈葉無絶，簡策稱傳，可略詳矣。祖琛，齊洺州」刺史；父義，隋綿州司户參軍；並器宇宏深，才兼利用，弼諧千里，」模楷百城，蜀郡仰瞻，朝廷推挹。君稟靈峻峙，質操貞凝，藝總約」深，專門志學。爰在鄉閭，有謙沖之量；及在朝伍，懷忠肅之資。榮」利不繫於心，喜恒不形於色。其於富貴，蓋晏如也。既而道存物」往，盈去虧來，時不我留，奄焉長往，以貞觀七年二月三日，卒於」洛陽道德里第。夫人南陽張氏，即晉司空華之後也。但河宗海」碣，寔産英靈；蘭室芝房，實誕令淑。瓊姿挺質，婉順貞專，梁門之」敬不虧，冀氏之賓無爽。布慈愛於訓育，無失義方；務蘋藻於中」饋，罔違婦道。誠宜永錫階老，長祚脩齡。而乃祝壽無徵，反魂莫」驗，以永徽二年歲次辛亥十一月朔廿二日辛巳卒于洛」陽道德里第，春秋八十二。即以其年十二月卅日，合葬于邙山」之陽，禮也。嗚呼哀哉！恐陵谷貿遷，桑田變改，有道不傳，遺芳將」泯，故冀丹青，勒之泉户。其銘曰：猗歟華族，赫矣緜長，寔」隆貞固，世載賢良。其德不爽，其名剋彰，蘭叢嗣馥，桂圃傳芳。其二。」英英夫子，貞而不諒，學擅古今，才堪將相。不志榮華，所懷高尚，」泣珠奄臨，哲人其喪。夫人令望，南陽擅美，平子嘉苗，茂先胤」祉。孟母莫儔，梁妻詎比，和如瑟琴，冀齊終始。其三。人世超忽，平生」浮促，一謝人間，百身何贖？永瘞隨珠，長淪荆玉，虚設羅帷，徒張」綺褥。桂城杳杳，夜臺緜緜，左顧邙阜，北眺長源。宿草風急，隴」樹含烟，白日一别，何啻三千。」

（北京圖書館藏拓本）

永徽〇三九

【蓋】　失。

【誌文】

唐故趙君墓誌銘」

君諱才，字文器，洛州洛陽縣人。其先帝顓頊之苗裔，趙文子」之後也。若夫肅侯名振當時，敬侯聲光來棻，趙遁高蹤九合，」趙括威重三軍，並望美前修，無待覼縷。祖延和，齊岱州刺史；」求瘼恤隱，政美六條；務簡年登，兼一借。父弘略，隋崇訓府司」兵；度量宏遠，識鑒清貞，機務克諧，戎政齊肅。君篤生華族，精」爽高以朗。以爲竄迹陵藪，非柱之休風，策名朝市，違孤竹之」明義。於是不隱不顯，恣心目以從容；或嘿或語，適性情而怛」蕩。每至青陽淑景，會文友於花園；白藏朗月，飛清觴於菊花。」柳垂拂地，絲縈長者之車；桐聳干雲，珪蔭寒泉之井。千尋卓」爾，望儀羽而彌高；萬頃悠然，挹波瀾而更遠。以大唐永徽二」年歲次辛亥十二月己丑朔十六日甲辰寢疾，卒於私第，春」秋六十有六。即以永徽三年歲次壬子正月己未朔九日丁」卯，葬於河南縣平樂鄉之陽，禮也。君風骨疏朗，性道清華，知」寵辱之同歸，寤死生之一致。至如孝友温恭之性，仁義禮信」之方，體自天然，匪由學得。積善餘慶，宜亨遐齡；謂天蓋高，胡」愆斯道。悲夫悲夫！恐年代浸遠，陵谷推移，勒兹玄石，誌其所」在。其銘曰：

洪源啓胤，權輿顓頊，自兹厥後，桂枝崐玉。冬景」既澄，夏日斯屬，國□邦基，光圖焕録。伊君祖考，弈桀挺生，」或鎮方岳，或統司兵。六條允洽，三令齊平，風流藉甚，莫之與」京。藉甚何若？載誕之子，榮辱兩齊，天地一指。唯德是依，唯」禮是履，非出非處，奚恤奚喜？弘仁上智，同歸夭壽，逖聽前規，」長生者少。烟引□軒，風吟松嶠，勒茲玄石，銘其宅兆。」

（録自《芒洛冢墓遺文五編》卷二）

永徽〇四〇

【蓋】失。

【誌文】

大唐張氏故成公夫人墓誌銘并序」

夫人姓成公，滑州圍城人也。昔崇基峻遠，系緒綿」長，軒冕遞襲以相趨，簪纓結軌而不絶。祖、父咸以」望標鄉閈，行著里閭，焕乎簡章，可略言矣。惟夫人」四德夙備，播美譽於當今；一志早聞，流芳聲於來」葉。加以居貞履順，克諧和穆之心；守義踐仁，能存」唱隨之禮。方冀布芳猷於萬古，敷令德於千齡，豈」謂積善徒言，輔仁虛説，忽以」大唐永徽二年十二月廿七日遘疾，終於里第，春」秋五十有四。遂使鄰停杵相，巷息行歌，悲夜燭以」先風，歎秋霜而早降。即以永徽三年歲次壬子正」月己未朔十八日景子，窆於洛州河南縣北卅里」邙山之陽也。丹旐與悲風競拂，素蓋將壟霧齊昏，」源隰助以荒凉，山川爲之悽慘。又恐桑田作海，深」谷爲陵，故勒遺芳，紀之泉户。其詞曰：」

落景西傾，逝川東注，隟日易馳，電光難駐。人生若」浮，命危朝露，寒暑流迴，遁還烏菟。」長短之期，或今或昨，夭壽斯定，如揆如度。花葉纔」榮，枯摧頃落，泉路難依，餘魂兮託！」

（北京圖書館藏拓本）

永徽〇四一

【蓋】　牛夫人銘

【誌文】

唐故隋朝散大夫牛君夫人申氏墓誌」

夫人諱好，字姜，懷州修武人也。祖景，父儉，並」志性淳深，器宇高嶷。雜風塵而晦迹，輕軒冕」於生前；凝恬澹而頤神，樹芳猷於身後。夫人」婉性淑慎，雅節貞明，總言德於弱齡，持竹栢」於暮歲。其中饋醴酏之則，婦誡女圖之規，故」以取式閨房，儀形娣姒。豈徒晨聽雞響，夜識」輪聲而已哉！以永徽三年歲次壬子正月己」巳朔十二日，卒於福善里第，春秋六十四。即」以其年二月十日殯於洛陽縣平樂鄉邙山」之側，禮也。庶傳千古，敬勒九泉。其銘曰：」

猗歟令美，實播清聲，柔心淑慎，雅操端貞。端」貞何在，動歸女則，工綵工素，有容有德。宜亨」遐紀，形景忽銷，風樹難靜，嚴霜遽凋。筮有吉」祥，卜無愆素，秦車停進，滕駿驕顧。丹旐風飛，」遺孤雨泣，行行永訣，悲悲何及。風吟中野，霧」闇荒埏，户扃燈滅，久地長天。」

（周紹良藏拓本　河南千唐誌齋藏石）

永徽〇四二

【蓋】失。

【誌文】

大唐故楊君墓誌」

君諱佰隴，弘農人也。唐上騎都尉。漢朝光宅，早□□」馬之封；晉國肇開，已登彝器之賜。乃祖乃父，且武且文，」或播九功，時旌七德。燮諧帝道，則媲彼鹽梅；調御家邦，」則同斯霖雨。昌華奕葉，軒冕蟬聯，懿德瑩於當時，鴻名」媥於一代。奉君之道，則進思盡忠；事父之經，則退思補」孝。汪汪乎與冬日齊衡，洋洋乎與春雲競爽。故能外毗」鄉黨，内睦閨門，入則含香握蘭，出則剖銅分竹。可謂如」珪如玉，令問令望者也。君之先業，可略言矣。惟君周旋」祖範，僶俛前蹤，使温仁被躬，而清明天性。雄圖挺發，有」鄒紞之才；英傑穎標，著仲由之列。醜藺生之一弊，美班」子之再通。遂投筆忘親，援戈徇國，所征無敵，志勇爭先，」俘馘有歸，勳庸居最。君之禄籍上騎都尉，豈直上頤宗」祧，故亦下榮苗胄。此乃雲過松竹，其鬱難名；風拂椒蘭，」其馨更遠。君年逾耳順，歲迫桑榆，杜氣不停，盤桓鄉邑，」宜其眉壽，以保期頤。不任蒼昊無徵，亟嬰痾疢，呻吟未」幾，疾篤彌留，遂以永徽三年歲在壬子二月戊子朔六」日癸巳卒於私第，春秋六十有五。即以其年二月廿二」日己酉塴於北邙之里，禮也。背河面洛，左聳右瀍，恐年」代推移，深谷爲岸，故勒斯記，庶茲不朽。嗚呼哀哉！圖銘」翠石。」

（周紹良藏拓本　河南千唐誌齋藏石）

永徽〇四三

【蓋】失。

【誌文】

大唐遊擊將軍吳君墓誌并序」

君諱孝，字政，其先渤海人也。暨青蓋入裔流於□家」家焉。祖柱，齊任陽平郡守；父弘，隋任相州録事參軍。」君隋任遊擊將軍，並國貞邦彥，綜武兼文，或播□功，」時旌七德。漢朝光澤，早希弓馬之封；晉國肇開，□登」彝器之賜。並世傳軒冕，代襲簪纓，冠蓋連衡，弈葉無」絶，簡策稱傳，可略詳矣。既而道存物往，盈去虧來，」時不我留，奄然長往。君春秋七十有一，忽以永徽三」年二月六日終於河南洛陽嘉善里。夫人賈氏，洛陽人」也。志懷琬順，立性貞專，梁門之敬不虧，冀氏之□無」爽。心慈於育，無失義方，婦道罔違，六禮咸備。望同偕」老，到已先祚，祝壽無徵，反魂莫驗。夫人春秋卌有三，」以貞觀十六年十二月廿四終於嘉善里。自此已來，」權殯於清風鄉界。今以永徽三年歲次壬子三月戊」午朔三日庚申合葬於清風鄉北邙之陽，禮也。恐陵」谷遷移，田城變海，嗚呼哀哉！乃爲銘曰：懿哉君」子，抱質懷文，緒因流派，代逐支分。澄澄秋月，滄滄墓」雲，百齡何幾，俄成一墳。其一。夫人超忽，平生浮促，一」謝人間，百身何贖。永匿隨珠，長淪荆玉，虚設羅帷，徒」張綺褥。其二。佳城杳杳，夜塋緜緜，左顧邙阜，北眺長」源。宿草風急，隴樹含煙，白日一別，何啻三千。」

（周紹良藏拓本　河南千唐誌齋藏石）

永徽〇四四

【蓋】失。

【誌文】

大唐故陳君夫人楊氏墓誌銘」

夫人姓楊氏，弘農華陰人也。源流遐廣，積巨浪以接」天；華宗浚極，聳枝條而拂日。太尉表邦楨之訟，尚書」奮落紙之功，映後光前，簪纓代襲，詳諸簡牘，可略言」焉。祖辨，齊兖州刺史；清忠邁於李珣，莅政光於叔度，」愛逾冬日，威若秋霜。父威，幽州安次縣丞；恢弘至道，」仰之彌高，茂實英聲，輝映朝府。夫人夙恭四德，素禀」幽閑，望月方娥，看星比婺。爰以初笄，適於陳氏。蘋藻」取則，織紝俱功，擅以母儀，獨懃箕箒。而朝光易掩，夜」燭俄飄，霜結桂林，花枝頓折。以永徽三年三月四日」遘疾，終於私第，春秋七十有三。即以其月十六日瘞」於洛陽縣清風鄉邙山之陽。嗚呼！佳城既謝，永夜長」歸，雖天道之自然，何生年之迅速！孝子伏念，悲温清」而永闕，痛倚廬之有虧，恐舟壑而潛移，慮徽猷之靡」託。故鐫兹翠石，用固芳塵。其詞曰：」

攸哉盛系，浚矣高原，洪波壯浪，枝條拂雲。堂堂縣宰，」峨峨史君，赫弈祖考，譽美蘭蓀。鬱兹茂序，唯其夫人，」閑華四德，逍遥典墳。貞淑殊妙，絶世芳芬，彼蒼不憖，」碎此奇珍。奄辭朝鏡，言歸夜泉，塵封綺帳，草肅荒田。」風悲墓栢，月慘松煙，金顔□爍，□德長聞。」

（北京圖書館藏拓本）

永徽〇四五

【蓋】失。

【誌文】

大唐故李處士墓誌銘并序」

處士諱清，字克明，隴西狄道人也。柱史去周，呈真氣於關」令；將軍出塞，騁雄略於宛城。祖斌，周吏部郎，提衡品物，藻」鏡攸歸。考貴，隋長平郡正，毗贊藩條，諒直斯在。君少標岐」嶷，長抱淳和，閱禮敦詩，既極趨庭之訓；冬温夏清，無虧孝」敬之方。及乎富有春秋，每愿深棲巖谷。屬隋唐革易，」養拙丘園，眷瓢單以自貽，翫琴書而取樂。義寧之際，州辟」功曹，累啓固辭，然後獲免。雖仲統之卜居清洛，原憲之遺」榮陋巷，居今望古，彼此一時。既而福謙莫驗，遽軫西崦之」悲；閱水靡停，忽愴中楹之恨。以永徽三年正月十五日卒」於景行之里第，春秋六十有八。賓階闃寂，但見緑錢；故老」潺湲；空傷白首。即以其年歲次壬子六月戊子朔三日辛」卯遷窆於邙山之陽，禮也。嗣子孝□，夙承庭誥，早奉義方，」攀風樹而靡追，愴寒泉而不及。恐音徽蕪没，陵谷推遷，爰」勒貞芳，寄之幽璲。銘曰：」

地帶隴山，川臨渭水，磊落風俗，英威杞梓。乃祖仁明，飛聲」帝里，惟考忠諒，標名國史。誕兹令哲，絶俗居貞，道肥戰勝，」言得意傾，連衡公里，高視子平。人生如寄，川流易閱，未享」百年，已傷千月。夜臺幽暗，松風哀咽，騰華琬琰，流芳靡絶。」

（武漢大學歷史系藏拓本　河南千唐誌齋藏石）

永徽〇四六

【蓋】失。

【誌文】

大唐嚴君故夫人鄭氏墓誌銘并序」

夫人諱金，字寶瓊，滎陽人也。受命作周，固靈根於四友；」俾侯于鄭，開茅土於十城。祖璡，隋幽州土垠縣令；父達，」隋相州臨漳縣主簿。夫人禀訓閨闈，端姿令淑，尊敬師」傅，貞吉含章。年在初笄，言歸嚴氏。中饋醴酏之則，夙夜」惟寅；織紝組紃之工，朝夕是務。豈惟停機訓子，沃盥事」夫而已哉！尺波易往，逝水箭馳，寸景難留，傾羲風疾。以」大唐永徽三年歲次壬子三月戊午朔十八日乙亥，終」于洛州清化里第，春秋七十有二。悲夫！哀子荆州公安」縣主簿遵德，次子韓王府典籤遵智，並沐閨慈，俱蒙内」訓，顧復之恩未荅，風樹之思俄纏。仰圜靈以摧心，扣方」祇而歆泣，問三從以啓繇，卜九原而開塋。即以其年四」月戊子朔七日甲午，葬於邙山之阜，禮也。恐陵谷貿遷，」音徽寂寥，爰命友人，敢爲銘曰：」

昔在桓公，親賢兩競，帝曰爾住，言封于鄭。土有十城，人」窮九命，天子建德，因生賜姓。其一。夫人婉嫕，端採日新，内」修令德，外佐良人。醴酏是務，纂組惟勤，鴛飛織室，蠶俗」桑津。其二。粵在古賢，有生斯瘁，猗歟母氏，探微□質。形器」招累，無爲是逸，視化如歸，臨凶若吉。其三。朝發堂上，夕止」丘阿，泉臺杳杳，脩壟峨峨。悲風刮地，泣露啼柯，圖芳貞」石，永固山河。其四。」

（北京圖書館藏拓本）

永徽〇四七

【蓋】失。

【誌文】

唐故歸州興山縣丞皇甫君墓誌銘并序」

君諱德相，字干禄，安定朝那人也。曾祖賓，周冀州長史；」祖珍，隋揚州江都縣令；考道，隋晉州司户參軍事；並聲」華千里，績著一同，前代仰其羽儀，後葉紛其問望。君少」而明敏，早挺珪璋。閲禮敦詩，既奉過庭之訓；昏定晨省，」無虧温清之方。加以器局端貞，風儀詳審，名芳十步，聲」振九臯，起家檀州行參軍。趨事府庭，勤王是務；參陪按」部，竭力攸歸。尋轉歸州興山縣丞。舉察多奇，官曹不擁，」王喬有乘鳬之暇，馬期無帶星之勞。永徽元年，罷歸盧」里，每以琴書取樂，用啓榮期之歡；文酒自貽，方給嵇康」之志。悲夫！燕露遽晞，崦嵫幾晚，俄辭曉日，奄就夜臺。以」大唐永徽三年五月六日寢疾，卒於景行之里第，春秋」七十有四。即以其年歲在壬子六月丁亥朔四日庚寅」遷窆於北邙之山平樂鄉，禮也。悲深行路，痛切閨闈，嗚」呼哀哉！乃爲銘曰：」

地臨秦隴，川接秦經，門標儒素，代襲簪纓。惟祖惟考，政」簡刑清，猗歟令哲，克嗣家聲。如松之茂，似蘭斯馨，爰從」筮仕，委質策名。芳流下邑，譽浹上京，言遵謙退，將習幽」貞。寬愁琴酒，養素門庭，逝川易閲，頽曦遽傾。忽捐華宇，」永即佳城，孀妻掩袂，故老傷情。白楊蕭瑟，黄馬悲鳴，一」鐫翠琰，永播金聲。」

（周紹良藏拓本）

永徽〇四八

【蓋】失。

【誌文】

大唐故貝州臨清縣令王君墓誌銘并序」

君諱宏，字元景，琅耶臨沂人也。若夫開源屬緒，業光緜載；人」物衣冠，事標累牒。曾祖沖，開府儀同三司、尚書左僕射、東安」亭侯，司空元簡公；藝兼游夏，勳德滋懋。祖瑱，秘書監侍中；道」冠搢紳，聲實齊舉。父敞，中庶子駙馬都尉；出處隨時，將迎靡」忒，迹羈軒冕，情契雲霄。君幼挺岐嶷，夙聞詩禮，孝敬因心，風」儀稟質。落落然不見其涯際，汪汪然莫測其深淺。釋褐隋謁」者臺散從郎，從班例也。尋除河內濟源丞。贊務名邑，是稱有」裕，逮皇業伊始，早預戎略，以軍功拜大將軍，仍參懷州司」功軍事。混跡羣寀，和而不雜。累遷梓州永泰、濮州濮陽、黄州」麻城、秦州隴城、淄州淄川、貝州臨清六縣，莫不寬以猛濟，政」以禮成，移風變俗，去思來詠，寧止四履歸仁，實亦百城取則。」不幸遘疾，以永徽三年七月十四日卒於臨清官舍，春秋六」十有六。士女哀號，吏胥泣，親朋以之興悼，行路於焉共軫。」君悟窮通，識運遇，體上智，安下寮，蕭然不改其樂，外物不干」其志，而神姿爽麗，雪映冰清，風態温朗，珠暉玉潤。將懼盛德」芬猷，空淪積壤；清規素範，不昭來葉。是用篆斯翠石，寘諸泉」户，永播芳聲，流之萬古。其詞曰：」

緜兹盛緒，道彼靈源，衣冠世襲，杞梓攸繁。迺祖迺考，令問令」望，器實鼎鼐，材兼將相。伊哲嗣美，寔曰人英，齠年表譽，冠齒」飛聲。學贍文史，道苞儒墨，知微知章，臨事不忒。別邦製錦，康」俗移化，響溢絃歌，陰成桑柘。昔聞與善，奚此無徵，斯人斯逝，」悲乎可勝！寒雲泱漭，驚風騷屑，壟月宵懸，松煙晝結。道悠世」促，天長地久，刊勒徽音，寄之不朽。」

（周紹良藏拓本　河南千唐誌齋藏石）

永徽〇四九

【蓋】失。

【誌文】

唐故上儀同秦君墓誌」

君諱進儀，隴西天水人也。阪泉發兆，導清源於上流；嬀汭」陞聞，固靈根於末葉。祖彧，周左武衛將軍；六韜兵術，性合」神翁；三令戎章，名高細柳。父景，隋右親衛；風情倜儻，志氣」從橫，勇爵登朝，材官入仕。君蘊符深密，發彩清華，幼志夙」成，長而無改。皇初授上儀同，資舊業也。君識達高遠，器度」弘深，以爲殉安者危，任真則危廢；求榮者辱，推理則辱亡。」故能渾安危以同歸，齊榮辱而一量。於是拂衣長揖，謝朝」列而不還；結宇依人，雜風塵而長往。浩浩焉，汪汪焉，不可」測已。以永徽三年歲次壬子七月景辰朔廿五日庚辰寢」疾，卒於私第，春秋六十。物既榮而必瘁，理有始而剋終，伊」昔哲之且然，況吾人之能禦？悲夫！孤子元迥，摧心扣地，泣」血號天，敬問東龜，安神北阜。即以其年八月景戌十五日」庚子葬於北邙之山，禮也。浮天靈海，桑鬱鬱而上抽；括地」大江，碑沉沉而下沒。鑒陵谷之遷貿，懼塋隧之推移，紀令」德於九原，庶傳芳於千古。乃爲銘曰：」
顯允君子，德業俱隆，觀龜託喻，味道求中。錙銖軒冕，脱略」王公，被褐懷玉，善始令終。」吉日晨興，
凶儀夙引，丹旐啓路，素車移軫。紛思萬端，迸淚」交殞，噭噭哀極，行行塗盡。」塗盡伊何？言至中野，
朝發堂上，暮宿泉下。瑟瑟寒風，蕭蕭」悲馬，玄石斯勒，芳猷是寫。」

（周紹良藏拓本）

永徽〇五〇

【蓋】失。

【誌文】

唐故宣節尉張君墓誌銘并序」
君諱萬善，南陽白水人也。原夫功宣弧矢，道敷命氏之班；契」升兵符，寵冠通侯之籍。文紀始出，名高八俊；壯武將謝，應動」三台。元勳與江海同深，盛德與陰陽並運。自茲已降，蘭芬桂」馥，忠貞接武，冠蓋連華，史牒載詳，可略言矣。君擢秀桂林，承」靈廣漢，照清明於機穎，藏□藪於胸懷。仁孝之方，率由天性；」温貞之質，無待師資。自炎政不綱，鯨鯢薦食，醒醉爭逐，堯桀」未分。耿弇先知，志攀光武；薛方詭對，取免新都。乃拔迹□庭，」驤首真氣，琴瑟可聽，山河是存。君志秉謙虛，確乎不拔，□遂」身退，終以歸來，仍授騎都尉。□公埋照，取樂步兵，莊氏□遥，」安卑園吏。達人之迹，千載同芳。屬國慶屢覃，轉宣節尉，□□」行歌帝力，抗志浮雲，知足爲榮，歸□成賦。方欲享茲遐算，貽」厥孫

謀，而風樹不停，藏舟忽運，永徽三年七月十八日終□」里舍，春秋五十五。子玉山櫛纚盡勤，基構崇業，趨庭未幾，陟」岵空摧，粤以其年歲次壬子八月丙戌朔十七日壬寅葬於」洛陽千金鄉之原。將恐陵谷貿遷，徽音蕪没，勒銘幽石，永誌」泉塗。其詞曰：」

肇胤農皇，開功弧矢，靈源幽濬，崇基壯跱。圮上神交，華陰霧」起，代鍾餘慶，人多君子。其一。猗歟祖禰，義富道沖，□高州壤，文」冠時宗。降靈不墜，惟君纂戎，家昌素業，□洞黄中。其二。神母告」豐，祥星照魏，戢翼妖孽，搏風真氣。功遂不留，名成是貴，玄關」以闢，翰□增蔚。其三。桑榆促景，薤露悲吟，黄金不化，白馬空臨。」□秋□冷，□暮煙深，一臨冥□，永閟徽音。其四。」

（周紹良藏拓本　河南千唐誌齋藏石）

永徽〇五一

【蓋】　失。

【誌文】

大唐劉府君墓誌銘」

君諱意，字悟靈，彭城沛人也。則厥初夢日之宗，惟舉」楚老之緒，所從來尚矣，史策詳而備焉。祖鄉國羽儀，」號爲領袖；父人物水鏡，謂之模楷。君籍蔭□冕，資閱」膏腴，挺自然之一時，澄清波之萬頃。洋洋也莫測其」風，汪汪焉難名其德。莫不應期佐命，立效當時。何期」性美難全，奄從風燭，春秋二十有九，隋大業十三年」九月，終於私第。夫人扶風馬氏。素受氤氲之粹氣，慈」慧自然，家承蟬聯之盛宗，蔚爲女則。是以□□大易，」曉家人於巽離，覿覿連山，悟歸妹於震兑。豈期煙雲」慘慘，風月芒芒，忽待仙娥，奄奔桂月，春秋六十有□，」永徽三年二月，卒於閨宇。粤以其年歲次壬子八月」景戌朔廿四日己酉，合葬州南涼城鄉，禮也。嗚呼哀」哉！乃爲銘曰：

彭城杞梓，沛國琳瑯，弈葉冠帶，」□藻傳芳。家承羔雁，代襲珪璋，武則肅烈，文則時昌。」高門有待，鍾美哲人，雅亮温粹，器宇貞淳。擾之不洩，」□之不磷，稷下爲寶，席上稱珍。鴻漸登庸，雁行復道，」□□□纓，揚命振藻。慶幸斯頤，永賜難老，何期□盡，」□□霜草。靈轜即遷，飛旐啓路，素蓋映雲，朱□□□。」□□□□□，親朋感慕，壃壂日烏，蒼□月菟。」

（北京圖書館藏拓本）

永徽〇五二

【蓋】失。

【誌文】

唐故蓋夫人墓誌并序」

夫人姓蓋，河南洛陽人也。氏胄之興，焕乎方策，瓊根」玉葉，何代無人？祖昂，北齊同州長史；父倫，隋齊州録」事參軍；並翼亮千里，毘贊六條，飛白雪以凝神，挺青」松而立幹。夫人稟靈高胤，竦傑華宗，仁因心成，孝惟」天性。標貞順於弄歲，綜藝業於髫年。及納綵幽閨，作」嬪竺氏，峻節與秋霜並貫，明允將春日同暉。何圖玉」岫摧光，桂條落蕊，以永徽三年八月廿一日終於思」恭里第，春秋五十。夫人方曜母儀，是弘女則，婉孌能」養，綢繆善誘。冀遺行於邦族，敦家門之孝友。豈謂與」福無徵，遽殲明淑，嗚呼哀哉！以其年九月七日權葬」於邙山之陽，禮也。景昃不停，龜筮因襲，蘭餚已薦，玄」堂斯立，素蓋儼兮愁雲興，靈轜低兮清風肅，紀遺芳」於旐旐，俯玄石以刊德。其詞曰：」

峩峩鴻緒，矯矯高胤，澄瀾萬頃，疏峰千仞。秀逸霞端，」才侔玉潤，祥下貞淑，慶流英俊。英俊容止，唯蘭與蕙，」貞順自天，聞之早歲。言德冥理，夙標聰叡，何悮勁風，」欻摧丹桂。丹桂既摧，蘭芳斯歇，床塵夕起，鏡菱朝滅。」舞帳停秋，歌筵罷月，泉門已闇，松櫝虛列。」

（周紹良藏拓本　河南千唐誌齋藏石）

永徽〇五三

【蓋】失。

【誌文】

大唐永徽三年王君墓誌」

君諱則，字抃杖，太原人耶。仰承帝嚳之華胄，稟后稷」之神苗，四海推其盛族，百代貴其風猷。自茲已降，公」侯繼踵，巖巖一構，與嵩華齊基；浩浩靈源，共江河俱」派。祖譙，周太史令；父伯仁，齊德州刺史；並上盡嘉謀，」下臨庶政。齊之以禮，豈假蒲鞭之威；示之以信，無違」竹馬之契。加以學優楊董，詞括潘張。君隋任青州博」昌縣令；宣風百里，製錦一同，化美移蝗，清歌渡獸。武」德九年七月，遘疾累旬，奄從私第，春秋七十有二。士」庶聞以停飡，閨婦知而罷紝。即以其年七月六日窆」於北邙。今永徽三年十月一日與妻張氏會葬洛州」邙山之上。夫人南陽白水人也。夫人容範成軌，天性」自然，婉順凝華，無勞師訓。是以聲譽閨中，共齊姜而」合響；風儀當代，與班馬而連芳。雖復一劍先沉，恨傷」銷□；雙龍此會，悲深夜臺。懼陵谷將遷，年代逾邁，刊」斯堅□，乃銘云爾：」滔滔鴻緒，鬱鬱重光，材宏杞梓，器蘊琳琅。挺資英秀，」雅贍□房，崐峰朗潤，叢桂含芳。其一。朝烏易没，夜菟難」留，愴焉螻蟻，□矣□丘，魂魄無返，靈土何遊？其二。蕭蕭」蒿里，寂寂荒沉，雲愁隴暗，風切松吟，傳芳永固，績美」餘音。其三。」

（周紹良藏拓本）

永徽〇五四

【蓋】失。

【誌文】

大唐故鄭君墓誌」

君諱滿，字滿才，鄭州滎陽人也。祖義璣，魏中書侍郎、太常」□國子祭酒；父元守，相州鄴縣令、烏江縣開國公；時爲周」齊鼎沸，各據方隅，戎車屢驚，事資方略。公乃綏禦獨斷，安」靜一方，户號來蘇，共歌五袴之詠。但以金陵罷務，執爵來」朝，文軌既同，因居洛邑。君承兹餘慶，含章挺生，總六藝之」精微，罄三端之神妙。遇隋版蕩，晦迹丘園。以君清胄盛名，」乃被特召爲蔣國公參軍事。雖居此任，不以榮辱改心，意」以琴酒怡神，歡筵暢性。豈謂逝川電注，人世難常，遂使良」木遽摧，椒蘭偃仆。粤以永徽三年八月十二日卒於私第，」春秋六十有八。亡妻石氏，洛陽包之玄孫，崇之苗裔。夫人」秀出天然，幽閑自得，六□惟妙，四德自律。年甫初笄，作嬪」鄭氏。希同皓首，不謂蘭蓀先彫。乃以貞觀三年三月六日，」卒於清化里，權窆平樂鄉邙山之岫。以今永徽三年歲在」壬子十月乙酉朔合葬於舊塋，禮也。恐脱編蠹簡，有漏於」格言，長男大寶，遂刊石泉門，冀無虧於令德。其詞曰：」

蟬聯華族，崛萼高門，鍾鼎遞襲，簪履相聞。唯君遁世，養素」含真，遠辭物外，超步囂塵。」滔滔逝水，沉沉落日，壟昏雲翳，松悲風疾。鬱鬱佳城，冥冥」玄室，一封泉路，千秋永畢。」

（北京圖書館藏拓本）

永徽〇五五

【蓋】失。

【誌文】

大唐故金紫光禄大夫右屯衛司騎趙君墓誌銘并序」

君諱安，字善相，其先南陽同州人也。導若水而開源，翼姬周而肇姓，」家聲詳乎史諜，令譽無窮；茂業冠於人倫，清風不墜。曾祖貴，魏驃騎」將軍；祖師，周秦州天水縣令、慶州司馬；父伯，隋左監門校尉、勳衛大」督；並杞梓宏材，鬱標美德，搢紳高位，迴播洪名。君禀風雲之上靈，蘊」金石之貞質，夙彰雄毅之性，幼懷韜略之方。騁舌電於辭端，則春叢」斂萼；警心機於劍術，乃邃谷騰猿。大業七年，辟蔡王府參軍，俄除善」政府校尉。于時浿水未賓，九山作梗，王師薄伐，君乃參之，每先啓行，」威稜莫二。既而隋綱弛紊，皇室惟新，君早預戎麾，得申攀附。大」業十三年，蒙授通義大夫，仍判清河公軍事。後乃翼義旗，克清秦雍，」論功數效，大典攸申，乃錫勳金紫光禄大夫，仍授右屯衛司騎。俄屬」薛舉僭逆隴陰，指期戡定，君以武略，得預推戈，奮不顧身，懷死綏之」志；威無與抗，敦誓命之誠。遂□志畢於行陣，命窮於矢石，春秋卅有」七，終于戰所。惟君志氣貞剛，謀略標舉，服膺仁義，暉映士林，砥勵名」行，標牓雅俗。捐軀徇節，嗟玉質之長堙；露往霜來，歎遊魂之靡託。粤」以永徽三年歲次壬子十月十三日，乃招魂與夫人王氏同葬于河」南縣平樂鄉之里。隋平夷鎮將王貴第二女也。承夫弘捧案之禮，戒」子導斷織之情，已切晝哭之悲，還申同穴之好。子壽等，瞻風樹而雨」泗，顧寒泉而悼心，振飛旌於厚穸，警疏籟於秋林，慘奔曦之落照，懸」明月之清陰，獨斯兮蘭菊，長昭兮德音。其銘曰：」

惟斯弈葉，遠振家聲，備諸文史，非假言名。象賢是繼，道冠人英，夙苞」雄武，早契堅貞。偶兹昌運，蘊斯謀略，抗敵摧鋒，疇庸疏爵。解紛」徇險，捐軀重諾，未騁脩途，奄焉摧落。遊魂岱岳，堙質岐汧，式招營魄，」列此荒埏。蒼茫丘隴，蕭索風煙，藏舟易□，貞石無遷。」

（周紹良藏拓本　開封博物館藏石）

永徽〇五六

【蓋】大唐故顏府君墓誌銘

【誌文】

唐故顏君墓誌銘并序」

君諱瓌，字弘憲，魯國琅耶人也。祖太和，齊太僕□丞」武陽侯；父伽，齊幽州涿縣令；翻飛文苑，價重馬卿；恤」隱屬城，名雄卓茂。君鄧林秀木，玉水方流，蘊上德之」資，苞五車之富。以爲天地無量，人生有涯，寧曳尾於」塗中，豈祀骨於清廟。於是卜居河洛，迹晦人物之中；」栖志典墳，心隔榮華之表。每至春□散彩，心愉悦而」握丹；秋月流光，實披拂而舉白。以大唐永徽三年歲」次壬子九月乙卯朔廿三日丁丑寢疾，卒於洛州洛」陽縣章善里私第，春秋六十有九。悲夫！君言必有物，」行必有恒，守死善道，終始若一。長子汾州孝義縣尉」仁楚，次子潤州曲阿縣尉義玄，幼沐膝下之恩，長遵」義方之教，痛風樹之不靜，悲閲水之驚流，訪神物之」元禎，翦邙阜而開兆。即以其年十月乙酉朔十九日」癸卯，葬於河南縣平樂鄉故倉西百步，禮也。下走投」分明珠，聞過庭之餘訓；里仁爲美，承坐塾之嚴科。士」感知己，懷此何極，敬述徽音，勒之泉下。敢爲銘曰：」

緬尋宗本，發迹邾君，自兹已降，流派葉分，菁華重疊，」芳氣氛氳。氛氳伊何？載□君子，一貫榮辱，兩□終始，」非義不居，非禮不履。登頓陵阜，荒凉丘墓，月慘松門，」風悲壠路，玄石斯刻，佳城永固。」

（北京圖書館藏拓本　河南千唐誌齋藏石）

永徽〇五七

【蓋】失。

【誌文】

唐故楊君墓誌銘」

君諱清，字志靜，河南洛陽人也。夫以四知聞乎綿代，」一口著自前脩，冠萬古而騰芳，包千齡而作範。自可」雲衢比潤，日甸增暉，澤被含靈，鬱爲良輔。曾祖士亮，」齊養志丘壑，清明在躬；祖貴，隋儀同，尋遷開府，勳庸」早著，英略濟時。君禀純和以成資，質孝敬以凝神，澄」萬頃之波瀾，跱千尋之秀氣。輔善學包羣藝，文贍多能，恥」州縣之小職，慕松喬之高操。觀泉石則情滿巖阿，覩」林薄則志窮叢灌。無效，寢疾彌留，以貞觀六年」三月十四日卒，春秋卌有九。嗚呼哀哉！夫人張氏，年」始初笄，歸于楊族，藻蘋唯潔，箕帚是勤。以廿三年十二月十七日卒，嗚呼哀哉！以永徽三年十月廿五日葬」于有洛之河南界邙山之陽，禮也。祖奠既畢，薤露夾」塗。素□翩翩，犯霜風而高引；佳城鬱鬱，望白馬而悲」嘶。爾其路接銅駞，朱軒於焉往返；地連金谷，石崇之」所嬉遊。嗣子文徹，擗踊崩感，攀號泣血，慨武庫之屢」遷，懼桑田之頻改，勒茲芳石，乃作銘云：」於顯洪族，紛綸世禄，豈止紆青，抑亦朱轂，非惟素□，」兼茲青鵠。哲人載挺，蘊此英才，弈代令淑，作範將來，」殲我明懿，歸乎夜臺。亭亭古樹，烈烈寒風，霜凝草勁，」月冷山空，銘茲窀穸，播美無窮。」

（周紹良藏拓本　河南千唐誌齋藏石）

永徽〇五八

【蓋】失。

【誌文】唐故游擊將軍右武衛幽州潞城府果毅都尉魏公墓誌銘并序」

公諱德，字開仁，鉅鹿人也。本枝磐石，代昌河右，解衣歸漢。既有先」見之明；改步奉曹，非無懷故之色。允文允武，著詠縑緗，可略言焉，」焕乎前史。祖伯，齊瀛州刺史；公望重當年，位崇上列，名書右史，形」寫南宫。父榮，隋開府儀同三司大將軍，公高世之才，遇撥亂之主，」禮優三顧，功蓋五虵，德可庇人，威能壓難，矯然秀拔，鑒晤絶倫，負」笈從師，横經請益，行實綺年，學優弱冠。武德八年，起家秦王府隊」正。貞觀元年，轉左親衛隊正。貞觀十一年，授游擊將軍，守幽州潞」城府果毅。貞觀十八年，轉任鄜州洛安府果毅。公道德齊禁，禮正」令行，猶璽抑渥，若盤置水。仁而能斷，剛而不猛，息末敦本，彰善癉」惡，俗變風移，禮數日隆，聲實兼著，神情散朗，靈府洞照，爲子爲臣，」誠孝盡於家國；立言立事，聲績被於風雅。鈞鈞英華，含吐芳潤，以兹」弘量，兼此多能。豪曹擊而飛羽吟，繁弱驚而九烏墜。輕財重道，好」古上奇，延市義之賓，開禮賢之館。宜可松筠保命，世代流芳，竹栢」存心，擬揚世代。何悟風霜屢乃，灰館頻移，倏變市朝，俄遷風月，以」永徽元年歲次庚戌九月廿六日薨於玉華宫之山第，春秋六十」有七。惟公妙年待□，壯齒遇時，未陪肅然之禮，掩歸奉高之殯。嗚」呼哀哉！以永徽三年歲次壬子十月乙酉朔廿五日己酉遷窆於」洛陽縣清風鄉邙山之陽，禮也。叔譽追往，方歎於九原；安仁思舊，」空悲於雙表。乃爲銘曰：」

曰祖曰父，重規疊矩，拖紫懷金，建侯開府。擁旄驅傳，還珠息鼓，」威攝北戎，化移南土。美矣夫君，荷薪隆構，風度閑袁，」文辭淵秀，顯節能知，羽陵咸究。雍熙在運，克杜方剛，如何冬日，翻」爲夏霜？玄泉既掩，青松以行，刊兹鴻烈，永永無疆。」質挺珪璋，昂昂秀舉，導著邦國，聲流區宇，白馬方悲，風鳴樹鼓。」

（周紹良藏拓本　開封博物館藏石）

永徽〇五九

【蓋】失。

【誌文】

大唐故孫夫人墓誌并序」

夫人洛州洛陽縣人耶。若夫導靈源於姬水，分派」因於洛邑，或文光帷幄，武略登壇，自斯興顯，英賢」間出。祖龍，齊國子監丞；父叉，本州州都；並風神令」譽，雅亮沖深，學宕九流，才宏四始，資忠履孝，嘉聲」彌遠者矣。夫人言容恃軌，動止成儀，志盡紘綖之」懃，情深粢盛之禮。年十有五，出嫡楊氏，夫人肅恭」侍敬，聲超曹叔之妻；婉順妍華，德逾馬援之妹。以」永徽三年構疾沉痾，牀帷累朔，而奄從霜露，俄逐」風塵。十月乙酉朔三日，卒於私舍，春秋五十有七。」即以其年十月廿五日己酉與楊君會葬於河南」縣平樂鄉北邙之上。五子等慟蓼莪之罔極，愴陟」屺之無絶，方恐年代往來，陵谷遷變，爰勒斯文，式」鐫不朽。嗚呼哀哉！乃銘云爾：」

鬱矣雄圖，悠哉令望，代有玄儒，門標將相，徽猷相」踵，風傳雅亮。其一。婦德明顯，令淑齊姜，聲流閨閤，嚮」振帷房，俄傾曉露，忽謝朝光。其二。愴閉泉門，攀號慟」泣，丘隴蕭條，松風慘急，盛烈如存，餘芳永戢。其三。」

（周紹良藏拓本　河南千唐誌齋藏石）

永徽〇六〇

【蓋】 失。

【誌文】

唐宮官司設墓誌銘并序」

曰司設者，洛陽宮人也。歷乎典册，預望江表，奕葉」英華，播遷勝地，四德雲集，六行鬱興，既得侍於宮」闈，乃趨足於青瑣。然則金聲玉亮，桂馥蘭芬，斑□」□官，式標令範，夙夜匪懈，蘋藻克恭，等翹翹之錯」薪，類萋萋於中谷。豈而晷運推移，歲月不與，隟駒」遄邁，隱景於高峰；驚浪雷奔，息波於巨壑。即粤以永」徽三年十月十一日寢疾而殍春。　哀猛火之」崐嶺，玉石俱焚；感霜露之戾凝，薰蕕共萃。即以其」年歲次壬子十月乙酉朔廿五日窆於邙山之陽，」禮也。墳塋寂寞，泉路窅冥，勒翠石於玄扉，永鑑名」於千古。其詞：

邈觀前史，鏡彼清流，本枝金玉，奕葉」芳猷。乃文乃武，或公或侯，朱輪華蓋，令問唯優。其一。」悠哉司設，容儀匪□，趨履宮闈，毘協陰德。藻繢黼」黻，乾恭其職，六行四能，是效是則。其二。逝川東閲，落」景西侵，實茲婌哲，殞命潛深。香幃寂寞，繐帳遺衾，」蘭蓀罷糅，荆璞斯沉。其三。山楹蕭索，坰野蒼茫，泠泠」風旆，霏霏雲驤。遂埏掩映，塋域蕪荒，庶鎸玄石，萬」古傳芳。」

（北京圖書館藏拓本　河南千唐誌齋藏石）

永徽〇六一

【蓋】失。

【誌文】

唐故左驍衛朔陂府折衝都尉段府君墓誌銘」

府君諱會，字志合，淄州鄒平人也。族濬河海，委葱嶺以疎瀾；地冠丘」嶽，齊蓮峰而遠架。卯金之拓西域，樹都護於玉關；典午之定東藩，肇」左軍於榆塞。聯華紫紱，疊駕朱輪，無替前規，誅茅斯在。祖琰，北齊平」陵縣令；父偃師，皇朝散騎常侍、鄆州刺史、益都縣開國公；并瓌表」秀異，深衷凝遠，道勝蒲密之教，踵魯恭以垂仁；名超潁川之風，匾神」明而變俗。府君告祥德水，鏡玄泉以洌清；貽祉靈巖，標丹巘而孤跱。」酌八儒之腴潤，一覽而無遺；穿七札之奇工，百中而非妙。重然諾於」三友，孰孝悌於九親。鄉曲議其高風，月旦談其美價。及」皇運伊始，君便奉謁，授朝散大夫。于時五岳塵飛，風雲之路猶阻；三」河波振，王略之所未通。元帥星奔，君其景從。横戈直指，則鐵馬摧鱗；」負羽先登，則金城失險。以功拜志節車騎將軍。既而別守浩州，却封」冢於千里；引軍出戰，收長轂於四郊。授開府儀同。於是執兵欄而儆」武帳，威驗冰霜；陪鑾駕而叩關門，勳光白日。久之，拜左驍衛朔陂」府折衝都尉、曲沃縣開國男。振響五營，劉歆莫之擬；聲高四校，任宏不足侔。方曜彩於中軍，忽沉暉於長夜，以永徽三年七月十七日終」於尚書省司勳第，春秋五十有九。以其年十一月七日安措於邙山，禮也。去蘭房之步步，赴佳城之茫茫，野蕭條而風勁，歌薤露而悽傷；」敢追德於玄石，庶千載而彌芳。乃爲銘曰：

裂漢吐源，千雲構宇，條分杞梓，枝抽箘簬。族茂炎精，宗繁曲午，粲矣」金聲，精爲時具。其一。唯蘭有秀，唯玉有英，君稟斯淑，早歲騰聲。趨庭識」禮，與朋信成，志深千里，心遊六經。其二。時屬横流，清濁應響，劍宣其利，」征無不往。萬里肅清，三軍懷纊，風儀方振，忽掩明朗。其三。夜臺虚寂，泉」路杳深，松庭月冷，野外風吟。親賓雨泗，哀有餘音，丘隴蕪没，名傳瑟琴。其四。」

（録自《芒洛冢墓遺文》卷上）

永徽〇六二

【蓋】失。

【誌文】

隋故韋城縣令劉府君墓誌銘并序」

君諱建，字長卿，沛郡豐人也。自水官廢職，遷魯縣而强家；火德」膺期，」開楚蕃而祚土。毅以直繩標譽，終號吾臣；琨以鎮遠騰光，」斯稱荷寵。大風之裔，可略言焉。祖遵，後魏中書郎。父東郡太守。」流蝗佩犢，符親戚之歡；雞樹鳳池，允絲綸之寄。君稟靈川岳，藉」慶膏腴，風格峻於觿年，孝友行乎綺歲，韞兹五德，無待琢磨；貫」彼四時，寧資括羽。至若探奇禹穴，察富孔門，游海既深，鳴罕遂」遠。延令譽於鄉曲，祇賁禮於王庭，黼藻自暉，青紫斯及。於是允」膺歷試，作宰韋城，俗雜小人，地兼大邑，任殷百里，功遠三年。尹」何制錦而多傷，巫期戴星而後化。眷言求瘼，寔寄惟賢，君振漸」鴻儀，申良驥足，絃歌載洽，風草惟從。方欲整翮扶摇，望雲衢以」高翥，而降年不永，隨運蛩以潛趨。春秋六十，以隋大業八年五」月六日終于韋城官舍，權殯白馬城東一里。夫人馬氏，隋白馬」令之中女也，志尚幽閑，姿神秀徹。潘陽有睦，琴瑟多諧。隟影不」留，若華遽落。年卌五，隋開皇廿年六月六日，同殯白馬縣。容魂」久夢，隴樹恒傾，反葬有期，佳城已啓。粤以大唐永徽三年十一」月十九日，合葬於邙山之陽。孤女三娘，孝孫世表等，淚改喬松，」哀纏負土，惟桑梓之必敬，庶蘭菊之無終。式播芳猷，乃爲銘曰：」

堯山峻極，漢水靈長，御龍西夏，化雀南陽。猗歟祖考，濟美繁昌，」椒蘭有馥，出納惟光。其一。降生良宰，含和温克，蹈禮無違，動容成」則。惠化風靡，清流泉塞，乳雉昭仁，翔鸞戀德。其二。雍丘難去，滕室」易期，攀車未絶，服馬俄悲。小年何幾，大夜在兹，鳴琴遂撤，薤露」先遺。其三。南昌掩曜，津路雙沉，西階長往，泉扃共深。山禽獨轉，隴」樹凝陰，敬鐫貞碣，用播芳音。其四。」

（録自章鈺舊藏）

永徽〇六三

【蓋】失。

【誌文】

大唐斛斯府君夫人索氏墓誌銘」

夫人諱相兒，河南洛陽縣人也。曾高周魏，代有冠冕。祖」亮，齊徵士，屢聘不就；父天洛，隋給事郎，出爲襄陽令；並」器宇弘遠，羽儀家國，清猷令聞，獨映當時，麗藻遒文，迥」超前烈，搢紳是仰，士庶攸歸。夫人夙承餘祉，幼而聰悟，」天資婉淑，志性恭嚴，德行可觀，動止貽則。結褵爰暨，適」于斛斯氏，閨門雍睦，美譽昭宣，率禮無違，踐言不二。織」紝纂組，妙盡其工；經史文辭，理該諸義。居室肅整，家人」莫覩其墮容，雖古之貞慎，無以加也。舅姑之感，殆將滅」性，沉痾歲月，毁瘠踰禮，凡百君子，聞而嗟焉，慈孝之情，」可得詳悉。以永徽三年十一月十八日終于嘉善第，春」秋九十有三。即以其年十一月廿九日葬於北邙之原。」恐陵谷推遷，德音無紀，勒諸方石，樹此荒扃。嗚呼！乃爲」銘曰：」崇基遠構，令望夙彰，毓德閭里，贊軌閨房。天縱淑慎，幼」挺矜莊，子孫是則，祖禰斯光。紃織之工，理窮其妙，弘宣」婦道，柔慈克劭。雖則私室，未或言笑，美閲舅姑，譽流長」少。逝川不息，風樹難停，鏡銷玉貌，帳掩蘭馨。佳城鬱鬱，」潛户冥冥，轅馬躑躅，賓徒涕零。風悲隴木，霜凝宿楚，萬」事俱終，一朝永阻。天道輔德，聞諸古語，哲人奄逝，何善」之與？」

（録自《芒洛冢墓遺文》卷上）

永徽〇六四

【蓋】失。

【誌文】

大唐故洛州州都張君墓誌銘并序」

君諱欽，字子伯，清河白水人也。其先漢相留侯之後。」然則將軍魏代鼎臣，司空晉朝上相，莫不羽儀萬古，」台鉉百王，春蘭秋菊，芬芳無絶。祖曹，周弘農太守；令」問令望者也。父騷，隋脩武縣令；威惠兼施，絃韋雜佩，」德侔三異，化洽一同。君稟靈上哲，含和獨秀，風飈茂」乎早歲，孝友彰於童齒。桂蘭始樹，便散含風之芳；栝」栢初萌，即聳陵雲之幹。以廉讓而自守，棄榮華如脱」屣。每歎州縣之職，自是徒勞，遂匿跡丘園，優遊桑梓。」天不輔德，與善無徵，春秋五十有一，構疾終於私第。」嗚呼哀哉！粤以永徽三年歲次壬子十二月甲申朔」一日甲申，與夫人成氏合葬於邙山之陽。夫人少履」貞順，用仇君子，蘭儀無歇，玉度長存。壽極期頤，乃錫」鄉君之號；一時尊顯，終貽萬代之榮。已切晝哭之悲，」還申同穴之義。勒銘玄室，永記芳音。其詞曰：」惟斯華胄，弈葉簪纓，依仁履義，抱質懷貞。象賢是繼，」道冠前英，備諸縑素，詎假言名。」既稱有美，宜享永年，如何不淑，摇落秋先。滄茫丘隴，」蕭索風煙，勒銘玄室，萬古尤傳。」

（周紹良藏拓本）

永徽〇六五

【蓋】失。

【誌文】

唐故騎都尉豳州新平縣丞閻君墓銘并序」

君諱志雄，字玄毅，天水人也。若夫璇源迥派，瑶趾曾基，總滎河」而灑沃，侶仙岑而錯峙。固以景靈江漢，降神惟岳，綿苽瓞於大」晉，擅羽儀於强秦。諒乃駿發前修，慶流後昆者也。曾祖顥，魏中」堅將軍、光禄大夫、寧州總管；化洽戎陬，教敷屬縣。祖哲，齊晉陽」郡守；德光千里，恩煦百城。父深，隋河南郡録事參軍；任重寮端，」望華蕃案，刑清政肅，允屬鉤深。君器幹凝睿，風神秀遠。佇蘭林」而播馥，湛桂水而澄清。加以綺思沉蔚，藝業兼綜，文深陸海，學」濬潘江，緬惟捧檄，言從筮仕，貞觀十二年釋褐益州新繁縣尉，」又轉屯田主事。聲敷玉壘，譽隆華省，清規茂範，允叶時□，蒲密」之佐，寔寄賢英。廿一年，轉豳州新平縣丞；廿三年，授騎都尉，從」班例也。贊彼一同，雉馴春陌；匡茲百里，鸞舞晝堂。豈止□□興」謡，七月寢聲而已。方謂享諸戎秩，階之榮位，翻繡羽而搏空，躍」錦鱗而激浪。與善冥昧，福應寂寥，逝波難駐，藏舟易遠。以永徽」三年六月十八日，終於豳州新平縣之官舍。即以其年十二月」廿三日遷窆於邙山之陽，禮也。晨車案軌，曉旗翻素，北首郊原，」西登壠路，望佳城而遥集，逾金谷而迴度，軫靈像於旋塗，撰遺」芳於大墓。其銘曰：」

邈矣鴻源，紬茲大晉，方流圓折，載挺英胤。蘭馥冰清，金聲玉振，」遷喬播響，逸翮曾迅。其一。」縻茲好爵，于彼銅陵，勣芬朝聽，華省是膺。德唯潤己，道被黎蒸，」殲良奄及，與善無徵。雲昏壠暗，月冷霜凝，無絶終古，蘭菊斯稱。」

永徽三年十二月廿二日銘」

（北京圖書館藏拓本）

永徽〇六六

【蓋】失。

【誌文】

大唐永徽四年歲次癸丑正」月癸丑朔十日壬寅，洛州伊」闕縣歸善鄉部都里處士程」寶安，春秋五十有五。以今年」月日終于里舍。即以其月十」五日窆於闕巖之原敬善伽」藍西一里。胤子善貴，仰穹蒼」以泣血，俯叩地以痛心，悲纏」織□，哀深行侶。謹因良匠，勒此遺文，地久天長，永貽來裔。」

（北京圖書館藏拓本）

永徽〇六七

【蓋】失。

【誌文】

唐故處士張君墓誌」

君諱洛，字子春，南陽西鄂人也。漢河澗相張衡之苗裔。樹」德惟永，張仲孝友於前；世祀宜哉，茂先博物於後。曾祖敬，」魏鎮東將軍使持節泗州諸軍事泗州刺史；黜陟幽明，功」茂茂賞，加金紫光禄大夫。祖景，齊明威將軍餚藏令；齊道」云季，鼎遷于周。大象元年，授洛州市令；隋開皇三年，授昌」州春陵縣令；開皇十四年，文皇秉曆，時稱有道，衣冠式叙，」加明威將軍。父士隆，隋中州羅山令。君隱淪傳説之巖，避」地長沮之野。性符四皓，榮禄莫窺；志會兩龔，塵嚚靡雜。歷」討三教，偏歸釋氏，遍尋四句，尤遵大乘。每讀諸經論語及」無常無我，誓愿精勤，日以心鬭。既而積善無徵，降年不永，」以永徽三年十二月廿七日終於洛邑里，春秋六十有六。」以永徽四年正月廿一日遷窆於河南縣平樂鄉邙山之」平原。惟君弈葉重光，紛綸獨秀，緫仁恕於懷抱，韞孝敬於」胸襟。故其亡也，人悲慕德，何只憐春里巷不歌而已哉。悲」夫！蒿里溟漠，戒旦無時，玉樹摧殘，警夜何日？式刊遺烈，爲」銘云爾：於穆乃祖，積載英猷，文思襲漢，孝友承周。其一。篤生夫子，寔曰人傑，模楷矜莊，領袖昭哲。庶其福善，永嗣」前烈，天何祝予，今則堙滅。其二。寥寥窀穸，鬱鬱佳城，一旦蒿」里，萬古泉扃。德音冥漠，風露淒清，魂兮何在？祇攪予情。其三。」存亡殊制，窆兹邙嶺，式樹風聲，奂乎惟永。」

（周紹良藏拓本　開封博物館藏石）

永徽〇六八

【蓋】失。

【誌文】

大唐故劉君墓誌銘并序」

君諱普曜，字叔明，河間人也。其先出自帝堯劉累之胤，在夏爲御」龍氏，在周爲唐杜氏，後有仕晉，食采於隋，士會既自秦歸，處者遂」復累姓。兩漢隆其大業，一宋挺其英雄。子駿博達以居時，文饒仁」恕而佐命。西河賴以重闡，南陽著其詠歌。茂實播千齡，英聲騰萬」古。詳諸家諜國史，固可略而云矣。祖禎，父猛，並清高廉潔，令譽標」稱，領袖當時，楷模來葉。君天資秀異，禀質温凝，睿哲挺生，體局夷」曠，蹈仁義而爲伍，履謙恭而毓德。翱翔墳素，閱禮敦詩，世叔之一」覽五行，文公之百遍忘倦。養性鄉閭，繼貞白之蹤於當世；優遊卒」歲，期喬松之壽於永年。名利不經於懷，寵辱詎驚其慮。既而泰終」否及，盈去虧來，逝川靡留，奄焉逝岱。貞觀十三年七月四日卒于」私第，春秋七十有九。夫人乙安氏，禀質芝田，結根蘭澤，令儀早著，」柔懿宿章。恭伯婦之貞專，梁鴻妻之風骨，輔佐君子，宜其室家。垂」訓閫闈，義方無爽，聖上□□安問，」詔授王晏鄉君，特表門閭，用旌其德。豈期呪壽莫驗，反魂無徵，以」永徽四年正月十日薨於家寢，春秋八十有四。即以其年歲次癸」丑二月癸未朔十四日景申合葬于洛北邙山清風鄉，之禮也。嗚」呼哀哉！神劍無雙，遂見豐城之氣；孤鸞既偶，無復獨舞之遊。恐陵」谷貿遷，德音無紀，故鐫翠石，勒彼泉扃。庶芳猷與日月俱懸，徽列」同天地長久。其銘曰：唐帝嘉苗，大夫胤祉，承此餘慶，挺兹令美。」直上萬尋，孤聳千峙，克隆大業，芳名攸紀。其一。猗歟華族，係緒綿長，」寔惟貞固，世載賢良。其德不爽，厥名剋彰，蘭叢嗣馥，桂圃傳芳。其二。」夫人令望，連枝若木，派水天津，作嬪華族。四德無紊，三從備續，人」生若浮，忽如風燭。其三。左顧崇阜，北眺長源，佳城鬱鬱，夜臺綿綿。宿」草風急，隴樹含煙，泉扃一秘，何啻三千。其四。」

（周紹良藏拓本）

永徽〇六九

【蓋】失。

【誌文】

唐故將仕郎劉君墓誌銘」

君諱裕，字裦，河南人，劉文之後也。遠惟日角，啓洪」胄於唐年；近膺龍顔，固靈根於漢桒。既有彰油素，」亦無待荃蹄。王父神，味道守中；顯考粲，畏榮好古。」君幼而岐嶷，長亦無佗，言可以範時，行可以敦俗。」釋褐任將仕郎。曲池翻翰，始疊霜毛，方期輕舉，忽」摧風翮。以大唐永徽四年歲次癸丑二月癸未朔」十四日景申寢疾，卒於洛陽縣章善里私第，春秋」卌有八。夫積善餘慶，徒立教於孔門；死生命也，實」窮理於天數。悲夫！長子德，仰圓靈以飲泣，□方輿」以摧心，即以其月二十日壬寅葬於邙山，禮也。君」韻宇淳深，夷量弘遠，孝惟德本，極愛敬於晨昏；仁」爲重任，洽施惠於朋□。所謂淑人君子，萬夫之望」者已。河移柳路，海變桑田，遐邈陵谷，式銘磐石。其」詞曰：」

茂矣遐族，超哉無競，御龍封氏，斬蛇膺慶，珩珮鏗」鏘，光華暉映。其一。暉映伊何，載生有美，立言□玉，摛」文散綺，鶩想福臻，寧知禍倚。其二。荒郊寂寂，長夜冥」冥，松風夏冷，泉門晝扃，緜思山頂，敬勒斯銘。其三。」

（周紹良藏拓本　開封博物館藏石）

永徽〇七〇

【蓋】失。

【誌文】

唐故黄崗縣令梁君墓誌銘并序」

君諱有意，安定郡始平人也。巨唐作弼，纂金天之華胄；宗周」啓土，折車轔之茂葉。固已衣冠百代，縉紳四海，國史家諜，言」之已詳。祖榮，周任雍州主簿、冬官匠師、四司中大夫、使持節」開府、朝那縣開國伯，贈涇、寧、豳三州刺史。父巘，周任右侍伯」中士、司服上士，隋符璽郎、符璽監，慈、博、懷三州長史，給事郎，」皇朝上柱國，濛、鄭二州刺史，安定郡開國公；禄以勳高，位因」德叙，合金石而諧響，列丹青而取最。君含積善之餘慶，禀中」和之上靈，器宇凝深，風裁清遠，懷能候主，屬□道之□□；鼓」翼伺晨，遇乾光之始曙。義初權檢校定州功曹。屬運融□聖，」道光下武，勝壤分司，允歸明哲，貞觀元年，任荆州都督府兵」曹參軍，又除并州都督府功曹參軍，襲封安定公，又除黄州」黄崗縣令。美錦既製，鳴絃不輟，政以禮成，俗隨化變。既而士」元驥足，空屈牛刀；彭澤忘懷，蕭然物外。方當天池海運，候積」風而致遠；豈謂巨壑藏舟，與傾羲而俱逝。以永徽三年十二」月十九日終于洛陽私第，春秋六十六。爰以永徽四年二月」廿七日卜宅兆於洛陽縣上東鄉之原。餘景未晦，泉扉遽掩，」野風振而拱木吟，隴月落而松烟斂。恐年代遷貿，芳塵歇絶，」勒石幽扃，庶無刊滅。其詞曰：

蕩蕩洪源，洋洋遺」烈，令德之後，篤生明哲，蘭滋松茂，玉潤冰潔。其一。漢陰勝壤，汾」陽隩區，匪資杞梓，孰贊膏腴，譽宣刀筆，載躡飛凫。其二。齊禮遺」刑，先德後政，肅肅容止，温温詞令，在滯咸申，無幽不鏡。其三。與」仁何爽，福善徒聞，未翔鵷翼，遽掩蘭薰，一朝泉壠，萬古風雲。」其四。

（録自《芒洛冢墓遺文四編》卷二）

永徽〇七一

【蓋】失。

【誌文】唐故隋左龍驤驃騎王公墓誌銘并序」

公諱協，字勤合，琅耶臨沂人也。本根磐礴，令望江東；枝」幹扶疏，振名河洛。祖衡，周任洺州永年縣主簿；繩愆糺」謬，若懸鏡鑑形，審是察非，如啓手示掌。父君，齊任并州」太原縣丞；器量高雅，道邁前賢，桂馥蘭芬，英聲夙著。公」稟其餘慶，山嶽效靈，少有挺姿，長便異度。屬季隋之際，」建官龍驤，抗爪牙之奇，折衝莅職。於是固辭榮寵，知止」掛冠，遁跡居貞，志崇釋部，沖虚寂寞，不雜緇塵，體蘊荃」蓀，情逸霞外。豈而逝川東閲，落景西沉，命也不停，忽從」風燭。粤以永徽四年二月二十一日寢疾遽甚，卒於洛」陽縣立行里之私第，春秋五十有八。嗚呼！桂輪一謝，終」無再滿之期；翠葉翻飛，詎有歸林之日。哀哉！即以其年」歲次三月朔九日權窆邙山之陽，禮也。」仍恐龜凶筮吉，尺短寸長，勒碧石於泉扃，度陵谷於遷」貿。其詞曰：」

鑑乎史册，鏡彼清流，臨沂標望，茂實芳猷。奕葉繁殖，令」問唯優，紆青拖紫，旌表其休。其一。爰祖爰父，咸曰懷黄，迺」斯君子，班秩龍驤。簪纓隱映，華蓋朱裳，掛冠知足，釋部」翱翔。其二。逝波東閲，落景西侵，何殤英哲，殞命幽深。蘭蓀」罷歇，荆璞潛沉，度鐫玄石，萬古傳音。」

（周紹良藏拓本　河南千唐誌齋藏石）

永徽〇七二

【蓋】失。

【誌文】

唐故顔君墓誌銘并序」

君諱人，字婆仁，魯國人也。昔孔門儒教，回也以德行居先；」晉室文徒，延年以高才顯譽。英髦奕葉，冠蓋蟬聯，備諸史」策，可略而叙。曾祖黯，齊任沂州刺史；祖端，任懷州刺史；並」忠亮宏拔，明允肅恭，雅度高深，牆宇崇峻。父徹，隋任大都」督；體貌恢吾，風彩遒逸，學該墳典，文富詞林，馬上軍前，飛」書立就。君幼而聰敏，早擅風規，弱冠之年，時逢擾亂，屈首」從僞，歷任將軍。大唐啓基，投身莫府，武德五年，蒙授親事」府旅帥，從行臺僕射屈突通征討。武穿七札，勇冠三軍，略」地攻城，身先士卒。八年，改授翊衛府旅帥。以才御職，守道」居貞，聲振府僚，譽流京輦。亭亭聳百尋之幹，汪汪澄萬頃」之陂。忠孝君親，信義朋友。冀慶餘之效，比固南山；而福善」無徵，魂遊東岳。以其年二月十八終於家，春秋七十有五。」悲纏教義，思結閭閻，知與不知，皆爲流涕。豈獨鄰春不相，」里巷輟歌而已哉！以永徽四年三月十日遷葬於河南縣」平樂鄉邙山之陽，嗚呼！奔曦不息，逝水無停，一掩玄門，千」秋永夜。悲風蕭瑟，徒有感於生平；輴蓋徘徊，空見傷於心」目。乃爲銘曰：」源夫苗胄，本乎鄒魯，回則允文，延年允武。蟬聯冠蓋，重規」疊矩，惟公秀出，克光前祖。弱齡馳譽，早歲飛聲，文鋒秀」發，武略挺生。才標班馬，武擅韓彭，家稱孝敬，朝譽忠貞。」福善無效，禍淫斯履，庭碎璵璠，林殘杞梓。愁雲晝昏，悲風」夕起，式旌景行，用弘其美。」

（周紹良藏拓本）

永徽〇七三

【蓋】大唐故張府君墓誌銘

【誌文】

張君墓誌銘」

君諱逸，字豊，南陽人也。以」永徽四年二月廿七日終」于私第，春秋五十有一。即」以其年三月廿一日殯于」芒山。嗚呼哀哉！堂堂夫子，」皎皎霞端，栖心衡泌，嘯詠」清瀾。居中履正，恬然自安，」素秋未及，瓊蕊先殘，與善」冥昧，天道何難！」

（周紹良藏拓本　開封博物館藏石）

永徽〇七四

【蓋】　失。

【誌文】

唐故韓君墓誌銘并序」

君諱子，字卿。南陽人也。若夫世禄世功，嗣芳塵而逾晟；」令聞令望，積茂伐而彌昌。可謂懿德鴻名，代濟厥美矣。」祖述祖，齊衛大將軍、太常卿、秘書監、左光禄大夫、侍□」正行十六州刺史、平簡公；器質温貞，風度恢遠。父達，齊」襄威將軍、東閤祭酒、太常丞、通直散騎常侍、瑯瑘郡太」守；體尚夷簡，志懷敦實。君資靈秀傑，禀氣沖和，盡禮敬」以立身，備温恭而成德。加以廉潔可紀，操行有聞，志鬱」珪璋，調諧金石。標寄將煙霞俱遠，賞會與漪瀾共清，直」置貞芳，自然明潤。而輔德徒説，倏焉長逝，以永徽四年」卒于家，春秋卌有一。粤以其年歲次癸丑四月壬午朔」三日甲申，葬於北邙之山，禮也。將恐山成海路，海變桑」田，敬勒徽猷，用旌不朽。乃爲銘曰：」
緒分逾茂，流派彌清，嗣承珪紱，世襲簪纓。馳芳播美，□」音飛聲，聿哉懿烈，擅此鴻名。餘慶□銘，□斯文武，」累仁積義，重規沓矩。諧彼金石，峻兹牆宇，倏薨兩楹，俄」□二豎。滔滔逝水，沉沉落日，壟昏雲翳，□悲風疾。」鬱鬱佳城，冥冥玄室，一封泉路，千秋永畢。尺波難」駐，寸晷易奔，嗚呼良士，倏已殲淪。門閬輿輦，館絶華賓，」帷弈徒設，餚薦空陳。永埋幽户，長辭郭門，如何可贖？人」百其身。」

（北京圖書館藏拓本）

永徽〇七五

【蓋】失。

【誌文】

大唐故濟州東阿縣尉趙君墓誌銘并序」

君諱爽，字義明，河南新安人也。瑶源浚邁，衍靈慶於」朱宣；瓊萼扶疏，播清暉於愛日。鼓長瀾而括地，締層」構以臨雲，祚土而誓山河，鳴玉而腰龜組。詳諸惇史，」可略而言。曾祖鸞，咸陽太守、鴻州刺史、金城侯；祖正，」齊王侍讀、給事中、使持節新安太守、大都督、上儀同、」廣福縣子、陳州刺史；氣蘊風雲，量包山岳，參儀槐鼎，」燮曜台階，侯服光家，戎章峻遠。父弘仁，揚州行參軍、」宕渠司法、濛州録事參軍；素履清規，標映雅俗，言揚」德舉，利見王庭，芳風激於梁嶓，惠化覃於淮海。君□」華嵩嶠，稟潤光河，風度凝明，徽猷峻上。鬱辭峰於瓊」岫，朗心鏡於瑶池，妙羣英以高察，雄州閭而擢秀。射」策高第，釋褐東阿，撫翼丘園，翰飛河濟。暢清風於下」邑，馳雅譽於天朝。方將曳珠履而遊梁，飛翠綏而謁」帝。侍汾陽之遠駕，贊云亭之絕禮。而天道冥昧，報施」無徵，以永徽三年歲次壬子終於官第，春秋卌有四。」即以四年四月十日歸瘞于河南縣平樂鄉之北原。」懼陵谷之潛徙，式傳徽於翠石，乃爲銘曰：

長河帶」地，崇山極天，棲宅靈隱，吐吸風煙。珪符照映，龜組蟬」聯，功銘鍾鼎，聲流管絃。徐樽虛湛，牙琴長絶，松路方」幽，泉扃永閉。悲風古樹，空山夜月，萬歲千秋，同歸此别。」

（周紹良藏拓本　河南千唐誌齋藏石）

永徽〇七六

【蓋】失。

【誌文】

唐故上開府上大將軍安府君墓誌銘并序」

君諱延，字貴薛，河西武威人也。靈源濬沼，浪發崑」峰；茂林森蔚，華敷積石。躍銀鞍而得儁，飛白羽而」稱雄。故得冠冕酋豪，因家洛俟。祖真健，後周大都」督；父比失，隋上儀同平南將軍；並叡哲早聞，雄豪」夙著，高列將，名冠通俟。君連跗茂族，疏幹華宗，挺」特幼彰，仁孝天性。不嗜弓矢，百中之妙逸羣；無意」詩書，四始之義宏達。及皇運伊始，宣力義旗，授」上開府上大將軍，振迹五營，功逾四校，雖奉誠以」著，名未上聞，何悞中曦，奄然落照，以貞觀十六年七」月廿日終於私第，春秋八十四。夫人劉氏，望高西楚，」作婦東周，嬪德既彰，母儀斯則。桃源尚遠，俄見遷」舟，以永徽四年四月七日終於弘敬里私第，春秋」八十三。以其月廿八日合窆於北邙之陽，禮也。曉」撤樽俎，夙駕靈轜，蓋飄飄兮北上，魂恍恍兮南移。」刊德音於玄石，庶彌久而無遺。詞曰：」望重玉關，族高崑岳，儁哲齊穎，英髦挺轂。連芳茂」族，分萼華宗，仁標早歲，孝積唯童。立志鄉閭，功流」秘閣，蘭菊傳芳，光景西落。碧霧起兮昏泉扃，清風」吟兮悲白楊，去昭昭之華屋，處寂寞之玄堂。」

（周紹良藏拓本）

永徽〇七七

【蓋】失。

【誌文】

大唐故李君墓誌銘并序」

君諱智，字元哲，洛州洛陽人也。其先則老君之苗」裔。公先蔭望在隴西，因宦派流，遂家於此。叙餘承」慶，代有其人。曾祖信，齊并州別駕；乃六條應舉，班」教一圻，居上不驕，接下能敬。祖仁，齊任汾州西河」縣丞；字人如子，養士若親，其教不肅而成，爲政不」嚴而理。父暉，隋任左藏令，器度弘深，羽儀當代，容」止可則，發語成文。君隋授謁者臺登仕郎，辭官遁」居，優遊自得，孝同懷橘，仁類埋蛇，探賾玄經，弘深」志道。可謂光陰易轉，風露難期，石火弗停，哲人斯」殞。永徽四年歲次辛亥四月壬午朔十九日庚子」終於私第，春秋七十。以其年五月十日瘞於邙山」之陽，去州城七里千金鄉，之禮也。行轜軫動，士友」爲之興悲；旐去依空，行路罔不哀悼。孝子弘裕等，」恐寒暑易遷，陵夷谷滅，刊貞石於泉室，勒兹記於」穸堂。嗚呼哀哉！乃爲銘曰：
風姓遐源，軒丘遠」派，載誕其美，英賢遞秀。名義兼苞，羣言必究，解巾」從仕，邦畿是守。逝川邈遠，
神遊岱宗，丹旗映日，繐」幕承風。宅兆斯卜，永厝玄宫，悲深薤露，哀以送終。」

（周紹良藏拓本　開封博物館藏石）

永徽〇七八

【蓋】失。

【誌文】

大唐故邢夫人墓誌」

夫人諱仙姬，字玉女，其先周之苗裔。祖進，齊」任滄州刺史；播六條以導俗，威若秋霜；扇五」禮以訓民，愛同春日。父紹，隋任齊州歷城縣」令；明琴字物，密賤愧其能；製錦宣風，尹何慚」其德。夫人志懷婉順，四德表於閨門；性重貞」專，六行稱於州里。年登二八，遂適高門，爲人」淑慎，蔡文君之莫儔；體質清貞，恭姜之詎比。」何其天不與善，疹染膏肓，良醫結軌，療不瘳」損。是知風燭俄爾，隙駟遄征，豈謂福善無徵，」盍隨朝露。春秋五十有八，以永徽四年五月」十日卒於私第。即以其年歲次癸丑五月辛」亥朔廿二日壬申，葬于邙山之原，禮也。將恐」水塵易處，陵谷變遷，敬勒徽猷，樹斯泉户。嗚」呼哀哉！乃爲銘曰：」

光陰倏忽，人世推移，同夫逝水，有類風塵。如」何淑媛，白日長離，蕭瑟涼風，蒼芒源野。怨結」煙雲，

悲沾松檟，芳猷易遠，陵谷難常。一辭昭□，永促幽裝，勒兹玄石，地久天長。嗚呼哀哉！」

（北京圖書館藏拓本）

永徽〇七九

【蓋】失。

【誌文】

唐故姚君墓誌銘并序」

君諱思忠，南安人也。神基遠構，凝邃中天，流」慶遐長，昭晰千里。豈直英奇間出，珪組陸離」而已哉！祖榮，隋營州司倉參軍；父鸞，見任文」林郎；並振響琳琅，垂風蕙若；毗贊千乘，賦最」正清。隨冗鄉閭，道行志逸。君英流高胤，靈誕」華宗。竦危柯於翠微，遠近標異；凝白雲於丹」巘，時輩嗟奇。至於孝友天然，誠信非則；學綜」經史，文華綺絢。日新月故，於此得之。方擅美」於王庭，未馳光價；想鳥次其尚遠，俄見遷舟。」以永徽四年五月十一日終於立行坊私第，」春秋廿九。以其月廿二日權葬於邙山之陽，」禮也。恐嶠岳千尋，與坳塘而俱泯；靈沼萬頃，」共赤岸而爭高。不勒兹銘，德音何冀？嗚呼哀」哉！其詞曰：」

陶源汭渚，疏派九嶷，貽厥忠正，祚此神基。文」物躡踵，清徽攸繼，松竹凝志，蘭菊斯系。未澄」雲翮，運壑已窮，靈轜夙駕，素旐揚空。蒼茫原野，旦夕飛花，泉門永閉，空見流霞。」

（周紹良藏拓本　河南千唐誌齋藏石）

永徽〇八〇

【蓋】失。

【誌文】

唐故左翊衛隊正甘君墓誌銘并序」

君諱朗，字明遠，丹陽白夏人也。蓋派水洪流，源浪滔其天路。」分枝弱木，弈葉鬱其夏宗。然則標望軒黄，扶疏王伯者也。漢」封隨郡，靈蛇有銜寶之奇；秦代上卿，張唐陳入楚之用。晉武」丞相則燮理陰陽；太甲司徒則弼諧帝道。冠蓋星羅，且可略」而言矣。祖壽，齊青州刺史、隨郡公；高山仰峻，杜伯侯著褒貶」之名；深慧臨人，陸祖言得冰清之喻。父穎，隋任濮州甄城縣」令；桴鼓不警，燉煌黎庶已安；子賤琴鳴，單父之言蘇息。君稟」志恢廓，器量宏遠，文武不墜，節義兼苞，接引忘疲，賓席恒滿。」其大業年中，任官軍車騎；爰至皇朝龍飛，左翊衛隊正。於是」弱冠從戎，申三略於雲陣；壯年輔主，固一心於帝庭。若乃嶺」栢森疏，嵇公之風斯在；陂水清濁，黄生之操自然。加以洞悟」苦空，曉知生滅，棄火宅而昇法駕，趨正道而遠囂塵。不謂薪」罄火窮，舟壑遷改，積善無驗，風燭奄從，忽以永徽四年六月」三日，終於洛陽殖業坊私第，春秋六十有八。即以其年六月」十六日，安兆於河南縣平樂鄉芒山之原，禮也。但以麻姑東」海，恐作採桑之田；丁令還期，慮匪舊人之路。勒兹玄石，迺作」銘曰：」

軒轅之孫，昌意之子，因地爲姓，因名爲氏，弈葉冠蓋，從横世」士。其一。爲度深澄，稟志恢廓，事主一心，善謨三略，萬頃汪汪，千」尋落落。其二。隴上風聲，寒山霧色，中野蕭條，川原何極？農夫輟」耕，鄰女停織，泉扃永閉，唯餘歎息。其三。」

（北京圖書館藏拓本）

永徽〇八一

【蓋】楊君墓誌

【誌文】

唐故曹州冤句縣令楊君墓誌銘并序」

君諱逸，字君則，弘農華陰人也。蓮岳上干，標華」宗之遠架；葱河下帶，挺洪族於長瀾。故花綬銀」章，光陸離於炎漢；高冠長劍，凝照灼於當塗。豈」直間出異人，時傳髦彦而已。祖仁，瀛州司馬、開」國伯；夙振權奇，冠冕齊代。父儁，新蔡令、開國伯，」抗志泉邈，顯異周朝。君流慶源，表祥淑類。操質」凝遠，澹青松之貞；體德沖深，澄白水之塵。故當」年立德，遠近懷能，州舉孝廉，鄉推有道，老而彌」篤，持異常倫。簡在鴻恩，詔授冤句令。雅扶」止足，辭不赴官。冀以取誨童蒙，何誤奄從西景，以」永徽四年六月九日終於清化里第，春秋七十」三。以其月廿六日權殯邙山之陽，禮也。去城闉」兮北上，馬躅顧兮南迴，愁雲愁兮乘輕幰，悲風」悲兮赴夜臺。玄堂寂兮晝不曉，仰音德兮空徘」徊。詞曰：堂堂遠祖，著自有周，條敷葉散，枝」庶分流。流派高德，實鍾材淑，志抗青松，節標翠」竹。仁而無祐，祈頌扃和，壽賞虛寂，空餘薤歌。」

（周紹良藏拓本）

永徽〇八二

【蓋】　失。

【誌文】

唐故朱君墓誌銘并序」

君諱師，字君範，河南洛陽人也。曾祖弘，齊曹州濟陰」縣長；祖基，隋懷州温縣丞；父達，定州北平縣法曹；並」耀彩重規，澄瀾作範，道肥來慕之詠，架廉君以布懷；」德勝紘琴之仁，軼言偃而成俗。君則撫塵聰察，明明」於善言，故能作政家風，小大依德。嬴金耀彩，臭味羅」哀之門；紅粟流京，羽儀鵾夷之室。於是凝心丹府，問」道黄庭，識富貴於一歸，知名辱之同出。遂乃留情勝」境，投跡玄門，形處域中，志存巖石。以是遂忘榮寵，畢」志丘園，冀窮妙有之源，何誤中羲西落。以永徽四年」六月十三日，終於洛陽私第，春秋卌九。以其年七月」十一日，葬於北邙之陽，禮也。恐人代飄忽，陵谷虧移，」追録徽猷，勒之玄石。嗚呼哀哉！乃爲銘曰：」

披雲布族，亘地凝華，盛傳周漢，譽洽龜沙。清奪金石，」潔秀烟霞，澄芬蕙畹，流慶是嘉。其一。松廊桂月，竹徑翻」星，追朋訪道，性狎通情。庶兹妙有，晤遣言名，何圖扃」論，奄爾風零。其二。星駕靈輀，殯階奠祖，發軫清洛，城隅」經渡。哀結悲風，歌纏薤露，松檟凝烟，雲餘顧慕。其三。」

（北京圖書館藏拓本）

永徽〇八三

【蓋】失。

【誌文】

唐故公孫君墓誌銘并序」

君諱達，字舍利，洛陽人也。其先漢丞相公孫弘之後。」祖嘉，周驃騎將軍。父文，隋河内縣令。君夙挺英靈，早」彰岐嶷，宏才迥秀，雅操多奇。志尚清虚，託巢由之放」曠；情敦淡泊，訪嵇阮之招攜。偃仰衡門，優柔學業，自」可飛名竹帛，流譽搢紳。寧期暮景難停，朝暉易往，忽」從長逝，俄歸岱宗。君春秋卅有九，貞觀十四年八月」十三日終於里第。夫人降靈淑慎，禀氣純和，婉順自」然，貞專成性。馳巧妙於羅綺，鬱風調於松筠。爰應摽」梅，作嬪君子，母儀内習，柔範外宣。方冀保此長齡，享」兹遐算；誰言積善無驗，幽顯成乖。夫人春秋五十有」六，永徽四年六月廿九日，忽辭人世。還以其年七月」辛亥朔十六日景寅，合葬於邙山之原，禮也。恐高岸」成谷，深淵爲陵，勒幽石以傳暉，庶芳名乎不朽。其辭」曰：」

將軍勇傑，縣令温仁，遺芳布德，閒代稱珍。降生君子，」特挺風神，美人齊偶，芬馥同塵。其一。光流陋巷，暉映閨」門，如賓允洽，婦禮斯敦。志兼霜雪，姿藴蘭蓀，儀形不」在，空名獨存。其二。昔居白日，往來親故，今處黄泉，依遊」□菟。草植墳隅，田侵埏路，敬鐫貞石，音徽長固。其三。」

（北京圖書館藏拓本　河南千唐誌齋藏石）

永徽〇八四

【蓋】失。

【誌文】

隋故千人校尉周君墓誌銘并序」

公諱藻，字滿才，汝南人也。昔西京啓國，丞相立功於漢朝；東都撫」運，御史馳名於交阯。豈直威名夙著，八俊流徽；顧曲知音，三爵無」舛。備諸緗史，可略而言。祖以道亞生知，幾鄰殆庶；父□德光天縱，」希聖飛英。公志逸風雲，衿情散朗，竹□劍術，汜上兵書，莫不究其」精微，窮其祕奧，皎若澄江取鑒，煥如明月入懷。且夫五校設官，職」高望重，自非明哲，匪服遽彰。公以勇冠時英，□官預選，釋褐授陜」州千人校尉。于時隋室多故，區域塵飛，競逐鹿於中原，爭問鼎於」伊洛，崤陜之地，尤竊姦回。公内蘊奇謀，外□韜略，揚旍鞚馬，討擊」累年，率勵驍雄，撫巡豪傑。是以方岳安□，□□乂寧。既而齒屬懸」車，桑榆漸迫，深鑒止足，退守舊廬。彭澤□□之篇，緣情染翰；潘岳」閑居之作，寓目披文。八節推移，三樂云及，永徽四載，奄逝幽泉，嗚」呼哀哉！平生已矣！夫人太原王氏，自昔飛鳧入漢，仙鶴騰空，赫奕」衣纓，昭灼冠冕，遂得門傳雅訓，夙稟令章。婦德婦言，著自槃絲之」歲；婉娩婉順，備在褵衿之年。既託松蘿，方諧琴瑟。積德不幸，桂枝」夙零。孤子元寶等，並服膺素業，祇奉成訓，荼蓼泣血，終天不追。陟」岵增哀，感資敬而何託；渭陽興念，雖盡愛而無從。即以其年七月」廿三日葬於河南縣平樂鄉平原，禮也。蟻幕齊□，龍劍雙沉。白日」盡而幽扃掩，黃壚杳而長夜深。惟陵谷之遷變，寔令範之可欽。乃」爲銘曰：

長源接漢，秀岳干霄，周開□土，漢啓□茅。鴻緒宏布，音」徽孔交，武以表德，文以旌招。其一。顯允君子，含章挺秀，將相之門，公」侯之胄。英儁乘高，爪牙斯授，春□運往，百齡俄就。其二。有美淑質，風」猷世載，賓敬不爽，和鳴是賴。微步淪波，清暉掩□，茂實可紀，芳聲」無昧。其三。化金徒説，埋玉成冤，松含苦霧，月鏡□原。白日無照，青春」豈暄，遽傷同穴，永歎幽魂。」

（周紹良藏拓本　開封博物館藏石）

永徽〇八五

【蓋】劉君墓誌

【誌文】

唐故隰州西道縣令劉君墓誌銘」

君諱攬，字士周，彭城彭城人也。氏族相傳，交映方」策，桂枝蘭葉，何代無人。祖忠，周大司馬；父提，隋大」都督；並骨鯁冰霜，昆藏箘簬，摇翠雲而疏幹，儼青」池而派質。君早標令問，夙振異儀，孝友顯於私庭，」忠信彰於公府，可謂出其類拔乎萃也。自遭隋末，」隱迹私門，家務在心，遂忘榮寵。於是布懷鄉曲，託」意仁風，閭里服其清廉，同志推其雅政，自幼及長，」老彌篤之。故能簡在鴻恩，遂授隰州西道縣令。」拜之未幾，尋見遷舟，以永徽四年七月十六日終」於脩善里第，春秋八十一。夫人則魏司空祥之後」也。素履貞順，雅符容德，福扃禍襲，先落桂枝，去永」徽三年六月二十日終於第。今以永徽四年八月」三日合葬於芒山之陽，禮也。去白日之昭昭，襲長」夜之悠悠，松風急兮悲野外，山烟凝兮擁素旒。壽」堂寂兮無響，袵席虚兮增愁，傳德音於玄石，庶彌」久而可□。銘曰：」

英華綿邈，茂實淒清，蘭芬蕙馥，玉潤金聲。風擁虚」徑，月映空庭，松疏桂凍，唯餘舊名。」

（周紹良藏拓本）

永徽〇八六

【蓋】失。

【誌文】

大唐故史君夫人田氏墓誌銘并序」

夫人田氏，京趙人也。即晉田侯之後也。裔懸」清光而照物，人□其恩；任威德以臨邦，代標」其美。是小山之際，□樹則交映叢生；藍田之」中，玉英則相暉間出。祖周夏州長史；父佰，」隋寧州録事；所以聲振府朝，風流斯甚。夫人」陰儀閑雅，柔範凝明，以婉順之容，乃歸於史」氏。雖女圖婦誡，蔡烈班文，莫不總製清哀，能」事斯畢，自可永祇君子，亨此長齡。猗猗與玉」潤齊芳，蔚蔚共滋蘭等茂。誰知迴雪之質，將」落花而早彫；入月之娥，逐晦魄而潛翳。嗚呼」哀哉！以永徽四年七月廿三日終於私第，春」秋八十三。即以其年八月十一日合葬於邙」山之陽，禮也。痛風樹之不靜，悼山陵之易遷，」勒金石以騰芳，與乾坤而永固。乃爲銘曰：」

懿哉令婦，今古罕聞，光華迴雪，影麗朝雲。飄」然隨化，俄立墳，茲刻玄礎，歷代騰芬。」

（周紹良藏拓本　開封博物館藏石）

永徽〇八七

【蓋】失。

【誌文】

唐故洛州河南縣曹夫人墓誌銘」

夫人曹氏，洛陽河南人也。其先有周之苗裔，」累慶開源，祚流惟遠，代有英衮，仁不虛朝，擅」美縑緗，史載芳烈。父剛，隋海州録事參軍、鹽」州司馬；統紀寮宷，咸仰仁明；毗贊專城，時稱」騁驥。夫人稟德坤儀，淑質純茂，閨門和雅，聲」著鄉鄰，禮叙親賓，義隆姻屬。既而報善無效，」餘慶莫施，寢疾彌留，俄悲風樹，春秋六十，以」其年七月廿八日戊寅終於私第。悽泫行路，」毒割孤遺，傷孟母之喪仁，痛萊公之遺德。粤」以永徽四年歲次癸丑八月庚辰朔廿一日」庚子殯於北邙山，嗚呼哀哉！然以桑田屢改，」陵谷將移，故勒斯文，庶存來記。乃爲銘曰：」

承芳至德，禀質陰靈，既柔且順，有諒斯貞。恩」隆懿戚，訓洽閨庭，懷惠匪學，蘊善天情。積德」無徵，禍鍾仁室，中田罷耨，永乖琴瑟。遺慟知」聞，悲號親暱，粗銘斯記，長貽後悉。」

（周紹良藏拓本）

永徽〇八八

【蓋】失。

【誌文】

大唐故處士何君墓誌」

君諱盛，字多子，洛陽人也。其先出自大夏之後。物産」珍奇，邑居填衍。自張騫仗節而往，班超旋旆以來，命」氏開家，衣冠禮秩，備諸國史，可略言焉。祖德，齊儀同」三司；朝野具瞻，人倫楷式。父那，北道和國大使；文武」是資，威恩允著。君承芳祖武，禀靈載誕，代表英奇，人」推雅亮。慕梁竦之高風，屢辭州縣；仰郭泰之徽烈，接」誘鄉閭。道著上庠，德光左塾，冀憑積善，永保期頤。沉」痼日侵，藥石無驗，永徽四年歲次癸丑七月十九日」終于里第，春秋八十。即以其年八月庚辰朔廿三日」壬寅，葬于邙山韋村北一里之半，禮也。君自幼及長，」資仁履孝，鄉閭表其素德，朋友歸其忠恕。不儌倖以」求榮，豈忤物而私己。大限有期，奄然長往，嗚呼哀哉！」然恐居諸代運，陵谷傾移，故題方石，記之泉户。乃爲」銘曰：」

開源遂古，建功中代，聲被管弦，名流典載。顯允祖武，」暉光相襲，垂青曳紫，分封命邑。君之降生，載誕惟貞，」夙承餘慶，早樹風聲。寢疾彌留，至于大漸，山摧梁木，」家亡琬琰。天道茫昧，福善無徵，中人擗摽，親賓撫膺。」九刃山危，千年樹古，式陳景行，藏諸幽户。」

（周紹良藏拓本）

永徽〇八九

【蓋】失。

【誌文】

唐故楊夫人墓誌銘并序」

夫人楊氏，河南洛陽人也。父樂之大女也。」開土命氏之源，啓圖表瑞之緒，階大微而」布彩，聯辰極以分光。夫人稟性中和，挺生」秀質，神儀美麗，容端炳素，温恭禮順，色養」自天，和親肅睦，寬庶懷仁，貞□慈惠，物我」平鈞，性好無爲，歸心三寶，奉信真空。忽以」永徽四年八月廿八日寢疾，卒於清化坊」私第，春秋五十有八。于時也，仰景行以銜」悲，眷清猷而灑淚。即以其年歲次癸丑九」月庚戌朔十五日甲子葬於邙山平樂鄉，禮」也。但以日月易流，金石難固，式鐫玄石，以」誌泉門。嗚呼哀哉！乃爲銘曰：

靈根百世，」茅土相分，時惟茂範，世載其珍。仁義爲友，」禮讓爲鄰，悲感行路，哀慟親姻。日往月來，」寒暑相循，永言恩範，嗚呼泉路，何時更春？」

（北京圖書館藏拓本　河南千唐誌齋藏石）

永徽〇九〇

【蓋】失。

【誌文】

隋故幽州長史燕君夫人姜氏墓誌并序」

夫人姜氏，洛州偃師人也。唐統分司，大嶽列嵎夷之」職；渭濱同載，尚父建營丘之封。紹清遠於江原，騰俊」才於驥足，傳芳襲祉，顯秩英規，鬱彼清風，咸光往册。」祖諒，父伯，並有隋之處士也。執心高尚，養素丘園，榮」利不足動其情，夷險無以虧其操，確乎不拔，寧非在」斯！夫人嗣慶蘭閨，承芳桂苑，止若星宫遠跱，婺女挺」其妍姿；月扇遥凝，仙娥藴其端操。必有擬於此者，寔」夫人之謂乎？曁年涉初笄，爰歸燕氏，循詩閱禮，齊令」範於言容；纂組鞶絲，流妙巧於紈綺。貞專誠性，婉順」自然，譽洽閨闈，光生宗黨。加以澄心正覺，委業真乘，」博施不愆，悋情斯泯。春秋七十有三，以永徽四年九」月七日終於里第。遂以其月廿一日，窆於邙山之陽。」恐萬古寂寥，芳塵銷歇，終期不朽，勒此幽扃。嗚呼哀」哉！迺爲銘曰：

赫矣華宗，綿哉遠胄，暘谷分岐，海隅翹秀。珠暉醴浦，」玉雕荆岫，松竹兼兹，椒蘭芬糅。其一。呈兹淑媛，懿此容」華，承風體妙，配德齊嘉。母儀允洽，嬪則無差，倚廬絶」望，陟岵誰嗟？其二。館宇寂寥，几筵餘慕，遥傷暮槿，眇畯」晨露。鸞鏡凝塵，魚軒委步，繕此雕鐫，式標貞素。其三。」

（北京圖書館藏拓本）

【蓋】失。

永徽〇九一

【誌文】

唐故慶州弘化縣令張君墓誌并序」

君諱皎，字愿德，洛州河南縣人也。自弦木分司，」表能官而錫姓；連横霸國，縱雄辯以當官。原流」將漢水俱深，本枝與鄧林齊秀。暨乎漢庭承相，」鬱炳機謀；晉室司空，爰旌博物。嘉聲茂績，寧非」在斯，並國史家諜之所詳，故此略存梗概而已。」祖諱睿，父諱文。君承先餘慶，誕嗣英靈，禀秀氣」以挺生，含至德而垂範。聖朝以君年德俱遠，」言行相終，詔授曹州離狐縣令，尋又改授慶」州弘化縣令。至于虞庠致禮，乞言之道斯光；鄉」塾垂衣，忠誨之方允洽。依仁守道，永以爲常，酒」德琴歌，兹焉自畢。惟君素德清風，鬱乎盈耳；春蘭秋菊，宜」其嗣芳。嗚呼哀哉！迺爲銘曰：春秋八十有一，以永徽四年」九月四日卒於私第，即以其月廿四日厝神邙」山之陽。

萬頃澄清，千尋」聳榦，綺思泉流，彫章霞焕。桂芳騰遠，□貞耿漢，」遽戢光輝，唯餘永歎。其一。寂寥賓館，□□□□，□」聞餘論，誰瞻令儀？長垂恨淚，永結愁眉，德聲□□，□□□□。」

（周紹良藏拓本　河南千唐誌齋藏石）

永徽〇九二

【蓋】　楊君之銘

【誌文】

大唐故處士楊君墓誌」

君諱吳生，河南洛陽人也，其先則弘農楊震。德協休祥，」慶流後裔，廊廟羽儀，人倫軌範。君出其後焉。祖威，歷宦」齊朝；父通，從政周代。並榮望所歸，備諸視聽。君承徽祖」武，禀秀挺生，孝友温恭，慈惠忠恕。不僥倖而事上，匪遷」怒而臨下。貞觀十四年四月廿二日遘疾壽終，時年六」十有五。夫人張氏，南陽之貴族也。子房爲帝者之師，茂」先居興王之佐，可略言矣。夫人取訓女圖，禀儀婦誡，言」遵令典，作醮高門，四德是修，六行兼備。洎所天傾逝，孀」居累年，訓子有方，主饋無怠。風疢暴增，永徽四年九月」廿四日奄然遷化，春秋七十有二。於是詢訪舊儀，採摭」遺典，以其年十月己卯朔廿二日庚子，同祔于北邙之」舊塋，禮也。然恐歲月不居，丘陵變改，式題方石，記之泉」户。其銘曰：」慶鍾有德，有德必酬，贈金非寶，銜環是羞。家傳珪紱，代」表公侯，君之嗣美，剋荷前修。爰有秦晉，志諧琴瑟，敬盡」梁妻，賓同冀室。事上恭順，逮下端一，如何昊天，奄罹斯」疾？前亡後謝，白首同歸，方開舊户，更飾新幃。石關俱閉，」蘭燈對暉，棺無玉匣，藏靡珠璣。千車按軌，百馬齊珂，風」隨萎翣，淚滿哀歌。南瞻紫嶽，北眺黃河，天長地久，不變」山阿。」

（北京圖書館藏拓本　開封博物館藏石）

永徽〇九三

【蓋】失。

【誌文】

唐故穀水鄉君張夫人墓誌銘并序」

夫人諱伯，南陽西鄂人也。茂族之興，已布方策，」桂枝蘭葉，何代無人？祖節，羽翼當時，顯忠魏代；」父貞，清英家國，立德齊朝。夫人誕秀華宗，表祥」鴻胤，飛秋霜而挺質，播春煦而弘仁。所以藝綜」髫年，淑頒州里。及採名深閤，作婦楊門，峻節與」寒木競貞，明允將冬冰爭潔。德高志遠，詔授」穀水鄉君。何圖玉蕊先凋，瓊英夙隕，以永徽四」年十月廿五日終於時邕里私第，春秋九十。夫」人自喪所天，撫養孤弱，家門禮訓，無不肅明。豈」謂茫昧與仁，奄從西景，嗚呼哀哉！以其年十一」月十二日權殯於芒山之陽，禮也。恐翠微千刃，」俄成萬頃之陂；碧浪九重，遽化三山之峻。敢鐫」玄石，勒此芳猷。其詞曰：」

華宗遠架，鴻冑騰芳，貞亮敦雅，允迪温良。誕發」蘭儀，慶流玉度，謂祐輔仁，奄歸泉路。壽虛寂，綺」帳塵飛，松風颸颸，夜月空暉。」

（周紹良藏拓本　河南千唐誌齋藏石）

永徽〇九四

【蓋】失。

【誌文】

唐右驍衛朔坡府故折衝都尉段公墓誌銘」

公諱會，字志合，淄州鄒平人也。其先顓頊之苗裔。蓋李宗自周適」晉，仕魏獻子爲將有功，賜邑封段干大夫。孫木，文侯之師，偃息蕃」於王室，因地命氏，遂立姓焉。祖瑗，齊任郡主簿，志果忠烈，節履風」霜，俄還靜境大都督，式遵嘉德。父師，皇朝散騎常侍、光禄大夫，」贈洪州都督、八州諸軍事、益都縣開國公，謚曰信公，禮也。公乃承」兹餘慶，弈葉芳菲，冠蓋蟬聯，金聲玉亮。亭亭孤聳，外茂貞松；曖曖」光輝，内含崑嶽。暨義旗初建，蕩滌波瀾，公謀略寔深，爪牙卓犖。武」德五年，任并州志節府左車騎將軍。六年，以公浩州守固，又授開」府儀同。貞觀廿年，又授右驍衛朔坡府折衝都尉，封曲沃縣開國」男。以永徽三年七月十七日寢疾，卒於洛陽宫尚書省司勳之，春」秋五十九。夫人吕氏，濟陰郡君，鄉人也。本根磐礴，枝幹扶疏，滉瀁」泉源，派流滔蕩。夫人稟靈川瀆，婌哲英姿，少處閨闈，長從師傅，四」德既備，六行兼脩，爰及笄年，來嬪段氏。飾莊組紃，浣濯絃絺，肅穆」公宫，靚恭蘋藻。君子逝矣，潔志孀居，誓等衛姜，恩同孟母。豈而隙」駒遄晷，隱逸景於高峰；驚浪雷奔，息洪濤於巨壑。粤以永徽四年」十一月十九日卒於私第，春秋五十八。即以其年歲次癸丑十二」月戊巳朔十九景申，哀子弘竟乃合葬於邙山之陽，禮也。嗚呼！仍」恐龜長筮短，陵谷遷移，勒此玄文，永鑑千古。其詞曰：」

邈哉夐古，鏡彼清流，泉源滉瀁，枝幹弘敷。迺祖迺父，徽恭懿柔，蟬」聯軒冕，萬古傳休。其一。義旗初建，蕩滌妖氛，惟公挺持，卓犖超羣。功」高天地，義冠三軍，金聲玉亮，桂馥蘭芳。其二。寔此夫人，承兹嘉惠，少」有婌姿，長多閑麗。四德既脩，六行兼第，閨闈組紃，公宫蘋祭。其三。逝」川東閱，落景西沉，如何君子，帳設遺衾。倏忽夫人，殁命潛深，宅兆」斯卜，合葬山岑。其四。龍輴動軔，陟彼高崗，庶鐫翠石，人事凄涼。」

（周紹良藏拓本　開封博物館藏石）

永徽〇九五

【誌文】

光巖寺故大上坐慧登」法師灰身塔，大唐永徽五」年正月二日造。」

（北京圖書館藏拓本）

永徽〇九六

【蓋】失。

【誌文】

唐故游擊將軍信義府右果毅都尉韓公墓誌銘」

公諱邏，字長安，許州臨潁人也。蓋韓氏之先，起自軒轅皇帝；武王第五之子，命爲」韓侯，因地爲姓。自爾瓊榦枝分，衣纓晉室；金吾仗鉞，冠蓋漢朝。或鼎峙南陽，因官」建族，古今祚土，分列山河，弈葉中原，蟬聯靡盛。曾祖高，梁任邵陵王司馬；阮嗣宗」之材器，參亞府僚；劉公幹之詞鋒，纔堪比況。祖月，陳任潤州長史，轉授蘇州刺史；」孝悌著乎家邦，化洽宣於蕃牧。父護，隋任滁州刺史；受寄專城，綏撫黎庶，朝有佩」刀易犢之歌，野致五袴兩歧之詠。公幼而聰令，世號神童；長而英傑，風儀秀異。可」謂鵬摶戢翼，鯤勢潛鱗，養翮雲霄，俟時而出。大唐膺圖，彈冠入仕，起家任右武衛」翊衛校尉。機神警瞻，智邁前蹤，藻思謀謨，德逾往哲，允文允武，懷經緯之材；立效」立功，抱忠貞之節。□□侍衛，出入禁門，夙夜恪勤，名播朝野。廉藺挹其風猷，樊鄧」美其勇冠。是以西征戎國，席卷高昌；東伐島夷，驂駕遼右。控弦則箭開伏石，按」劍則陳不當鋒。大樹坐□，丹車絳闕，册而受職。功簡帝心，勳庸必著。貞觀廿二年」二月廿九日詔授游擊將軍、右武衛信義府右果毅。公兵符武略，本自生知，減」竈張旗，從來自解。又清慎□言，務從簡要。軍士戴荷，恩若投醪；僚佐欽仁，穆同魚」□。罪恥蒲鞭，不成自□。□□之對强寇，不廢尋書；陳平之在重圍，何妨盃酒。慕班」定遠之絶域，慷慨不平；抱馬伏波之殊勳，夙興忘寐。殉命輕軀，無因報國；捫心攘」袂，徒望陵雲。壯髮衝冠，空懷扼腕，日月居諸，忽焉耳順，王事靡盬，膚腠虚勞，抱疹」策躬，遂纏痾瘵，積善之慶，驗今虚也。扁鵲之醫，療而不救；盧生之藥，服而不痊。公」春秋六十有一，永徽四年二月九日，薨乎府解。光儀倏忽，迅若奔腠，曦神氣俄遷，」奄同過隙。大夏方構，梁棟已摧，樹德未隆，聲名遽謝。嗚呼！人之云亡，邦國殄瘁。諸」子攀號，絶漿七日；苫廬枕塊，泣血三年。府僚兵士，匍匐臨哭；官賜賻物，以資喪事。」公權殯玄宮，卜期歸洛。昔乘朱幰，陪竭承明；今旋素蓋，魂遊蒿里。公枌榆許部，僑」居鞏雒，英雄風月，何必故鄉，永徽五年二月丁丑朔八日，葬乎北邙之平原。南望國」都，徘徊桂殿，北臨德水，迢遰仙查，窀穸幽冥，是其勝地也。轜車纔出，哀葭已吟；丹」旐隨風，凶儀皓野。傾城祖奠，流淚霑襟；親故攀轅，潸然流涕。拔山之力，從此沉淪；」梁塵之歌，因茲罷聽。滕公之幽壙，啓日無期；霍驃騎之孤墳，荒蕪幾代。泉扃易奄，」石槨難留，松劍已懸，宿草方列。恐陵谷不常，山河崩竭，勒此豐碑，庶揚名不朽。嗚」呼哀哉！乃爲頌曰：

三才草昧，陶均品物，諸侯建國，股肱閒出。台鉉漢朝，棟梁晉」室，南陽著族，衣纓景日。其一。枝派星分，各居茅土，宣風四岳，冠蓋三輔。門盛金張，政」□伊吕，出入□，允文允武。其二。人世須臾，榮華俄爾，泉夜長眠，終無再起。崇邙右□，」麓山地市，無復魂歸，惟餘松梓。其三。」

（周紹良藏拓本 河南千唐誌齋藏石）

永徽〇九七

【蓋】失。

【誌文】

大唐故處士趙君夫人郭氏之誌□并序」

君諱嘉，字善通，本南陽人也。昔夫六國鼎圖，亢秦皇於盛會；」三千館客，合楚室之盟言。實謂清派源長，芳枝靈茂者矣。曾」祖達，隋任岱州雁門縣丞；匡讚一同，輔光百里。祖滿，隋任三」鄉府校尉；父合，隋任建節尉；並壯志從横，武情雄略，講干□」而殿瓦落，運籌謀而虜違駭。君屬有隋失馭，華裔繁虞，實無」面於僞庭，固誠心於正道。遇皇家受命，濤塵息謐，雖復身」無宦禄，邦有道而不嗟，遂乃曉悟自然，明鑒齊物，恬神鼓腹」之歲，寂志耕田之秋，屢觀魚樂於濠梁，迎知木雁於舒卷。加」每秋宵春日，明月林泉，累宿之友盈堂，連璧之朋任席。仁義」智信，曾不虧於鄉閭；然諾心期，有盛聞於謡俗。豈謂劉公風」燭，倏矣侵人；李生石光，俄相逼滅。以唐永徽四年十二月十」四日卒於洛陽時邕坊私第，春秋六十有四。夫人太原郭氏，」隋大業洛州别駕祥之女也。即以永徽五年歲次甲寅二月」丁丑朔廿一日丁酉，合葬於河南縣平樂鄉邙山之陽禮也。」故使襄川龍劍，雖先後而同歸；仙路夫妻，感一誠而俱逝。於」是左依崇阜，仍參仁者之風；右帶瀍流，永叶智情之跡。然恐」舟壑遷改，人事虛盈，式刑遺芳，迺爲詞曰：」

聖武龍興，澠池秦會，平原館客，錐鋒穎外，千代萬代，傳稱奇」最。其一。承曾承祖，唯文唯武，冠冕兩朝，忠誠二主，嘉聲靡墜，□」風自舉。其二。儵矣隙光，俄然石電，隴隧雲暗，松楊風扇，人□同」摧，千秋不見。其三。」

（周紹良藏拓本　開封博物館藏石）

永徽〇九八

【蓋】失。

【誌文】

華君墓誌并序」

君諱歆，字鍾葵，洛□人也。暨乎司土命氏，綬□」連橫，冠蓋相輝，珪璋間□，□乎縑素，可略言焉。」乃祖乃父，並□□謙光，伊□齊□，世□茲華，弈」葉不絕。惟君早□□靈，少陪朱帳。晦迹□問，栖」息閑居。盻丘園以自娛，□□□而娛志。優遊卒」歲，詎輟琴尊。流俗莫委其多能，里閈不□其深」識。可謂□言有德，志愿□□，以斯取畢，皎然難」擬。嗚呼！不幸遇疾彌留，餌藥不瘳，而其病漸篤，」以永徽五年三月十三日卒於私第，春秋七十」有六。還以其年其月廿四日窆於邙山平樂之」原，禮也。□田成碧海，凌谷貿移，題諸景行，乃爲」銘曰：

言諧餘慶，載誕英規，□親遠尚，接友」遥推。三端已妙，六藝無遺，一技□□，數刃難窺。」□上恒岱，京都建業，德若高松，□章□曄。□□」□前，靈魂粉蝶，墳臨玉水，塚葬金山。猨吟燧□，」鵠唳松間，既無□□，□□不還。」

（周紹良藏拓本　河南千唐誌齋藏石）

永徽○九九

【蓋】失。

【誌文】

故少府監中尚丞劉君墓誌」

君諱皆，字□，漢楚元王之裔，彭城汝□里人」也。昔以大風□□，振威歌於鄉中；□於朱□」奮發，廓氛祲於郢荆。於是鬱樹□□，□盈□」派，宗□沿革，家於珍藏之鄉。綽綽□□，□□」□於兩觀，閣□祖禰，垂纓紱於三□。□□□」□文府□□□學術，以貞觀之時□□□」□□之職□□期頤尚遠，春秋七十有二，卒」於私第即以大唐永徽五年二月卅日葬於」長安縣昆明龍門二鄉界内阿城之東。幽隧」既窆，銘□永歸，播徽陰泉，勒成金石。其辭曰：」

□□之裔齊高惟新，族流四海，君派三秦。□」□□玉，非德不鄰，寬栗手舉，但塞雙陳。其一。□」□魏闕，布武□□，灰飛管躍，流譽彌□，□□」資式，百□□芳，如何窀穸，□□□蘭。」

（北京圖書館藏拓本）

永徽一〇〇

【蓋】　大唐故郎邪王君墓誌

【誌文】

大唐故上騎都尉通泉、金城二縣令郎邪王君墓誌銘并序」
原夫命氏之始，本乎纓冕之初，姬喬以顯諫匡時，王翦乃戎昭佐命。世傳」二九，代歷四三。驥足龍騤，遠司蕃牧；琳琅杞梓，近侍麟宮。金章與玉佩連」輝，紫綬共蒼琪弈葉。衮職無替，其唯郎邪王氏焉。」公諱素，字仲儉，徐州臨沂人也。公識宇昭宏，風神秀逸，綺文妙於天骨，艷」藻工於自然，卬卬若千里之駒，楚楚類百夫之傑。曾祖翊，魏鎮南將軍、使」持節濟州刺史、國子祭酒、金紫光禄大夫；皇儲降禮，帝自臨軒。豈惟太子」執經，獨表杜夷之貴；人君賁洟，方顯賀循之奠。祖淡，齊中散大夫、二府中」郎、北徐州大中正；」父宗，隋河南王府參軍、信都縣長樂縣丞；宣風導物，忠」列盡規，雖公曾之藻鏡人流，君黄之繡衣革俗，希蹤逸軌，良用内慚。公纘」紐洪基，剋隆堂構，謨明夐遠，識量清通，逸藻瀉若懸河，清章焕乎貫玉。屬」皇基爰始，擇任求賢，屢降弓旍，方縻好爵。起家魏州都督府典籤，加騎都」尉，除左屯衛兵曹，又授洛州録事參軍，被舉梓州通泉令，又加上騎都尉，」改蘭州金城令。公家之事，知無不爲，蹇蹇匪躬，萋萋盡力。鷁翬翠粲，表異」來馴；彪鱸班彬，望風去境。牛刀三剖，仍屈士元之才；縱設三科，未展升卿」之略。豈謂晨歌奄及，撤瑟方臨，殲良之詠有徵，輔仁之言無效。以永徽三」年九月二十三日卒于蘭州金城縣，春秋五十有四。嗚呼哀哉！惠君長逝，」百里同哀；哲人其委，三千掩泣。豈獨椒君即世，合市漣洏；温令告終，隨車」慟哭。子大志等，曾羔行著，天性夙成，泣血三年，絶漿五日，先期戒事，敬遠」攸從，遂以永徽五年歲次甲寅二月丁丑朔三十日景午，葬于邙山之陽」禮也。其地則面瞻紫闕，後據黄河，西奉魏文，東欽夷叔，樂兹四美，無想九」原。庶清徽與天地俱長，茂績等崇邙永固。嗚呼哀哉！乃爲銘曰：」

於惟王氏，崑峰秀峙，矯矯仙君，周靈元子，斷鞅犯顔，引裾迕旨。輕兹大寶，」重尋丹滓，拂衣遐舉，躡雲高視。大哉惟魏，式幹元良，尹兹東夏，憲舉時康。」龍旂象輅，鷩冕金章，千秋蘭桂，萬紀遺芳。惟祖惟父，鄧林翹楚，中散清閟，」丞寮多緒。靜而不豫，煩而剋舉，志若松筠，清貞獨處。三哲重輝，公紹餘慶，」履冰爲戒，忠廉作鏡。南服懷恩，西蕃賀政，秩滿言歸，式號且詠。旻天不吊，」降罰令君，上嗟穹昊，下訴幽神。佳城掩愰，趙日無春，松垂偃蓋，延劍有聞。」

（周紹良藏拓本）

永徽一〇一

【蓋】失。

【誌文】

□□趙夫人墓誌銘并序」

夫人諱摩，隴西人也。其先趙充國之苗裔。祖斌，」齊任相州城安縣丞；父達，隋任相州巖城府司」馬；並英奇卓秀，冠冕殿庭，或流譽於上京，或馳」聲於東漢。夫人承桂薄之流風，藉瓊田之芳潤，」容範詳正，自得天姿，志行貞專，雅符神性。年十」五，姻于韓氏，□空令節，百兩將歸，琴瑟諧驩愉」之情，蘋蘩循祭祀之禮。母儀薰懿，婦德尚柔，舉」案以對良人，憂勤之志無倦；大被而貽壤子，慈」愛之教載隆。既而鬢髮已秋，年齡行暮，豈期降」年將盡，履福或愆，數兩神香，空聞已往；一株靈」草，徒怨路遥。以永徽五年二月十八日奄辭人」世，嗚呼哀哉！春秋七十有五。遂以其年三月二」日窆於邙山之陽，禮也。恐陵谷遷貿，蕪没德音，」爰刊斯文，以爲不朽。其詞曰：」

因官命氏，世傳芳問，志性幽閑，言容淑慎。動循」閫則，率由閨訓，方映雪華，連輝玉潤。隙迅馳」暉，草栖危露，人隨世閲，世推人故。夜臺不曉，寒」山已暮，魂往難招，空悲隴路。」

（周紹良藏拓本　河南千唐誌齋藏石）

永徽一〇二

【蓋】　王君之銘

【誌文】

唐故王君墓誌銘」

君諱才，字玄德，其先太原人也。盛漢之初，忠孝流」於後葉；有周之始，高價播於前規。曾祖紹隆，齊別」駕；内苞三德，外贊六條，冠蓋攸歸，人謡是冀。懸榻」侍士，無謝古人；啓閤招賢，何慚往彦。祖和，魏縣令；」宣言百里，若影隨標；敷教一同，如風靡草。鳴琴密」賤，虚譽舊經；絃歌子游，罔談曩日。君隋儀同；橫戈」出塞，萬騎莫當；撝劍相交，百夫何擬。遂捨茲官宦，」志在丘園，性洽琴書，心懷待物。風前月下，飛蓋相追；」春景秋朝，羽觴交錯。輕千金有同糞土，重一諾事」等丘山。雅好清談，尤敦敬愛，惟德是輔，始驗虛言；」積善餘慶之徵，方呈妄旨。粤以永徽五年三月朔」一日丁未卒於家，春秋六十有三。即以其年歲次」甲寅三月廿四日其辰庚午葬於北邙之山。其地」北俯黃河，南瞻嵩岳，西負函谷，東帶故城，嗚呼哀」哉！曠野蕭條，寒雲起而還滅；孤墳闃寂，驚禽去而」復來。將恐海變桑田，陵成幽谷，敬勒徽旨，乃作銘云：」電影難留，隙駒易謝，既類風燭，還同幼化，百丈泉」深，千秋長夜。」

（周紹良藏拓本　開封博物館藏石）

永徽一〇三

【蓋】李君之誌

【誌文】

唐故潁州下蔡縣令李府君墓誌銘并序」

府君諱信，字君諒，隴西城紀人也。峩峩列岳，標華宗之特秀；瀰」瀰長瀾，委鴻族之遥演。故以將飛漢代，柱史周朝，繡軸朱輪，相」間無替。祖奉節，後魏員外散騎侍郎；獻可盡規，珥貂斯在。父貴，」隋相州臨漳主簿；毗贊一同，不嚴而教。府君温恭自幼，含珪璋」以挺生；清洌天然，執松筠以持操。至於家風邦政，由内外成，出」仕承宗，恕己及物。弱冠辟巴西西水法曹，久之，除羅川縣丞。于」時景屬横氛，羣妖競逐，覺先流品，率縣歸誠。教授陝東道」大行臺刑部主事，又授膳部主事。行臺廢，即授洛州行參軍，俄」除宋州司户參軍事。一從莅職，忠正克宣，清幹存公，翔而後集。」應詔遷幽州昌平縣令。縣衝要壤，豪彦連鑣，塞草纔衰，北」藩多警。君扇以威福，示以憲章，令若風從，於是乎肅。雖復中牟」馴雉，密里飛蝗，媿之於君，似將慚德。秩滿，授潁州下蔡縣令。既」而年垂耳順，知足之喻切懷；賦詩歸來，懸車之志無忽。於是依」山鑿沼，因竹成齋，閒之以琴心，兼之以酒德，虛襟鄰儻之伍，善」誘幼童之類。何其至道斯行，忽焉將落？粤以永徽五年歲次甲」寅三月丁未朔八日甲寅，終於德懋里私第，春秋七十七。其月」二十七日癸酉，權葬於邙山之陽，禮也。殯階撤祖，輴駕夙興，去」華庭之顯敞，臨曠野之幽陵。夜月清兮松檟冷，玄堂邃兮芳音」凝。銘曰：

肅肅鴻基，遥遥令德，居周居漢，是法是則。其一。松挺」千丈，波澄萬頃，稟兹淑類，終朝三省。其二。在亂不煩，處明斯哲，入」省臨縣，政教無闕。其三。知止自退，遊衍□幽，福散祈禱，處順忘憂。」其四。素旐飛飛，靈輴肅肅，一扃泉户，風□□竹。」

（北京圖書館藏拓本　開封博物館藏石）

永徽一〇四

【蓋】無。

【誌文】

永徽五年歲次丁丑」四月朔丙子十九日」癸巳，交河縣故帶閣」主簿史伯悦妻麴氏，」春秋六十有四，殯葬」斯墓。烏呼哀哉！烏」呼哀哉！史氏之墓表。」

（録自《高昌磚集》）

永徽一〇五

【蓋】失。

【誌文】

唐故顔君墓誌銘并序」

公姓顔，諱相，字仁肅，河南洛陽人也。源夫洙泗弘風，顔回著」昭鄰之美；海沂虚尚，顔盍馳高節之譽。於後弈葉重暉，分枝」秀遠，標牓軌望，英髦間發，詳諸門譜，可略言焉。祖諱感，隋任」清河縣宰；父諱和，隋任并州司户參軍；或宣風百里，馳暉烈」於瀛湄；或贊美六條，揚清規於朔服。公德門餘祉，堂構允膺，」無替箕裘，弓冶斯屬。夙懷奇志，幼挺風儀，卓爾異羣，澹然自」得，處世無悶，其在兹乎？虚白是務，拾青匪狎，丘園偃逸，衡泌」栖遲。而器宇沉深，崖涘標絶，風格軌固，情華莫窺。鄉黨挹其」清範，宗家懷其雅度。百行不虧，孝乎惟孝；九言成貫，知機知」微。服禮貧樂，循仁成節。所冀期頤永壽，福善是憑。何謂委壑」驚波，送藏舟而不輟；經天逝景，鶩陽烏而無顧。寢疾不留，遂」淹歲月，如何不憖，殲我良善。春秋六十有一，永徽五年歲次」甲寅四月丁丑朔六日辛巳終於立行之里，即以其月廿七」日壬寅葬於北邙之山。有子五人，揚名顯德，或緇或素，暉映」珠璣，孝由天造，毁將滅性。朝溢夕溢，歎屺路而有窮；如慕如」疑，苦風樹之無静。泣庭訓而罔及，嗟昊天而靡終，懼陵紆兮」谷峭，志芳列於餘風。其詞曰：

眇矣遐源，悠然遠裔，」鑿坏高遁，叢蘭奄惠。標牓間出，英髦畢世，弈葉千枝，疏芳列」桂。高門寔纂，仁風允繫，祖父承□，簪紱彼係。惟公懿美，箕裘」是繼，聲華夙警，馳芳髫歲。青紫匪狎，依仁遊藝，禍淫無爽，福」期疏契。藏舟易淪，若華遄翳，如何不壽，昭途有憩。夜臺無曉，」玄扃長閉，楊路風生，松門雨霽，春蘭秋菊，英華無替。」

（録自《芒洛冢墓遺文四編》卷二　周紹良藏拓本）

永徽一〇六

【蓋】失。

【誌文】

夫人諱隴，字淑德，南陽人也。昔襄城問道，齊驅而稱七聖；□」陽崇□，連衡以定六雄。侍中以儒術冠當時，司空以□□高」佐命，或兩歧著美，擅爲政之名；或三篋無遺，流默識之譽。是」知英威踵武，非所極於名言；蘭菊連芳，固紛綸於緗素。曾祖」文秀，齊冀州司馬；祖正平，隋越州會稽縣令；或望重時英，清」規可以厲俗；或德光世範，惠愛足以化人。父宜生，隋雍州真」化府鷹揚；既嗣家聲，仍標領袖，動成規矩，心運權衡。夫人漸」潤珠皋，圓折汜其清朗；資芳桂苑，團魄淨其凝華。爰自笄年，」歸于祖氏，既而移天伉儷，逮事舅姑，躬自執持，心力無稽，奉」上以恭肅，接下以温柔，豈秪流譽閨闈，固亦稱仁鄉黨。何□」天長地久，人道虧盈，巨壑藏舟，忽焉非固，以永徽五年四月」十五日終于殖業之第，春秋八十有一。夫人夙表韶華，雅懷」貞正，唯善是務，非禮不行。德美鴻妻，無勞荀誡；禮踰萊婦，詎」待張箴。豈期與善爲虛，輔仁無實，母儀婦德，方貽則於將來；」龍劍鸞儀，遽沉魂於幽壤。即以其年五月九日，安神於北邙」之清風里。嗣子滎州威遠縣令君信等，攀風樹而不逮，望寒」泉而無及，懼芳猷之或替，刻貞礎於泉扃。其詞曰：」

悠然遠胄，眇矣遐祖，安世默識，茂先博古。異人間起，聯徽踵」伍，華紛史牘，光馳門譜。其一。惟祖惟考，琳球襲映，誕兹懿淑，夙」表柔令。蘭芷其儀，珪璧其行，芳裕沖範，率由因性。其二。愔愔婦」德，肅肅母儀，誡子斷綜，承天奉迤。言行無犯，終脩結褵，合禮」明範，其馨若斯。其三。奔曦西騖，閱川東逝，勞生不止，音儀俄憩。」楊路風生，松門雨霽，陵谷有徙，芳猷無替。其四。」

（周紹良藏拓本　河南千唐誌齋藏石）

永徽一〇七

【蓋】失。

【誌文】

□□□□□□君墓誌銘并□」

□□□□□□□紀人也。其先□□□□□□□官五行斯紀，」□□□□□□□□匡周立仗鉞□□□□□□□□□邦齒三台於奉」□□□□□□命牧荊州而□□□□□□□蟬聯不絶。曾祖」□□□□□□□立節石鵲□□□□輔國純誠，樂羊何能致」□□□□□□□□□□□是盛□□。祖亮，魏太和廿年任奉朝請」□□□□□□齊任漳水府校尉，有文有武，職事明練。施功定遠，」□□□可齊能，臨難濟危，紀信豈其爲匹。君即校尉之長子也。弱」不好翫，幼而成譽。及登强士，性度純遠，優遊文雅，任性推移，乃被」抑舉孝廉，隋任奉誠尉也。不謂輔仁無驗，餘慶靡徵，忽遇纏痾，彌」留大漸。金丹玉醴，罕見長生；一葉三丸，徒云却死。春秋卌有九，以」大唐貞觀十一年十一月十一日卒於私第。夫人劉氏，出自彭城，」戀彼琴瑟，言歸夫室。雅懷淑慎，妙禮組紃，禮節承家，姆儀成軌。常」修善行，流意法門，畢竟苦空，專崇釋典。但以隟駒難駐，辰巳遽臨，」五福奄違，積善無驗。春秋六十有一，以永徽五年四月十八日卒」於私第。嗣子僧壽，孝行純深，殆逾禮制，王蔡不若，曾閔無加。即以」其年歲次甲寅五月景午朔十五日庚申遷葬於洛陽縣清風鄉」張方里平原之川禮也。文經武器，俱葬泉宮；繡被羅裳，同歸幽壤。」可謂舉號未及，罔極難追，思陟岵而長嗟，荷析薪而掩泣。卜宅之」兆既彰，孝終之情斯著。大夜難曉，小年易流。在幽石而須刊，庶芳」徽之方永。嗚呼哀哉！乃爲銘曰：

巍巍盛裔，興乎西成，赫赫」鴻族，軒冕漢庭。惟君體道，晦跡韜名，方期萬壽，忽夢兩楹。其一。閲川」長逝，人代何促，眷然石火，掩前風燭。蒿□結惟，丘中儛曲，九泉悠」永，百身何贖。其二。吉行凶返，物在人亡，深□路遠，野闊川長。新墳軌」湅，宿草凝霜，車遵隴路，旐入松行。其三。清徽永遠，梁木纏悲，孝乎□」□，泣涕漣洏。大年難曉，陵谷遷移，銘斯□石，泉門記之。其四。」

（武漢大學歷史系藏拓本　河南千唐誌齋藏石）

永徽一〇八

【蓋】失。

【誌文】

大唐曹州離狐縣蓋贊君故妻孫夫人墓誌之銘」

夫人諱光，河南河南人也，後漢將軍堅之後。自晉歸命侯之北入也，」遂世居洛西宜陽焉。建功立事，詳於國篆；服冕乘軒，焕於家諜。故可」得而略也。至祖邁，齊處士，隱於河南北山，因家之。父興，剛毅雄武，盤」桓利貞，隋大業初，拒楊亮於河陰，授建節尉，從勳例也。夫人承慶善」之餘，含純粹之美，中和之色，形於玉姿；恭順之容，率於蘭性。于澗于」沼，自有幽閑之風；爲絺爲綌，非無煩辱之事。及言歸華室，作配猗人，」主斯中饋，以弘内則。嚴正以御下，勤約以先人，勔勉婦功，經綸家務。」故能皇泰阻飢之日而粱稻有餘，開明喪亂之年而安樂無替。加以」留心釋典，好殖勝因，構法宇於閨庭，繕祕言於貝葉。常誦金剛波若」灌頂章句，莫不原始要終，鈎深詣賾。且愷悌之心，發於造次；仁惻之」至，通於神明。初隋末土崩，洛中雲擾，米遂騰躍，斗至十千。頓踣於是」成行，骨肉不能相救。夫人偶逢棄子，岐路呱然，哀而鞠之，恩情甚備，」及其亡也，涕淚無從。娣姒諸姑，更相寬慰，因曰：仁矣若人，儻終無子」者，天爲無目也。逾年而誕暢云。流膝下之恩，降掌中之愛，成其名行，」勞於顧復。庶享眉壽，長翫庭芝。而逝水難留，崦山易迫，愉樂之情未」極，泉臺之恨忽諸。越以大唐永徽四年六月廿一日，終於離狐縣之」公第，嗚呼哀哉！嗚乎哀哉！春秋六十三。有子曰暢，字國華，太子校書郎。

秦中聞」赴，千里行號，望室徒疑，終天已遠。嗚呼哀哉！嗚呼哀哉！越永徽五年，歲次甲寅」五月景午朔十六日辛酉，遷厝於邙山之原，即宅兆也。惟天地之悠」長，恐桑田之變易，庶清規之不朽，寄德音於斯石。銘曰：」

黄雲流慶，青蓋垂陰，人多茂傑，世襲纓簪。處士幽尚，建節英襟，誕茲」淑德，繼以徽音。比鏡齊明，方絃等直，言爲女訓，行成婦則。奉身節儉，」臨下莊敕，致厥殷饒，濟乎危棘。仁心外顯，信力内堅，法宇斯構，遺孩」是憐。庶憑與善，享其永年，如何不弔，奄忽徂顛？馬鬣封成，龜謀辰吉，」歸來泉户，别離舊室。一代俄空，千秋長畢，唯餘隴樹，哀風騷瑟。」

（北京圖書館藏拓本　河南千唐誌齋藏石）

永徽一〇九

【蓋】　苻君墓銘

【誌文】

唐故苻君墓誌銘」

君諱肅，字孝威，河南河南人也。有扈啓藩，分土玄珪之始；草」付斯氏，誅茅典午之時。於是族茂綿遐，委九河而波振；鴻基」峻邈，架二華而干霄。故使趙國懷疑，晉朝致止，光昭曩策，垂」譽後昆，賢能由此克生，鍾鼎於斯不墜。祖元，北齊龍亢縣令；」父達，隋鄴縣丞；並冰鏡凝清，蘭蓀絢藻；資忠徇勳，光武城之」絃歌；踵接揚蕤，贊西門而變俗。君珪璋挺質，表異弄璋之年；」松竹疏神，昭貞馭竹之歲。既而仁孝斯立，學業已優，内闕花」萼之親，外無葭莩之戚，所以息心干禄，詠南陔以固懷；志不」求榮，思負米而爲樂。於是盡歡朝夕，愛敬同歸，情逸神娱，不」知將老。及再嬰丁罰，知命已過，留心道義之塗，止至家人之」務。追朋月夜，嘯侣花朝，顧榮利於木雁之閒，齊是非於指馬」之内，優哉樂矣，冀遐年也。望子孫名立，堂九刃而盈歡；齒跡」朝廷，禄萬鍾而餘憘。何其春風尚遠，桃源俄爾涸流；秋夜未」遽，菊浦忽焉摇落。越以永徽五年歲次甲寅閏五月乙亥朔」八日壬午終於清化里第，春秋六十有八。子尚仁，痛江干遐」逝，瀝膽血以彫篁；仰視机筵，號陟屺而無見。以其月廿八日」壬寅遷厝於邙山禮也。去園林之霍靡，陟峭嶺之丘荒，雲霏」霏而轉蓋，風肅肅而鳴璯。魂沉浮於舊宇，神寂滅於玄堂，述」德音於南館，勒貞石於北邙。銘曰：」

裂漢抽本，横天起萼，自彼夏條，著功沙漠。玉亮漳濱，金響伊」洛，孝名冠閔，貞昭迎郭。謂善輔仁，於我無固，桂花風隕，玄堂」啓路。書卷塵飛，琴停月度，松聲颾䬝，山庭增暮。」

（周紹良藏拓本）

永徽一一〇

【蓋】失。

【誌文】

唐故成君吴夫人墓誌銘并序」

君諱遠，字明達，洛陽人也。若夫崑粵基構，盤礴」隆敷，滉瀁泉源，派流滔蕩。祖安，齊荆州長史；

父」貴，隋陳州項城縣令； 斯并英猷峻峙，挺質琳瑯，」壯逸志於春雲，抱貞明於秋月。 君稟靈山岳，澹」泊怡然，介潔丘園，優遊松竹。 積善無慶，殲此良」人，寢疾彌留，遽捐館舍。 夫人胤居勝地，擢□千」尋，婉孌穠華，淑姿桃李。 年登笄櫛，匃哲衡門，遂」告言歸，爰嬪成氏。 靚恭蘋藻，率禮自矜，閫閾虔」脩，母儀匪忒。 豈而晷運不憇，鐘漏相催，川有迅」流，風無停樹，粤以永徽五年六月十二日卒於」私第，春秋六十有六。 即以其年七月十二日，哀」子玄德，生禮允洽，死事懿脩，備棺槨以衣衾，乃」合葬於邙嶺。 恐龜長筮短，谷阜陵頽，勒此玄銘，」永標千古。 其詞曰：

猗歟成君，英猷玉亮，緝熙夫人，志列秋霜。 君子好仇，室家貞貺，命悼逝川，」骸殤□壤。 龍轜遵路，陟彼山崗，於於雲旆，霏□」霧翔。 索索悲風，蕭蕭白楊，泉扉掩塵，人事棲□。」

（録自《芒洛冢墓遺文續編》中）

永徽一一一

【蓋】 失。

【誌文】

大唐故建陵縣令席君墓誌銘并序」

君諱泰，字義泉，安定人，周之後也。 虞以握文啓蕃，偃以司籍命氏，劇秦」之政，自北徂南，避羽之名，改籍爲席，示不忘本，易文而已。 漢初豪傑西」遷，遂爲關中望族，葳蕤世緒，史牒詳焉。 曾祖固，周侍中襄州總管安靖」郡公； 祖雅，隋大將軍宣州刺史； 並道著時英，聲敷物觀，金貂亮彩，朱輪」結轍。 父鄆，隋左親衛；體道居貞，才優運否。君禀和育祕，漸慶資靈，志宇」凝邈，風儀爽濟，體兼百行，學綜九流，志重衡棲，偶從筮仕，大業三年，起」家任漁陽郡司户。丁憂去職，孝形哀毁。屬隋季道消，因秉高尚。曁唐初」物覩，乃恥賤貧，武德中，隨例任東宫左親衛。雅譽所歸，風猷自遠。尋以」四科應詔，擢補東宫右虞候率府倉曹參軍事。職在清防，績宣寮府，」驄史所以絶馳，虎闈以之增肅。又轉授左屯衛鎧曹參軍事。曳裾列位，」灑翰句陳，載揚偃甲之風，式清懸戟之警。于時魏府初開，特流天愛，」寵光輔弼，羣蕃莫儔。君以茂才，欝爲首選，除魏王府倉曹參軍事。侍甘」醴於終宴，賦珍荿於旅食，賞穆梁園，聲遒淄館。既而府廢，授杭州録事」參軍。申謇議之方，得正繩之體，又轉任桂州建陵縣令。龍淵尚匣，徒振」影於楚谿；驥足未攄，竟摧軜於吴坂。以今永徽四年五月廿五日寢疾，」卒於官舍，春秋六十有四。君幼彰敏察，長契仁和，言重樞機，行兼曾閔。」藴閑明以效績，總清劭以臨官。而福善靡徵，哲人其委，以今永徽五年，」歲在攝提，月躔夷則，廿九日壬寅，窆於邙山翟村東一里。嗚呼哀哉！嗣」子元福等，閲東川之不留，遡北風而飲淚，敬銘德於翠琰，庶揚芳於玄」隧。其詞曰：」周承軒緒，晉紐唐基，氏胄之錫，典籍是司。英賢接武，青紫繼期，豐貂照」灼，弱組逶遲。其一。英英顯考，懷仁履素；穆穆若人，含章貞固。二府參職，兩」宫贊務，藻絢文房，才彰武庫。其二。寵番肇建，妙簡惟良，猗歟令德，允矣高」驤。榮兼寓楚，賞劇遊梁，縟錦斯製，絃歌載揚。其三。朝景不留，夜臺俄闢，」哀□送響，柳車遷跡。荒隧長幽，芳猷徒籍，悵望松檟，于嗟古昔。其四。」

（周紹良藏拓本）

永徽一一二

【蓋】失。

【誌文】

大唐姬公墓誌并序」

公諱推，魯國兗州人也。肇自有周文王之子姬」文公旦」之後。錫土命氏，光膺制建，暨於隆漢，代」作台輔，門業丕顯，慶德延祚，寶運惟新，鬱爲芳」族。曾祖沖，魏爲驃騎將軍西河太守；祖泰，齊爲」中散大夫；父讓，隋任商州商陽郡贊治；並人譽」時才，豐珠儉粟，三省無闕，六行無虧。奉國賓家，」以忠節爲本。加以靖恭致敬，心慕伽藍。年始弱」冠，娶於程氏，兩宗華胄，二門弈葉。夫人執麻治」緯，績習於婦功，上事舅姑，傍睦娣姒，春秋卌有」九，去貞觀廿一年卒矣。公春秋五十有八，於大」唐永徽五年歲次癸丑七月卅日卒於私第。即」以其年八月甲辰朔十七日庚申遷厝，合葬於」邙山之陽□□鄉之界。哀子元□遂無本枝之」親，恐墜□道之弊，乃勒芳猷於翠石，其詞曰：」

高掌北臨，長河東直，帝軒遠系，葉傳衮職。錫土」魯邦，枝分周埴，代標令問，子孫□德。慈深方」被，慶集長筵，忽同朝露，徒泣寒泉。」

（周紹良藏拓本　開封博物館藏石）

永徽一一三

【蓋】失。

【誌文】

大唐故張君墓誌銘并序」君諱琛，字珍寶，河南洛陽人也。生資地望，夙紹門」風。砥節幼學之年，飛聲弱冠之歲。孝友天縱，貞諒」自然，勁聳千尋，清澄萬頃，英姿特秀，逸調孤清，偶」質不羣，忘懷干禄，依仁葺宇，望道通交。或臨芳徑」而浩歌，或蔭茂林而獨賞。陶然自逸，眇暢心神，澹」爾無營，不驚榮辱。春秋六十有七，以永徽五年歲」次甲寅八月甲辰朔五日戊申卒於里第。夫人劉」氏，地籍膏腴，作儷華宗，克齊令德。春秋五十有七，」永徽三年，先君遷化。遂以君終之月十七日合葬」於邙山之陽，禮也。恐陵谷遷徙，勒資玄石，永表徽」音，以傳不朽。嗚呼哀哉！乃爲銘曰：」鬱彼華宗，言齊令德，譽綜人倫，行高嬪則。漢水珠」明，崑山玉殖，擅此芳猷，藴茲柔克。其一。遊神清曠，絶」志風塵，不希名利，終懷至真。年趨晦朔，日急晨昏，」三端永謝，四德長淪。其二。遽落蕣華，遄晞薤露，館宇」寂寥，几筵餘慕。聽絶話言，塵銷雅步，勒此幽扃，式」標貞素。其三。」

（北京圖書館藏拓本）

永徽一一四

【蓋】　失。

【誌文】

唐故楊君墓誌銘并序」

君諱貴，字元宗，弘農華陰人也。原夫本系，出自有周，誕耀雄豪，」冠冕炎漢。故使翠松偃蓋，挺磊硌
於千尋；碧洛浮空，澄波瀾於」萬頃。於是學綜儒部，同西河之擬仲尼；智該武庫，誦黃璽而知」絶妙。
豈止時飛紫蓋，閒出異人而已哉！祖恭，北齊荆州司户；父」弘，周下博縣丞；並器宇宏邈，凝白雪以
踈神；爽氣冰清，竦丹桂」而標志。君自少及長，孝友爲心，不作無益之遊，至在寧親之務。」故撫塵李
徑，知味苦而不從；簡閲文園，慎珪玷而周復。是□遠」近瞻遲，宗黨矚心，中外樂推，冀其賓國。君曰
柒彫開仕，對曰未」能，吾自卜之，方開遠矣。此即君之謙也。自是隋運將革，九野塵」飛，既得息肩，痾
疹相襲，雖利見之志彌鋭，舟壑之運俄遷，去貞」觀元年十月十五日終於私第，春秋六十二。夫人武氏，
早脩貞」順，幼綜婦儀，行自楊門，塤箎相韻。雖復早丁艱苦，瞻松筠以挺」心；撫養孤遺，杖弱蓤以存
愛。是故名流州里，行結朝端，名行既」彰，詔授緱氏鄉君，優秩也。冀以保□顯秩，作母儀於鄉親；
何」圖善報無徵，肅玄扃以長往。以永徽五年九月三日終於脩義」里私第，春秋八十三。以其月廿五日
同葬於邙山，禮也。恐丹巘」雲構，與洪濤而下沉；碧海浮天，共翠微而上秀。故老於焉絶唱，」韋編以
是不傳，敢述芳猷，勒之貞石。庶天長地久，德音將蘭桂」齊芬；日往月來，遺愛同丹青無味。其

詞曰：」

堂堂遠祖，出自有周，漢惟太尉，晉作諸侯。芳傳桂苑，芬播蘭疇，」篤生夫子，繼此徽猷。事親能孝，奉兄唯友，好學忘疲，施人思厚。」秋夜春朝，携琴置酒，志鋭賓王，俄先衰柳。蘭堂燎歇，蒿里淒歌，」素轜齊躅，白驥鳴珂。書停奥義，琴息流波，玄丘風黮，梓柏飛柯。」

（周紹良藏拓本　開封博物館藏石）

永徽一一五

【蓋】韓君墓誌

【誌文】

大唐故陪戎副尉韓君墓誌銘并序」

君諱懷，字善才，昌黎人也。吹律命族，肇跡勤周，因土分枝，建旟强」晉，英賢接武，光備管絃。祖仁，齊任洛州丞；父恭，隋任新安縣令；並」風格遐遠，清猷載穆，羽儀千里，冠冕一同，邺隱專城，鳴琴在政。君」禀和交泰，感質貞明，志局開朗，心神警發。仁惠之道，資訓自天；孝」友之方，無假因習。有隋失馭，王政孔艱，君乃晦跡俟時，銷聲危行。」屬權輿立極，締構張維，邦命惟新，委名秦府。時乘在位，品物咸亨。」攀附之志克宣，塵露之勳攸叙。乃授以陪戎副尉。君以曜靈西謝，」湍逝東奔，乃翔集中川，卜居瀍洛。撫絃鳶芰，吟咏情性之閒；泛菊」蓋荷，高邁烟霞之賞。逍遥去智，妙洞弱喪之機；鑒止凝心，夙鏡死」生之際。所冀慈雲潤趾，慧日澄神，保度之壽未終，遊岱之期斯及。」以永徽五年八月廿九日卒於私第，春秋八十。夫人樊氏，承懿方」池，蘊資圓水，貞順閑雅，令範端詳，受訓公宮，作嬪嘉室。俄潛洛浦，」奄翳空山，以大業十三年先天而逝。以其年十月七日改祔于邙」山之麓。異五父之疑殯，同西階之共墳。嗣子寬，集蓼疚懷，鉅深茹」戚。恐英聲代遠，斬板銷夷，紀德幽扃，遺芳無泯。其銘曰：」

履跡降祥，集豐效祉，自天賦德，載誕君子。烈土參墟，錫圭汾涘，因」生命系，寔惟厥始其一。」三族分晉，六雄抗衡，軀組傳襲，琳琅挺生。龍淵表德，齋壇聞聲，慶」貽後葉，代出宗英。其二。」十城蘊彩，九畹滋芳，彫神書囿，瑩思文場。行該孝友，體洽温凉，威」儀合度，出言有章。其三。」隟駒飄忽，逝水驚潮，池懸銅霤，帳結輕綃。旌揚洛汭，榮轉山椒，風」悽暮鐸，響切晨簫。其四。泉没雙劍，林栖偶鶴，塵飛素奠，蟻遊丹幕。千」古易終，九原難住，譽逐時新，涕隨碑落。其五。」

（北京圖書館藏拓本　開封博物館藏石）

永徽一一六

【蓋】失。

【誌文】

大唐韓君墓誌」

君諱通，字達，河南人也。祖禮，齊任易州刺史；父欽，」隋任懷州温縣令；莫不世襲忠貞，家傳學術。編户」悦其仁愛，搢紳挹其風規。令譽嘉謀，鬱乎斯在。君」承兹餘慶，含章挺生，砥節幼年，飛聲弱歲，三端備」舉，六行無違，智勇冠倫，松筠偶性，風儀特秀，名實」相依。洎乎壯年，出爲鄴城府校尉。威稜振徹，行伍」肅清，信洽里閭，恩流士卒。春秋七十有九，貞觀十」八年十二月廿五日，終於私第。夫人彭氏，魏州貴」鄉縣令彭百之女也。生資地望，夙紹門風，婉順自」然，貞專誠性。蘋蘩著肅恭之旨，綺縞流巧妙之端。」春秋七十有三，永徽五年十月十六日卒，遂以其」年十月卅日附于邙山之陽。恐蕪没德音，昭斯篆」刻，嗚呼哀哉！迺爲銘曰：

綿哉冠族，淼彼清流，姬」姞嘉偶，潘楊好仇。珪璋閏徹，杞梓夸脩，森稍貞節，」芬芳令猷。其一。才報三端，行高四德，聲流士望，譽光」嬪則。妙著干戈，功宣組織，迅茲逝水，俄窮晷刻。其二。」象筵徒設，鸞鏡空懸，貞摧琬琰，芳歇蘭荃。寂寥千」古，幽冥九泉，悲松永結，驚魂不還。其三。」

（録自《芒洛冢墓遺文四編》卷二）

永徽一一七

【蓋】失。

【誌文】

唐故處士金君墓誌銘并序」

君諱魏，字才仁，河南洛陽人也。其先七葉侍中，啓」秺侯之忠孝；稽山上祭，著高族於龍城。所以北里」吹竽，南宮畫象，朱輪咽於流水，紫紱爛於桃源。祖」勣，齊猗氏令；父文，隋鄭縣尉；並早瑩青丹，夙標芝」菌。扇仁風於百里，未謝前良；贊廉謹於一同，可模」當代。君長自華宗，少而沖寂，故鄉黨稱其有人，宗」族許之無二。方欲齊徽高鳳，追跡梁鴻，畢志丘園，」逍遥文酒。何圖英落桂林，飄長風而不反；波淪巨」浪，淙大壑而湑瀾。以永徽五年歲在攝提十一月」癸酉朔九日辛巳，終於景行里，春秋七十。夫人王」氏。自嘉偶良人，箕箒無怠，好同琴瑟，韻合琳琅。去」三年暮春，以先朝露。即以其月廿四日景申合葬」於邙山，禮也。庶德音遥裔，固盤石而長存；陵谷洿」隆，仰斯銘而無泯。其詞曰：」族茂炎漢，條分葉布，涉晉居隋，福延彌固。卓哉若」人，實光前度，能仁洽宗，均義行路。立性沖寂，好是」不迴，禍延慶閟，與代長乖。生平交映，玉樹同摧，更」深月冷，野外風哀。哀子思古等。」

（北京圖書館藏拓本）

永徽一一八

【蓋】大唐故李府君墓誌銘

【誌文】

唐故象城縣尉李君墓誌銘并序」

君諱果，字智果，其先趙郡平棘人；遠祖因宦河南，」今即河南洛陽人也。昔演策高邑，展師敬於漢臣；」徇地常山，受遺書於秦將。清源濬委，漸蘭澳而滋」華；層構遐騫，擢瓊柯而疏遠。君緬籍昭慶，夙禀英」規，勵志庠門，飛名金馬。年始弱冠，永徽二年，乃除」吏部文林郎、趙州象城尉。片言聊析，庶理爰弘，輕」刃纔遊，繁族斯解。既而桂華未實，已沉氣於傳薪；」析彩方融，遽淪光於閲水。以永徽五年十月卅日」卒於象城。夫人河西任氏。柔情婉順，淑質貞華，禮」畢好仇，義敦偕老。爽秋尚遠，痛蘭香之早摧；白日」期遥，愴佳城之先閟。以永徽五年十二月十九日」合葬於邙山之陽，禮也。恐居諸遞運，陵谷潛移，勒」貞石於泉扃，紀塵軌於來葉。其詞曰：」

良覯秦書，車陳趙阻，渺渺清派，綿綿華緒。其一。網羅」百氏，遊躪九經，聿應賓賦，爰袖上京。式班天秩，光」贊象城，言折理涣，刑簡頌清。其二。隟駒易往，尺□」□駐，忽謝浮生，長歸大暮。龍劍雙掩，人琴兩故，載列」徽猷，紀兹泉路。」

（北京圖書館藏拓本）

永徽一一九

【蓋】失。

【誌文】

唐故行愛州司馬騎都尉李君墓誌銘并序」

君諱强，字元强，河南人也。觀夫松梓萬尋，貞榦銘於百代；蕙」蘭九畹，肹蠁軼於千齡。故漢相素重於武安，荒域振威於飛」將。文武前後，冠蓋交暈。自晉室南遷，君祖歸北，魏文都洛，依」附家焉。祖君華，隋文城縣長；父文雅，隋五臺縣尉；並藏仁茂」族，藴德過庭，標冬日以流温，凝春朝而遂性。君祥慶芒阜，秀」異瀍涯，清翠總於桃源，貞明芬於月桂。幼而挺特，迥拔童閒，」故宗黨奇而愛焉，閭里指而稱儁。於是師儒味道，闇闇於禮」經；習武彎弧，侃侃於忠勇。文武斯具，志在揚名，俄逢隋運道」消，韜聲僞鄭，遂即預身莫府，委質義旗，竭丹誠而效忠，推赤」心而投命。爾其武牢携二，君獨正焉，外絶楚兵之覬覦，内免」周苛之被辱。授柱國河南侯，班賜優也。又授儀同。頃之，」詔追朝見，擬縻好爵，不謂奄丁荼蓼，恩旨遂停。乃被簡入」軍，授金墉府校尉。遂乃威稜四校，豈止嗣宗；聲架五營，匪唯」樂廣。近得奏丹掖，用訴前功，敕授朝議郎行朔方右二監，」秩滿轉授行愛州司馬。毗贊方牧，備盡六條，宣暢仁風，俗移」千里。冀遠績著於台鉉，厚德徹於朝端。不謂桂水驚波，揚舲」俄徙，越以永徽四年八月十二日終於愛州官舍，春秋五十」五。以六年正月十一日歸殯邙山禮也。庶遊魂反於東越，不」慮炎洲之濤；靈柩葬於周南，無復思歸之魄。德音將年代終」古，芳猷與玄石俱貞。乃爲銘曰：」

嗟茂族之長久，紛將相之連聲，伊夫君之挺質，實耀彩之飛」纓。俄沉舟於桂水，揚素旐而北征，松櫝森於芒嶺，芳烈焕而」凝清。」

（周紹良藏拓本）

永徽一二〇

【蓋】失。

【誌文】

唐故洛陽縣淳俗鄉君效夫人墓誌銘并序」

夫人諱姬，河南洛陽人也。夫桂水千里，演茂族之長流；」台山萬尋，標洪基之峻峙。於是冠蓋雲合，龜組陸離，長」者溢於縑緗，髦俊該於譜諜。祖神英，齊宜陽郡守；父君」恪，隋渤海令；並秀異一時，望重今古，弘義讓而字育，振」平慧而當官，豈止獨理亂繩，儉著萊蕪者也。夫人即渤」海之長女。素染徽猷，舊敦風教，貞明白雪，質炫秋霜。言」□可模，行諸張氏，婉埴篪而立性，總椒桂而凝懷。終日」有言，法之者彌衆；盡朝而笑，悦之者無厭。故内外挹其」規模，鄉曲仰其高行。及耳順孤寡，作範閨門，六親惟其」母儀，宗黨服其四德。所以少存婦則，老而可荃，荃而可」模，聞諸好事。詔授洛陽縣淳俗鄉君，優年德也。」誠可人懷貞順，永庇華宗。何其桂樹春彫，芝蘭霜被，粤」以永徽六年正月十九日終於立德里，春秋九十二。以」其年二月六日殯於邙山，禮也。庶翠微爲沼，仰玄石而」傳芳；碧浪成丘，酌斯銘而存德。其詞曰：」

瞻紛紜之盛烈，播帝籍之縑緗，俯貽則於千載，仰當代」之琳琅。凝德音於淑媛，實景行之昂藏，貞順艷於春日，」志節粲於秋霜。何天德之無輔，奄摧落於斯良？悲華庭」之少行跡，泣重阜而掩芬芳。歌薤露兮酸野外，風蕭蕭」兮悽白楊。」

（周紹良藏拓本　河南千唐誌齋藏石）

永徽一二一

【蓋】王君墓誌

【誌文】

唐故王君墓誌銘并序」

君諱寬，字士遠，太原人，后稷之苗冑，即王龜之後也。」祖威，齊任青州治中；父恭，隋任汴州司法。

蓋鴻基峻」極，將穹嶽而爭高；茂實揮馳，共霄霞而競遠。惟祖惟」父，服勞王家；在齊在隋，門傳閥閱。並職茲藩夏，毗贊」六條，部内有來晚之歌，邑中建珠還之頌。燮諧帝業，」道洽政敷，寅亮元黎，刑清訟息。故得播令問於當時，」曳英猷於後葉者也。君之禄秩，可略言焉。惟君志尚」恬虚，不高榮寵，栖遲桑梓，偃仰丘園，放曠囂塵之巔，」猶豫清玄之外。温良恭儉，知命達節，逍遥自德，隱顯」□身，志道依仁，據禮遊義。既崇積善，庶其永保期頤；」不弔昊天，奄即鍾我瘥札。疾大漸，困篤惟幾，遂以永」徽五年閏五月十六日，卒於私第，春秋七十有三。即」以其年歲次甲寅五月乙亥朔廿八日壬寅窆於北」邙之里，禮也。恐山移海變，勒此泉圖，冀此鐫文，用芳」不朽。銘曰：」

惟君挺秀，英華熠弈，時號量衡，代稱准的。陶潛作儔，」善卷爲敵，嗟彼良人，奄從窀穸，風淒隴寒，人悲響激。」

永徽五年歲次甲寅八月一日，王君妻常夫人卒於」景行里，春秋六十有三。以永□六年歲□□□二月辛」丑朔九日己酉合葬於芒。（下泐）

（周紹良藏拓本　開封博物館藏石）

永徽一二二

【蓋】失。

【誌文】

唐故沈府君墓誌銘并序」

君諱士公，字崇正，吳興郡人也。爾其遐胄，造自平輿，建國開基，」爵頒魯史。武康分邑，葉熾枝繁，代挺英賢，詳諸簡牘。祖彪，陳橫」野將軍；父弘，隋右監門直長；並萬頃波瀾，引長源而鏡映；千尋」擢幹，殖茂苑而扶疏。君稟秀沖和，資淳象緯，風標早扇，歧嶷幼」彰，軌度絶倫，寔謂人中之傑。辯與干將俱利，思若積石爭流，愛」賞賢能，敦好士友，春暉秋夕，必湛清罇；月逕花庭，要投金轄。輕」財重義，不惜悋傳之金；拯乏救危，寧悋魯侯之米。敦太朴於遂」古，蚩瑣惠於當今，栖遲衡閟，不求聞達，丘園養素，鄉曲訓成。善」誘恂恂，令聞令望者也。加以崇真味法，專志釋門，入般若之龍」宮，闢大乘之象藏，道場供□，□□及提，振錫遥臻，乘杯狎至，高」卑等觀，愚智均情，積紀□□，□無廢怠。既而四蛇叵護，六賊亟」侵，占兔歇輪，陽烏頓轡，金丹靡就，霧露爲災，初蕙圮叢，春松折」幹，高堂息養，下土遊魂。永徽六年歲次乙卯正月十二日終於」通利之第，春秋六十有八。粤以二月辛酉朔九日歸窆於邙山」之岡，禮也。士女佇眙，訇逵振郭。驕鶯始囀，黄鳥之思仍悽；芳樹」纔舒，青松之恨方軫。有子行琛，慟不天而嬰釁罰，踏厚地而不」自勝，孺慕充窮，扳號靡及，命青烏而相隴，駕白驥」而遷塋，□□」録於郊端，與塵劫而不朽。嗚呼哀哉！迺爲銘曰：」

猗歟遐緒，列國開邦，爵□魯衛，晉楚重光。英猷接軫，邑派武康，」惟君嗣德，爰承義方。家偁珠玉，邑號賢良，閑居散慮，形柔志剛。」言深徒駭，語勁干將，觀身賊患，繫念無常。厭離塵滓，歸誠道場，」藏舟匪固，逝水難防。去矣南郭，言遵北邙，逶迤隴逕，曠望春陽。」風雲變慘，卉木徒芳，送客旋騎，遊魂未央。洛州河南縣。」

（北京圖書館藏拓本　河南千唐誌齋藏石）

永徽一二三

【蓋】失。

【誌文】

大唐故翼城令饒陽男房府君墓誌銘并序」

君諱基，字德本，清河人也。其先帝堯之胤，因封而命氏。司空後進，見規」矩於漢朝；太守先歸，列時榮於魏室。備諸方册，可略而言。曾祖虎，周大」都督、大將軍、太子太師，交、恂、長、恒四州刺史，平陽公；祖淵，周直閤將軍、」隋豫章郡守、安政公；父㬋，隋右衛將軍、禮部尚書、崇國公，皇朝朗、浙」二州刺史、饒陽男；並台宿降精，侔暉日月。扞城王室，臨危竭致命之誠；」光輔帝宫，居安盡忠貞之節。允文允武，其在兹乎？絶後光前，無得而稱」者也。君幼標孝友，夙振清規，隋大業七年，任國學生。義究三冬，文窮百」遍，雖顔子入室，無以過也。既預賓貢，策應甲科，授宣議郎，未之超擢。俄」屬隋祚淪替，奸雄競起。府君沮溺之志，尚夷叔之情，逸於丘園，詩禮自」約。幸因時泰，任目遂明，貞觀元年，授右衛倉曹，襲封饒陽男。五年，授普州」司倉。揮翰如流，散飛花於諜素；涌思鋒起，耀明珠於讜言。幾照豪纖，處」繁以簡。俄遷樂陵令；十七年，萬壽令。道光百里，政不愧於子陽；化洽一」同，德無慚於叔輔。永徽元年，轉翼城令。一爲州佐，三臨縣宰，黎庶感化，」僚友歸仁。雅尚琴樽，好遊清賞，休沐之暇，吐握招延，雖鄭莊之求賢，方」兹蔑如也。風神高爽，言行絶倫，功烈未彰，大漸斯遘，毁蘭芳於韶景，摧」桂華於茂林。以永徽五年八月廿三日薨於翼城縣館舍，春秋六十有」一。嗚呼哀哉！以六年歲次乙卯二月辛丑朔廿日庚申嗣子永窆於河」南縣平樂原，禮也。百齡之期何促，陟岵之望已深，痛蒼昊之無吊，情感」結以難任。風悲兮日慘，雲昏兮隴陰，勒銘兮泉路，永嗣兮徽音。其詞曰：」巍巍元后，□規則天，堂堂英胤，惟君之先。乃文乃武，有哲有賢，珪璋煥爛，簪黻蟬聯。其一。伊人挺生，牆宇沖聳，好謀而懼，唯仁必勇。揮翰若流，奮」思如涌，氣踰蘭馥，名高龍種。其二。學優則仕，匪躬之顧，寒泉比清，滄江擬」度。武城奏樂，萊蕪儉素，善應斯違，遽從朝露。其三。悠悠哀駕，望望無及，言」念窀穸，瞻途奄泣。愁雲晝昏，凄風曉急，鐫石窮壤，德音斯立。其四。」

（周紹良藏拓本）

永徽一二四

【蓋】失。

【誌文】

大唐故朝散大夫元府君墓誌之銘并序」

君諱勇，字世武，洛陽人也。昔魏太武以蓋世天姿，雄圖」横略，揚旌朔漠，奄有關河。固能沙汰高梁，鬱爲己氏，光」乎魏史，可略言焉。祖粲，齊封渤海公；父華，隋任鄚縣主」簿；並名高當代，播美一時，牆宇難窺，波瀾莫測。惟君英」才迥秀，文藻璨然，亮直唯忠，温恭唯孝，風神幾警，聰叡」精朗，有仞於宫牆，無形於慍。屬隋政孔艱，四郊多壘，」競結白波之衆，爭聚黑山之兵，文德所不綏，武功所不」服。皇唐出宸，纂承鴻業，舞戚以拯横流，攘袂以救塗」炭。君以霜戈鏡日，蓮劍揮星，投筆慨然，以從戎務。語其」百發，妙絶於猨吟；論其百平，鈎深於雁陣。是知爵以褒」德，勳以報功，遂授朝散大夫，以隆榮賞。君情珍恬淡，意」鄙高班，遂託質丘園，蕭然自得。豈謂夭風吹室，異鳥巢」門，隙駟不居，奄隨朝露。粤以永徽六年正月廿一日終」於景行里第，春秋六十有七。即以其年二月卅日葬於」邙山之陽，禮也。美譽嘉聲，見傳當代，今來古往，恐墜厥」風，式寄貞石，蘭菊無絶。其詞曰：

悠哉令緒，赫矣宗」祧，逝年雖永，德音孔昭。陂深萬頃，九仞牆高，言刈其楚，」之子唯翹。與善虛説，物華未久，卒如流電，奄同過牖。道」著生前，名揚身後，倏忽人世，冥茲丘阜。悽愴原隰，荒涼」□兆，樹密人稀，山多路少，夜臺方寂，窮泉無曉。」

（北京圖書館藏拓本　河南千唐誌齋藏石）

永徽一二五

【蓋】失。

【誌文】

隋故東宮左親侍盧君墓誌銘」

君諱萬春，范陽涿人也。派鴻源於姜水，竦層構於營丘。卿族則道映東」周，儒業則聲高西漢。尚書處當塗之職，中郎居典午之官。令範清風，飛」英騰實，布在方策，可略言焉。曾祖文翼，魏員外散騎侍郎太中大夫；器局凝峻，襟神迥發，猷替帷扆，譽重人倫。祖士昂，齊廣平郡守；剖符河朔，」流惠化於百城；紆綬蕃圻，扇仁風於千里。父義幹，永寧縣令，馴雉移蝗」之能，連衡卓魯；製錦烹鮮之術，方駕崔潘。君世載休祉，含和秀出。年甫」齠齔，便蓄珪璋之姿；歲在裘裳，即蘊松筠之性。加以植操沖虛，率身夷」簡，寒暑不愆其節，風雨豈易其音。曩者隋曆尚新，重離猶建，禦侮之職，」允屬英賢。以君門緒優華，擢授東宮左親侍。若夫郎官方朔，徒摛答客」之詞；執戟揚雄，空草太玄之說。豈如腰鞬璅闥，則光映巖廊；宣力戎旃，」則聲馳禁旅。俄而火行失馭，戎馬生郊，於是謝病漳濱，言從靜退。爾乃」留連丘壑，放曠林泉，脫略公卿，錙銖軒冕。天地一指，忘寵辱於胸襟；鷃」鵬兩齊，得逍遥之雅趣。虛舟獨運，悔悋不生，瞻柱下其若存，想濠上其」猶在。以武德三年九月十六日遘疾，卒於鄭州之密縣，春秋卌八。夫人」崔氏，清河武城人，隋侍御史子治之第二女也。胄自華宗，姿神婉麗，工」宣織紝，德茂蘋蘩，秦晉是匹，作嬪君子。以貞觀廿三年二月八日卒於」岐州之官舍，時年六十二。嗣子子野，霜露之感，思再奉而無因；風樹之」悲，徒欲靜而何極。粤以永徽六年歲次乙卯三月辛未朔三日癸酉，遷」窆于芒山之陽。悲夜臺之不曉，嗟逝水之難停，紀聲芳於貞石，刊容範」於泉扃。迺爲銘曰：」

烈山遥緒，營丘遐裔，儒雅專門，羽儀重世。惟祖惟考，馨芬蘭蕙，降生哲」人，德音無替。爰收翹楚，禦侮帝庭，效彰紫闥，詞埒玄經。沖襟雅尚，體道」居貞，釋彼戎旅，安茲性靈。蓬徑蕭條，衡門偃仰，登臺矚目，臨池興想。風」月留連，山泉縱賞，優游卒歲，欣茲擊壤。粤有幽閑，良人是適，質華苕蕣，」操踰冰碧。肅穆閨闈，服勤絺綌，忽辭人世，奄焉今昔。愴矣陵谷，悲哉逝」川，沉埋荒隴，蕪没窮泉。山凝曉霧，松含夕煙，容光何在，盛德空傳。」

（北京圖書館藏拓本　開封博物館藏石）

永徽一二六

【蓋】 失。

【誌文】

唐故新安縣令趙君墓誌銘」

君諱仲子，河南洛陽人也。其先立功漢魏，□□」周秦，藻繢緯其英風，緗素苞其雄略，可謂門傳」卿相，代襲簪纓者也。祖淹，魏雍州司馬；父伯比，」齊朝散大夫；並清潔渌潭，貞暉白雪，凝華龍首，」涇渭斯明，耀彩淇垣，高視漳滏。君即大夫之中」子也。少懷忠果，長符梟勇，立信著於僚友，奉誠」顯於朝端。故功冠三軍，勳陪當代，授銀青光禄」大夫。既而志逸一官，情充一室，乍追乍宴，或嘯」或歌，行樂欣然，彌老彌放。是以里閭推信，長幼」師仁，德厚優耆，詔授新安縣令。冀百年眉壽，」養老乞言，何其風度三條，波淪九曲。越以永徽」六年三月六日，終於毓財里第，春秋八十有一。」以其月廿七日葬於邙山，禮也。男天生，恐陵頹」谷徙，德行泯然，仰勒斯銘，其詞云爾：」信玉美之蘭秀，忽摧璧而芳萎，惟園林之風月，」仰松檟而含悲。」

（北京圖書館藏拓本）

永徽一二七

【蓋】 失。

【誌文】

大唐文林郎夫人張氏墓誌并序」

夫人諱須摩，字善宿，南陽人也。珪璋孤拔，逾寰表而獨鑑；丹桂」操貞，鬱蕙蘭而煢秀。庖羲愴業，光潤百城，籍匡霸以闡洪基，排」□岳而立高姓。傳芳萬代，繼踵聯翩，孀素與玉鏡以爭暉，性節」媲金波而競朗。祖任房州至成府果毅；嘉猷擅美，志藴風雲，撫」軍旅而狀朱繩，絶貪婪而潔冰素。父任同州馮翼縣令；均芳」萬頃，德閏波瀾，馳譽九鄉，揚芬百里。夫人擢秀蘭房，恬凝紫閤，」握松筠以澡性，含珪璧而成心。郁郁芳姿，晰晰素月，猶昇漢而」列横空。少達訓嫜，久閑風範。其年十六，適於吕氏之門。夫人内」契金蘭，外標琴瑟，恒遵孝行，扇席温床，匪懈六時。藴觀音於藏」間，崇經造像，縱草籌之豈窮；設會脩檀，類塵數之無盡。可謂萋」萋勁質，逢霜露而摧芳；湛湛波瀾，忽驚風而激浪。丹霞息彩，仙」路停蹤，遂寂華堂，棲神妙域。魂兮雖絶，容貌若常。類月上清昇，」等蓮華之去俗。以永徽六年三月四日薨於長安義城里，夫人」春秋八十三。即以其月陪葬於混明之所。墳臨清紹，帶揚波而」獨高；墓迴神泉，眺渭灃之孤顯。雖復逝川長往，魂路無追，慮海」爲田，英風莫嗣，故彫玄石，用播徽猷。嗚呼哀哉！乃爲銘曰：」

品塗萬舛，獨璧唯璋，霸圖斯起，爰自羲皇。規模積代，軌範前王，」徽流兩國，萬里傳芳。其一。蘭蕙孤標，膏腴獨潤，德沾令典，功名斯振。」弈葉皇家，聯翩體胤。其二。淑態椒蘭，芳姿可籙，花容二八，娉其他族，琴瑟爲心，松筠自勗。其三。德藴芳蘭，行烈逾固，承姑誨子，匪捐機杼。戒馥生衿，禪虔啓素，割意玄門，翹心六度。其四。堦墀影滅，」桂户香收，翠櫞徒軟，朗月虚流，一生兹隔，千年永休。刻石留

□，」播其□烈，山海平田，徽猷不滅。」

（周紹良藏拓本）

永徽一二八

【蓋】失。

【誌文】

唐故朝散大□□□府鷹揚王君并夫人孫氏墓誌并序」

君諱孝瑜，字□節，晉陽太原人也。若夫肇基王季，姬川稟靈液之津；」茅土錫珪，參墟表萬齡之慶。惟君幼馳令問，藻麗瑰奇，翰落雲飛，思」抽泉涌。祖臣，齊任齊州刺史；父義，隋蘇州司馬、岐州刺史，政績尤最，」式侔黄霸之功；孝友深仁，齊蹤張仲之烈。君長而驍鋭，壯志逸羣，寶」劍星輝，琱弓月彩，斷蛟春浦，落雁秋山，挫猛鷙於重圍，抗雄渠於厚」陣。隋任驍果校尉。繫桑登布，賈勇三軍；拔戟蒙輪，偏當一隊。加朝散」大夫晉陽府鷹揚。運籌帷幄，高邁子房，果毅戎昭，遠齊方叔。屬」皇基草昧，發跡汾陽，深達事機，捐符效命，授上輕車都尉。閒蒙甲胄，」將討不庭，屢被通中，旋私攝養。貞觀十三年，例加陪戎副尉。君相名」利之爲患，思偃仰於泉林，逍遥五畝之閒，放曠一丘之内。栖神得性，」耳順已過，撤瑟中霄，杳然遐逝。粤以永徽六年三月十三日，卒于敦」厚坊之第，春秋七十有四。夫人孫弘之長女也。優柔四德，婉娩三從，」年俯繫纓，好仇君子，母儀外朗，婦順内融，偕老斯違，沉浮異軌。先以」貞觀九年四月十二日傾背，春秋卌有二。嗚呼哀哉！兩劍俱沉，雙珠」潛翳，輟相漣濡，絶絃揮涕。靈龜叶吉，先遠示期，禮制無二，何斯或違。」粤以永徽六年歲次乙卯四月庚子朔十日己酉合葬于邙山之原，禮」也。長子仁恪，任招武校尉，領府洛汭；二弟花萼，亦總戎班。鄉曲承顔，」扶輪接軫，忠貞挺秀，孝友淳深。痛陟岵之無因，悲蓼莪之罔極，式鐫」貞石，用叙芳猷。

乃爲銘曰：」

顯允王季，帝度其心，洪源淼漫，溢派汾陰。千齡不滓，萬古踰隆，經秦」佐漢，穆爾清風。有齊握曆，妙簡惟良，乃祖先父，並紉金章。臨淄擅美，」岐渭流芳，六條斯舉，俗化時康。惟君襲慶，志尚英才，思抽泉涌，翰落」雲飛。六奇間起，八難斯違，義旗電舉，殆預戎機。棄榮辭秩，憩仰泉林，」栖仁物外，愠慉無心。安歌在耳，撤瑟俄侵，滕公往路，王君再臨，令哲」□往，誰其嗣音？」

（北京圖書館藏拓本　河南千唐誌齋藏石）

永徽一二九

【蓋】失。

【誌文】

唐故張君墓誌銘并序」

君諱才，字陁，南陽郡白水南閣鄉曲里人也。崇基峻峙，靈根固於敬」侯。初生也，挾赤光之旌；後長焉，有武略之勢。遭時萌亂，豪傑競興，釋」褐觀光，出身輔漢，横弋萬人之上，讚國規謨，勇鋭爭輝，銜君命而撫」濟，積善餘慶，降福後昆，唯祖唯父，職隆不絶。曾祖遵，周任大都督；祖」高，隋任輕車都尉。唯君天縱挺生，風神凝遠，降靈誕秀，雅度弘深，擊」劍控絃，恒懷壯氣。于時隋室版蕩，思弘志道，興滅繼絶，叙舊録勤。君」以衣冠子弟，勳庸克著，暨乎皇泰之初，仕至上柱國大將軍。既而隋」曆告終，唐皇啓聖，隋官例降，准當陪戎副尉，謹從班例，遷居洛中，」見貫洛陽縣也。公以文章蓋世，非唯子建之才，志重閑居，晦迹無悶，」分華崑閬，擢秀鄧林，獵略五車，彫蟲筆下，依山帶水，育德衡門，敦悦」詩書，箭絃遞奏。傾東海而爲酒，未盡其情；并太山而爲餚，豈能盈呰。」筏竹雲夢，斬梓四濱，舉袂傳觴，思墓劉氏。宜城九醞，罇榼常盈；蔡氏」樵琴，何嘗離手。不欣時務，不顧時榮，筵高侶以暢情，令羣賢而共萃，」懼春夏而速去，慮秋冬而不停，逸志清虚，遊心物外，可謂久閑仙路，」洞曉無心者也。嗚呼！福善禍滛，沉瘦痼疾，是以俞跗扁鵲之術，爭盡」其能，餌藥無瘳，而其病彌篤。以永徽六年三月廿四日卒於私第，春」秋六十有八。即以其年四月十六日窆於洛陽城北邙山之左。既而」逝川易往，歎彼光陰，傷兹風燭，庶傳不朽，迺命泉唐賈無名爲之銘」曰：」

蟬聯盛族，赫弈華宗，曰文曰武，迺侯迺公。其一。積德惟厚，其生亦隆，箕」裘是襲，斯在人雄。其二。君之挺生，寔惟岐嶷，灰輮侔智，舒鉤表力。其三。高」尚思閑，忘榮鄙職，山林斯處，丘園是息。其四。逸志方遠，夸曦遽催，奄辭」華屋，言歸夜臺。其五。山秋日慘，松晩風哀，德音無泯，蘭菊斯摧。其六。塼堂」已構，佳城方遠，白日滅光，何當復煊？其七。愁雲冒隴，悲風雜晩，驄馬徒」歸，魂兮詎返。其八。」

（周紹良藏拓本　河南千唐誌齋藏石）

永徽一三〇

【蓋】 失。

【誌文】

大唐故洛州河南縣陳氏王夫人墓誌銘并序」

夫人太原人也。稷降播種，奄有岐周；晉逐笙歌，遂發」伊洛。自兹之後，弈葉彌光，萌庶沐其寬猛之風，圖史」焕乎英傑之譽。曾祖泰，祖瑜，父佰，並學侔遊海，辯類」談天，才飄飄以陵雲，德温温而如玉。夫人挺兹秀質，」誕自華宗，年在弱笄，嬪於高士。曹婦之知典禮，謝女」之工文詠，雖時有異於昔代，德無愧於古人。琴瑟斯」諧，閨門載睦。既靡繫風之術，倏觀遺露之晨。以永徽」六年歲次乙卯三月辛未朔十九日己丑遘疾，終於」懷德里之私第，春秋五十有四。粤以其年四月庚子」朔廿一日庚申葬於北邙山之舊塋。夫人婉娩之姿，」淑慎之操，乃禀之天性，匪學而知。爲妻類乎齊眉，作」母同於斷織，慈順之道，振古罕儔。而繁華夙零，德音」未紀，掞兹麗操，式播遺芳。乃爲銘曰：

在昔播植，譽」於陶唐；下逮開魏，昌於晉陽。分枝得姓，命氏稱王，乃」祖乃父，如珪如璋。崇基克構，篤生孌美，年甫初笄，作」嬪君子。淑慎外著，含章内煒，母儀具瞻，女師攸履。九」天不弔，千月未遒，沉痾腠理，痼疾彌留。素旆夷悠，靈」輀容曳，三從未及，百齡先逝。日慘松開，風悲壠際，式」刊貞石，期於永世。」

（周紹良藏拓本）

永徽一三一

【蓋】 恒君墓誌

【誌文】

故恒君墓誌銘」

君諱彦，字仲光，河南洛陽人也。自卯金在」震，當塗馭宇，傷無衣於伯緒，親饋食於君」山，並勒在豐碑，詳諸惇史。祖寂，東交州別」駕；簡在王庭，實德婚友。父卿，高尚其道，累」徵不就。君百行不騫，四科殆備，才苞武庫，」藻掞天庭。方欲搏扶摇於千仞，騁騏驥於」九逵，誰知與善無徵，殲良奄及，以永徽六」年四月七日卒於京兆，春秋卌有四。即以」其年五月三日葬於邙阜，嗚呼哀哉！銘曰：」江漢横流，嵩岱崇邈，明珠焕曜，陽榦抽擢。」於鑠哲人，英風卓犖，仁孝内融，嘉聲外渥。」雅量深奥，明鑒朗出，摛藻雲浮，飛辯泉溢。」位以末班，奚懼奚恤？黯黯西沉，滔滔東逝，」遽戢幽魂，分天異世。風舉松吟，雲昏壟翳，」蕪没一朝，名芳萬歲。」

（周紹良藏拓本）

永徽一三二

【蓋】 失。

【誌文】

大唐洛汭府故隊正李表墓誌

君諱表，字文」度，洛州河南縣人也。曾祖感，魏釋褐爲郡功」曹，轉申州別駕。祖鍾，周起家洺州録事參軍，遷」衛州臨清縣令；德乃行歌五袴，麥秀兩岐；勇則」臨敵有餘，禰生先愧。父通，類清河之德，水鏡爲」心，有叔夜之風，長松肅肅；隋青州司法參軍，陟」揚州總管府録事。君名高州里，氣雄邊塞，富貴學兼」劉董，價重時人，出身洛汭府隊正。方欲騁吕幽」并，飛名帝里，豈謂霜虧蘭馥，風損松蘿。富貴在」天，存亡命也，白駒已遠，塵俗如浮。春秋卌有九，」以永徽六年歲次乙卯五月庚午朔四日癸酉」卒於第，嗚呼哀哉！入子敬之室，人琴並亡；聽顔」氏之家，唯聞慟哭。龜筮協從，窀穸已兆，今葬於」故里之平原。左懷河鞏，右帶瀍源，伊洛俯其前，」芒山約其後，生則愛敬，葬則盡禮，君子事親，於」是爲孝。其詞曰：

天不讚德，首夏霜侵，香蘭早敗，玉樹」先沉。青松藹藹，籙笋森森，一從大夜，萬古傷心。」松門既奄，梓户長冥，四緒迭變，歲月徒盈。未終」□□，悠望佳城，故因泉石，刊質□□」

（北京圖書館藏拓本　河南千唐誌齋藏石）

永徽一三三

【蓋】失。

【誌文】

唐故左翊衛金谷府司馬權君墓誌銘」

君諱開善，隴西略陽人也。若乃入陪帷帳，」合周君之策；出臨方鎮，簡漢主之心。其後鄧」苑條分，滄溟派別，代有英奇，□綸典載矣。祖」隆，冠蓋於周朝；父弘，從政於隋日。君承暉武」烈，藉慶風猷，器量弘深，襟期邃遠。以資蔭起」家，任左翊衛金谷府司馬。於是政肅刑清，齊」禮導德，士庶懷恩，仁倫雅尚。天不與善，疢疾」暴增，永徽六年四月廿五日奄然遷化，春秋」七十有六。即以其年五月十五日葬乎北芒」之原，禮也。然恐氣序推移，丘陵變改，故題方」石，記之泉户。其銘曰：」
開基上古，樹功中代，跨割疆埸，光華典載。若」之嗣美，循環往輩，道德爲鄰，蘭蓀是佩。冀保」黄髮，福善徒虚，微言尚在，神逝焉如。風吟古」樹，月照新墟，何以紀德，□之琬琠。」

（周紹良藏拓本　河南千唐誌齋藏石）

永徽一三四

【蓋】失。

【誌文】

大唐故趙君墓誌銘并序」

君諱勣，字德素，趙州趙城人也。漢室將軍，英名獨立；晉朝卿相，美譽」無倫。代有人焉，可略而叙。祖諱和，周任襄州司馬；父諱琛，隋任黎州」司户參軍；斯並才德見知，賢明撫職。君禀靈純雅，挺質清貞，岐嶷早」標，珪璋獨秀。機神博贍，協張子之高蹤；文藻新奇，符陸生逸氣。加以」情深忠孝，志在剛柔。含六藝之芬芳，率由天性；蘊百家之俊朗，皆自」生知。屬隋運崩離，天下騷擾，豺狼共穴，梟鏡同林。君乃遁跡銷聲，怡」神養志，不求名於高顯，無假譽於當時。齊物卷舒，至今三十餘載矣，」誠可保兹餘算，畢此延年。豈意晚景悠陽，黯頹光而遽落；逝川流漫，」迅驚波而莫迴。春秋七十有九，永徽六年歲次乙卯三月辛未朔廿」八日戊戌，終於私第。近識悲悼，遠士傷懷，里閈蕭條，空有生平之迹；」交遊寂寞，無聞琴酒之歡。夫人王氏，太原祁人也。禀質賢明，挺姿温」潤，言容有則，箴訓無虧。雖復竹篠凌霜，論之無以比操；芙蕖出水，語」之未足方華。標四德於母儀，展一志於君子。以貞觀十二年十一月」九日卒於私里，掩墬泉扃。即以永徽六年五月廿七日合葬於北邙」之陽，禮也。息玄亮，承至親之重，慟罔極之恩，攀風樹以長號，望高堂」而感噎。恐陵谷遷徙，沉翳德音，乃刊斯文，以爲不朽。其詞曰：

鬱矣門風，悠然祖德，良將飛聲，上卿留則。行孝承家，敷忠奉國，赫弈」簪纓，光華昭穆。其一。」惟君繼美，幼挺風神，英才卓犖，文藻清新。忘榮斂翼，養性潛鱗，福慶」虚説，先萎哲人。其二。」百年荏苒，四序推遷，始安棲息，俄去郊鄽。朝辭白日，暮宿黄泉，音徽」永矣，令譽空傳！其三。」寂寂山門，芒芒隴路，新故丘墳，從横狐菟。野闇雲生，松低風度，敬鐫」幽石，芳猷斯固。其四。」

（録自《芒洛冢墓遺文五編》卷二）

永徽一三五

【蓋】失。

【誌文】

唐故黄君墓誌」

君諱羅漢，字道亮，荆舒楚人也。其胄緒所興，焕乎前史，」其近代祖禰，可得而言，並首望華譽，樹德立名，盛烈纂」於前脩，振芳猷於當日，故能挺生時彦，克光鴻緒。君應」靈載誕，生有奇質，孝友著於齠齔，仁義備於弱冠，不矜」倨以僑人，必勞謙而下物。苞九流於心府，實曰陸沉；括」七略於胸懷，寔惟大隱。故得芳聲逸於斯日，英譽奮於」當時。夫人李氏，則門居厚地，身出華宗，婦德著於閨闈，」令淑聲於遐邇。言備六禮，百兩迎之，其白珪璋，實唯偕」老。誰知積善無驗，桂樹先彫，君以春秋五十寢疾，卒於」私第。夫人執節懷操，守志多年，色不滿容，恒思貞慎，行」不正履，無念婦儀。不整簪裾，不窺明鏡，賁飾俱止，膏沐」寧施。振響鄉閭，邦家之則，德隆後慶，眉壽綿長，再降」洪恩，加其板授。忽以運鍾百六，福乃唐捐，太山其潰，梁」木其壞，以永六年七月一日終於私第，今葬邙山之」墳，禮也。將恐海變爲田，風煙殄滅，聊鐫金石，以勒徽猷。」嗚呼哀哉！乃爲銘曰：

惟君奇質，佩義懷仁，志逾金石，性越松筠。地既膏腴，華」胄是倫，桂樹先弊，德乃無鄰。雅操貞慎，寔懷婦德，逸稱」鄉閭，邦家作則。積善無徵，運鍾百六，爰葬邙山，大禮斯」極。哲人斯逝，誰不惴慄，執紼興嗟，言歸泉室。一趣玄堂，」長思白日，狐菟爲鄰，親姻罷密。」

（周紹良藏拓本）

永徽一三六

【蓋】失。

【誌文】

唐路基妻河東解氏墓誌」

夫人諱　，河東聞憙人，其先晉大夫解狐之後」也。若夫承家命氏，功宣於霸晉之朝；纓珮連輝，」紹胤隆唐之日。祖深，隋徵仕郎；父逸，唐□仕郎；」並學窮延閣，辯鬱詞林，德曜驪珠，文融龜素。降」生淑女，擢彩妍華，婦德女儀，率由天縱，十三之」歲，齊醮路門。識量清通，騰埒少昊之女；秉節高」尚，有侔王霸之妻。穆此閨闈，遠近攸則。享壽不」永，偕老是違，華容將璧日俱沉，蕙質與庭蘭共」殞。粤以永徽六年七月五日卒于嘉善第，春秋」卅。嗚呼哀哉！長子石生，挺姿天骨，岐嶷之歲，又」敬無違；奉雉之年，温清有序。酷爾荼蓼，水溢不」嘗，先遠□期，卜措惟敬。即以是月十四日遷柩」于邙山之陽，禮也。式存令德，乃作銘云：」

原夫布族，崇基有晉，焕映前代，連華後胤，比駿」千里，齊峰萬仞。熊虺貽夢，祥慶表禧，四德攸備，」九十其儀。作嬪君子，禮訓無虧，享年不永，偕老」中違。長辭黼幌，掩骼黄埃，千齡萬代。」

（周紹良藏拓本　河南千唐誌齋藏石）

永徽一三七

【蓋】失。

【誌文】

唐故洛州洛陽縣姚府君墓誌銘」

君諱義，字師仁，河東蒲坂人也。昔蒸蒸至□□天」命之鴻徽；穆穆彝倫，信靈基之鬱起。而崇源遐演，」茂績廣宣，重葉垂休，華裔流緒，搢紳交映，軒蓋相」輝，德列縑緗，榮鏡斯在。祖略，齊相州州□，□素怡」然，温恭允著，淑人君子，威儀可範。父藻，隋滏陽縣」主簿；至德高亮，機鑒精微，誠有道於當時，實人倫」於流俗。君禀靈載誕，貞白自居，喪愛敬於齠年，侍」姨母於知命，□先思孝，如母存焉，送往事居，孝心」不匱。方膺齊齡山壽，均保日升；豈圖涉洹表夢，良」木興歌。以永徽六年八月九日卒于思恭坊之第，」春秋五十有四，粤以其年歲次乙卯八月戊戌朔」廿三日庚申，葬於邙山，禮也。恐陵谷易革，芳猷難」紀，式序英聲，乃爲銘曰：

受曆堯圖，德彰□」水，昌源虞歲，鴻胄姚祀。神峰派□，崇基散□，騰茂」飛英，華光振祉。承徽貞亮，禀德嚴明，器宇温雅，德」量柔平。凝素岳跱，守□捐榮，孝彰内府，錫類外享。」閲川東彌，睇景西傾，神儀倏謝，隧路俄營。松煙晝」起，隴月□征，圖光萬古，刊德千齡。」

（北京圖書館藏拓本）

永徽一三八

【蓋】失。

【誌文】

大唐故王君墓誌銘并序」

君諱瑗達，字君明，洛陽人也。若夫邈邈玄宗，樹隆基」於汾晉；亭亭近系，植桑梓於荆河。問望風猷，涉紛綸」於史諜；貂蟬青紫，歷照灼於朝經。祖儉，周秦州城紀」縣令；父盛，隋隆州西水縣令；並牆仞遐高，風儀挺峻，」駕絃桐於單父，邁馴雉於中牟。君早標光景，幼湛波」瀾，孝友天成，慈仁性發，之優柔於教義，備弋獵於詩」書，實秀哲之琳瑯，故人倫之杞梓。皇朝任陪戎」尉。方當振羽玄雲，佇天衢而聳控；豈意晞光朝露，遽」蒿里而埋魂。以大唐永徽元年正月十一日終於景」行里之私第，春秋七十有二。夫人韓氏，夙鍾嘉慶，素」稟徽猷，爰及笄年，作配君子。義光容德，禮被閨闈，謂」享遐齡，保斯福慶，冥昧與善，倏掩泉臺。以永徽六年」八月十八日終於私室，春秋七十有一。以永徽六年」歲次乙卯九月戊辰朔三日庚午合葬於邙山，禮也。」柳旌委鬱，應秋景之蒼芒；薤昌悲凝，雜松風而悽斷。」嗣子行寬，哀深陟岵，痛切棘心，慮陵谷有遷移，銘沉」石而紀德。其詞曰：

軒后導本，周儲秉系，弈葉遞昌，」家聲是繼。其一。克生蘭菊，散馥馳芳，方希耀彩，遽此韜光。其二。」英猷女則，淑問時標，梅梁日掩，巫嶺雲銷。其三。隙駟不留，」閱川長往，共晞晨露，同歸玄壤。其四。霧起松昏，風吟壟穴，沉銘幽遂，遺芳靡繼。其五。」

（周紹良藏拓本　河南千唐誌齋藏石）

永徽一三九

【蓋】失。

【誌文】

大唐故蘇州司馬輕車都尉崔君墓誌銘并序」

君諱泰，字元平，博陵安平人也。九空上襲，姜水濬其長瀾；四履宏開，營丘竦其曾構。西」漢家嗣，見安於夏里；東京元舅，請交於亭伯。自茲以降，慶緒彌隆，庭孕之□□盈紱冕。」高祖秉，弱冠有志氣，率性忠烈，後魏釋褐奉朝請、光禄大夫、燕州刺史、冀州刺史、左光」禄大夫、驃騎大將軍、儀同三司、使持節瀛定相三州諸軍事、定州刺史、侍中、尚書令、司」徒公，謚曰靜穆公。曾祖仲哲，後魏龍驤將軍、主客侍郎、鎮遠將軍、營州□□、安平男，謚」曰忠；理識沉隱，器懷貞尚，道映時倫，績宣朝伍。祖長瑜，浮陽郡守、太常卿，襲爵安平男；」模楷搢紳，羽儀廊廟；風移化洽，□屬於分符；禮備樂和，允彰於列棘。父子博，隋户部虞」部侍郎、四州刺史；材標國幹，業總書林；效職文昌，百寮頤其雅範；攝官藩部，千里安其」惠政。君積潤琁原，資芳桂苑，岐嶷夙表，英徽早發。徑寸稱珍，方魏車而更重；盈尺爲寶，」況秦城而取貴。孝敬之極，自叶天經；忠亮之規，非緣物奬。洎夫鈎深致遠，王室與銀編」並究；屬辭比事，鸞光將鳳艶相輝。仁壽元年，應詔舉射策甲第。時漢王諒光膺寵命，作」牧參野，君以材地兼美，解巾爲漢府典籤。列長裾之賓從，預小山之文藻，高視梧宫，孤」標龍岫。及燕謀且發，人馳成軫之辭；吴兵遂舉，家上周丘之策。君深體逆順，妙達機兆，」屢陳忠讜，因致猜嫌，遂以疾辭，免兹尤釁。於是韜光衡泌，閉想簪纓，馳騖九流之宗，迴」翔千載之表。氣積星瑄，神清林澤。大業中，召補左武衛兵曹，非其好也。乃掛冠獨往，逃」難他方。爰屬運初，委身從義，拜通議大夫，尋除監察御史。豸冠執憲，霜簡」直筆，志存矯枉，情無屈撓。時以晉陽之地，王業攸基，餘寇未平，嚴城尚警，」□奉□巡撫，式光原隰。遵塗北邁，兇黨南侵，君潛運謀猷，星馳表檄。大軍既至，羣祆遂」□。特降璽書，深加慰喻，進授輕車都尉。武德五年，轉萬年縣丞。帝城貴要，」□謂難繩，戚里豪門，尤多私謁。君抗心奉法，正身直道，居職累載，聲譽甚隆。貞觀初，遷」虢州長水縣令。中牟德被，遠慚馴雉；重泉政美，有媿翔鸞。八年，遷蘇州司馬。同彦威之」稱職，詎止文章；類儒宗之納善，寔惟忠肅。嗟乎！南康仙駕，未戾於三山；襄陽驥足，遽輟」於千里。以貞觀十年十一月六日，終於官所，年六十有一。夫人隴西李氏，籍慶高門，凝」華中谷，貞姿玉映，淑問風揚。粤自移天，來儀君子，懋蘋蘩於行潦，諧瑟琴於異室，女圖」弘訓，母德馳芳。與善何愆，徂光奄謝。但故鄉絶人，先塋遼遠，上下諮謀，改斯宅兆，爰卜」邙洛，用定終居。粤以永徽六年十月一日，合葬於洛州河南縣平樂鄉時邕里邙山之」原。嗚呼哀哉！迺爲銘曰：」

天齊形勝，投釣開封，長岑博雅，弈葉雕龍。懷金鏘玉，疊構連峰，森梢良梓，磊落喬松。惟」祖惟考，道風逾盛，績表遺縑，恩乎留詠。懿哉君子，誕膺家慶，具美攸鍾，多能無競。始遭」窮運，終會昌辰，蘭臺振操，赤縣霑仁。牛刀暫屈，驥足俄申，上才方遠，高舂」遽淪。猗歟令偶，蕙心瓊潔，昔奉齊眉，今歸同穴。素旗縈委，□扉冥滅，去矣佳城，悠哉芳」烈！」

（北京圖書館藏拓本）

永徽一四〇

【蓋】失。

【誌文】

唐故梓州玄武縣丞王君墓誌銘并序」

君諱禮，字珪，河澗郡人也。其先出自琅琊。若夫幽根磐礴，」標令望於江東；枝葉扶疏，振芳名於伊洛。祖靜，夙著英風，」馳聲天地，金鏘玉潤，桂馥蘭芬，既被棟梁之材，齊任豫州」別駕；父表，早綰簪纓，蟬聯暉弈，荷堂構之業，紹先代之休」德，有撫育之能；隋任長葛縣令；黃綬緝穆，朱紱猗歟，足履」莊老之清池，身息周孔之華圃。惟君稟山嶽之靈，挺琨珸」之質，磨而無磷，涅乃不淄，行茂貞松，心朗懸鏡，以其明罰」之藝，唐任左校署丞，又遷玄武；毗贊欽明，酬獎勳庸，特加」武騎。其乃禍淫斯及，積善無徵，粤以貞觀之年寢疾，殞於」私第。夫人張氏，建望南陽，隋户部尚書雲之孫，車騎將軍」明之女。少多令質，長有淑姿，綽約儀容，穠華桃李。四德既」備，六行兼修，爰及笄年，嬪於王氏。閨幃肅穆，閫牗清凝，定」省晨昏，怡顔温潤。天不祐善，良人早終，蹈恭姜之蹤，循孟」母之跡。豈而隙駒易往，風樹難亭，命也如何，奄從電謝。粤」以永徽五年卒於私第，春秋六十有二。嗚呼！即以六年歲」次乙卯十月丁酉朔十日景午葬於邙山之陽，禮也。哀子」弘道，追思膝下，興陟屺之悲；躃踴墳塋，起昊天之泣。仍恐」龜長筮短，陵谷遷移，勒此玄銘，式標千古。其詞曰：」
邈哉敻古，鏡彼清流，洒祖洒父，徽恭懿柔。惟君荷紹，緝穆」先休，貞松峻節，暉烈英猷。其一。晷運遄
邁，居諸易往，倏忽神」靈，窆從墳壤。雙闕嵌巖，行楸蕭爽，悼跡興嗟，追風懷想。」
（周紹良藏拓本）

永徽一四一

【蓋】失。

【誌文】

大唐故韓君墓誌并序」
君諱遷，字道約，洛陽人也。昔肇迹帝姜，□」良材於弈葉；始基秦地，稱國亨於蟬聯。因」□立宗族，
望梁山之表。父和高，齊任瀛」州新城縣令。君遷□以蔭望隆重，門第清」高，授青州博昌縣主簿，辭疾
免官，晦蹤閭」里。妻吴，以仁壽四年八月十六日亡，遷身」隋大業十二年三月十二日亡。屬隋版
蕩，」權殯東西，泉壤相望，□遊南北，墳荒燧毁，」草没塵堙。嗣子拜臨，慎終痛切，以永徽六」年歲次乙
卯十月丁酉朔，十三日己酉，合」葬洛城之北邙嶺之陰平樂鄉之地，禮也。」有若兩樹叢林，本入韓朋之
梛；□飛雲外，」源出劉綱之門。嗚呼哀哉！爲之銘曰：」
仙靈白日，玉貌黄泉，一沉長夜，永隔高天。」雙鸞影合，兩劍無分，□中暫矚，紗映虚□。」
（北京圖書館藏拓本　河南千唐誌齋藏石）

永徽一四二

【蓋】　失。

【誌文】

魏故尚書令宣簡公孫王君墓誌」

君諱惠，字思，瑯琊臨沂人也。自剪商牧野，爰樹周邦；控鶴緱山，」始分王族。翦則輔秦立勛，吉便仕漢揚名，其高門華爵，可略而」言矣。昔晉丞相文獻公導，即君之七葉祖也。俠輔衰晉，偏王江」南。中宗憑以再興，任踰稷契；資其獻替，委同伊呂。祖肅，齊主忌」其隆盛，欲執誅夷，公竊悟時機，翻奔魏境。孝文帝久欽門閥，遠」慕風猷，預設郊迎之禮，延赴待賢之館，朝儀取於删正，縉紳仰」其模楷。授尚書左右僕射尚書令，贈司空宣簡公。考理，梁内史」侍郎，齊秘書監徐州刺史；學窮書圃，文冠詞林。君發源澄靜，稟」孝純深，一丁荼蓼，永慕終天，每矚林泉，常希隱逸。聞衛卿絶俗，」恥臣漢主；莊周高蹈，不就楚徵。遂宗仰前脩，放曠原野，每攀桂」以淹留，飡落英而卒歲。至隋大業三年二月十四日，終於滑州」韋城縣故第，春秋五十有五。妣滎陽鄭氏，望高四海，身苞六行，」邁春松而獨茂，鄙秋菊以孤芳，婉順爲姿，幽閑成德，上恭蘋藻，」下弘慈訓。以大唐貞觀十九年七月隨子文合赴任，終於岐州」陳倉縣，時年七十七。文合等荒號崩殞，攀援靡及，以永徽六年」十月廿四日並遷柩於洛水北邙，合葬于祖宣簡公之舊域。恐」陵谷貿遷，人物凋謝。武庫將構，先逼樗李之墳；翠石不刊，誰辯」滕公之室？故揮諸短翰，勒此銘云：

伊洛承仙，瑯琊著姓，靈」福斯集，剋傳餘慶。秦漢任委，魏晉班命，弈葉芬葩，蟬聯交映。其一。」南齊忌盛，後魏欽仁，棄彼敗德，歸此良鄰。崇班絶等，好爵殊□，」朱軒塞路，紫蓋揚塵。其二。降挺高哲，立身澄靜，物外希閑，風□□」景，市藥名都，蔭松孤嶺。其三。早識隨亡，先居狹室，冀延暮齒，□□」玉質。白馬悲泉，青烏卜日，爰勒幽壤，庶昭玄逸。其四。」

（周紹良藏拓本）

永徽一四三

【蓋】失。

【誌文】

唐故張君墓誌銘」

君諱義，字世義，南陽白水人也。爾其」先祖晉司空之苗裔，惟祖惟父，代爲」將相。惟君器量弘深，志同江海，優遊」道德，摛藻日新。以永徽六年十月廿」五日卒於私第，春秋□十有七。即以」其年歲次乙卯十一月丁卯朔六日」壬申，窆於邙山之陽平樂鄉翟村西」北之平原，禮也。恐山移海變，陵谷將」遷，勒玄石於泉扉，記芳名於永代，嗚」呼哀哉！乃爲銘曰：」二儀開闢，九有芒芒，寒暑遞代，□改」炎涼。哲人其委，息豔摧芳，埋魂山足，」瘞影高崗。」

（周紹良藏拓本　河南千唐誌齋藏石）

永徽一四四

【蓋】失。

【誌文】

大唐故王氏郭夫人墓誌」

夫人郭氏，太原人也。丞相公曄之苗裔也。簪」纓弈葉，台鼎蟬聯，姻媾如流，連於帝戚，洎於」兹日，梗概而言。祖周青陽令，父隋貝州司馬，」莫不紆青拖紫，振纓鳴玉，冠蓋逶迤，車馬赫」弈。夫人早閑四德，不待女史之箴；少善組紃，」何芳傅母之訓。幼笄纔冠，來適王宗，蚣蝑之」德無方，樛木之哥虚詠。何期逝川不駐，二鼠」爭催，構疾彌流，奄辭塵綱。夫人春秋七十，以」永徽六年十一月十四日卒於私第，還以其」年歲次乙卯十二月丙申朔七日壬寅窆於」邙山之麓，禮也。恐丘隴磨滅，舟壑遷移，故勒」清徽，乃爲銘曰：」

氏興虢叔，胄自姬昌，挺生明德，是號芬芳。紅」蓮耀彩，霞日摛光，金聲寥□，□韻鏗鏘。天道」茫昧，人事虚涼，有同夜燭，還□朝霜。隴寒□」迴，扃深暝長，□□石兮無朽，勒清徽兮□□」

（周紹良藏拓本　河南千唐誌齋藏石）

永徽一四五

【蓋】大唐故劉夫人墓誌銘

【誌文】

唐故劉夫人墓誌銘并序」

夫人姓劉，諱妙姜，并州晉陽縣人也。源瀾承唐虞之緒，」盛業光楚漢之朝。自玆厥後，英才間出，仁傑挺生，不結」駟韁梅，建鏕砥礪。曾祖景，魏天水郡太守；操刀久美，製」錦尤工，氓懷鼓腹之謡，咸歎來蘇之晚。祖威，周任涼州」別駕；毗贊六條，禮光七命。夫人誕斯望族，挺異神姿，若」皎月之麗高天，似長松鬱乎崇嶺。年十六，從祖在任，即」於洛州，姻媾楊氏。君諱康，字君表，弘農華陰人也，五公」之遠冑，四知之近嗣焉。父詳，亦任涼州白雲縣令；相職」相欽，遂敦親好。惟君風神雅亮，姿彩異羣，良木易摧，哲」人前殞，嗚呼！以先君之舊塋也。惟夫人少閑女則，長」妙母儀，訓子則指來歸，事君則荆釵表約。恒持齋戒，」不噉薰辛，六時禮拜，勿忘三寶。但以烏駕晨馳，兔輪宵」轉；日落崦嵫，光陰詎幾。春秋六十有二。以大唐永徽六」年歲次乙卯十一月丁卯朔十五日辛巳，奄辭人代。孝子」懷儉，居喪逾禮，毀過滅性，即以其年十二月七日，葬於」北邙山大魏村東北卅步。恐陵谷貿遷，市朝渝變，寄鐫」玄石，式紀餘齡。

悠哉遠系，渺矣長源，闢宇楚室，開基漢」蕃。奇才秀發，貂冕蟬聯，爰孫爰子，代有人焉。麗容淑媛，」君子好仇，女功咸理，婦德聿修，庶憑景福，壽永千秋。秦」醫少驗，楚藥無瘳，不期風焰，永瘵松丘。」

（北京圖書館藏拓本　開封博物館藏石）

永徽一四六

【蓋】 失。

【誌文】

唐故隋清河郡書佐徐君墓誌銘并序」

君諱漢，字長粲，北海人也。原夫弈葉垂陰，早挺楚山」之幹；鼇波委箭，遠派葱河之流。是故辯架中
陽，述對」問於金馬；材標典論，煽文學於漳濱。豈唯德動陳蕃，」信符吴札，乃朱軒騖於流水，紫紱掞
於桃源。祖瑜，周」魏州刺史；考淳，隋兗州長史；並性簡夷遠，深衷秀舉，」振寒松而凝彩，挺露竹而
疏神，匪唯坐鎮兩河，乂清」洙泗。君早符雅韻，夙著風規，侔潘岳之見楊君，類孔」融之參李尹。自是
近交英俊，遠訪樵人，學總經明，辟」清河郡書佐。俄屬三精霧塞，四嶽塵飛，欲靜時紛，情」希解難，遂
受隋將王充右八飛騎府司兵。久之，道清」海晏，年至知非。乃築室臨瀍，穿池疏洛，散髮重陰下，」負
杖戲遊魚，好事相趨，笑言無厭，冀百年之可及，何」年月之不終。越以永徽六年十一月十七日終於
私」第，春秋六十九。以其年十二月七日殯於邙山，禮也。」嗣子處辯等，感趨庭無問，陟屺虛瞻，恐峯
墜瑶巒，泉」銷金谷，敢述遺德，勒此貞碑。詞曰：

條繁炎漢，」波濬隆周，且文且辯，乃公乃侯，尚哉君子，遠紹前修。」顯晦隨時，得性非慕，道清斯逸，遭
屯能固。奄池園之」虛寂，唯風月之凝素，想德音之可詠，與天壤之終古。」

（北京圖書館藏拓本）

永徽一四七

【蓋】大唐故徐府君墓誌銘

【誌文】

大唐故彭城徐君墓誌銘并序」

君諱君通，字徹，高平彭城人也。祖儼，并州太原令；馴」素翬而撫俗，調緑綺以宣風。父約，揚州録事參軍；仁」義在躬，清徽自遠。公體奇好異，飄逸志於林泉；味景」韜華，散清襟於文酒。孝于冥至，跨曾閔以騰芬；貞廉」率性，轥黄郭而遐舉。每春光在矚，豔綺思於佳辰；□」節開華，悦清觴於勝境。珠融翰海，映圓浙以浮光；玉」粹言泉，洞方流而寫照。霏性彩於霞表，皎心鏡於霄」中，軼高軌於浮埃，澹虚襟於秘宇。蕭蕭獨往，軒冕無」以易其心；亭亭孤聳，朱紫不能改其操。方冀驂波神」螭，沖赤宥而迴鶩；控兹仙鶴，排萃煙而輕舉。豈謂玄」霜絳雪，空傳返歲之名；紫府丹梯，無復延期之驗。以」永徽六年歲次乙卯十一月丁卯朔廿一日丁亥卒」于私第，春秋六十有二。即以其年十二月丙申朔十」一日丙午葬于洛之北邙清風里，禮也。寂寂佳城，悠」悠大暮，敬勒兹銘，式旌泉路。」

跨俗凝貞，含英挺粹，逸氣孤絶，虚心簡易。鬱彼宏材，」負兹利器，卓爾高謝，蕭然無累。抗跡雲峰，摛文錦肆，」志惟泉石，無貪名位。放曠文酒，優遊雅致，藏舟遽遠，」殲良奄洎。壠霧晨擁，松煙曉翠，峻節空存，重扃永閟。」

（周紹良藏拓本）

【蓋】失。

【誌文】

唐故始州黄安縣丞高君墓誌銘并序」

君諱儼仁，字儼仁，渤海蓨人也。自功稱佐命，渭涘夢於熊羆；官粤守卿，」營立嗣於簪黻。珮玉鳴璜之貴，出將入相之尊，雲冠將毳冕交輝，鳳吹」與鸞歌競響，固以羽儀四履，領袖三齊，弈葉挹其嘉聲，世載仰其休烈。」曾祖敖曹，魏驃騎大將軍、司徒、太尉、永昌郡王。蘊不世之宏材，負非常」之大略，功高百辟，勇冠三軍。大父道豁，齊開府儀同三司、隋黄州刺史」黄州諸軍事、習封永昌王；牢籠衛霍，逸雲甸以孤征；跨躡伊周，鏡瓊瀾」而疊彩。父孝德，青州益都縣令；等言偃之餘仞，類龐統之非材。君資閏」玉山，承華珠澤，雅量貞固，藻思淹凝。日者炎運未衰，乾維尚紐，求千里」之逸驥，採十步之芳蓀，爰應仲舒之舉，俯拾孫弘之第。洎乎光華啓旦，」側席思賢，君雅素溢於閨庭，貞白簡乎宸扆，爰降鶴書之辟，始應鳴」騶之聘。雖事異上書，而義均捧檄。以貞觀十五年除揚州高郵縣丞，尋」遷始州黄安縣丞。紆黄綬而去關，馳清風而望境。譽流淮海，聲被徽盧，」方矯長離之飛，遽落扶摇之羽。以永徽六年十二月三日遘疾，卒於洛」陽里第，春秋六十有七。詎只哀纏儈侶，故亦聲輟春人。惟君識亞生知，」鑒通幽鍵，道不偶物，挂冠從好，背崇芒而結宇，面清洛以閑居。罇酒不」空，得文舉之深致；鳴琴流引，叶叔夜之幽棲。方蹠三階以鳳翔，集九棘」而鸞翥。豈期夢奠生災，摧梁奄及。夫人清河崔氏，胄自華門，家承禮訓。」勵貞順之節，著幽閑之美，以貞觀十五年六月廿五日卒于高郵之館」舍。歲在乙卯，朔惟景申，廿五日庚申，歸窆于芒山之掌。傷薤露之晨晞，」歎藏舟之夜往，慮碧瀛之或變，疏翠石於泉壤。迺爲銘曰：」

疏構烈山，派源姜水，緬哉遐胄，公侯繼軌。族茂三齊，宗華四履，降生明」哲，寔光休祉。蘊名藏器，首應嘉招，譽流汾澮，聲遍江潮。功參雉化，績著」人謡，辭榮桂服，志狎漁樵。猗歟令室，雅好同衾，德茂蘋藻，情和瑟琴。方」娥月落，比婺星沉，悲纏烏思，痛結猿心。四序難駐，百齡易促，霜敗叢蘭，」溘焉風燭。邊簫亂響，薤歌流曲，愴甚盈瓌，悲深碎玉。傷哉柳輅，鬱矣佳」城，掩質千古，還悲九京。松風曉積，隴月宵明，賓朋屑涕，徒御霑纓。玄臺」雖寂，懔氣猶生，紀清徽於銀字，表令譽於金聲。」

（周紹良藏拓本）